Peter Przybylski
Täter neben Hitler

Ereignisse
Tatsachen
Zusammenhänge

TÄTER NEBEN HITLER

Peter Przybylski

PANORAMA

Genehmigte Lizenzausgabe
Panorama Verlag, Wiesbaden

ISBN 3-926642-15-7

Umschlag: Günter Seidel, Wiesbaden

Inhaltsverzeichnis

Schuld und Sühne   480

Nachbemerkung: Hitlerismus – Stalinismus

Quellenverzeichnis

Personenverzeichnis

Vorwort

«Das da hätt einmal fast die Welt regiert.
Die Völker wurden seiner Herr. Jedoch.
Ich wollte, daß ihr nicht schon triumphiert:
Der Schoß ist fruchtbar noch,
aus dem das kroch.»

Als Bertolt Brecht diese Zeilen schrieb, hatte er keinen anderen als Hitler im Auge. Er nahm die Person des Naziführers für das Ganze. Eine Sicht, die für den Dichter wohl legitim ist. Doch wenn der Historiker oder der Jurist oder auch der Politiker einen einzelnen als alleinigen Beweggrund historischer Vorgänge wie der des Faschismus ausweist, müssen sich Zweifel und Widerspruch regen.

Betrachtet man das Hitlerbild zahlreicher idealistischer Interpreten, stößt man nicht selten auf die Gestalt eines Alleinschuldigen. Verständlich, daß die Nürnberger Angeklagten und ihre Verteidiger bestrebt waren, ein solches Bild zu zeichnen. Es lag darin die einzige Chance der Entlastung und Rechtfertigung der anderen.

Das Hitlerbild von damals wurde über Jahrzehnte gepflegt, und es blieb bis heute erhalten. Anders als nach dem ersten Weltkrieg, so befand Bundeskanzler Kohl am 50. Jahrestag der Anzettelung des letzten Weltenbrandes, habe es diesmal keine Diskussion über die Kriegsschuld gegeben. Der Grund: «Hitler hatte den Krieg gewollt, geplant und entfesselt. Daran gab und gibt es nichts zu deuteln. Wir müssen entschieden allen Versuchen entgegentreten, dieses Urteil abzuschwächen.»[1]

Müssen wir wirklich? Oder müssen wir uns nicht eher zum Gegenteil entschließen, falls wir bereit sind, der historischen Wahrheit ins Auge zu blicken? Sollen sowohl Zeitgenossen als auch künftige Generationen in dem Glauben verharren, daß dieser Hitler wirklich allmächtig war, für ein Jahrzehnt «Bewegungszentrum der Welt»[2], eine Art Dämon mit hypnotischer Ausstrahlung oder – wie bis dato auch verbreitet – ein pathologischer Fall, ein Triebtäter oder gar ein Geisteskranker, dem man die entsetzlichen Naziverbrechen im wesentlichen anlasten muß?

Leider wurde in beiden deutschen Staaten, freilich auf ganz verschiedene Weise und aus unterschiedlichen Motiven, Hitlers Rolle ins Irreale verzerrt. In der Bundesrepublik dominierte das Bestreben, in ihm den Alleintäter oder wenigstens denjenigen der Naziverbrecher zu sehen, in dessen Schatten die Schuld der anderen mehr oder weniger verblaßt. Diese Perspektive war ja dann auch bestens geeignet, jene monopolkapitalistischen Elemente aus dem Blickfeld zu rücken, die Hitler und den Faschismus ermöglicht und gewollt hatten. Und sie verharmloste zugleich die Tatsache, daß sich in der BRD Naziverbrecher aller Couleur in Staat und Wirtschaft mehr oder weniger heimlich eine zweite Karriere starten konnten. Das Hitler- und Faschismusbild geriet im westlichen Teil Deutschlands zu einer Art Lebenslüge der Mächtigen.

In der Geschichtsdarstellung der DDR hingegen spielte der Kriegsverbrecher Hitler bislang eine denkbar geringe Rolle. Hier lief alles darauf hinaus, die historische Schuld des Monopolkapitals festzuschreiben und zu verabsolutieren. Der Blick wurde mehr oder weniger starr auf die objektiven Wurzeln der Nazibarbarei gerichtet. Der subjektive Faktor Hitler, aber auch die Rolle anderer Hauptkriegsverbrecher, ihr individueller Anteil, ihre persönliche Schuld an der Barbarei rückten in den Hintergrund oder gerieten gänzlich aus dem Auge. Nicht, daß marxistische Historiker und Juristen außerstande wären, dem Wechselspiel objektiver und subjektiver Momente die Wahrheit abzugewinnen. Es wäre ihnen dies gewiß leichter geworden als dem idealistischen, rein personalistischen Beschauer des «Tausendjährigen Reiches». Doch war es hierzulande einfach nicht erwünscht, sich mit Figuren wie Hitler oder auch anderen Naziführern als verantwortlich und somit schuldhaft handelnden, historischen Persönlichkeiten auseinanderzusetzen. Ein gestörtes, einseitiges, dogmatisch geprägtes Verhältnis zur Geschichte ließ Figuren wie Hitler, Göring, Goebbels und andere kapitale Hauptverbrecher von vornherein zu Unpersonen geraten, die der Forscher in ihrer Individualität möglichst nicht anzufassen habe. Und so ist es keineswegs ein Zufall, daß man in der Geschichtsliteratur der DDR vergeblich nach einer Hitlerbiographie oder nach historischen Porträts anderer Nazigrößen sucht.

Als der Autor sich im Frühjahr 1986 an diese Arbeit wagte, ist er nachdrücklich davor gewarnt worden, die auf Hitler bezogene Alleinschuldthese ungewollt zu unterstützen. Und überhaupt gab es mehr Eingeweihte, die von diesem Projekt abrieten als solche, die ihn darin bestärkten und ihm Mut zusprachen.

Inzwischen hat die Realität das jahrzehntelang in der DDR beschworene Dogma, der Faschismus sei hier mit Stumpf und Stiel ausgerottet, längst ad absurdum geführt. Zwar wurde unlängst der Hitlerbunker nahe der Berliner Otto-Grotewohl-Straße zugeschüttet, doch die Spuren unserer Vergangenheit konnten dadurch nicht ausgelöscht werden. Es ist im Gegenteil das Menetekel eines neuen Nazismus nicht mehr zu übersehen. Um so mehr sollten wir uns, gleich ob Idealisten oder Marxisten, Pazifisten oder Anarchisten, der Vergangenheit zuwenden, um unser historisches Gedächtnis zu trainieren und zu schärfen. Endlich sollten wir uns vorbehaltlos der Frage nach der Schuld und den Schuldigen stellen, den objektiven wie den subjektiven Ursachen, die Mord und Völkermord hervorgebracht haben. «Wenn wir nicht in der Lage sind», mahnte einst der amerikanische Ankläger Jackson in Nürnberg, «die Ursachen dieser barbarischen Geschehnisse auszuschalten und ihre Wiederholung zu verhindern, dann ist es wohl keine verantwortungslose Prophezeiung, wenn man sagt, daß es in diesem 20. Jahrhundert vielleicht noch gelingen wird, das Verhängnis für die Zivilisation herbeizuführen.»[3]

Es sei mir gestattet, all denen zu danken, die mich bei dieser Arbeit mit Rat und Tat unterstützt haben. Zwei Persönlichkeiten bin ich zu ganz besonderem Dank verpflichtet: dem Berliner Faschismusforscher Kurt Pätzold, der mich beriet und konzeptionell bereicherte, sowie dem Hamburger Publizisten Jochen von Lang, der mir Quellen erschließen half und dessen Biographien führender Naziverbrecher so manche Anregung vermittelten.

Berlin, im Februar 1990   *Peter Przybylski*

Den Galgen umgehen

Die Geladenen waren schockiert. Der Redner, der soeben den Raum betreten hatte, mußte gestützt werden. Manche wähnten für einen Moment, Opfer einer Sinnestäuschung zu sein. Diese fahrige, schlaffe Gestalt, die mühsam das linke Bein hinter sich herschleifte, sollte der Führer sein? Dieser knapp Sechsundfünfzigjährige, der wie ein gebrochener Greis erschien, sollte Adolf Hitler darstellen, dem man und der sich selbst göttliche Vorsehung und übermenschliche Willenskraft zuschrieb? Die leibhaftige Verkörperung eines Herrenvolkes? Der souveräne Gebieter der NSDAP und des Großdeutschen Reiches? Der fesselnde, unwiderstehliche Redner, der es vermocht hatte, die Nation in einen Taumel von Begeisterung und Benommenheit zu stürzen?

Die Geister scheiden sich

Die Betroffenheit seiner Zuhörer konnte Hitler an jenem 24. Februar 1945 nicht entgehen. Zur Verblüffung der geladenen Gauleiter und «alten Kämpfer» der Nazipartei nahm er Bezug auf seinen Gesundheitszustand. Seinen grenzenlosen Fanatismus beweihräuchernd, sagte er: «Wenn meine Hand auch zittert, und selbst wenn mein Kopf zittern sollte – mein Herz wird niemals zittern.»[1]

Zu dieser Zeit war das gesamte faschistische Reich längst von den Zuckungen seiner Agonie erfaßt. Die Rote Armee stieß zur Ostsee vor, die Westmächte durchbrachen wenig später den Westwall und überrannten Deutschlands Grenzen von 1937. Nur noch blindwütige Fanatiker und hoffnungslose Phantasten konnten daran zweifeln, daß das «Tausendjährige Reich» neunhundertachtundachtzig Jahre früher aus der Geschichte verschwinden würde als einst prophezeit.

11

Hitler 1944 – ein gebrochener Diktator

Das Jubiläum, zu dem Hitler geladen hatte, war auf das engste mit seinem Schicksal verknüpft, mit dem Aufstieg und dem Fall jener Partei politischer Gaukler und Gangster, die er seit Sommer 1921 anführte.

Fünfundzwanzig Jahre zuvor, am 24. Februar 1920, hatte er im großen Saal des Münchner Hofbräuhauses als erster das Programm der in NSDAP umbenannten Deutschen Arbeiterpartei in den Raum gerufen: die berüchtigten «25 Punkte». Damals, während der Premiere, waren sie von Hitler dem angelockten Publikum in marktschreierischem Gestus angetragen worden. Jetzt vermochte er sie nur noch mit brüchiger, apathischer Stimme zu lobpreisen, gleich einem Grabredner, der dem Toten besonders verbunden war. Und einer Leichenfeier kam das Zeremoniell an diesem Tag des letzten Kriegsjahres gleich. Nie wieder sollte die Naziführung Gelegenheit haben, dem fluchbeladenen Programm ihrer Partei zu huldigen, in dessen Namen sie die furchtbarsten Verbrechen der

Gebannt überfliegen Goebbels und Hitler die ersten Ergebnisse der Reichstagswahlen am 5. März 1933. Trotz gnadenlosen Terrors keine absolute Mehrheit für die Nazipartei

Menschheitsgeschichte angerichtet hatte. Die «25 Punkte» standen am Beginn der Karriere des Adolf Hitler. Das letztmalige Gedenken daran war zugleich ein Abgesang auf die Person des Faschistenführers.

Das mag keiner der Versammelten deutlicher gespürt haben als er selbst. Wohin sollte sein Weg ihn jetzt noch führen? Überlebte er das Ende des Krieges, würde er mit hoher Wahrscheinlichkeit am Galgen enden. Schon im Oktober 1943 hatten Stalin, Roosevelt und Churchill in Moskau festgeschrieben, die Schuldigen an den unerhörten Greueltaten der Faschisten, namentlich die Hauptverbrecher, vor Gericht zu stellen. Damals hatten sich Hitler und seine Komplicen noch in Hohngelächter und Gegendrohungen zu gefallen gewußt. Inzwischen waren die Zeiger der Uhr bedenklich vorgerückt. Längst rangierte die Symbolfigur des faschistischen

13

Deutschlands auf der Kriegsverbrecherliste der Antihitlerkoalition unter der Nr. 1. Und erst vor wenigen Tagen hatten die großen Drei in Jalta ihre Absicht bekräftigt, die NSDAP vollständig zu vernichten sowie «alle Kriegsverbrecher vor Gericht zu bringen und einer schnellen Bestrafung zuzuführen»[2].

Gleichwohl wollte die Creme der Naziführer die angebrochene Götterdämmerung noch immer nicht wahrhaben. Noch setzten nicht wenige darauf, daß der Führer getreu seinem Nimbus am Ende doch unüberwindbar sein werde. Noch glaubten einige an die Reserve und den Einsatz einer Wunderwaffe. Noch waren sie überzeugt von einer baldigen Wende an den immer näherrückenden Fronten.

Die an jenem Februartag Versammelten waren der Einladung Hitlers mit höchster Erwartung gefolgt. Doch die Sätze, die der Führer mühsam aus sich herauspreßte, verhießen alles andere als eine Sensation. Was er jetzt noch zu bieten hatte, war die krampfhafte Beschwörung eines germanischen Heldenkampfes bis zum letzten Mann. Noch sei der Krieg zu gewinnen, wenn es gelänge, im deutschen Volk eine «teutonische Wut» zu erzeugen. «Wenn die Nation sich jedoch derlei Appellen versage, dann habe sie keinen moralischen Wert mehr und verdiene es unterzugehen.»[3]

Hitlers maßloser Egozentrismus, aber auch sein übersteigerter Fanatismus trieben ihn in der Stunde der Todesahnung zu dem Versuch, sein verbrecherisches Werk durch die Vernichtung eines kompletten Volkes zu krönen. Die Deutschen, die von ihm und seinesgleichen verführt und mißbraucht worden waren, sollten im Untergangssog seines aufgeblähten Ichs mit in den Abgrund gerissen werden. Die Politik seines Regimes, durch die er selbst seine Auftraggeber ruiniert hatte, war gescheitert, also bedurfte es auch für das Volk keiner Perspektive mehr. Durch Entscheidungen, die zum Auslöschen des Lebens von Millionen unschuldiger Menschen führten, hatte er seine Daseinsberechtigung verwirkt, also verdiente es auch das Volk nicht zu überleben. Hitlers Untergangsstrategie schloß jeden und alle ein, vom Gebrechlichen bis zum Soldaten, vom Säugling bis zum Greis. Das Nazilied vom Marschieren «… bis alles in Scherben fällt», sollte nun auch in Deutschland grauenvolle Realität werden.

Wäre es zuletzt nach seinem Willen gegangen, hätten die Armeen der Alliierten Deutschland als eine einzige Mondlandschaft aus Kratern und Ruinen vorgefunden. Dem militärischen Gegner sollte nichts in die Hände fallen, was noch von Wert sein konnte. Die noch vorhandenen Produktivkräfte, so Hitlers Nerobefehl vom 19. März 1945, sollten samt und sonders in Schutt und Asche versinken. Straßen- und Industrieanlagen sollten zerstört, Schächte und Förderanlagen unbrauchbar gemacht, zurückgelassene Städte in Brand gesetzt werden.

Doch der Selbsterhaltungswille der meisten Deutschen war stärker als das wahnwitzige Untergangskonzept des gescheiterten Welteroberers und Massenmörders. Widerstand regte sich in Hülle und Fülle. Die kampflose Übergabe der Stadt Greifswald durch Oberst Rudolf Petershagen an die Sowjetarmee Ende April 1945 oder die Überantwortung von Münster an die Amerikaner dank dem Engagement des Kardinals Galen sind dafür exemplarisch.

Selbst unter Hitlers engsten Komplicen fanden sich nicht wenige, die keineswegs zum kollektiven Selbstmord bereit waren. Zu ihnen gehörte Rüstungsminister Albert Speer, der sich zunehmend als Sachwalter der führenden Kräfte des Finanzkapitals exponierte. In seiner Person deckten sich Auftrag und Ambition, wenigstens einen Teil der in den ersten Kriegsjahren gigantisch vermehrten Reichtümer der Monopole zu retten. Bereits seit Sommer 1944 focht er darum, die Befugnis, über Erhaltung oder Zerstörung von Produktionsanlagen zu entscheiden, nicht aus den Händen geben zu müssen. Hitler hatte jedoch diese Kompetenz gerade für die Ostfront den Gauleitern der NSDAP übertragen. Und die Parteigewaltigen fackelten nicht, die barbarische Praxis der «verbrannten Erde» auch in Polen und schließlich selbst auf deutschem Boden zu üben. In Ostpreußen, Danzig, Westpreußen, Pommern, im sogenannten Wartheland sowie in Schlesien versanken 40 Prozent aller Gebäude in den Städten – in den faschistischen «Festungen» waren es zwischen 50 und 95 Prozent – und fast 30 Prozent aller Bauernhöfe in Schutt und Asche. Nahezu der gesamte Viehbestand wurde weggetrieben oder vernichtet.

Spätestens an der Schwelle zum letzten Kriegsjahr waren sich Speer und seine Hintermänner darüber einig, daß der Krieg nur noch selbstzerstörerisch war und nicht mehr die geringste Aussicht auf militärischen Erfolg versprach. Systematisch begann Speer, Hitlers Konzept der verbrannten Erde zu durchkreuzen. Der Rüstungs-minister war ausgezogen, den westdeutschen Konzernen den Produktionsapparat zu bewahren.

Da Hitler den verbalen Vorstößen Speers gegenüber zunächst unnachgiebig blieb, will dieser im Februar 1945 sogar ein Attentat auf seinen Führer geplant haben. Glaubt man Speers Aussagen im Nürnberger Prozeß, so hatte er sich mit der Absicht getragen, in die Ansaugöffnung der Frischluftanlage des Führerbunkers Giftgas einzuführen. Die Realisierung des Planes sei aber daran gescheitert, daß kurz vorher auf Hitlers persönlichen Befehl ein vier Meter hoher Kamin um die Ansaugöffnung herum gemauert worden war.

Sicher indessen ist, daß Speer Hitler am 18. März 1945 noch einmal seine Denkschrift «Erhaltung der Substanz» in die Hand drückte, in der er den endgültigen Zusammenbruch der Wirtschaft prophezeite. Doch auch diesmal war Hitler nicht zu erweichen. Als Antwort warf er Speer sein Vernichtungskonzept mit skrupelloser Deutlichkeit an den Kopf. Speer gab Hitlers Position in einem Brief vom 29. März 1945 wieder: «Wenn dieser Krieg verlorengeht, wird auch das Volk verloren sein. Dieses Schicksal ist unabwendbar. Es sei nicht notwendig, auf die Grundlagen, die das Volk zu seinem primitivsten Weiterleben braucht, Rücksicht zu nehmen. Im Gegenteil sei es besser, selbst diese Dinge zu zerstören. Denn das Volk hätte sich als das schwächere erwiesen, und dem stärkeren Ostvolk gehört dann ausschließlich die Zukunft.»[4]

Einen Tag nach dem Disput zwischen Hitler und seinem Rüstungsminister erließ der braune Diktator jene berüchtigte Zerstörungsdirektive, die, als der sogenannte Nerobefehl bekannt geworden, zusätzliche Schrecken in den Untergang des Naziregimes einbrachte. Sein Sinn erschöpfte sich in der Ambition Hitlers, seine erbärmliche Existenz um ein paar Tage, vielleicht auch um ein paar Wochen zu verlängern. Das war nicht mehr nach dem Maß der herrschenden Kreise. Denn hätte man Hitlers Befehl konsequent in die Tat umgesetzt, wäre auch die ökonomische Basis der Deutschen vernichtet worden.

Tatsächlich hat sich Speer, der Monate zuvor noch seine ganze Energie auf die Verlängerung des Krieges konzentriert hatte, dem wahnwitzigen Ansinnen Hitlers nicht nur mit Worten in den Weg gestellt. Er unterlief auch jene blind gewordenen Werkzeuge Hitlers im Parteiapparat und in der Wehrmacht, die den Nerobefehl ohne Zögern zu realisieren gedachten. Speer hatte schließlich die Stirn, Hitler von Angesicht zu Angesicht die Sabotage des Nerobefehls einzugestehen. Hitler, längst zu einer einflußlosen Figur herabgesunken, wußte nur zu gut, wer hinter Speer stand. Er sah sich in die Enge getrieben und ließ den Nerobefehl faktisch fallen. Schon am 30. März lautete die Parole entgegengesetzt: Die Produktion ist bis zuletzt aufrechtzuerhalten, auch wenn dabei die Einnahme des unzerstörten Werkes durch den Gegner riskiert wird. Speer hatte erreicht, daß vor allem das Ruhrgebiet, Deutschlands industrielles Herzstück, zu wesentlichen Teilen gerettet wurde.

Hitlers Untergangskonzept war also schon an seiner nächsten Umgebung gescheitert. Auch sonst verringerten sich seine Möglichkeiten von Tag zu Tag, etwas am Lauf der Dinge zu ändern. Noch im Februar 1945 schien Hitler an eine Alternative zu dem von ihm kalkulierten gemeinsamen Untergang der Deutschen gedacht zu haben: einen möglichen Separatfrieden mit den USA und Großbritannien. Dieser Fall hätte die Naziclique in die Lage versetzt, die Reste der Wehrmacht, in die man inzwischen selbst Jünglinge und Greise gescheucht hatte, der Roten Armee entgegenzuwerfen. Doch war dieses Ziel nur um den Preis der Kapitulation an der Westfront zu erreichen. Davon wollte Hitler im Gegensatz zu seinen maßgeblichen Komplicen auch jetzt noch nichts wissen. Gleichwohl empfing er am 6. Februar 1945 den SS-General Karl Wolff, um Möglichkeiten für ein Gespräch auszuloten, das der SS-Führer mit Allen Welsh Dulles führen sollte. Tatsächlich traf der SS-Führer dann auch am 6. und 19. März 1945 mit dem Sonderbevollmächtigten des amerikanischen Nachrichtendienstes für Europa heimlich im schweizerischen Ascona zusammen. Wolff, SS-Chef im Stab der Heeresgruppe C in Norditalien, war sein Hemd näher als der Rock des Führers. Er bot den Amerikanern die Kapitulation an. Man verhandelte über den Abzug der faschistischen Invasoren aus Norditalien, die sich über die Alpen an die Ostfront begeben sollten. Dieses Arrangement sollte das Modell liefern nicht nur für den Waffenstillstand an der gesamten Westfront, sondern auch für die Verlagerung der dort stationierten Wehrmachteinheiten an die deutsch-sowjetische Front.

Der sowjetischen Regierung blieb das trübe Geschäft zwischen

Wolff und Dulles nicht verborgen. Anfang April protestierte sie offiziell bei den Westmächten gegen diesen merkwürdigen, ja feindseligen Alleingang, der den Geist der Antihitlerkoalition zu zerstören drohte. Die Weltöffentlichkeit wurde so auf die separate Aktivität der westlichen Alliierten aufmerksam. Ihr Einfluß verhinderte ein Abkommen zwischen Vertretern des abgewirtschafteten, blutüberströmten deutschen Regimes und den anglo-amerikanischen Kräften.

Flucht nach vorn

Wie Ratten das sinkende Schiff verlassen, so suchten auch Hitlers Komplicen die eigene Haut zu retten. Doch war ihre Vermessenheit von der Art, daß die meisten von ihnen glaubten, nicht nur dem Galgen entgehen, sondern auch noch ihre Karriere in die Nachkriegszeit hinüberretten zu können. Der «Reichsführer SS» Heinrich Himmler beispielsweise unterhielt bereits seit Januar 1943 direkte Kontakte zum US-amerikanischen Geheimdienst. Im Februar und April 1945 verhandelte er persönlich mit dem schwedischen Grafen Folke Bernadotte, dem Sohn eines Bruders des schwedischen Königs Gustav V. Himmler, Chef der schlimmsten Mörderbande des Naziregimes, der seinem Führer in hündischer Ergebenheit gedient hatte, glaubte am Ende Hitler ausschalten, dessen Stelle einnehmen und Deutschlands Zukunft bestimmen zu können. Um diesen Preis war er bereit, selbst die Auflösung der SS und der Nazipartei hinzunehmen. Als Faustpfand gegenüber den Westmächten gedachte Himmler die in seinem Zugriff befindlichen KZ-Häftlinge, namentlich die jüdischer Abkunft, zu benutzen. Und Hitler war es wohl bewußt, daß sein «getreuer Heinrich» die Fühler gen Westen weiter ausstreckte, als er es selbst zugestanden hatte. «Er schritt nicht ein», so der amerikanische Historiker John Toland, «weil er bei einem Fehlschlag stets sagen konnte, er habe nichts davon gewußt, während er einen Erfolg, der immerhin nicht völlig auszuschließen war, für sich reklamieren konnte.»[5]

Am 20. April 1945, an Hitlers 56. Geburtstag, huldigten ihm die Spitzen des Nazireiches ein letztes Mal: Himmler, Göring, Goebbels, Bormann, Speer, Ley, Ribbentrop sowie die Befehlshaber der

Betroffenheit in der Führungsspitze: Keitel, Göring, Hitler und Bormann (v. l.) nach dem Attentat am 20. Juli 1944

Wehrmacht. Im Garten der Reichskanzlei, wo die Visite stattfand, verbreitete Hitler noch einmal Zweckoptimismus. Die Bolschewisten, so meditierte er, würden ihre entscheidende Niederlage vor den Toren Berlins erleiden. Ungläubig schauten seine Komplicen drein und verabschiedeten sich verlegen von ihrem Führer – die meisten für immer.

Während sich die meisten von ihnen den endlosen Wehrmachtkolonnen anschlossen, die nach Süddeutschland fluteten, traf sich Himmler noch am selben Tage mit dem Vertreter des jüdischen Weltkongresses, Norbert Masur. Ihm gaukelte er vor, die tödlichen Evakuierungen der Konzentrationslager einzustellen.

Obgleich die sowjetischen Truppen am späten Abend des Vortages die faschistischen Stellungen an der Oder endgültig durchbrochen hatten und bereits Kurs auf Berlin nahmen, phantasierte

Am 20. April 1945 empfängt der Naziführer Hitlerjungen, die für einen sinnlosen Kampf mißbraucht werden

Himmler noch immer von seiner Mission. In einer Verhandlungspause überraschte er seinen Masseur Felix Kersten plötzlich mit der Frage, ob er bereit sei, zum Oberkommandierenden der US-Streitkräfte, General Eisenhower, zu fliegen und mit diesem über den sofortigen Waffenstillstand zu verhandeln. Himmler: «Versuchen Sie Eisenhower mit allen Mitteln davon zu überzeugen, daß der wirkliche Feind der Menschheit die Sowjetunion ist und daß nur wir Deutschen in der Lage sind, gegen diese Macht zu kämpfen. Ich würde den westlichen Alliierten den Sieg überlassen. Sie müßten mir nur Zeit genug einräumen, um die Russen zurückzuwerfen. Wenn sie mir das notwendige Material geben, kann ich es noch schaffen.»[6]

Drei Tage später verhandelte er erneut mit Folke Bernadotte im schwedischen Konsulat in Lübeck. Von seinem Größenwahn war inzwischen einiges abgebröckelt. Himmler zu dem schwedischen Grafen: «Ich gebe zu, daß Deutschland geschlagen ist.»[7]

Der einst schier allmächtige Reichsführer zeigte sich zur sofortigen und bedingungslosen Kapitulation an der Westfront bereit. Bernadotte sollte das Angebot des SS-Chefs über den schwedischen Außenminister den Westmächten zuleiten.

Die Realitätsflucht des zweitschlimmsten Massenmörders des Dritten Reiches stand der seines Führers kaum nach. Sein gegenüber jeder Vernunft längst abgestumpftes Hirn befaßte sich sogar schon mit dem Protokoll der von ihm erträumten Kapitulationsverhandlungen. «Unter Männern von Welt», so Himmler zu dem konsternierten Bernadotte, «– sollte ich Eisenhower als erster die Hand geben?»[8]

Auch Reichsmarschall Hermann Göring gelüstete es in den letzten Tagen vor Kriegsschluß danach, noch einmal eine Rolle auf der Bühne der Weltpolitik zu spielen. Obgleich Hitler ihn 1941 zu seinem Nachfolger bestimmt hatte, war Göring in den letzten Kriegsjahren mehr und mehr in den Schatten seines Nebenbuhlers und Intimfeindes Martin Bormann geraten, der Chef der Parteikanzlei war und seit 1943 auch Hitlers Sekretär. Doch ausgerechnet Bormann hatte am frühen Morgen des 23. April einen geheimen Funkspruch nach Berchtesgaden gesandt, wohin Göring in sein Prachthaus am Obersalzberg geflüchtet war. Bormann hatte dem Reichsmarschall übermittelt, daß Hitler einen Nervenzusammenbruch erlitten habe und Göring dessen Stelle einnehmen solle. Tatsächlich war Hitler am Vortage angesichts des unaufhaltsamen Rückzugs der deutschen Truppen in einem Wutausbruch vollends zusammengesunken. Im Affekt hatte er sich in Gegenwart von Keitel und Jodl, den ranghöchsten Generalen, über die Unfähigkeit seiner Militärs, das Versagen der Wehrmacht, über Lüge und Verrat, die ihn umgäben, wie nie zuvor ereifert. Am Ende des Ausbruchs, der im Weinkrampf erstickte, hatte er seine Absicht kundgetan, Berlin nicht zu verlassen und notfalls selbst Hand an sich zu legen.

Zwar mißtraute Göring Bormanns Funkspruch. Doch zugleich witterte er die Chance, nicht nur sein Leben und die kolossalen Reichtümer zu retten, die er während der Naziära zusammengeraubt hatte, sondern am Schluß doch noch die erste Geige spielen und einen Separatfrieden mit den Westmächten schließen zu können.

Noch am selben Tage funkte Göring an Hitler: «Mein Führer, sind Sie einverstanden, daß ich nach Ihrem Entschluß, im Gefechtsstand in der Festung Berlin zu verbleiben, gemäß Ihres Erlasses vom 29. Juni 1941 als Ihr Stellvertreter sofort die Gesamtführung des Reiches übernehme mit voller Handlungsfähigkeit nach innen und außen? ... Falls bis 22.00 Uhr keine Antwort erfolgt, nehme ich an, daß Sie Ihrer Handlungsfreiheit beraubt sind. Ich werde dann die Voraussetzung Ihres Erlasses als gegeben ansehen ...»[9]

Bormann erkannte in Görings Telegramm die Gelegenheit, seinen Widersacher endgültig auszuschalten. In seinen Augen war das Ansinnen des Reichsmarschalls Verrat am Führer und am Nationalsozialismus. Daran konnte sich nur die Hinrichtung Görings knüpfen. Mit Vehemenz suchte Bormann seine Sicht der Dinge auch Hitler zu suggerieren. Doch so weit zu gehen, war der Chef des Naziklüngels nicht bereit. Statt dessen annullierte Hitler Görings Rechte als Führernachfolger, erkannte ihm sämtliche Titel und Orden ab und nahm von der Vollstreckung der auch nach seiner Ansicht verdienten Todesstrafe für den Fall Abstand, daß Göring sofort von allen Ämtern zurücktrete. Zudem wies Bormann das SS-Kommando auf dem Obersalzberg an, Göring und seinen Stab zu verhaften.

Am Morgen des 25. April zerschlugen sich die späten Blütenträume des Hermann Göring. Obersturmbannführer Dr. Frank, Chef des SS-Kommandos auf dem Obersalzberg, setzte Bormanns Funkspruch in die Tat um. Er ließ Göring mit Stab und Familie unter Hausarrest stellen.

Auch Bormann hatte keineswegs die Absicht, in der gespenstischen Atmosphäre des Führerbunkers an Hitlers Seite sein Leben auszuhauchen. Zwar war seiner Feder der Entwurf des Nerobefehls entsprungen, zwar hatte er im März/April 1945 sinnlose Zerstörungen angeordnet und die Ermordung von Deserteuren befohlen. Doch er war andererseits gründlicher und detaillierter als Hitler über Himmlers Kontakte zu Allen Welsh Dulles im Bilde, die er ohne Einschränkung duldete. Hätte sich hieraus ein Ausweg für ihn ergeben – der engste Vertraute Hitlers, der Bormann während

22

**Bis zum Schluß
übte Bormann (r.)
gravierenden Ein-
fluß auf Hitler
aus**

der letzten beiden Kriegsjahre war, hätte ihn ohne Zweifel genutzt. Und dafür hatte er ausreichende Gründe. Schließlich gab es während des zweiten Weltkrieges kaum ein Kapitalverbrechen des Naziregimes, bei dem er seine Finger nicht im Spiel hatte.

Ob die «Euthanasie»-Morde an Kranken und Gebrechlichen, die Organisation des Mordterrors in der überfallenen Sowjetunion, die Vernichtung jüdischer Menschen oder die Ermordung sowjetischer Kriegsgefangener – Bormann hatte stets zu denen gehört, die auf der Kommandobrücke des faschistischen Staatsschiffes gestanden hatten.

Im Gegensatz zu den meisten Nazigrößen fand er keine Gelegenheit, sich rechtzeitig abzusetzen. Als Hitlers Sekretär mußte er im Führerbunker ausharren und bis zuletzt den verlängerten Arm seines Herrn markieren. Während der letzten Apriltage blieb ihm nur noch, mit Hitler und Propagandachef Goebbels, der sich samt seiner Familie in den Führerbunker verkrochen hatte, über illusionären Rettungsplänen zu brüten.

Die Zickzacküberlegungen des faschistischen Dreigestirns wurden am Abend des 28. April jäh unterbrochen. Ein Reporter der britischen Nachrichtenagentur Reuter hatte sich in San Francisco, wo bereits die Konferenz zur Gründung der Vereinten Nationen lief, in den Besitz einer sensationellen Information gebracht: Himmler habe soeben die bedingungslose Kapitulation Deutschlands angeboten.

Die Nachricht ging in Windeseile um die Erde und gelangte

über den britischen Rundfunk BBC alsbald auch in den Führerbunker. Hitler zeigte sich wie vom Blitz getroffen. Seine Erschütterung über den Alleingang des SS-Chefs war um so nachhaltiger, als
er ihn einst selbst mit dem Prädikat «getreuer Heinrich» bedacht
hatte. Und Himmler seinerseits hatte die blasphemische Parole
«Unsere Ehre heißt Treue» auf die Fahne seiner Mörderarmee geschrieben. In Hitlers Augen galt das Ausscheren des Reichsführers
als Verrat, als Himmlers listiger Versuch, seinen Kopf aus der
Schlinge zu ziehen. Denn kaum einer spürte deutlicher als Hitler,
daß es für ihn auch dann keinen Ausweg mehr geben würde, wenn
ein Separatfrieden mit den Westmächten doch noch zustande kommen sollte.

Nach dem Willen des Führers sollte Himmler fünf Minuten vor
zwölf noch über die Klinge springen. Eiligst ließ Hitler Ritter von
Greim kommen, um ihn anzuweisen, den SS-Chef zu verhaften.

Hitler betrachtet ein letztes Mal die zerstörte Reichskanzlei

Ein Ansinnen, das angesichts der militärischen Situation grotesk war. Greim, von Hitler soeben zum Nachfolger Görings als Chef des spärlichen Restes der faschistischen Luftwaffe befördert, meldete Widerspruch an. Doch Hitler erwiderte kategorisch: «Ein Verräter darf nicht mein Nachfolger als Führer sein. Sorgt dafür, daß er es nicht sein wird.»[10]

In derselben Nacht erreichte die braunen Maulwürfe noch eine weitere Hiobsbotschaft, die von weit größerem Gewicht war: Rotarmisten bestreichen mit ihren Maschinengewehren bereits den Potsdamer Platz und dringen von der Wilhelmstraße her zur Reichskanzlei vor. (Die Katakomben des sogenannten Führerbunkers befanden sich unterhalb des Hofes der Reichskanzlei.) Der gelegentliche Zweckoptimismus, den Hitler Tage zuvor auf seine Bunkerumwelt noch auszustrahlen vermochte, war nun endgültig dem Bewußtsein der Apokalypse gewichen.

Der Führer richtet sich selbst

Hitlers Entschluß zum Selbstmord war in ein akutes Stadium getreten. Nun war es auch für ihn unumstößliche Gewißheit, daß er seine Rolle als Führer des großdeutschen Reiches ausgespielt hatte. Das unmenschlichste Staatsgebilde der Geschichte, dessen Primus und Symbolfigur er verkörpert hatte, lag in seinen letzten Zügen. Just in diesem Augenblick schien der grausame Diktator irdischmenschlicher Züge fähig zu sein. Am Ende seiner Karriere brauchte er auf das Charisma der Rolle, die er zwölf Jahre lang ausgefüllt hatte, keine Rücksicht mehr zu nehmen. Ein Führer, so hatte er seiner Umwelt oft bedeutet, könne keine Verantwortung für eine Ehe übernehmen. Im Sinne des faschistischen Führerstaates war das nur konsequent. Wie konnte eine zum Messias aufgebauschte Figur, der man übermenschliche Züge zumaß, im Kreise von Frau und Kindern leben, mit allen menschlichen Gebaren, die daran geknüpft sind. Ein Regime, das ausgezogen war, ganze Völker, vom Ungeborenen bis zum Todkranken, vom Erdboden zu vertilgen, konnte sich an der Spitze seiner Herrschaftspyramide solches kaum leisten.

Den Untergang vor Augen, entschloß sich Hitler plötzlich zur

**Eva Braun am Hochzeitstag ihrer Schwester mit
SS-Gruppenführer Fegelein. Himmlers Vertreter im
Führerhauptquartier**

Vermählung mit seiner langjährigen Geliebten Eva Braun. Nachdem er Ritter von Greim entlassen hatte, ließ er den kleinen Konfe-
renzraum des Bunkers für die Eheschließung herrichten. Am Zeremoniell, das als Kriegstrauung deklariert wurde, wirkten Bormann
und Goebbels als Trauzeugen mit. Zum Hohn auf den blutigen
Rassenwahn der vergangenen zwölf Jahre gaben Hitler und seine
Braut zu Protokoll, daß sie rein arischer Abstammung sowie frei
von Erbkrankheiten seien.

Während sich das Gros der Bunkerinsassen anschließend in den
Trost des Alkohols flüchtete, diktierte Hitler in einem Nebenraum
sein «politisches Testament». Doch wer geglaubt hatte, daß er im
Angesicht des Todes seinen Weg als für die Menschheit verhäng-
nisvoll, wahnwitzig und verbrecherisch begreifen oder gar bereuen
würde, sah sich getäuscht. Was den Beginn seiner Karriere markiert
hatte, stand auch noch an ihrem Ende: Rassenhaß und Chauvinis-

mus, Demagogie und Lüge, Negation jeglicher eigener Verantwortung und Schuld.

Der blutige Gaukler, unter dessen persönlicher Regie das schwerste aller Verbrechen, die Anstiftung des zweiten Weltkrieges, inszeniert worden war, befand plötzlich, daß es gar nicht beabsichtigt gewesen sei. «Es ist unwahr», suchte Hitler der Nachwelt zu suggerieren, «daß ich oder irgend jemand anderer in Deutschland den Krieg im Jahre 1939 gewollt haben. Er wurde gewollt und angestiftet ausschließlich von jenen internationalen Staatsmännern, die entweder jüdischer Herkunft waren oder für jüdische Interessen arbeiteten.»[11] Der Faschistenführer hatte selbst angesichts von sechs Millionen vergaster, erschossener, abgespritzter, erschlagener und zu Tode gehetzter Menschen jüdischer Abkunft die Abscheulichkeit, über die «Endlösung» Stolz zu empfinden. An seinem von unbändigem Haß erfüllten antisemitischen Credo hielt er bis zur Bahre fest. Es gipfelte in der Aufforderung an «die Führung der Nation und die Gefolgschaft zur peinlichen Einhaltung der Rassengesetze und zum unbarmherzigen Widerstand gegen den Weltvergifter aller Völker, das internationale Judentum»[12].

Im zweiten Teil seines politischen Testaments hielt Hitler Abrechnung mit jenen, die ihm einst am nächsten gestanden hatten: mit Hermann Göring und Heinrich Himmler. In seinen Augen hatten sie sich inzwischen als Todfeinde entpuppt. Göring entfernte Hitler aus der NSDAP und entzog ihm ausdrücklich alle Rechte als Führernachfolger. Auch Himmler stieß er «aus der Partei sowie aus allen Staatsämtern aus»[13].

Selbst Hitlers Sekretärin, der er seinen letzten Willen ins Stenogramm diktierte, war verblüfft, als er eine neue Regierung ernannte, «die die Verpflichtung erfüllt, den Krieg mit allen Mitteln weiter fortzusetzen»[14]. Zu seinem Nachfolger bestimmte er den Großadmiral und Oberbefehlshaber der faschistischen Kriegsmarine Karl Dönitz. Als Reichskanzler sollte künftig Josef Goebbels fungieren, Bormann sollte Parteiminister bleiben, der Gauleiter von Schlesien, Karl Hanke, Himmlers Nachfolge als «Reichsführer SS und Chef der deutschen Polizei» antreten. Das Dokument trug den Vermerk: «Am 29. April 1945, 4 Uhr».

Hitlers politisches Testament war der letzte ebenso verzweifelte wie aussichtslose Schachzug eines vom bevorstehenden Selbstmord gezeichneten Hasardeurs. Gleichwohl zögerte Dönitz nicht, das Zepter des faschistischen Rumpfstaates noch für ein paar Tage in die Hände zu nehmen. Nach Hitlers letztem Willen hätten Goebbels und Bormann den Führerbunker nun verlassen und sich zu Dönitz durchschlagen müssen, der sich mit seinem Stab im schleswig-holsteinischen Plön verschanzt hatte. Doch ein solches Unternehmen war nicht mehr ohne Risiko zu verwirklichen. Die Detonationen einschlagender Granaten waren selbst schon in den Räumen des acht Meter tief gelegenen Bunkers nicht mehr zu überhören.

Goebbels und Bormann dachten nicht daran, Hitlers Gebot ohne Umschweife Folge zu leisten und Opfer seines letzten politischen Sandkastenspiels zu werden. Der ausgediente Propagandachef diktierte der Führersekretärin augenblicklich einen Zusatz zu Hitlers Testament in die Feder. Die Fähigkeit des Berufsdemagogen, Not in Tugend umzufälschen, war ihm bis zuletzt geblieben. Mit verlogenem Pathos ließ Goebbels neben anderem aufschreiben: «Zum ersten Mal in meinem Leben muß ich mich kategorisch weigern, einem Befehl des Führers Folge zu leisten. Meine Frau und meine Kinder schließen sich dieser Weigerung an. Im anderen Falle würde ich mir selbst – abgesehen davon, daß wir es aus menschlichen Gründen und solchen der persönlichen Treue niemals über das Herz bringen könnten, den Führer in seiner schwersten Stunde allein zu lassen – für mein ganzes ferneres Leben als ein ehrloser Abtrünnling und gemeiner Schuft vorkommen, der mit der Achtung vor sich selbst auch die Achtung seines Volkes verlöre, die die Voraussetzung eines weiteren Dienstes meiner Person an der Zukunftsgestaltung der Deutschen Nation und des Deutschen Reiches bilden müßte.»[15]

In Wahrheit warteten Goebbels wie auch Bormann auf Hitlers Ende. In ihrem verbrecherischen Größenwahn phantasierten sie auch jetzt noch davon, nicht nur ihre Haut, sondern auch ihre Karriere retten und sich an die Spitze einer neuen Regierung stellen zu können. Ihr Unvermögen, aus der umloderten Reichskanzlei Kontakte zu den Westmächten zu knüpfen, ließ sie schließlich an ein Arrangement mit der sowjetischen Seite denken, durch das die Waffen zum Schweigen gebracht und die Kapitulation an der deutsch-sowjetischen Front solange als möglich hinausgezögert werden sollten. Auf diese Weise wären die Bemühungen erleichtert worden, die Antihitlerfront der Großmächte zu spalten und mit den Westmächten ebenfalls Separatverhandlungen zu führen.

Doch noch lebte Hitler. Noch blockierte er den vermeintlichen Aktionsradius von Bormann und Goebbels. Freilich konnte seine Flucht in den Tod nur noch eine Frage von Stunden sein. In seinem persönlichen Testament hatte sich Hitler emphatisch festgelegt: «Ich selbst und meine Gattin wählen, um der Schande des Absetzens oder der Kapitulation zu entgehen, den Tod.»[16]

Den geplanten Selbstmord hatte er mehrfach als Bagatelle ausgegeben. Doch noch im Verlaufe des 29. April gewann die Angst vor dem Verlust seines Lebens die Oberhand. Noch einmal klammerte sich der Gescheiterte an die Hoffnung, an ein Wunder. Immer öfter hatte Hitler in seinen letzten Tagen auf das geraubte, von Anton Graff geschaffene Gemälde Friedrichs des Großen gestarrt, das die Wand seines Arbeitsraumes schmückte.

Wieder und wieder hatte er sich mit dem Schicksal des Preußenkönigs identifiziert, der während des Siebenjährigen Krieges die Giftkapsel ständig bei sich trug und am Ende doch von der bedrohlichen Niederlage durch einen Zufall verschont blieb. Auf einen Zufall, ein Wunder, hoffte auch Hitler bis zum letzten Augenblick. Wenn es nicht geschehe, so meinte er am Vorabend seines Endes, sei alles verloren, werden er und seine Frau sterben.

Das Wunder blieb aus. Statt dessen erreichte Hitler am frühen Abend die Nachricht vom Ende Mussolinis. Der italienische Duce war zwei Tage zuvor von italienischen Partisanen am Comer See aufgegriffen und zusammen mit seiner Geliebten Clara Petacci hingerichtet worden. Widerstandskämpfer hatten die Leichen der beiden nach Mailand transportiert, an einer Tankstelle aufgeknüpft und dem Zorn der leidgeprüften Menge preisgegeben.

Die Vorstellung, daß ihm ein ähnliches Schicksal widerfahren könnte, provozierte Hitlers Befehl, seinen Leichnam wie auch den seiner Frau zu verbrennen. «Ich wünsche nicht», so der Naziführer nach der Überlieferung seines SS-Adjutanten Günsche, «nach meinem Tode in einem russischen Panoptikum ausgestellt zu werden.»[17]

Seine schlotternde Angst vor der Begegnung mit dem Tod übertrumpfte allerdings noch die Sorge um seine sterblichen Überreste. Hitler mißtraute der Wirkung der in seinem Besitz befindlichen Zyankalikapseln, zumal sie von dem Renegaten Heinrich Himmler beschafft worden waren. Um sicherzugehen, opferte er seine Schäferhündin Blondi, an der das Gift zuerst ausprobiert werden mußte.

Noch am 30. April gegen 3 Uhr morgens ließ Hitler durch Bormann ein Telegramm an Dönitz senden, in dem er sich darüber beklagte, daß die Divisionen im Kampfraum Berlin auf der Stelle treten, «statt den Führer herauszuhauen». Und erneut kam Hitlers Gier zur Geltung, möglichst viele in den Strudel seines eigenen Untergangs mit hineinzuziehen. Der Großadmiral erhielt den Befehl, er solle «schnellstens und rücksichtslos gegen alle Verräter vorgehen»[18].

Um 14 Uhr nahm der Faschistenhäuptling die Henkersmahlzeit zu sich. Zur selben Zeit hißten im Kugelhagel der Naziwehrmacht zwei heldenhafte Sowjetsoldaten auf der Kuppel des wenige hundert Meter entfernten Reichstages die rote Fahne mit Hammer und Sichel. Inzwischen hatten sich auch Teile der sowjetischen Armee bereits auf das U-Bahngelände an der Voßstraße vorgearbeitet, das unmittelbar an die Reichskanzlei angrenzte. Hitler mußte sich beeilen, wollte er gegen Überraschungen gefeit sein. Sein Abschied von Bormann, Goebbels und weiteren Vertretern seiner Bunkerumgebung verlief wie in einem Stummfilm. Nur Chefpilot Hans Baur verwickelte den gescheiterten Welteroberer noch in einen Dialog. Er will Hitler angeboten haben, ihn nach Argentinien, Japan oder in ein anderes günstiges Land auszufliegen. Doch Hitler erwiderte Baur zufolge: «Ich mache Schluß! Ich weiß, morgen schon werden mich Millionen Menschen verfluchen ...» Diese späte Erkenntnis des Hauptkriegsverbrechers Nr. 1 entsprang keineswegs einem Anflug von Schuldgefühl. Anklagend fügte Hitler hinzu: «Baur, man müßte auf meinen Grabstein setzen: ‹Er war Opfer seiner Generale!›»[19]

Gegen 15 Uhr verschwand der bestgehaßte Mann des Kontinents zusammen mit Eva Hitler in seinen Privaträumen.

Es war der Zeitpunkt, an dem Hitler zum letzten Mal lebend gesehen wurde. Gebeugt und mit schlaff herabhängenden Schultern lenkte er seine Schritte an jene Stätte, an der er wenig später den Schlußpunkt unter sein schändliches Leben setzen sollte. Der Mann, der ausgezogen war, den Kommunismus bis in alle Ewigkeit

Kiste mit der Leiche Hitlers

zu vernichten und seinen Auftraggebern die Erdkugel zu Füßen zu legen, war total gescheitert. Der blutige Amoklauf des von ihm geführten Regimes hatte das Leben von fünfzig Millionen Menschen ausgelöscht, Hunderttausende zu Krüppeln und Dahinsiechenden gemacht, Europa in ein Trümmerfeld verwandelt. Dem kapitalsten Verbrecher dieses Jahrhunderts blieb jetzt nur noch die Wahl zwischen dem Sturz in den Selbstmord oder der Konfrontation mit dem Gericht der Völker. Die Courage des Führers reichte nicht bis zur Anklagebank. Hitlers Abgang aus dem Leben war in seiner Trivialität und Feigheit typisch für den Charakter und den Geist des Naziregimes. Acht Tage zuvor noch hatte er prophezeit, er werde kämpfend auf den Stufen der Reichskanzlei fallen. Nun war von der heroischen Absicht nicht mehr die Spur geblieben. Hitler hatte

31

Ein Rotarmist zeigt britischen Soldaten die Grube, in der man versucht hatte, die Leichname von Hitler und Eva Braun zu verbrennen

sich auf das Sofa seines Bunkerwohnzimmers verkrochen, um eine Kapsel mit Zyankali zu schlucken. Doch bevor er aus seiner Verantwortung floh und sich aus dem Leben stahl, schickte er noch die Frau an seiner Seite in den Tod. Eva Hitler schluckte das Gift zuerst und bezahlte die Allianz mit dem braunen Diktator mit dem Leben. Die Sterbeszene passierte am 30. April 1945 zwischen 15 und 15.30 Uhr.

Hitlers Leiche wurde, wie auch die seiner Frau, auf den Hof der Reichskanzlei geschafft, mit Benzin übergossen und teilweise verbrannt. Am späten Abend schoben SS-Chargen die Überreste der verkohlten Leichen mit einem Spaten auf eine Zeltplane, versenkten sie in der Nähe des Bunkerausgangs in einen Granattrichter und bedeckten sie mit Erde. Es war ein ruchloses, gebührendes

Ende und von ganz anderer Art, als es Hitler und seine Komplicen erträumt und prophezeit hatten.

In seinem ersten Testament aus dem Jahre 1938 hatte Hitler noch verfügt, seinen Leichnam in der Münchner Feldherrnhalle aufzubahren und im rechten Tempel der Ewigen Wache beizusetzen. Später hatte er sich seine Begräbnisstätte im Glockenturm eines Baumonsters vorgestellt, das über dem Donauufer bei Linz entstehen sollte. Und Himmler hatte gar vorausgesagt, daß Hitlers Gebeine einst im größten und herrlichsten Gebäude der Welt bestattet würden, welches man nach dem Endsieg zu erbauen gedachte. Himmler: «Im Keller wird ein Gewölbe geschaffen werden, das gewaltiger und großartiger sein wird, als es je die Pharaonen erträumt und erbaut haben. Und das wird einmal das Grab Adolf Hitlers sein. In dieser gewaltigsten Halle aller Zeiten wird der goldene Sarg stehen. Er wird besetzt sein mit den Edelsteinen des Urals.»[20]

Es traf keine der Prognosen zu. Statt dessen wurde Hitler zusammen mit seinen Hunden verscharrt, die er zuvor hatte vergiften oder erschießen lassen.

Am 4. Mai 1945 entdeckte der Soldat der Roten Armee Tschurakow in einem Granattrichter auf dem Gelände der Reichskanzlei zwei verbrannte Leichen. Noch ahnte er nicht, auf wessen Überreste er da gestoßen war. Sowjetische Gerichtsmediziner obduzierten die beiden Leichen am 8. Mai 1945 im Leichenschauhaus des Chirurgischen Armeefeldlazaretts Nr. 496 in Berlin-Buch. Anhand der Gebisse sowie aufgrund zahlreicher Zeugenaussagen konnten die durch das Feuer entstellten Leichen eindeutig als die Adolf Hitlers und Eva Brauns identifiziert werden. Die fünfköpfige Expertenkommission, der der gerichtsmedizinische Chefsachverständige der 1. Belorussischen Front, Oberstleutnant des medizinischen Dienstes F. J. Schkarawski, vorstand, kam auf die Leiche Hitlers bezogen zu dem Schluß: «An dem durch Feuer stark verunstalteten Körper wurden keine sichtbaren Zeichen schwerer tödlicher Verletzungen oder Erkrankungen festgestellt. Das Vorhandensein der Überreste einer zerdrückten Glasampulle in der Mundhöhle der anderen Leiche, der ausgeprägte Bittermandelgeruch, der von den Leichen ausgeht, und die gerichtsmedizinische Untersuchung der inneren Organe, wobei Zyanverbindungen festgestellt wurden, gestatten der Kommission, den Schluß zu ziehen, daß der Tod in diesem Falle durch Vergiftung mit Zyanverbindungen verursacht wurde.»[21]

Das gerichtsmedizinische Detail ist deshalb erwähnenswert, weil einige Historiker und Publizisten bis heute überwiegend die Legende verbreiten, Hitler habe sich durch einen Schuß in den Mund mit einer 7,65-mm-Pistole vom Typ Walther getötet.

Letzter Schachzug

Goebbels und Bormann hatten den Flammen, die den Leichnam ihres Führers zu verzehren begannen, nur für ein paar Augenblicke zugeschaut. Sie hatten jetzt Wichtigeres im Sinn. Bormann schickte eiligst ein Telegramm an Dönitz, in dem er ihm die Einsetzung als «Reichspräsident» mitteilte. Am nächsten Morgen, dem 1. Mai, erhielt Dönitz ein weiteres Telegramm des Parteiministers. Diesmal teilte Bormann dem neuen «Staatsoberhaupt» mit: «Ich werde so schnell als möglich zu Ihnen kommen.»[22]

Doch zuvor gedachten Bormann und Goebbels nocht mit dem sowjetischen Gegner zu verhandeln, um eine Atempause zu erreichen, die von Hitler vorgeschriebene «neue» Regierung zu konstituieren und das faschistische Regime in die Nachkriegszeit hinüberzuretten.

Das Arrangement mit der sowjetischen Seite sollte der amtierende Generalstabschef des Heeres, Hans Krebs, zuwege bringen. Die Wahl war nicht zufällig auf ihn gefallen. Krebs hatte vor Ausbruch des Krieges in der deutschen Botschaft in Moskau gearbeitet. Und er kannte Stalin persönlich. Der Parlamentär Hans Krebs traf am frühen Morgen des 1. Mai im Gefechtsstand von General Tschuikow ein. Er gab sich gewichtig und wähnte sich in großer historischer Szene. «Ich werde vertraulich sprechen», erklärte er. «Sie sind der erste Nichtdeutsche, dem ich sage, daß Hitler am 30. April freiwillig von uns ging, indem er Selbstmord verübte.»[23]

Tschuikow reagierte gelassen. Er erweckte im Gegenteil den Eindruck, als sei die Nachricht von Hitlers Ende für ihn keine Neuigkeit mehr. Krebs rückte mit einem weiteren «Trumpf», einem Schreiben von Goebbels, heraus, das für J. W. Stalin bestimmt war.

Der sonst so wortgewaltige Propagandachef schrieb darin kleinlaut: «Ich bin von Bormann ermächtigt, mit dem Führer des Sowjetvolkes Verbindung aufzunehmen. Diese Verbindung ist für Friedensverhandlungen zwischen den Mächten, die die größten Verluste zu beklagen haben, unumgänglich.»[24]

Was Krebs noch verblieb, war die Übergabe von Hitlers Testament, mit dem dieser geglaubt hatte, eine neue, salonfähige Regierung gebildet zu haben. Doch auch damit kam Bormanns und Goebbels' Parlamentär um keinen Schritt seinem Ziel näher. Die Position der sowjetischen Seite war unumstößlich. Tschuikow: «Ich erwarte, daß Sie bedingungslos kapitulieren.» Doch Krebs, dessen Vollmacht begrenzt war, erwiderte niedergeschlagen: «Nein! Wenn wir bedingungslos kapitulieren, werden wir juristisch als Regierung nicht existieren.»[25]

Die Mission des Generalstäblers aber hatte gerade darin bestanden, der «neuen» Regierung die Anerkennung zu verschaffen und die sowjetische Seite zum Waffenstillstand zu verlocken. Ein Unternehmen, dem der Erfolg von vornherein versagt bleiben mußte.

Andernfalls hätte die sowjetische Seite Geist und Buchstaben aller Abmachungen der Antihitlerkoalition aufgeben müssen. Mit einer Regierung, in der nach wie vor Hauptkriegsverbrecher schlimmster Sorte den Ton angaben und die sich dem Testament Hitlers verpflichtet fühlte, konnte es keine Übereinkunft mehr geben.

Unverrichteterdinge mußte Krebs zu seinen Auftraggebern zurückkehren. Gegen 14 Uhr traf er im Bunker der Reichskanzlei wieder ein und erstattete Bericht. Kurz darauf telegrafierte Bormann an Dönitz, daß er noch am selben Tage bei ihm eintreffen werde. Doch am frühen Abend des 1. Mai sprachen die Waffen beider Seiten bereits wieder die gewohnte Sprache.

Im Bunker griff die Idee des Selbstmordes weiter um sich. Goebbels' Reichskanzlerschaft war noch keine vierundzwanzig Stunden alt, als er keinen anderen Ausweg mehr sah, als seinem Führer ins Grab zu folgen. Zwölf Jahre lang hatte er sich wie ein Pfau aufplustern müssen, wenn er die Welt von der Allmacht und der Unüberwindbarkeit des faschistischen Herrenmenschen zu überzeugen suchte. Denn er selbst war schon rein äußerlich alles andere als der gelungene Entwurf eines Menschen. Der angeborene Klumpfuß, der zu kurz geratene Rumpf, auf dem ein überdimensionaler Schädel thronte, stempelten ihn eher zu einer Art Gegenbeweis gegen die Höherwertigkeit der faschistischen Führerclique.

Gleich Hitler hatte der professionelle Anwalt des Völkermordes auf ein Wunder gesetzt. Als er vor Tagen, es war der 13. April, vom Tode des amerikanische Präsidenten F. D. Roosevelt erfahren hatte, kam sein Realitätsverlust noch einmal drastisch zum Ausbruch. Spontan hatte er damals zum Hörer gegriffen, um Hitler anzurufen. Goebbels: «Mein Führer, ich gratuliere Ihnen. Es steht in den Sternen geschrieben, daß die zweite Aprilhälfte für uns den Wendepunkt bringen wird.»[26]

Am Nachmittag des 1. Mai 1945 war die Euphorie des Josef Goebbels in alle Winde verflogen. Seinen Richtern ins Auge zu schauen, diese Möglichkeit erwog er nicht einmal. Doch der Propagandachef und Gauleiter von Berlin besaß, im Gegensatz zu Hitler, Familie, hatte sechs Kinder im Alter zwischen vier und zwölf Jahren. Was sollte aus ihnen werden?

Der Zahnarzt Helmut Kunz, der an der Tötung der Goebbelskinder beteiligt war, sagte später, in sowjetische Gefangenschaft geraten, darüber aus: «Ebenso wie seiner Frau bot ich auch Goebbels an, die Kinder im Lazarett unterzubringen und unter den Schutz des Roten Kreuzes zu stellen. Er erwiderte aber: ‹Das geht nicht; es sind doch die Kinder von Goebbels! ...› Nachdem ich allen Kindern Morphium eingespritzt hatte, ging ich aus dem Kinderschlafzimmer in den benachbarten Raum hinaus und wartete dort zusammen mit Frau Goebbels ab, bis die Kinder eingeschlafen waren. Sie bat mich, ihr zu helfen, den Kindern das Gift zu geben.»[27]

Kunz, der in der Sanitätsverwaltung der SS in der Reichskanzlei tätig war, will sich dem Ansinnen von Magda Goebbels verweigert haben. Folgt man seiner Aussage, so haben sich zu dem Zeitpunkt, da man in den Mündern der Kinder Zyankalikapseln zerdrückte, nur deren Mutter und Dr. Ludwig Stumpfegger, ein Begleitarzt Hitlers, am Tatort befunden. Wer auch immer den Kindermord ausgeführt haben mag, er geschah unter ausdrücklicher Anstiftung beider Eltern, die Gefangene der eigenen Greuelpropaganda und eines unfaßbaren Fanatismus waren.

Nachdem seine Kinder ihr Leben ausgehaucht hatten, war auch Goebbels bereit, sich davonzustehlen. Dem intellektuellen Zyniker kam selbst im Angesicht des eigenen Todes keine Silbe der Reue über die Lippen. Vor Tagen hatte er im Gegenteil bei der Verabschiedung von seinen Mitarbeitern noch schwerste Vorwürfe gegen die Deutschen erhoben. Nicht weil Hitler, sondern weil das Volk versagt habe, sei der Krieg verlorengegangen. Die Ideale und Ziele des Nationalsozialismus seien zu erhaben, zu edel für die Deutschen gewesen, das Volk zu feige, sie zu verwirklichen. Es verdiene das Schicksal, das ihm jetzt bevorstehe. Und an seine Vertrauten gewandt: «Jetzt wird Ihnen das Hälschen durchgeschnitten! Aber, wenn wir abtreten, dann soll der Erdkreis erzittern.»[28]

Gegen 21 Uhr verließ Goebbels Arm in Arm mit der Mörderin seiner Kinder den Bunker der Reichskanzlei. Die Feigheit, die er in grenzenloser Anmaßung dem von ihm und seinesgleichen mißbrauchten Volk zugesprochen hatte, bemächtigte sich jetzt seiner selbst. Zwar hatte er den traurigen Mut besessen, noch fünf Minuten vor zwölf Deserteure und sogenannte Defätisten erschießen oder erhängen zu lassen. Jetzt war auch er zum Deserteur geworden. Doch sich selbst eine Kugel durch den Kopf zu jagen, dazu reichte seine Courage nicht. Wenige Schritte vom Ausgang des Bunkers entfernt zerbissen Goebbels und seine Frau je eine Zyankalikapsel.

Bormann indessen war fest entschlossen, den Bunker lebend zu verlassen und sich ins norddeutsche Plön zu Dönitz durchzuschlagen. Während Goebbels' Körper in den Flammen des Benzins schmorte, das SS-Chargen hastig über seine Leiche und die seiner Frau gegossen hatten, wähnte sich Bormann als der erste unter den Ministern. Noch immer war er von dem Wahn beseelt, ein Stück Geschichte jenes Reiches zu schreiben, dessen klinisches Ende bereits eingetreten war. In seinem lächerlichen Ehrgeiz fühlte er sich um so mehr bestärkt, als ihn Hitler «als meinen treuesten Parteigenossen» zum Testamentsvollstrecker bestimmt hatte.

Als Bormann zusammen mit anderen Vertrauten Hitlers zum Ausbruch aus dem Bunker ansetzte, war der militärische Ring der angreifenden Rotarmisten um das Gelände der Reichskanzlei so gut wie geschlossen. Dennoch wagte er zusammen mit SS-Brigadeführer Wilhelm Mohnke, Reichsjugendführer Artur Axmann, Staatssekretär Werner Naumann, Hitlers Chefpilot Hans Baur sowie seinem Fahrer Erich Kempka und weiteren SS-Leuten den Ver-

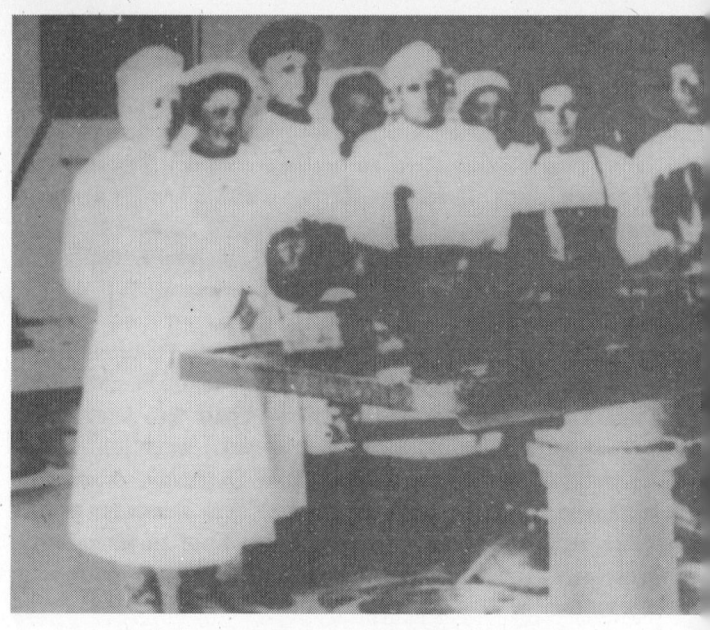

Obduktionskommission vor der Leiche von Goebbels

such, sich durch die sowjetischen Linien hindurchzuschlagen. Bormann gelangte bis in die Nähe des Lehrter Bahnhofs. Hier kam er in den Flammen jenes Krieges um, den er mitentfesselt und bis fünf nach zwölf bewußt verlängert hatte.

Da die Aussagen von Fluchtkomplicen, die den Bunkerausbruch überlebt hatten, über Bormanns Verbleib widersprüchlich waren, ging das Nürnberger Internationale Militärtribunal (IMT) von der Möglichkeit aus, daß der Leiter der faschistischen Parteikanzlei noch am Leben sei. Bormann wurde durch die Nürnberger Richter in Abwesenheit zum Tode verurteilt. Jahrzehntelang war sein Schicksal geheimnisumwoben. Immer wieder tauchten Gerüchte auf, wonach er in Argentinien oder auch in einem westeuropäischen Land untergetaucht sei. Erst im Dezember 1972 wurden nahe der Berliner S-Bahn-Station Lehrter Bahnhof zwei Skelette gefunden, die von sich reden machten. Bei dem einem fand man relativ schnell heraus, daß es sich hierbei um die Überreste des Hitler-Arztes Dr. Stumpfegger handelte. Das andere identifizierten Gerichtsmediziner, Zahnärzte und Anthropologen schließlich als das Martin Bormanns. Den Legenden um den dickleibigen Schreibtischmörder mit dem Bulldoggengesicht war damit ein Ende bereitet. Am 11. April 1973 verbreitete die Generalstaatsanwaltschaft des Landes Hessen ·in einer amtlichen Mitteilung, daß Bormann «in der·Nacht zum 2. Mai 1945 zwischen 1 und 3 Uhr auf der Eisenbahnbrücke der Invalidenstraße in Berlin … gestorben ist»[29].

Hitlers Nachfolger wird verhaftet

Am selben Tage, an dem Bormann umkam, bildete Großadmiral Dönitz im holsteinischen Plön eine «Geschäftsführende Reichsregierung». Ausgerechnet jener Mann, der seine Legitimation ausschließlich aus dem Willen des Hauptkriegsverbrechers Hitler herleitete und der trotz der furchtbaren Geschehnisse einer der glühendsten Verehrer des Führers geblieben war. Noch am 11. April 1945 hatte Dönitz in einem Geheimerlaß «prophezeit»: «Spätestens in einem, vielleicht noch in diesem Jahr wird Europa erkennen, daß Adolf Hitler in Europa der einzige Staatsmann von Format ist.»[30]

Da er Hitlers Testament im Detail nicht kannte, nahm er in das neue Kabinett vorwiegend Leute seiner Wahl auf. Einer Anregung Albert Speers folgend, berief er den bisherigen Reichsfinanzminister Graf Schwerin von Krosigk zum Außenminister sowie zum Ersten Minister der neuen «Regierung». Himmler und Hitlers bisheriger Außenminister Joachim von Ribbentrop hatten bis zuletzt um Ämter im neuen Kabinett gerangelt. Nachdem der SS-Chef mit seinem einseitigen Kapitulationsangebot bei den Westmächten abgeblitzt war, malte er sich zunächst noch den zweiten Platz im Staate aus. Als er Dönitz seine Offerte antrug, will Hitlers Nachfolger erwidert haben: «Das ist unmöglich. Ich habe keine Verwendung für Sie.»[31] Hilfesuchend wandte sich der faschistische Massenmörder an den neuen Außenminister. Doch Schwerin von Krosigk zeigte

Komplicen im Zenit ihrer Macht: Rüstungsminister Speer und Großadmiral Dönitz (v. l.)

sich gegenüber Himmlers Schicksal völlig gleichgültig. Er riet dem SS-Oberhaupt: «Es gibt für Sie keinen anderen Weg, als zu Montgomery (dem Oberbefehlshaber der britischen Streitkräfte – d. A.) zu fahren und zu sagen: ‹Hier bin ich.› Dann müssen Sie die Verantwortung für Ihre Männer übernehmen.»[32]

Auch Joachim von Rippentrop, der schwerbelastete Exaußenminister, hatte keine Chance, in die Dönitzregierung einzutreten. Dafür war die Kalkulation der Figuren um Dönitz zu sehr von List geprägt. In Gestalt der «Geschäftsführenden Reichsregierung» sollte dem Ausland ein salonfähiges, möglichst unpolitisches Kabinett vorgegaukelt werden, in dem sogenannte Fachleute den Ton angaben. Welchen Kurs Dönitz und seine Berater in Wahrheit verfolgten, hatte das neue Staatsoberhaupt bereits am 1. Mai ausgeplaudert. In Goebbelsmanier hatte Dönitz in einer Rundfunkansprache erklärt: «Meine erste Aufgabe ist es, deutsche Menschen vor der Vernichtung durch den bolschewistischen Feind zu retten. Nur für dieses Ziel geht der militärische Kampf weiter.»[33]

Einen Tag später übertraf Schwerin von Krosigk seinen Reichspräsidenten noch an demagogischer Unverfrorenheit. Er malte ein Schreckgespenst des Kommunismus an die Wand, wie es selbst Hitler nicht ärger vermocht hätte. Angst vor dem Einfluß der sowjetischen Siegermacht sprach aus jeder Silbe, die er am 2. Mai in die Mikrofone des «Deutschen Rundfunks» kreischte: «Im Osten wird der eiserne Vorhang immer weiter vorgerückt, hinter dem, den Augen der Welt entzogen, das Werk der Vernichtung der in die Gewalt der Bolschewisten gefallenen Menschen vor sich geht ... Je mehr aber von dem Raum des deutschen Ostens, der die Ernäh-

**Während der Kapitulationsverhandlung in Berlin-Karlshorst:
die Generale Stumpff, Keitel und Friedeburg (v. l.)**

rungsgrundlage der hungernden Menschen im Westen sein müßte,
in die Hände der Bolschewisten fällt, um so rascher und furchtba-
rer wird die Hungersnot über Europa kommen.»[34]

Das Ziel der Dönitzleute war eindeutig: ein Separatabkommen
mit den USA und Großbritannien zu schließen, um das beste-
hende Herrschaftssystem in Deutschland zu erhalten, die Reste
der Hitlerwehrmacht zu retten und den Krieg gegen die Sowjetunion fortzusetzen. Wäre dieses Konzept geglückt, hätte sich für
Dönitz und Genossen zugleich auch das Problem der persönlichen
Haftung für die von ihnen begangenen Verbrechen gelöst. Dies
schien um so wahrscheinlicher zu sein, als sowohl amerikanische
wie auch britische Kreise nicht abgeneigt waren, den deutschen
Hauptkriegsverbrechern ein Gerichtsverfahren zu ersparen.

Doch den Pakt mit dem Teufel konnten sich jetzt weder die USA
noch Großbritannien leisten. Und so stießen bereits am 2. Mai britische Verbände von der Elbe nach Lübeck und amerikanische

Truppen über Schweden nach Wismar vor. Dönitz und seinem Stab wurde der Boden in Plön zu heiß. Noch am Abend desselben Tages suchte man in dem nördlicher gelegenen Marinestützpunkt Flensburg Zuflucht. Von hier aus verfolgte Dönitz die doppelbödige Taktik von Teilkapitulationen an der Westfront. Der erhoffte vorteilhafte Schlußakt blieb dennoch aus. In den frühen Morgenstunden des 7. Mai sah sich Dönitz letztlich genötigt, das vorläufige Protokoll der Kapitulation zu akzeptieren, das Generaloberst Alfred Jodl um 02.41 Uhr in Reims unterzeichnete. Einen Tag später unterschrieb der Chef des OKW, Generalfeldmarschall Wilhelm Keitel, in der Festungspionierschule in Berlin-Karlshorst im Auftrag von Dönitz die Urkunde über die bedingungslose Kapitulation. Es war dies der juristische Schlußstrich unter den verheerendsten Krieg der Geschichte.

Drei Tage später, am 11. Mai, wurde Keitel als einer der führenden Hauptkriegsverbrecher gefangengenommen. Die Regierung Dönitz indessen «residierte» noch immer in Flensburg-Mürwick. Es schien, als sei hier die Zeit stehengeblieben. Noch frönten die Dönitzleute dem absurden Glauben, daß ihre längst verwirkten Staatsämter sie vor dem Tribunal der Antihitlerkoalition bewahren würden. Obgleich sie samt und sonders zwölf Jahre lang durch ein Meer von Blut und Tränen gewatet waren, glaubten sie nicht nur an ihre Freiheit, sondern gar daran, weiter zu regieren. Im Sender Flensburg, noch immer in der Hand des Faschistenklüngels, betonte Dönitz, er werde an der Spitze Deutschlands bleiben, solange das Volk keinen neuen Führer gewählt hat. Freilich wurde er in dieser Ambition durch das Wohlverhalten der anglo-amerikanischen Siegermächte erheblich bestärkt.

Hitlers Bild durfte weiterhin die Wände in den Diensträumen der «Geschäftsführenden Reichsregierung» zieren. Und das entsprang keineswegs nur einer rituellen Gewohnheit. Dönitz dachte nicht daran, die Nazipartei zu verbieten, sondern hob – in nebulöser Diktion – lediglich die «Einheit von Partei und Staat» auf. Noch am 15. Mai entblößte er in einer Anweisung zur «Ausrichtung des Offizierskorps» ein Stück seiner faschistischen Strategie: «Die wahre Volksgemeinschaft, die der Nationalsozialismus geschaffen hat, muß erhalten werden; der Wahnsinn der Parteien, wie er vor 1933 herrschte, darf nicht wieder Platz greifen.»[35]

Erst auf Drängen der sowjetischen Seite pfiff schließlich am 23. Mai ein anderer Wind über Flensburg, das bis dahin unbesetzt geblieben war. An jenem Tage rückte ein Bataillon britischer Militärpolizei in die Stadt ein. Dönitz, Speer, Jodl und andere «Regierungsmitglieder» wurden festgenommen und in das geheimgehaltene Untersuchungsgefängnis im Palast-Hotel im luxemburgischen Bad Mondorf verbracht. Hier waren die Spitzenränge des Naziregimes nicht mehr Verhandlungspartner, sondern Beschuldigte. Hier galten nicht mehr die Regeln der Diplomatie, sondern die der Strafprozeßordnung. Und hier gab es wie auch später im Nürnberger Gerichtsgefängnis kein Entrinnen mehr.

Himmlers Flucht scheitert

Am selben Tage, da Dönitz und seine Clique den Weg in die Untersuchungshaft antreten mußten, vollendete sich das Schicksal Heinrich Himmlers. Schon am 3. Mai hatte er an seine Mordkolonne die Devise ausgegeben: Taucht unter in der Wehrmacht! Seine persönliche Flucht aus der Verantwortung begann am 10. Mai 1945. An jenem Tage schlüpfte der Reichsführer SS in eine Uniform der Geheimen Feldpolizei und legte sich einen Wehrpaß zu, der auf den Namen Heinrich Hinzinger lautete, einen Mann, der vom Volksgerichtshof zum Tode verurteilt worden war. Um seine Identität so perfekt wie möglich zu verwischen, veränderte er zudem sein Aussehen, da er längst weltweit ebenso bekannt wie berüchtigt war. Himmler rasierte sich den Schnurrbart ab und legte eine Augenklappe an. Sein Versuch, sich durch die englischen Kontrollposten hindurchzuschmuggeln, scheiterte dennoch. Am 23. Mai wurde er zusammen mit mehreren Komplicen, darunter SS-Gruppenführer Otto Ohlendorf, festgenommen.

Schon wenig später landete der Berufsmörder in einem Vernehmungslager der britischen Militärpolizei nahe Lüneburg. Als Himmler plötzlich dem Kommandanten des Lagers, Captain Selvester, gegenüberstand, leugnete er seine Identität nicht länger. Er band die schwarze Augenklappe, mit der er sein linkes Auge verdeckt hatte, ab, setzte seine Brille auf und stellte sich zur Verblüffung des Captains mit seinem echten Namen vor. Der nach Hitler am meisten belastete Kriegsverbrecher schien für einen Augenblick sein Selbstbewußtsein wiedergefunden zu haben. Als sich noch am Abend Oberst Michael Murphy, Leiter des Geheimdienstes im Stab von Feldmarschall Montgomery, für ihn interessierte, setzte Himmler noch einmal alles auf eine Karte und verlangte, Montgomery persönlich zu sprechen. Die Geheimdienstler der Royal Army quittierten Himmlers Ansinnen nur mit einem spöttischen Lächeln. Ernster nahmen sie, daß in der Kleidung des Gefangenen eine Giftampulle gefunden wurde. Prompt ordnete Oberst Murphy, um einem zu befürchtenden Selbstmord vorzubeugen, eine ärztliche Untersuchung an. Als der Mediziner Himmler im Halbdunkel der Zelle in den Mund schaute, entdeckte er etwas Schwarzes zwischen dessen Zähnen. Der Arzt suchte den Kopf des Gefangenen ins Helle zu ziehen, um der Sache auf den Grund zu kommen. Im selben Augenblick drehte sich Himmler zur Seite und zerbiß eine schwarze Kapsel, die nichts anderes als Zyankali enthielt. Der ranghöchste und zugleich widerlichste aller SS-Verbrecher, der die Ermordung von Millionen Unschuldiger aus ganz Europa zu verantworten hatte, vollstreckte das Todesurteil, um das er gewiß nicht herumgekommen wäre, selbst.

Das Beispiel von Hitler, Goebbels und Himmler blieb nicht ohne Nachahmung. Ihrer feigen Flucht vor Schuld und Verantwortung schlossen sich weitere exponierte Naziverbrecher, darunter sieben Gauleiter der Nazipartei, an. Auch der Massenmörder jüdischer Menschen Odilo Globocnik nahm Gift. Der «Reichsarzt SS und Polizei», Prof. Ernst Grawitz, jagte sich samt Familie mit zwei Handgranaten in die Luft. Reichsgesundheitsführer Dr. Leonardo Conti, in die gräßlichen Medizinverbrechen des Naziregimes verstrickt, erhängte sich am 6. Oktober 1945 am Fenstergitter seiner Zelle im Nürnberger Kriegsverbrechergefängnis mit einem Handtuch. Wenig später folgte, bereits im Besitz der Anklageschrift, der Chef der faschistischen Deutschen Arbeitsfront, Robert Ley, der sich am Wasserhebel der WC-Ecke strangulierte. Göring schließlich schluckte in der Nacht vom 15. zum 16. Oktober 1946, zwei Stunden bevor er hätte unter den Galgen treten müssen, Zyankali.

Die Masse der faschistischen Kriegsverbrecher indessen überlebte das Ende des zweiten Weltkrieges. Für die Mächte der Antihilterkoalition hatte schon lange festgestanden: Die faschistischen

Banditen werden an den Stätten ihrer Greueltaten vor Gericht gestellt. Das entsprach auch dem international gültigen Prinzip des Tatorts. Bereits im Oktober 1943 hatten die «Großen Drei» – Stalin, Roosevelt und Churchill – hierfür die völkerrechtliche Weiche gestellt. Ihre damalige Voraussage über die Behandlung der Verbrecher gegen die Menschlichkeit sollte alsbald Realität werden: Die drei alliierten Mächte werden die Schuldigen «bis in die entferntesten Schlupfwinkel der Erde verfolgen und ihren Anklägern ausliefern, damit Gerechtigkeit ihren Lauf nehme»[36].

Figuren wie beispielsweise der Ministerpräsident des profaschistischen Vichyregimes in Frankreich, Pierre Laval, oder der Chef der norwegischen Marionettenregierung, Vidkun Quisling, dessen Name zum Synonym für Kollaborateure wurde, kamen noch im letzten Kriegsjahr vor nationale Gerichte. Beide wurden bereits im Oktober 1945 in ihren Heimatländern hingerichtet.

Im Falle der Hauptverantwortlichen des deutschen faschistischen Regimes war ein geographisch bestimmter Tatort nicht gegeben. Sie hatten ihre Verbrechen im Maßstab eines ganzen Kontinents verübt. Zu ihrer Aburteilung gründeten die vier Hauptmächte der Antihitlerkoalition ein gemeinsames Gericht, den Internationalen Militärgerichtshof. Hier hatten sich seit dem 20. November 1945 21 der deutschen Hauptkriegsverbrecher zu verantworten. Zudem war Martin Bormann in Abwesenheit angeklagt.

Nur einer war schuld?

Schon im Untersuchungsverfahren, aber erst recht auf der Anklagebank in Nürnberg erwiesen sich die meisten der Beschuldigten als feige, erbärmliche Gestalten. Sie alle gaben oder empfanden sich gar als unschuldig. Sie wollten weder am Friedensbruch des Naziregimes beteiligt gewesen sein noch von der Unzahl faschistischer Greueltaten gewußt haben. Viele der angeklagten Staatsmänner, Parteifunktionäre und Militärs kehrten Hitlers Bild, wie es die faschistische Propaganda gezeichnet hatte, jetzt demagogisch ins Gegenteil. Buchstäblich bis fünf Minuten nach zwölf hatten sie den Führer als allmächtigen Heilsbringer des Volkes, als Held der Helden deutscher Geschichte, als Messias der abendländischen Kultur und als begnadeten Herrscher mit übermenschlichem Format gefeiert, der jeder Kritik wie jedem Zweifel entrückt war. In Nürnberg stempelten sie Hitler nun zu einem bösen, allmächtigen Dämon, zu einem Teufel, vereinzelt auch zu einem Geisteskranken, auf jeden Fall aber zu einem Alleintäter, an dessen Verbrechen schlimmstenfalls der tote Himmler, Bormann oder auch Goebbels beteiligt gewesen seien.

Joachim von Ribbentrop, Spezialist des Naziregimes für Friedens- und Vertragsbruch, erklärte seinen Richtern mit Blick auf Hitler: «Man macht mich für die Führung der Außenpolitik verantwortlich, die ein anderer bestimmte.»[37] Selbst ein Ernst Kaltenbrunner, der als Chef der Sipo, des SD und des RSHA, des Gehirntrusts der faschistischen Vernichtungsmaschinerie, die Mitverantwortung für den Mord an mehreren Millionen Menschen aus allen Teilen Europas trägt, hatte die Stirn zu sagen: «In der Judenfrage wurde ich ebensolange getäuscht wie andere hohe Funktionäre. Ich habe niemals die biologische Ausrottung des Judentums gebilligt oder geduldet ... Der Antisemitismus Hitlers, wie wir ihn heute feststellen, war Barbarei.»[38]

Und was meinte Julius Streicher, der schmierigste der Pogromhetzer des Naziregimes und servile Hitleranbeter? «Die Massentötungen sind ausschließlich und ohne Beeinflussung auf Befehl des Staatsführers Adolf Hitler erfolgt.»[39]

Hans Fritzsche wiederum, der das Gift der faschistischen Ideologie jahrelang in die Medien des Nazireiches geträufelt hatte, wollte gar «durch die Entdeckung sorgfältig gehüteter Geheimnisse in ihm (Adolf Hitler – d. A.) den Teufel erkennen»[40].

Aber auch die Anwälte suchten im Nürnberger Gerichtssaal ein metaphysisches Bild des Faschistenführers zu entwerfen. Dr. Laternser beispielsweise, der den Generalstab und das OKW sowie den Angeklagten Fritz Sauckel verteidigte, vertrat den Standpunkt: «Der Diktator übte die ihm gegebene Macht mit einer an das Dämonische grenzenden Willenskraft aus. Neben ihm gab es keinen Willen, keinen Plan, keine Verschwörung ...»[41]

Ein einzelner, eine Unperson also sollte Minister und Generale, Konzernherren und Wehrwirtschaftsführer, Beamte und Ideologen gleich willenlosen Werkzeugen in den Strudel seiner Verbrechen gezogen haben? Ein einzelner sollte die Weimarer Republik aus den Angeln gehoben, den Weltkrieg verursacht und den in der Geschichte einzig dastehenden Völkermord verschuldet haben? Diese Deutung des Geschehenen entsprach der idealistischen Sicht, wonach Männer die Geschichte machen. Durch sie wurde die Taktik der Angeklagten und ihrer Verteidiger bestens bedient. Wenn Hitler die alleinige Verantwortung für die Verbrechen des Faschismus trug, so waren alle übrigen frei von Schuld und brauchten Sühne für die Millionen Opfer nicht zu befürchten.

Manche der Beschuldigten und ihre Anwälte blickten schon in Nürnberg über den Horizont des Prozesses hinaus. Ihnen ging es um mehr als nur um die persönliche Rechtfertigung der Angeklagten. Leute wie Speer, einst der listigste Vertreter der Monopole in der Hitlerregierung, dachten selbst auf der Anklagebank schon wieder oder immer noch an das Überleben und die Zukunft des monopolkapitalistischen Systems. Wäre es gelungen, Hitler mit der Schande dieses Jahrhunderts zu identifizieren, wäre auch der Schoß, aus dem der Faschismus gekrochen war, mit dem Schleier der Unschuld bedeckt worden. Auf eben diesen Zweck zielte Speers Prognose, die er in seinem Schlußwort vor dem Gericht am 31. August 1946 stellte: Das deutsche Volk «wird nach diesem Prozeß Hitler als den erwiesenen Urheber seines Unglücks verachten und verdammen»[42].

Bis heute schreiben einige Ideologen die Hitlerlegende, die seine Komplicen im Gerichtssaal von Nürnberg ersponnen hatten, fort. Der amerikanische Historiker John Toland beispielsweise schließt seine Hitlerbiographie mit den Sätzen: «Seinetwegen lag Deutschland in Trümmern. Seinetwegen waren Millionen Soldaten gefallen.»[43]

Für Golo Mann, einen prominenten bundesdeutschen Historiker, war der Faschistenführer ein Monstrum. «Er wurde ‹Führer›, Tyrann, Eroberer, er gab Deutschland, wenn nicht für 1000 Jahre, so doch für zwei oder drei, die Herrschaft über Eurasien, weil er es wollte.»[44]

Besonders maßlos überhöht und verabsolutiert Joachim C. Fest, bekanntester Hitlerbiograph der BRD und Mitautor des demagogischen Bestsellerfilms «Hitler – eine Karriere», die Rolle des Naziführers: «Tatsächlich war er in einem wohl beispiellosem Grade *alles aus sich und alles in einem:* Lehrer seiner selbst, Organisator einer

Partei und Schöpfer ihrer Ideologie, Taktiker und demagogische Heilsgestalt, Führer, Staatsmann und, während eines Jahrzehnts, *Bewegungszentrum der Welt.*»[45] (Hervorhebungen d. A.)

Auf diese Art wird ein einzelner zur alleinigen Triebkraft der Geschichte aufgewertet, damit man die Masse der Verantwortlichen von Haftung freistellen kann. Ein einziger, wenngleich gravierender Faktor wird zur Ursache aller Dinge erklärt, damit der soziale Boden des Faschismus aus dem Blickfeld des Betrachters verschwindet. Entspräche das bürgerliche Hitlerbild der Realität, erwiese sich der Faschismus als das Geschöpf einer willkürlichen Laune der Geschichte. Die Beziehung zwischen Monopolherrschaft und Naziregime wäre ausgeräumt, von historischer «Schuld» der Steigbügelhalter Hitlers brauchte nicht mehr die Rede sein.

Stefan Zweig beklagte schon die Neigung der Menschen zur Legende und schrieb: «Legende aber ist immer, gerade durch das Verführerische, durch den Abglanz der Vollkommenheit, der gefährlichste Feind der Wahrheit ...»[46] In Hitlers Falle kommt ihr entgegen, daß den meisten die Physiognomie und der Gestus des Faschistenführers gegenwärtig sind, sei es noch aus eigenem Erleben oder auch durch Vermittlung der Medien. Sie kennen seinen fanatischen Gesichtsausdruck, die stechenden, introvertierten Augen, seine grollende, sich mitunter hysterisch überschlagende Stimme. So ist Hitler nach einem treffenden Wort Wolfang Ruges «für Millionen Menschen eine faßbare Gestalt, während sie sich unter dem Finanzkapital oder gar unter bestimmten Elementen desselben kaum etwas Konkretes vorstellen können»[47].

Darin liegt eine Schwierigkeit, aber auch die Notwendigkeit begründet, objektive wie subjektive Ursachen des Faschismus schonungslos offenzulegen.

Warum ausgerechnet Hitler?

Wie oft ist die Frage gestellt worden, ob nicht alles oder jedenfalls vieles anders gekommen wäre, hätte es diesen Hitler, den zweifellos gefährlichsten und schlimmsten unter den Naziverbrechern, nicht gegeben. Wäre der Menschheit in diesem Falle der zweite Weltkrieg oder wenigstens die industrielle Vernichtung von Teilen fremder Völker erspart geblieben? Diese Frage bewegt auch heute noch die Gemüter und die Phantasie der Menschen. Und man kommt nicht umhin, sich dem Problem zu stellen.

Hitler gehört zu unserer Geschichte, ob es uns paßt oder nicht. Schon Seneca, der von Nero zum Selbstmord gezwungen wurde, wußte, daß das Unrecht von Herrschern weit in die Geschichte hineinreicht, und meinte: «Ihre Schande und der Haß gegen sie pflanzt sich durch die Jahrhunderte fort.»[48]

Historische Figuren, selbst solche negativster Natur, einzuordnen ist immer mit der Frage nach der Rolle der Persönlichkeit in der Geschichte verquickt. Von Friedrich Engels wissen wir, daß das Auftauchen der sogenannten großen Männer eine Frage der Zufälligkeit ist, freilich immer als «Ergänzung und Erscheinungsform» der Notwendigkeit. In diesem Zusammenhang schrieb Engels: «Hier kommen dann die sogenannten großen Männer zur Behandlung. Daß ein solcher und gerade dieser zu dieser bestimmten Zeit in diesem gegebenen Lande aufsteht, ist natürlich reiner Zufall. Aber streichen wir ihn weg, so ist Nachfrage nach Ersatz da; und dieser Ersatz findet sich …, das ist bewiesen, dadurch, daß der Mann sich jedesmal gefunden, sobald er nötig war: Cäsar, Augustus, Cromwell etc.»[49]

Nicht anders verhielt es sich mit Hitler. Da bestimmte Kreise der Monopolbourgeoisie den Faschismus anstrebten und zu brauchen glaubten, hatten sie auch Bedarf an einem «starken Mann», einem Führer und Dikatator. Es gehörte ja gerade zur Psychologie faschistischer Machtausübung, alle Staatsgewalt zum Schein in eine einzige Hand zu legen und den Führer zu einem allmächtigen, unfehlbaren, übermenschlichen Wesen hochzustilisieren, damit seine Worte auf blinden Glauben und seine Taten auf grenzenloses Vertrauen stießen.

Daß die Wahl der reaktionärsten Elemente ausgerechnet auf Hitler fiel, hatte natürlich mit den Eigenschaften, auch den Fähigkeiten des Naziführers zu tun. Aber es wären auch andere denkbar gewesen, die seinen Platz hätten einnehmen und seine verbrecherische Mission erfüllen können. Gossweiler hat zu Recht auf Figuren wie Gregor Strasser und Hermann Göring, aber auch auf Julius Streicher und Hermann Esser verwiesen.[50] Auch Joseph Goebbels wäre zu späterer Zeit in Frage gekommen.

Freilich war es für viele unfaßbar, wie man eine derart exaltierte, skrupellose und aggressive Natur an das Ruder des deutschen Staatsschiffes stellen konnte. Der Arbeiterdichter Erich Weinert gab damals dem Unverständnis vieler seiner Zeitgenossen darüber in seinem polemischen Gedicht «Der Führer» Ausdruck.

«Manch gekrönter Abenteurer
Hat in Deutschland schon regiert,
Manche polternden Erneuerer
Haben uns schon angeführt.
Viel war nie davon zu halten;
Doch man konnt es noch verstehn:
Diese, auch als Staatsgewalten,
Waren immerhin Gestalten –
      Aber ausgerechnet den?»[51]

Was veranlaßte also die Interessenten am Faschismus, Hitler zu ihrem Mann, zum Sachwalter ihrer Interessen zu machen? Vor allem und zuerst seiner Eignung und seiner Erfolge wegen. Mit List und Tücke hatte er es nicht nur vermocht, sich als unumstrittene Führungsfigur seiner Partei aufzubauen. Er hatte sich, vor allem im Sinne der Herrschenden, als glänzender Agitator und Massenverführer erwiesen, als unüberhörbarer «Trommler», dessen Töne auch in Teilen des Proletariats auf günstige Resonanz gestoßen waren. Keiner hatte es so geschickt wie er verstanden, den Januskopf des Demagogen zur Schau zu tragen. Je nach den Umständen gab sich das eine Gesicht antibürgerlich und volksverbunden, das andere arbeiter- und gewerkschaftsfeindlich. Das eine mimte Anteilnahme an den sozialen Nöten der Millionen Kleinbürger und der Arbeiterklasse, auf dem anderen spiegelte sich bedingungslose Servilität gegenüber den Mächten des Großkapitals.

Aber es gab auch Gründe, die in der Biographie und im Charakter des Naziführers lagen. Die machthungrige, aber diskreditierte Oberschicht brauchte einen Mann als Aushängeschild, der von seiner Herkunft und seinem Besitzstand keinen Verdacht erregte, also Außenseiter war. Der rechtsextremistische Schriftsteller Dietrich Eckart, dem Hitler später ein gut Teil seiner Halbbildung verdankte, fing die Vision der Reaktionäre vom starken Mann schon 1919 in diesen Zeilen ein: «Ein Kerl muß an die Spitze, der ein

Hitler als Schüler (oberste Reihe Mitte)

Maschinengewehr hören kann. Das Pack muß Angst in die Hosen kriegen. Einen Offizier kann ich nicht brauchen, vor denen hat das Volk keinen Respekt mehr. Am besten wäre ein Arbeiter, der das Maul auf dem rechten Fleck hat. Herrgott, wenn Noske nicht solch' ein ... gewesen wäre! Verstand braucht er nicht viel, Politik ist das dümmste Geschäft in der Welt. Ein eitler Affe, der den Roten eine saftige Antwort geben kann und nicht vor jedem geschwungenen Stuhlbein davonläuft, ist mir lieber als ein Dutzend gelehrter Professoren, die zitternd auf dem feuchten Hosenboden der Tatsachen sitzen. Es muß ein Junggeselle sein, dann kriegen wir die Weiber.»[52]

Mit manchem von dem, was Eckart und seinen Gesinnungsfreunden vorschwebte, konnte der dreißigjährige Reichswehrspitzel Adolf Hitler schon aufwarten, als er im September 1919 erstmals die Bühne der Politik betrat. Er war gewissermaßen ein Mann ohne Vergangenheit. Jedenfalls hatte er bis dahin nichts Nennenswertes in seinem Leben zuwege gebracht. Am 20. April 1889 in Braunau am Inn geboren, hatte der Zollbeamtensohn schon in jungen Jahren systematische Arbeit als Bevormundung und Zwang empfunden. Der Deutsch- und Französischlehrer Eduard Huemer attestierte seinem einstigen Schüler im Münchner Putschprozeß: «Hitler war entschieden begabt, wenn auch einseitig, hatte sich aber wenig in der Gewalt, zum mindesten galt er auch für widerborstig, eigenmächtig, rechthaberisch und jähzornig ... Er war auch nicht fleißig.»[53]

Die Realschule in Linz verließ Hitler ohne Abschluß. Alsbald nach Wien und 1913 schließlich nach München übergesiedelt, gab es sich jahrelang dem ziellosen Leben eines Bohemiens hin, kampierte er in Obdachlosenasylen und Männerheimen, träumte er vom Kunst- und Architekturstudium, ohne aber jemals eine Aufnahmeprüfung bestanden zu haben.

Was er in jenen Jahren, wenn auch sporadisch und rein autodidaktisch, in sich hineinfraß, waren antisemitische, vulgärdarwinistische und nationalistische Ideen und Elitevorstellungen, die schließlich durch einen fanatischen Antikommunismus gekrönt wurden. Am Ende des ersten Weltkrieges, in den er sich als Freiwilliger der deutschen Kaiserarmee gestürzt hatte, besaß er, fast dreißigjährig, weder Beruf noch Besitz, hatte er weder Familie noch Freunde.

Was seiner politischen Karriere aber vorzüglich zustatten kam, waren das Vertrauen seiner militärischen Vorgesetzten und seine extrem reaktionäre Gesinnung. Als er anhob, ein Manipulator anderer zu werden, war er selbst schon ein Manipulierter.

Sein Rednertalent zündete gleich beim ersten Start. Am 12. September 1919 bekam Hitler einen Auftrag, durch den zweifellos eine Weiche in seinem Leben gestellt wurde. Hauptmann Mayr von der Nachrichten- und Pressestelle des Münchner Reichswehrgruppenkommandos bedeutete ihm, doch einmal eine Versammlung der faschistischen «Deutschen Arbeiterpartei» zu besuchen und über deren Absichten zu informieren. Der geltungssüchtige Hitler wußte sich, ganz im Widerspruch zu seiner Mission, nicht zu beherrschen und mischte sich lautstark in die Debatte ein. Binnen 15 Minuten schrie er einen Separatisten nieder, der für Bayerns Anschluß an Österreich plädiert hatte. Der Parteivorsitzende Anton Drechsler war von dem jungen Eiferer stark beeinflußt. Enthusiastisch flüsterte er seinem Schriftführer zu: «Mensch, der hat a Gosch'n, den kunnt ma braucha.»[54]

Tage später bekam Hitler, angeblich unaufgefordert, eine Mitgliedskarte der «Deutschen Arbeiterpartei» zugeschickt. Hitler in memoriam und demagogischer Übertreibung: «Nach zweitägigem qualvollen Nachgrübeln und Überlegen kam ich endlich zu der Überzeugung, den Schritt tun zu müssen. Es war der entscheidendste Entschluß meines Lebens.»[55]

Aber auch die charakterlichen Besonderheiten des Nazichefs waren mit Blick auf Zeitpunkt, Dimension und Stoßrichtung der faschistischen Verbrechen von Belang. Daß historische Figuren über Selbständigkeit und Eigengewicht verfügen, ihre individuellen Eigenschaften durchaus die Geschicke der Gesellschaft beeinflussen können, galt auch vor Hitler schon. Der russische Marxist Plechanow, der eine brillante Arbeit über die Rolle der Persönlichkeit in der Geschichte hinterließ, meinte in bezug auf den Einfluß charakterlicher Besonderheiten einer historischen Gestalt: «Mitunter ist dieser Einfluß sogar recht beträchtlich, aber sowohl die Möglichkeit einer solchen Beeinflussung selbst als auch ihr Ausmaß werden durch die Organisation der Gesellschaft, durch das Wechselverhältnis ihrer Kräfte bestimmt. Der Charakter einer Persönlichkeit ist nur dann, nur dort und nur insofern ein ‹Faktor› der gesellschaftlichen Entwicklung, wann, wo und inwiefern die gesellschaftlichen Verhältnisse dies erlauben.»[56]

Was Hitler angeht, so verfügte der frühzeitig schon über eine auffallend negative Charakteranlage, die zweifellos *eine* der Voraussetzungen für seine Rolle war. In seiner Anlage dominierten Egozentrismus und übersteigertes Geltungsbedürfnis, Durchtriebenheit und Anpassungsfähigkeit, Aggressivität und Skrupellosigkeit, mit Labilität gekoppelte Besessenheit, vor allem aber bedingungslose Mißachtung der Integrität und des Lebens Andersdenkender und Andersgearteter. Im Schlagabtausch mit dem politischen Gegner, aber auch mit Widersachern in den eigenen Reihen bildeten sich diese Züge in Hitlers Persönlichkeit von Jahr zu Jahr weiter aus.

Schon während Hitlers letzter Lebensjahre, aber erst recht nach dessen Tode, wurde nicht selten behauptet, sein Persönlichkeits-

Hitler bei seiner
Haftentlassung
aus der Festung
Landsberg 1924

bild weise auch psychopathische Merkmale auf. Diese These kam
natürlich all jenen gelegen, die Hitler an die Macht gebracht und
vor ihren Karren gespannt hatten. Faschismus und Völkermord ließen sich auf diese Weise allein oder wenigstens überwiegend der
abnormen, krankhaften Geistesverfassung des scheinbar allgewalti-
gen Führers zuschreiben. Der bundesdeutsche Arzt Dr. Hermann
Recktenwald behauptete beispielsweise, Hitler habe in seiner Jugend eine infektiöse Gehirnhautentzündung durchgemacht, aus
deren Folgen die fragwürdigen, widersprüchlichen Züge seines
Charakterbildes zu erklären seien. Freilich waren solche Theorien
auf Spekulation und nicht auf Tatsachen gestützt. Sie wurden von
Leuten widerlegt, die während der Nazizeit verbürgten Einblick in
die medizinische Szene hatten. So kam Hans-Dietrich Röhrs, der
leitend in der sogenannten Reichsgesundheitsführung tätig war
und die führenden Ärzte des Nazistaates persönlich kannte, in seinem Buch über «Hitlers Krankheit» zu dem Schluß, «daß endo-
gene geistige Veränderungen im Sinne einer Geisteskrankheit bei
Hitler nicht vorgelegen haben können. Solche Vermutungen sind
niemals bei den Ärzten, die sich durch eigene Beobachtungen ein
Bild von seinem Zustand machen konnten, auch nur geäußert worden. Alle, die ihn bis an die Schwelle des Todes begleitet haben,
betonen, daß sein formales Denken bis zum Schluß völlig intakt
blieb. Eine Geisteskrankheit können wir also mit Sicherheit ausschließen.»[57]

Daß der Naziführer seine Charaktereigenschaften in der Politik ummünzen, sozusagen historisch wirksam machen konnte, war natürlich nur in dem vorgefundenen gesellschaftlichen Umfeld möglich.

Es unterliegt keinem Zweifel, daß Hitler mit seiner Person maßgeblichen Anteil am Ausbau des faschistischen Regimes und dessen Verbrechen gegen die Menschheit hatte. Nicht von ungefähr sprach man damals und spricht man deshalb bis heute von der Hitlerdiktatur, den Hitlerverbrechen sowie der Antihitlerkoalition. Hitler als der gefährlichste und verhaßteste unter den Naziführern wurde bewußt als Symbol für das unmenschliche Regime des Faschismus genommen, das er zudem auch politisch herausragend repräsentierte. Keinesfalls sollte sich in der Verknüpfung seines Namens mit dem Phänomen des Dritten Reiches ausdrücken, daß seine Person und seine Handlungen mit den Naziverbrechen identisch seien, sich die Verantwortung dafür etwa in der Schuld Hitlers erschöpfte. Wohl war er mit Sicherheit der politisch wie juristisch Hauptverantwortliche für die Nazibarbarei, aber in keinem Falle der Alleinschuldige.

Die individualisierte Position des wichtigsten Naziführers im weitverzweigten Geflecht der begangenen Verbrechen nachzuweisen, wird erschwert durch Legende und Führerkult, aber auch durch ein apologetisches Hitlerbild, das Ideologen aller Gattungen inzwischen gezeichnet haben.

Hinzu kommt, daß die Symbolfigur des deutsche Faschismus nicht mehr vor Gericht gestellt werden konnte, seine verbrecherische Rolle daher überwiegend durch das Prisma der Verantwortung und Schuld anderer Hauptkriegsverbrecher beleuchtet werden müßte.

Doch zurück zur Ausgangsfrage: Wie würde die deutsche Zeitgeschichte ausgesehen haben, hätte es Hitler nicht gegeben? Die Frage führt in das Reich der Spekulationen. Und doch darf man annehmen, daß nicht alles *genau so* gekommen wäre, wie es geschehen ist. Ein anderer Naziführer, an die Spitze der faschistischen Diktatur gesetzt, hätte andere Entscheidungen mit anderen Akzenten, möglicherweise auch zu anderer Zeit getroffen, beispielsweise im Hinblick auf die Anzettelung des zweiten Weltkrieges. Am verbrecherischen Wesen und Wirken des Faschismus, einmal als politisches Regime etabliert, hätte keiner der Naziführer ernsthaft zu rütteln vermocht, ohne seine Karriere oder vielleicht sogar seine Existenz aufs Spiel zu setzen.

Wesentlich ist, daß nahezu sämtliche Exponenten des Naziregimes an dessen Verbrechen ihren Anteil hatten, wenngleich in sehr unterschiedlichem Maße. In keinem Falle aber war es ihr Werk allein oder gar das eines einzelnen von ihnen. Immer brauchten sie für ihre Schandtaten Komplicen und Gehilfen, Mittäter und Vollstrecker, aber auch intellektuelle Zuträger. Und immer auch fanden sich solche.

«Vernichtung des Marxismus»

Von Thomas Mann stammt das geflügelte Wort, nach dem der Antikommunismus «die Grundtorheit unserer Epoche» ist. Er könne nicht umhin, so der Dichter zum 10. Jahrestag der Bücherverbrennung, «in dem Schrecken der bürgerlichen Welt vor dem Wort Kommunismus, diesem Schrecken, von dem der Faschismus so lange gelebt hat, etwas Abergläubisches und Kindisches zu sehen»[1]. Tatsächlich hatten die Faschisten bereits in den Gründerjahren ihrer Partei geschickt an die Revolutionsfurcht der Bourgeoisie angeknüpft. Schon in einem Bettelbrief an ihre Geldgeber vom Oktober 1922 hatten die Naziführer das Gespenst des Kommunismus in düstersten Farben ausgemalt: «Die Bolschewisierung Deutschlands jedoch bedeutet die Vernichtung der gesamten christlich-abendländischen Kultur überhaupt.»[2] Man möge auf bürgerlicher Seite doch endlich begreifen, daß es sich bei der Auseinandersetzung mit dem Marxismus «um einen Kampf auf Leben und Tod zwischen zwei Weltanschauungen (handelt)»[3]. Weil man die Katastrophe voraussehe und verhindern wolle, habe man die NSDAP gegründet, und deren Ziel heiße «ganz kurz: Vernichtung des Marxismus»[4].

Die Naziführung ließ auch damals schon keinen Zweifel daran, auf welche Weise sie ihre ahistorische Mission zu erfüllen gedachte. Es schwebte ihr primär keineswegs ein Schlagabtausch der Ideologien, der Weltanschauungen vor. Hitler und seine Spießgesellen zogen vor allem ins Kalkül, die Repräsentanten und aktiven Verfechter des marxistischen Weltbildes zu verfolgen und auszurotten, also den Weg verbrecherischer Gewalt einzuschlagen. Folgende Mittel pries die Nazidenkschrift als Erfolgsrezept an:

«1. eine unvergleichliche, genial aufgezogene Propaganda- und Aufklärungsorganisation, alle Möglichkeiten menschlicher Beeinflussung erfassend;

2. eine Organisation rücksichtslosester Kraft und brutalster Entschlossenheit, bereit, jedem Terror des Marxismus einen noch
zehnfach größeren entgegenzusetzen, die sogenannte ‹Sturmabtei-
lung› der Bewegung.»[5]

Was durch Papierkugeln zu gewinnen ist ...

Die Reihenfolge der Mittel bedeutete keine Rangfolge. Das Durch-
setzungsvermögen des Faschismus war keineswegs allein das Resultat seiner Ideologie, sondern mehr noch seines Terrors. Zwar waren
beide Elemente engstens miteinander verknüpft. Doch die permanente Drohung mit Gewalt und Verfolgung, vor allem aber Gewalt
und Terror in Aktion erwiesen sich als der dominierende Teil, der
den Effekt der Naziideologie maßgeblich mitbestimmte. «Indem
sie Macht demonstrierten, abschreckten, einschüchterten, veräng-
stigten, Respekt einflößten und Resignation verbreiteten, besaßen
die Gewalttaten der Faschisten selbst ideologie- und stimmungsbil-
dende Kraft.»[6]

Andererseits wären die Verbrechen der Hitlerbande nicht denkbar gewesen ohne Rechtfertigung, ohne ideologische Verbrämung
und Verklärung. Die Naziführer wußten sehr gut um die Wirkung
der Manipulation und der geistigen Attacke gegen wirkliche und
erfundene Gegner. Gerade Hitler hatte ein geradezu abergläubisches, fetischistisches Verhältnis zur Propaganda. Freilich war
seine Haltung zum ideologischen Krieg gegen Andersdenkende
nicht auf dem Fundament eigener Erfahrungen und Erkenntnisse
gewachsen. Von Ludendorff beispielsweise hatte er aufgeschnappt,
daß die deutsche Niederlage im ersten Weltkrieg auf die Überlegenheit der Feindstaaten in propagandistischer Hinsicht zurückgehe.

Solche «Erkenntnisse» machte sich der Nazichef nur allzugern
zu eigen, war doch das agitatorische Talent der Kern seiner Bega-
bung und der Schlüssel zu seiner Karriere. Im Ausbau des faschistischen Propagandaapparates sah Hitler in der besagten Denkschrift
nicht zufällig «die günstigste Vorbereitung des späteren Erfolges.
Was durch Papierkugeln zu gewinnen sei, braucht dereinst nicht
durch stählerne gewonnen zu werden.»[7]

Sollten die «Papierkugeln» die anvisierten Opfer empfindlich treffen, mußten sie von anderem Kaliber sein als jene, die die Bourgeoisie bislang gegen die revolutionäre Arbeiterbewegung benutzt hatte. Schon Ludendorff hatte dafür plädiert, dem Volk eine neue Idee zu geben. Man könne, so hatte er 1924 als Angeklagter vor dem Münchner Volksgericht bedeutet, «den Marxismus nicht mit dem Gewehrkolben totschlagen»[8]. Und auch Hitler begriff bald, daß es mit einer schlichten Ablehnung des Marxismus nicht getan ist. Schon in «Mein Kampf» drückte er seine Vorstellung vom Ringen entgegengesetzter Weltanschauungen unmißverständlich aus: «Jeder Versuch, eine Weltanschauung mit Machtmitteln zu bekämpfen, scheiterte am Ende, solange nicht der Kampf die Form des Angriffs für eine neue geistige Einstellung erhält. Nur im Ringen zweier Weltanschauungen miteinander vermag die Waffe der brutalen Gewalt, beharrlich und rücksichtslos eingesetzt, die Entscheidung für die von ihr unterstützte Seite herbeizuführen.»[9]

Mit Eifer gingen die Ideologen der NSDAP daran, der Weltanschauung vieler Arbeiter ein eigenes, nationalsozialistisches Weltbild entgegenzuschleudern. Doch war die Konstruktion dieses Weltbildes alles andere als unvergleichlich oder gar genial, wie Hitler es vorgeschwebt hatte. Tatsächlich war die «Weltanschauung» der Nazis bar jeder Vernunft und Wissenschaftlichkeit. Sie war durch und durch mystizistisch und namentlich von blindem Glauben an Blut und Rasse geprägt. Aber sie war zugleich auch von bemerkenswerter Demagogie und Doppelbödigkeit, listig und trickreich, hemmungslos in ihrem Appell an niedrigste Instinkte.

Das doktrinäre Gebäude der faschistischen Ideologie entbehrte einer eigenständigen Architektur. Seine Stützpfeiler und Bausteine fügten sich aus einem Konglomerat von rassistischen, geopolitischen, sozialdarwinistischen und anderen reaktionären Ideen zusammen.

Warum Rassenkampf statt Klassenkampf

Das Fundament der nazifaschistischen Ideologie bildete der Mythos vom Herrenmenschentum der arisch-nordischen Rasse, speziell der Deutschen, von ihrer absoluten Überlegenheit und Höherwertigkeit gegenüber anderen Rassen und Völkern. Nach der Schablone des faschistischen Rassenwahns wurde der nichtarische Mensch zwischen Tierreich und Menschentum angesiedelt. Aus den von Dr. Hermann Gauch herausgegebenen «Neuen Grundlagen der Rassenforschung» erfuhr die Öffentlichkeit im Jahre 1933: «Da einer der kennzeichnendsten Vertreter dieser Übergangsstellung zwischen nordischem Menschen und Menschenaffen, letzterem sogar näherstehend als ersterem, der Neandertaler ist, so können wir die nicht-nordischen Menschen auch Neandertaler nennen, besser ist die von Stoddard ... geprägte Bezeichnung ‹Untermensch›.»[10]

Den Kern der faschistischen «Rassenlehre» bildete ein von den innen- und außenpolitischen Bedürfnissen des Monopolkapitals geprägter Antisemitismus. Der auf die Rassengrundlage gestützte Antisemitismus erblickte namentlich in den Menschen jüdischer Abkunft die Verkörperung des «Untermenschentums». Judentum galt der faschistischen Doktrin als die geschichtliche Barriere, die der Realisation des Herrenmenschentums im Wege stand. Nach faschistischer Weltsicht war die Geschichte der Menschheit eine Geschichte von Rassenkämpfen, also der andauernde Kampf der nordischen Herrenrasse gegen die minder- und nichtswertigen Rassen, voran gegen die sogenannte jüdische Rasse.

«Die Rassenfrage gibt nicht nur den Schlüssel zur Weltgeschichte, sondern auch zur menschlichen Kultur überhaupt»[11], suchte Hitler seinen Zeitgenossen zu suggerieren.

Der Sinn solcher Verdrehung aller sozialen Wirklichkeit liegt auf der Hand. Das Klassenbewußtsein des Proletariats sollte durch eine neue «Weltanschauung» erschüttert und erstickt, die soziale Frage zu einem Rassenproblem verfälscht werden. Nazichefideologe Alfred Rosenberg proklamierte: «Für den Nationalsozialismus gibt es weder ‹Proletarier› noch ‹Bürger› als zwei todfeindliche Klassen, sondern nur noch Deutsche als Bluts- und Schicksalsgenossen.»[12]

Wer, wie die Kommunisten, am Klassenkampf festhielt, stellte sich nach faschistischer Version gegen das eigentliche Grundgesetz der Geschichte, gegen die Mission der arischen Herrenrasse, leistete der angeblichen «Weltverschwörung» des «internationalen Judentums» Vorschub. Es entsprach nur der Logik und den Ambitionen der Faschisten und ihrer Auftraggeber, daß sie den Ewigen Juden als den geistigen Urheber, den Vater des Marxismus, anklagten. Auf diese Weise wurde der Marxismus nicht nur zu einer Irrlehre, sondern weit mehr noch zu einer deutschfeindlichen, jüdischen Erfindung abgestempelt. Damit entledigte man sich der Peinlichkeit, den Marxisten vordergründig ihre Gegnerschaft zum Privateigentum an den Produktionsmitten vorzuwerfen. Indem man Marxismus und Judentum miteinander vermischte oder gar gleichsetzte, vermochte man die Kommunisten über eine andere, weit weniger verdächtige Flanke zu attackieren und zu verteufeln: Marxisten stellten sich im Sinne der faschistischen Rassentheorie nicht als Todfeinde des Monopolkapitals dar, sondern in erster Linie als die Handlanger des Judentums gegen das angeblich so edle und wertvolle arische Blut.

Treffend schrieb Ernst Niekisch über diesen infamen Schachzug geistiger Amokläufer des Faschismus: «Es war ein bürgerlicher Rettungsversuch: die marxistische Lehre so anrüchig zu machen, daß sich die rebellische Masse schämte, sie zu gebrauchen ... Der Rassismus bietet die zweckmäßigste Schablone für das Herrschaftsverhältnis, dem der Imperialismus zustrebt. Die Herrenschicht, die ein schrankenloses Gewaltregiment im Sinne trägt, will sich nicht durch die Berufung auf den Besitz legitimieren. Diese Legitimation würde von den Unterworfenen innerlich niemals anerkannt werden. Der Rassismus holt aus einem außerökonomischen Gebiet ein gesellschaftliches Beziehungsschema herbei, das ein hartes, bedingungsloses Herrschaftsverhältnis überzeugend zu begründen vermag.»[13]

Die faschistische Rassenlehre lieferte also ein ebenso trügerisches wie unmenschliches Alibi für die grausame, verbrecherische Verfolgung von Kommunisten, aber auch von sonstigen Andersdenkenden. Sozialdemokraten und Gewerkschafter, bürgerliche Demokraten und Freimaurer beliebte man – je nach Zweckmäßigeit – ebenfalls zu Marxisten zu stempeln und in den Begriff «Novemberverbrecher» einzuschließen.

Aber auch für den Griff nach der Erdkugel war eine scheinbar ideale Rechtfertigung gefunden. Denn folgerichtig stellte sich im Sinne der Naziideologie die «jüdische Weltverschwörung» vorrangig in Gestalt der Sowjetunion dar. Der erste sozialistische Staat galt der Hitlerclique geradezu als die Hochburg des «jüdisch-bolschewistischen Untermenschen». Um diese These zu stützen, griffen führende Naziideologen, Hitler eingeschlossen, im engeren Kreise selbst zu der abstrusen Behauptung, daß Lenin Jude gewesen sei.

Aus psychologischen Gründen hatten sich die Nazis auf ein unverrückbares, stereotypes Feindbild eingeschworen. Propaganda, so hatte Hitler in «Mein Kampf» doziert, könne nicht erfolgreich sein, «wenn nicht ein fundamentaler Grundsatz immer gleich scharf berücksichtigt wird. Sie hat sich auf wenig zu beschränken und dieses ewig zu wiederholen.»[14]

Demnach hatte das Feindbild der Nazis für sämtliche Gegner herzuhalten. Der Öffentlichkeit wurde daher das Gespenst der «jüdischen Weltverschwörung» auch in einem plutokratischen Gewand vorgegaukelt. Diese Variante des Antisemitismus zielte vornehmlich gegen die Finanzgewaltigen der Siegermächte des ersten Weltkrieges, die als «raffendes Kapital» abgestempelt und ganz in Gegensatz zum «schaffenden, deutschen Kapital» gerückt wurden. Der faschistische Weltherrschaftsanspruch bedingte, daß die kapitalistischen Konkurrenten um jeden Preis ausgeschaltet wurden. Im ideologischen Vorspiel hierzu wurden sie ungeniert als Vertreter «des den Erdkreis überschattenden Großkapitals und seines Trägers, des Juden»[15], angeprangert.

Gleichwohl rüttelte dieser ziemlich durchsichtige Kunstgriff der Nazipropaganda nicht an der Tatsache, daß die faschistische Herrenmenschenlehre vor allem eine konterrevolutionäre, antimarxistische Doktrin war. Aus Himmlers Mund stammt der bezeichnende Satz: «Das Gebiet der Welt, das keine Juden hat, ist gefeit gegen jede Revolution.»[16]

Führende Vertreter der Nazipartei wußten sehr wohl um die rationale Unhaltbarkeit ihrer Herrenmenschendoktrin. Nicht umsonst betonten sie für die Zugehörigkeit zur Nazibewegung immer wieder die Frage des Glaubens und des Gefühls. *«Antisemitismus* ist gewissermaßen der *gefühlsmäßige Unterbau* unserer Bewegung»[17], verhieß der parteiamtliche Kommentar zum 25-Punkte-Programm. Und Hitler drohte seinen Anhängern oft genug: «Wehe dem, der nicht glaubt!» Im Kreise enger Vertrauter indessen redete er mit anderer Zunge. «Wenn es den Juden nicht gäbe», so bemerkte er gegenüber dem Danziger Sentatspräsidenten Rauschning, «müßten wir ihn erfinden. Man braucht einen sichbaren Feind, nicht bloß einen unsichtbaren.»[18] Noch deutlicher wurde der Naziführer, als er eingestand, «daß es im wissenschaftlichen Sinne keine Rassen» gibt, er diesen Begriff jedoch für die «Neuordnung der Welt»[19] brauche.

Sturheit, Unwahrhaftigkeit und ein Gespinst von Lügen markierten von Anbeginn an das moralische Profil der faschistischen Propaganda. Hitler, Goebbels, Rosenberg, Streicher, aber auch andere Exponenten der Nazipartei gingen «von dem sehr richtigen Grundsatz aus, daß in der Größe der Lüge immer ein gewisser Faktor des Geglaubtwerdens liegt, da die breite Masse eines Volkes ... einer großen Lüge leichter zum Opfer fällt als einer kleinen ...»[20]

Nach diesem Motto verteufelten sie die Vertreter der Arbeiterbewegung, der revolutionären wie der reformistischen, als Handlanger einer deutschfeindlichen, jüdischen Verschwörung, die auf die Vergiftung des Volkes aus sei. Der geistige Amoklauf gegen den «Todfeind Marxismus» trug seine Früchte. Er vernebelte die Köpfe der Nazianhänger, vermittelte ihnen das falsche Bewußtsein, zur Herrenrasse zu gehören, putschte sie zu Haß und Verachtung gegen alles historisch Progressive auf. Als Hitler am 30. Januar 1933 zum Reichskanzler gekürt wurde, standen die Horden der SA und SS bereit, um die programmierte Ausrottung des Marxismus in die Tat umzusetzen. Doch dafür mußte das neue Regime erst die Weichen stellen.

Noch am Tage der Übernahme der Macht hielt das Hitler-Papen-Hugenberg-Kabinett Ratschlag über das Schicksal der KPD. Wäre es nach dem Pressegewaltigen und Chef der Deutschnationalen Volkspartei, Hugenberg, gegangen, hätte man die KPD auf der Stelle verboten. Doch den Naziführern saß die Angst über die Konsequenzen eines solchen Schrittes allzu sehr im Nacken. Das Protokoll der ersten Sitzung der Naziregierung verrät: «Er (gemeint ist Hitler – d. A.) befürchte als Folgen eines eventuellen Verbots der KPD schwere innenpolitische Kämpfe und eventuell den Generalstreik ...»[21]

Die Naziführer waren zu gerissen, ein solches Risiko auf sich zu nehmen. Zudem sollte ihr Regime auch international salonfähig werden. Dafür war es günstiger, sich zunächst ein Mäntelchen von Scheinlegalität umzuhängen, anstatt vom ersten Augenblick an auf brachiale Gewalt und ungeschminkten Terror zu setzen. Hitler entschied sich für einen neuen Wahlkampf zum Reichstag, der der Naziregierung dann unbegrenzte Vollmachten bescheren sollte. Intern ließen die Naziführer natürlich keinen Zweifel daran, daß im Wahlkampf der antikommunistische Terror über den Stimmzettel zu triumphieren habe. Ihr Ziel, als erstes die Kommunisten aus dem Wege zu räumen, blieb unverrückbar. Schon drei Tage nach dem Machtantritt betonte Hitler vor den Befehlshabern des Heeres und der Marine: «Wer sich nicht bekehren läßt, muß gebeugt werden. Ausrottung des Marxismus mit Stumpf und Stiel.»[22]

Doch dafür brauchte man einen geeigneten, plausiblen Anlaß. Schon am zweiten Tag der Hitlerregierung hatte Goebbels seinem Tagebuch anvertraut: «In einer Unterredung mit dem Führer legen wir die Richtlinien im Kampf gegen den roten Terror fest. Vorläufig wollen wir von direkten Gegenmaßnahmen absehen. Der bolschewistische Revolutionsversuch muß erst einmal *aufflammen* (Hervorhebung d. A.). Im geeigneten Moment werden wir dann zuschlagen.»[23]

Fieberhaft suchten die Nazis nach einem Plan der KPD, aus dem sich ihre akute Absicht zu einem bewaffneten Aufstand ergeben sollte. Jedoch wurden die Spitzel und Polizeischergen Görings, der auch als kommissarischer Innenminister Preußens fungierte, nicht fündig. Ihre Nacht-und-Nebel-Aktionen, darunter eine provokatorische Durchsuchung des Karl-Liebknecht-Hauses, blieben ohne Erfolg. Es gab keinen solchen Plan. Anfang 1933 bestand in Deutschland alles andere als eine revolutionäre Situation.

Allerdings hatte die KPD am Tage der Machtübernahme durch die Nazis zum Generalstreik aufgerufen. Wäre er zustande gekommen, hätte der Spuk des Hitlerregimes eine Episode von Stunden gewesen sein können. Doch der Mahnruf der KPD, nicht zuzulassen, daß «die Todfeinde des deutschen Volkes ... ihr Verbrechen durchführen»[24], erreichte die tauben Ohren mancher SPD-Führer nicht. So konnten die Untaten des Naziklüngels ihren Lauf nehmen. Nicht von ungefähr schlug die faschistische Bestie zuerst und am brutalsten gegen die Kommunisten los. Schließlich hatten sie wie niemand sonst das soziale Wesen des Faschismus entlarvt und beim Namen genannt. Sie waren es, die sich mit am energischsten gegen die Zerstörung noch bestehender bürgerlich-demokratischer Freiheiten zur Wehr setzten; die die antifaschistische Einheitsfront ansteuerten; von denen man annehmen mußte, daß sie sich als ärgste Hürde auf dem Wege zur Aggression, zu neuem Völkermord erweisen würden.

Schlüsselfigur Hermann Göring

Kommunistische «Provokationen» gegen ihr Regime waren von der ersten Stunde an die heimliche Hoffnung der Naziführer. Der Spielraum von SA und SS, Hitlerjugend und Stahlhelm dehnte sich von Tag zu Tag aus. Die paramilitärischen Verbände galten inzwischen als dem Staat «befreundet». Sie durften nicht mehr behindert, sie mußten befördert werden. Politische Polizei und Justiz hatten die Finger von den «nationalen Parteien» und ihren Organisationen zu lassen, Akten über sie zu schließen, die Statistik der politischen Morde zu beenden. Im gleichen Atemzuge wurde zum Sturm gegen den «kommunistischen Terror» geblasen, Rache- und Mordgelüste wurden angestachelt.

Am 17. Februar 1933 erließ Göring seinen berüchtigten Schießerlaß. Kommunisten und andere Antifaschisten wurden darin zu Freiwild erklärt, falls sie Flugblätter klebten, demonstrierten, streikten oder sonstwie politisch aktiv wurden. In Görings Runderlaß hieß es: «Polizeibeamte, die in Ausübung dieser Pflichten von der Schußwaffe Gebrauch machen, werden ohne Rücksicht auf die Folgen des Schußwaffengebrauches von mir gedeckt, wer hingegen in falscher Rücksichtnahme versagt, hat dienststrafrechtliche Folgen zu gewärtigen.»[25]

Der damals vierzigjährige Hermann Göring wurde in der Anfangsphase des Naziregimes zur Schlüsselfigur der programmierten Vernichtung des Marxismus. Der «erste Paladin des Führers», wie er sich selbst zu nennen pflegte, gehörte zweifellos zu den schillerndsten Figuren der Nazipartei. Als Jagdflieger und letzter Kommandeur des Jagdgeschwaders «Freiherr von Richthofen» hatte er schon an den Verbrechen im ersten Weltkrieg teilgehabt. Anfang der zwanziger Jahre lernte er Hitler kennen, der ihn an die Spitze der von Göring mitgegründeten SA stellte. Nach dem gescheiterten Bierkellerputsch in München floh der dickleibige Nazifunktionär zunächst nach Tirol, um von hier aus nach Rom überzusiedeln, wo er auch zum italienischen Faschistenführer Mussolini Kontakte knüpfte. Schon zu jener Zeit war Göring dem Rauschgift verfallen. In der schwedischen Anstalt Langbro unterzog er sich einer langwierigen Morphiumentziehungskur, die Görings Sucht zwar zeitweilig dämpfen, nicht aber beheben konnte.

In Schweden bereits hatte sich Göring u. a. als Vertreter für BMW-Motoren etablieren und einträgliche Fäden zu großkapitalistischen Kreisen spinnen können. Zwar sagte ihm der Firmenchef von BMW nach, er verschwende zuviel Zeit damit, den Damen die Hände zu küssen, anstatt die Unterschriften ihrer Ehemänner unter die Lieferverträge zu bekommen, gleichwohl prädestinierte ihn sein intimer Umgang mit Wirtschaftskreisen, in die Rolle des Kontaktmannes der Nazipartei zum Monopolkapital und zu erzkonservativen Kreisen zu schlüpfen. Dies wurde dadurch begünstigt, daß Göring sich an der antikapitalistischen Demagogie seiner Partei nie beteiligt hatte, was ihm das Vertrauen der Großbourgeoisie früher und nachhaltiger als anderen Naziführern eintrug.

Aber nicht nur von seiner Vergangenheit, sondern auch von seinem Charakter und seiner Stellung im Naziregime her hatte er alle Gaben, zum «Henker des Dritten Reiches» zu werden, als den ihn John Heartfield in seiner Fotomontage zum Reichstagsbrandprozeß so treffend dargestellt hatte. Göring war der klassische Typ eines nach außen hin jovialen und scheinbar gutmütigen, seinem Wesen nach aber brutalen und skrupellosen Menschen, eines prunk- und ruhmsüchtigen, habgierigen Karrieristen, der bereit war, jederzeit über Leichen zu gehen. Seine Haltung zur Verfolgung von Kommunisten gipfelte in dem Bekenntnis: «Über Tote darf man nicht stolpern.»[26]

Schon zu Begin der Naziära war in Görings Hand eine Fülle von Macht konzentriert. In der Partei war er nach Hitler ohnehin der zweite Mann. Und nun hatte ihm die Machtübertragung an die Nazis auch gewichtige Staatsämter eingebracht. Als Reichsminister ohne Geschäftsbereich, Reichskommissar für die Luftfahrt, besonders aber als kommissarischer Innenminister Preußens und damit als Chef der gesamten Polizei konnnte, sollte und wollte er Gegner und Widersacher des Naziregimes bedingungslos aus dem Weg räumen.

Und die Zeit drängte. Für den 5. März standen Reichstagswahlen ins Haus. Noch steckte der Naziführung die Schlappe vom November 1932 in den Gliedern, als man zwei Millionen Stimmen eingebüßt hatte. Wollte man eine neuerliche Blamage vermeiden und die Machtübernahme durch einen Wahlsieg bestätigen, mußte man noch bedenkenloser nach dem Prinzip vorgehen, wonach der Zweck die Mittel heiligt.

Am 20. Februar hatten Hitler und Göring etwa 25 ihrer Auftraggeber von Kohle, Stahl und Chemie noch leidenschaftlich die «Gefahr» des Kommunismus vor Augen geführt. Hitler in jener Runde: «Seit 40 Jahre erleben wir eine dauernde Zunahme der Sozialdemokratie. Bismarck hat kurz vor seinem Abschied schon gesagt: ‹Wenn das so weitergeht, muß Marx Sieger bleiben.›»[27]

Den kapitalgewaltigen Zuhörern versicherten die Naziführer, daß am Tatbestand der faschistischen Machtübernahme nicht mehr zu rütteln sei. Die Wahl, so Hitler, «mag ausfallen, wie sie will, einen Rückfall gibt es nicht mehr, auch wenn die kommende Wahl keine Entscheidung bringt»[28].

Und doch erschien den Naziführern, aber auch ihren Hintermännern ein Wahlsieg die weit angenehmere Variante. Den Anschein von Legitimität konnte das Naziregime dringend gebrauchen, sowohl nach innen als vor allem auch nach außen.

Geschickt ging Göring seinem Führer zur Hand. Er verwies «auf die großen mit diesem Wahlkampf verbundenen Gefahren» und machte plausibel, daß die Industrie wenigstens die erforderlichen finanziellen Opfer bringen müßte. «Das erbetene Opfer», so Göring, «würde der Industrie um so leichter fallen, wenn sie wüßte, daß die Wahl am 5. März die letzte sicherlich innerhalb 10 Jahren, voraussichtlich aber in 100 Jahren sei.»[29]

Die Herren Krupp, Georg von Schnitzler, Vögler und andere waren verzückt. Solche Aussichten ließen sie sich gern etwas kosten. Prompt schoben sie dem Wahlkampffonds der «nationalen» Kräfte drei Millionen Reichsmark zu. Wieder einmal hatte sich Göring als Hitlers Kontaktmann zum Großkapital glänzend bewährt.

Aber auch als kommissarischer Polizeiminister trieb Göring die Dinge energisch voran. Bereits am 22. Februar, zwei Tage nach der Runde mit Krupp, IG-Farben und anderen Monopolvertretern, kürte er SA, SS sowie die Stahlhelmbanden zur Hilfspolizei. Etwa 50 000 Schieß- und Prügelhelden wurden damit über Nacht zu amtlichen Beschützern des Hitlerregimes bestellt. Das Privileg, ohne Rücksicht auf Recht und Gesetz politische Gegner mit der Schußwaffe in Schach zu halten, das Göring der Polizei soeben verschafft hatte, galt nun auch für diese Formationen. Und sie durften sogleich in der gewünschten Richtung in Aktion treten.

Schon am folgenden Tag durchwühlten Polizei und SA das Karl-Liebknecht-Haus, den Sitz des ZK der KPD, das Tage zuvor von der Polizei besetzt worden war. Anschließend triumphierte die faschistische Propaganda über «sensationelle Entdeckungen». In den «Katakomben» der KPD-Zentrale habe man Aufstandspläne der Kommunisten gefunden. Doch existierten solche Pläne ausschließlich in der Phantasie der Naziführer. Die Öffentlichkeit war davon kaum zu überzeugen.

Es bedurfte also eines Ereignisses, das vor allem emotional überzeugte. Ein Fanal wurde gebraucht, das die Welt vor dem Schreckgespenst des Kommunismus das Gruseln lehrte. Erst dann konnte man zum Sturm gegen Kommunisten und Sozialdemokraten blasen. Erst dann durfte man den Sprung vom individuellen zum Massenterror wagen, konnte man die Vernichtung der Parteien ins Visier nehmen. Da der prophezeite kommunistische Aufstand nicht aufflammte, half man nach, griff man zur Selbsthilfe. Und wieder spielte Göring dabei eine Hauptrolle.

Brandstiftung im Reichstag

Schon am 26. Februar wußte die Nazipresse über Brandstiftungen an öffentlichen Gebäuden zu berichten. Ein «unerkannt entkommener» Täter habe versucht, das Wohlfahrtsamt in Neukölln, das Stadtschloß und das Berliner Rathaus durch Einwerfen brennender Kohlenanzünder in Brand zu stecken. Am Abend des 27. Februar, gegen 21 Uhr, lodern plötzlich auch Flammen aus dem Gebäude des Deutschen Reichstages. Mehrere Zeugen alarmieren die Poli-

**Der Plenarsaal des Deutschen Reichstages vor der
Brandstiftung**

zei, die Ordnungshüter setzen sich in Bewegung. Der Polizeiwacht-
meister Poeschel, der gemeinsam mit dem Hausinspektor des
Reichstages, Scranowitz, in das Gebäude eindringt, sieht sich
plötzlich einem jungen Mann mit nacktem Oberkörper gegenüber.
Es ist der 24jährige arbeitslose Holländer van der Lubbe, der sich
von Poeschel gegen 21.25 Uhr ohne jeglichen Fluchtversuch fest-
nehmen läßt.

Schon in diesem Moment war es offenkundig, daß van der
Lubbe das Feuer nicht allein gelegt haben konnte. Niemals hätte
der Holländer, der übrigens sehbehindert war, in solch atemberaubend kurzer Zeit die zahlreichen Brandherde legen können, die namentlich im Gestühl des riesigen Plenarsaales entstanden waren.
Um dies zu bewerkstelligen, hätte er laut Anklageschrift in elf bis
vierzehn Minuten 167 Einzelhandlungen vollführen müssen. Er
hätte zudem auf einem Zickzackweg mehrfach an Brandstellen vorbei und selbst durch brennendes Feuer gemußt. Doch als man van
der Lubbe festnahm, war er völlig unversehrt. Weder waren seine

Augenbrauen und sein Haar noch seine Kleidung versengt. Im übrigen hatte er für seine dilettantischen Brandstiftungsversuche Kohlenanzünder benutzt, während auf den Brand im Plenarsaal bezogen selbst vom Sachverständigen Dr. Schatz die Verwendung flüssiger Brennstoffe, in deren Besitz Zivilpersonen normalerweise nicht gelangen konnten, angenommen wurde.

Indessen klagten unzählige Indizien die Nazis an, diesen perfiden Akt nicht nur selbst ersonnen, sondern auch maßgeblich ausgeführt zu haben. Am sechsten Tag vor der Reichstagswahl hielten sich «zufällig» die Spitzenfunktionäre des Naziregimes Hitler, Göring und Goebbels in Berlin auf, während sie sonst von Wahlveranstaltung zu Wahlveranstaltung durch deutsche Lande zu rasen pflegten. Und noch zwei äußerst gewichtige Figuren befanden sich in der Brandnacht ausgerechnet in unmittelbarer Nähe des Tatorts. Der Ministerialdirektor im preußischen Innenministerium, Kurt Daluege, von Göring als verantwortlicher Polizeichef eingesetzt, hielt sich zu später Stunde «zufällig» noch in seinem Amt auf, das nur drei Minuten von der Brandstätte entfernt lag. Unter Daluegs Regie erfolgte dann auch van der Lubbes erste Vernehmung. Der SS-Obergruppenführer hatte zu garantieren, daß sich die Polizei auf keinen Fall an die Fersen der wahren Brandstifter heftete. Dafür hatte Göring die Order erteilt: «Gegen rechts darf nicht ermittelt werden.»[30] Dementsprechend verwischte Daluege die Spuren der wirklichen Täter, verfolgte und beschuldigte er Unschuldige wie Georgi Dimitroff und zwei seiner Genossen, aber auch den KPD-Reichstagsabgeordneten Ernst Torgeler, ließ er Zeugen bedrohen und beeinflussen, Beweisdokumente verschwinden oder manipulieren. Daluege hielt, was sich Göring von ihm versprochen hatte.

Der Reichspressechef der NSDAP, Ernst Hanfstaengl, schließlich befand sich gewissermaßen hautnah am Tatort. Er war in der Brandnacht Logiergast von Göring, wohnte also im Reichspräsidentenpalais, das nur durch eine Straßenbreite vom Reichstag getrennt war. Hanfstaengl, der sonst nie bei Göring gewohnt hatte, konnte das in Flammen aufgehende Bauwerk von seinem Fenster aus betrachten. Doch war er keinesfalls nur als Zuschauer hierhergebeten worden. Der Pressezar der Nazipartei hatte unverzüglich für die Sprachregelung im Sinne der Brandstifter zu sorgen und die Wahrheit journalistisch auf den Kopf zu stellen.

Der schwerste Verdacht richtete sich gegen Göring selbst. Er, der Reichstagspräsident, besaß die Ordnungsgewalt über den Reichstag ebenso wie über das Reichspräsidentenpalais. Letzteres war durch einen unterirdischen Gang mit dem Reichstag verbunden, durch den die zum Parlamentsgebäude führenden Heizungsrohre verliefen. Es deutete alles darauf hin, daß die Täter und der flüssige Brennstoff durch diesen Gang in den Reichstag eingeschleust worden waren. Dies war um so wahrscheinlicher, als das Grundstück des Reichspräsidenten ständig, einschließlich in der Brandnacht, von SA bewacht wurde. Somit konnten im Grunde nur eingeweihte Nazis das Reichspräsidentenpalais als Ausgangspunkt für die Brandstiftung im Plenarsaal benutzt haben. Ein solcher Verdacht wurde dadurch bestärkt, daß Feuerwehrleute beim Eindringen in den brennenden Reichstag an der Tür zum unterirdischen Gang eine nationalsozialistische Uniformjacke gefunden hatten. Zudem hatte der Leiter von Görings Stabswache, Weber, als erster und allein den unterirdischen Gang zwischen Palais und Reichstag «durchsucht», um die Spuren der braunen Täter zu verwischen.

Göring selbst hatte sich zur Tatzeit, gleich seinem verlängerten Arm Kurt Daluege, im Preußischen Innenministerium aufgehalten. Ein Telefonanruf der Polizei übermittelte ihm die längst erwartete Kunde: Der Reichstag brennt! Schnurstracks begab sich Göring zum Parlamentsgebäude, um die «Ermittlungen» selbst in die Hand zu nehmen. Doch unternahm er alles andere, als seinen Pflichten als Hausherr nachzukommen. Eine Regierungsanweisung besagte, daß bei jedem Brand im Regierungsviertel die höchste Alarmstufe für die Feuerwehr auszulösen war. Doch diesmal war die Feuerwehr durch die Polizei auffallend spät über den Brand unterrichtet worden. Als sie am Ort des Geschehens eintraf, rumorten bereits etwa zwanzig SA-Männer im Reichstag herum. Oberbranddirektor Gempp, dem Leiter der Berliner Feuerwehr, wurde verboten, die höchste Alarmstufe sofort auszulösen. Das Feuer, das von vornherein den Führern der KPD angelastet werden sollte, mußte dem erwünschten Vernichtungswerk erst die rechte Dimension geben. So erklärt sich, warum die höchste Alarmstufe erst eine halbe Stunde später als möglich verkündet und dem Feuer erst dann gebührend Einhalt geboten wurde.

Am 24. April 1933 wußte die Saarbrückener «Volksstimme» zu

Oberbranddirektor Gempp stellte fest, daß die Brandstifter brennbares Material in den Reichstag geschleppt hatten. Er wurde als Sachverständiger ausgeschaltet, vom Dienst suspendiert und vor Gericht lediglich als Zeuge vernommen

berichten, Gempp habe bei einer Versammlung der Brandmeister erklärt, «daß Göring ihm ausdrücklich verboten habe, sofort die höchste Alarmstufe zu verkünden und daß in den nicht zerstörten Teilen des Reichstages große Mengen nicht verwendeten Brandmaterials herumgelegen hätten»[31].

Die Nazis zwangen Gempp, der noch im März 1933 aus seinem Amt gejagt wurde, zu einem Dementi. Offenbar war das nicht ohne weiteres zu haben. Die Nazipresse mußte zwei Monate warten, bevor sie den Widerruf des einstigen Berliner Feuerwehrchefs publizieren konnte. Welcher Art dieses Dementi war, erfuhr die Öffentlichkeit aus dem Munde von Gempp im Reichstagsbrandprozeß: «Eines Tages wurde ich telefonisch in das Büro des Staatskommissars Lippert bestellt. Dort wurde ich zu dessen Stellvertreter geführt. Man hat mir den Artikel aus der Saarbrückener Zeitung gezeigt, und dann mußte ich alles für Unsinn erklären. Das nennt man ja wohl Dementi.»[32]

Der knapp 140 Kilogramm wiegende Göring war in der Tatnacht

72

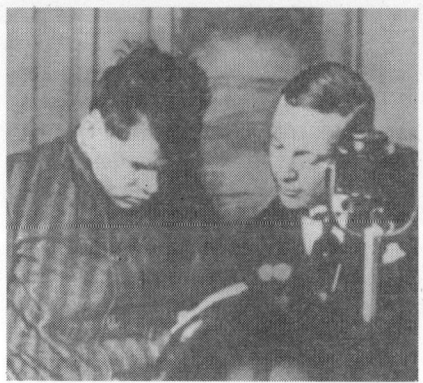

Marinus van der Lubbe (l.) im Reichstagsbrandprozeß

selbst in den brennenden Reichstag gestampft, um vor seinem Führer Courage zu demonstrieren. Alsbald hatten sich nämlich auch Hitler und Goebbels an der Brandstätte eingefunden. Als Göring wieder ins Freie fand, waren zwar das feiste Gesicht und die Kleidung des überaus eitlen Naziführers verschmutzt, doch war er ansonsten unversehrt geblieben. Gleichwohl log er in Nürnberg seinen Richtern vor, daß er «beinahe durch den Reichstagsbrand umgekommen wäre»[33].

Als Göring in jener unruhigen Nacht den brennenden Reichstag verließ, war die amtliche Untersuchung des Geschehens gerade eine halbe Stunde alt. Dennoch war der Naziminister voreilig genug, das Resultat jetzt schon als feststehend auszugeben. Er eilte auf seinen Presseverantwortlichen Sommerfeld zu und bedeutete ihm: «Wir haben festgestellt – ich habe die Untersuchung gemacht –, die Kommunisten haben den Reichstag angezündet.»[34]

Noch im Angesicht der Flammen klagten die Spitzen des Naziregimes die Kommunisten als die Brandstifter an. Auch Hitler triumphierte vor Ort dem englischen Korrespondenten Sefton Delmar gegenüber: «Das ist ein von Gott gegebenes Zeichen. Niemand wird uns nun daran hindern, die Kommunisten mit eiserner Faust zu vernichten.»[35]

Alles, was man bis dahin an «Beweisen» in der Hand zu halten glaubte, war der armselige 24jährige Holländer van der Lubbe. Doch irrten die Nazis gründlich, wenn sie glaubten, daß man den

73

Verdacht in Gestalt dieses beschränkten jungen Mannes in die gewünschte Richtung lenken könne. Zwar hatte van der Lubbe bis zum März 1931 in seinem Heimatland vorübergehend einer kommunistischen Gruppe angehört. Zum Zeitpunkt seiner Festnahme jedoch besaß er weder Kontakt zur Kommunistischen Partei Hollands noch gar zur KPD. Zudem bestritt er selbst vor dem Reichsgericht beharrlich, Kommunist zu sein.

Der verlogene Schuldspruch, den Göring beim Verlassen des brennenden Reichstages so vorschnell gefällt hatte, sollte auch den Tenor der öffentlichen Meinung prägen. Das Ergebnis der amtlichen «Untersuchung» des Vorfalls mußte rasch in Nachrichten umgemünzt werden. Goebbels, Hanfstaengl und Sommerfeld hatten eine große Stunde: Noch vor Mitternacht durfte der amtliche «Preußische Pressedienst» bekanntgeben: «Die Brandstiftung ist der bisher ungeheuerlichste Terrorakt des Bolschewismus in Deutschland. Unter den hundert Zentnern Zersetzungsmaterial, das die Polizei bei der Durchsuchung des Karl-Liebknecht-Hauses entdeckt hat, fanden sich Anweisungen zur Durchführung des kommunistischen Terrors nach bolschewistischem Muster. Hiernach sollen Regierungsgebäude, Museen, Schlösser und lebenswichtige Betriebe in Brand gesteckt werden ... Durch die Auffindung dieses Materials ist die planmäßige Durchführung der bolschewistischen Revolution gestört worden. Trotzdem sollte der Brand des Reichstages das Fanal zum blutigen Aufruhr und zum Bürgerkrieg sein. Schon für Dienstag früh 4 Uhr waren in Berlin große Plünderungen angesetzt.»[36]

Treibjagd

Das Lügengespinst der Nazis war gleichermaßen dreist und plump, genügte aber, um vor den Augen einer ebenso verblüfften wie verschreckten Öffentlichkeit die Generalabrechnung mit der KPD und anderen progressiven Kräften in Szene zu setzen. Noch war die Glut in dem riesigen Kuppelbau des Reichstages nicht erloschen, als die Signale für die Treibjagd gegen die führenden Köpfe der Kommunistischen Partei bereits in den Äther geschickt wurden. Zwar hatten Görings Häscher während der Brandnacht etwa

4000 Personen völlig widerrechtlich festgenommen und verschleppt sowie ihre Wohnungen durchwühlt und verwüstet, doch waren ihnen von den Mitgliedern des ZK der KPD nur Ernst Schneller und Walter Stoecker in die Hände gefallen. Der Funkspruch, der am 28. Februar um 15.30 Uhr in allen Polizeidienststellen aufgefangen wurde, enthielt daher ein dringendes Fahndungsersuchen gegen 24 Mitglieder des ZK der KPD. Ganz oben rangierte darin der Name des Parteivorsitzenden, des Transportarbeiters Ernst Thälmann.

Knapp zwei Stunden später tauchte in Thälmanns Wohnung in der Bismarckstraße bereits ein Kommando des 126. Berliner Polizeireviers auf, um den populären Arbeiterführer in Haft zu nehmen. Doch der Führer der KPD hatte sein Domizil längst in der Lützower Straße 9 aufgeschlagen. Auf Beschluß des Politbüros sollte er Deutschland endgültig am 5. März verlassen. Ein Denunziant, Gartennachbar von Thälmanns Quartiergebern, verriet dessen Aufenthaltsort. Am Nachmittag des 3. März drang ein Überfallkommando der Polizei mit gezückten Pistolen in Thälmanns Zimmer ein.

Die Nazis triumphierten über die Verhaftung des Führers der deutschen Kommunisten. Hatten sie mit Ernst Thälmann doch ihren gefürchtetsten Gegner hinter Kerkermauern verbannen können. Sie irrten maßlos, als sie glaubten, Thälmann im Gefängnis schachmatt setzen und beugen oder gar den Kampf der KPD gegen ihre verbrecherische Diktatur unterbinden zu können.

Aber nicht nur für Kommunisten hatte die Stunde geschlagen. Auch Funktionäre und Mitglieder der SPD sowie bürgerliche Oppositionelle gerieten in den Verhaftungssog des Reichstagsbrandes. Im Verlauf des 27. und 28. Februar wurden mehr als 11 500 Kommunisten, Sozialdemokraten und andere Antifaschisten in Polizei- und Justizgefängnisse, aber auch in SA-Quartiere verschleppt, wo sie entwürdigt und mißhandelt, gefoltert und teils zu Tode gequält wurden.

Die Listen der zu Verhaftenden hatten bereits zur Weimarer Zeit in den Schubläden der politischen Polizei geschlummert. Göring und Daluege hatten sie dann um die Namen weiterer mißliebiger Personen komplettiert. Daß die Verhaftungswelle noch in der Brandnacht ausgelöst wurde, hatte offenbar nicht in Görings Kalkül gelegen. Vor dem Nürnberger Tribunal äußerte er am 18. März 1946 hierzu: «Wir hatten die Listen der kommunistischen Funktionäre, die verhaftet werden sollten, vorher bereits zum großen Teil festgelegt. Es war völlig unabhängig vom Brande im Deutschen Reichstag ... Im Gegensatz zu meiner Ansicht ... wünschte der Führer in der Nacht, daß nun die Verhaftungen sofort und augenblicklich erfolgen sollten ... Mir wäre es lieber gewesen, einige Tage programmäßig zu warten, dann wären mir nicht noch einige Wichtige entwischt.»[37]

Die Freiheitsberaubung großen Stils, die in der Brandnacht begonnen hatte, wurde schon am folgenden Tag mit dem Etikett von Paragraphen versehen. Hitler und seine Paladine wußten nur zu gut, wie weit die abergläubische Ehrfurcht vor dem bürgerlichen Recht noch immer verbreitet war. Aber auch mit Rücksicht auf die internationale Öffentlichkeit schien es ihnen ratsam, den Eindruck legalen Handelns zu erwecken.

Das juristische Gerüst für die Abrechnung mit den Kommunisten und anderen wirklichen und vermeintlichen Gegnern hatte natürlich längst in den Safes der Nazispitzen parat gelegen. Jahrelang hatten Parteijuristen wie Dr. Werner Best und Hans Frank für den ersehnten Tag vorausgedacht. Und so bedurfte es nur noch der Unterschrift des inzwischen senilen Reichspräsidenten Hindenburg, um jenen drastischen Ausnahmezustand zu verhängen, der zum Dauerzustand der faschistischen Herrschaft werden sollte.

Staat ohne Recht

Noch in den Abendstunden des 28. Februar setzte Hindenburg seinen Namenszug unter die «Verordnung zum Schutz von Volk und Staat»[38], (sogenannte Reichstagsbrandverordnung), die sofort in Kraft trat. Nun schien jede Missetat, jede Gewaltanwendung, jedes Verbrechen der von Göring dirigierten Polizei und SA von Recht und Gesetz gedeckt zu sein. Doch war die Reichstagsbrandverordnung selbst schon unübersehbar mit dem Makel des Verbrecherischen behaftet. Bereits ihre Motivation – «zur Abwehr kommunistischer staatsgefährdender Gewaltakte» – war aus der Luft gegriffen. Die kollektive Schuldzumessung an die Kommunisten, an die übrigens bis 1933 zahlenmäßig größte kommunistische Partei in kapitalistischen Ländern, war allein schon mit den Grundsätzen bürgerlicher Rechtsstaatlichkeit total unvereinbar.

Aber mehr noch verriet der Inhalt dieses Normativaktes, daß Verbrecher das Ruder des deutschen Staatsschiffes in ihre Hände genommen hatten. Mit der Reichstagsbrandverordnung wurde die Weimarer Verfassung demonstrativ aus den Angeln gehoben, wurden elementare Grundrechte wie das der persönlichen Freiheit, der freien Meinungsäußerung, der Pressefreiheit usw. «bis auf weiteres» – in Wahrheit bis ans Ende der Hitlerdiktatur – «außer Kraft gesetzt»[39].

Der Willkür gegen Andersdenkende war damit Tür und Tor geöffnet. Von nun an waren Verhaftungen ohne richterlichen Befehl und von unbegrenzter Dauer möglich. An die Stelle eines ordentlichen Strafverfahrens trat das dürftige Papier eines Schutzhaftbefehls, an die Stelle eines gerichtlichen Urteils meistenteils die Entscheidung der politischen Polizei und alsbald der Gestapo über Freiheit oder Unfreiheit, Leben oder Tod des Verfolgten. Damit war auch das juristische Fundament für die gräßlichsten Formen des Naziterrors, die Konzentrationslager, gelegt.

Mit der Verordnung vom 28. Februar 1933 wurden zugleich die Grundpfeiler einer zivilisierten Rechtsordnung ausgegraben. So drohte man die Todesstrafe u. a. für Hochverrat und aufrührerische Brandstiftung an. Dahinter steckte die diabolische Absicht, bereits jene Kommunisten aufs Schafott zu bringen, denen der Reichstagsbrand in die Schuhe geschoben werden sollte. Dazu verabschiedete die Hitlerregierung am 29. März 1933 ein «Gesetz über Verhängung und Vollzug der Todesstrafe», welches das Köpfen und auch das Erhängen selbst für Handlungen zuließ, «die in der Zeit zwischen dem 31. Januar und dem 28. Februar begangen worden sind»[40]. Damit war auch das Verbot der rückwirkenden Anwendung von Strafgesetzen durchbrochen worden, das die Bourgeoisie einst in erbittertem Ringen den Mächten des Mittelalters abgetrotzt hatte.

Nach dem Reichstagsbrand ließen die Naziführer ihre letzten Hemmungen vor der Öffentlichkeit fallen. Noch bevor die rückwirkende Anwendung der Todesstrafe in Form eines Gesetzes präsentiert worden war, prophezeite Hitler im Reichstag bereits «die öffentliche Hinrichtung des schuldigen Brandstifters und seiner Komplicen»[41].

Um jeden Preis suchte sich das Hitlerregime als Vorreiter gegen den Kommunismus aufzuspielen. Wollte es diese Rolle überzeugend ausfüllen, konnte es auf die Maßstäbe bürgerlicher Gesetzlichkeit keine Rücksicht nehmen. Denn Kommunisten, das wußten auch die Naziführer, sind Feinde des individuellen Terrors, Gegner von Brandstiftungen, Sabotageakten und anderen Abenteuern. Mit den herkömmlichen Normen bürgerlichen Rechts, nach denen die Schuld eines Menschen vor Gericht nachzuweisen und die Strafe zu individualisieren war, konnte man der «Vernichtung des Marxismus» nicht gerecht werden. Das sprach Göring während einer Kundgebung der NSDAP am 3. März 1933 ganz offen aus: «Volksgenossen, meine Maßnahmen werden nicht angekränkelt sein durch irgendwelche juristischen Bedenken ... Hier habe ich keine Gerechtigkeit zu üben, hier habe ich nur zu vernichten und auszurotten, weiter nichts.»[42]

Während der Zeit vom faschistischen Machtantritt bis zur Brandstiftung im Reichstag hatten die Hitlerbanditen bereits 51 ihrer politischen Gegner ermordet. Nun konnten sie auch noch den Rückenwind der Reichstagsbrandverordnung ausnutzen. Der außergerichtliche Terror schlug alsbald Wellen, wie sie in Deutschland bis dahin unbekannt waren. Allein in Preußen waren im März 1933 ständig etwa 15 000 wirkliche und vermeintliche Nazigegner in «Schutzhaft». Man sperrte die Verfolgten in alte Burgen und Schlösser, leere Fabrikgebäude, aber auch in konventionelle Haftanstalten. SA- und SS-Einheiten errichteten erste Konzentrationslager, in die sie Funktionäre und Mitglieder der KPD, aber auch der SPD sowie andere Regimegegner verschleppten, um mit ihnen «abzurechnen».

Gleichwohl blieb es das *erste* innenpolitische Ziel der Hitlerdiktatur, den Todesstoß gegen die KPD zu führen. Dabei korrespondierte der physische Terror mit kriminellem Mißbrauch von Administration und Gesetzgebung. Am 9. März ließ Hitler ohne Rücksicht auf die Immunität die 81 Reichstagsmandate der KPD annullieren und die kommunistischen Abgeordneten zur Verhaftung ausschreiben. Auf diese Weise kamen die Nazis ihrem Ziel, im Reichstag über eine Zweidrittelmehrheit zu verfügen, ein beträchtliches Stück näher. Über eine solche Mehrheit nämlich führte der Weg zu jenem fieberhaft angestrebten Ermächtigungsgesetz, dem die 441 Abgeordneten der bürgerlichen Parteien am 23. März schließlich ihr Jawort gaben.

Zur Verfolgung der Funktionäre und Mitglieder gesellte sich der Raub der materiellen und finanziellen Mittel der KPD. Durch das «Gesetz über die Einziehung kommunistischen Vermögens» vom 26. Mai 1933 verfügte die Hitlerregierung die entschädigungslose Enteignung aller Sachen und Rechte, «die zur Förderung kommunistischer Bestrebungen gebraucht oder bestimmt sind»[43].

Nicht nur Kommunisten

Die Verbrechen, die sich das Hitlerregime unter dem Schlachtruf «Vernichtung des Marxismus» leistete, beschränkten sich keineswegs auf Angehörige der KPD. Die faschistische Demagogie benutzte den Begriff des «Marxismus» als diffamierendes Kennzeichen auch für Sozialdemokraten, Sozialisten und selbst für bürgerliche Verfechter des Parlamentarismus. Unter den erklärten Staatsfeinden des Nazifaschismus rangierte die SPD sozusagen auf Platz Nr. 2. Bereits im Jahre 1931 hatte der NSDAP-Spitzenfunktionär Gregor Strasser verlautbaren lassen, daß auch die «Zerschlagung der sozialdemokratischen Partei ... das Hauptgebot der Stunde»[44] sei.

Nachdem auf Drängen von Großunternehmern SA und SS am 2. Mai 1933 die Häuser der Gewerkschaften besetzt und deren führende Persönlichkeiten in Konzentrationslager verschleppt hatten, war nun auch die letzte Organisation der Arbeiterklasse, die SPD, an der Reihe. Bis zu ihrem offiziellen Verbot hatte die Sozialdemokratie ohnehin nur noch ein Schattendasein geführt. Zahlreiche Funktionäre der SPD waren längst verfolgt und verhaftet, ihre Versammlungen untersagt, ihre Druckereien geschlossen, ihre Zeitungen verboten worden.

Am 22. Juni schließlich geriet die SPD auch als Partei in den Würgegriff der faschistischen Machthaber. In einem Erlaß von Reichsinnenminister Frick wurde die SPD als eine «staats- und volksfeindliche Partei» diffamiert, «die keine andere Behandlung mehr beanspruchen kann, wie sie der Kommunistischen Partei gegenüber angewandt worden ist ...»[45]

Über Nacht jagte man die SPD-Vertreter aus den Parlamenten. Und am Tag nach dem Parteiverbot verfügte ein Funkspruch des Geheimen Staatspolizeiamtes, alle führenden Funktionäre der SPD festzunehmen und in KZ einzuweisen. Binnen einer Woche wurden daraufhin mehr als 3 000 Sozialdemokraten ihrer Freiheit beraubt und mißhandelt, unter ihnen Friedrich Ebert und Franz Künstler.

Köpenicker Blutwoche

Das Verbot der SPD flankierte die SA in den Arbeitervierteln von Berlin-Köpenick mit grausamsten Ausschreitungen gegenüber Kommunisten, Sozialdemokraten und anderen Antifaschisten. In diesem Stadtbezirk hatte sich der Groll der Faschisten gegen die Vertreter der beiden großen Arbeiterparteien in besonderem Maße angestaut. Denn selbst nach der Machtübernahme war es ihnen nicht geglückt, in den Arbeitervierteln Fuß zu fassen. Auch der rücksichtslose Terror bewaffneter Formationen der Nazipartei hatte nicht verhindern können, daß KPD und SPD am 5. März 1933 beachtliche Wahlsiege verzeichnen konnten.

Schon im März hatte die Köpenicker SA für unrühmliches Aufsehen gesorgt, das bis ins Ausland reichte. Andersdenkende, darunter die langjährige SPD-Genossin Jankowski, waren auf gräßliche Weise mißhandelt und bedroht worden. Doch ungeachtet öffentlicher Proteste und vorliegender Strafanzeigen hatte die Polizei die Hände in den Schoß gelegt.

Zwei Tage vor dem offiziellen Verbot der SPD holte die Köpenicker Mördergarde der Hitlerpartei zu einem Verbrechen aus, das alles Bisherige in den Schatten stellen sollte.

In der Nacht vom 20. zum 21. Juni zitierte Sturmbannführer Herbert Gehrke die Köpenicker SA-Führer zu sich, um sie in die Details einer Sonderaktion einzuweihen. Wieder einmal sollte die SA in die Rolle des Kettenhundes der Polizei schlüpfen. Die Skrupellosigkeit und Brutalität, mit der die braunen Horden allerorts gegen Antifaschisten vorgegangen waren, hatten sie längst als Stabilisator des Naziregimes favorisiert. Nicht von ungefähr hob Göring in einem Schreiben vom 29. Mai an die Regierungspräsidenten und den Polizeipräsidenten in Berlin hervor: «Die Erfahrung hat gezeigt, daß die Vernehmung wegen Verdachts politischer Straftaten oder staatsfeindlicher Umtriebe festgenommener Personen durch Beamte der ordentlichen Polizei nicht den Erfolg gebracht hat, der bei der Vernehmung derselben Personen durch Angehörige der SA und SS erzielt werden konnte.»[46]

Göring «ermächtigte» deshalb die Polizeibehörden, «in geeigneten Fällen in polizeilichem Gewahrsam befindliche Häftlinge aus eigener Entschließung oder auf Anforderung» der SA oder SS «kurzfristig zu belassen oder zu überstellen»[47].

Jene Aktion, mit der Sturmbannführer Gehrke seine Unterführer zu nächtlicher Stunde vertraut machte, sollte nicht erst den Umweg über die Polizei nehmen. Als «Vernehmungsstätten» wurden vier Köpenicker SA-Lokale, Anlaufstätten der einzelnen Stürme, bestimmt und entsprechend vorbereitet. In den frühen Morgenstunden des 21. Juni verhängte der Köpenicker SA-Chef für seine Standarte dann die höchste Alarmstufe. Er wollte sichergehen, daß auch alle seine Schieß- und Prügelhelden für das Unternehmen zur Verfügung standen.

Schon wenige Stunden später drangen die Braunhemden rücksichtslos in die Behausungen von Arbeitern und anderen Antifaschisten ein. Als erstes verwüsteten und plünderten sie das Eigentum ihrer Opfer, raubten sie Bücher und Zeitschriften, aber auch Fahnen und Bilder von Führern der Arbeiterbewegung. Unter Androhung von Schußwaffengebrauch wurden «Verdächtige» gezwungen, zur angeblichen Vernehmung in eines jener vier SA-Lokale zu folgen.

Einer derjenigen, die schon in den Vormittagsstunden des 21. Juni zur «Vernehmung» geschleppt wurden, war der SPD-Funktionär Erwin Mante. Im Februar 1948 sagte er darüber als Zeuge vor der Kriminalpolizei aus: «Im Zimmer (gemeint ist das «Vernehmungszimmer» im SA-Lokal Seidler – d. A.) waren ungefähr acht SA-Leute anwesend. Diese hatten sich bewaffnet mit Bambusstangen, Gummiknüppeln, Fahnenstangen und Stahlruten ... Ich wurde gefragt, ob ich noch dem Reichsbanner Schwarz-rot-gold angehöre. Als ich dies bejahte, sollte ich dies noch einmal wiederho-

Johannes Stelling

len und anstatt Gold Scheiße sagen. Als ich dies ablehnte, packten mich einige SA-Leute, warfen mich über den Tisch, und ich wurde verprügelt. Es wurden noch verschiedene Fragen an mich gerichtet und immer, wenn die Antworten darauf den SA-Leuten nicht gefielen, wurde ich geschlagen. Dabei wurde mir die Hose heruntergerissen und die Schläge, die ich erhielt, wurden genau gezählt. Mein Gesäß war davon völlig zerschlagen.»[48]

Nach der «Vernehmung» bugsierte man Erwin Mante in einen Stall, wo er auf weitere Leidensgenossen traf, darunter auf den Funktionär des Reichsbanners und Gewerkschaftssekretär Paul von Essen, der gleichfalls Mitglied der SPD war. Als man die Gefangenen wieder auseinanderriß, reichte Erwin Mante von Essen die Hand, was ihm vollends zum Verhängnis wurde. Mit den Worten «Wie kannst du dem Schwein noch die Hand reichen!» stürzte ein SA-Mann auf ihn zu und schlug ihn mit aller Gewalt ins Gesicht. Die Folge: Die Netzhaut des rechten Auges riß auf der Stelle, aber auch die Sehkraft des anderen Auges wurde stark in Mitleidenschaft gezogen. Als Erwin Mante 15 Jahre später das furchtbare Geschehen rekapitulierte, war er längst zu 90 Prozent erblindet.

Noch ärger hatten die SA-Schergen seinen Schicksalsgefährten Paul von Essen traktiert. Dieser mutige Antifaschist hatte sich gegen seine Peiniger schließlich mit einem Gartenstuhl zur Wehr gesetzt. Die SA-Schergen schlugen ihr Opfer daraufhin bewußtlos und beförderten es in das Köpenicker Amtsgerichtsgefängnis, wo Gehrke und sein Stab ihr Domizil aufgeschlagen hatten. Hier wurde von Essen schließlich zu Tode gemartert.

Zu den Mordopfern der Köpenicker Blutwoche gehörte auch der bekannte Sozialdemokrat Johannes Stelling, der seit 1920 Mitglied des Parteivorstandes der SPD sowie der Reichstagsfraktion seiner Partei war. Ihn hatte man im SA-Lokal Seidler ebenfalls auf das schlimmste gefoltert und anschließend in das Amtsgerichtsgefängnis verfrachtet. Hier wurde Stelling zu Tode gequält.

Kommunisten wurden in jenen Tagen gleichermaßen Opfer des Amoklaufs der Köpenicker SA. Das KPD-Mitglied Bernhard Klappert hatten die Rollkommandos der SA schon um 7 Uhr morgens in das in der Elisabethstraße gelegene Sturmlokal Demuth geschleppt. Mit Schlägen versuchte man, die Namen seiner Genossen aus ihm herauszupressen, jedoch vergeblich. Nach Zwischenstation im Amtsgerichtsgefängnis sowie im SA-Lokal Jägerheim (heutige Puchanstraße) wurde er im Verein mit anderen Gefangenen erneut mißhandelt und gequält. Bernhard Klappert, durch seine Verletzungen zum Krüppel geworden, berichtete darüber u. a.: «Die SA teilte uns in drei Gruppen ein, in ‹leichtere›, ‹mittlere› und ‹schwere›, die unterschiedlich behandelt werden sollten. Ich wurde der letzten Gruppe zugeteilt. Schon während dieses Aussuchens wurden wir geschlagen ... Die zweite und dritte Gruppe wurde dann auf den Heuboden getrieben. Was jetzt mit uns geschah, ist kaum zu beschreiben. Zuerst wurden die Antifaschisten der zweiten Gruppe mißhandelt. Sie mußten sich über das Bettgestell legen und erhielten der Reihe nach dreißig und vierzig Hiebe mit Gummiknüppeln, Stahlruten und anderen Schlagwerkzeugen. Dazwischen schlugen die SA-Leute mit ihren Fäusten auf die wehrlosen Opfer ein, so daß ein großer Teil von ihnen bewußtlos niedersank. Danach kamen wir aus der Gruppe drei an die Reihe. Wir waren vorwiegend Kommunisten und erhielten jeder dreimal je sechzig Hiebe. Um das Schreien zu unterdrücken, preßte man unsere Köpfe fest auf den Strohsack. Obwohl ich durch ein Rheumaleiden krank war und zum Gehen einen Stock benutzen mußte, wurde auch ich auf die gleiche Art und Weise mißhandelt. Ich verlor mehrmals das Bewußtsein, mußte aber immer wieder die Tortur

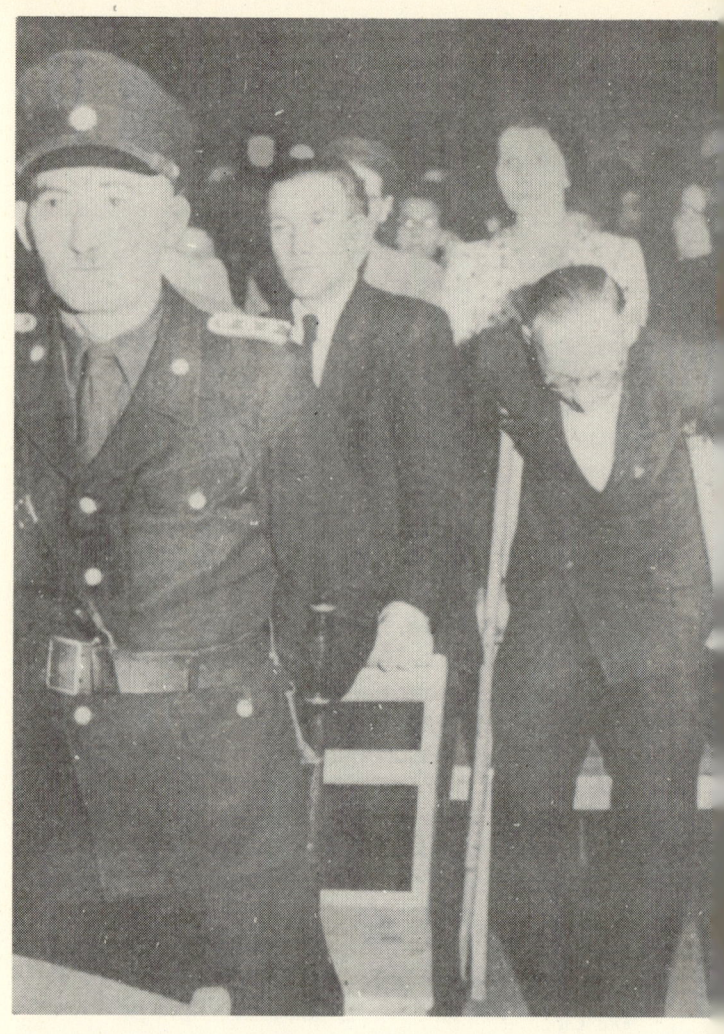

Bernhard Klappert – Opfer der Köpenicker Blutwoche und
Zeuge im Prozeß

über mich ergehen lassen. Die SA-Schläger erfanden neue Methoden und Quälereien. So wurde ich von zwei SA-Bestien an den Ohren hochgezogen und eine Weile hängen gelassen; dann wollten sie einen Vater dazu zwingen, daß er seinen Sohn schlug, und umgekehrt sollte sein Sohn ihn dann schlagen; wir wurden gezwungen, gegeneinander zu boxen und uns zu schlagen. Diese Methoden dienten zur Belustigung der SA-Leute und verschafften ihnen «Ruhepausen», denn sie wüteten derart, daß sie schon bald nicht mehr in der Lage waren, so brutal und rücksichtslos weiterzuschlagen. Am späten Abend des 22. stürmten andere SA-Leute auf den Heuboden. Nun ging es mit den Mißhandlungen verstärkt weiter. Diese Bestien griffen nach allen nur vorhandenen Gegenständen und schlugen auf uns ein. Sie warfen mit Gartenstühlen nach uns und jagten uns von einer Ecke in die andere. Fiel einer von uns, so wurde er brutal mit Stiefelabsätzen ins Gesicht und in den Unterleib getreten. Bald lagen mehrere von uns besinnungslos am Boden. Wer zu sich kam, bekam wieder Schläge und mußte alles von neuem über sich ergehen lassen. Die Folterungen waren so grausam, daß einige darum baten, die SA möge sie doch lieber erschießen, als sie noch einmal derart zu mißhandeln.»[49]

Noch schlimmer erging es dem KPD-Funktionär Josef Spitzer, der vier Tage lang im wahrsten Sinne des Wortes durch die Hölle gejagt wurde. Als die Mordbanditen ihn schließlich gehen ließen, durften sie sicher sein, daß Josef Spitzer nicht überleben würde. Seine Frau schilderte den Zustand des tapferen Antifaschisten: «Als mein Mann am vierundzwanzigsten abends gegen elf Uhr nach Hause kam, konnte er kaum noch sprechen. Die Haare waren abgeschnitten und der ganze Kopf mit Schorf bedeckt. Im Gesicht und an den Ohren hatte er Teer.»[50]

Die vertierten Henker hatten versucht, auf dem Kopf ihres Opfers ein Hakenkreuz zu markieren. Dem Arzt, der Josef Spitzer anschließend zu behandeln versuchte, konnte er noch anvertrauen, daß er kurze Zeit aufgehängt und danach gezwungen worden war, eine scharfe Flüssigkeit zu trinken, die sich als Gift herausstellte.

Das Leben des Josef Spitzer währte gerade noch zwei Tage. Am 26. Juni erlag er im Krankenhaus seinen Verletzungen. Der Obduktionsbefund wies insbesondere im Magen des Verstorbenen Spuren nach, «die auf Vergiftung mit einer Säure (Oxalsäure) schließen las-

Paul Spitzer

sen, wodurch der Tod in Verbindung mit den Gehirnverletzungen zu erklären ist»[51].

Auf das unmenschlichste zugerichtet hatten die braunen Unholde auch den Funktionär der KPD und der Roten Hilfe Franz Wilczoch. Mit brennenden Fackeln hatten sie ihm ins Gesicht geschlagen und mit Stahlruten sein Gesäß zerfetzt. Auf seine Bitte nach einem Schluck Wasser war ihm Karbolineum gereicht worden. Wilczochs Mutter berichtete: «In die Wunden meines Sohnes hatte man heißen Teer eingegossen und nach dem Erkalten diesen wieder abgerissen.»[52]

Für die restlichen Stunden seines Lebens war dieser Antifaschist unvorstellbaren Qualen ausgesetzt. Infolge seiner furchtbaren Verletzungen konnte er sich weder bewegen noch liegend zur Ruhe kommen. Die Ärzte wußten sich keinen anderen Rat, als Franz Wilczoch in ein Netz zu legen, das in eine mit Borwasser gefüllte Badewanne hineinreichte. Nur auf diese Weise konnten sie ihrem Patienten eine gewisse Linderung verschaffen. Seine inneren Verletzungen jedoch waren nicht mehr zu heilen. Franz Wilczoch verstarb am 30. Juni 1933.

Auch parteilose Bürger fielen dem blutigen Massaker der Köpenicker SA zum Opfer. Der Chemiker Dr. Eppenstein, ein Mann jüdischer Abkunft, war in mehreren Folterhöhlen der SA «vernommen» worden. Seiner couragierten Frau war es gelungen, bis zu Gehrke vorzudringen und die Entlassung ihres Mannes zu erwirken. Das Bild, das er ihr beim Wiedersehen bot, hatte sie nie mehr vergessen können: «Ich erschrak, als ich ihn sah. Er war nicht wiederzuerkennen. Die Brille war weg, die Augen, der Kopf zerschlagen, das Nasenbein zertrümmert. Das ganze Gesicht war schwarz. Mein Mann konnte weder sehen noch hören.»[53]

Die kriminelle Phantasie der Köpenicker SA-Horden erwies sich in jenen Tagen als schier unerschöpflich. Hatte man Franz Wilczoch heißen Teer in seine Wunden geschüttet, so war anderen Opfern Pfeffer und Salz ins offene Fleisch gestreut worden. Eine besondere Abscheulichkeit hatte man sich auch mit dem Antifaschisten Walter Bauer ausgedacht. Er wurde an einen Strick gebunden, in die Dahme geworfen und mehrfach mit Gewalt ins Wasser getaucht. Sobald er dem Ertrinken nahe war, zog man ihn wieder nach oben. Mehrmals wurde das grausige Spiel wiederholt, zum Ergötzen der beteiligten SA-Schergen.

Die verbrecherischen Aktionen der SA fanden ihren Höhepunkt in der Zeit vom 20. bis zum 27. Juni 1933. Sie ging als Köpenicker Blutwoche in die tragischen Seiten der Geschichte der deutschen Arbeiterbewegung ein. Bekanntgeworden sind die Morde an 21 Antifaschisten.

Rund 500 Antifaschisten waren während des blutigen Geschehens durch SA-Banditen in deren Folterhöhlen verschleppt und auf grausamste Weise mißhandelt worden. Die Opfer waren überwiegend Mitglieder des Deutschnationalen Kampfbundes, der KPD und SPD, Angehörige der organisierten Arbeiterjugend und Arbeitersportbewegung sowie jüdische Mitbürger.

Gestapo als Schutzengel

Die Verantwortlichen dieser Verbrechen suchten die Spuren weitgehend zu verwischen. Das geschah vor allem mit Blick auf die Öffentlichkeit, die mit Empörung auf den blutigen Amoklauf der SA reagierte. Zudem gab es auch ein paar Leute im Polizei- und Justizapparat, die noch nicht völlig gleichgeschaltet waren und sich gegenüber den Bluttaten der Faschisten keine Scheuklappen anleg-

Karl Pokern

ten. Daher zerstückelte man teilweise die Leichen, nähte sie in Säcke ein und versenkte sie im Flußbett der Dahme. Auf diese Weise wurde beispielsweise mit den sterblichen Überresten von Johannes Stelling, Karl Pokern und Paul von Essen verfahren. Andere Mordopfer wurden in einer nahe gelegenen Waldgegend verscharrt. Allerdings geschah das Verwischen der Spuren derart dilettantisch, daß mehrere der Leichensäcke schon nach Tagen wieder auftauchten und geborgen werden konnten. Die Schädel und Knochen der im Wald vergrabenen Opfer wurden später von spielenden Kindern entdeckt.

Selbst die faschistische Kripo kam nicht umhin, die Aufgefundenen als Opfer politischer Morde zu registrieren. Gegen Gehrke, den Hauptträdelsführer, aber auch gegen andere Mittäter, war bereits wegen der grausamen Mißhandlung der SPD-Genossin Jankowski ein Ermittlungsverfahren eingeleitet worden. Doch die Mörder hatten längst die Stirn, sich ihrer Verantwortlichkeit demonstrativ zu entziehen. Gehrke lehnte es rundweg ab, zur Vernehmung auch nur zu erscheinen. Schließlich wußte er einflußreiche Elemente der SA-Führung in seinem Rücken. So richtete der Oberführer der Untergruppe Berlin-Süd der SA, Schwarz, am 11. Mai 1933 ein Schreiben an den SA-Verbindungsführer beim Berliner Polizeipräsidium, in dem es u. a. hieß: «Es geht nicht an, daß die Träger unserer Bewegung von der Polizei und den deutschen Gerichten in einer Weise gehört werden, die dem Mordtreiben (!) und der Hetze der Marxisten neues Wasser auf die Mühle gießen. Ich lehne es daher ab, meine SA-Führer zum Schutze marxistischer Elemente und Interessen vernehmen zu lassen ... Der Sturmbannführer *Gehrke* ist angewiesen, einer Vorladung nicht Folge zu leisten.»[54]

Wiederholt mußten sich Polizei und Justiz des Nazistaates mit den Vorgängen der Köpenicker Blutwoche auseinandersetzen. Dazu sah man sich nicht zuletzt durch Anzeigen von Angehörigen der Opfer, aber auch durch öffentliche Proteste genötigt. Mitte Juli 1933 hielten hochgestellte Exekutivbeamte, unter ihnen der erste Chef der Gestapo, Diehls, Ratschlag darüber, wie mit den Tätern verfahren werden solle. Schließlich hatten die SA-Mörder nichts anderes getan, als die Schlachtrufe der Naziführer von der Ausrottung des Marxismus wörtlich zu nehmen. Hinzu kam, daß die Spuren der Mörder bis in gehobene Kreise der Nazipartei führten. Hatte doch mitten in der Köpenicker Blutwoche eine Sitzung der SA-Führung unter Hinzuziehung von Gehrke stattgefunden, an der u. a. der stellvertretende Gauleiter der Berliner NSDAP, Görlitzer, teilgenommen hatte. Also beschlossen die Herren Diehls und Co., die SA-Mörder «auf einige Zeit aus dem SA-Verband und der örtlichen Umgebung Berlins zu entfernen und in ein Arbeits- oder Wehrsportlager unterzubringen»[55].

Die Gestapo betätigte sich als Schutzengel der Mörder und sorgte dafür, daß ihnen auch strafrechtlich kein Härchen gekrümmt wurde. Ihr Einfluß auf die Justiz, in der sie sich auf willfährige Opportunisten stützen konnte, war genügend weit fortgeschritten.

Am 12. Februar 1934 schlug die Zentralstaatsanwaltschaft das Verfahren gegen die Mörder von Stelling, von Essen, Pokern und Pohle nieder. Ende November 1934 erhielten auch die Henker von Josef und Paul Spitzer endgültige Gewißheit, daß ihren Bluttaten kein gerichtliches Nachspiel mehr folgen würde. Bereits am 23. April hatte die Staatsanwaltschaft den Preußischen Justizminister informiert: «Nach Mitteilung des Geheimen Staatspolizeiamtes sind die Täter unter den Angehörigen des SA-Sturmes II/15 zu suchen. Es ist der Auffassung, daß die Straftaten im Zusammenhang mit der nationalsozialistischen Revolution begangen worden sind.»[56]

Am Ende machte sich die Justiz den Standpunkt der Gestapo zu eigen. Auch im Fall der Köpenicker Blutwoche breiteten Juristen ihre schützenden Hände über vertierte Kreaturen aus. So steuerten sie ihr Schärflein dazu bei, daß Mord an politischen Gegnern zur Staatsdoktrin werden konnte. Und das geschah keineswegs, weil sich Staatsanwälte und Richter selbst in ihrer Freiheit oder gar in ihrer Existenz bedroht glauben mußten. Es geschah, weil sie mit ihrem Karrierebewußtsein das Rechtsbewußtsein in sich erstickten.

Gerechte Sühne

Die Verbrechen der Köpenicker Blutwoche fielen ebensowenig der Vergessenheit anheim wie die anderen Schandtaten des Naziregimes. Das ganze Ausmaß und die Details dieses grausamsten und größten Massakers in der Anfangsphase des Hitlerregimes wurden jedoch erst überschaubar, nachdem der faschistische Spuk vorüber war. Einige Täter hatte es an die Stätten ihres blutigen Treibens zurückgeführt, andere hatten an entfernteren Orten Unterschlupf gesucht. Friedrich Plönzke beispielsweise, als SA-Sturmführer der Hauptverantwortliche für die Inquisition im SA-Lokal Seidler, hatte sich zu seiner Ehefrau nach Leipzig abgesetzt. Andere Haupttäter hatten es vorgezogen, in den Westzonen unterzutauchen, wo man Naziverbrecher von Anbeginn an mit Glacéhandschuhen anzufassen pflegte. Der Regisseur des Blutbades vom Juni 1933, Gehrke, blieb allerdings spurlos verschwunden.

Unter den in den Westen geflohenen Mördern befand sich beispielsweise der einstige Sturmführer Reinhold Heinz. Als Befehlshaber des SA-Sturmes Wassersportheim Wendenschloß hatte er die Mißhandlungen zu verantworten, die sich in dem unter seiner Führung geraubten Heim des Reichsbanners abspielten. Auch das Versenken der in Säcke genähten Leichen der im Amtsgerichtsgefängnis Ermordeten war auf sein Konto gegangen.

Vergeblich mühten sich die zuständigen Stellen der DDR, die Auslieferung von Heinz zu erwirken, der sich inzwischen in Bergedorf bei Hamburg angesiedelt hatte. Auch im Falle weiterer Mittäter der Köpenicker Blutwoche fand sich die Justiz der BRD weder

**Generalstaatsanwalt Max Berger während der Anklage gegen
die Mörder der Köpenicker Blutwoche**

bereit, die Beschuldigten auszuliefern, noch nach ihnen zu fahn-
den.

Hätte sich die bundesdeutsche Justiz den Beschlüssen der Antihitlerkoalition verpflichtet gefühlt, wäre die Auslieferung von
Heinz und anderen Schergen der Köpenicker Blutwoche gar keine
Frage gewesen. Denn Gericht über die Naziverbrecher sollte grundsätzlich am Tatort gehalten werden.

Die Ermittlungen auf dem Gebiet der inzwischen gegründeten
DDR hatten auf die Spur von insgesamt 57 Mittätern des Köpenik-
ker Blutbades geführt. 28 von ihnen konnten hierzulande dingfest
gemacht werden, während die übrigen 29 flüchtig und zum Teil unbekannten Aufenthalts waren. Der Oberstaatsanwalt von Groß-Berlin, Max Berger, ein erprobter Antifaschist, bezog schließlich auch
die abwesenden Täter in die Anklage ein.

Als der Berliner Landgerichtspräsident Hans Ranke, ein ehemaliger Rechtsanwalt, am 5. Juni 1950 die Hauptverhandlung eröff-

Das Gericht unter Vorsitz von Landgerichtspräsident Hans Ranke (Hintergrund Mitte)

nete, gab es ein geradezu ungestümes Interesse an diesem Prozeß. Im Gerichtsgebäude in der Berliner Littenstraße, dem Sitz des Landgerichts seit der Spaltung der Berliner Justiz, hatte erst ein entsprechend geräumiger Verhandlungssaal hergerichtet werden müssen. Schließlich erwies sich der Prozeß gegen die Mörder der Köpenicker Blutwoche als mit eines der umfangreichsten Gerichtsverfahren, das gegen Naziverbrecher je auf deutschem Boden geführt worden ist.

Rund 450 Zuhörer lauschten täglich der Hauptverhandlung. Sie wurden zwischen Erschütterung und Empörung hin- und hergerissen, wenn überlebende Opfer die Exzesse ihrer Peiniger vergegenwärtigten. Die jüngeren unter ihnen sträubten sich anfangs, zu glauben, daß Menschen solcher Handlungen fähig sein können, wie sie den Angeklagten vorgeworfen wurden.

Während einer mehrwöchigen Verhandlung hörte das Gericht 386 Zeugen an, die von der Staatsanwaltschaft bzw. den Angeklagten und ihren Verteidigern benannt worden waren. Hinzu kamen diverse Dokumente faschistischer Ämter, durch welche die Schuld der Täter in erdrückender Weise bestätigt wurde. Im Angesicht ihrer Richter schlug die Brutalität der meisten Angeklagten in Feigheit und Lüge um. Ihre Verteidiger, die überwiegend aus bürgerlichen Anwaltskanzleien des Kurfürstendamms stammten, gefielen sich in juristischen Winkelzügen, die das Nürnberger Tribunal längst ad absurdum geführt hatte. Da wandte man beispielsweise ein, daß doch die Köpenicker Vernichtungsaktion der SA auf eine Order Görings zurückgehe, die Täter also im Befehlsnotstand gehandelt hätten. Zudem habe ihnen auch das Bewußtsein der Rechtswidrigkeit gefehlt, weil sie ja in amtlicher Eigenschaft als Hilfspolizisten gegen ihre Opfer vorgegangen seien.

Solches Vorbringen mußte sich als Schall und Rauch erweisen. Denn die Vernichtungsaktion der Köpenicker SA war der klassische Fall eines Verbrechens gegen die Menschlichkeit, begangen aus politischen Motiven, im Namen und zum Nutzen eines verbrecherischen Regimes.

Handeln auf Befehl hätte im günstigsten Falle zur Milderung der Strafe führen *können,* niemals aber zum Freispruch. Doch konnte keiner der Angeklagten nachweisen, daß er zum verbrecherischen Mittun gedrängt oder gar genötigt worden war. Im übrigen stand seit Nürnberg fest, daß die amtliche Eigenschaft, in der jemand an einem faschistischen Verbrechen mitgewirkt hatte, an seiner strafrechtlichen Verantwortlichkeit nicht im geringsten zu rütteln vermag.

Die Richter des Landgerichts Berlin stützten sich konsequent auf Geist und Buchstaben von Nürnberg. Im Urteil gegen die Mörder der Köpenicker Blutwoche hieß es: «Sämtliche an den Aktionen der Köpenicker SA vom März bis Oktober 1933 nach Maßgabe ihres Tatanteils beteiligten Angeklagten kannten Zweck und Ziel der von der Köpenicker SA nach der sogenannten Machtübernahme eingeleiteten Verfolgung der Antifaschisten, billigten sie und beteiligten sich daran im vollen Bewußtsein, Mitwirkende an einem Verbrechen gegen die Menschlichkeit, einem Verbrechen, das ein Teil der Willkür- und Gewaltherrschaft des Faschismus war, zu sein.»[57]

Als Landgerichtspräsident Ranke am 19. Juli 1950 das Urteil gegen die insgesamt 57 Angeklagten verkündete, herrschte atemlose

Die Angeklagtenbank im Köpenicker Blutwochenprozeß

Stille im Verhandlungssaal. Gegen 15 der schlimmsten Schlächter vom Juni 1933 verhängte das Gericht die Todesstrafe, darunter gegen Plönzke, Heinz und Bruno Demuth. Dreizehn Angeklagte, unter ihnen Erich Demuth, wurden zu lebenslänglichem Zuchthaus verurteilt, sechs weitere zu Zuchthaus von je 25 Jahren, zwei zu Zuchthaus von je 20 Jahren, acht der Täter zu je 15, drei zu je 12, fünf zu je zehn, vier zu je 5 Jahren Zuchthaus. Bis auf vier Fälle war die Zuchthausstrafe mit Zwangsarbeit verknüpft. Gegen einen der Angeklagten stellte das Gericht das Verfahren ein, da der Betreffende inzwischen verstorben war.

Die Mehrzahl der Angeklagten legte gegen das Urteil Revision ein, die das Berliner Kammergericht noch im selben Jahr verwarf. Somit wurden die Urteile rechtskräftig, und die Strafen konnten, soweit man der Täter habhaft war, vollstreckt werden. Reichlich 17 Jahre nach dem grauenvollen Akt faschistischer Inquisition erfüllten die unsäglichen Qualen der Opfer doch noch eine gerechte Sühne.

Die in Abwesenheit verurteilten SA-Verbrecher konnten indessen frohlocken. Die Justiz jenseits der Westgrenze der DDR dachte gar nicht daran, den Lauf der Gerechtigkeit zu befördern. Zu tief waren Hunderte Juristen, die in der BRD-Justiz damals den Ton angaben, selbst in die Blutschuld des Faschismus verstrickt. Freilich war es eine Ironie des Zufalls, daß der zu lebenslangem Zuchthaus verurteilte Erich Demuth ausgerechnet im Amtsbereich des einstigen Blutstaatsanwalts von Kattowitz, Ottersbach, seinen Wohnsitz genommen hatte. Ottersbach, der während des zweiten Weltkrieges unschuldige polnische Bürger professionell aufs Schafott geschickt hatte, war in Hildesheim wieder in die Funktion eines Oberstaatsanwalts beim Amtsgericht geschlüpft. Mit Blick auf den Prozeß gegen die Mörder der Köpenicker Blutwoche mußte sich der Hitlerjurist im Jahre 1950 ausgerechnet mit jenem Ermittlungsverfahren wegen Verbrechens gegen die Menschlichkeit befassen, das die dortige Staatsanwaltschaft im Jahre 1948 gegen die Brüder Bruno und Erich Demuth angestrengt hatte.

Als Ottersbach vom Urteil des Landgerichts Berlin erfuhr, benutzte er es als Alibi, das Verfahren einzustellen. Soweit sich das auf den verurteilten Bruno Demuth bezog, war die Entscheidung zutreffend, weil inzwischen bekanntgeworden war, daß derselbe 1947 während der Kriegsgefangenschaft verstorben war. Die Einstellung des Verfahrens gegen Erich Demuth aber war eine krasse Rechtsbeugung zugunsten des Köpenicker SA-Mörders. Sie krönte die Weigerung des Justizministers von Niedersachsen, Erich Demuth zur Strafvollstreckung an die DDR auszuliefern. Am 29. Januar 1951 teilte der Hitlerjurist Ottersbach dem Oberstaatsanwalt von Groß-Berlin mit: «Gegen den in Schillerslage (Krs. Burgdorf) wohnenden Erich Demuth ist durch die in dem dortigen Verfahren 35 P Kls 32.50 erfolgte Verurteilung die Strafklage verbraucht.»[58]

Noch abgefeimter und im Grunde höhnisch reagierte der Justizminister von Baden-Württemberg auf das Auslieferungsersuchen von Erich Dynow, den das Berliner Gericht zu lebenslänglichem Zuchthaus verurteilt hatte. Mit Schreiben vom 22. Mai 1951 «belehrte» es den Oberstaatsanwalt von Groß-Berlin u. a.: «Nach § 276 Abs. 1 StPO kann die Hauptverhandlung gegen einen flüchtigen Beschuldigten durchgeführt werden. Nach der Definition des § 276 Abs. 2 ist ein Beschuldigter dann flüchtig, wenn er sich der deutschen Gerichtsbarkeit durch Aufenthalt im Ausland oder dadurch entzieht, daß er sich im Inland verbirgt. Der Angeklagte hielt sich, wie in dem Urteil zutreffend angegeben ist, in Brenz an der Brenz, Krs. Heidenheim, auf. Er befand sich daher nicht im Auslande, und er verbarg sich auch nicht im Inland, da sein Wohn- und Aufenthaltsort dem Gericht bekannt war.»[59]

In anderen Fällen fand man andere Einwände, die Auslieferung zu hintertreiben, obgleich sie völkerrechtlich geboten war. Warf man dem Ankläger im Fall Dynow eine fehlerhafte Auslegung des in der DDR geltenden § 276 der StPO vor, befand man in den Fällen Fritz Liebenhagen und Kunath, daß die Auslieferung «durch die in der Bundesrepublik Deutschland gültigen Rechtsgrundsätze ausgeschlossen (wird)»[60].

Es wurde auch nicht ein einziger der vom Berliner Landgericht in Abwesenheit verurteilten Köpenicker SA-Mörder an die DDR ausgeliefert. Gegen einige von ihnen leitete die Justiz in der BRD bzw. in Westberlin zwar Ermittlungsverfahren ein. Doch bis zu einem rechtskräftigen Urteil gelangte keines von ihnen. Schon Anfang der fünfziger Jahre verhielt man sich dortzulande, als sei Nürnberg nie gewesen.

Schaltzentrale Prinz-Albrecht-Straße

Noch einmal zurück zu 1933. Der Sommer sah die faschistische Konterrevolution schon fest im Sattel. Mit Methoden des Mittelalters hatte das Hitlerregime der deutschen Arbeiterbewegung die schlimmsten Wunden ihrer Geschichte zugefügt. Wenige Tage nach der Köpenicker Blutwoche lösten sich übrigens die bürgerlichen Parteien von selbst auf. Die Mehrheit der deutschen Großbourgeoisie war davon überzeugt, daß es der beste Weg sei, das Monopol parteipolitischer Betätigung in die Hände der Faschisten zu legen.

Hitler und seine engsten Komplicen durften den Triumph ihres mörderischen Vorgehens auch staatsrechtlich auskosten. Am 14. Juli verabschiedete die Naziregierung ein aus ganzen zwei Paragraphen bestehendes «Gesetz über die Neubildung von Parteien». Es bestimmte im § 1: «In Deutschland besteht als einzige politische Partei die Nationalsozialistische Deutsche Arbeiterpartei.» Im

**Rudolf Diehls, der erste Chef
der Geheimen Staatspolizei**

§ 2 wurden Zuchthaus- und Gefängnisstrafen gegenüber jedermann angedroht, der «es unternimmt, den organisatorischen Zusammenhalt einer anderen politischen Partei aufrechtzuerhalten oder eine neue politische Partei zu bilden»[61].

Dieses Gesetz war in sich schon verbrecherisch. Es schlug jegliche politische Aktivität in Acht und Bann, die sich unabhängig und außerhalb der Nazipartei regte. Diesen Ausschließlichkeitsanspruch der Faschistenpartei zu garantieren war vor allem Sache der Gestapo. Sie hatte jedweden Widerstand gegen das Hitlerregime zu ermitteln, zu verfolgen und mit drakonischen Mitteln zu ersticken. Die Gestapo war der von den Machthabern bevorzugte, wegen ihrer Unmenschlichkeit von den Antifaschisten am meisten gefürchtete Kettenhund des Nazifaschismus.

Göring darf man als den Gründer der Gestapo ansehen. Freilich konnte er sich beim Schöpfungsakt auf «bewährte» Kader der Politischen Polizei des reaktionären Kernstaates Preußen stützen, die teilweise noch dem Kaiser, vor allem aber den Feinden der Weimarer Republik gedient hatten. Schon Mitte April 1933 ließ Göring die Abteilung 1 A, die Politische Polizei, aus dem Polizeipräsidium am Alexanderplatz erst einmal ausziehen. Der Mann, der sich al-

97

lerorts als der «Zerstörer der Kommune» brüstete, wollte die reaktionärste und brutalste Sparte der Ordnungshüter in seinem direkten Zugriff haben. Also entzog er die Geheimkriminaler der Kompetenz des Polizeipräsidenten und verfrachtete sie in die Prinz-Albrecht-Straße 8, direkt gegenüber seiner Villa und unweit von seinem Amtssitz in der Leipziger Straße. In dem Sandsteinbau, den die Geheimpolizisten bezogen, war zuvor eine Kunstgewerbeschule angesiedelt, die man kurzerhand ausquartiert hatte. Ein für die Naziära charakteristischer Vorgang: Barbarei trat an die Stelle von Ästhetik. Bald wurde die Prinz-Albrecht-Straße 8 zur gefürchtetsten Adresse im faschistischen Deutschland.

Die Bande der Häscher und Peiniger von Kommunisten, Sozialdemokraten und anderen Nazigegnern, die hier einzog, erhielt einen besonderen Namen: Geheimes Staatspolizeiamt. Am Anfang waren es 35 Beamte, die von der Prinz-Albrecht-Straße aus die Jagd auf Andersdenkende steuerten. Im Verlauf der faschistischen Herrschaft schwoll die Gestapo zu einer gigantischen, etwa 50 000 Mann umfassenden Organisation an, die schließlich ihre blutigen Fäden über nahezu ganz Europa spannte.

Wenige Tage nach dem Umzug der Geheimen gründete man das juristische Fundament der blutigen Säule des Naziregimes. Das Gesetz über die Bildung des Geheimen Staatspolizeiamtes vom 26. April 1933 befreite seine Mitarbeiter ausdrücklich vom Paragraphen 14 des Preußischen Polizeiverwaltungsgesetzes, wonach Ordnungshüter aller Art «im Rahmen der geltenden Gesetze»[62] zu handeln hatten.

Das Gesetz entpuppte sich als Freibrief zum straflosen Verüben jeglicher Abscheulichkeit. Denn noch schloß die geltende Rechtsordnung, auch nach und trotz der Reichstagsbrandverordnung, allemal das Verbot ein, beschuldigte Personen zu foltern oder gar zu töten. Die Justiz beeilte sich, ihren Gesetzgeber zu bestätigen. In einem Musterurteil entschied das Preußische Oberverwaltungsgericht, daß alle Verfügungen der Gestapo nunmehr gerichtlicher Nachprüfung entzogen seien.

Am Tage nach dem Verbot der SPD, am 23. Juni, wurde im Geheimen Staatspolizeiamt das Referat III/B 2 – «Marxismus» – gebildet. Zu jener Zeit befanden sich mehr als 30 000 Antifaschisten in den Konzentrationslagern und Zuchthäusern des Hitlerregimes.

Der Gestapo oblag es, in den regellosen Terror der Anfangsphase vor allem gegen die «marxistischen Todfeinde» System hineinzubringen, das Unrecht zu bürokratisieren.

Als Chef des Referats III/B 2 fungierte anfangs ein gewisser Bruno Sattler, der sich seine Sporen bereits in der Politischen Polizei der Weimarer Republik verdienen konnte. Es war derselbe Spürhund, der nach Hitlers Machtübernahme die Durchsuchung und Beschlagnahme des Karl-Liebknecht-Hauses geleitet hatte. Das Amt des Referatleiters «Marxismus» war Sattlers Honorar für den eklatanten Mißbrauch seiner polizeilichen Befugnisse.

Seit der Brandstiftung im Reichstag hatten die Naziführer damit ernst gemacht, die kommunistische Bewegung im engsten Sinne des Wortes zu enthaupten.

Und so war es kein Zufall, daß unter den rund 2 000 ermordeten Gegnern des Naziregimes, die eine internationale Untersuchungskommission bereits Anfang Dezember 1933 registriert hatte, besonders viele Kommunisten waren, darunter die Mitglieder des Zentralkomitees Friedrich Lux und Franz Stenzer sowie die ehemaligen Reichstagsabgeordneten Albert Funk und Walter Schütz.

«Auf der Flucht erschossen»

Am 9. Januar 1934 durfte die Gestapo ihre blutigen Klauen auch nach Ernst Thälmann ausstrecken. Nach dessen Verhaftung war John Schehr an seine Stelle getreten. Obgleich der Jüngste im Kollektiv der Parteiführung, war die Wahl auf den Arbeitersohn aus Altona gefallen. In verantwortlichen Funktionen hatte Schehr längst sein Talent als politischer Führer und glänzender Organisator unter Beweis gestellt. Jetzt, in der bedrückenden Atmosphäre der Illegalität, kamen ihm seine Erfahrungen und Fähigkeiten zustatten. Schehr knüpfte, gestützt auf bewährte Kampfgefährten, die Fäden der bis zum Sommer 1933 stark dezimierten Partei neu. Nicht nur, daß die «Rote Fahne» wieder erschien und den Nazihenkern die Maske vom Gesicht riß. Schon im Herbst 1933 konstatierte die Gestapo in einer streng vertraulichen Mitteilung über die KPD: «Im Oktober 1933 waren sämtliche in der legalen Zeit bestehenden Partei- und Nebenorganisationen neu aufgezogen und begannen ihre Tätigkeit. Sie standen untereinander in guter Verbindung und waren fest in den Händen der Leitung.»[63]

Den Nazihäschern war Schehrs ebenso furchtloses wie wirkungsvolles Engagement natürlich nicht entgangen. Seit Monaten fahndeten die braunen Häscher nach dem gewitzten Untergrundkämpfer von der Wasserkante, der den Nazis schon während der Weimarer Zeit Paroli geboten, aber auch manche Blamage eingehandelt hatte. Und obgleich John Schehrs Gesicht durch die Steckbriefe der Gestapo allgegenwärtig war, blieb die fieberhafte Fahndung nach ihm monatelang ohne Resultat. Dabei hatte sich Jonny, wie seine Freunde ihn nannten, immer wieder zu illegalen Treffs begeben, um den Widerstandskampf der KPD gegen das Hitlerregime anzufachen. Ein Risiko waren solche Zusammenkünfte allemal, trotz strengster Konspiration und der Kaltblütigkeit, die Jonny in solchen Situationen eigen war.

Am 9. November 1933 konnten Görings Spürhunde einen langersehnten Triumph für sich buchen. Während einer Blitzaktion in der Berliner Großbeerenstraße geriet ihnen auch jener Mann in die Fänge, der Ernst Thälmann an die Spitze der Partei nachgefolgt war. Während einer heimlichen Zusammenkunft in einer Berliner Wohnung schnappte die Falle der Gestapo zu. Auf welche Weise die Polizeispitzel Schehr auf die Spur gekommen waren, blieb ungeklärt.

Sicher ist indessen, daß man ihn von der ersten Stunde seiner Verhaftung an unerhört mißhandelt und bestialisch gequält hatte. Schehrs «Verhöre» trugen sich im Columbiahaus, dem Vernehmungs-KZ der Gestapozentrale, zu. Einen Tag nach Schehrs Freiheitsberaubung meldeten seine Häscher dem Untersuchungsrichter: «Der Verhaftete ist zur Zeit nicht vernehmungsfähig.»[64]

Die Gestapoleute zogen alle Register, um den Spitzenfunktionär der Partei zu zermürben. So stellte man das Ansinnen an John Schehr, in die Rolle des Renegaten zu schlüpfen und eine Lobrede auf Hitler zu halten. Doch Jonny blieb gefaßt und bot seinen Peinigern mutig die Stirn. Selbst als er im Korridor des Columbiahauses Spießruten laufen mußte und bewußtlos zusammenbrach, blieb sein Wille zum Aufbäumen ungebrochen. Einor, dessen Zelle direkt gegenüber der John Schehrs lag, hat das Heldentum dieses großartigen Menschen geschildert. François Hoffmann, der, wegen angeblicher Spionage verhaftet, seinen Peinigern entfliehen konnte, berichtete Anfang 1936: «Eines Nachts holten die Bestien John Schehr in die Wachstube. Dort hatten sie einen Eisenofen zum Weißglühen gebracht, in dessen unmittelbare Nähe sie Schehr stellten. Sie drohten, er werde den Raum nicht lebend verlassen, falls er nicht Angaben über Namen, Adressen und Aufenthalt verschiedener kommunistischer Funktionäre machte. Schehr, wie immer, gab keine Antwort. Mit den Kolben ihrer Karabiner drückten sie nun Schehr an den Ofen. Er schrie auf, daß es im ganzen Gefängnis zu hören war. 30 Minuten dauerte die Peinigung, die ein ‹Geständnis› des verhaßten Gegners bringen sollte.»[65]

Vor diesem John Schehr mußten selbst die rohesten Typen der Gestapo die Waffen strecken. Nach einem knappen Vierteljahr dämmerte es ihnen wohl, daß sich dieser klassenbewußte Schlosser weder in einen Zeugen noch gar in einen Kronzeugen gegen seine Genossen verwandeln ließ. Ein Mann von solcher Energie und Willensstärke, der die Feindschaft gegen die Hitlerbande selbst seinen Folterern noch ins Gesicht schrie, war in den Augen der Machthaber erst dann nicht mehr gefährlich, wenn er physisch zu existieren aufhörte.

John Schehrs Schicksal entschied sich in den ersten Februartagen des Jahres 1934. Am Abend des 1. Februar brachte man den Gefangenen urplötzlich auf den Hof der Gestapozentrale in der Prinz-Albrecht-Straße, wo er auf seine engen Kampfgefährten Eugen Schönhaar, Rudolf Schwarz und Erich Steinfurth stieß. Ein Polizeifahrzeug übernahm den Abtransport der vier Häftlinge. Was sich während der Fahrt in Richtung Potsdam im Detail tatsächlich zugetragen hat, wird die Nachwelt nur noch schwerlich in Erfahrung bringen. Der Gestapobericht an Göring, in dem der angebliche Fluchtversuch von vier Kommunistenführern in der Nacht vom 1. zum 2. Februar geschildert wird, entsprach keinesfalls der Wahrheit: «Auf dem Transport sprangen sie beim Passieren des sogenannten Kilometerberges aus dem Kraftwagen und versuchten, im angrenzenden Waldgelände zu entkommen. Die Polizeibeamten nahmen sofort die Verfolgung auf. Als sie auf mehrmalige Halt-Rufe nicht standen, ihrerseits vielmehr mit Gewalt vorzugehen versuchten, feuerten diese in ihrer Bedrängnis aus den Dienstwaffen. Die Kommunisten sanken getroffen zu Boden und verstarben kurze Zeit später.»[66] Um den heimtückischen Mord zu kaschieren, hatte die Gestapo entsprechende Meldungen auch in die Presse lanciert. Am 3. Februar wollte die «Frankfurter Zeitung» wissen, daß man die vier «in einem offenen Streifenwagen der Polizei nach Potsdam gebracht» habe. Tatsächlich verfügte die Berliner Polizei damals längst über genügend geschlossene Gefangenentransportwagen. Es ist mehr als unwahrscheinlich, daß man ausgerechnet den nach Ernst Thälmann wichtigsten Funktionär der Partei sowie drei weitere bedeutende kommunistische Häftlinge zu nächtlicher Stunde in einem offenen Fahrzeug transportierte. Zudem waren sämtliche Opfer auf das schlimmste mißhandelt und ihrer physischen Kräfte beraubt worden. Eugen Schönhaar hatte man derart zugerichtet, daß ihm seine Zellengenossen selbst bei einfachsten Verrichtungen unter die Arme greifen mußten. Wie hätte ein Mensch in seinem Zustand aus einem fahrenden Auto fliehen und «mit Gewalt» gegen bewaffnete Polizisten vorgehen sollen?

Noch im Jahre 1934 wiesen prominente Antifaschisten im «Braunbuch II» nach, daß Schönhaar einen Schuß bekommen hatte, «der von der rechten Schläfe bis unterhalb des linken Ohres drang. Schönhaar muß sich im sitzenden Zustand befunden haben, als er den tödlichen Schuß erhielt.»[67] Zudem wies die Einschußstelle Verbrennungsmerkmale auf, was ein zusätzliches Indiz dafür ist, daß das Opfer aus unmittelbarer Nähe erschossen worden ist.

Der Mord an John Scheer und Genossen war kein Einzelfall. «Auf der Flucht erschossen» wurde unter der Herrschaft des Hakenkreuzes zum Synonym für eine besonders heimtückische und zynische Art, mit der man sich politischer Gegner oder auch nur unerwünschter Personen entledigte. «Auf der Flucht erschossen» wurden im KZ Dachau beispielsweise auch die Funktionäre der KPD Leonhard Hausmann und Franz Stenzer. Ähnliche Schicksale erlitten einstige sozialdemokratische Polizeibeamte und bürgerliche Anwälte, Juden und Zigeuner, unzählige wirkliche und vermeintliche Gegner des Hitlerregimes.

Der vierte Kriegsschauplatz

Als Göring im Frühjahr 1934 Himmler auch zum Chef der preußischen Gestapo bestimmte, geriet die unmittelbare Kontrolle über die Politische Polizei des gesamten Reiches in die Hände des SS-Chefs. Der ebenso ehrgeizige wie machtgierige Reichsführer packte fieberhaft zu, um die Verfolgungs- und Vernichtungsmaschinerie der forcierten Vorbereitung des Krieges anzupassen, die in den Jahren 1935/1936 einsetzte. Die Devise hieß, den Terrorapparat auszuweiten, zu zentralisieren und zur Perfektion zu führen. Große Konzentrationslager wurden aus dem Boden gestampft oder ausgebaut, eine Verhaftungskartei (A-Kartei) angelegt und die Gestapo aus dem übrigen Staatsapparat endgültig herausgelöst. Dies wurde dadurch begünstigt, daß Himmler und sein Stellvertreter Heydrich in Personalunion die Spitze der SS bzw. des SD repräsentierten. Politische und Kriminalpolizei wurden im Hauptamt Sicherheitspolizei zusammengefaßt, das unter Leitung von SD-Chef Heydrich arbeitete.

Göring und Himmler ließen sich die außergewöhnlich privilegierte Position der Gestapo, die sich neben der Allgemeinen SS und der Waffen-SS als «dritte Säule» des braunen Kampfordens entpuppte, staatsrechtlich untermauern. Das Gesetz über die Geheime Staatspolizei erblickte am 12. Februar 1936 gegen die Bedenken von Reichswirtschaftsminister Schacht und Justizminister Gürtner das Licht der Welt. Letztere hatten dafür plädiert, die Ahndung strafbarer Handlungen der Justiz zu überlassen und gegen die Verfügungen der Gestapo, namentlich gegen KZ-Einweisungen, das Anrufen der Verwaltungsgerichte oder wenigstens die Inanspruchnahme eines Rechtsanwalts zuzulassen. Doch ging derartiges sowohl Göring als auch Himmler völlig gegen den Strich. Hitler sprach schließlich ein Machtwort zugunsten der Polizeigewaltigen.

Schließlich hätte selbst das nur formale Einschalten der Justiz in die Belange und Kompetenzen der Gestapo zumindest Umständlichkeit, Zeitverlust und möglicherweise auch Reibungsflächen beim Verfolgen und Vernichten bestimmter Widersacher des Regimes bedeutet. Und – es hätte den Kreis der Mitwisser unnötig erweitert, noch dazu unter Personen, die dem fanatisierten Verhaltenskodex der SS nicht unterworfen waren.

Die Vollmachten der Gestapo wurden also in keiner Weise beschnitten. Sie verbürgten ihr im Gegenteil eine geradezu allmächtige Selbstherrlichkeit. Die Gestapo allein entschied darüber, auf wen sie Jagd machte, wen sie der Freiheit beraubte, ins KZ warf, folterte oder wen sie zunächst der Justiz überließ. Angesichts der Radikalität, mit der sich die Naziführung auf die Verfolgung ihrer Gegner stürzte, mußte sie zwangsläufig dem außergerichtlichen Terror den Vorzug geben. In einem Bericht des Geheimen Staatspolizeiamtes vom Oktober 1934 wurde der außergerichtliche Terror mit Blick auf die KPD aus faschistischer Sicht unzweideutig motiviert: «Eine nur strafprozeßrechtliche Bekämpfung der KPD ist angesichts ihrer immer stärker anwachsenden Aktivität ein absolut unzulängliches Mittel ... Die Erfahrungen haben gezeigt, daß die von den Gerichten ausgesprochenen hohen Gefängnis- und Zuchthausstrafen *keinerlei abschreckende Wirkung* mehr haben. Zahlreiche Beispiele zeigen, daß kommunistische Funktionäre eher den Freitod wählen, als sachdienliche Angaben zu machen.

Nur allerschärfstes Zugreifen, umfassende präventive Bekämpfung mittels verschärfter Schutzhaftbestimmungen und *nicht zuletzt ein verständigeres Zusammenarbeiten der Anklagebehörden mit der politischen Polizei vermögen dieser Aktivität Einhalt zu bieten ...»[68]

Das entsprach voll dem, was Göring, inzwischen Luftwaffenchef und Beauftragter für den Vierjahresplan, am 17. März 1933 schon den Kommunisten angedroht hatte: «Ich werde diesen Kreaturen solange die Faust in den Nacken setzen, bis sie erledigt sind! Nicht nur ausrotten werden wir diese Pest, wir werden auch das Wort Marxismus aus jedem Buch herausreißen.»[69]

Allerdings hatten sich da Göring wie auch seine Schergen überschätzt. Zwar hatte man am 10. Mai 1933 auf dem Berliner Opernplatz die Werke von Marx, Engels, Lenin wie überhaupt von Klassikern der europäischen Philosophie und Literatur verbrennen können. Zwar hatte man öffentliche wie private Bibliotheken von humanistischen Werken «säubern» und immer längere Verbotslisten für Druckerzeugnisse als verbindlich erklären können. Doch sorgten die KPD und ihre mutigen Kämpfer tagtäglich dafür, daß die Idee des Marxismus auch unter dem Zeichen des Hakenkreuzes lebendig blieb.

Die Gestapo errechnete beispielsweise, daß allein im Verlauf des

Theodor Eicke – seit 4. Juli 1934 Inspekteur der Konzentrationslager

Jahres 1936 1643 200 antifaschistische Schriften illegal «zur Verbreitung gelangt» seien. 70 Prozent aller in Hitlerdeutschland verbreiteten antifaschistischen Schriften, so schätzte das Geheime Staatspolizeiamt, seien «kommunistische Erzeugnisse»[70].

Die besondere Wut der Geheimpolizei zogen sich Kommunisten in jener Zeit vor allem deshalb zu, weil sie sich am konsequentesten gegen den geplanten Völkermord wandten und die Kreise der Aggressionsvorbereitung störten, wo immer sie es konnten, gleich ob beim Autobahnbau oder in den Werkhallen geheimgehaltener Rüstungsunternehmen.

Bereits im Sommer 1936 konstatierte die Gestapo mit Sorge, daß «Emigrantenzeitungen» und der Moskauer Rundfunk nicht selten präzise Angaben über «die Art der Produktion in deutschen Rüstungsbetrieben»[71] machten.

Allerdings war auch der Aderlaß an der Partei Thälmanns zu jener Zeit beträchtlich. Wie aus dem Jahresbericht des Geheimen Staatspolizeiamtes für 1937 folgt, wurden «wegen illegaler kommunistischer Betätigung ... 11 687 Personen im Jahre 1936 festgenommen». 1 374 Festnahmen erfolgten «wegen sozialdemokratischer Betätigung».[72] Im darauffolgenden Jahr gerieten 8 068 Kom-

105

**Göring führt Heinrich Himmler in das Amt des Chefs der
Preußischen Geheimen Staatspolizei ein (April 1934)**

munisten und 733 Sozialdemokraten in die Klauen der Faschisten.[73]

Die erwähnte Verhaftungskartei (A-Kartei) war mit besonderem
Blick auf den geplanten Krieg angelegt worden. Im Januar 1937
wies der Politische Polizeikommandeur der Länder noch einmal
ausdrücklich an, daß vor allem Kommunisten in der A-Kartei zu
registrieren seien. Und Himmler vermerkte im selben Monat in
einer Geheimrede, daß man «in einem künftigen Kriege» nicht nur
zu Lande, zu Wasser und in der Luft kämpfen werde, «sondern wir
werden einen vierten Kriegsschauplatz haben: Innerdeutsch-
land!»[74].

Himmlers Prognose wurde in die Tat umgesetzt, noch bevor die
Soldaten der faschistischen Wehrmacht in den frühen Morgenstunden des 1. September ihre Stiefel auf polnisches Hoheitsgebiet setz-

ten. Als Chef der Sicherheitspolizei und des SD hatte Heydrich es persönlich in Angriff genommen, auch den innerdeutschen Kriegsschauplatz durch eine Blitzaktion in die Hand zu bekommen.

Himmlers Stellvertreter, ein Mann von charakterlicher Eiseskälte sowie von schneidendem, zynischen Intellekt, jagte noch in den Nachtstunden des 31. August ein drakonisches Fernschreiben an alle Staatspolizeistellen hinaus. Seine Order lautete, am folgenden Tag ab sieben Uhr alle jene Personen festzunehmen, die als besonders gefährlich und bedeutend galten und daher in der Gruppe A 1 der Verhaftungskartei verzeichnet waren.

In einem dringenden Fernschreiben des Geheimen Staatspolizeiamtes, das Heydrichs Blankohaftbefehl auf dem Fuße folgte, wurde den regionalen Gestapostellen die Stoßrichtung der ausgelösten Treibjagd unmißverständlich vorgezeichnet. Es sei ihre unbedingte Aufgabe, «staatsfeindliche und staatsgefährdende Umtriebe, namentlich auf kommunistisch-marxistischer Grundlage sowie im Rahmen der sogenannten Volksfrontpolitik, mit allen zu Gebote stehenden Mitteln zu bekämpfen und niederzuhalten»[75].

Heydrichs Direktiven zeigten alsbald ihre Wirkung. Bereits im ersten Monat nach dem heimtückischen Überfall auf den polnischen Nachbarn waren etwa 2 000 bekannte Funktionäre der KPD, der KPÖ und der KPTsch von den Spitzeln der Gestapo festgenommen und in Konzentrationslager geschleppt worden. In ihrem Bericht vom 18. Januar 1940 beklagte die Gestapo «eine erhöhte Aktivität» marxistischer Kreise, die «ihre Zersetzungsarbeit in allen Bevölkerungsschichten der werktätigen Arbeiterschaft und des Bürgertums durch Mund- und Schriftenpropaganda usw. mit Aussicht auf Erfolg»[76] aufnahmen. Derselben Quelle zufolge hatte man in den Monaten September bis November 1939 «wegen marxistischer Betätigung im weiteren Sinne insgesamt 3 037 Personen festgenommen, von denen 630 Personen wegen Betätigung für die KPD bzw. SPD dem Richter vorgeführt wurden».[77]

Jedoch begnügten sich die Regisseure des innerdeutschen Kriegsschauplatzes nicht damit, Kriegsgegner ihrer Freiheit zu berauben. Bereits am 3. September 1939 hatte Heydrich «Grundsätze der Staatssicherung während des Krieges» herausgegeben, in denen das Gesetz des Tötens Andersdenkender nun auch ausdrücklich zur Staatsdoktrin erhoben wurde. Besondere Härte sollte jede Person treffen, «die in ihren Äußerungen am Sieg des deutschen Volkes zweifelt oder das Recht des Krieges in Frage stellt». Habe man die Motive des Betreffenden erforscht, so werde «auf höhere Weisung brutale Liquidierung solcher Elemente erfolgen»[78].

Heydrichs Drohung blieb nicht im Wort stecken. Noch in den ersten Kriegstagen verfügte Himmler ohne Zaudern eine Reihe von Exekutionen an Gegnern der Aggression. Der kommunistische Arbeiter Johann Heinen beispielsweise wurde auf Befehl des Reichsführers SS bereits am 7. September im KZ Sachsenhausen ohne jegliche Rechtsgrundlage hingerichtet. Sein «Delikt»: Er hatte sich bei den Junkerswerken geweigert, Luftschutzarbeiten auszuführen. Aber auch Sozialdemokraten und Pazifisten mußten zu jener Zeit ihre Gesinnung bereits mit dem Leben büßen.

Noch bevor der Krieg auf polnischem Boden beendet war, verschmolzen Hitler und Himmler die wichtigsten Terrorinstrumente von Partei und Staat zu einem einheitlichen Apparat. Mit Wirkung vom 1. Oktober 1939 wurden das Hauptamt Sicherheitspolizei unter Heydrich, das Geheime Staatspolizeiamt unter Heinrich Müller und das Reichskriminalpolizeiamt unter Arthur Nebe mit dem Sicherheitshauptamt des Reichsführers SS (SD) zum Reichssicherheitshauptamt (RSHA) vereinigt. Chef der Sicherheitspolizei und des SD blieb Reinhard Heydrich. Damit war die SS «aus einer ‹Schutzorganisation› der Nazipartei das ‹Schutzkorps› von Partei und Staat, d. h. der faschistischen Diktatur in ihrer Gesamtheit geworden».[79]

Das RSHA war ein Ungeheuer imperialistischer Machtfülle, das monströseste Instrument zur Verfolgung und Ausrottung von Menschen, das jemals existierte. Dieser Generalstab der Schreibtischmörder gliederte sich in sieben Ämter, von denen das Amt IV, die Gestapo, zweifellos das mit den größten Vollmachten ausgestattete und verbrecherischste war. Im Funktionsplan war die Aufgabe der Gestapo mit «Gegnererforschung und -bekämpfung» umschrieben. Eines der wichtigsten von den insgesamt 20 Referaten des Amtes IV war zweifellos das Referat A 1 «Kommunismus, Marxismus und Nebenorganisationen», das außer auf Kommunisten und Sozialdemokraten auch auf Atheisten und andere progressive Kräfte Jagd machte.

Die Brutalität, mit der die Hitlerbande ihren Vernichtungskrieg alsbald gegen die Sowjetunion führte, übertrug sich auch auf die innerdeutsche Szene des Klassenkampfes. Von Jahr zu Jahr erweiterte sich die Front des geistigen und materiellen Widerstandes gegen den verbrecherischen Angriffskrieg. Gestapo und Justiz aber suchten jegliche Opposition im Keime zu ersticken. Allein im zweiten Halbjahr 1941 verhafteten Heydrichs Spitzel mehr als 70 000 Antifaschisten und Gegner des Völkermordes.[80] Im Verlauf der Aggression spitzte sich der antikommunistische Terror – in Abhängigkeit vom Kriesgeschehen – weiter zu.

Den «Blitzsiegen» zwischen 1939 und 1941 folgte schließlich Katastrophe auf Katastrophe. Die Niederlagen bei Moskau und in Stalingrad, besonders aber die Schlacht am Kursker Bogen, die die Wende des zweiten Weltkrieges vollendete, potenzierten den Eifer und die Wut der Naziführung mit Blick auf den Widerstandskampf der Kommunisten und anderer Hitlergegner. Noch tobte die Schlacht bei Kursk, als Himmler im August 1943 keineswegs zufällig auch die Leitung des Reichsinnenministeriums an sich riß und damit die Macht über die gesamte Polizei in seine Hände bekam. Der Massenmörder Himmler war längst zur zweitmächtigsten Figur im Ensemble der faschistischen Führer aufgerückt. Im Januar 1944 prophezeite der SS-Chef vor führenden Nazipropagandisten, man werde von den kommunistischen Funktionären, wenn nötig, «Hunderte an die Wand stellen»[81].

Noch im Sommer desselben Jahres suchte die Naziclique dann ihren Rücken endgültig frei zu bekommen. Schließlich waren die westlichen Alliierten am 6. Juni 1944 in der Normandie gelandet, die Sowjetarmee hatte ihre Großoffensive in Belorußland gestartet und der kommunistische Widerstand im Innern seit 1943 einen Höhepunkt erreicht.

Vom Juni 1944 an gerieten Hitlergegner, besonders aber Kommunisten, verstärkt in das Visier der Gestapo und der anderen Repressivorgane. Es hagelte Verhaftungen, Verurteilungen und Hinrichtungen, begleitet von Goebbelsscher Boykotthetze.

Und dann kam der 20. Juli, der die Verbrechen der Hitler und Himmler noch beschleunigte. Oberst Graf Schenk von Stauffenberg bewerkstelligte in der «Wolfsschanze» die Explosion einer Zeitzünderbombe, durch die Hitler endlich aus dem Wege geräumt werden sollte.

Leider blieb die mutige Tat Stauffenbergs glücklos. Hitler kam mit leichten Verletzungen und einem beschädigten Trommelfell davon. Der Ausrottungswahn der Naziführung verlor von nun an jegliches Maß. Alles, was dem Überleben der Hitlerclique hätte gefährlich oder zu einem Quell demokratischer Umwälzung werden können, geriet fortan ins Visier der faschistischen Mordmaschinerie.

Thälmann und Genossen

Auch und gerade im Strudel des Untergangs der Naziära blieben Kommunisten die Hauptfeinde. Nach dem 20. Juli sollte sich nach dem Willen der Nazis auch das Schicksal Ernst Thälmanns entscheiden. Wer wie die Nazis die Ausstrahlungskraft des Führers der Kommunisten, die er selbst noch hinter Gittern hatte, beseitigen wollte, dem blieb nur Mord. Kalkuliert hatten ihn Himmler und die Gestapo schon längst. Doch jetzt, nach dem mißglückten Anschlag auf den Führer, schien Himmler die Gelegenheit günstiger denn je.

Die Würfel fielen am 14. August 1944. An jenem Tag steuerte der Reichsführer SS Heinrich Himmler mit seinem dunkelgrauen Mercedes die inmitten der Masurischen Seen gelegene «Wolfsschanze» an. Der Bürokrat des Todes hatte sich vor der Fahrt zwölf Punkte notiert, die er mit Hitler zu besprechen beabsichtigte. Als Himmler das Maulwurfquartier seines Führers betrat, stand unter Punkt 12 seiner Aktennotiz vorerst nur ein Name: Thälmann. Am Ende der Audienz fügte er in der ihm eigenen gestelzten Sütterlinschrift dem Namen des Gefangenen drei Worte an: «ist zu exekutieren.»

Hitler hatte das Todesurteil über Ernst Thälmann verhängt, das auf gerichtlichem Wege nicht zu haben war. Es paßte zum Chef eines Mörderstaates, sich als «Oberster Gerichtsherr» aufzuspielen. In dieser Rolle hatte er sich ja mehrfach ausprobiert, beispielsweise im Sommer 1934 während der sogenannten Röhmaffäre. Damals hatte er selbst ein Blutbad unter rund tausend lästigen SA- und NSDAP-Führern, aber auch unter unbequem gewordenen bürgerlichen Politikern und Generalen anrichten lassen. Warum sollte Hitler ausgerechnet gegenüber dem führenden Kopf jener Bewegung Milde walten lassen, die auszurotten er angetreten war?

Den Rest besorgte ein Kommando im KZ Buchenwald. In der ersten Stunde des 18. August 1944 traf die Gestapo mit Thälmann auf dem Ettersberg ein. Eine schwarze Limousine mit Berliner Kennzeichen, in die der Gefangene gepfercht worden war, hielt kurz nach Mitternacht auf dem Hof des KZ-Krematoriums. Der Häftling mußte aussteigen, wenige Sekunden später blitzte das Mündungsfeuer von Pistolen auf. Mit drei heimtückisch abgefeuerten Schüssen streckten die SS-Bestien den wehrlosen Kommunisten hinterrücks nieder. In aller Eile verbrannten sie anschließend den Leichnam des Gefallenen, eine Tätigkeit, die sonst ausschließlich von den Häftlingen des Krematoriumkommandos verrichtet werden mußte.

Die Leichenträger des Krematoriums waren in jener Nacht in ihrem Quartier eingeschlossen worden und hatten strenge Order, ihre Kammern nicht zu verlassen. Um jeden Preis sollte verheimlicht werden, daß der Führer der deutschen Kommunisten umgebracht worden war.

Millionenfach hatten die Naziführer den Mut zum Töten Andersdenkender und Andersgearteter aufgebracht. Nur selten aber besaßen sie die Courage, ihre Blutschuld einzugestéhen.

Auch in der Mordsache Thälmann nahm man Zuflucht zur Lüge. Am 14. September 1944, drei Wochen nach der Tat, setzte der SD eine Nachricht in die Welt, in die man eine erfundene Ursache für den Tod des Kommunistenführers hineingelogen hatte. In der Falschmeldung, die vom Deutschen Nachrichtenbüro verbreitet wurde, hieß es: «Bei einem Terrorangriff auf die Umgegend Weimars am 28. August wurde auch das Konzentrationslager Buchenwald von zahlreichen Sprengbomben getroffen. Unter den ums Leben gekommenen Häftlingen befinden sich unter anderem die ehemaligen Reichstagsabgeordneten Breitscheid[82] und Thälmann.»

An dieser Meldung stimmte nicht einmal das Datum des Bombardements. In Wahrheit hatte der Luftangriff, der eigentlich den Gustloffwerken gegolten hatte, am 24. August 1944 stattgefunden. Unter den Häftlingen von Buchenwald glaubte kaum jemand an die von den Nazimedien verbreitete Version. Dies um so weniger, als Häftlinge des Krematoriumkommandos trotz aller Konspiration der Mörder Zeugen des heimtückischen Mordes geworden waren.[83]

Der Mord an Ernst Thälmann, dem überragenden, selbstlosen Streiter für die Sache der Arbeitenden, war ein gravierender Verlust für die antifaschistischen Kreise. Das heimtückische Verbrechen von Buchenwald schlug die empfindlichste Lücke in die Reihen der Kommunistischen Partei seit dem Mord an Rosa Luxemburg und Karl Liebknecht.

An jenem 14. August 1944 hatten Hitler und Himmler in der «Wolfsschanze» auch die Aktion «Gitter» ausgeheckt. Der Deckname stand für eine Verhaftungswelle, die sich eine Woche später über das faschistische Reich ergoß. Ihre Wucht war vor allem gegen einstige Abgeordnete und Funktionäre von KPD, SPD und der Gewerkschaft gerichtet, sie bezog aber auch bürgerliche Parlamentarier ein. Weit über 1000 Antifaschisten landeten im letzten Sommer vor Kriegsende auf einen Hieb in Konzentrationslagern, Zuchthäusern und Gefängnissen. Bei der Vernichtung der Inhaftierten arbeiteten Gestapo und Justiz (über deren Rolle noch zu berichten ist) Hand in Hand und in bestem Einvernehmen.

Nicht wenige der engsten Kampfgefährten Ernst Thälmanns sollten bald sein Schicksal teilen. Am 11. Oktober 1944 ermordete die Gestapo im KZ Sachsenhausen u. a. das Reichstagsmitglied Rudolf Henning, die ZK-Mitglieder Ernst Schneller und Mathias Thesen sowie den KPD-Bezirkssekretär Gustl Sandtner.

Anfang 1945 wurde auch das Mitglied des ZK der KPD Albert Kuntz umgebracht. Der gelernte Kupferschmied war bereits 1933 in die Klauen der Faschisten geraten. Im KZ Dora-Mittelbau hatte er zuletzt gemeinsam mit Kommunisten anderer Nationen die unterirdische Produktion jener V-Waffen sabotiert, von denen sich mancher Naziführer doch noch den Endsieg erhofft hatte. Kuntz wurde in der Nacht vom 22. zum 23. Januar während eines «Verhörs» erschlagen. Ernst Grube schließlich, einstiger Reichstagsabgeordneter der KPD und nach wie vor ZK-Mitglied, wurde noch wenige Tage vor dem Ende des faschistischen Spuks im KZ Bergen-Belsen ermordet. Er starb am 14. April 1945.

In den letzten Monaten des Krieges stießen die Naziführer selbst jene Normen um, die sie für ihr System der Vernichtung von Kommunisten und anderen politischen Gegnern geprägt hatten. So befahl beispielsweise der Inspekteur der Sicherheitspolizei und des SD in Düsseldorf am 24. Januar 1945 mehreren Gestapostellen, gegen deutsche Kommunisten und ausländische Arbeiter «sofort und brutal zuzuschlagen. Die Betreffenden sind zu vernichten, ohne im formellen Weg vorher beim RSHA Sonderbehandlung zu beantragen.»[84]

Die Justiz sieht rot

Auch die Justiz des Hitlerregimes hat ihre Rolle bei der Ausrottung von Kommunisten im wahrsten Sinne des Wortes ausgeschöpft. Und es ist ihr dies niemals schwer geworden, um so weniger, als sie auch während der Weimarer Republik nicht bereit und imstande war, über den Schatten ihres stockkonservativen Geistes zu springen. Schließlich hatte die Novemberrevolution weder am personellen Bestand noch am Gefüge oder gar am Charakter der Justiz des alten Obrigkeitsstaates gerüttelt. So war es den Nazis ein leichtes, jene Säule des Machtapparates, in der angeblich die «Waage der Gerechtigkeit» beheimatet war, von Anfang an sowohl als Stütze wie auch als Dekoration ihres blutigen Regimes zu benutzen.

Hitler und seine Kumpane hatten von vornherein eine drakonische Justiz gewollt, die ausschließlich auf dem linken Auge sehend sein sollte. Im Parteiprogramm war noch verschwommen vom «gemeine(n) Volksverbrecher»[85] die Rede, gegen den sich die Todesstrafe richten sollte. In «Mein Kampf» war Hitler dann schon deutlicher geworden, wer vor allem darunter zu fassen sei. Ein künftiger Nationalgerichtshof, so der Parteichef, habe «etliche Zehntausend der organisierenden und damit verantwortlichen Verbrecher des Novemberverrats (gemeint ist die Novemberrevolution 1918 – d. A.) und alles dessen, was dazu gehört, abzuurteilen und hinzurichten»[86].

Die Nazis hatten auch schon vor der Machtübernahme nicht verhehlt, daß sie mit ihren Gegnern vor Gericht kein Federlesen machen würden. Schon der Entwurf jener «Standgerichtsordnung», den der Oberlandesgerichtsrat von der Pfordten während des Münchner Bierkellerputsches bei sich trug, stieß alle Regeln eines bürgerlich-demokratischen Strafprozesses über den Haufen. Da-

113

nach bedurfte es keiner Voruntersuchung mehr, konnte der Staatsanwalt selbst den Haftbefehl erlassen, brauchte das Urteil nicht
schriftlich begründet zu werden, gab es gegen die Entscheidung des
Gerichts kein Rechtsmittel.

Der Pfordtensche Ungeist fand bald in dieser oder jener Form
Eingang in die Prozeßregeln der Nazigerichte. Hier fanden sich
überall Richter und Staatsanwälte, die sich den neuen Machthabern bedenkenlos in die Arme warfen, zu jeder Anpassung und jedem Rechtsbruch bereit waren. Keine Frage, daß das Prestige des
Hitlerregimes dadurch im Inland, mehr noch aber im Ausland befördert wurde. Nicht von ungefähr nutzte man schon bald nach
dem Machtantritt das so willfährige Instrument der Strafjustiz, um
mit ihrer Hilfe vor allem Exponenten der revolutionären Arbeiterbewegung aus dem Weg zu räumen.

Noch im März 1933 richtete das Naziregime in jedem Gerichts-
bezirk Sondergerichte ein. Das waren nichts anderes als verkappte
Instrumente neuzeitlicher Inquisition, die statt krimineller Handlungen die Gesinnung Andersdenkender aufs Korn zu nehmen hatten. Bereits 1933 setzte eine Welle politischer Schauprozesse ein,
beispielsweise in Hamburg, Wuppertal, Wernigerode und anderswo.

Das Hitlerregime war gerade vier Monate alt, als die ersten Todesurteile gegen Kommunisten gefällt wurden. Am 2. Juni 1933
verurteilte das Schleswig-Holsteinische Sondergericht vier Genossen zum Tode, denen der Mord an jenen zwei SA-Leuten angedichtet wurde, die am Altonaer Blutsonntag umgekommen waren. Unter den Verurteilten befand sich der zwanzigjährige Jungkommu-
nist Bruno Tesch. Er war an jenem 17. Juli 1932 von SA-Schlägern
zu Boden geworfen und mit Füßen getreten worden. Da er aus
einer Kopfwunde blutete, hatte ein Polizist, der auch vor Gericht
aussagte, Bruno Tesch in seinen Schutz genommen. Unmittelbar
danach war der junge Mann quer über die Straße geeilt, um einer
Mutter beizustehen, die mit ihren zwei Kindern in Bedrängnis geraten war. Und just zu diesem Zeitpunkt soll er, so die willkürliche
Konstruktion der Richter, geschossen haben. Überzeugend hatte
der junge Mann dem Gericht erklärt: «Wenn ich geschossen hätte,
so läge es doch in meinem Interesse, nachdem mich die Polizei bis
zur Ecke gebracht hat, so schnell wie möglich zu verschwinden.

Statt dessen halte ich mich noch auf und nehme der Frau Plambeck ihre beiden kleinen Kinder ab und bringe sie ins nächste Treppenhaus.»[87]

Für das faschistische Ausnahmegericht wogen allein die Aussagen von SA-Denunzianten, denen erst ein reichliches viertel Jahr nach dem Altonaer Blutsonntag «eingefallen» war, Tesch habe damals von einer Schußwaffe Gebrauch gemacht. Das Urteil gegen den jungen Kommunisten und die drei Mitverurteilten wurde am 1. August 1933 im Hof des Altonaer Amtsgerichts vollstreckt. Die Hinrichtung besorgte ein Fleischermeister aus Altona mit seinem Handbeil. Das Schicksal dieses Scharfrichters ist der Welt bekanntgeworden. Arnold Zweig gab ihm mit seinem «Beil von Wandsbek» literarische Gestalt.

Politische Gegner unter der Ägide scheinbar unabhängiger Gerichte zu verfolgen und aus dem Wege zu räumen, gehörte bald zum Justizalltag. Zu einem besonderen Coup holte das Naziregime mit dem sogenannten Reichstagsbrandprozeß aus, der am 21. September 1933 vor dem Reichsgericht in Leipzig begann. International noch ziemlich isoliert, sollte die Hitlerdiktatur mit der Autorität des höchsten Gerichts als Retter Europas vor dem Kommunismus herausgestellt werden. Der Führer selbst hatte sich beeilt, das Ergebnis des Verfahrens, das als Musterprozeß für weitere gedacht war, in einem Interview vorwegzunehmen. Am 9. August 1933 bedeutete er einer amerikanischen Zeitung: «Die kommenden Gerichtsverfahren werden der Welt die Augen öffnen über die Sensationen der Nacht, die aus dem gefundenen Material hervorgehen, das bisher wegen der Untersuchung nicht enthüllt werden konnte.

Das Beweismaterial garantiert die Aufdeckung eines bolschewistischen Weltkomplotts.»[88]

Für Hitler und Konsorten wurde der Prozeß zum Bumerang. Der 4. Strafsenat des Reichsgerichts, angeführt vom früheren sächsichen Justizminister Bünger, bekam auch nicht die Spur eines Beweises dafür zu fassen, daß die angeklagten Kommunisten und die KPD im Bunde mit ihnen auch nur das geringste mit der Brandstiftung zu schaffen hatten.

Statt dessen verdichtete sich während der Hauptverhandlung der Verdacht, die Anstifter der Tat müßten in den Reihen führender Faschisten zu finden sein. Von Dimitroff in die Enge getrieben,

**Die Urteilsverkündung im Reichstagsbrandprozeß durch
Senatspräsident Dr. Bünger**

durfte Göring seinen Widersacher zwar ungestraft einen «Gauner»
nennen, «der direkt an den Galgen gehört», doch war dies nichts
anderes als das Bellen des getroffenen Hundes. Angesichts der
peinlichen Beweissituation sahen sich die ebenso devoten wie an-
biederungssüchtigen Richter im Urteil schließlich zu einer allzu
durchsichtigen «Ehrenerklärung» für die neuen Machthaber genötigt: «Jedem Deutschen ist klar, daß die Männer, denen das deutsche Volk seine Errettung vor dem bolschewistischen Chaos ver-
dankt, ... einer solchen verbrecherischen Gesinnung, wie sie die
Tat verrät, niemals fähig wären. Der Senat hält es daher auch für
unter der Würde eines deutschen Gerichts, auf die niedrigen Verdächtigungen, die in dieser Beziehung von vaterlandslosen Gesel-
len in Schmähschriften (Braunbuch) im Dienste einer Lügenpropa-
ganda ausgesprochen sind, ... überhaupt nur einzugehen.»[89]
  Demgegenüber strotzte das Urteil vor Verdächtigungen gegenüber den vier angeklagten Kommunisten, besonders aber gegenüber der KPD, die man als «Partei des Hochverrats» diffamierte.
Die Reichsrichter zuckten nicht einmal mit der Wimper, als sie die
historische Wahrheit unübersehbar auf den Kopf stellten. Denn
niemand anderes als die Nazis selbst hatten doch die Verfassung
von Weimar demonstrativ zerfetzt, die elementarsten Bürgerrechte

abgeschafft, die gewählten Abgeordneten von KPD und SPD wie auch andere Antifaschisten verschleppt oder umgebracht, Hochverrat also in Permanenz geübt.

Senatspräsident Bünger, der als «deutschnational» galt, und seine Beisitzer aber mochten noch so sehr rot sehen, um den Freispruch von Georgi Dimitroff und der anderen drei angeklagten Kommunisten kamen sie nicht herum. Der Prozeß hatte schließlich unter den Argusaugen zahlreicher Prozeßberichterstatter und -beobachter aus aller Welt stattgefunden. Der Möglichkeit eines pauschalen Justizmordes waren da noch Grenzen gesetzt. So verfehlten die Nazis das ersehnte Ziel des Prozesses: die Angeklagten als Putschisten und Verschwörer abzuurteilen, mithin der KPD den Versuch eines bewaffneten Aufstands in die Schuhe zu schieben, um so die juristischen Fußangeln für Thälmann und andere führende Kommunisten zu legen.

Unsinnigerweise bewerten manche Historiker und Juristen das Urteil im Reichstagsbrandprozeß als einen Triumph der bürgerlichen Justiz über den Faschismus. In Wahrheit hatten Ankläger wie Gericht an nicht weniger als 56 Verhandlungstagen krampfhaft versucht, vier Unschuldige zu Tätern zu manipulieren, um sie in Henkerhand zu befördern. Wes Geistes Kind Bünger und seine Beisitzer waren, wird auch dadurch deutlich, daß die drei bulgarischen Kommunisten und der KPD-Reichstagsabgeordnete Torgeler «mangels Beweises» freigesprochen wurden, obgleich ihre Unschuld zweifelsfrei erwiesen war. Und das Todesurteil gegen van der Lubbe, den das Reichsgericht tatsachenwidrig zum Kommunisten stempelte, war schließlich ein einziger Dolchstoß in das Rückgrat bürgerlicher Gesetzlichkeit.

Zum Zeitpunkt der Tat war nämlich die Todesstrafe weder für Hochverrat noch für Brandstiftung angedroht. Hätten sich die Reichsrichter auch nur ein Fünkchen rechtsstaatlichen Gewissens bewahrt, hätten sie die von den Nazis nachträglich verfügte Anwendung der Todesstrafe auch für Handlungen, die zwischen dem 31. Januar und 28. Februar 1933 begangen worden waren, strikt zurückweisen müssen. Der fundamentale, von der aufstrebenden Bourgeoisie geheiligte Rechtssatz «nullum crimen, nulla poena sine legi» (Kein Verbrechen, keine Strafe ohne Gesetz) galt schließlich längst als unverbrüchlicher Grundsatz zivilisierter

Staatsgewalt. Im Reichsgericht zu Leipzig wurde er höchstrichterlich zu Grabe getragen, zu Nutz und Frommen einer ständig eskalierenden Rechtsverwilderung.

Im Reichstagsbrandprozeß war auch über deutsche Grenzen hinaus deutlich geworden, daß das Vorgehen der Justiz gegen Antifaschisten nur auf eine scheinkulivierte Form des faschistischen Terrors hinauslief. Der Fakt, daß das Reichsgericht das Ziel des Prozesses verfehlt und den Machthabern eine peinliche Blamage eingehandelt hatte, beschleunigte gewiß die Kooperation und Synchronisation von außergerichtlichem und gerichtlichem Terror sowie dessen Verschärfung. Die Panne im Reichstagsbrandprozeß war aber keinesfalls die Ursache dafür, daß vier Monate nach dem Leipziger Urteilsspruch der berüchtigte Volksgerichtshof gebildet wurde, der all jene Attribute aufwies, die Hitler schon während seiner Landsberger Haft einem Nationalgerichtshof zugedacht hatte, der die sogenannten Novemberverbrecher richten sollte.

Mit der Einrichtung des Volksgerichtshofes, des höchsten Ausnahmegerichts des Nazistaates, wurden die letzten Schleier bürgerlicher Justiz fallengelassen. Vor ihm degradierte sich das Recht des Angeklagten auf Verteidigung zur lächerlichen Farce. Zudem bestimmte das Hoch- und Landesverratsgesetz vom 24. April 1934: «Gegen Entscheidungen des Volksgerichtshofes ist kein Rechtsmittel zulässig.»[90] Hitler persönlich ernannte die Mitglieder dieses blutigsten aller Tribunale der Nazijustiz. Sie allesamt erwiesen sich ihres Auftraggebers würdig. Sie wetteiferten miteinander, beliebige Handlungen von wirklichen wie vermeintlichen Gegnern der Naziherrschaft vornehmlich als Hoch- oder Landesverrat auszudeuten, was Tausende Kopf und Kragen kostete. Selbst die juristischen Lakaien Hitlers verhehlten nicht den Sinn solcher Gerichtsbarkeit. Unumwunden gestand Reichsanwalt Parrisius anläßlich des vierjährigen Bestehens des höchsten Sondergerichts: «Die Aufgabe des Volksgerichtshofes ist nicht die, Recht zu sprechen, sondern die, die Gegner des Nationalsozialismus zu vernichten.»[91]

Kein anderer Geist herrschte in der übrigen Strafjustiz. Einige Beispiele justitieller Verfolgung führender Kommunisten mögen die teuflische Methode veranschaulichen, mit der Juristen des Nazistaates an der kalkulierten «Vernichtung des Marxismus» teilhatten.

Der Fall Fiete Schulze

Einer, der schon sehr frühzeitig zwischen die Mühlsteine der Nazi-justiz geriet, war der Hamburger Kommunist Fiete Schulze. Schließlich war er ein Revolutionär erster Güte. Zusammen mit Ernst Thälmann hatte Fiete 1923 den verzweifelten Aufstand der Hamburger Arbeiter angeführt. Der Vollstreckung des Todesurteils, das ein Weimarer Gericht deshalb gegen ihn in Abwesenheit ver-hängt hatte, konnte er sich durch die Flucht ins Ausland, vor allem durch die länger als sechs Jahre während Emigration in die So-wjetunion entziehen. Obgleich er 1932 noch immer auf den Fahn-dungslisten der Ordnungshüter zu finden war, kehrte er aus Sorge über den sich mausernden Faschismus in seine Heimat zurück. Im Herbst 1932 übertrug die KPD-Bezirksleitung Wasserkante ihm die Organisierung des Massenkampfes gegen den eskalierenden SA-Terror. Und da Fiete Schulze nicht nur ein Organisationstalent, sondern auch ein befähigter Redner und Agitator war, nahm der proletarische Selbstschutz in Hamburg alsbald handfeste Gestalt an. Durch ihn wurden die SA-Horden spürbar in die Schranken ge-wiesen. Fiete Schulze, der sich bis zur Selbsterschöpfung für eine antifaschistische Einheitsfront engagierte, genoß die Achtung und das Vertrauen nicht nur der Kommunisten, sondern auch sozialde-mokratischer und parteiloser Arbeiter. Nicht zufällig rangierte er auf den Fahndungslisten der Staatspolizei ganz oben.

Ausgerechnet an einem Ostertag des Jahres 1933 fiel Fiete Schulze in die Hände faschistischer Spürhunde. Obgleich er sich in einem illegalen Quartier aufgehalten und zudem einen Fluchtver-such unternommen hatte, gab es für ihn kein Entkommen. Fürs er-ste verschleppte man den Gefangenen ins Stadthaus, wo sich die Hamburger Staatspolizei eingenistet hatte. Zehn Tage lang war Fiete hier Schutzhäftling der Staatspolizei, zehn Tage lang bekam er deren Brutalität von Kopf bis Fuß zu spüren. Gewiß, es wäre ihr ein leichtes gewesen, den Rotfrontkämpfer für immer zum Schweigen zu bringen. Doch die Naziführung hatte Pläne mit die-sem Gefangenen. Er, der die Hamburger Arbeiter zur Gegenwehr befähigt hatte, sollte ja erst einmal reden, den angeblichen Auf-standsplan der Kommunisten bestätigen, Prämissen für den Prozeß gegen Ernst Thälmann und andere KPD-Führer liefern. Daher durfte die Justiz den Häftling unter ihre Fittiche nehmen. Am 25. April 1933 erließ das Amtsgericht Hamburg schließlich einen Haftbefehl gegen Fiete Schulze «wegen Vorbereitung eines hochverräterischen Unternehmens»[92]. Einen Tag später wurde der Häftling in das Untersuchungsgefängnis Hamburg am Holstenglacis, Zelle 107, überführt.

Der Marterweg des Fiete Schulze aber war damit längst nicht beendet. Immer wieder wurde Fiete zu Verhören ins Stadthaus vorgeführt, wo ihn sadistische Vernehmer durch alle Höllen physischer und psychischer Qualen jagten. Einmal mußte er mitansehen, wie sein Genosse Etkar André bis zur Bewußtlosigkeit geprügelt wurde. Aber auch im Untersuchungsgefängnis blieb Fiete von Grobheiten und Mißhandlungen seiner Peiniger nicht verschont. Eine Zeitlang schlugen sie ihn nachts alle zehn Minuten mit einer Peitsche. Um jeden Preis suchte die Staatspolizei aus dem Gefangenen «Beweismaterial» herauszupressen. Besonders im Herbst 1933, nachdem die Hamburger Staatspolizei unter die Regie des krankhaft ehrgeizigen SS-Obersturmbannführers Bruno Streckenbach geraten war, war Fiete wahren Folterorgien ausgeliefert. Was Wunder, daß er im November jenes Jahres einmal gar mit dem Gedanken spielte, sich in seiner Zelle zu erhängen. Doch ausgesagt hat dieser bewunderungswürdige Kämpfer nicht ein einziges Wort, das Thälmann oder andere seiner Genossen hätte belasten können.

Da der Häftling aus Zelle 107 auch mit schlimmsten Torturen zu einem Geständnis nicht zu bewegen war, zog man ein anderes Register. NSDAP-Gauleiter Karl Kaufmann erschien eines Tages persönlich in Fietes Verlies, um ihn zum Übertritt auf die andere Seite der Barrikade zu überreden. Der Nazibonze überhäufte Fiete mit anerkennenden Worten und winkte mit einem wichtigen Amt, Monatsgehalt zwischen 600 bis 700 Mark. Fietes Tochter berichtete über den Versuch, ihren Vater zu korrumpieren. «Fiete habe sich nicht einmal umgedreht und dem Strolch erklärt, er habe keine Unterredung mit ihm gewünscht.»[93]

Fast zwei Jahre brauchten Polizei und Staatsanwalt, um eine Anklage zusammenzuzimmern. Dr. Stegeman, Fiete Schulzes Ankläger, hatte nicht wenig Mühe mit dieser Sache, die alles andere als ein Routinefall war. Bevor Stegemann die Anklage zu Papier brachte, reiste er nach Berlin, um bei der Anklagebehörde beim

Volksgerichtshof entsprechende Instruktionen einzuholen. Nicht zufällig war in die Debatte auch Staatsanwalt Dr. Brenner einbezogen, der als Dezernent das Strafverfahren gegen Ernst Thälmann bearbeitete, für das der Prozeß gegen Schulze Weichen stellen sollte. Offenbar wurde bei dieser Gelegenheit bereits über das Schicksal des Hamburger Kommunisten entschieden. In einem Bericht vom 28. November 1934 an seinen Vorgesetzten, Oberstaatsanwalt Dr. Lehmann, wußte Stegemann zwar zu schildern, «die Herren von der Reichsanwaltschaft äußerten lebhafte Bedenken darüber, ob der konkrete Sachverhalt Ende Februar 1933 tatsächlich eine Anklageerhebung wegen vollendeten Hochverrats rechtfertigen würde». Doch gelangte er aufgrund seiner Reise in die Reichshauptstadt zu dem Schluß: «Die Anklagekonstruktion wird im Ergebnis gleichgültig sein, da in jedem Falle ein Antrag auf Verurteilung zur Todesstrafe gestellt werden kann ...»[94]

Die juristische Konstruktion der Anklage war dann auch die geringste Hürde, die der Ankläger zu nehmen hatte. Sein eigentliches Problem bestand darin, daß er etwas zu beweisen hatte, was nicht zu beweisen war. Laut Anklage sollte Fiete mehrfach den Befehl zu Bombenanschlägen gegeben und zahlreiche Morde an SA-Männern angestiftet haben.

Der Prozeß begann am 13. Februar 1935 vor dem Hanseatischen Oberlandesgericht. Für seine «Beweisführung» bot Stegemann mehr als 50 Zeugen auf. Doch soweit sie den Angeklagten belasteten, vermochten sie niemanden zu überzeugen. Es waren entweder präparierte, bezahlte Spitzel oder Verräter, die, selbst in der Hand der Gestapo, um ihr eigenes Schicksal bibberten und auf Pluspunkte aus waren. Hatte einer dieser jämmerlichen Gestalten mit seiner «Zeugenaussage» geendet, fragte der Vorsitzende Dr. Roth mit Genugtuung: «Nun Schulze, was sagen Sie dazu?» Und Fiete erwiderte in aller Gelassenheit: «Schlecht erfunden!»[95]

Zudem war es gerichtsbekannt, daß gerade der Angeklagte seit jeher ein heftiger Gegner des individuellen Terrors war, was sich mit der Position Thälmanns und der gesamten Parteiführung deckte. Das war auch nicht dadurch zu erschüttern, daß man beim Durchwühlen von Fietes Quartier zwei entleerte Eierhandgranaten gefunden hatte, die einzigen Sach«beweise», die man auf den Richtertisch legen konnte. Fiete auf eine entsprechende Frage des

Vorsitzenden: «Nein, nicht die organisierte Arbeiterschaft braucht und empfiehlt den Terror, nicht die kommunistische Partei, die nachweisbar den individuellen Terror bekämpfte, wo sie konnte, der Terror ist eine Einrichtung des Faschismus! Wenn die Arbeiter die Faust zum Schlage erheben mußten, dann taten sie es nur in Notwehr gegen eben diesen faschistischen Terror.»[96]

Immer wieder versuchte der Vorsitzende den Angeklagten in eine Falle zu locken, um die KPD doch noch als eine Vereinigung von Putschisten abstempeln zu können. Roth: «Sagen Sie – hielt man damals nicht die revolutionäre Situation für gegeben, die den Kampf um die Macht mit der Waffe rechtfertigte?» – «Nein», erwiderte Fiete in Einklang mit der historischen Situation, «sie war noch nicht gegeben, sie war erst im Heranreifen.»[97]

Obgleich die Beweisaufnahme nicht einmal ein Indiz für terroristische Handlungen erbracht hatte, blieb der Ankläger bei seinem Vorsatz, Fiete Schulze zur Strecke zu bringen. Schließlich zielte der Prozeß nicht schlechthin auf den Kopf des Angeklagten ab. Es sollte mit der Hinrichtung dieses Mannes, der den Widerstandskampf der Partei maßgeblich inspiriert hatte, das moralisch-politische Rückgrat der KPD erschüttert werden. Das Plädoyer des Staatsanwalts ließ daran keinen Zweifel. Mit Übereifer und falschem Pathos brüllte Stegemann in den Verhandlungssaal: «Fiete Schulze, Fiete Schulze ist ein Gegner ohne Verständigungsbereitschaft. Er ist ein Todfeind unseres Staates, gegen den er sich in schwerster Weise vergangen hat. Das weiß der Angeklagte auch, und deshalb muß er vernichtet werden. Vor uns entstand das Bild eines Mannes ..., dessen Zunge gefährlicher ist als die Kugeln derer, die auf seinen Befehl geschossen haben. Darum muß er sterben ... Möge mit diesem Angeklagten der Kommunismus versinken, dessen vollendetster Ausdruck Fiete Schulze selber ist.»[98]

Der Strafantrag des Anklägers forderte die dreifache Todesstrafe und zusätzlich 260 Jahre Zuchthaus. Fiete hatte sich keinen Illusionen darüber hingegeben, daß Stegemann seinen Kopf fordern würde. In keiner Phase des Prozesses hatte er versucht, sich vor diesem rachsüchtigen Gremium, das mit einem Gericht nur den Namen gemein hatte, zu rechtfertigen. «Ich habe nicht nötig, mich vor einem Gericht zu verantworten, das doch nur das Werkzeug einer volksfeindlichen Regierung ist»[99], hätte er seinen Inquisitoren entgegnet. Sein Mut und seine Standhaftigkeit waren auch nicht durch den arroganten und bedrohlichen Auftritt des Anklägers ins Wanken geraten. Rechtsanwalt Wandschneider, der zeitweilig auch Thälmanns Interessen vertrat und Fiete Schulze als Offizial-verteidiger beigeordnet war, hatte in seinem Plädoyer an die Gnade des Gerichts appelliert. Doch das war alles andere als im Sinne des Angeklagten, der aus seiner Verachtung des Naziregimes bis zuletzt keinen Hehl machte. In seinem Schlußwort beschämte Fiete Schulze seine Verfolger mit Unerschrockenheit und Würde, die im Angesicht der Hitlerjustiz nicht gerade alltäglich war: «Beim Feind zu bitten, entwürdigt einen Kommunisten. Ich verlange etwas ande-res von Ihnen. Ich verlange, daß Sie so richten, wie der Staatsanwalt es von Ihnen fordert. Jawohl, damit es endlich alle Menschen sehen, wie hier mit Hilfe erlogener Anklagen Leben vernichtet werden, da-mit endlich die ganze faschistische Justiz entlarvt werde!»[100]

Das Urteil konnte nur noch eine Formsache sein. Denn in Dr. Roth hatte ein Mann die Zügel des Gerichts in der Hand, der sich nicht nur als Kommunistenhasser, sondern auch als Strafenfe-tischist ausgewiesen hatte. Bereits im November 1933 hatte Roth nachhaltig für ein höheres Strafmaß für Hochverrat plädiert. Nach-dem das Hitlerkabinett am 24. April folgenden Jahres schließlich ein verschärftes Hoch- und Landesverratsgesetz verabschiedet hatte, teilte Roth in einem Geheimschreiben vom 13. August 1934 seiner Landesjustizverwaltung mit: «Bei dem in Funktionärsstel-lungen befindlichen Kommunisten handelt es sich um fanatische Parteianhänger, die nur durch langfristige Strafen unschädlich ge-macht werden können ... Wenn das neue Gesetz sich in der Praxis auswirken kann, ist ein gewisser Erfolg zu erwarten, da der Strafse-nat von seinen erweiterten Vollmachten ausgiebig Gebrauch ma-chen wird.»[101]

Roth und die vier Lakaien, die ihm zur Seite saßen, machten im Fall Fiete Schulze von diesem nazistischen Gesinnungsstrafrecht allerschlimmsten Gebrauch. Die Verkündung des Urteils war für den 18. März 1935 anberaumt worden. Schon lange bevor das Ge-richt erschien, drängten sich immer mehr Menschen in den über-füllten Gerichtssaal. Niemand sprach an jenem letzten Verhand-lungstag mehr ein Wort. Die gespenstische Stille des Tribunals wurde erst durch die schneidende Stimme des Vorsitzenden gesprengt. Roth begann seine Worte mit der stereotypen, zynischen Formel: «Im Namen des deutschen Volkes!» Und dann folgte das, was viele der Anwesenden zwar befürchtet, bis zu diesem Moment aber zugunsten einer vagen Hoffnung noch immer zu verdrängen gesucht hatten: Der Angeklagte wird zum Tode verurteilt. Noch war der Vorsitzende mit dem Verkünden dieser Ungeheuerlichkeit nicht zu Ende, als Fiete Schulze aufsprang und rief: «Es wird einen Kämpfer weniger geben! Aber siegen werden wir trotzdem!»[102]

Polizeibüttel stürzten sich auf den Angeklagten. Brutal wurde Fiete aus dem Saal gezerrt. Roth indessen fuhr fort, die von Unsachlichkeit und Haß triefenden «Gründe» dieser willkürlichen Entscheidung zu verlesen. Obgleich der Angeklagte beispielsweise lediglich als Schulungsleiter des Rotfrontkämpferbundes Wasserkante agiert hatte, wurde er im Urteil zu dessen Leiter «befördert». Mit Hilfe dieser Erfindung suchte das Gericht Fiete Schulze sämtliche Opfer anzulasten, die die Nazis bei gewaltsamen Auseinandersetzungen mit kommunistischen Widerstandskräften zu beklagen hatten.

Bei der Begründung des Urteils bediente sich Roth in unverfrorenster Weise der Haltet-den-Dieb-Methode. Schließlich hatten die Faschisten für jedermann sichtbar die Weimarer Verfassung noch in der Nacht des Reichstagsbrandes zerfetzt und einen Ausnahmezustand ohne Ende verhängt. Dennoch warf das Urteil Schulze und seiner Partei die imaginäre *«Vorbereitung zum Hochverrat»* vor. Im Urteil hieß es: «Wie gerichtsbekannt und in zahlreichen Hochverratsprozessen festgestellt, erstrebt die K.P.D. den gewaltsamen Umsturz von Regierung und Verfassung des Deutschen Reiches, um in Deutschland eine Diktatur des Proletariats nach russischem Muster einzurichten.»[103]

Den Beweis dafür, daß der Angeklagte und seine Partei die Diktatur des Proletariats in der fraglichen Zeit tatsächlich angestrebt hatten, mußte das Gericht natürlich schuldig bleiben. Im Grunde kam es Ankläger und Gericht auch weniger darauf an, die Aktivitäten des Angeklagten und der KPD zu bewerten, als vielmehr darauf, die marxistische Ideologie und ihre Träger zu diffamieren, vor allem aber zu kriminalisieren. Aufschlußreich war, wie das Gericht den Entzug der bürgerlichen Ehrenrechte für den Angeklagten begründete: «Wie unstreitig ist, stellt der Kommunismus eine politische Weltanschauung dar, eine Weltanschauung aber, die, da sie als eine dem deutschen Volke fremde Erscheinung nur geeignet ist, die deutsche Volksgemeinschaft zu zerstören, vom Staat auf das schärfste bekämpft werden muß. Diejenigen, die bemüht sind, dieser Weltanschauung in Deutschland zum Siege zu verhelfen, sind Verbrecher und Volksfeinde ...»[104]

Wogen des Protestes überschwemmten Hitlerdeutschland angesichts dieses Todesurteils. Noch 80 Tage lang ließ die Nazijustiz den Verurteilten in seiner Zelle zwischen Leben und Tod schweben. Schließlich erschien am 5. Juni, gegen 16.00 Uhr, Generalstaatsanwalt Dr. Drescher persönlich am Holstenglacis, um Fiete Schulze den Termin seiner Hinrichtung mitzuteilen. Der Justizmord sollte am kommenden Morgen um 6.00 Uhr vollzogen werden. Auch Fietes Verteidiger Dr. Wandschneider hatte die Hiobsbotschaft erst am selben Tage entgegennehmen können. Unverzüglich teilte er Fietes Schwester das Furchtbare mit und schrieb: «Es ist mir vom Generalstaatsanwalt mitgeteilt worden, daß Ihr Bruder mit keinem Verwandten mehr sprechen darf. Ich bin leider mit meinen entgegenstehenden Vorstellungen nicht durchgedrungen ... Ich bitte Sie, sich zu überlegen, ob Sie unter den gegebenen Verhältnissen nicht von einer Mitteilung des Vorstehenden an Ihre Mutter und Ihre Schwägerin, Frau Schulze, vor morgen abend Abstand nehmen wollen.»[105]

Doch Fietes Schwester brachte es nicht übers Herz, die Sache für sich zu behalten. Noch in der Nacht vor dem Hinrichtungstag überbrachte sie die Schreckensnachricht ihrer Schwägerin. Fietes Frau und seine Tochter machten sich ohne Umschweife zum Gefängnis auf. «Einmal noch wollten wir sein liebes Gesicht sehen», berichtete Fietes Tochter, «einmal wollten wir ihm noch die Hand drükken. Wir klingeln. Niemand öffnet. Niemand ließ uns hinein.»[106]

Während sich die beiden Frauen am Gefängnistor noch die Fäuste wund schlugen, holte man Fiete kurz vor 6 Uhr aus der Todeszelle. Seinen letzten Weg ging Fiete Schulze aufrecht und ungebrochen. Auf dem Gefängnishof angelangt, rief er seinen mitgefangenen Genossen zu: «Ein letztes Rot Front, Kameraden!»[107]

Am Richtblock, der sich im Nordausgang des Hofes 8 befand, erwarteten ihn schon seine Henker. Derselbe Dr. Stegemann, der Fiete Schulze bar aller Beweise und wider Recht und Gesetz vor

Gericht gezerrt hatte, zog auch jetzt am Richtblock die Fäden. Seine Order war es, die das Handbeil des Scharfrichters Carl Gröpler[108] aus Magdeburg in Bewegung setzte. Wohl konnte man damit das Leben dieses Menschen auslöschen. Doch Fiete Schulzes Ideologie und die seiner Genossen war damit nicht abzutöten. Dennoch gierten die Mörder mit der Robe nach immer neuen Opfern. Mahnend schrieb Erich Weinert in seinem «Ruf an die Welt» zu Fietes Hinrichtung: «Sein Kopf ward abgeschlagen.

> Die Henker wollten sehn,
> Wie lang wir's noch ertragen,
> Schweigend dabeizustehn,
> Wenn man der besten uns beraubt.
> Und schweigt ihr, dann fällt Haupt um Haupt.»[109]

Wer waren die Hochverräter?

Immer wieder verfolgten und verurteilten faschistische Richter und Staatsanwälte Kommunisten mit dem bombastischen Vorwurf des Hochverrats. Allzuoft sprachen es Freisler und seine Komplicen unumwunden aus, «daß jede Betätigung für die illegale KPD hochverräterischen Charakter trägt»[110]. Von dieser Haltung war die faschistische Sonderjustiz von Anbeginn an beseelt. Hatte man herausragenden Kommunisten wie Fiete Schulze oder Etkar André noch terroristische Handlungen angedichtet, genügte in anderen Fällen schon das Anfertigen oder auch nur das Weiterreichen selbst des kleinsten Flugblattes, um von der «Vorbereitung zum Hochverrat» zu sprechen und mit unfaßbaren Strafen zu kontern.

Bereits in den ersten drei Jahren der faschistischen Herrschaft ergoß sich eine Flut von Prozessen über kommunistisch gesinnte Antifaschisten. Etwa 3 000 politische Strafverfahren gegen mehr als 18 000 Kommunisten sind für die Jahre 1933 bis 1935 nachweisbar.[111] Bis Mitte 1935 waren allein von 422 führenden Funktionären der KPD über die Hälfte, nämlich 219, verhaftet und verurteilt worden. Bereits auf der Brüsseler Konferenz im Oktober 1935 legte die Führung der KPD den Delegierten eine namentliche Liste jener Opfer vor, die die Partei seit Hitlers Machtübernahme verzeichnen mußte. Obgleich unter damaligen Umständen unvollständig, ergab sich daraus, daß man 393 Genossen ermordet hatte, von der Justiz 29 zum Tode verurteilt und 21 zu lebenslangem Zuchthaus verdammt worden waren.[112] In dem Maße, in dem Hitler und seine Auftraggeber mit dem Griff nach der Erdkugel Ernst zu machen begannen, verschärfte sich auch das Wüten der Repressivorgane. So wurden allein im Jahre 1936 11687 Kommunisten und 1374 Sozialdemokraten, im Jahre 1937 8068 Kommunisten und 733 Sozialdemokraten verhaftet.[113]

Als das Feuer des zweiten Weltkrieges schließlich loderte, wurden die Maschen des faschistischen Gesinnungsstrafrechts immer enger geknüpft, setzte eine Inflation von Kriegs- und Sondergesetzen ein, verhedderten sich immer mehr Menschen im Normendikkicht des nazistischen Unrechts. Gab es während der Weimarer Zeit drei Tatbestände, für die die Todesstrafe angedroht war, so normierte der faschistische Gesetzgeber mehr als 30 todeswürdige Delikte. Selbst das Verbreiten eines politischen Witzes oder die Beleidigung eines Naziführers konnte schon Kopf und Kragen, zumindest aber die Freiheit kosten.

«Hochverrat» jedoch blieb der Lieblingtatbestand der Ausnahmetribunale, wenn es darum ging, Kommunisten zu verketzern. Mit keiner Konstruktion ließ sich die Mär von den Kommunisten als Volks- und Weltverderber besser veranschaulichen als mit dem Schreckgespenst des Bürgerkrieges und des Bolschewismus. In der Grundtorheit der Epoche fand die Nazijustiz das geistige Fundament vor, auf dem sie ihren blutigen Amoklauf gegen die konsequentesten Gegner des Regimes vollziehen konnte. Dabei zählte Hitlers Devise, wonach der Erfolg einer Lüge von ihrer Größe abhänge, zu den Eckpfeilern faschistischer Gerichtssprüche.

Der Volksgerichtshof lastete Hermann Dünow beispielsweise als Hochverrat an, daß er angesichts des zunehmenden faschistischen Terrors damit beauftragt und befaßt war, geheime Quartiere für die leitenden Kader seiner Partei, u. a. für Ernst Thälmann, zu beschaffen. Mit Urteil vom 30. September 1935, mit dem man Dünow zu lebenslangem Zuchthaus verurteilte, unterstellte ihm das höchste Sondergericht: «Es war für ihn belanglos, daß das ganze Reich und Volk innen- und außenpolitisch und wirtschaftlich in einem von der KPD angestrebten Bürgerkrieg zu Grunde gehen mußte.»[114]

Dabei wußten die Robenträger nur zu genau, daß faschistische

Revolverhelden schon unter dem Weimarer Regime führenden
Vertretern der Kommunistischen Partei nach dem Leben getrachtet
und mehrere von ihnen gemeuchelt hatten. Zum Beispiel, daß im
März 1931 der Hamburger Stadtverordnete Ernst Henning im
Autobus von SA-Banditen erschossen worden war, weil ihn die Nazis mit Etkar André verwechselt hatten. Auch gegen Etkar André,
Mitglied der KPD-Bezirksleitung Wasserkante, der seit dem
5. März 1933 in den Klauen von Gestapo und Justiz war, schwebte
der Vorwurf des Hochverrats im Raum. Was den Attentätern damals mißlungen war, sollte die Justiz jetzt unter dem trügerischen
Schein des Gesetzes zuwege bringen. Als André nach 38 Monaten
Untersuchungshaft schließlich am 4. Mai 1936 vor die Schranken
des Hanseatischen Oberlandesgerichts geschleppt wurde, stand er
demselben Dr. Roth gegenüber, der schon seinen Kampfgefährten
Fiete Schulze aufs Schafott befördert hatte.

Obgleich man André während der Untersuchungshaft in nichten-
denwollender Folter zum Krüppel geschlagen hatte, wurde er vor
dem Tribunal zum eigentlichen Ankläger. Dem Vorsitzenden sagte

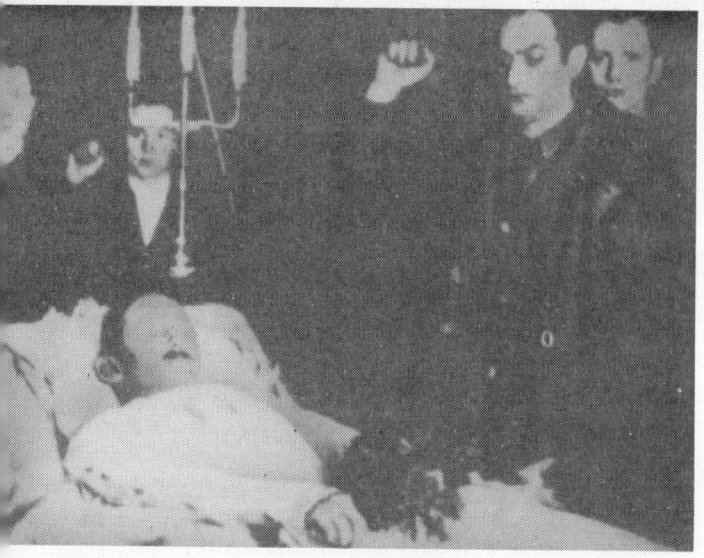

Etkar André an der Bahre seines ermordeten Kampfgefährten
Ernst Henning

er ungeschminkt ins Gesicht: «Sie wissen, daß die gegen mich vor-
gebrachten Beschuldigungen nicht stimmen. Sagen Sie doch, um
was es geht. Sagen Sie, daß Sie mich vernichten wollen, weil ich für
die Sache der Arbeiterschaft kämpfte, weil ich zur Kommunistischen Partei stehe, solange noch ein Blutstropfen in mir ist.»[115]
Und in seinem Schlußwort konterte er auf die Anwürfe des Staatsanwalts: «Wenn schon von Rädelsführerschaft die Rede ist, dann
gehört auf die Anklagebank der SA-Führer Böckenbauer, dessen
Leute Henning ermordeten.»[116]

Damit hatte der Angeklagte den Nagel auf den Kopf getroffen.
Und Roth, der Senatspräsident, machte aus dem politischen Zweck
des Prozesses auch gar keinen Hehl. Mit einer französischen Delegation konfrontiert, sagte er: «Etkar André ist Kommunist, und er
wird als Kommunist behandelt und abgeurteilt.»[117]

Angesichts der Haltlosigkeit und Lächerlichkeit der von Oberstaatsanwalt Lehmann vorgetragenen «Beweise» kamen die fünf Richter diesmal offenbar nicht auf Anhieb zu einer einheitlichen Auffassung über das Strafmaß. Zwei Tage hatte die Urteilsberatung in Anspruch nehmen sollen. Tatsächlich streckte sie sich über zehn Tage hin. Schließlich sprach man in Berlin ein Machtwort. Eine Anweisung, unterzeichnet von Reichsanwalt Jorns, besiegelte das Todesurteil gegen den tapferen Kommunisten. Jorns war übrigens jene Skandalfigur, die als Ankläger der Mörder Karl Liebknechts und Rosa Luxemburgs fungiert und dafür die Spuren der Täter gründlichst verwischt hatte. Hitler hatte ihn dabei im Mai 1935 mit dem Amt des höchsten Anklägers am Volksgerichtshof honoriert.

Am 10. Juli wurde gegen Etkar André das Urteil verkündet, und es markierte, wie schon im Fall Fiete Schulze, den Wegweiser zum Tode. Etkar André lehnte es ab, ein Gnadengesuch einzureichen. Was er allerdings bis in die Nacht vor der Hinrichtung hinein anstrebte, war ein Wiederaufnahmeverfahren, «weil ich nicht um Gnade bitte, sondern mein Recht haben will»[118].

Was anständig und rechtlich denkende Menschen vom Richterspruch gegen André hielten, drückte die «Pariser Tageszeitung» am Tag nach der Urteilsverkündung aus: «Handlungen werden abgeurteilt, die nach dem Recht aller zivilisierten Länder straffrei sind. Der politische Kampf wird hier mit dem Beil des Scharfrichters geführt.»

Menschen aus aller Welt engagierten sich gegen die Vollstreckung des Urteils. Doch aller Protest vermochte den Haß und die Skrupellosigkeit der Naziführung nicht zu erschüttern. Auch im Falle von Etkar André machte Hitler von seinem Begnadigungsrecht keinen Gebrauch und bestätigte das Urteil. Am frühen Morgen des 4. November 1936 führte man einen weiteren «Hochverräter» dem Scharfrichter zu. Als Kämpfer habe ich gelebt, und als Kämpfer werde ich sterben, hatte André seinen Richtern geschworen. Der Verurteilte hielt seinen Schwur. Sekunden bevor der Henker den Justizmord an Etkar André vollendete, tönte dessen kräftige Stimme über den Gefängnishof: «Es lebe der Kommunismus! Nieder mit dem Massenmörder Adolf Hitler.»[119]

Mit Eifer paßte die Nazijustiz das Gesinnungsstrafrecht der jeweiligen Situation an. Seit dem heimtückischen Überfall auf die

Sowjetunion galt ihr jede Aktivität im Sinne oder gar im Auftrag
der KPD zugleich als «Feindbegünstigung», d. h. als Landesverrat
und in der Regel auch noch als «Wehrkraftzersetzung». Der Böse-
wicht des deutschen Kommunismus handelte im Urteil der Blutrichter nun im Verein mit dem politischen und militärischen Todfeind Sowjetunion. So warf der 2. Senat des Volksgerichtshofes den
zum Tode verurteilten Kommunisten Max Reincke und Robert
Abshagen im Mai 1944 vor, sie hätten «im beabsichtigten Bunde
mit der Roten Armee als der Vollstreckerin der bolschewistischen
Weltrevolution auf unseren Zusammenbruch und unsere Niederlage hingearbeitet»[120].

Die Verteuflung des sowjetischen Gegners diente nicht nur als
scheinjuristische Bemäntelung für das Unrecht, das man gegenüber
Kommunisten übte. Sie sollte zugleich den Durchhaltewillen der
Bevölkerung wachhalten. Besonders seit die Rote Armee auf deutsches Territorium vorgestoßen war, beteiligte sich auch die Justiz
in ungehemmter Weise an der Greuelpropaganda über die Rote Armee.

In seinem Urteil vom 1. November 1944 gegen Martin Schwantes
und zwei weitere Kommunisten sprach der Volksgerichtshof von
«unvorstellbaren Grausamkeiten», die die Rote Armee angeblich
in Ostpreußen verübt habe. Schlußfolgerung des Nazigerichts:

Adolf Reichwein vor dem Volksgerichtshof (1944)

«Weil wir nicht wollen, daß der Bolschewismus in unserem Reiche ein Blutbad anrichtet, müssen diejenigen, die sich wie Schwantes, Danz und Schellheimer für den Bolschewismus eingesetzt haben, für immer aus unserer Mitte ausgeschieden werden.»[121]

Der oft tödliche Vorwurf des Hochverrats und der Feindbegünstigung traf auch viele, viele andere Antifaschisten, namentlich Sozialdemokraten. Unter das Fallbeil der Justiz gerieten beispielsweise der SPD-Funktionär Julius Leber und der sozialdemokratische Wirtschaftswissenschaftler Adolf Reichwein. Ihr «Hoch- und Landesverrat» hatte darin bestanden, daß sie im Sommer 1944 Kontakte zu den Vertretern der operativen Leitung der KPD Franz Jacob und Anton Saefkow geknüpft hatten. Dabei war es um alles andere als die Errichtung einer Diktatur des Proletariats gegangen. Zur Debatte hatten ausschließlich Skizzen beider Seiten für den

132

Bau eines künftigen antifaschistisch-demokratischen Deutschlands gestanden.

Aus jeder Zeile solcher Urteile sprach die Furcht vor jeglichem gesellschaftlichem Fortschritt. Freilich war es seit jeher eine Eigenart namentlich der deutschen Bourgeoisie, das Recht auf Revolution, nach Friedrich Engels «das einzige *wirklich* historische Recht»[122], zu kriminalisieren. Doch stellten die Hochverratsgesetze der vorfaschistischen Zeit noch auf bestimmte Handlungen ab. Der faschistischen Justiz indessen kam es nicht mehr nur auf die Tat, sondern auch auf den Täter, nicht nur auf sein Handeln, sondern auch auf sein Denken, seine Gesinnung, seinen Willen an. «Soll das Strafrecht seinen Zweck, das Volk zu schützen, erfüllen», schrieb Freisler demagogisch, «so muß es diesen gegnerischen Willen angreifen, ihn vernichten.»[123]

Jede Anklage des Hochverrats gegenüber Kommunisten, Sozialdemokraten oder anderen progressiv Denkenden war daher auch im juristischen Sinne das Werk skrupelloser Regimediener, die mit kaltem Zynismus (und Pilatusgeste) anderen anlasteten, wessen sie sich selbst ständig schuldig machten. Denn die Verfassung von Weimar, die zu beseitigen sie den Absichten der «Hochverräter» unterstellten, war in der Tat durch die Hitlerclique selbst bis zum letzten Blatt zersetzt worden. Und jene, die hinter den Richtertischen saßen, billigten den Hochverrat der Regierenden nicht nur, sie vollzogen ihn tagtäglich mit. Sie duldeten, daß Beschuldigte und Angeklagte mißhandelt und gefoltert wurden, wandten Strafgesetze rückwirkend und analog an, verteufelten und vernichteten jene, die für Verfassung und Bürgerrechte eintraten, und verhöhnten alle Grundwerte bürgerlicher Gesetzlichkeit. Dabei war ihnen Robespierres Ausspruch wohl geläufig, in dem er die «Erhebung des Volkes» gegen jede Verletzung seiner Rechte «zur heiligsten Pflicht» erklärt hatte und «den Versuch der Tyrannei, den Widerstand gegen die Unterdrückung mit gesetzlichen Mitteln zu bestrafen, als höchste Du̅chtriebenheit»[124].

Das Treiben der Nazirichter kostete ungezählten Nazigegnern, angeführt von Kommunisten und Sozialdemokraten, die Freiheit und Zehntausenden das Leben. Unerhörten Auftrieb bekam der Amoklauf von Gestapo und Justiz nach dem am 20. Juli 1944 gescheiterten Attentat auf Hitler. Die Verhaftungswelle im Sommer jenes Jahres fielen neben den Verschwörern etwa 5000 bis 6000 Arbeiterfunktionäre zum Opfer.[125] Im selben Jahr wurden in den Hinrichtungsstätten der zivilen Justiz 5764 Menschen umgebracht.[126]

Ein beträchtlicher Teil der Todesurteile ging auf das Konto des Volksgerichtshofes. Seit dem Jahre 1942 verhängte dieses berüchtigtste aller Ausnahmetribunale nahezu über jeden zweiten angeklagten Hitlergegner die Todesstrafe, während der Jahre 1937 bis 1944 insgesamt 5191mal. Man darf davon ausgehen, daß etwa 80000 Menschen das Wüten der Nazijustiz mit ihrem Leben zu büßen hatten, die von Standgerichten des Militärs und der Polizei zum Tode Verdammten nicht mitgerechnet.[127]

Das Blutbad, das Hitlers Sonderrichter namentlich unter Kommunisten und Sozialdemokraten, aber auch unter Gewerkschaftern, bürgerlichen Demokraten und Antifaschisten aller Schattierungen anrichteten, übertraf bei weitem die Opferbilanz der Terrorjustiz Italiens und Japans. Verhängte der von Mussolini im Jahre 1926 etablierte Sondergerichtshof die Todesstrafe insgesamt 29mal, so blieben der Richterspruch gegen Hozumi Ozaki, einen Informanten des sowjetischen Kundschafters Richard Sorge sowie gegen Sorge selbst die einzigen Todesurteile, die die zivile Strafjustiz des mit Nazideutschland verbündeten Japans verhängte. «Die Juristen des Dritten Reichs hatten in der Welt nicht ihresgleichen.»[128]

Mörder in Roben

Hitlers Justiz lud nicht nur dadurch Blutschuld auf sich, daß sie über Andersdenkende Todesurteile und andere drakonische Strafen verhängte. Sie besorgte Mord und Verfolgung auch Hand in Hand mit den Kreaturen der Gestapo. Wer eine zeitlich begrenzte Freiheitsstrafe verbüßt hatte und zur Entlassung anstand, wurde rechtzeitig Himmlers Polizei avisiert. Wurde er als sogenannter Staatsfeind aus der Justizhaft entlassen, konnte er gewiß sein, daß ihn die Gestapo in Empfang nahm, sobald das Zuchthaustor sich öffnete. Wer in diesen Teufelskreis von Justiz und Gestapo geriet, endete im Konzentrationslager und bezahlte hier meist mit dem Leben. Aber selbst dann, wenn es zu einer Verurteilung nicht reichte, war eine Rückkehr in die Freiheit fraglich. Albert Kuntz beispielsweise wurde dreimal vor Gericht gestellt und mußte dreimal «mangels Beweises» freigesprochen werden. Auf freien Fuß gelangte er nie wieder. Er endete, wie viele seiner Leidensgenossen, auch in den Klauen der Gestapo.

Tatsächlich war die Justiz des Nazistaates unentbehrliche Stütze eines unmenschlichen Regimes. Viele ihrer Protagonisten waren nichts anderes als Mörder, die in die Robe des Richters oder Anklägers geschlüpft waren. Führende Nazijuristen, darunter Hitlers zeitweiliger Justizminister Schlegelberger sowie der Chefankläger am Volksgerichtshof, Lautz, standen im Jahre 1947 wegen ihrer Untaten selbst vor Gericht. Der Militärgerichtshof III der Vereinigten Staaten von Amerika, vor dem sie sich zu verantworten hatten, überführte die Angeklagten eines besonders scheinheiligen intellektuellen Mördertums. Im Urteil, gefällt am 4. Dezember 1947, erklärten die US-amerikanischen Militärrichter: «Der Kern der Anklage in diesem Fall besteht ja gerade darin, daß die Gesetze, die Hitler-Erlasse und das drakonische, korrupte und verderbte nationalsozialistische Rechtssystem als solche in sich selbst Kriegsverbrechen und Verbrechen gegen die Menschlichkeit darstellen und daß eine Teilnahme an dem Erlaß und der Durchführung dieser Gesetze verbrecherische Mittäterschaft bedeutet.»[129]

Natürlich erwarteten Hitler als «oberster Gerichtsherr» und seine führenden Justizkader die bedingungslose Ausführung jener Normen, die im Grunde Anleitungen zum Mord waren. Aber kein Richter und Staatsanwalt der Nazizeit hätte für Leib oder gar Leben fürchten müssen, wenn er sich dem furchtbaren Dienst der Ausrottung von Menschen versagt hätte. Freilich hatte der dominierende Jurist der Weimarer Epoche, Gustav Radbruch, denjenigen Richter für verehrungswürdig erklärt, «der sich durch sein widerstrebendes Rechtsgefühl in seiner Gesetzestreue nicht beirren läßt»[130].

Aber durfte das selbst dann noch gelten, wenn der Gesetzgeber Unschuldige auf das Schafott oder hinter Kerkermauern zu bringen gedachte?

Es war nicht der blinde Respekt vor dem Buchstaben des Gesetzes, der Juristen zu Verbrechern werden ließ; es war Karrierestreben um jeden Preis und bürokratischer Eifer, getragen von stock-

konservativem Denken, das sich mühelos zu blindwütigem Antikommunismus und Rassismus zuspitzen ließ. Im nachhinein
wollten Hitlers Blutrichter allesamt widerwillig und unter Druck
gehandelt haben. Den Vorwurf des Nürnberger Juristenurteils, wonach «der Dolch des Mörders unter der Robe des Juristen verborgen (war)»[131], wiesen sie empört zurück.

Einer von ihnen, Erich Geißler, stand im Frühjahr 1982 vor den
Schranken des Stadtgerichts Berlin. Zeitweilig vom Landgericht
Plauen zum Oberreichsanwalt beim Volksgerichtshof abgeordnet,
hatte er u. a. an der Ermordung von 26 Unschuldigen, darunter
einer Reihe hervorragender Kommunisten, mitgewirkt. Auch Geißler beteuerte, seinem Richteramt widerstrebend nachgegangen zu
sein.

In Wahrheit hatte er den Ermessensspielraum, den selbst das faschistische Recht Anklägern und Richtern einräumte, zuungunsten
von Opfern genutzt. Im Sommer 1943 war Geißler beispielsweise
mit dem Gnadengesuch des KPD-Mitglieds Wilhelm Lai befaßt.
Lai war zum Tode verurteilt worden, weil er sich im Ausland anti-
faschistisch betätigt und als Interbrigadist am spanischen Bürgerkrieg mitgewirkt hatte. Mit Vehemenz empfahl Geißler, das Gnadengesuch abzulehnen. In einem Bericht an den Reichsjustizminister artikulierte er: «Der Verurteilte ist ein verbissener Kommunist,
der seine ganze Lebensarbeit in den Dienst des Kommunismus gestellt hat... Bei dieser Sachlage dürfte die Vollstreckung der Todesstrafe unabwendbar sein.»[132]

Am 21. September 1943 wurde Wilhelm Lai hingerichtet.

Auch als Ankläger und Vollstreckungsbeamter übte sich Geißler
im Handwerk der Unmenschlichkeit. Noch am 4. Dezember 1944
war ihm die Hinrichtung von vier hervorragenden Widerstands-
kämpfern der Saefkow-Jacob-Bästlein-Gruppe sowie von zwei weiteren Patrioten übertragen worden. Früher einmal war Geißler übel
geworden, als er in der Strafanstalt Plötzensee den Scharfrichter zu
dirigieren hatte. Damals konnte er seinen Auftrag nicht bis zu
Ende ausführen. Die drohende Niederlage des Nazireiches jedoch
schien seinen Tötungsdrang vermehrt zu haben. Sechsmal befahl er
an jenem Dezembertag des vorletzten Kriegsjahres dem Scharfrichter, das Fallbeil auszulösen. Unter ihm starben im Zuchthaus Brandenburg damals die Kommunisten Paul Junius, Alfred Jung, Ger-

hard Kaun und Helmut Wagner sowie die Kriegsgegner Kurt Schmidt und Albert Florkowski.

Es grenzt an Satire, mit welcher Unverfrorenheit Geißler sich nach Kriegsende bewegte. Im August (!) 1945 meldete er sich beim Landgericht Plauen zurück und beantragte Urlaub. Seine Verbrechen am Volksgerichtshof blieben lange Zeit im dunkeln. Während einer Reise in die BRD bemühte er sich 1956 um eine Anstellung in der bundesdeutschen Justiz. Sie scheiterte daran, daß Geißler seinen Dienstausweis vom Volksgerichtshof vernichtet hatte und seine Vergangenheit nicht mehr belegen konnte. Das besorgten Anfang der achtziger Jahre Untersuchungsorgane der DDR um so gründlicher. Beim Durchforsten von Akten des Volksgerichtshofes stießen sie auf die Blutspur dieses Mannes. Das Stadtgericht Berlin verurteilte Geißler am 5. April 1982 zu einer Freiheitsstrafe von 15 Jahren.

Ungezählte Opfer

Schon eine Woche nach Hitlers Machtantritt hatte Ernst Thälmann im Sporthaus Ziegenhals prophezeit: «Es ist der Bourgeoisie ernst damit, die Partei und die ganze Avantgarde der Arbeiterklasse zu zerschmettern. Sie wird deshalb kein Mittel unversucht lassen, um dieses Ziel zu erreichen.»[133]

Tatsächlich zogen die Nazis gegen die Kommunistische Partei und ihre Vertreter alle Register ihres unmenschlichen Terrors. Der revolutionäre Teil der Arbeiterklasse sollte isoliert und boykottiert, psychisch gebrochen und schließlich vernichtet werden. Auf verbrecherische Weise gedachten Hitler und seine Auftraggeber den Grundwiderspruch zwischen Proletariat und Bourgeoisie zu ihren Gunsten zu lösen, auch um den Rücken für Aggression und Völkermord nach außen frei zu haben. Schon im März 1933 hatte sich Göring noch damit gebrüstet, daß in 50 Jahren «ein Mensch überhaupt nicht mehr wissen (darf), was das Wort (Marxismus) bedeutet»[134]. Vier Jahre später befand SS-Chef Himmler die Situation schon weniger rosig. In einer Geheimrede bemerkte er: «... denn seien wir uns darüber klar, breite Massen unseres Volkes werden immer wieder einmal anfällig sein für das Gift des Bolschewismus ... Lassen wir ihre Funktionäre heraus (aus den Konzentrationslagern – d. A.), dann sind sie dem Gift verfallen.»[135]

Tatsächlich richtete sich auch der Hauptstoß des verbrecherischen Terrors der faschistischen Unterdrücker gegen die KPD. Schließlich war diese Partei die konsequenteste und die führende Kraft im antifaschistischen Widerstand, die in keiner Phase dieser wohl erbittertsten aller Klassenschlachten aufsteckte. Es ist kein Zufall, daß Kommunisten die meisten Opfer im Widerstandskampf gegen das Hitlerregime erbrachten. Das Dauerduell mit der Gestapo und anderen Repressivorganen hatte ungezählten Kämpfern Leben, Gesundheit und Freiheit gekostet. Am Ende des Naziregimes waren die Reihen der Partei beträchtlich gelichtet. Mit 360 000 Mitgliedern hatte die KPD Anfang 1933 die stärkste der kommunistischen Parteien in den kapitalistischen Ländern verkörpert. Nachdem die braune Schreckensherrschaft endlich vorüber war, notierte Wilhelm Pieck am 17. Juli 1945 noch schätzungsweise 125 000 Mitglieder in den vier Besatzungszonen.[136] Dennoch hatte die KPD auch unter dem Würgegriff der Nazidiktatur niemals zu kämpfen oder gar zu existieren aufgehört. Die Partei der Kommunisten war im Gegenteil eine politische Kraft der Widerstandsbewegung, die vom ersten bis zum letzten Tag der Hitlerdiktatur den antifaschistischen Kampf konsequent organisierte und inspirierte.

Die barbarische Verfolgung und Ausrottung von Kommunisten durch das Naziregime hatte die Partei zwar zahlenmäßig schwächen, niemals aber brechen oder gar vernichten können. Hitler und seine Spießgesellen waren ausgezogen, den Marxismus mit Stumpf und Stiel auszurotten, und dabei selbst auf dem Scheiterhaufen der Geschichte und vor den Tribunalen der Völker gelandet.

«Euthanasie» ohne Gnade

Ende 1938 oder Anfang 1939 bekommt Professor Dr. Werner Catel, Direktor der Leipziger Universitätskinderklinik, Besuch. Das Ehepaar Knauer, dessen mißgebildetes Kind der Obhut des Professors anvertraut ist, möchte das Schicksal ihres Abkömmlings geklärt wissen. Die Prognose, die Catel aufgestellt, ist düster. Gewöhnlich hängen Eltern an ihrem Kinde auch und sogar noch intensiver, wenn es mißgebildet oder geisteskrank ist. Willi Knauer aber beweist, daß Ausnahmen die Regel bestätigen. Ohne Umschweife fragt er den Mediziner: «Ist es nicht möglich, das Kind zu töten?»[1]

Die Frage fällt bei Catel auf fruchtbaren Boden. Als er im Jahre 1922 seine Karriere als Assistenzarzt an der Leipziger Universitätsklinik antrat, war er nach eigener Aussage «zum erstenmal mit idiotischen Menschen in Berührung»[2] gekommen. Zwar ist Catel nicht bereit, die Entscheidung über Leben und Tod des Knauerschen Kindes auf seine Kappe zu nehmen. Schließlich gilt «Sterbehilfe» mit gezielter Lebensverkürzung nach geltendem Recht als Tötungsverbrechen. Doch er weiß Rat. Die Eltern mögen sich an Hitler bzw. die Kanzlei des Führers (KdF) wenden. Umgehend befolgen die Knauers Catels Tip und richten ein Gnadengesuch an Hitlers Kanzlei. Hier werden alle Gesuche und Eingaben bearbeitet, die an Hitler persönlich gerichtet sind. Die Angelegenheit landet zunächst auf dem Tisch von Dr. Hans Hefelmann, Leiter des Amtes II b in der Führerkanzlei. Hefelmann aber enthält sich jeglicher Aktivität in der Sache und übermittelt den Knauerschen Brief lediglich dem Leiter des Hauptamtes I der KdF, Albert Bormann, einem Bruder Martin Bormanns. Zweiundzwanzig Jahre später erinnert sich Hefelmann gegenüber seinem Untersuchungsrichter in der BRD an den Vorgang Knauer: «Da meines Wissens vorher Hitler eine Entscheidung im Sinne solcher Gesuche noch nicht getroffen hatte, schien es mir auch untunlich, andere Behörden zu beteiligen. Es war m. E. zunächst festzustellen, welche Stellung Hitler zu dieser Frage einnehmen werde.»[3]

Hitler nimmt sich der Sache mit einer Eile an, die fast vermuten läßt, daß – nach einem Wort F. K. Kauls – «die an ihn auf Veranlassung Catels herangetragene Tötungsbitte bestellte Arbeit war»[4]. Unverzüglich schickt Hitler seinen Begleitarzt Dr. Karl Brandt nach Leipzig, um weiteres zu veranlassen. Und er darf sicher sein, daß sein «Leibarzt» die Sache im Sinne jenes Konzepts lösen wird, mit dem er und andere Naziführer schon jahrelang liebäugelten.

1946/47 im Nürnberger Ärzteprozeß angeklagt, sagt Brandt zum Fall Knauer aus: «Er (gemeint ist Hitler – d. A.) hat mir den Auftrag gegeben, mit Ärzten, wo dieses Kind in Betreuung war, zu sprechen, um festzustellen, ob die Angaben des Vaters richtig sind. Für den Fall, daß sie richtig sind, sollte ich in seinem Namen den Ärzten mitteilen, daß sie eine Euthanasie durchführen können ... Es wurde mir weiter aufgetragen zu sagen, daß, wenn diese Ärzte selbst durch diese Maßnahme in irgendein juristisches Verfahren verwickelt würden, im Auftrage Hitlers dafür Sorge getragen würde, dieses niedergeschlagen würde.»[5]

Catel genügte diese Zusicherung, um die Erwartung seines Führers in die Tat umzusetzen. Nach Hefelmanns Erinnerung wurde das Kind alsbald mit Tabletten eingeschläfert. Ob Catel die Tötungshandlung selbst vollzog, blieb ungeklärt. Jedenfalls geschah sie in seinem Verantwortungsbereich und mit seiner Billigung. Und es gibt nicht das geringste Indiz dafür, daß dem Professor für Kinderheilkunde die Entscheidung zu diesem Verbrechen schwergefallen war. Noch im Jahre 1962 bekräftigte der Mann im weißen Kittel seine Schandtaten, die im Mord an dem Kleinkind Knauer nur ihren Anfang hatten. Auch jetzt noch engagierte sich Catel für eine «begrenzte Euthanasie». Ein idiotisches Kind blieb für ihn «tief unter der Daseinsstufe eines beseelten Tieres stehend»[6].

Das Schicksal des Kindes Knauer war nur der Prolog eines unerhörten Kapitalverbrechens, mit dem die Nazis die Kriminalgeschichte um ein besonders gräßliches Kapitel bereicherten. Zynisch mißbrauchten sie dafür den Begriff «Euthanasie», um vom wahren Tatbestand abzulenken. Das Wort, dem Griechischen entstammend, bedeutet ursprünglich Milderung des Todeskampfes durch Medikamente. Die Vernichtung «lebensunwerten Lebens», wie sie im Nazireich bald massenhaft betrieben werden sollte, hatte mit Sterbehilfe auch nicht die Spur gemein. Nicht Sterbende waren es, die dem Kind Knauer in den Tod folgen mußten, auch nicht ausschließlich Mißgebildete, unheilbar Erkrankte und Erbkranke, die alsbald zu Tausenden der Vernichtung «lebensunwerten Lebens» anheimfielen.

Denkmodelle

Denkmodelle für das Eliminieren von «Ballastexistenzen» und «unnützen Essern» waren lange bevor Hitler in den Sattel der Macht gehoben wurde, ausgeheckt worden. Schon im 19. Jahrhundert hatten nicht wenige Autoren Darwins Lehre vom «Kampf ums Dasein» und von der «Auslese der Tauglichsten» mechanisch auf die Gesellschaft übertragen und das Sozialverhalten der Menschen in eine biologisierte Weltsicht gezwängt. Begünstige man die Untauglichen und Untüchtigen durch die moderne Medizin, Sozialfürsorge und anderes weiterhin, so prophezeiten die Sozialdarwinisten, würden die schädlichen Erbfaktoren eines Tages dominieren und die menschliche Gesellschaft schließlich zersetzen. Kein Zufall, daß solche «Erkenntnis» zu einer Zeit einsetzte, da das von Bismarck regierte Reich für den Weg zum «Platz an der Sonne» rüstete. Um die Aufteilung der Welt zu korrigieren, blieb nur die Gewalt, die Expansion nach außen. Für die Führung eines Krieges aber müsse das Volk stark und «gesund» sein. Und so wurden die Theorie vom «Lebensunwerten» und die Rassendoktrin zu geistigen Wegbereitern der Aggression. «Typisch für beide ist und bleibt», nach einem Wort von F. K. Kaul, «die Berufung auf Krieg und Kampf, um die verlangten individuellen Opfer berechtigt erscheinen zu lassen ...»[7]

Bereits vor dem ersten Weltkrieg war das Verlangen nach Sterilisierung, Eheverbot und selbst nach Vernichtung «lebensunwerten Lebens» schon deutlich artikuliert worden. Nachdem der erste Anlauf des imperialistischen Deutschlands, zur Weltmacht aufzusteigen, gescheitert war, ertönte der Schlachtruf, «Ballastexistenzen» aus der Gesellschaft zu eliminieren, immer unüberhörbarer. Im

Jahre 1920 verblüfften der prominente Leipziger Strafrechtler Karl Binding und der Freiburger Ordinarius für Neuropathologie Hoche die Öffentlichkeit mit ihrer Schrift «Die Freigabe der Vernichtung lebensunwerten Lebens». In gewissen Fällen, so Binding, sei Sterbehilfe mit gezielter Lebensverkürzung straflos. Allerdings setzte er dafür noch unheilbare Krankheit und die Einwilligung des Betroffenen voraus. Was den Juristen zu dieser Aussage motivierte, war bezeichnenderweise die legale Tötung selbst gesunder Menschen im Kriegsfalle und die dazu im Widerspruch stehende Sorgfalt, die man nicht nur wertlosen, «sondern absolut negativ zu wertende(n) Existenzen»[8] zukommen lasse.

Hoche indessen engagierte sich um das Problem weniger als Psychiater, denn als Sachwalter des kapitalistischen Fiskus. Für ihn galten namentlich unheilbar Blödsinnige als «geistig Tote» und als «Ballastexistenzen». Hoche: «Nehmen wir für den Einzelfall die durchschnittliche Lebensdauer von 50 Jahren an, so ist leicht zu ermessen, welches *ungeheure Kapital* in Form von Nahrungsmitteln, Kleidung und Heizung dem Nationalvermögen für einen unproduktiven Zweck entzogen wird.» Zudem empfand er es als «eine peinliche Vorstellung, daß ganze Generationen von Pflegern neben diesen leeren Menschenhülsen dahinaltern, von denen nicht wenige 70 Jahre und älter werden»[9].

Die Vernichtung «lebensunwerten Lebens» war also kein Patent der Nazifaschisten. Aber wie alles Inhumane und Vulgäre nahmen sie auch diese Doktrin gierig in ihr Programm auf, um sie zuzuspitzen und schließlich mit brutalster Konsequenz in die Tat umzusetzen. Schon im Verfassungsentwurf von der Pfordtens begegnet man der Abneigung gegen «unnütze Esser». Hitlers Kompagnon beim Bierkellerputsch hatte schon 1923 im Artikel 16 einer vorbereiteten Naziverfassung fixiert: «Die Landesverweser treffen schleunigst ... Maßnahmen zur Säuberung und Entlastung der Städte, Bäder und Fremdenorte, insbesondere zur Entfernung aller sicherheitsgefährlichen Personen und unnützen Esser. Diese sind nach Bedarf in Sammellager zu verbringen und nach Möglichkeit zu gemeinnützigen Arbeiten heranzuziehen.»[10]

Es war zu befürchten, daß die Wirklichkeit die Phantasie des Nazijuristen noch übertreffen würde. Schon in «Mein Kampf» hatte Hitler seine mörderische Haltung zum Wert des menschlichen Lebens in unverblümter Weise kundgetan. Da hieß es beispielsweise: «Ein stärkeres Geschlecht wird die Schwachen verjagen, da der Drang zum Leben in seiner letzten Form alle lächerlichen Fesseln einer sogenannten Humanität der einzelnen immer wieder zerbrechen wird, um an deren Stelle die Humanität der Natur treten zu lassen, die die Schwäche *vernichtet* (Hervorhebung d. A.), um der Stärke den Platz zu schenken.»[11]

Auf dem Reichsparteitag 1929 in Nürnberg wurde der Naziführer in puncto Vernichtung «lebensunwerten Lebens» weit deutlicher: «Würde Deutschland jährlich eine Million Kinder bekommen und 700000 bis 800000 der Schwächsten beseitigen, dann würde am Ende das Ergebnis vielleicht sogar eine Kräftesteigerung sein. Das Gefährlichste ist, daß wir selbst den natürlichsten Ausleseprozeß abschneiden (durch Pflege der Kranken und Schwachen) ...»[12]

Immer wieder benutzten faschistische Führer auch den ökonomischen Aufwand für die Betreuung und Ausbildung behinderter Menschen als Alibi für ihre Ausrottung. Auf dem Reichsparteitag 1934 schockierte Reichsärzteführer Dr. Gerhard Wagner die Öffentlichkeit mit der Summe von 1,2 Milliarden Reichsmark, die jährlich für diesen Personenkreis aufgewendet werde. Diesen Verlust für den Staatshaushalt beklagte Wagner erneut auf dem Reichsparteitag im Jahre 1936. Die «etwa 1 Milliarde Mark, die wir auch heute noch jährlich für die Pflege der Geisteskranken opfern müssen»[13], sei gegenüber dem erbgesunden Volksteil eine Verschwendung, die nicht zu rechtfertigen sei. In Wahrheit hatte die Nazibürokratie die Mittel für die Betreuung behinderter Menschen von Anbeginn an systematisch reduziert. Gleichwohl tauchten zu jener Zeit bereits Rechenexempel über den unnützen Aufwand für Geisteskranke in den Lehrbüchern für den Mathematikunterricht auf. Vulgärökonomisches Denken sollte bei Schülern menschliche Empfindungen gegenüber Hilfsbedürftigen nicht erst aufkommen lassen.

Das Vorprellen Wagners geschah nicht von ungefähr. Auf dem Reichsparteitag 1935, zynisch «Parteitag der Freiheit» genannt, hatte sich Hitler dem Reichsärzteführer gegenüber zum erstenmal konkret über seine Pläne für die Vernichtung «lebensunwerter» Individuen geäußert. Er werde, so bedeutete er Wagner in Nürnberg, in dem nahenden Krieg «Euthanasie» anwenden. Zu Friedenszei-

ten fürchtete Hitler noch die Reaktion der Öffentlichkeit, besonders die des Auslands. Im Krieg jedoch, «wenn alle Welt auf den
Gang der Kampfhandlungen schaut und der Wert des menschlichen Lebens ohnehin minder schwer wiegt»[14], so Führerarzt
Dr. Karl Brandt später vor dem US-Militärgerichtshof in Nürnberg,
schien Hitler die Vernichtung Geisteskranker am leichtesten trag-
bar zu sein.

Anfang 1939 war die Zeit, da man über Denkmodelle für die
Vernichtung «lebensunwerter» Existenzen orakelte, endgültig vorüber. Der seit langem angesagte «Kampf gegen erbkranken Nach-
wuchs» trat nun in seine praktische Phase. Schließlich war der
Griff nach neuem «Lebensraum» nur noch eine Frage weniger Monate. Und der würde diesmal, das ahnten auch Hitler und seine
Komplicen, nicht ohne Blutvergießen an der eigenen Front abge-
hen. Daher sollten aus den Anstalten «unnützer Esser» Lazarette
werden und aus deren Ärzten und Pflegern medizinisches Personal
für die Verwundeten des längst kalkulierten Angriffskrieges.

Brandt und Bouhler

Nachdem Dr. Karl Brandt von seiner Stippvisite nach Leipzig zurückgekehrt war, wo er das Kind Knauer «begutachtet» hatte, erstattete er seinem Führer Bericht. Brandts Entscheidung, das Kind
zu töten, hatte ganz im Sinne seines Herrn gelegen. Kurzerhand
entschloß sich Hitler, seinen Begleitarzt mit einer Blankovollmacht
auszustatten. Brandt sollte in ähnlichen Fällen analog verfahren.
Freilich wußte der Nazichef, daß die damit freigegebene Massentö-
tung von Kindern Kraft und Möglichkeiten eines einzelnen über-
steigen würde. Ein solches Unternehmen war nicht ohne Apparat,
ohne geeignetes Personal und finanzielle Mittel zu bewältigen. Daher wurde Reichsleiter Philipp Bouhler, Chef der «Kanzlei des Führers», in die Vollmacht einbezogen.

Schon aus Gründen der Geheimhaltung schreckte Hitler davor
zurück, die beabsichtigte Tötungsaktion an Kindern einer staatlichen Stelle anzuvertrauen. Keine Institution schien für die Regie
der ersten Massenmordaktion des Regimes geeigneter als die KdF.
Hitler hatte dieses Amt in den zwanziger Jahren eingerichtet, um

hier seine Privatangelegenheiten sowie alle an ihn persönlich gerichteten Eingaben und Gesuche bearbeiten zu lassen. Aus dem ursprünglich von Rudolf Heß geleiteten kleinen Büro war inzwischen ein aufgeblähter Apparat erwachsen, der sich in fünf Hauptämter gliederte. Hier wurden alle an Hitler in seiner Eigenschaft als Führer der Nazipartei persönlich gerichteten Gesuche und Eingaben bearbeitet.

In Dr. Brandt und Bouhler wußte der Nazichef zwei von Fanatismus geblendete und zu jedem politischen Schurkenstreich entschlossene Gefolgsleute. Möglicherweise hätte die Biographie des Dr. Karl Brandt einen anderen Verlauf genommen, wäre er nicht per Zufall mit Hitler und dessen näherer Umgebung bekannt geworden. An der Seite seiner Braut, der bekannten Schwimmerin Anni Rehborn, hatte Brandt im Jahre 1933 eine Einladung auf den Obersalzberg erhalten, wo er Hitler in dessen Luxusvilla «Berghof» plötzlich leibhaftig gegenüberstand. Als die Gäste des Diktators mit einer Wagenkolonne in die Umgebung ausrückten, kam es in der Nähe von Reit im Winkel zu einem Unfall, bei dem eine Verwandte Hitlers sowie dessen Adjutant, SA-Gruppenführer Wilhelm Brückner, verletzt wurden. Brandt versorgte die Opfer, brachte die Verletzten in ein nahe gelegenes Krankenhaus und operierte selbst. Brückners Lob über den engagierten Arzt übertrug sich auf Hitler.

Karl Brandt, Begleitarzt Hitlers und neben Philipp Bouhler mit der «Euthanasie» beauftragt

Als dieser im darauffolgenden Jahr erstmals zu einem Treffen mit Mussolini nach Venedig reiste, wurde Brandt als Begleitarzt in Hitlers Gefolge aufgenommen. Wenig später avancierte der bis dahin unbekannte Mediziner zu einem der ständigen Begleitärzte beim Führerkommando. Allerdings war Brandt auch von seinem politischen Credo her für diesen Senkrechtstart nicht ungeeignet. Immerhin war er bereits im Jahre 1932, als Achtundzwanzigjähriger, in die Reihen der Nazipartei geeilt. Nach Hitlers Machtübernahme tauchte er schließlich auch in den Reihen der SA auf.

Philipp Bouhler indessen gehörte zu den «alten Kämpfern» der Nazipartei. Er konnte sich immerhin mit der Mitgliedsnummer 12 der Nazipartei brüsten. Einer Berufssoldatenfamilie entstammend, war er frühzeitig in die Fußtapfen seiner Vorväter geraten. Im ersten Weltkrieg tauschte er das Gymnasium gegen eine Kadettenschule ein, um sich seine Sporen als Berufsoffizier verdienen zu können. Auch das Philosophiestudium, das er nach dem Völkergemetzel begonnen hatte, brach er bald wieder ab. Ende 1921 schon verdingte er sich dem Verlag des «Völkischen Beobachters». Ein knappes Jahr später bekleidete er bereits den Posten des 2. Geschäftsführers der NSDAP, um Anfang 1925 schließlich in den Rang des 1. Geschäftsführers der Nazipartei aufzurücken.

Mit einer Publikation – «Adolf Hitler, das Werden einer Volksbewegung» – erzielte er bei seinem Parteiführer schließlich weiteren Sympathiezuwachs. Hitler revanchierte sich für Bouhlers Liebedienerei nach der Machtübernahme, indem er den verkrachten Akademiker zum SS-General befördern ließ und ihn zu einem der Reichsleiter der NSDAP berief. Ein Jahr später schließlich legte Hitler die Führerkanzlei in Bouhlers Hände.

Als Bouhler 1939 gemeinsam mit Dr. Brandt Hitlers Order erhielt, das «Euthanasieprogramm» in die Wege zu leiten, zählte er neben Bormann, Ley, Ribbentrop und Goebbels zu den einflußreichsten Naziführern der obersten Parteiebene. Von den übrigen unterschied er sich allerdings dadurch, daß er meist im trüben fischte, der Öffentlichkeit weitgehend verborgen blieb. Tatsächlich sollten Bouhler und sein Stellvertreter, Oberdienstleiter Victor Brack, der das Hauptamt II der KdF leitete, zu den Schlüsselfiguren der ersten großen, industriemäßig betriebenen Massenmordaktion des Hitlerregimes werden.

Die einzige staatliche Stelle, die man in die geplante Ungeheuerlichkeit einbeziehen mußte, war die Abteilung IV im Reichsinnenministerium. Sie war u. a. für die Heil- und Pflegeanstalten zuständig. Die Abteilung IV leitete Staatssekretär Dr. Leonardo Conti, der zu jener Zeit zugleich dem Hauptamt für Volksgesundheit in der Reichsleitung der NSDAP vorstand. Contis Sachbearbeiter für die Heil- und Pflegeanstalten war ein gewisser Ministerialrat Dr. Herbert Linden, auf dessen Wissen, Übersicht und Verbindungen man schwerlich verzichten konnte. Als man – vermutlich im Februar 1939 – zunächst im engsten Kreise über die «Euthanasie» an Kindern beriet, war Dr. Linden bereits mit von der Partie.

Bouhler hatte seinen Stellvertreter Victor Brack mit den Vorarbeiten beauftragt. Beide hatten im «Braunen Haus» in München Hand in Hand gearbeitet, und als Bouhler 1934 von dort nach Berlin übersiedelte, nahm er seinen bewährten Adlatus mit in die Reichshauptstadt. Brack war schon frühzeitig, im Jahre 1923, der SA und bald auch der SS beigetreten (SS-Mitgliedsnummer 1940). Als er Anfang 1939 über dem Konzept brütete, nach dem behinderte Kinder zuhauf umgebracht werden sollten, schmückte sich der studierte Wirtschaftsingenieur inzwischen mit dem Dekor eines Standartenführers der SS.

Der enge Kreis bestand im Anfang neben Brack und Dr. Linden

noch aus Dr. Hans Hefelmann, der als Leiter des Amtes II b in der
KdF direkt unter Bracks Leitung agierte und gewissermaßen dessen
rechte Hand war. Hefelmann, ein aus Dresden stammender Ab-
kömmling eines Textilfabrikanten, stand seinem Vorgesetzten im
Eifer um den geplanten Massenmord in nichts nach. Und auch
Dr. Linden erwies sich den Anstiftern der «Euthanasie»-Aktion gegenüber als durchaus ebenbürtig. Seine Bereitschaft, mit den Bon-
zen aus Hitlers Kanzlei bedenkenlos zu kooperieren, sollte ihn
bald aus der Enge seines Daseins als ministerieller Sachbearbeiter
befreien.

In den Beraterstab zogen schon bald auch Ärzte ein, von denen
man annehmen konnte, daß ihnen der Eid des Hippokrates nur
Schall und Rauch sei. Neben Hitlers Begleitarzt Karl Brandt engagierten sich in diesem Gremium der Schreibtischtäter der Kinderarzt Dr. Ernst Wentzler, der im Hause Görings und Bracks ein-
und ausging, Dr. Hans Heinze, ein Favorit Dr. Lindens, Professor
Werner Catel, der das Kind Knauer auf dem Gewissen hatte, sowie der Augenarzt Dr. Helmut Unger, der ein Bekannter Hefelmanns war.

Der von Brack geführte Stab leistete prompte Arbeit, die konzeptionell schon im Mai 1939 im wesentlichen beendet war. Man war
sich einig darüber, daß die Kanzlei natürlich nicht als Auftraggeber

Dr. Hans Hefelmann – Leiter des Amtes IIb in der Kanzlei des Führers, verantwortlich für die Kinder-«Euthanasie»

der Kindertötungen erkennbar werden dürfe. In dieser Hinsicht hatte Hitler Bouhler ja gleich zu Beginn angewiesen: «Nach außen hin darf die Kanzlei des Führers unter keinen Umständen in Erscheinung treten.»[15] So galt die Aktion «Gnadentod» von vornherein als Geheime Reichssache. Man ersann eine unverfänglich klingende Bezeichnung, die das Unternehmen gegenüber der Öffentlichkeit tarnen sollte. Die für den Kindermord verantwortliche Organisation, die noch im ersten Halbjahr 1939 etabliert wurde, nannte sich zynischerweise «Reichsausschuß zur wissenschaftlichen Erfassung von erb- und anlagebedingten schweren Leiden» («Reichsausschuß»).

Als der geplante Überfall auf Polen immer näher rückte, faßte Hitler auch die «Euthanasie» an Erwachsenen ins Auge. Vermutlich im Juli 1939 beauftragte er Brandt und Bouhler, das Vernichtungskonzept entsprechend auszudehnen. Im Zusammenspiel mit Hitlerarzt Dr. Brandt und Dr. Linden vom Reichsinnenministerium erweiterten sie den Kreis der Ärzte, die als Mörder im weißen Kittel agieren sollten. Schon Ende Juli lud Bouhler 15 bis 20 Ärzte nach Berlin ein, um sie auf das mörderische Vorhaben einzustimmen. In Anwesenheit von Dr. Brandt bedeutete er den Anwesenden, daß Hitler es aus außenpolitischen Gründen ablehne, diese Angelegenheit gesetzlich zu regeln. Gleichwohl sicherte er den Beteiligten Schutz vor strafrechtlicher Verfolgung zu. Zudem betonte Bouhler, daß man keinen zum Mitmachen zwingen werde.

Es konnte jeder der Geladenen von dem teuflischen Plan abrük-ken, ohne auch nur das geringste befürchten zu müssen. Doch erhob keiner der Anwesenden Bedenken oder gar Proteste gegen das unfaßbare Ansinnen. Ein einziger, der Berliner Ordinarius für Neurologie und Psychiatrie, Professor de Crinis, wandte ein, er sei überlastet. Doch hinderte ihn das nicht, dem Mördergremium auch künftig mit seinem Rat zu dienen.

In seinem Vortrag berief sich Bouhler auf das Pamphlet von Hoche und Binding. Noch sprach er mit Blick auf den Kreis der zu Vernichtenden von Geisteskranken. Und auch die Vorschläge, mit denen die geladenen Ärzte bereits aufwarteten, bewegten sich noch in diesem Rahmen. Doch sollte sich der Kreis der Opfer bald ins Unermeßliche ausdehnen.

Kaum in ihre Anstalten zurückgekehrt, gingen die eingeweihten Ärzte geradezu mit Feuereifer daran, die Orientierung der Hitlerkanzlei praktisch umzusetzen. Sie suchten Komplicen meistens unter dem Personal ihrer Anstalten und fanden sie auch. Die Selektion der Todeskandidaten begann.

Hitler war über die Berliner Geheimrunde, aber auch über weitere Zusammenkünfte des Mörderstabes genauestens unterrichtet worden. Dabei bedrängten Brandt und Bouhler den Nazichef, die lediglich mündlich erteilte Ermächtigung zum Massenmord doch noch schriftlich zu bestätigen. Ein Verlangen, das vor allem aus dem Kreis der beteiligten Ärzte immer wieder laut wurde. Gegenüber bundesdeutschen Staatsanwälten hellte Bracks Sekretärin im Jahre 1961 unmißverständlich die Motive jener Mediziner auf: «Auf den Erlaß eines solchen Gesetzes (das die Tötung legalisieren sollte – d. A.) wurde seitens der Ärzte gedrungen, weil diese zwar die Euthanasie-Maßnahmen begrüßten, aber nicht als im Einklang stehend mit dem geltenden Recht empfanden und deshalb eine gesetzliche Regelung wünschten, um ihr Gewissen gleichsam zu entlasten.»[16]

Hitler allerdings war hierfür nicht zu erweichen gewesen. Erst als der zweite Weltkrieg angezettelt war und die Vorbereitung der «Euthanasie»-Aktion schon auf vollen Touren lief, war er geneigt, einer schriftlichen Vollmacht seinen Segen zu geben. Zahlreiche, immer wieder abgeänderte Entwürfe hatten Brandt und Bouhler auf des Führers Schreibtisch geschoben, bis Hitler wahrscheinlich Ende Oktober 1939 schließlich folgende Version unterschrieb: «Reichsleiter Bouhler und Dr. med. Brandt sind unter Verantwortung beauftragt, die Befugnisse namentlich zu bestimmender Ärzte so zu erweitern, daß nach menschlichem Ermessen unheilbar Kranken bei kritischster Beurteilung ihres Krankheitszustandes der Gnadentod gewährt werden kann.»[17]

Von einer Begrenzung auf Geisteskranke und mißgebildete Kinder war nicht mehr die Rede.

Töten – aber wie?

Hitlers Mordbefehl war auf privatem Briefpapier geschrieben und von ihm handschriftlich unterzeichnet worden. Lediglich der Hoheitsadler war in der linken oberen Ecke des Bogens fixiert. Der Naziführer hatte die verbrecherische Vollmacht auf den 1. September, den Tag des Kriegsausbruchs, zurückdatiert. Dem kam vor allem symbolische Bedeutung zu. Dabei konnte seine Anweisung zum Massenmord alles andere als eine juristische Rechtfertigung für jene sein, die sich auf das grauenvolle Unternehmen einließen. Längst war das Verbot des Tötens Unschuldiger ein eherner Grundsatz der Zivilisation.

Aber auch formell hatte Hitlers Geheimdirektive nicht das geringste mit einem staatlichen Gesetz gemein. Ihr Inhalt entlarvte sie als brutale Anstiftung zum Mord. An den Tötungstatbeständen des Strafgesetzbuches hatten nämlich auch die Nazis nicht zu rütteln gewagt. Die Paragraphen 211 (Mord) und 212 (Totschlag) waren geltendes Recht, und sie blieben es selbst noch beim Untergang des Nazireiches. In einem Bericht über «Das kommende deutsche Strafrecht», den kein geringerer als Reichsjustizminister Dr. Gürtner im Jahre 1935 herausgegeben hatte, war gesagt: «Eine Freigabe der Vernichtung sogenannten lebensunwerten Lebens kommt nicht in Frage.»[18]

Obgleich streng geheimgehalten, war Hitlers Order ein Musterbeispiel an Verlogenheit. Denn weder kam es den Drahtziehern nur auf unheilbar Kranke noch auf die kritische Beurteilung des Gesundheitszustandes der avisierten Opfer an. Der Begriff des «Gnadentodes» war allein als verbales Feigenblatt gedacht, mit dem die unmenschliche Rassen- und Kriegspolitik des Regimes verhüllt werden sollte. Übrigens blieb die Urschrift von Hitlers «Ermächtigung» vorerst in Bouhlers Besitz, der sie nur Brack und Hefelmann zeigte. Erst später wurden mehrere Fotokopien davon angefertigt.

So machten im September 1939 die organisatorischen Vorbereitungen für die Vernichtung von «Ballastexistenzen» beachtliche Fortschritte. Durch ein Rundschreiben hatte Staatssekretär Conti veranlaßt, sämtliche Heil- und Pflegeanstalten zu erfassen. «Ich beabsichtige», so kündigte er den Verantwortlichen im Reich an, «den in Frage kommenden Anstalten allgemeine Fragebogen über den Betrieb der Anstalt sowie auch Einzelfragebogen über die vorhandenen Patienten zugehen zu lassen.»[19]

Schon längst hatte man (in der KdF) auch über die effektivste Methode des Tötens nachgedacht. Bouhler und Brack schwebte ein Mittel vor, das schnell und sicher tötet. Die Ärzte, die im Beraterstab der KdF ihr Wissen in den Dienst des Verbrechens stellten, fanden keine brauchbare Lösung. Schließlich zog man drei bekannte Pharmakologen zu Rate, um das günstigste Patent des Tötens ausfindig zu machen. Nur ein Mittel, nämlich Kohlenmonoxyd, so das Triumvirat der Pharmazeuten, könne zum gewünschten Erfolg führen.

Wegen der rationellsten Tötungsmethode wandte sich Brack schließlich auch an den Chef des Reichskriminalpolizeiamtes, SS-Gruppenführer Arthur Nebe. Der griff auf den Leiter der chemischphysikalischen Abteilung des Kriminaltechnischen Instituts (KTI), Dr. Albert Widmann, zurück. Es muß Ende 1939 gewesen sein, als Widmann plötzlich zu seinem Amtschef gerufen wurde. Im Zimmer von Nebe hatte sich auch ein Vertreter aus der KdF eingefunden. Nebe fragte seinen Mitarbeiter: «Widmann, kann das Kriminaltechnische Institut in größeren Mengen Gift beschaffen?» Widmann erriet, worauf sein Chef hinauswollte: «Wozu, zum Töten von Menschen?» Antwort: «Nein.» Widmann: «Zum Töten von Tieren?» – «Nein.» Widmann: «Wozu dann?» Nebe: «Zum Töten von Tieren in Menschengestalt, und zwar von Geisteskranken …»[20]

Widmann sperrte sich nicht im geringsten gegen den geplanten Massenmord. Es schmeichelte ihm im Gegenteil, daß das Kriminaltechnische Institut dabei mit von der Partie sein sollte. Schon wenig später stand er in der KdF Brack persönlich gegenüber. Der weihte Widmann vertrauensvoll in die Details des geplanten «Euthanasie»-programms ein. Der Chemiker, der seine Arbeit bislang in der nüchternen Abgeschiedenheit seines Labors verrichtet hatte, sah sich plötzlich als ein gefragter Mann. Brack suchte von ihm genauer zu erfahren, welche Substanzen sich für die massenweise Tötung von Menschen am besten eigneten, aber auch, welche Dosis dafür erforderlich sei. Für Brack und die KdF kam es nicht zuletzt auch darauf an, eine möglichst kostengünstige Variante auszuknobeln. Widmann sah mehrere Mittel, mit denen das gesteckte Ziel erreicht werden konnte, u. a. Morphium, Skopalamin, Blausäure und Kohlenoxydgas. Am Ende der Debatte entschied sich Widmann schließlich für die Anwendung von CO-Gas. Mit Kohlenoxydvergiftungen hatte er sich bereits als Kriminaltechniker befassen müssen, so daß er die Wirkung des Gases aus eigener Anschauung kannte. Der Mann im Chemikerkittel begnügte sich allerdings nicht damit, den Schreibtischtätern in der KdF mit seinem wissenschaftlichen Rat an die Seite zu treten. Auch mit seiner Phantasie suchte er vor Brack zu brillieren. Das tödliche Gas, so riet Widmann, könne man nachts in die Krankensäle einleiten, um so die Opfer einzuschläfern.

Wenngleich die Tötungsmethode, die Widmann zunächst vorschwebte, nicht zum Zuge kam, wurde der Chemiker bald zu einem unentbehrlichen Teil im geplanten Tötungsmechanismus. Er beschaffte später auch das Giftgas, das in den Anstalten benötigt wurde. Brack hatte streng darauf geachtet, daß keine Parteidienststelle als Bezieher des Todesgases in Szene trat. Um Außenstehende nicht argwöhnisch zu machen, ließ man die Bestellungen des Gases über das Kriminaltechnische Institut des RSHA abwickeln. Im Namen seines Instituts bestellte Widmann daher beim Ludwigshafener Werk der IG-Farben das CO-Gas in Flaschen und zeichnete auch die Rechnungen ab. Auftrags- und Lieferbestätigungen leitete er indessen an seinen einstigen Kollegen Dr. August Becker weiter, der zur KdF abgestellt worden war. Becker sorgte dann für das Abholen und den Transport des Giftgases in die einzelnen Vernichtungsanstalten.

Es waren zunächst etwa 100 Stahlflaschen mit einem Volumen

von je 40 Litern, die zwischen Ludwigshafen und den Mordeinrichtungen zirkulierten. Die stählernen Druckbehälter stammten übrigens aus dem Zweigwerk Buss an der Saar der Firma Mannesmann Röhrenwerke. Bald stellte die IG-Farben zusätzlich auch Leihflaschen zur Verfügung.

Doch bevor das Geschäft zwischen der KdF und den IG-Farben richtig florierte, fand in einem ehemaligen Zuchthaus in Brandenburg an der Havel erst noch ein Versuch statt. Diese Einrichtung war kurzfristig zu einer «Euthanasie»-Anstalt umgebaut worden. Als «chemisch-technische Versuchsanstalt» firmiert, wurde sie von SS-Leuten streng bewacht.

An eben jener Stätte fand sich Anfang Januar 1940 eine illustre Gesellschaft ein. Neben Bouhler und Brack hatten sich Hitlers Begleitarzt Dr. Karl Brandt, der ranghöchste Arzt im Staatsapparat Dr. Conti sowie drei weitere Mediziner eingefunden. Am Tatort weilten zudem die Chemiker Dr. Widmann und Dr. Becker sowie der Kriminalkommissar Christian Wirth.

Folgt man der späteren Aussage Dr. Bohnes in der Untersuchungshaft, so sei der Brandenburger Test auf dem Hintergrund einer Meinungsverschiedenheit zwischen Brandt und Brack zustande gekommen. Dr. Bohne am 14. Oktober 1959 dazu: «Brack war der Meinung, nach den ihm erteilten ärztlichen Auskünften sei die Anwendung von Kohlenoxydgas das beste Mittel, weil es völlig unmerklich und harmlos wirke. Der Leibarzt Hitlers, Dr. Brandt, aber vertrete die Auffassung, da es sich bei der Euthanasie um eine ärztliche Maßnahme handele, müssen auch ärztliche Mittel eingesetzt werden, d. h., es müßten Injektionen gegeben werden.»[21]

Tatsächlich wurden an jenem Tage zwei verschiedene Experimente gestartet, bei denen Menschen erstmalig wie Laborratten behandelt wurden. Mehreren geistig Behinderten injizierte man Morphium-Skopolamin sowie ein anderes, nicht mehr feststellbares Medikament. Dr. Brandt und Dr. Conti hatten selbst zur Spritze gegriffen, um zu demonstrieren, wie ernst sie die Mission nahmen, die ihr Führer ihnen auferlegt hatte. Doch das Sterben der Opfer ging den Beteiligten zu langsam, viel zu langsam.

Der andere Versuch überzeugte die Mörder schon eher. Hier ging es um die Erprobung von Kohlenoxydgas zum Töten von Menschen, die die Täter in ihrer Wirkung auf die Opfer später nach

Dr. Horst Schumann

Kräften zu verharmlosen suchten. Der Chemiker Dr. Becker beschrieb die Generalprobe der «Euthanasie»-Verbrechen so: «Baulichkeiten der Heilanstalt waren extra für diesen Zweck hergerichtet worden. Ein Raum, ähnlich einem Duschraum und mit Platten ausgelegt, in der Größe von etwa dreimal fünf Meter und drei Meter hoch. Ringsherum standen Bänke, und am Boden, etwa 10 cm hoch, lief an der Wand entlang ein Wasserleitungsrohr etwa 1″ ∅. In diesem Rohr befanden sich kleine Löcher, aus denen das Kohlenoxydgas strömte. Die Gasflaschen standen außerhalb dieses Raumes und waren bereits an das Zuführungsrohr angeschlossen …

Bei dieser ersten Vergasung wurden etwa 18–20 Personen in diesen ‹Duschraum› geführt vom Pflegepersonal. Diese Männer mußten sich in einem Vorraum ausziehen, so daß sie vollkommen nackt waren. Die Türe wurde hinter ihnen verschlossen. Diese Menschen gingen ruhig in den Raum und zeigten keinerlei Anzeichen von Erregung. Dr. Widmann bediente die Gasanlage, durch das Gucklock konnte ich beobachten, daß nach etwa einer Minute die Menschen umkippten oder auf Bänken lagen. Es haben sich

Dr. med. Irmfried Eberl, Leiter der Vernichtungsanstalten Brandenburg und Bernburg, später richtete er sich selbst

keinerlei Szenen oder Tumulte abgespielt. Nach weiteren fünf Minuten wurde der Raum entlüftet. Besonders dazu bestimmte SS-Leute holten auf Spezialtragbahren die Toten aus dem Raum und brachten sie an die Verbrennungsöfen.»[22]

Der Versuch war geglückt, die Teilhaber des grausigen Schauspiels zeigten sich zufrieden. Falls Hitlers Begleitarzt bis dahin wirklich noch am Brackschen Tötungsmodell gezweifelt haben sollte, war er spätestens durch diese Probevergasung bekehrt worden. Denn als Dr. Brandt das Resümee des eben Geschehenen zog, ließ er nicht den geringsten Zweifel im Raum stehen, daß der Generalprobe weitere Vorstellungen folgen würden und dem Einsatz von CO-Gas beim Ausmerzen von «Ballastexistenzen» nichts mehr im Wege stünde. Allerdings, darauf legte Brandt mit Rücksicht auf Hitlers «Euthanasie»-Befehl Wert, sollten die Vergasungen ausschließlich durch Mediziner erfolgen. Zynisch ergänzte Brack, daß die Spritze in die Hand des Arztes gehöre.

Vieles spricht dafür, daß die Würfel zugunsten von Giftgas längst vor dem Versuch in Brandenburg gefallen waren. Im Prinzip hatte Hitler diese Entscheidung schon im November 1939 gefällt. Zu Recht plädieren ernst zu nehmende Faschismusforscher dafür, das Experiment weniger eine «Probe-Vergasung» denn eine «Demonstrations-Vergasung» zu nennen, «da sie im wesentlichen dazu diente, die Vorteile der Vergasung gegenüber der Benutzung von Giften (Morphium-Scopolamin) zu demonstrieren»[23].

Nicht zufällig hatte Brack die Leiter der bereits installierten Anstalten in Grafeneck und in Brandenburg, Dr. Horst Schumann und Dr. Irmfried Eberl, an die Versuchsstätte beordert. In den Mord auf Probe war auch Dr. Ernst Baumhardt einbezogen worden, der das «Euthanasie»-Personal in der «Reichsanstalt» Grafeneck verstärken sollte.

So waren mit dem Brandenburger Versuch gleich mehrere Zwecke erreicht worden. Man hatte die Kapazität einer Gaskammer und den Tötungsablauf erprobt sowie die als «Euthanasie»-Ärzte vorgesehen Mediziner in die Technologie des Tötens eingeführt. Nachdem die Herren aus der Reichskanzlei und ihr Gefolge den Ort des Geschehens verlassen hatten, qualmten in Brandenburg zum erstenmal zwei Krematoriumsöfen, die in der KdF, im Amt von Victor Brack, konstruiert worden waren. Der Rauch, der sich an jenem Januartag des Jahres 1940 aus ihren Schloten löste, kündigte den schlimmsten Massenmord in der Geschichte der Menschheit an.

Decknamen

Die Inspiratoren der ersten Massenmordaktion des Hitlerregimes, die industriemäßig bewerkstelligt werden sollte, kalkulierten die Vernichtung von 20 Prozent aller Insassen der Heil- und Pflegeanstalten ein. Somit brauchte man zunächst eine Tötungskapazität für etwa 70 000 Menschen. Ein solches Unternehmen wollte vorbereitet, organisiert und gelenkt sein. Der Apparat, der das zu bewältigen hatte, wurde aus konspirativen Gründen nicht in der KdF etabliert, sondern von ihr räumlich getrennt. Auch benötigte man für ein zentrales Büro Decknamen, um dem Mordunternehmen den

**Dr. Gerhard Bohne – Leiter
der Reichsarbeitsgemeinschaft
Heil- und Pflegeanstalten**

Anstrich von Normalität zu geben. Dr. Linden hatte die Idee, die Scheinorganisation «Reichsarbeitsgemeinschaft Heil- und Pflegeanstalten» (RAG) zu nennen. Sein Vorschlag wurde noch im November 1939 realisiert. Am 1. Dezember bereits nistete sich die RAG in mehreren Büroräumen im Berliner Columbia-Haus am Potsdamer Platz ein. Mieter der Räume war in Wirklichkeit die KdF, die auch die Mordaktion generell erst einmal vorfinanzierte.

An der Spitze des Unternehmens wurde allerdings kein Mediziner postiert, sondern der Jurist Dr. Gerhard Bohne. Der 37jährige Anwalt konnte schließlich auf eine Biographie verweisen, die ihn zum Chef einer Mörderorganisation geradezu empfahl. Schon als Student hatte sich Bohne aktiv im «Deutschvölkischen Schutz- und Trutzbund», einer Vorläuferorganisation der Nazipartei, betätigt. Im Sommer 1930 zur NSDAP gestoßen, exponierte er sich als Gauredner des «NS-Rechtswahrer-Bundes». Daß der Jurist im Jahre 1932 kriminell geworden war und wegen Devisenvergehen selbst durch Nazigerichte zur Räson gerufen werden mußte, komplettierte das moralische Profil dieses Schreibtischmörders.

Noch bevor die Mordaktion in ihre praktische Phase trat, brauchte man für weitere Belange der RAG eine zusätzliche Tarnung. Bohne hatte zu Recht befürchtet, daß die Geheimhaltung des Unternehmens gefährdet sein könnte, sobald die RAG am öffentlichen Rechtsverkehr teilnimmt, beispielsweise im Falle von Lohnsteueranmeldungen für das «Euthanasie»-Personal. Da die RAG keine selbständige juristische Person war, hätte man ihre verantwortlichen Vertreter namentlich benennen müssen. Allerdings wußte Bohne Rat. Er ließ die Wirtschaftsabteilung der «Euthanasie»-Zentrale als «Gemeinnützige Stiftung für Anstaltspflege» führen, die unter diesem Firmenschild die RAG gegenüber der Öffentlichkeit vertrat. Für die Korrespondenz mit den Kostenträgern diente der «Stiftung» später ein Kopfbogen mit der Aufschrift «Zentralverrechnungsstelle Heil- und Pflegeanstalten».

Das dritte Scheinunternehmen der «Euthanasie»-Zentrale war die «Gemeinnützige Kranken- und Transport-GmbH» (Gekrat). Die Drahtzieher von der KdF ließen die Gesellschaft mit dem falschen Etikett am 18. November 1939 in das Handelsregister des Amtsgerichts in Berlin-Charlottenburg eintragen. Die wirkliche Aufgabe der Gekrat war klar programmiert. Sie hatte dafür zu sorgen, die ausgewählten Opfer ebenso zügig wie unauffällig von der jeweiligen Pflegeanstalt zu den Tötungsanstalten zu transportieren.

Zum Geschäftsführer der Gekrat wurde der beruflich mehrfach gescheiterte Reinhold Vorberg bestellt. Dieser Mann hatte sich erste Sporen in der Schwarzen Reichswehr verdient und war bereits 1929 der Nazipartei beigetreten. Zudem hatte er den Vorzug, ein Vetter von Victor Brack zu sein, der seinen Verwandten schließlich in die KdF lancierte, wo Vorberg seit 1937 das Brack unterstellte Amt II c leitete.

Am Anfang waren es nur wenige Figuren, die im Columbia-Haus mit der Erfassung der Pflegeanstalten und anderen technischen Vorbereitungen für die Mordaktion befaßt waren. Doch allmählich platzte die Mörderzentrale aus den Nähten, schwoll ihr Personalbestand auf etwa 100 Leute an. Im April 1940, da die Vergasungen längst in vollem Gange waren, zog das Gros der Schreibtischtäter in eine Villa in der Tiergartenstraße 4 um. Das Grundstück, geraubtes Eigentum jüdischer Bürger, wurde im August 1940 einfach dem Reichsfiskus Heer einverleibt. Von der neuen Adresse der Mordzentrale leiteten die Verantwortlichen von nun an den Geheimcode des Mordunternehmens ab: Aktion T4. Aber auch sich selbst legten die Spitzenkader des Tötungsunternehmens

Decknamen zu. So nannte sich Brack beispielsweise «Jennerwein», sein Vertreter Blankenburg «Brenner», und Vorberg beliebte es, sich das Pseudonym «Hintertal» zuzulegen.

Man konnte zurücktreten

Das .«Euthanasie»-Verbrechen folgte dem Ausbruch des zweiten Weltkrieges auf dem Fuße. Im überfallenen Polen waren die Waffen gerade zum Schweigen gekommen, als die ersten Geisteskranken im überfallenen Lande ins Jenseits befördert wurden. Die massenweise Vernichtung psychisch Kranker begann noch bevor Hitler die sogenannte Ermächtigung unterschrieben hatte. Sie hatte Ende September im Krankenhaus Kocborow bei Bromberg Premiere. Bis zum 1. November wurden dort 2342 Patienten umgebracht. Diese ersten Opfer der «Euthanasie» ohne Gnade starben noch im Kugelhagel faschistischer Besatzer. Ihr Schicksal teilten auch jene 1350 Kranken, die man im September/Oktober desselben Jahres in Swiecie, im Distrikt Bromberg, durch SS-Verbrecher und Angehörige des sogenannten deutschen Selbstschutzes töten ließ. Weitere Anstalten im besetzten Land, so am 15. Oktober das Spital Owinska bei Posen (heute Poznan), folgten und wurden auf dieselbe Weise «geräumt».

Auch in Deutschland kamen die Vorbereitungen voran. Am 9. Oktober 1939 verfügte Staatssekretär Conti als Vertreter des Reichsinnenministers einen Runderlaß an alle Heil- und Pflegeanstalten, dem zwei Meldebögen sowie ein Merkblatt beigegeben waren. «Im Hinblick auf die Notwendigkeit planwirtschaftlicher Erfassung der Heil- und Pflegeanstalten», so Conti, «ersuche ich Sie, die anliegenden Meldebögen nach Maßgabe des beiliegenden Merkblattes auszufüllen und an mich zurückzusenden.»[24]

In dem Meldebogen 1 wurden genaue Angaben über sämtliche Patienten gefordert, die an Schizophrenie, Epilepsie, senilen Erkrankungen u. a. leiden «und in den Anstaltsbetrieben nicht oder nur mit mechanischen Arbeiten (Zupfen u. ä.) zu beschäftigen sind»[25]. Meldepflichtig waren laut Merkblatt zudem solche Patienten, die «2. sich mindestens 5 Jahre dauernd in Anstalten befinden; oder 3. als kriminelle Geisteskranke verwahrt sind; oder 4. nicht die

160

deutsche Staatsangehörigkeit besitzen oder nicht deutschen oder artverwandten Blutes sind ...»[26]

Der Meldebogen 2 erfaßte u. a. Baujahr und Baustil, Größe, Finanzierung der jeweiligen Einrichtung sowie Umfang des Personals. Auf diese Weise suchten die Drahtzieher der «Euthanasie» herauszufinden, welche Gebäude sich zur Beschlagnahme und zur Umgestaltung in eine Tötungsanstalt eigneten.

Die meisten Anstaltsleiter ahnten nicht einmal den Hintergrund der Meldebogenaktion. Einige hielten sie für eine bloße Sache der Statistik, andere befürchteten indessen, die Nazis beabsichtigten, die arbeitsfähigen Insassen für militärische Zwecke einzusetzen. Daher passierte es nicht selten, daß die Anstalten die Leistungsfähigkeit manches Patienten bewußt unterbewerteten, um nicht ihre besten Arbeitskräfte zu verlieren. Unbewußt besiegelten sie damit das Schicksal der Betreffenden, die für die KdF dann von vornherein als «unnütze Esser» galten.

Während die ersten Meldebögen auf die Direktorentische der Pflegestätten gelangten, machte das Württembergische Innenministerium am 12. Oktober erstes Quartier für eine «Euthanasie»-Anstalt. Es beschlagnahmte das Barockschloß Grafeneck im Kreis Münsingen «für Zwecke des Reiches». Bis dahin war ein Krüppelheim der Samariterstiftung Stuttgart in dem Schloß etabliert. Über Nacht mußten nun Pfleger und Patienten die Stätte räumen und anderswo Zuflucht suchen.

Die Räumung war kaum erfolgt, als sich auch schon eine Kommission aus der KdF in Grafeneck einstellte. In Begleitung von Victor Brack, Vorberg und Dr. Bohne tauchte auch der Würzburger Psychiater Heyde im Schloß auf, von dem noch öfter die Rede sein wird. Die Herren der Kommission waren inkognito angereist. Schließlich lag der Zweck ihrer Exkursion im Umbau von Grafeneck zu einer Tötungsfabrik.

Vierzehn Tage später rückten Maurer und Zimmerleute auf dem Grundstück an und gestalteten ein dort befindliches landwirtschaftliches Gebäude zur Vernichtungsstätte um. So entstanden u. a. ein Arztzimmer, ein Aufenthaltsraum für etwa 100 Personen und ein gefliester «Duschraum», an dessen Decke Wasserdüsen montiert wurden, durch die später Kohlenmonoxydgas einströmen sollte.

«Euthanasie»-Anstalt Grafeneck

In der Zwischenzeit suchten Brack und seine Komplicen fieberhaft nach geeignetem, politisch zuverlässigem Personal, das bereit
war, seine Mission als Pfleger und Helfer in ihr Gegenteil zu verkehren. Für die Funktion des Direktors der ersten Vernichtungsanstalt in Grafeneck war Bracks Auge auf Dr. med. Werner Kirchert
gefallen. Der Mann schien sich dafür geradezu anzubieten. Kirchert diente immerhin dem höchsten SS- und Polizeiarzt, Reichsarzt Ernst Grawitz, als Referent. Als sich Kirchert im September
1939 auftragsgemäß in der KdF meldete, weihte ihn Brack in das
Geheimnis der Aktion «Gnadentod» ein. Der Oberdienstleiter gab
sich generös und räumte Kirchert ein paar Tage Bedenkzeit ein.
Auch Grawitz wirkte auf Kirchert ein und suchte ihn zum Mittun
zu motivieren. Grawitz stellte ihm ein monatliches Gehalt von
1200 Mark in Aussicht, was Kircherts Einkommen über Nacht ver-
doppelt hätte.

Doch der SS-Arzt war nicht bereit, Chef der Tötungsanstalt Grafeneck zu werden. Den Ausschlag dafür mag ein Gespräch mit Dr. Hans Hefelmann gegeben haben, das Kirchert Ende September oder Anfang November in der KdF hatte. Hefelmann, der in der KdF derzeit das Amt II b leitete, trug für die Realisierung der Kinder-«Euthanasie» die Verantwortung. In seiner Vernehmung vor dem bundesdeutschen Untersuchungsrichter erinnerte sich Kirchert am 2. Mai 1960: «Bei dieser Besprechung entwickelte Dr. Hefelmann Pläne, wie man sofort mit dem Beginn der Aktion zugleich mehrere hundert Menschen töten und wie man solches Massensterben tarnen könnte. Er sprach von Eisenbahn- und Omnibusunglück usw., die man als Grund des plötzlichen Todes den Angehörigen und der Öffentlichkeit angeben könnte.»[27]

Solches Vorgehen erschien selbst dem exponierten SS-Arzt Kirchert allzu phantastisch, vor allem jedoch unpraktikabel. Der Mann verweigerte sich. Was auch immer seine Motive gewesen sein mögen, sich dem Geschäft mit dem Tode zu versagen, wichtig ist festzuhalten, daß die Ablehnung für ihn ohne Konsequenzen blieb.

Nein hätten auch jene 24 Pfleger und Pflegerinnen sagen können, die man am 4. Januar 1940 ins Columbia-Haus nach Berlin bestellt hatte. Bracks Stellvertreter Blankenburg, Leiter des Amtes II a in der KdF, versicherte den für Grafeneck vorgesehenen Helfershelfern ausdrücklich, sie könnten noch zurücktreten, ohne daß ihnen daraus Nachteile erwüchsen. Doch keiner der Geladenen versagte sich jener «Geheimen Reichssache», die sie mit ins Rollen bringen sollten.

Zwei Tage später trafen die 24 «Euthanasie»-Verpflichteten auf Schloß Grafeneck ein. Dr. Horst Schumann, der nach einer Woche Bedenkzeit an Kircherts Stelle die Leitung der ersten Tötungsfabrik übernommen hatte, begrüßte seine künftigen Mitarbeiter mit der Bemerkung, «sie sollten sich erst einmal tüchtig erholen, die Arbeit werde anstrengend werden»[28].

Schloß Grafeneck war indessen durch Schranken abgesperrt und mit Warntafeln umgeben worden, die die Aufschrift «Seuchengefahr» trugen. Um Neugierige fernzuhalten, wurde es später durch Wachposten zusätzlich gesichert.

Im November/Dezember 1939 wurden auch in Schloß Hartheim bei Linz an der Donau und im ehemaligen Zuchthaus Brandenburg Vernichtungsstätten für Zwecke der «Euthanasie» hergerichtet. Im

April 1940 erhielt die Heil- und Pflegeanstalt Sonnenstein bei Pirna eine Tötungsvorrichtung. Das gesamte Personal der Vernichtungsanstalt Brandenburg verfrachtete man im September 1940 in die technisch moderner ausgerüstete «Heil- und Pflegeanstalt» Bernburg, da, wie der Gaslieferant von T 4 es ausdrückte, «in Brandenburg keine Menschen mehr zu vergasen (waren), das Gebiet war erschöpft»[29]. Ende 1940 wurde auch Grafeneck planmäßig aufgelöst und dafür im Januar 1941 eine neue Mordanstalt in Hadamar (Hessen) etabliert.

Mörder in Weiß

Doch bevor sich die Gaskammern mit Leichen füllten, waren erst einmal die Bürokraten des Todes gefragt. Zuhauf trafen die Meldebögen alsbald im Amt von Dr. Linden ein. Fricks Ministerialrat allerdings fungierte zunächst nur als Anlaufstelle. Unbearbeitet leitete er die Papiere in das Columbia-Haus weiter, wo die Informationen aus den Heil- und Pflegeanstalten «bearbeitet» wurden. Im Zweischichtsystem fotokopierten hier Angestellte der «Reichsarbeitsgemeinschaft» die Meldebögen und übersandten sie an sogenannte Gutachter, Ärzte, die über das Schicksal der Kranken zu befinden hatten. In keinem Falle bekam der «Gutachter» den Patienten zu Gesicht, in der Regel nicht einmal dessen Krankenakte. Der von der Anstalt ausgefüllte Meldebogen war alles, worauf sich das «Urteil» des Gutachters über Tod oder Leben des Opfers gründete. In einem schwarz umrandeten Kasten des Bogens markierte der Gutachter mit einem Rotstift ein «+» (plus), wenn der «Euthanasie»-Kandidat getötet werden sollte, mit einem Blaustift ein «−» (minus), wenn der Betreffende am Leben bleiben durfte. Mitunter konnte sich einer der Gutachter nicht entscheiden. In solchem Falle war ein Fragezeichen das Resultat des «Befundes», was immerhin Zeitgewinn für das Opfer bedeutete.

Sobald die begutachteten Meldebögen eingetroffen waren, wurden sie einem «Obergutachter» weitergereicht, der als letzte Instanz über Ende oder Fortexistenz des Patienten befand.

Zunächst fungierte Linden selbst als Obergutachter. Doch schon bald gesellte sich der Würzburger Ordinarius für Psychiatrie, Wer-

ner Heyde, dazu, der im Mai 1940 die medizinische Leitung der Vernichtungszentrale in seine Hände bekam.

Als Sohn eines Tuchfabrikanten in Forst/Lausitz geboren, hatte sich Heyde im Jahre 1920, gleich nach bestandener Reifeprüfung, in die Arme der Schwarzen Reichswehr geworfen. Nach dem Kapp-Putsch sah man ihn im Raum Cottbus bei der Verfolgung revolutionärer Arbeiter wüten. Die Weichen für seine Mörderkarriere wurden Anfang 1933 gestellt. Damals hatte der Streit zwischen zwei Nazibonzen zu einem Skandal geführt, der für einen der Beteiligten in der Würzburger Psychiatrischen Klinik endete, in der Heyde als Stationsarzt Dienst tat. Gauleiter Bürckel hatte persönlich dafür gesorgt, daß der SS-Standartenführer Theodor Eicke als gemeingefährliche Person in die Würzburger Irrenanstalt eingeliefert wurde. Da der Standartenführer nicht nur Kommunisten und Sozialdemokraten ins Visier genommen hatte, sondern selbst gegen «pflaumenweiche» Gesinnungsgenossen vorgegangen war, hatte Bürckel den allzu naßforschen SS-Offizier schließlich verhaften lassen.

Heyde, der Eicke zu begutachten hatte, «bewältigte» die Aufgabe zugunsten des SS-Funktionärs, von dem er wußte, daß er nach wie vor in Himmlers Gunst stand. Bald wandte er sich an den Reichsführer SS, um ihm anzuzeigen, daß Eicke gar nicht gemeingefährlich sei, sondern entlassen gehöre. Himmler reagierte prompt, besorgte die Entlassung seines Kumpans und setzte ihn in seinen alten Rang ein.

Dank Heyde konnte Eicke nicht nur seine Rückkehr feiern. In Himmlers Berufsverbrecherorden war ihm schon bald auch ein Senkrechtstart vergönnt, wie er nicht eben alltäglich war. Am 26. Juni 1933 setzte der Reichsführer SS den als besonders brutal und abenteuerlich berüchtigten Standartenführer als Kommandant des KZ Dachau ein, wo er das klassische Modell der faschistischen Todeslager demonstrierte. Nachdem Eicke während der sogenannten Röhmaffäre den SA-Stabschef eigenhändig erschossen sowie das Rollen weiterer Köpfe tatkräftig befördert hatte, avancierte er am 4. Juli 1934 offiziell zum Inspekteur sämtlicher Konzentrationslager und damit auch zum Führer der SS-Wachverbände (Totenkopfverbände). Heydes Patient von 1933 sollte sich bald, wie wir noch sehen werden, nicht nur als gemeingefährlich für seine Umwelt, sondern sogar als Gefahr für die Menschheit entpuppen.

Heyde selbst profitierte von der Bekanntschaft, erst recht aber von der Karriere des Theodor Eicke. Gern war der Würzburger Psychiater dem Rat seines Patienten gefolgt, Mitglied der Nazipartei zu werden, was am 1. Mai 1933 geschah. Von der sogenannten Erb- und Rassenpflege der Nazis fasziniert, machte Heyde in den Jahren 1935/1936 mit Reformvorschlägen zur Sterilisierung von Menschen auf sich aufmerksam, die auf das verbrecherische «Gesetz zur Verhütung erbkranken Nachwuchses» gestützt waren, welches die Hitlerregierung schon am 14. Juli 1933 erlassen hatte.

Mit Rücksicht auf Heydes «Ideen», empfahlen im Sommer 1936 Grawitz, der ranghöchste SS-Arzt, und Eicke dem Erb- und Rasseeiferer aus Würzburg, der Waffen-SS beizutreten. Das Sterilisierungsgesetz sollte schließlich auch um die KZ keinen Bogen machen, und Heyde schien der geeignete Mann zu sein, der für entsprechende erbbiologische «Untersuchungen» hinter dem Stacheldraht der Lagerzäune sorgen konnte. Erwartungsgemäß ließ sich Heyde am 1. Juni 1936 in die Totenkopfverbände aufnehmen und zum SS-Hauptsturmführer ernennen. Was ihn an diesem Schritt reizte, war die Aussicht, daß ihm in den Lagern Wehrlose als Versuchsobjekte ausgeliefert sein würden. Der hemmungslos ehrgeizige Arzt zögerte keinen Moment, diese Menschen als Sprossen in der Leiter seines Weges nach oben zu benutzen.

Als Heyde Anfang 1939 den Antrag stellte, man möge ihn zum außerplanmäßigen Professor berufen, demonstrierte er selbst im beigefügten Lebenslauf, wie weit das Maß der Menschenverachtung in ihm fortgeschritten war: «Ich habe dann in den Jahren 1936 und 1937 regelmäßig 2–3 Tage in der Woche als SS-Hauptsturmführer im SS-Hauptamt und im Stabe des Inspekteurs der Konzentrationslager und Chefs der Totenkopfverbände dafür verwendet, die psychiatrisch-neurologische und erbärztliche Kontrolle der Schutzhäftlinge einzurichten und zunächst auch ganz allein praktisch in Berlin und an den Standorten der einzelnen Konzentrationslager durchzuführen, da diese Aufgabe angesichts der *psychischen und körperlichen Minderwertigkeit des weitaus größeren Teils der Lagerinsassen* (Hervorhebung d. A.) ganz besonders dringlich war ...»[30]

Nachdem Heyde am 16. August 1939 auf Veranlassung Bouhlers «zur Kanzlei des Führers zur Durchführung eines Sonderauftrages für die Dienststelle Brack»[31] abkommandiert worden war, konnte seine Professur gar nicht mehr schiefgehen. Am 28. Dezember 1939 hielt Heyde die Ernennungsurkunde zum Professor in der Hand.

Skrupelloses, von widerlichem Opportunismus beflügeltes Aufwärtsstreben hatte diesen Werner Heyde zu Rang und Ehren geführt. Um so besessener ging er alsbald daran, jenen «Sonderauftrag» zu bewältigen, für den Bouhler ihn auserkoren hatte. Als Obergutachter der «Euthanasie»-Zentrale spielte er nun Zünglein an der Waage bei der Entscheidung über Leben und Tod Zehntausender Wehrloser. Sein Rotstift produzierte fortan Todesurteile im Fließbandverfahren in Gestalt eines kleinen roten Kreuzes, das keiner Begründung bedurfte.

Seit August 1940 stand Heyde ein zweiter Mann als Obergutachter und zugleich als sein Vertreter zur Seite, der als ausgesprochene Kapazität auf dem Felde der Psychiatrie galt: Prof. Paul Nitsche, der bis Ende 1939 die Landesanstalt Sonnenstein bei Pirna geleitet hatte. Die Wandlung dieses Mannes vom renommierten Arzt zum Massenmörder im weißen Kittel ist um so bemerkenswerter, als ihm von Jugend an beachtliche charakterliche Vorzüge bestätigt

wurden. «Durch seinen Fleiß und sein lebhaftes Interesse an der ir-
renärztlichen Arbeit, nicht minder aber auch durch seinen offenen
geraden Charakter», so das Zeugnis des Direktors der Psychiatrischen Klinik München, Prof. Kraepelin, im Jahre 1907 über Nitsche, «hat er sich mein volles Vertrauen, die Freundschaft und
Hochachtung seiner Kollegen und die Liebe und Dankbarkeit der
ihm anvertrauten Kranken erworben.»[32] Und Prof. Nissl, Direktor
der Psychiatrischen Universitätsklinik Heidelberg, bescheinigte
Nitsche im selben Jahr, daß «er die Geschäfte einer stark überfüll-
ten Abteilung zu besorgen hatte, in welcher trotzdem niemand isoliert wurde und überhaupt keinerlei mechanische Zwangsmittel an-
gewendet werden durften … Er war in der Behandlung der Kranken
außerordentlich pflichttreu und gab sich speziell mit besonders
schwer zu behandelnden, namentlich erregten Kranken alle nur erdenkliche Mühe. Tatsächlich war er bei den Kranken außerordentlich beliebt»[33].

Hatte dem damals 31jährigen die unter seinen Kollegen verbreitete Anwendung von Zwang gegenüber renitenten Patienten wider-
strebt, ging dem gealterten, lebenserfahrenen Nitsche selbst die reihenweise Vernichtung Pflegebedürftiger nicht mehr gegen den
Strich. Offenbar hatte er sich mit dem Weltherrschaftsanspruch der
Nazipartei, deren Mitglied er im Mai 1933 wurde, identifiziert.

Von daher kam wohl auch seine Bereitschaft, sich für den
Kriegsfall als Chefarzt zur Verfügung zu stellen. Tatsächlich nahm
Nitsche dann auch als Stabsarzt der 10. Armee am Überfall auf Po-
len teil.

Es schmeichelte ihm zudem, daß sich Brack persönlich um ihn
bemühte und ihm mit Blick auf die geplante «Euthanasie»-Aktion
einen exponierten Platz offerierte. Während einer Begegnung am
7. November 1939 in der Führerkanzlei hatte Brack Nitsche bedeutet, zunächst einmal Versuche mit geeigneten Narkotika zu machen. In der Anstalt Leipzig-Dösen übersetzte Nitsche Bracks Anregung alsbald ins Experiment und veranlaßte dort während der ersten drei Monate des Jahres 1940 die Tötung von etwa 60 Patienten
durch Luminal.

Ob seines Engagements nahm man Nitsche am 6. Mai 1940 in
den Gehirntrust der T4-Aktion auf. Demselben Mann, der einst
herausragende menschliche Beziehungen zu seinen Patienten zu

knüpfen gewußt hatte, wurde das Mordhandwerk nun zum Beruf. Neben Heyde die führende Medizinerfigur in der «Reichsarbeitsgemeinschaft für Heil- und Pflegeanstalten», beförderte er Zigtausende mit seinem Rotstift in den Zwangstod. Als Heyde sich Ende 1941 mit Brack überwarf und aus der T4-Zentrale ausschied, rückte Nitsche in die äußerste Spitze der «Euthanasie»-Pyramide auf, wurde er der Medizinische Leiter der T4-Aktion.

Wie erklärte dieser Mann im Nachhinein seinen Sturz in die Humanitätslosigkeit und in ein Meer von Verbrechen? Auf keinen Fall war Nitsche unter Befehl oder sonstigem Druck zur faschistischen Tötungsindustrie übergewechselt. Am 12. April 1946 erklärte er dem Untersuchungsrichter für das Volksgericht Sachsens: «Ich habe es mir genau überlegt, ehe ich meine Zusage zur Mitarbeit in Berlin gegeben habe. Da ich den Weg nach meinen langjährigen Erfahrungen als Irrenarzt und damit auch das Ziel der Beseitigung lebensunwerten Lebens unbedingt bejahte, habe ich die Tarnung der Aktion als notwendiges Kriegsübel in Kauf genommen und im Vertrauen auf die Anordnung des Führers mitgearbeitet. Ich würde mir feige vorgekommen sein, wenn ich mich bei dieser Gesamtlage dieser Aufgabe an der Menschheit als Arzt entzogen hätte.»[34]

Nitsche hatte die Stirn, aus der Not seines moralischen Abstiegs noch eine Tugend zu machen. Als er im Mai 1947 von einem Dresdener Amtsrichter als Zeuge über seinen einstigen Komplicen Heyde vernommen wurde, versteifte er sich erneut auf ein angeblich humanitäres Motiv ihres Handelns: «Für uns war die Sache wirklich vom Kranken aus gesehen und bedeutete für diesen einen Gnadentod, eine Befreiung von dem Leben, das für ihn und seine Angehörigen nur noch eine Qual darstellen konnte.»[35] Von den «brutalen Nützlichkeitserwägungen», über die Brack im Nürnberger Ärzteprozeß ungeniert geplaudert hatte, wollte Nitsche zu Zeiten des Hitlerregimes nie gehört haben. Unnütze Esser aus dem Wege zu räumen, hätte ihm und Heyde «völlig ferngelegen»[36].

In Wahrheit hatte Nitsche Anfang Februar 1940 beispielsweise an jenem Konzilium künftiger «Euthanasie»-Gutachter teilgenommen, vor denen Brack Klartext redete. Dr. Friedrich Mennecke, auf den noch zu kommen ist, hatte dabei in seinem Notizblock u. a. Bracks These festgehalten, «daß gerade jetzt während des Krieges, wo so viele Menschen ihr Leben lassen müßten, es auf diese Geisteskranken, die der Volksgemeinschaft sowieso keinen Nutzen brächten, nicht ankomme, und daß bei der schlechten Ernährungslage wenigstens diese Leute aus dem Sektor Ernährung ausfielen»[37]. Nitsche hatte sich tonangebend in die Debatte eingemischt, ohne auch nur ein Wort des Bedenkens vorzutragen.

Auch das Exposé für einen Propagandafilm, den die KdF in Auftrag gab, stammte aus Nitsches Feder. Demagogisch hatte er darin beklagt, daß «Ballastnaturen» in herrlichen Schlössern lebten. In Wirklichkeit waren zu jener Zeit bereits unzählige Insassen dem Hungertod ausgesetzt.

Nicht nur geistig Tote

Der Maßstab, nach dem die Opfer selektiert wurden, war allein ihr Nutzen für das permanent kriegsbrandstiftende Naziregime. In einem internen T4-Dokument hatten Bouhler und Brandt an erster Stelle verfügt: «Ausscheidung aller derjenigen, die unfähig sind, auch nur in Anstalten produktive Arbeit zu leisten, also nicht nur von geistig Toten.»[38] Niemand kannte die von der Führerkanzlei ausgegebenen Kriterien besser als Heyde und Nitsche. Aber auch den übrigen Gutachtern galten sie als Richtschnur für die Selektion der Opfer. Allein das Tempo, in dem die Gutachter die Meldebögen bearbeiteten, verriet, daß die Prüfung des Einzelfalles nichts mit wirklicher Diagnostik gemein hatte. Der Medizinalrat Dr. Josef Arthur Schreck beispielsweise «begutachtete» allein in der Zeit von April bis Ende Dezember schätzungsweise 15 000 Fragebögen. Schreck nahm übrigens die Geheimhaltungspflicht nicht sonderlich ernst. Über manches Menschenleben befand er zechenderweise öffentlich in Gaststätten. Als monatliche Norm pro Gutachter galten 3 500 erledigte Meldebögen. Dafür winkte eine «Entschädigung» von 300 Reichsmark. Wer die Norm überbot, durfte 400 Reichsmark einstreichen.

Vom barmherzigen Gnadentod für qualvolle, unheilbar geisteskranke Existenzen, wie Nitsche ihn später zu beschwören suchte, konnte keine Rede sein. Der Kreis der Opfer blieb auch nicht auf geistig Behinderte beschränkt. Es konnten durchaus geistig völlig intakte Personen in den Strudel der T4-Aktion hineingeraten, wenn

**In diesen Bussen der Reichspost wurden die Opfer
abtransportiert (hier aus der Anstalt Eichberg)**

sie beispielsweise an Epilepsie, Tuberkulose, Arteriosklerose oder
Krebs litten oder ihr fortgeschrittenes Alter sie in den Augen der
Gutachter als nutzlose Esser auswies.

Nicht wenige der positiv Begutachteten ahnten oder kannten
ihre Bestimmung im voraus. Es hatte sich nämlich bald herumge-
sprochen, was es mit den Bussen der «Gemeinnützigen Kranken-
transport-G.m.b.H» (Gekrat) auf sich hatte, die regelmäßig die
Heilanstalten ansteuerten und Patienten mit unbekanntem Ziel
verbrachten. In der Regel waren es Busse der Reichspost, deren
sich die Gekrat für den Abtransport der Todeskandidaten bediente.
Wenngleich die Besatzung der Fahrzeuge in weißem Pflegermantel
anrückte, um den Eindruck medizinischer Betreuer zu erwecken,
so nährten doch die Begleitumstände dieser Transporte raschen
Verdacht: Geisteskranken mußte vor der Abreise auf den Rücken
ein Leukoplaststreifen aufgeklebt werden, auf dem ihr Name vermerkt war, Patienten bekamen rechtzeitig Medikamente oder Spritzen, und das Begleitpersonal der Gekrat-Busse, meist mit Hand-

schellen ausgerüstet, gebärdete sich eher militärisch-brutal denn samariterhaft. Als man die Fenster der Busse schließlich auch noch undurchsichtig machte oder verhängte und die Karossen mit grauem Tarnanstrich (Luftschutzfarbe) versah, wurden selbst arglose Naturen mißtrauisch.

Eine 38jährige Epileptikerin aus der Anstalt Liebenau beispielsweise hatte von Angehörigen bereits Abtransportierter zudem erfahren, daß man diese bereits umgebracht habe. Es gelang ihr, zwei Briefe an ihre Angehörigen aus der Anstalt hinauszuschmuggeln. Im ersten Brief schilderte sie ihre ständige Angst, abgeholt und getötet zu werden. Unverzüglich wandten sich Bruder und Vater an das Gesundheitsamt in Stuttgart, die Verlegung ihrer Verwandten nicht zuzulassen. Die Stuttgarter Behörde hielt den Vater der Patientin, einen Arzt aus Stuttgart, mit Versprechungen und Vertröstungen hin. Während dieser immer wieder Hoffnung schöpfte, traf der zweite, der Abschiedsbrief seiner Tochter ein: «Innigst geliebter Vater! Leider ging es nicht anders. Meine Abschiedsworte aus diesem irdischen Leben in die ewige Heimat muß ich also heute an Dich richten. Es wird Dir und den Meinen viel, viel Herzweh bereiten ... Vaterle, ich gehe mit festem Mut und Gottvertrauen und zweifele niemals an seiner guten Tat, welche er an uns ausübt ... Ich will nicht jammern, sondern mich vielmehr freuen. Dieses Bildchen gebe ich Dir als Andenken, so geht Dein Kind dem Heiland entgegen. Es umarmt Dich in treuer Liebe und mit dem festen Versprechen, welches ich Dir gab bei unserem letzten Abschied, daß ich standhaft ausharren werde. Dein Kind Helene.»[39]

Nach etwa vier Wochen der Ungewißheit erreichte Helenes Vater die Todesnachricht, abgesandt von der sogenannten Landespflegeanstalt Brandenburg. Seine Tochter sei dort nach einem besonders schweren Anfall an Atemlähmung gestorben. In Wirklichkeit war Helene in der Vernichtungsanstalt Grafeneck ermordet, ihr Tod von der Brandenburger Vernichtungsfabrik lediglich beurkundet worden. Gipfel der Perfidie: Bald nach der Todesnachricht traf über das Gesundheitsamt Stuttgart die Genehmigung aus Berlin ein, daß Helene von der Verlegung in eine andere Anstalt verschont bleibe!

Nicht alle, die um ihren letzten Gang wußten, hatten den bewunderungswürdigen Todesmut jener Stuttgarter Arzttochter. Selbst

Patienten, die ernsthaft geisteskrank waren, wurden vom Selbsterhaltungstrieb gepackt, wenn die Busse der Gekrat erwartet wurden oder deren Besatzung die noch lebende Fracht in die Fahrzeuge pferchte. Angehörige der evangelischen Anstalt Stetten beispielsweise haben die Angstreaktion der Opfer beim Abtransport detailgetreu festgehalten: «Als K. W., eine 19jährige Schwachsinnige höchsten Grades, merkte, daß sie zum Sammelplatz geführt werden sollte, sprang sie davon. Da erschienen zwei Männer des Transportpersonals und rissen sie, die sich am Treppengeländer und an Türklinken verzweifelt festzuklammern suchte, mit Gewalt fort. Unaufhörlich hallte ihr Weinen und Schreien durch den Hof. ‹Fräulein Sofie, dableiben, i bei der Fräulein Anne bleiben.› Noch aus dem Wagen, in den die Schergen sie mit spöttischem Lachen hineinwarfen, gellte ihr Rufen: ‹Fräulein Sofie, Fräulein Sofie hol mi wieder!› – L. M. wurde unter lautem Schreien von zwei ‹Pflegern› und zwei ‹Schwestern› des Transportpersonals in den Omnibus gezerrt. Sie leistete in ihrer Angst solchen Widerstand, daß die vier kaum mit der fast 50jährigen fertig wurden.

Andere waren wie gelähmt und konnten ihrer entsetzlichen Todesangst nur mit Schreien Ausdruck geben. Mit weitaufgerissenen, angsterfüllten Augen, blaß wie eine Leiche, standen sie da wie E. S., der die Arme in die Höhe schlug und schrie: ‹Ich will nicht sterben!›»[40]

Nicht wenige der Opfer begriffen auch, daß ihre Vernichtung Teil jenes Tributs war, den die menschenverachtende Herrschaft des Faschismus forderte. Ein Patientin der Heilanstalt Emmendingen drückte beim Abtransport diese Einsicht in geradezu aphoristischer Weise aus: «Wir sterben, ja, aber den Hitler holt der Teufel.»[41]

In ihrem Vernichtungswahn scheuten die Schreibtischtäter in der Führungskanzlei auch davor nicht zurück, arbeitsunfähige Kriegsteilnehmer in die Vernichtungsaktion einzubeziehen, soweit diese in Heil- und Pflegeanstalten untergebracht waren. Ausgenommen bleiben sollten nach den von Bouhler und Dr. Brandt ausgeheckten Direktiven lediglich «diejenigen Kriegsteilnehmer, die sich entweder an der Front verdient gemacht haben, die verwundet wurden oder Auszeichnungen erhalten haben»[42].

Brack persönlich bewertete die Verdienste an der Front. Er allein befand darüber, ob eine Auszeichnung im Kriege vor der Gaskammer bewahrte oder nicht. Einen Mannheimer Dienstmann beispielsweise rettete sein Eisernes Kreuz 2. Klasse nicht vor dem Abtransport in eine der Vernichtungsstätten. Als er aus seiner Anstalt in Rastatt abtransportiert wurde, hatte er demonstrativ das Band EK II angelegt.

Häufig erfuhren übrigens nicht einmal die Leiter der Heilanstalten, wohin ihre Pfleglinge verbracht wurden. Bis zum Herbst 1940 führten die Transporte der Gekrat direkt in die Vernichtungsanstalten. Aus Gründen besserer Tarnung wurden die Todeskandidaten später vorübergehend in sogenannte Zwischenanstalten verfrachtet. Mit Blick auf die Gekrat kursierte in Kreisen des «Euthanasie»-Personals ein geflügeltes Wort des Zynismus: «Gehste mit, biste hin.»

Feier für die «Jubiläums»-Leiche

Von den sechs Tötungsanstalten, in denen Pfleglinge industriemäßig vernichtet wurden, waren jeweils vier gleichzeitig in Betrieb. Während in Brandenburg im September und in Grafeneck im Dezember 1940 die Schornsteine der Krematoriumsöfen aufhörten, die Atmosphäre zu verpesten, wurde in Hartheim, Bernburg, Hadamar und auf dem Sonnenstein bis zum Schluß gemordet.

Die eigentlichen Tötungsvorrichtungen waren bestens getarnt, um sie den Augen Außenstehender zu entziehen. In der «Landespflegeanstalt» Grafeneck beispielsweise befand sich das Gebäude, in dem die Vergasungen stattfanden, etwa 300 Meter vom Schloß entfernt, abgeschottet durch einen undurchsichtigen Bretterzaun. Die abseitige Plazierung der Vernichtungsanlagen hatte noch einen anderen Sinn. Die mögliche Gegenwehr der Opfer, die häufiger als erwartet passierte, durfte für die Außenwelt nicht wahrnehmbar sein.

Die Prozedur des Tötens ging nicht ohne Zeremoniell vonstatten. Es diente vor allem dazu, die Opfer über das Bevorstehende zu täuschen. Sobald sie die Busse der Gekrat verlassen hatten, wurden sie von «Krankenschwestern» oder «-pflegern» in Empfang genommen und zur «Untersuchung» geführt. Doch zuvor wurden die dem

Tode Geweihten noch einmal gewogen, gemessen und fotografiert. Zudem bedeutete man ihnen, daß anschließend geduscht werde, um das Entkleiden plausibel zu machen. Warum man einzelnen den Rücken mit einem Kreuz bemalte, wurde nicht erklärt. Es handelte sich um Träger von Goldzähnen, welche nicht im Rachen der Krematoriumsöfen zerschmelzen, sondern das Naziregime stärken sollten.

Die ärztliche «Untersuchung» dauerte in der Regel nur wenige Sekunden. Sie erschöpfte sich im wesentlichen darin, die Identität des Ankömmlings zu prüfen und festzustellen. Nicht selten geschah es, daß einzelne dieses hintergründige Spiel durchschauten und ihre Todesangst lautstark aus sich herausschrien. In solchen Fällen wurde zur Spritze gegriffen, eine angebliche «Schutzimpfung» verabreicht, die in Wirklichkeit aus Morphium bestand.

Nur selten wurde jemand vorläufig von der Vergasung zurückgestellt. Und wenn, dann meist aus perfidem Grunde. Extrem mißgestaltete Menschen sollten mitunter erst noch für propagandistische Zwecke mißbraucht und gefilmt werden. Für solche Unternehmungen stand die «Tobis-Filmkunst» mit ihren Kameras parat.

Der letzte Weg, den die Opfer zu gehen hatten, führte in den «Duschraum», in Wirklichkeit in die Gaskammer. Ihre Größe schwankte von Anstalt zu Anstalt, faßte zwischen 40 und 150 Personen. Wenn die schwere Stahltür hinter den Opfern verriegelt wurde, war deren Schicksal besiegelt. Derselbe Arzt, der soeben die Pose des Samariters geheuchelt hatte, spielte nun seine Rolle zu Ende, indem er und kein anderer den Gashahn öffnete. Insoweit, aber nur insoweit, wurde Hitlers «Euthanasie»-Befehl buchstabengetreu respektiert.

Später wollten die Mörder ihre Richter glauben machen, daß der Tod durch Kohlenmonoxyd einer der angenehmsten Sorte sei, weil das Opfer dabei quallos hinüberdämmere. In Wahrheit war der Gaskammertod in den «Euthanasie»-Anstalten Folge grauenvollen Erstickens der Menschen, das bis zu 20 Minuten dauern konnte. Der Nachlaßverwalter von Hadamar, Maximilian L., rekapitulierte: «Ich … blickte durch das in der Seitenwand eingelassene Guckfenster. Durch dieses sah ich etwa 40 bis 45 Männer, die dichtgedrängt im Nebenraum waren und nun langsam starben. Einige lagen auf der Erde, andere waren zusammengesunken, viele hatten den

Mund auf, als wenn sie keine Luft mehr bekamen. Die Todesart war so qualvoll, daß man von einer humanen Tötung nicht sprechen konnte ... Ich sah dem Vorgang etwa 2–3 Minuten zu und entfernte mich dann, weil ich den Anblick nicht länger ertragen konnte und mir schlecht wurde.»[43]

Wenn die Heizer nach Entlüften der Gaskammern die Leichen zum Verbrennen abholten, standen sie häufig vor einem regelrechten Knäuel von Menschenleibern. Im Todeskampf hatten sich die Opfer so ineinander verkrampft, daß die sogenannten Brenner alle Mühe hatten, die Leichen auseinanderzubringen. Bevor sie die erstickten Opfer in die Krematoriumsöfen beförderten, mußten sie erst noch zur Zange greifen und den mit einem Kreuz Versehenen die Goldzähne herausreißen. «Da die Arbeit sehr anstrengend und ... nervenzermürbend war», so ein Krematoriumsarbeiter aus Hartheim, «bekamen wir pro Tag einen viertel Liter Schnaps.»[44]

Aber auch für das übrige Personal floß reichlich Alkohol. Schließlich war der Dienst in einer T4-Anstalt für die meisten nicht gerade ein Ruhekissen. Fast täglich rollten die Busse der Gekrat an und entledigten sich ihrer armseligen Menschenfracht. Das Reglement einer «Euthanasie»-Fabrik duldete keinen Aufschub. Zu welcher Tages- oder Nachtzeit die Opfer auch eintrafen, das Anstaltspersonal hatte sie unverzüglich in die Hölle der Gaskammern zu locken. Pfleger und technische Kräfte durften zudem die Tötungsanstalt auch in der Freizeit nur mit Genehmigung verlassen. Hinzu kam, daß kaum jemand jenem süßlich-ekelerregenden Geruch entgehen konnte, den das pausenlose Verbrennen der Leichen rundum erzeugte. All das zerrte mitunter auch am Nervenkostüm solcher Helfershelfer, die fanatisch an die Unfehlbarkeit des Führers und die Notwendigkeit glaubten, daß man «lebensunwertes Leben» ausmerzen müsse.

Die Verantwortlichen von T4 ließen sich nicht wenig einfallen, um die Besatzung der Mordanstalten bei Stimmung zu halten, sie auch seelisch immer wieder aufzurüsten. Neben Trennungszulage und 13. Monatsgehalt gab es Vorträge, Filmvorführungen, gemeinsames Musizieren und feucht-fröhliche Kameradschaftsabende, bei denen häufig genug auch die von den Nazis so geheiligte Sexualmoral unter die Räder kam.

Im Wechsel von Pflicht und Vergnügen, von organisiertem Töten und spontaner, selbstbetäubender Ausschweifung ergaben sich die meisten Täter wohl schließlich der Macht der Gewohnheit. Wie anders sollte man es erklären, daß auf Schloß Grafeneck alsbald die 10000. Leiche bei Blasmusik gefeiert wurde. Auch in Hadamar, nahe der Bischofsstadt Limburg gelegen, beging man im August 1941 das gleiche «Jubiläum». Ein Augenzeuge berichtete darüber: «Wir versammelten uns dann gegen Abend auf dem Flur im rechten Flügel, wo jeder eine Flasche Bier empfing und von wo aus es dann in den Keller ging. Dort war auf einer Bahre ein nackter männlicher Toter mit einem großen Wasserkopf aufgebahrt ... Der Tote wurde von den Brennern in eine Art Trog gelegt und in den Verbrennungsofen geschoben. Hierzu hielt Märkle (ein Verwaltungsangestellter – d. A.), der sich nach Art eines Geistlichen zurechtgemacht hatte, eine Leichenpredigt.»[45]

Andere, die der makabren Szenerie beiwohnten, erinnerten sich, daß die Fete in eine «Mordssauferei» ausgeartet war, gekrönt durch einen Umzug der Mörder durch das Anstaltsgelände.

Kindermord

Unter den Strömen der Opfer, die sich aus den Heil- und Pflegeanstalten in die sechs Todesfabriken ergossen, befanden sich nicht wenige Kinder und Jugendliche. Doch die Führerkanzlisten begnügten sich damit nicht. Der schon erwähnte «Reichsausschuß zur wissenschaftlichen Erfassung von erb- und anlagebedingten schweren Leiden» streckte seine Fangarme auch nach jenen behinderten Kindern aus, die sich in der Obhut ihrer Eltern befanden. Unter der Regie von Dr. Hefelmann, der von seiten der KdF für die Kinder-«Euthanasie» verantwortlich zeichnete, wurden die organisatorischen Vorbereitungen bereits im Sommer 1939 erledigt.

Den Startschuß gab ein streng vertraulicher Erlaß des Reichsministers des Innern, der am 18. August erging. Durch ihn wurden Hebammen und Ärzte verpflichtet, Neugeborene zu melden, die verdächtig waren, an Idiotie sowie Mongolismus, Mißbildungen jeder Art, an Lähmungen u. a. zu leiden. Zudem sollten Ärzte auch jene Kinder genannter Art anzeigen, die das 3. Lebensjahr noch nicht vollendet hatten, «falls den Ärzten die Kinder in Ausübung

ihrer Berufstätigkeit bekannt werden»[46]. Für Hebammen verfügte der Naziminister pro Anzeige übrigens eine «Entschädigung» von zwei Reichsmark.

Die Begründung für den Runderlaß war ebenso niederträchtig wie verlogen. Er diene der «Klärung wissenschaftlicher Fragen»! Indessen waren die angeforderten Meldebögen nichts anderes als papierene Vorboten des Todes für die betroffenen Säuglinge und Kleinkinder.

Sobald sie sich in den Händen von Dr. Hefelmann und seines Stellvertreters Richard von Hegener befanden, wurden die meisten an die drei medizinischen Gutachter des «Reichsausschusses» weitergeleitet. Es handelte sich um die Professoren Catel und Heinze sowie den Kinderarzt Dr. Wentzler. Sie stellten die Weichen für Weiterleben oder Tod des gemeldeten Kindes, indem sie ein minus oder ein plus auf den Fragebogen setzten. Überflüssig zu bemerken, daß die Gutachter weder das Kind noch dessen Krankenblatt jemals zu Gesicht bekamen. Hatten die Gutachter befunden, daß das Leben eines Kindes «lebensunwert» sei, unterzeichneten Bouhler oder Brack die «Ermächtigung zur Behandlung», die nichts anderes als das Codewort für die Ermordung des kleinen Wesens bedeutete.

Die «Behandlung» fand in sogenannten Kinderfachabteilungen statt. Von Oktober 1939 an wurden insgesamt 28 eingerichtet. Das zuständige Gesundheitsamt hatte die Eltern davon zu überzeugen, daß nach «fachärztlicher Überprüfung» das Kind in eine Kinderfachabteilung eingeliefert werden müsse. Nicht selten stieß solches Ansinnen auf den Widerstand der Eltern. Daher lieferte Hitlers Innenminister mit einem neuerlichen Runderlaß vom 1. Juli 1940 den Gesundheitsämtern ein bestechendes Argument in die Hand: «Den Eltern wird dabei zu eröffnen sein, daß durch die Behandlung bei einzelnen Erkrankungen eine Möglichkeit bestehen kann, auch in Fällen, die bisher als hoffnungslos gelten mußten, gewisse Heilerfolge zu erzielen ...»[47]

Tatsächlich ließen die nazistischen Gesundheitsämter dabei ihrer Phantasie freien Lauf. Die Hamburger Gesundheitsverwaltung beispielsweise gaukelte manchen Eltern vor, daß man nunmehr ein Mittel gegen Schwachsinn gefunden habe. Andere suchte man glauben zu machen, daß die geistige Behinderung ihres Kindes durch eine – allerdings «riskante» – Operation zu beheben sei.

Dennoch reagierten nicht wenige Eltern argwöhnisch auf die Verheißungen der nazistischen Gesundheitsämter. Die Tatsache, daß sich Sterbefälle in den Kinderfachabteilungen häuften, war verschiedentlich doch an das Ohr der Öffentlichkeit gedrungen. So taugte oft die beste Überredungskunst der Amtsärzte nicht, die Eltern zur Herausgabe ihres Kindes zu bewegen. Wo aber Überzeugen nicht half, griff man zu Druck und Drohung. So verfügte der «Reichsausschuß» am 28. März 1941 beispielsweise die Einweisung des Kindes Barbara Brecheler in die «Kinderfachabteilung» der Landesheilanstalt Eichberg. Die Mutter der kleinen Barbara jedoch weigerte sich, ihr Kind herauszugeben. Die schriftliche Drohung, die ihr daraufhin zugestellt wurde, war unmißverständlich: «... wenn Sie sich der Verbringung des Kindes in die Heilanstalt

Eichberg weiterhin widersetzen, wird die Entziehung des Sorgerechts veranlaßt werden müssen ...»[48].

Die amtliche Nötigung verfehlte ihre Wirkung nicht. Am 20. Oktober 1941 konnte der zuständige Amtsarzt dem «Reichsausschuß» in Berlin eine Erfolgsmeldung übermitteln: Das Kind Barbara Brecheler befindet sich nunmehr in der Eichberger Anstalt. Zwölf Tage später traf die leidgeprüfte Mutter die Hiobsbotschaft, daß «Barbara leider einer doppelseitigen Lungenentzündung zum Opfer gefallen»[49] sei.

In anderen Fällen hielt der «Reichsausschuß» die Arbeitsämter an, Mütter von Kindern, deren Einweisung verfügt worden war, im Weigerungsfalle zum Arbeitseinsatz zwangszuverpflichten.

Getötet wurden die Kinder meistens durch Medikamente, aber manche hat man auch langsam verhungern lassen. Ein Augenzeuge, der im Herbst 1939 die Kinderabteilung der Anstalt Eglfing-Haar besichtigen konnte, schilderte die dortige «Behandlungs»-methode von Dr. Hermann Pfannmüller, der später auch noch als T4-Gutachter von sich reden machte. Sein Bericht: «Folgende zusammenfassende Ansprache durch Pfannmüller ist mir dem Sinn gemäß erinnerlich: Diese Geschöpfe (gemeint waren besagte Kinder) stellen für mich als Nationalsozialisten natürlich nur eine Belastung unseres gesunden Volkskörpers dar. Wir töten ... nicht durch Gift, Injektionen usw., da würde die Auslandspresse und gewisse Herren in der Schweiz nur neues Hetzmaterial haben. Nein, unsere Methode ist viel einfacher und natürlicher, wie Sie sehen. Bei den Worten zog er ... ein Kind aus dem Bettchen. Während er dann das Kind wie einen toten Hasen herumzeigte, konstatierte er mit Kennermiene und zynischem Grinsen: Bei diesem wird's noch 2-3 Tage dauern. Der Anblick des fetten, grinsenden Mannes, in der fleischigen Hand das wimmernde Gerippe, umgeben von anderen hungernden Kindern, ist mir noch deutlich vor Augen. Weiterhin erklärte der Mörder dann, daß nicht plötzlicher Nahrungsentzug angewandt werde, sondern allmähliche Verringerung der Rationen.»[50]

Am häufigsten wurden Kinder durch Tabletten oder Injektionen getötet. Das am meisten verwandte Medikament war zweifellos das von Nitsche empfohlene Luminal, aber auch mit Morphium, Skopolamin, Dionin und Trional, zum Teil kombiniert miteinander, wurde das Lebenslicht wehrloser, hilfsbedürftiger Kinder massenhaft ausgelöscht. In Leipzig-Dösen wurden den kleinen Opfern auch Luminal-Zäpfen eingeführt. Diese Tötungsmethode war eine Spezialität von Dr. Mittag, der die dortige Kinderfachabteilung leitete, die im Dezember 1943 wegen Kriegsschadens in die Landesanstalt Großschweidnitz verlegt wurde. Ironie des Schicksals, daß Mittag selbst durch Luminal endete. Im Sommer 1946 hatte man ihn in der Untersuchungshaftanstalt Radebeul zur medizinischen Behandlung von Mitgefangenen herangezogen. Dabei war es ihm gelungen, 30 Luminaltabletten zu entwenden und sich in aufgelöster Form in die Vene zu spritzen.

In der Regel wurden die tödlichen Medikamente mehrfach in relativ geringer Dosis verabreicht. Solche Art von «Behandlung» bewirkte, daß sich der Tod nicht unvermittelt einstellte, sondern das Opfer vor dem Exitus beispielsweise von Lungenentzündung oder Bronchitis befallen wurde. Damit war eine Todesursache gefunden, die unverfänglich schien und die man auch getrost in die Sterbeurkunde eintragen konnte. Auch die geheuchelten Beileidsbezeugungen den betroffenen Eltern gegenüber zehrten von diesem «Krankheitsverlauf»: «Ihr Kind bekam etwa vier bis fünf Tage vor seinem Tode eine schwere Erkältung mit Husten und Atemnot. Es trat ziemlich rasch bei dem auch geistig sehr zurückgebliebenen Kinde eine Verdichtung der Lungen ein, der das Kind am 24. April 1942 erlegen ist. Das Kind ist still und ruhig eingeschlafen. Bei der Aussichtslosigkeit seines geistigen Leidens glaube ich, dürfen Sie dem Schicksal dankbar sein, daß das Kind durch einen schnellen und schmerzlosen Tod erlöst wurde. Heil Hitler!»[51]

Geheim und doch nicht geheim

Überhaupt unternahmen Ärzte und Bürokratie der Vernichtungsanstalten nicht wenig, um den wahren Hergang der Dinge zu verschleiern und die Angehörigen der Opfer zu täuschen. Hefelmann hatte dafür gesorgt, daß den Mördern in Weiß ein «Verzeichnis amtlicher Todesursachen» zur Verfügung stand, um die Ursachen so breit als möglich zu fächern. Eine «Kurzgutachtensammlung» des Brandenburger «Euthanasie»-Arztes Dr. Eberl vermittelte dann weitere Anleitung zum Handeln. Es hieß darin beispielsweise: «Bei Geisteskranken, insbesondere unsauberen, sind Furunkel an allen Körperteilen nicht selten ... Die Dauer von der Entstehung eines Furunkels bis zum Exitus letalis ist mit mindestens vier Tagen zu bemessen ... Diese Todesursache kann bei jedem Lebensalter und für jeden Patienten gewählt werden. Zweckmäßigerweise verwendet man sie jedoch nicht bei Patienten, die an sich peinlich sauber sind.»[52]

Eine «Trostbriefabteilung», die in jeder Vernichtungsanstalt etabliert war, übernahm es, die Angehörigen des Opfers von dessen plötzlichem Tod in Kenntnis zu setzen. Der Inhalt der Trostbriefe war stereotyp, es wechselte lediglich die Todesursache. Jedoch wurde jeder Brief extra geschrieben, um den Verdacht der Schablone möglichst auszuschalten. Die Trostbriefe wurden jeweils von einem Arzt, allerdings mit falschem Namen, unterschrieben.

Zudem hatte die T4-Zentrale die Einrichtung sogenannter Absteckabteilungen verfügt. Ihre Aufgabe war es, auf Landkarten mittels farbiger Nadeln Geburts- oder Wohnort des Getöteten abzustecken, damit man beim Benachrichtigen der Angehörigen örtliche und zeitliche Häufungen vermeiden konnte. Zu diesem Zweck kamen die Sterbeakten zuerst in die Absteckabteilung. Aus Gründen der Verschleierung trugen die Absteckexperten nicht selten ein falsches Sterbedatum ein, das dann vom anstaltseigenen Standesamt offiziell beurkundet wurde.

Die Serienmörder der T4-Aktion hatten allerdings noch eine andere, besonders heikle Klippe zu überwinden. Den Angehörigen mußte der Leichnam des Verstorbenen vorenthalten werden. Andernfalls hätte eine auf privatem Wege betriebene Autopsie die wahre Todesursache ans Licht befördern können. Dafür hatte man sich eine «Begründung» ausgedacht, die in ihrer Monotonie auf die Dauer allerdings Verdacht erregen mußte. «Da in der hiesigen Anstalt z. Zt. Seuchengefahr herrscht», so beispielsweise die Landespflegeanstalt Grafeneck am 16. August 1940 an Otto S. in Dresden, «ordnete die Polizeibehörde die sofortige Einäscherung des Leichnams an. Wir bitten um Mitteilung, an welchen Friedhof wir die Übersendung der Urne mit den sterblichen Überresten der Heimgegangenen durch die Polizeibehörde veranlassen sollen.»[53]

In den meisten Fällen forderten die Hinterbliebenen die Urne an. Doch was sie erhielten, war gewiß nicht jene Asche, die von den Gebeinen ihres lieben Verstorbenen stammte. Zuhauf waren die vergasten Opfer in die Krematoriumsöfen gestopft und den Flammen überlassen worden. Was von ihnen übrigblieb, konnte und sollte auch gar nicht nach Individuen aufgeschlüsselt und verwahrt werden.

Von Leichenfledderei war schon die Rede. Von den Goldzähnen, die den Getöteten herausgerissen werden mußten, profitierte u. a. die Creme der Berliner T4-Zentrale, sobald sie eigenen Zahnersatz begehrte. Doch selbst die Kleidung der ermordeten Opfer, für die Angehörigen ein Stück unersetzlicher Erinnerung, wanderte häufig genug in den Fundus der faschistischen Kamarilla. «Die Kleidungsstücke der Verstorbenen», so erfuhr der erwähnte Otto S. im Zusammenhang mit dem Ableben seiner Tochter, «haben bei der Desinfektion sehr stark gelitten, so daß sie keinen besonderen Wert mehr darstellen und zum Tragen nicht mehr verwendbar sind. Sie wurden der NSV (Nationalsozialistische Volkswohlfahrt – d. A.) zur Stoffverwertung überwiesen.»[54]

Der Brief war übrigens mit «Dr. Keller» unterschrieben, wohinter sich in Wahrheit der T4-Arzt Dr. Ernst Baumhardt verbarg.

Gewiß, das Tarnnetz, mit dem die «Euthanasie»-Täter die Aktion überzogen hatten, war eng genküpft. Doch war es nicht so fein gesponnen, um dahinter einen perfekten Massenmord vollstrecken zu können. Schon die Zahl der Mittäter und Mitwisser war zu groß, um totale Geheimhaltung zu garantieren. Bald schon sickerten Informationen über das wahre Schicksal der Patienten durch die Mauern der Vernichtungsanstalten hindurch. Der schnelle, unerwartete Tod jener Menschen, die die Busse der Gekrat aus den Heil- und Pflegeanstalten abholten, nährte den Verdacht, daß es nicht mehr mit rechten Dingen zuging. Schon im Februar 1940 sprach man in der Umgebung von Grafeneck hinter vorgehaltener Hand über die ominösen Vorgänge auf dem Schloß. So sah sich der zuständige Ministerialrat im württembergischen Innenministerium beispielsweise bereits am 16. Februar 1940 veranlaßt, die Leiter der dortigen Pflegeanstalten in die Aktion einzuweihen und zum Schweigen zu vergattern.

Doch längst war die «Euthanasie» ein offenes Geheimnis, so offen, daß spielende Kinder den Bussen der Gekrat hinterherriefen: «Da werden wieder welche vergast.»

Pannen bei der Benachrichtigung von Angehörigen bewirkten ein übriges. So hatte man in einer Todesnachricht beispielsweise eitrige Blinddarmentzündung als Todesursache angegeben, obgleich dem Verstorbenen der Wurmfortsatz bereits zehn Jahre zuvor entfernt worden war. Die Empörung, die das Wissen um die Tötung wehrloser Menschen auslöste, kam schließlich auch Himmler zu Ohren. Der Reichsführer SS wandte sich am 19. Dezember 1940 an den Chef des Hauptamtes II der KdF.

«Lieber Brack!

Wie ich höre, ist auf der Alb wegen der Anstalt Grafeneck eine große Erregung. Die Bevölkerung kennt das graue Auto der SS und glaubt zu wissen, was sich in dem dauernd rauchenden Krematorium abspielt. Was dort geschieht, ist ein Geheimnis und ist es doch nicht mehr ...

Ich darf Sie um Mitteilung bitten, wie dieses schwierige Problem gelöst wurde.»[55]

Das Problem löste sich quasi von selbst. Ende 1940 war das Menschenpotential, das zur Vernichtung in Grafeneck bestimmt war, ohnehin erschöpft. Noch im Dezember 1940 stellte Grafeneck den Mordbetrieb ein. Das Personal durfte in Urlaub reisen und sich erholen, um im Januar des folgenden Jahres das schaurige Handwerk in Hadamar fortzuführen.

Später Protest

Empörung über die «Euthanasie» breitete sich schon frühzeitig in Kreisen der Kirche aus. Allerdings zögerten ihre oberen Würdenträger allzu lange, ihren Protest öffentlich vorzutragen. Zudem war ihre Haltung zur Vernichtung «lebensunwerten Lebens» von einer im Grunde regimebejahenden Position angekränkelt und dadurch von bedauerlicher Inkonsequenz gezeichnet. Meistens überwog das Verlangen nach einem juristischen Fundament der «Euthanasie» das Bedauern über das Töten selbst. Zudem beschränkte man sich weit über ein Jahr auf Interventionen bei zentralen Instanzen der Nazipartei und des Staates.

Aus Kreisen der evangelischen Kirche regten sich seit Mai 1940 als erste Pastor Gerhard Braune, Vizepräsident des Central-Ausschusses der Inneren Mission, und Pastor Friedrich von Bodelschwingh, der die gleichnamige berühmte Anstalt in Bethel bei Bielefeld leitete. Braune war als einer der ersten über die T4-Aktion so gut informiert, daß er den verbrecherischen Zweck des Unternehmens klar durchschaute. Als die Gekrat im Mai 1940 in das von ihm geleitete Mädchenheim «Gottesschutz» in Lobetal eingerückt war, um 25 Insassen abzutransportieren, hatte er sich mit Erfolg dagegen gesperrt. Danach war er ins Reichsinnenministerium, in die Reichskanzlei und zum Oberkommando der Wehrmacht geeilt, um Klage über die Tötung Geisteskranker zu führen. Doch die Mordmaschinerie in den «Euthanasie»-Anstalten lief weiter auf Hochtouren. Als Pastor Braune gemeinsam mit Bodelschwingh schließlich selbst zu Brack und Linden vorstoßen konnte, wurde beiden mit der Gestapo gedroht, weil sie angeblich «Schauermärchen» in die Welt setzten.

Pastor Braune war nicht der Mann, der sich einschüchtern ließ. Er brachte seine Haltung zu Papier, eine Denkschrift, die für Hitler bestimmt war. Das 19 Schreibmaschinenseiten lange Dokument war am 9. Juli 1940 fertiggestellt. Es wanderte nicht nur auf den Tisch des katholischen Justizministers Dr. Gürtner, sondern gelangte auch in die Hände von Lammers, des Chefs der Reichskanzlei, und über diesen zu Hitler selbst.

In seiner Denkschrift mahnte Pastor Braune: «Es ist dringend notwendig, diese Maßnahmen so schnell wie möglich aufzuhalten, da die sittlichen Grundlagen des Volksganzen dadurch aufs schwerste erschüttert werden. Die Unverletzlichkeit des Menschenlebens ist einer der Grundpfeiler jeder staatlichen Ordnung. Wenn die Tötung angeordnet werden soll, dann müssen geltende Gesetze die Grundlage solcher Maßnahmen sein. Es ist untragbar, daß kranke Menschen fortlaufend ohne sorgfältige ärztliche Prüfung und ohne jeden rechtlichen Schutz, auch ohne den Willen der Angehörigen und gesetzlichen Vertreter zu hören, aus reiner Zweckmäßigkeit beseitigt werden.»[56]

Braunes Denkschrift hatte ausschließlich für ihn selbst Folgen. Am 12. August nahmen ihn Gestapomänner fest und schleppten ihn in die Berliner Prinz-Albrecht-Straße. Gleichwohl breitete die evangelische Kirche über die Denkschrift ihres Glaubensbruders den Schleier des Geheimnisses. Ende Oktober setzte die Gestapozentrale den engagierten Pastor wieder auf freien Fuß. Von seiten der Inneren Mission wurde er mit dem Vorwurf empfangen, sich in dieser Sache allzusehr exponiert zu haben.

Im Juli 1940 wandte sich in gleicher Sache der evangelische Landesbischof von Württemberg, Theophil Wurm, u. a. an Hitlers Innenminister Frick. Allerdings sprach aus seinem Schriftstück deutlich die Intention, mit dem Hitlerregime nicht in Konflikt zu geraten. Der Protest gegen die «Euthanasie»-Aktion, so Wurm, dürfe «nicht als eine Mißachtung nationaler und politischer Notwendigkeiten» angesehen werden. Da die Nazipartei, so unterstellte der Bischof wider jede Realität, «auf dem Boden eines ‹positiven Christentums› steht und unter diesem ‹positiven Christentum› vor allem die ethische Haltung der Christen, besonders auch die Nächstenliebe, verstanden wissen will, so könnte sie eigentlich die Maßnahmen zur Lebensvernichtung nicht billigen.» Immerhin prophezeite Wurm «einen Sittenverfall, der auch den Verfall des Staates nach sich ziehen würde», wagte aber «kaum die Hoffnung auszusprechen, daß meine Stimme gehört wird»[57].

In letzterem behielt der Bischof recht. Frick hielt ihn nicht einmal einer Antwort würdig, obgleich Wurm seinen Brief mit «Heil Hitler!» gezeichnet hatte. Anfang September 1940 griff Wurm erneut zur Feder und schrieb sowohl an Frick als auch an Reichsjustizminister Gürtner. Nicht allein Patienten aus Heil- und Pflegeanstalten, so klagte der Bischof, sondern selbst Insassen von Altersheimen würden der Vernichtung preisgegeben. Wurms Polemik gipfelte in der Frage: «Wenn die Staatsführung der Überzeugung ist, daß es sich um eine unvermeidliche Kriegsmaßnahme handelt, warum erläßt sie nicht eine Verordnung mit Gesetzeskraft?»[58]

Das Schreiben widerspiegelte zu jenem Zeitpunkt die inkonsequente Haltung der kirchlichen Vertreter beider Konzessionen zur «Euthanasie». Man nahm sie hin, wollte sie aber juristisch eingegrenzt und auf «geistig Tote» beschränkt sehen. Eine der ersten Reaktionen von seiten der katholischen Kirche, vorgetragen vom Freiburger Erzbischof Conrad Gröber sowie vom Rottenburger Generalvikar Kottmann, sorgte sich beispielsweise «aus patriotischen Gründen» um «die Wirkung, die das Bekanntwerden obiger Vorgänge in der ganzen kultivierten Welt hervorrufen müßte»[59]. Und Bischof Heinrich Wienken, Leiter des Commissariats der Fuldaer Bischofskonferenz, verhandelte im Herbst 1940 mit Funktionären des Nazistaates gar über die Abnahme der Beichte oder Letzten Ölung bei den Todeskandidaten. Diese peinliche Rolle des Lavierens erledigte sich Ende November 1940. Zu jener Zeit war das Heilige Offizium, die weltweite Versammlung der Kardinäle, mit der Frage konfrontiert worden, ob die Vernichtung sogenannten lebensunwerten Lebens erlaubt sei. Eindeutig bekannten sich die höchsten katholischen Würdenträger gegen die Tötung Unschuldiger, «da es gegen das natürliche und positiv göttliche Recht ist»[60]. Papst Pius XII. bestätigte das Dekret der Kardinäle und ordnete am 1. Dezember 1940 an, es zu veröffentlichen.

Dennoch dauerte es noch bis Ende Juni 1941, bevor die deutschen katholischen Bischöfe einen Hirtenbrief verabschiedeten, der die «Euthanasie» pauschal ablehnte. Am 6. Juli schließlich wurde das Papier von den Kanzeln der katholischen Gotteshäuser verlesen. Aber auch in ihm dominierte noch eine verschlüsselte Sprache: Unter keinen Umständen dürfe man außerhalb des Krieges und der gerechten Notwehr einen Unschuldigen töten.

Das Hitlerregime zeigte sich solchen Reaktionen gegenüber noch immer ungerührt. Als Ende Juli 1941 Pfleglinge westfälischer Anstalten abtransportiert werden sollten, protestierte der Bischof von Münster, Clemens August Graf von Galen, vergeblich. Auch Strafanzeigen wegen Mordes, die er bei der Staatsanwaltschaft sowie beim Polizeipräsidenten von Münster erstattete, blieben ohne Widerhall. Obgleich von streng konservativer und antisozialistischer Gesinnung und nicht ohne Sympathien für das Naziregime, entschloß sich Galen, die Dinge nunmehr beim Namen zu nennen. Von der Kanzel der Lambertikirche zu Münster klagte der Bischof am 3. August 1941 die «Euthanasie»-Mörder in einer leidenschaftlichen Predigt an: «Hast Du, habe ich nur solange das Recht zu leben, solange wir produktiv sind, solange wir von anderen als produktiv anerkannt werden? Wenn man den Grundsatz aufstellt und anwendet, daß man den ‹unproduktiven› Mitmenschen töten darf, dann wehe uns allen, wenn wir alt und altersschwach werden ..., dann ist *grundsätzlich* der Mord an allen unproduktiven Menschen, also an den unheilbar Kranken, den Invaliden der Arbeit und des

Kardinal Graf von Galen

Krieges, dann ist der Mord an uns allen, wenn wir alt und altersschwach und damit unproduktiv werden, freigegeben.»[61]

Galens mutige Predigt verbreitete sich wie ein Lauffeuer. Schließlich war sie der erste *öffentliche* Protest eines verantwortlichen Kirchenführers gegen die Mordaktion. In aller Eile vervielfältigten Christen wie Atheisten die Worte des Bischofs und verbreiteten sie als Flugblatt. Kommunisten aus Köln beispielsweise fertigten mehrere hundert Exemplare an und sandten sie auch an die Front. Bald schon war das Ausland über die Anklage aus Münster im Bilde. Die Nazikamarilla schäumte vor Wut. Mancher hätte Galen allzugern am Galgen gesehen. Doch die Hitlerclique befürchtete für diesen Fall die Empörung weiter Teile des Volkes. Am 13. August notierte Martin Bormann in einem Aktenvermerk: «Sicherlich wäre Todesstrafe angebracht; mit Rücksicht auf die Kriegsumstände wird der Führer diese Maßnahme kaum anordnen.»[62]

Die Nazis mußten sich damit begnügen, Galen als «Verleumder» und «Landesverräter» zu diffamieren.

Als andere führende Männer der Kirche ihren Protest endlich in die Öffentlichkeit hinausriefen, war das Tragische bereits geschehen. Mindestens 70 000 Menschen waren bis dahin in den Gaskammern der Tötungsfabriken verendet. Es zeigte sich bald, daß öffentliche Proteste ihre Wirkung nicht verfehlten. Folgt man Bracks Aussage in Nürnberg, so ist er am 24. August 1941 von Hitlers Begleitarzt Dr. Brandt darüber unterrichtet worden, daß der Führer einen Stopp der Vergasungsaktion verfügt habe.

Hefelmann, der dem Gespräch beiwohnte, konfrontierte Brandt sofort mit der Frage, ob sich Hitlers Direktive auch auf die Kinder-«Euthanasie» beziehe. Darauf blieb Brandt zunächst die Antwort schuldig. Erst eine Rücksprache mit Hitler ergab, daß der «Reichsausschuß» seine «Arbeit» fortsetzen dürfe.

Daß Hitlers Eingreifen nur ein taktischer Schachzug war, erhellte sich auch daraus, daß der Apparat der T4 unangetastet blieb und seine Tätigkeit fortsetzte. Von den Vernichtungsanstalten, die im August 1941 in Betrieb waren, wurde lediglich die Gaskammer von Hadamar stillgelegt.

Der vorläufige Vergasungsstopp war nicht allein eine Konsequenz des Kirchenprotestes. Er resultierte ebenso aus einer immer mehr um sich greifenden Unruhe in der Bevölkerung und schließlich aus Bedenken selbst führender Parteifunktionäre. Aber noch ein anderer wesentlicher Umstand mag Hitler zu seiner Entscheidung bewogen haben: Am 22. Juni hatte der militärische Überfall auf die Sowjetunion begonnen. Da kamen Auseinandersetzungen um das heiße Eisen der «Euthanasie» mehr als ungelegen, erschien es im Gegenteil ratsam, die öffentliche Meinung zu beschwichtigen. Durch geschickte Flüsterpropaganda ließen nazistische Meinungsmacher verbreiten, daß Hitler bislang nichts von den Massentötungen gewußt habe.

«Sonderbehandlung 14f13»

Wenngleich nach dem 24. August 1941 Anstaltsinsassen zunächst nicht mehr in Vernichtungsanstalten verlegt wurden, so markierte Hitlers Wink noch längst nicht das Ende der «Euthanasie». Das Personal der Vernichtungsanstalten war dadurch keineswegs zur Untätigkeit verurteilt. Inzwischen vernichtete man auch unnütze Esser aus den Konzentrationslagern. Schon Anfang 1941 hatte sich Himmler an Philipp Bouhler gewandt, um auch dort «Ballastexistenzen» auszumerzen. Die katastrophalen Lebensbedingungen in den Lagern hatten die Kurve des Krankenstandes immer weiter in die Höhe getrieben. Gebrechliche und invalide Häftlinge außerhalb umbringen zu lassen erschien dem Reichsführer SS schon aus Gründen der Geheimhaltung zweckmäßiger. Zudem hatte Bouhler

Himmler unumwunden zugesagt, das bewährte Personal der T4 auch für die Tötung kranker KZ-Häftlinge zur Verfügung zu stellen.

Das Unternehmen lief beim Inspekteur der KZ unter der Tarnbezeichnung «Sonderbehandlung 14f13». Die Perfidie der Aktion lag nicht zuletzt darin, daß kranken Häftlingen ihre Ausmusterung aus dem Lager erst einmal schmackhaft gemacht wurde. Im Frühjahr 1941 verbreitete die Lagerleitung im Mauthausener Nebenlager Gusen beispielsweise die Falschmeldung, daß im «Erholungslager Dachau» 2000 Plätze frei seien und sich kranke sowie arbeitsunfähige Häftlinge für eine Verschickung in das dortige «Sanatorium» melden könnten. Doch die Hoffnung manches kranken Häftlings auf Erleichterung oder gar Genesung fand in den Gaskammern der T4-Anstalten schon wenig später ein jähes Ende.

Bereits im Frühjahr 1941 bereisten T4-Ärzte die Lager, um Häftlinge zu «begutachten» und für die «Euthanasie» zu selektieren. Mit besonderem Eifer widmete sich dieser makabren Aufgabe ein Mann, der in sich außergewöhnliche kriminelle Unbekümmertheit mit verbohrtem Vorteilsstreben vereinte: Dr. Fritz Mennecke. Den jungen Mediziner beseelte ein seltenes, geradezu absonderliches Mitteilungsbedürfnis. Mit peinlicher Akribie schilderte er seiner Frau mitunter zweimal täglich in Briefen den Alltag eines T4-Gutachters. Von den rund 8000 Briefseiten, die er in unfaßbarer Diktion bekritzelte, sind etwa ein Drittel erhalten geblieben. Aus Menneckes Briefen ergaben sich auch die ersten Belege für die Aktion «14f13». So schrieb er beispielsweise am 7. 4. 1941 über sein Wirken im KZ Sachsenhausen: «... Soeben bin ich fertig geworden mit der statistischen Zusammenstellung der von mir untersuchten Häftlinge, bis jetzt 109 an der Zahl ... Ich lege gerade auf diese Unterlagen besonderen Wert für eventuelle spätere wissenschaftliche Verwertung, weil es sich ausschließlich um ‹Antisoziale› – und zwar in höchster Potenz – handelt.»[63]

Über das Unwesen, das Mennecke in Dachau trieb, wußte er am 3. September 1941 zu berichten: «Es sind nur 2000 Mann, die sehr bald fertig sein werden, da sie am laufenden Band nur angesehen werden.»[64]

Aus dem KZ Ravensbrück erfuhr Menneckes Frau am 20. November 1941, daß man es in der Führerkanzlei mit den Richtlinien für die Selektion der Häftlinge nicht so genau nahm: «Wir werden nun morgen zu dritt arbeiten und zunächst mit den bereits vorbereiteten Bögen fertig werden. Dann werden wir allerdings doch noch weit mehr machen, als bisher vorgesehen, nämlich etwa 2 000! Es heißt einfach in Berlin (Jennerwein), es sind 2 000 zu machen, – ob soviel nach den grundsätzlichen Richtlinien überhaupt infrage kommen, darum kümmert man sich nicht ... Alle sprechen von der ‹berühmten Berliner Organisation› – und alle wirken hier an ihr feste mit!»[65]

Für die Medizinkommissare von T4 waren nicht allein die körperlichen Gebrechen von KZ-Häftlingen maßgebend. Auch politische, soziale und rassische Motive konnten das Schicksal von KZ-Gefangenen besiegeln. Diagnosen wie «namhafter Funktionär der KPD», «schwerer Hetzer und Wühler», «deutschfeindliche Gesinnung» oder «Berufsverbrecher» waren in den Meldebögen der T4-Ärzte keine Seltenheit.

Unter den aus dem KZ Ravensbrück ausgesonderten Opfern, die in den Gaskammern von Bernburg endeten, befanden sich beispielsweise Olga Benario-Prestes, die Frau des Generalsekretärs der Kommunistischen Partei Brasiliens, die Kommunistinnen Tilde Klose und Lina Bertram, aber auch die Sozialdemokratin Käte Leichter sowie ausländische Antifaschistinnen.

Bei jüdischen «Euthanasie»-Opfern entfiel, wie Mennecke am 25. 11. 1941 aus Buchenwald mitteilte, die «Untersuchung» gänzlich: «Als 2. Portion folgten nun 1 200 Juden, die sämtlich nicht erst ‹untersucht› werden, sondern bei denen es genügt, die Verhaftungsgründe (oft sehr umfangreich!) aus der Akte zu entnehmen und auf die Bögen zu übertragen ... Punkt 17. 00 h ‹warfen wir die Kelle weg› und gingen zum Abendessen: kalte Platte Servelatwurst (9 große Scheiben), Butter, Brot, Portion Kaffee! Kostenpunkt 0,80 Mk, ohne Marken!»[66]

Mehrere Strafprozesse gegen «Euthanasie»-Mörder förderten später eindeutig zutage, daß das Unternehmen «14f13» nicht auf die Vernichtung Geisteskranker zielte. Im Nürnberger Ärzteprozeß, in dem Dr. Mennecke als Zeuge fungierte, war ihm die Frage gestellt worden: «Wenn Sie eine große Anzahl von Juden untersuchten, wollen Sie sagen, daß die alle zugleich auch geisteskrank waren?» – Mennecke antwortete wahrheitsgemäß: «daß ich der

Auffassung bin, daß sie überhaupt nicht krank waren, weder geisteskrank noch sonst»[67].

Aber auch die übrigen KZ-Häftlinge, die man für die «Euthanasie» aussonderte, litten zumeist nicht an einer Geisteskrankheit. Das Schnellverfahren der T4-Gutachter riß selbst in die Reihen arbeitsfähiger KZ-Insassen solche Lücken, daß sich im Frühjahr 1942 das Wirtschaftsverwaltungshauptamt (WVHA) der SS veranlaßt sah einzugreifen. In einem Rundschreiben vom 26. März 1942 an die KZ-Kommandanten hieß es: «Es dürfen der Untersuchungskommission nur solche Häftlinge zugeführt werden, die den gegebenen Bestimmungen entsprechen und vor allen Dingen nicht mehr arbeitsfähig sind.»[68]

Ein Jahr weiter hatte sich die Arbeitskräftesituation in der Rüstungsindustrie dramatisch zugespitzt. Um den «Endsieg» zu sichern, der inzwischen in immer weitere Ferne gerückt war, erschienen den Naziführern nunmehr selbst gebrechliche KZ-Häftlinge als Arbeitskräfte unentbehrlich. Am 27. April 1943 richtete der Amtsgruppenchef D im WVHA, SS-Brigadeführer und Generalmajor der Waffen-SS Glücks, ein Geheimschreiben an die Kommandanten von 15 Konzentrationslagern: «Der Reichsführer SS und Chef der deutschen Polizei hat auf Vorlage entschieden, daß in Zukunft nur noch geisteskranke Häftlinge durch die hierfür bestimmten Ärztekommissionen für die Aktion 14f13 ausgemustert werden dürfen.

Alle übrigen arbeitsunfähigen Häftlinge (Tuberkulosekranke, bettlägerige Krüppel usw.) sind grundsätzlich von dieser Aktion auszunehmen. Bettlägerige Häftlinge sollen zu einer entsprechenden Arbeit, die sie im Bett verrichten können, herangezogen werden. Der Befehl des Reichsführers SS ist in Zukunft genauestens zu beachten.»[69]

Durch Himmlers Weisung war die erste Phase der Häftlings-«Euthanasie» erst einmal beendet. Sie lebte noch einmal im April 1944 auf, als der Krankenstand in den KZ ins Unermeßliche stieg und man Platz für neu ankommende Transporte benötigte.

Die Zahl der Opfer, die allein der «Sonderbehandlung 14f13» zum Opfer fielen, ist nicht mehr genau feststellbar. Die Kalkulation der hierbei Getöteten schwankt zwischen 10000 und 20000 Menschen. Nicht alle Opfer der Aktion «14f13» starben in der Gaskammer. Manchen wurde auch Phenol oder Benzin in die Blutbahn gespritzt; eine Methode, die KZ-Ärzte selbst oft genug in den Lagern anwendeten.

Die Wertsachen und ausgebrochenen Goldzähne der Umgebrachten wurden durch die T4-Anstalten dem zuständigen KZ übermittelt. Das KZ-Personal wiederum «beurkundete», daß der Häftling im Lager eines natürlichen Todes gestorben sei.

Stopp und doch kein Ende

Der von Hitler im August 1941 verfügte Vergasungsstopp entsprang weder einer menschlichen Anwandlung des Diktators noch war er endgültig. Die Ermordung behinderter und später selbst verhaltensgestörter Kinder in den «Kinderfachabteilungen» wurde ohnehin nie unterbrochen. Aber auch die «Desinfizierung» erwachsener Anstaltsinsassen kam schon bald wieder in Gang. Im Nürnberger Ärzteprozeß prägte Brack für jene Phase den bewußt irreführenden Begriff der «wilden Euthanasie». In Wahrheit geschah die Fortsetzung des Massenverbrechens keineswegs spontan, sondern durchaus mit Billigung und sogar in Kooperation mit der KdF und der T4-Zentrale.

Was sich weitgehend änderte, waren die Methoden des Tötens, aber auch die Prozedur, nach der die Opfer ausgesucht wurden. Das manipulierte Sterben von Anstaltsinsassen sollte künftig weniger spektakulär vor sich gehen. Scheinbar natürliche Todesursachen hatten den Verdacht kriminellen Vorgehens auszuräumen.

Bereits Ende November 1941 zitierte Brack die leitenden Kader der «Euthanasie»-Anstalten nach Sonnenstein (Pirna), um sie auf das Programm der Zukunft einzustimmen. Nach einer Aussage des Hadamarer «Euthanasie»-Arztes Gorgaß erklärte Brack den Anwesenden, «daß die ‹Aktion› durch den eingetretenen Stopp im August nicht beendet sei, sondern weitergehen werde ...»[70].

In der neuen Methodik des Tötens dominierte die Hungerkost. Man richtete in den Anstalten Hungerstationen ein, in denen sich der Speisezettel in Kartoffelschalen, Brennesseln und Löwenzahn, ohne jedes Gramm Fett zubereitet, erschöpfte. Als Folge solcher Ernährung stellte sich alsbald Darmkatarrh und schon wenig später meist auch der Tod ein. Durch Dr. Mennecke erfuhr die Öffentlichkeit nach Kriegsende, daß in der Anstalt Eichberg die täglichen Kosten für die Ernährung eines Patienten ungefähr 32 bis 46 Pfennige betrugen.

Scheinbar natürliche Todesursachen wußten skrupellose Anstaltsärzte auch noch anderweitig herzustellen. Sie sorgten dafür, daß die Hygiene der Patienten vernachlässigt und die Todesstationen nicht mehr beheizt wurden. Sie halfen aber auch mit der Überdosierung von Medikamenten nach, beispielsweise von Luminal, was in der Regel Lungenentzündung und mithin den Exitus zur Folge hatte.

Gleichwohl geschahen die Anstaltsmorde nach dem Stopp nicht mehr mit der gleichen Systematik wie zuvor. Eine Reihe von «Euthanasie»-Ärzten fühlte sich durch Hitlers Wink verunsichert. Mehrere von ihnen bedrängten daher Brandt, wieder grünes Licht für die Tötungen zu geben. Ihrer Intervention blieb der Erfolg schließlich nicht versagt. Am 17. August 1943 empfing Nitsche mehrere Anstaltsdirektoren in Berlin, um sie in Brandts Namen ausdrücklich zu ermächtigen, «Euthanasie» in eigener Verantwortung zu betreiben. Die Organisation T4, inzwischen kriegsbedingt dezentralisiert, half dafür beispielsweise mit immer knapper werdenden Medikamenten aus. «Wild» war die «Euthanasie» nach dem Stopp vom August 1941 nur insofern, als es in der alleinigen Disposition des Arztes lag, wen und wann er zu töten gedachte.

Welche Kreise die Willkür der Anstaltsärzte zog, belegt das Schicksal eines vierzehnjährigen Jungen, das wahllos herausgegriffen ist. Ernst L., das Opfer, galt als schwererziehbar, weil er zu Diebstählen neigte. Der Junge, der als aufgeweckter Bursche geschildert wurde, ahnte oder wußte gar um das Schicksal, das ihm in der Zweiganstalt Irsee zugedacht war. Im Sommer 1944 hatte ihn der Anstaltsleiter auf die Liste der Todeskandidaten gesetzt. Als man dem Jungen Luminal in den Kaffee mischte, weigerte er sich zu trinken. Auch vergiftetes Essen war ihm nicht zu verabreichen. Schließlich suchte man ihm einzureden, daß er wegen Typhusverdachts Tabletten schlucken müsse. Doch Ernst L. spie die Tabletten wieder aus.

Es bedurfte erst eines Teams von drei Berufsmördern, um den Lebenswillen des Vierzehnjährigen auszulöschen. Zwei Pfleger hielten ihr Opfer mit Gewalt fest, während eine Schwester den Jungen mit Morphium-Skopolamin abspritzte.

Im Jahre 1944 häuften sich in Irsee, das zur Anstalt Kaufbeuren gehörte, die Sterbefälle in solchem Maße, daß die Patienten nicht mehr wie üblich den Leichenwagen zur Beerdigung begleiten durften. Dem Pfarrer des Ortes untersagte man, während der Bestattung die Glocken zu läuten. Nachdem die Friedhofserde des Ortes restlos ausgeschöpft war, wurde im November 1944 schließlich ein Krematorium gebaut.

Aber selbst noch im letzten Kriegsjahr, da die Spatzen die Niederlage des Naziregimes längst von den Dächern pfiffen, nahm der Wahnsinn des Massentötens in den Anstalten seinen Fortgang. Beispielsweise stießen Rotarmisten im Februar 1945 in der pommerschen Anstalt Meseritz-Obrawalde auf grauenvolle Dinge. In drei Massengräbern entdeckten sie an die 1 000 Leichen von einstigen Anstaltsinsassen. Eine Untersuchungskommission der Sowjetarmee fand diverse Mengen an Medikamenten, mit denen die Patienten reihenweise getötet worden waren. Unter den Tätern, die der Kommission in die Fänge gingen, befand sich eine Schwester namens Ratajczak. Sie selbst hatte innerhalb von drei Jahren 2 500 Menschen umgebracht. «Das letzte Mal», so die Massenmörderin vor der sowjetischen Untersuchungskommission, «habe ich zwei Frauen am 28. Januar 1945 getötet, und am nächsten Tag bin ich nicht mehr zur Arbeit gegangen, da die Rote Armee in unsere Stadt kam.»[71]

Die letzte Eintragung im Sterberegister der Anstalt, das die Kommission aufspürte, datierte vom 30. Januar 1945 und trug die Nummer 18232. Die Mehrzahl der Patienten von Meseritz-Obrawalde war spätestens am 7. Tag nach ihrer Einlieferung verstorben. Eine Todesfabrik, die als Krankenhaus getarnt war.

Die Untersuchungskommission der 1. Belorussischen Front begann mit ihren Ermittlungen in Meseritz-Obrawalde bereits Anfang März 1945, da der Geschützdonner des zweiten Weltkrieges noch allgegenwärtig war. Bereits am 10. Mai konnten die Schwester Ratajczak und der Pfleger Gulke von einem sowjetischen Militärtribunal zum Tode verurteilt und hingerichtet werden. Dabei hatte man die Anklage auf die Ermordung sowjetischer Zwangsarbeiter beschränkt.

Die amerikanischen Besatzer indessen legten weit weniger Eile an den Tag, hinter die Kulissen der Mordanstalten zu schauen. Es klingt unglaublich und ist doch verbürgt: In der Anstalt Kaufbeuren wurden Patienten bis zum 2. Juli 1945(!) gezielt ins Jenseits befördert. Obgleich die US-Besatzer bereits am 27. April in den Ort eingerückt und nur wenige hundert Meter von der Anstalt entfernt stationiert waren, konnte noch am 29. Mai(!) der vierjährige Junge Richard abgespritzt werden. Erst am 2. Juli entdeckten zwei Offiziere der amerikanischen Militärregierung das Geheimnis der Anstalt. Die Leichen ausgemergelter Männer und Frauen, die sie hier vorfanden, waren zwischen 12 und 72 Stunden alt. Ihr Gewicht schwankte zwischen 26 und 33 Kilo. Erklärung der Amerikaner: Das Schild am Eingang des Krankenhauses mit der Aufschrift «Typhus» habe sie abgeschreckt, das Objekt schon früher zu betreten.

Die Folgen der Hungertortur, die in vielen Anstalten üblich war, rafften nach dem Ende des Hitlerregimes auch anderswo noch zahlreiche Patienten hin.

Wer zählte die Opfer?

Wer sollte im nachhinein die Opfer zählen, die die faschistische «Euthanasie» tatsächlich gekostet hatte. Bis zum Vergasungsstopp hatten die Nazis darüber peinlich genau Statistik geführt. Freilich waren sie im Angesicht ihrer Niederlage fieberhaft bestrebt, alles Beweismaterial zu vernichten oder verschwinden zu lassen. In der Anstalt Hartheim bei Linz hatte dazu die Zeit aber offenbar nicht mehr gereicht. Jedenfalls entdeckte der Major der Militärpolizei Charles H. Damerow dort am 27. Juni 1945 in einem Stahlfach eine Broschüre, in der die Verantwortlichen eine ebenso aufschlußreiche wie makabre Bilanz gezogen hatten. Gleich auf der ersten Seite fand sich eine präzise Antwort auf die Frage: «Was ist bisher in den einzelnen Anstalten geleistet bzw. desinfiziert worden?» Die Antwort lautete:

«Bis zum 1. September 1941 wurden desinfiziert: Personen 70 273. Diese Zahl

1. verteilt auf die einzelnen Anstalten für die Jahre 1940 und 1941, ergibt folgende Aufstellung:

Anstalt	1940	1941	Sa
A = Grafeneck	9839	–	9839
B = Brandenburg	9772	–	9772
Be = Bernburg	–	8601	8601
C = Hartheim	9670	8559	18269
D = Sonnenstein	5943	7777	13720
E = Hadamar	–	10072	10072
A–E:	35224	35049	70273»[72]

Es spricht alles dafür, daß mit den als «desinfiziert» bezeichneten Opfern ausschließlich jene gemeint waren, die in den Gaskammern der sechs Vernichtungsanstalten endeten. Nicht enthalten sind in dieser Zahl jene Patienten, die man bereits zwischen 1939 und August 1941 langsam verhungern ließ oder durch Medikamente zu Tode brachte. Und ohne Zweifel forderte die «wilde Euthanasie» weitere ungezählte Opfer. Eine Nazistatistik vom Januar 1942 belegt, daß die Zahl der Anstaltsbetten, die einem anderen, überwiegend militärischen Verwendungszweck «zugeführt» worden waren, Ende 1941 bereits 93521 betrug.[73] Experten gehen davon aus, daß der «Euthanasie» nach dem Vergasungsstopp noch einmal rund 100000 Menschen zum Opfer fielen.[74] Unter den in medizinischen Anstalten Getöteten befanden sich nach grobem Überschlag etwa 5000 Kinder.[75]

Hinzu kommen die KZ-Häftlinge, die bei der «14f13»-Aktion in den Gaskammern der «Euthanasie»-Anstalten starben und deren Zahl auf etwa 20000 geschätzt wird.[76] Die Richter von Nürnberg legten im Urteil gegen die deutschen Hauptkriegsverbrecher eine Gesamtopferzahl von 275000 zugrunde.[77] Nach neueren Erkenntnissen bewegt sich die tatsächliche Zahl der Opfer um 200000.

Die von der T4-Zentrale angefertigte Statistik offenbarte übrigens bis ins Detail, daß sich die erste Massenmordaktion des Naziregimes ökonomisch mehr als ausgezahlt hatte. Als Berechnungsgrundlage dienten dabei jene 70273 Opfer, die bis zum 1. September 1941 in den genannten «Euthanasie»-Anstalten vergast worden waren. «Bei einem durchschnittlichen Tagessatz von RM 3,50», so das von Major Damerow aufgefundene Dokument, «ergibt sich

1. eine tägliche Ersparnis von RM 245 955,50
2. eine jährliche Ersparnis von RM 88 543 980,00.»[78]

In Wahrheit lagen die Profite, die das erste große Geschäft mit
dem Tode für das Naziregime abwarf, noch höher. Denn die Ko-
stenträger, die Angehörigen oder mitunter auch die Heimatanstalt
des Patienten, hatten den Tagessatz bis zum fingierten Todesda-
tum des Opfers zu zahlen, das oft lange nach der tatsächlichen Ermordung lag. Die anfallenden Überschüsse flossen in die Kasse der
«Zentralverrechnungsstelle Heil- und Pflegeanstalten», jener getarnten Zweigstelle der T4-Zentrale, die von Allers und seinem
Stellvertreter Hans-Joachim Becker dirigiert wurde. Becker, der für
längst vergaste Patienten Unsummen vereinnahmte, hatte sich intern bald den Namen «Millionen-Becker» eingehandelt. Auf Veranlassung Bracks hatte die Verrechnungsstelle auch das Zahngold
zu verwerten und «flüssig» zu machen, das man den getöteten Opfern ausgebrochen hatte. Am Ende landete der Gewinn aus dem
gnadenlosen Massenmord auf dem Konto des Reichsschatzmei-
sters der NSDAP. Doch das Geschäft mit dem Tode Hilfsbedürftiger kam nicht nur der Hitlerpartei zugute.

Sein Gewinn wurde im kollektiven Interesse des deutschen Monopolkapitals weiterverwendet. Der fluchbeladene Profit aus der
«Euthanasie» ging ein in jene gigantische Investition, die ein noch
verheerenderes Verbrechen finanzierte, den Überfall auf fremde
Länder und den Mord ganzer Völker.

Justiz als Komplice

Nachfolgende Generationen haben nicht wenig Mühe zu begreifen,
wie ein politisches Kapitalverbrechen von der Art der «Euthanasie»
überhaupt möglich war. Fragen über Fragen türmen sich dabei auf.
Der Mordtatbestand, das gesetzliche Verbot des Tötens Unschuldiger, ist ja selbst während der Naziherrschaft nie außer Kraft gesetzt
worden. Und Patienten der Heil- und Pflegeanstalten waren doch
weder wirkliche noch vermeintliche Gegner des Nazistaates wie
etwa Kommunisten, Sozialdemokraten, Juden oder andere ausdrücklich zu Feinden erklärte Gruppen. Weshalb also ist die Justiz
den «Euthanasie»-Mördern nicht in den Arm gefallen? Ist die

Kunde vom Anstaltsmord nie bis in die Amtszimmer von Staatsanwälten und Richtern oder wenigstens an das Ohr des Justizministers gedrungen? Oder haben sich die sogenannten Vertreter des Rechts bewußt blind und taub gestellt?

Die Haltung der bürgerlichen deutschen Justiz zu dieser Frage füllt eines der schändlichsten Kapitel ihrer Geschichte aus. Die Juristen des Hitlerstaates erfuhren früher oder später – vom Minister bis zum Amtsrichter – von dem Massenmord und legten ihre Hände bewußt in den Schoß. Viele von ihnen wurden zu aktiven Komplicen der «Euthanasie»-Verbrecher, indem sie Strafanzeigen von Angehörigen der Opfer bedenkenlos ad acta legten.

Die Spitzen der Justiz waren von Anbeginn an in die Ambitionen von Hitler, Bormann und anderen Naziführern eingeweiht, das Leben sogenannter Ballastexistenzen reihenweise auszulöschen. Hefelmanns Sekretärin bekundete am 8. Juni 1967, daß Freisler als Vertreter des Justizministers noch vor Ausbruch des zweiten Weltkrieges mit der Aktion T4 vertraut gemacht worden war.

Tatsächlich geriet Hitlers erster Justizminister Dr. Franz Gürtner in puncto «Euthanasie» alsbald in die Zwickmühle. Da ersuchte ihn am 8. Juli 1940 ein Vormundschaftsrichter aus Brandenburg namens Dr. Lothar Kreyssig recht engagiert um Aufklärung und Rat in bezug auf die Tötung von Anstaltsinsassen. Und schon wenige Tage später lag ihm ein Schreiben der Stuttgarter Generalstaatsanwaltschaft auf dem Tisch, dem eine anonyme Strafanzeige beigefügt war. «Da mir in letzter Zeit verschiedene ähnlich gefaßte Gerüchte bekannt geworden sind», so der Stuttgarter Ankläger Holzhäuser an Gürtner, «bitte ich um Weisung, ob ich die Ermittlungen einleiten und hierzu die Geheime Staatspolizei, Staatspolizeileitstelle Stuttgart, in Anspruch nehmen soll.»[79]

Wenig später sah sich Gürtner in gleicher Sache von weiteren Generalstaatsanwälten bedrängt. Die Umstände ließen ihm nun keine andere Wahl mehr, als zu handeln. Für den 23. Juli 1940 arrangierte Gürtner ein Gespräch mit Lammers, dem Chef der Reichskanzlei und Verbindungsmann der Staatsbehörden zu Hitler. Doch Lammers hatte nur ein Achselzucken für den obersten Rechtswahrer des Nazireiches übrig. Der Führer, so bedeutete Lammers dem Minister, lehne es ab, ein Gesetz über die Tötung unnützer Esser zu erlassen. Immerhin unternahm Gürtner den zaghaften Versuch, wider den Stachel zu löcken. Am folgenden Tage rügte er in einem Schreiben an Lammers noch einmal das Fehlen eines «Euthanasie»-Gesetzes. «Daraus ergibt sich nach meiner Überzeugung die Notwendigkeit, die heimliche Tötung von Geisteskranken sofort einzustellen ... Der Standpunkt, die Reichsjustizverwaltung wisse von dem ganzen Verfahren nichts, ist den eigenen Behörden gegenüber unmöglich.»[80]

Einen Durchschlag dieses Schreibens ließ Gürtner wenige Tage später auch Bouhler zukommen, von dessen Vollmachten er inzwischen erfahren hatte. Bouhler, der sich seiner Macht sehr wohl bewußt war, wußte, wie dem Minister beizukommen sei. Er präsentierte ihm Hitlers «Euthanasie»-Befehl und ließ ihn mit Schreiben vom 5. September 1940 noch einmal definitiv wissen, daß er, Bouhler, alle notwendigen Anweisungen für die Aktion gegeben habe und ihm «der Erlaß besonderer, schriftlich zu fixierender Ausführungsbestimmungen nicht mehr erforderlich (erscheint)»[81].

Gürtner gab auf. Er akzeptierte schließlich Hitlers Ermächtigung an Brandt und Bouhler als Gesetz. Nach seinem Tode im Januar 1941 übernahm Dr. Franz Schlegelberger kommissarisch die Regie im Justizministerium und mithin die Bürde seines Vorgängers. Doch Schlegelberger, der den Ministersessel gern auf Dauer vereinnahmen wollte, belastete die «Euthanasie» weniger als seinen früheren Chef. Zwar rügte auch er das Fehlen eines Gesetzes. Gleichwohl entschloß er sich, das Versteckspiel um die «Euthanasie» zu beenden und wenigstens die Spitzen der Justiz ins Bild zu setzen. Für den 23. und 24. April 1940 beorderte er sämtliche Oberlandesgerichtspräsidenten und Generalstaatsanwälte in das «Haus der Flieger» nach Berlin, um sie in die Details der Aktion einzuweihen.

Für die Erfüllung seiner Pflicht, so tastete sich Schlegelberger vor der Creme der Justiz behutsam zur Sache vor, «ist der Richter dem Führer verantwortlich, dem Führer, von dem er die Befugnis, das Recht zu sprechen, ableitet»[82]. Den Rest besorgten Brack und Heyde, die – von Schlegelberger als Gäste und «erste Sachkenner» begrüßt – dem Gremium die «Euthanasie» im Klartext vermittelten. Keiner der Geladenen meldete auch nur ein einziges Wort des Widerspruchs an. Die anschließende Debatte beschränkte sich auf Fragen der Prozedur.

Schlegelberger und die hinter ihm stehende KdF erreichten, was sie erreichen sollten: Noch schwebende Ermittlungsverfahren wegen der Vernichtung «lebensunwerten Lebens» wurden unverzüglich niedergeschlagen, neue Verfahren nicht mehr angestrengt. Nunmehr war die Justiz nicht nur Mitwisser der «Euthanasie»-Aktion, sondern auch aktiver Komplice der Anstaltsmörder.

Im nachhinein haben Teilnehmer jener denkwürdigen Tagung im April 1940 beschworen, daß Widerspruch und Protest unmöglich und zwecklos gewesen seien. In Wahrheit eine Schutzbehauptung, die sowohl den Mangel maßgeblicher Juristen an Zivilcourage als auch die moralische Abstumpfung verdecken sollte. Daß nicht nur Verweigerung, sondern selbst aktiver Widerstand möglich waren, beweist das mutige Verhalten des schon erwähnten Vormundschaftsrichter Dr. Lothar Kreyssig, eines engagierten Vertreters der Bekennenden Kirche.

Als Kreyssig im Sommer 1940 erfuhr, daß entmündigte Geisteskranke hinter dem Rücken des Vormundschaftsrichters nach Hartheim verschleppt und dort getötet würden, kündigte er seinem unwillig reagierenden Kammergerichtspräsidenten an, daß ein Richter die «Pflicht hat, für das Recht einzutreten. Das will ich tun.»[83] Kreyssig, der aus seiner christlichen Gesinnung heraus schon manchen Strauß mit seinen Vorgesetzten ausgefochten hatte, verharrte nicht im Lippenbekenntnis. Zweimal reiste er in die Reichshauptstadt, um Staatssekretär Freisler seine Bedenken vorzutragen. Doch der zweite Mann im Justizministerium verwies Kreyssig lediglich auf den Willen des Führers, der angeblich Recht schaffe. Zudem machte Freisler keinen Hehl daraus, daß Reichsleiter Bouhler der Verantwortliche für die «Euthanasie»-Aktion sei. Der couragierte Amtsrichter reagierte darauf auf seine Weise und erstattete Strafanzeige gegen Bouhler wegen Mordes! Natürlich verlief die Sache im Sande. Aber auch Kreyssig blieb ob seiner couragierten Tat unbehelligt. Und so sah er sich ermutigt, weitere Schritte zu gehen.

Am 27. August untersagte Kreyssig sieben Landesheilanstalten, «Personen, welche unter vormundschaftlicher Obhut des Amtsgerichts Brandenburg/Havel stehen ..., ohne meine vorherige Zustimmung zu entlassen»[84]. Dieser Akt, der seinesgleichen nicht hatte, brachte dem Brandenburger Richter ein Dienststrafverfahren und eine Vorladung zum Reichsjustizminister persönlich ein. Als Kreyssig am 13. November 1940 Gürtner Auge in Auge gegenübersaß, bot er diesem auch jetzt noch die Stirn. Der Aufforderung des Ministers, die besagte Anweisung an die Landesheilanstalten wieder aufzuheben, war Kreyssig um keinen Preis bereit nachzukommen, auch nicht, als Gürtner ihm eine Fotokopie von Hitlers «Euthanasie»-Befehl unter die Nase hielt. Nun war die Geduld von Hitlers Justizminister erschöpft. Er drohte dem Aufmüpfigen zusätzlich ein Verfahren an, mit dem er aus dem Amt getrieben werden sollte. Wenige Tage später bekräftigte Kreyssig seine Haltung noch einmal und ersuchte selbst darum, in den Ruhestand versetzt zu werden. Doch dauerte das noch geraume Zeit. Hitlers Entscheidung über Kreyssigs Ausschluß aus der Richterschaft fiel erst Anfang März 1942. Am 1. Juli desselben Jahres sagte der ebenso hervorragende wie aufrechte Jurist der Nazijustiz endgültig ade. Dr. Lothar Kreyssig blieb fortan unbehelligt und überlebte das faschistische Mörderregime. Als einer der wenigen standhaften Juristen des Nazireiches beschämte er eine ganze Berufskaste. Und so trifft F. K. Kauls Wort gewiß ins Schwarze, daß es Hitler ebensogut hätte einfallen können, «zu bestimmen, daß der Gashebel von einem Juristen zu bedienen sei»[85].

Hitlers Privatunternehmen?

Für manche Faschismusforscher und selbst für Gerichte der westlichen Hemisphäre bedeutet die Aktion «Gnadentod» die Idee und das Werk eines einzelnen Mannes, Adolf Hitlers. Reinhard Henkys meint gar, daß der Massenmord an Insassen der Heil- und Pflegeanstalten «als eine Art Privatunternehmung Hitlers angesehen werden kann»[86]. Der «Euthanasie»-Erlaß des Naziführers wird als der alles bewegende Akt dargestellt, dem man sich entweder nicht habe entziehen können oder der den Tätern das Bewußtsein vermittelt habe, legitim, zumindest aber gesetzlich zu handeln. Letzteres ist um so absurder, als selbst exponierte Nazijuristen mit der Form des auf den 1. September 1939 zurückdatierten geheimen Hitlerbefehls haderten und an dessen Stelle ein «ordentliches» Gesetz forderten. Zu den Formkritikern der Führerdirektive gehörten keine geringeren als Reichsjustizminister Gürtner, der Chef der Reichskanzlei, Heinrich Lammers, und selbst der blindwütige Roland Freisler, der den Amtsrichter Kreyssig aus Gründen der Rechthaberei in dessen Absicht sogar bestärkte, Strafanzeige gegen Bouhler zu erstatten.

Gewiß hatte die Tatsache, daß Hitler hinter der T4-Aktion stand und sie persönlich deckte, keinen geringen Einfluß darauf, daß sich genügend Personen bereit fanden, an der Mordaktion mitzuwirken. Allerdings haben die wenigsten Mittäter den «Euthanasie»-Befehl ihres Führers jemals zu Gesicht bekommen. Die meisten von ihnen handelten im blinden Vertrauen auf Hitlers Unfehlbarkeit und Allmacht, selbst Mörder von Schuld reinwaschen und vor Strafe schützen zu können.

Eine maßgebliche Rolle spielte Hitler zweifellos auch in bezug auf die Konspiration, mit der die Aktion «Gnadentod», ungeachtet aller Pannen, angepackt und betrieben wurde. Der Nazichef hatte sich durch nichts und niemanden dazu bewegen lassen, ein Gesetz über die «Euthanasie» zu verkünden und in den Spalten des Reichsgesetzblattes zu verewigen. Er war Realist genug, zu erkennen, daß eine Legalisierung des Mordes nicht nur den Unwillen der Deutschen, sondern die Entrüstung der ganzen Welt herausgefordert hätte. Deshalb kümmerten ihn die Vorstöße seiner Juristen die sich um die heile Welt ihrer Paragraphen gebracht sahen, einen Dreck. Und selbst als sich das Naziregime – besonders durch kirchliche Kreise – in die Enge getrieben sah und Hitler um den Vergasungsstopp nicht länger herumkam, hatte er lediglich das Gerücht, nicht aber Nachrichten über das Einhalten ausstreuen lassen. Daß der Stopp nur als taktischer Schachzug und als vorläufig gedacht war, daran ließ er im engsten Kreis keine Zweifel. Am 10. Oktober 1941 meditierte er beispielsweise im Führerhauptquartier: «Das Gesetz des Daseins fordert ununterbrochenes Töten, damit das Bessere lebt.»[87]

So gewichtig Hitlers Initiative und Taktik mit Blick auf den ersten industriell betriebenen Massenmord auch waren, sie wären gescheitert, hätten sich nicht Hunderte von Helfershelfern eingestellt, die zum Töten Unschuldiger bereit waren. Keiner von ihnen mußte gezwungen werden, Hand an wehrlose Anstaltsinsassen zu legen, keiner der «Euthanasie»-Mörder konnte sich darauf berufen, unter dem Notstand des Hitlerbefehls gehandelt zu haben.

Für jene Kreaturen beispielsweise, die in der Führerkanzlei und in der T4-Zentrale die Fäden für das verhängnisvolle Geschehen zogen, bedeutete die Mitwirkung an der «Euthanasie» einen gehobenen Job, einen willkommenen Steigbügel für ihre Karriere in einem unmenschlichen System. Leute wie beispielsweise Allers und Vorberg waren, wie F. K. Kaul es vor dem Frankfurter Schwurgericht treffend beschrieben hat, «nicht vor die unausweichliche Alternative gestellt, mit der Masse von Komplicen zu Mördern zu werden oder, sich aus dieser Masse heraushebend, als einzelne die moralische Kraft aufbringen zu müssen, zum verbrecherischen Befehl ‹NEIN!› zu sagen ..., nicht die Tat kam zu ihnen ..., nein freiwillig und in klarer Erkenntnis aller Umstände kamen die Angeklagten Allers und Vorberg zur Tat, drängten sie sich geradezu ihr auf»[88]! Gleichwohl beriefen sie sich zu ihrer Entlastung auf Hitler.

Aber auch das für die Vernichtungsanstalten benötigte Personal brauchte zu seinem grauenhaften Handwerk keineswegs gezwungen zu werden. Ärzte wie Pfleger erhielten Bedenkzeit. Und wer sich dem Ansinnen widersetzte, was ausnahmsweise geschah, riskierte weder Kopf noch Kragen. Jedenfalls ist bis heute kein einziger Fall bekanntgeworden, in dem ein «Euthanasie»-Täter im Weigerungsfalle an Leib oder Leben bedroht worden wäre.

Als Heyde im August 1940 eine Reihe von Psychiatern in den Mordplan einweihte, wies der anwesende Ordinarius für Psychiatrie und Neurologie an der Universität Göttingen, Professor Dr. Gottfried Ewald, die «Euthanasie» empört zurück. Und was geschah? Heyde versicherte dem Göttinger Wissenschaftler sogar seinen Respekt, was freilich geheuchelt war. Man schloß ihn lediglich von der weiteren Beratung aus, da man «deren Geheimhaltung sichern müsse»[89]. Aber damit hatte es auch sein Bewenden. Die Proteste von Professor Sauerbruch und des Tuberkuloseforschers Professor Kurt Klare zogen ebenfalls keine ernsthaften Konsequenzen nach sich.

Das Milieu, aus dem die Masse der T4-Täter stammte, war keineswegs asozial oder gar kriminell. Nicht wenige von ihnen waren gläubige und aktive Christen. Der «Euthanasie»-Massenmörder Dr. Adolf Wahlmann beispielsweise war Leiter eines Kirchenchores. Er lehnte Funktionen in der NSDAP ab, damit er seine Freizeit in die Musik investieren konnte. BRD-Staatsanwalt Rückerl, der die Biographien von 27 T4-Mördern durchleuchtete, fand heraus:

«Mit einer Ausnahme kamen die Angeklagten alle aus geordneten, kleinbürgerlichen Verhältnissen.»[90]

Hitler und seine unmittelbaren Komplicen brauchten also weder nach Sadisten noch nach abgefeimten Verbrechern Ausschau zu halten, um genügend Werkzeuge für den Massenmord an wehrlosen Pfleglingen zu gewinnen. Bezeichnend ist, daß sich kein einziger jener Psychiater, die in die «Euthanasie» verstrickt waren, dem Widerstand gegen das Naziregime anschloß. Einmal in die Aktion einbezogen, wurde für sie das Töten alsbald zur Routine, zur Gewohnheit, zum Beruf. Sie allesamt wußten, daß es bei der Aktion T4 nicht um Sterbehilfe ging, sondern um «Euthanasie» ohne Gnade, um gezielten, kaltblütigen Mord aus ökonomischen und militärischen Gründen. Nicht von ungefähr stand auf den Aktenhüllen der T4-Anstalten, aber auch ihrer vorgesetzten Behörden, der Aufdruck: «Nicht in Feindeshand fallen lassen! Bei Feindgefahr vernichten!»

Westdeutsche Autoren glauben die Schuld der «Euthanasie»-Verbrecher dadurch herunterspielen zu können, daß sie Hitler unterstellen, er habe es deutschen Bürgern ermöglicht, «ihre Destruktionswünsche auszuleben und doch sagen zu können, sie seien zu allem gezwungen worden und hätten nichts gewußt. Er machte sie wieder zu kleinen Kindern ...»[91]

Daraus könnte und sollte man wohl schließen, daß die Täter ohne Hitler nicht schuldig geworden wären; daß es ein einzelner war, von dem sich Hunderte und Tausende bereitwillig in den Strudel des Verbrechens hineinziehen ließen; daß eben dieser Hitler nur an das angeblich Destruktiv-Animalische im Menschen anzuknüpfen brauchte. Folgte man dieser Version, so wäre die Ursache der «Euthanasie»-Morde – wie überhaupt der Naziverbrechen – nicht im gesellschaftlichen System des Faschismus, sondern in der Natur Hitlers und letztlich in der Natur des Menschen zu suchen. Prüft man indessen die wirklichen Motive der «Euthanasie»-Verbrecher, die in zahlreichen Strafprozessen erhellt wurden, so bleibt übrig, daß die Täter als *soziale* Wesen versagt haben. Nicht Destruktionswünsche ließen die meisten von ihnen zu Mördern werden, sondern soziale Beweggründe, die durch die antihumanen Umstände des Faschismus nachhaltig gefördert und provoziert wurden, also Existenzangst, blinder Autoritätsglaube, Ras-

Dietrich Allers – Geschäftsführer der T4

sendünkel sowie Menschenverachtung aller Art und immer und immer wieder – gepaart mit charakterlicher Labilität – Vorteilsstreben und Karrieresucht. Freilich mögen sich unter den Tätern auch ein paar Sadisten befunden haben, beispielsweise Dr. Pfannmüller, für die das Morden Lustbefriedigung bedeutete. Doch nicht sie bestimmten das Bild des gewöhnlichen «Euthanasie»-Täters.

Das Mordunternehmen möglich gemacht haben aber nicht nur jene, die den Gashebel betätigt oder die Spritze verabreicht haben. Zum Gelingen der «Euthanasie» trugen durch aktives Tun oder bewußtes Unterlassen auch unzählige weitere Personen bei: Mitarbeiter der Reichspost und der Reichsbahn, Personal der Heil- und Pflegeanstalten, die die Meldebögen ausfüllten und ihre Patienten im Wissen um deren Schicksal der Gekrat auslieferten, Ministerialräte und Staatsanwälte, Richter und Verteter von Arbeitsämtern.

Der Geschäftsführer der T4-Zentrale, Allers, war überzeugt davon, daß mindestens 20 000 Personen positive Kenntnisse von dem Mordunternehmen gehabt haben. Aber die wenigsten von ihnen kannten den genauen Inhalt von Hitlers Direktive an Brandt und Bouhler. Die Annahme, sie alle seien in ihrem kriminellen Handeln von Hitler motiviert und er sei «das Orakel der Vernichtung»[92] gewesen, widerspricht allen Tatsachen und der wirklichen Szenerie des verbrecherischen Geschehens der «Euthanasie», das von einer

Viehlzahl von Menschen arbeitsteilig und aus freien Stücken bewerkstelligt wurde.

Zudem ist belegt, daß Hitler nicht von vornherein und um jeden Preis dazu entschlossen war, die «Euthanasie» in die Tat umzusetzen. Rechtzeitig hatte er über Heydrichs SD recherchieren lassen, welche Position die Kirchen zur Vernichtung «unnützer Esser» einnehmen würden. Der ehemalige Priester Albert Hartl, der als SD-Mitarbeiter Vertreter der Kirche bespitzelte, hat Hitlers anfänglich schwankende Haltung vor westdeutschen Gerichten geschildert. Hartl hatte noch vor Kriegsbeginn von Brack den Auftrag erhalten, ein Gutachten darüber zu beschaffen, inwieweit sich die Grundsätze der Kirche mit der «Euthanasie» vereinbaren ließen.

Der doppelgesichtige Priester wandte sich an den Paderborner Moraltheologen Prof. Dr. Mayer, der ein entsprechendes Gutachten anfertigte. Über Hartl gelangte das Papier in die Hände von Brack, der es Hitler vortrug. Quintessenz des Gutachtens war, daß die Kirchen weder eindeutig für noch eindeutig gegen den Vernichtungsplan sein würden. Hartl hatte daraufhin den Ministerialrat im Reichskirchenministerium, den Priester Joseph Roth, zu veranlassen, die Erzbischöfe und den Botschafter des Vatikans von der beabsichtigten «Euthanasie» zu unterrichten, was auch geschah.

Sowohl der Papst als auch höchste kirchliche Würdenträger in Deutschland waren nach Hartls Aussage bereits vor Beginn der Mordaktion über das «Euthanasie»-Projekt informiert, ohne dagegen aufzubegehren. Hartl: «Aus den Äußerungen von Brack und den Mitteilungen, die ich damals bekam, mußte ich schließen, daß es Hitler nicht gewagt hätte, die Maßnahmen durchzuführen, wenn ihm von Anfang an eine geschlossene Phalanx gegenübergetreten wäre.»[93]

Mörderschicksale

Wer imstande war, über den Horizont des Naziregimes hinauszublicken, konnte sich ausmalen, daß das «Euthanasie»-Verbrechen nicht ohne Sühne bleiben würde. «Es wird uns heimgezahlt werden»[94], hatte Pfarrer Bodelschwingh Hitlers Begleitarzt Brandt schon Anfang Februar 1941 prophezeit. Als das faschistische Reich in den Flammen des zweiten Weltkrieges unterging, konnten die T4-Verantwortlichen kaum noch Zweifel haben, daß sie alsbald vor Gericht stehen würden. Und sie konnten zudem gewiß sein, daß ihnen die Berufung auf Hitler wenig nützen würde.

Für mehrere Spitzenleute der T4-Aktion reichte die Courage nicht bis zum Tribunal. Reichsleiter Philipp Bouhler, neben Hitler und Karl Brandt am schwersten belastet, beging am 10. Mai 1945 Selbstmord. Der Kanzleichef Hitlers soll auf Görings Landsitz Karinhall Hand an sich gelegt haben. Dr. Herbert Linden, der «Euthanasie»-Verantwortliche im Reichsinnenministerium, wartete das Ende des Dritten Reiches gar nicht erst ab. Er stahl sich bereits am 27. April 1945, noch vor seinem Führer, aus dem Leben. Lindens Vorgesetzter, Leonardo Conti, verantwortlich für das zivile Gesundheitswesen und Staatssekretär im Innenministerium, geriet indessen in die Hände der Sieger. Zusammen mit den anderen Hauptkriegsverbrechern atmete er noch für ein paar Monate Nürnberger Gefängnisluft. Den Prozeß gedachte er nicht abzuwarten. Conti erhängte sich im Oktober 1945 in seiner Zelle.

In die Mordaktion T4 eingeweiht war natürlich auch Reichsinnenminister Wilhelm Frick, dem die Heil- und Pflegeanstalten unterstanden. Der klassische Schreibtischtäter des Hitlerstaates hatte bei nahezu allen Hauptverbrechen der Nazibrut seine Hand im Spiel. So war seine Aktie an der «Euthanasie» nur ein winziger Bruchteil dessen, wofür er sich vor dem IMT zu verantworten hatte. In ihrem Urteil kamen die Nürnberger Richter zu dem Schluß: «Es war ihm (Frick – d. A.) bekannt, daß geistig Defekte, Kranke und altersschwache Personen als ‹nutzlose Esser› systematisch umgebracht wurden. Beschwerden über diese Morde erreichten ihn, jedoch tat er nichts, um dem Einhalt zu gebieten.»[95]

Frick wurde am 1. Oktober 1946 auch wegen seiner Mitwirkung an den «Euthanasie»-Morden zum Tode durch den Strang verurteilt.

Hitlers «Euthanasie»-Beauftragter Karl Brandt und Bouhlers Stellvertreter Victor Brack hatten sich im sogenannten Nürnberger Ärzteverfahren, auch «Fall 1» genannt, zu verantworten, das am 9. Dezember 1946 begann. Den insgesamt 23 Angeklagten wurde insbesondere vorgeworfen, am sadistischsten Kapitel der Naziverbrechen, den medizinischen Versuchen an Menschen, mitgeschrieben zu haben. Gleichzeitig stand das «Euthana-sie»-Verbrechen zur Anklage, das namentlich Brandt, Brack sowie zwei weiteren Naziverbrechern angelastet wurde.

Brandt, den Hitler übrigens auf Betreiben Bormanns am Schluß als Begleitarzt hatte fallen und sogar verhaften lassen, zeigte auch vor Gericht nicht eine Spur von Reue. Auf die Frage des Verteidi-gers, ob die «Euthanasie» nicht etwas Grausames an sich hatte, er-widerte der einstige König der Mediziner: «Sicher kann man sagen, daß die Durchführung eben nicht schön war, daß das Ende eines Menschen – gleichgültig, wie man es empfindet – grausam sein kann.»[96]

Ob er sich nachträglich durch die «Euthanasie» irgendwie bela-stet fühle, wollte man von ihm weiter wissen. Die Frage zielte weit an der Geisteshaltung des Angeklagten vorbei.

Brandt: «Ich fühle mich dadurch nicht belastet. Ich habe die Vorstellung und Überzeugung, daß ich das, was ich in diesem Zu-sammenhang getan habe, vor mir selbst verantworten kann. Es war getragen von einem absolut menschlichen Empfinden, ich habe nie etwas anderes beabsichtigt und nie etwas anderes geglaubt, als daß diesen armseligen Wesen das qualvolle Dasein abgekürzt wird.»[97]

Wie auch alle übrigen Angeklagten erklärte Brandt sich als «nicht schuldig». Sein Komplice Victor Brack allerdings versuchte auf anderem Wege, seinen Kopf aus der Schlinge zu ziehen. Der Parteikanzlist berief sich auf Hitlers Ermächtigung an seinen Ex-chef Bouhler sowie auf den mitangeklagten Brandt. Ausgerechnet Brack suchte sich mit Unwissenheit und einer angeblichen Zwangs-situation zu rechtfertigen: «Ich konnte auch gar nicht beurteilen, ob eine von Hitler in irgendeiner Weise vielleicht vorgeschriebene Form verletzt worden sei; aber ich möchte den erlebt haben, der zu dieser Zeit gegen ein Schriftstück Einwand erhoben hätte, wo ‹Adolf Hitler› drunterstand, ganz gleich, wie die äußere Form die-ses Schriftstückes war ...»[98]

Weder Brandt noch Brack haben solche Reden genützt. Vor den amerikanischen Militärrichtern, die den «Fall 1» zu entscheiden hatten, ließen sich Unmenschlichkeit und Mord nicht in Tugenden ummünzen. Am 20. August 1947 verkündete das Tribunal seinen Richterspruch. Es verurteilte Brandt und Brack neben fünf weite-ren Medizinmördern zum Tode durch den Strang. Das Urteil

In diesem Gebäude fand der Prozeß gegen den «Euthanasie»-Mörder Professor Nietsche und Komplicen statt

wurde am 2. Juni 1948 vollstreckt. Ironie der Geschichte: Der Galgen von Brandt und Brack stand in demselben Gefängnis in Landsberg am Lech, in dem ihr Führer nach dem Bierkellerputsch von 1923 eingesessen hatte.

T4-Täter vor Gericht

Auch eine Reihe von Gutachtern und Mittätern aus den Vernichtungsanstalten kam nicht ungeschoren davon. Noch im Frühjahr 1945 verhafteten sowjetische Militärstaatsanwälte den medizinischen Kopf der T4, Professor Paul Nitsche. Sie hatten wenig Mühe, den «Obergutachter» aufzustöbern. Nitsche hielt sich an seinem Wohnsitz in Sebnitz, Kreis Pirna auf. Unter den kapitalen Schreibtischmördern des Naziregimes war Nitsche wohl der einzige, der nicht versucht hatte, in den Westen zu fliehen, um dort verständnisvolle Richter zu finden, oder besser noch einen Persilschein zu erhalten. Das Monster der «Euthanasie», das mit seinem Rotstift Tausende von Patienten in die Gaskammern befördert und sich das sogenannte Luminalschema ausgedacht hatte, scheint sich selbst nach Kriegsende noch im Recht gewähnt zu haben.

Offenbar glaubte Nitsche daran, daß selbst das schlimmste Verbrechen gerechtfertigt sei, wenn es nur von der Autorität des Staates und möglichst von einem Gesetz getragen wird. Davon schien er um so mehr überzeugt zu sein, als er am Entwurf eines Gesetzes über die «Euthanasie» persönlich mitgearbeitet hatte. Nitsche am 2. Mai 1947 vor dem Untersuchungsrichter: «Von wem der Entwurf unterschrieben wurde später, weiß ich nicht. Ich hörte nur, daß er genehmigt wurde ... Aber auch schon vorher war ich und bin ich jetzt noch überzeugt von der Legalität der gesamten Aktion, da sie von obersten Staatsstellen aus angeordnet und betrieben wurde.»[99]

Die Ankläger Nitsches und seiner 14 Mitbeschuldigten sahen die Sache anders. Sie betrachteten die Anstaltsmorde im Spiegel des Völkerrechts und des Nürnberger Urteils gegen die Hauptkriegsverbrecher. Sie bewiesen dem Spitzenfunktionär der T4 und seinen Helfershelfern, jedes Maß für Humanität verloren zu haben, «Sie konnten nicht freikommen», so die Anklageschrift, «von dem Glauben an die Unfehlbarkeit des Führers und hielten seine Entscheidungen für unantastbar.»[100]

Da die sowjetische Militäradministration das Verfahren gegen Nitsche und andere bereits im Sommer 1946 in die Hände der deutschen Justiz gelegt hatte, fand der Prozeß vor einem heimischen Gericht statt. Die Hauptverhandlung gegen Nitsche sowie seine Komplicen aus der Tötungsanstalt «Sonnenstein» und anderen Vernichtungsanstalten begann am 16. Juni 1947 vor dem Schwurgericht in Dresden. 73 Zeugen und drei Sachverständige belegten die abgrundtiefe Schuld der meisten Angeklagten. Auf dem Tisch des Gerichts staute sich eine Flut von Briefen empörter Bürger, namentlich von Angehörigen der Opfer, die die strengste Bestrafung der Schuldigen verlangten.

Was den Hauptangeklagten Nitsche anging, so konnte nach den Rechtsgrundsätzen der Antihitlerkoalition nur die Höchststrafe in Betracht kommen. Gleichwohl wurde die Verkündung des Urteils, die für den 7. Juli 1947 anberaumt worden war, von der Öffentlichkeit mit äußerster Spannung erwartet.

Aus dem Votum der Richter, das Landgerichtspräsident Dr. Fischer an jenem Tage vortrug, war der Geist einer neuen, antifaschistisch-demokratischen Rechtsprechung deutlich zu spüren. Richter und Geschworene hatten Nitsche zum Tode und zum dauernden Verlust der bürgerlichen Ehrenrechte verurteilt sowie die Einziehung seines Vermögens verfügt. Die Höchststrafe erhielten auch der einstige Leiter der Anstalt Arnsdorf, Dr. Ernst Leonhardt, der Hunderte seiner Patienten bewußt zum Vergasen ausgeliefert hatte, sowie die Pfleger Hermann Felfe und Karl Erhardt Gäbler aus der Mordanstalt «Sonnenstein».

Die Berufung Nitsches auf die Hitlerdirektive bzw. ein nichtveröffentlichtes «Euthanasie»-Gesetz führte das Gericht mit zwingenden Argumenten ad absurdum. «Die Humanität», so die Urteilsbegründung, «gebietet die Achtung vor dem Bild des Menschen auch in seiner beschädigten Erscheinung. Daher war die Ausrottung der Geisteskranken ein gesetzlich angeordneter oder gebilligter Mord. Dieser Widerspruch des von brutalster Menschenverachtung diktierten Nazigesetzes mit den primitivsten Geboten der Ethik war für jeden Angeklagten erkennbar.» Im übrigen verwiesen die Dresdener Richter auf Ziffer 4b des Kontrollratsgesetzes Nr. 10, wonach der Fakt, daß jemand unter dem Befehl seiner Regierung gehandelt hat, ihn nicht von Verantwortlichkeit befreit. Dies, so das Urteil, habe «seinen Grund darin, daß offensichtlich verbrecherische Gesetze nicht ausgeführt werden dürfen»[101].

Nitsche suchte seinen Kopf dennoch zu retten. Er nahm das Rechtsmittel der Revision in Anspruch, das jedoch als unbegründet verworfen wurde. Auch ein Gnadengesuch blieb ohne Resultat. Am 25. März 1948 wurde Paul Nitsche zusammen mit T4-Pfleger Gäbler hingerichtet. Dr. Leonhardt und Hermann Felfe hatten vor der Urteilsvollstreckung Selbstmord begangen.

Noch ein weiterer führender Kopf der T4-Zentrale geriet in die Hände der antifaschistisch-demokratischen Justiz: Richard von Hegener, Hefelmanns Stellvertreter und zweiter Mann in dem für die Kinder-«Euthanasie» zuständigen «Reichsausschuß». Von Hegener, der seine Karriere im Jahre 1937 als Hilfsreferent der Beschwerdestelle in der KdF startete, war bald zu einer Schlüsselfigur der «Euthanasie»-Aktion aufgerückt. Seine Mission hatte sich nicht darin erschöpft, Meldebögen für die Kinder-«Euthanasie» zu selektieren. Er war gleichzeitig dafür ausersehen, die «Reichsarbeitsgemeinschaft» und die Gekrat materiell-technisch auszurüsten.

Von Hegener ging mit Eifer und Fleiß an seinen Auftrag. Er besorgte von der Anstaltskleidung und Büromöbeln über Kraftfahrzeuge bis hin zu Gasflaschen, Medikamenten und Verbrennungsöfen alles, was für das Funktionieren der Mordaktion vonnöten war. Für diesen Zweck war er mit einer Vollmacht Görings ausgestattet, weil nach Ausbruch des Krieges der Bezug der meisten Artikel nicht mehr ohne besondere Bezugsscheine möglich war.

Im Januar 1945 zogen es von Hegener und sein Chef Hefelmann vor, die Reichshauptstadt zu verlassen, um sich im thüringischen Stadtroda in Sicherheit zu bringen. Doch noch bevor die alliierten Truppen eintrafen, verschwanden die beiden von der Bildfläche. Während es Hefelmann gen Süden, nach München, zog, strebte von Hegener nördliche Gefilde an. Nach dem Krieg tauchte er zunächst als Landarbeiter und später in einer Holzbearbeitungsfabrik unter, um sich schließlich als Kraftfahrer beim Ministerium für Handel und Versorgung der Landesregierung Mecklenburg zu bewerben. Seinen Adelstitel hatte er vorsorglich abgelegt, und es mag ihm zunächst so vorgekommen sein, als bahne sich für ihn eine neue Karriere an. Richard Hegener, wie der T4-Mörder sich nunmehr nannte, durfte als Karteiführer tätig sein und avancierte in verhältnismäßig kurzer Zeit zu einem leitenden Angestellten.

Doch die Identität eines solch hochkarätigen T4-Mörders ließ sich ohnehin in der DDR auf die Dauer nicht verschleiern. Noch im November 1951 hielt von Hegener seine Anklageschrift in der Hand, und schon bald mußte er vor dem Landgericht Magdeburg für seine Verbrechen gegen die Menschlichkeit einstehen.

Auch von Hegener wußte nichts Originelles zu seiner Verteidigung einzuwenden. Wie die anderen berief er sich auf Hitlers Direktive vom 1. September 1939. Gleich Nitsche hatte er die Stirn, zu erklären, daß «Euthanasie» erforderlich sei und noch immer seinem inneren Empfinden entspreche. Ansonsten übertrumpfte von

Hegener in seiner Verteidigung noch die Demagogie anderer «Euthanasie»-Verbrecher. Dem Urteil des Landgerichts Magdeburg entnimmt man über von Hegeners Einlassungen beispielsweise: «Weiter trägt er vor, daß ihm keine Möglichkeit mehr offenstand, sich von diesen verbrecherischen Handlungen zu lösen, da wegen seiner umfangreichen Kenntnisse der Vorgänge sein Leben stets bedroht war.»[102]

Am 20. Februar 1952 bekam der kapitale Kindermörder und Cheforganisator der T4 sein Urteil präsentiert: Er wurde als einer der Hauptschuldigen festgestellt, zu lebenslangem Zuchthaus sowie zum Verlust aller staatsbürgerlichen Rechte, einschließlich des Anspruchs auf Rente, verurteilt.

Unter jenen T4-Mördern, die vor den Schranken der DDR-Justiz landeten, darf auch Dr. Otto Hebold nicht unerwähnt bleiben. Der 1933 von der Nazipartei sowie von der SA vereinnahmte Mediziner hatte sich bereits bei der Zwangssterilisation von Menschen «bewährt», die die Nazis scheinheilig mit der «Verhütung erbkranken Nachwuchses» motivierten. So war es keineswegs dem Zufall geschuldet, daß Hebold im April 1940 eine Einladung in die KdF erhielt, wo er in Gegenwart von Bouhler, Brack und anderen «Euthanasie»-Verantwortlichen in die Mordaktion eingeweiht und zur Mitarbeit als T4-Gutachter gewonnen wurde.

Bereits Anfang Mai 1940 gingen die ersten Meldebögen durch Hebolds Finger, von denen er wöchentlich etwa 200 «begutachtete». Die prompte Arbeit, die der ehrgeizige Mediziner für seine Auftraggeber leistete, ließ ihn am 1. April 1941 in den Gehirntrust des Mordunternehmens aufrücken. Obgleich formell noch Mitarbeiter der Landesheil- und Pflegeanstalt Eberswalde, befand sich Hebolds eigentlicher Amtssitz nunmehr in der Berliner Tiergartenstraße 4, was ihm eine zusätzliche «Aufwandsentschädigung» von monatlich 500 Mark einbrachte. Bald schon reichte sein Aktionsradius über den Sitz der T4-Zentrale hinaus. Hebold stürzte sich zwischen 1941 und 1943 auch in die operative «Euthanasie», indem er eine Reihe von Anstalten bereiste, wo man dem Erfassen der Patienten auf Meldebögen nachhelfen mußte. Im Bruchteil von Minuten befand Hebold über das Krankheitsbild eines Pfleglings, wobei es eigentlich nur auf das Urteil über dessen Arbeitsfähigkeit ankam. Allein in der Landesheil- und Pflegeanstalt Pfaffenrode

(Thüringen) erfaßte er zusammen mit zwei Komplicen in etwa 8 Tagen 1200 Patienten.

Zweifellos gehörte Hebold zu den flexibelsten unter den «Euthanasie»-Mördern. Frühzeitig erkannte Chefgutachter Paul Nitsche das mannigfaltige kriminelle Talent dieses Mannes. Durch Nitsche mit Kontrollbefugnissen ausgestattet, wirkte Hebold auch unmittelbar am Mordgeschehen mit. In den Vernichtungsanstalten Bernburg und «Sonnenstein» weidete er sich am Beobachtungsfenster der Gaskammer an den Todeskrämpfen jener 1300 Opfer, die er zuvor zum Vergasen freigegeben hatte. Nitsche hatte ihm das Recht eingeräumt, Personen, die versehentlich in die Todestransporte gerieten, zurückzustellen. Ein einziges Mal hat Hebold von dieser Möglichkeit Gebrauch gemacht.

Hebolds Umtriebe als Vertreter der T4-Zentrale endeten im März 1943. Bis dahin hatte er insgesamt etwa 25 000 Personen «begutachtet», von denen die meisten in den Gaskammern der Vernichtungsanstalten endeten. Es hätte an ein Wunder gegrenzt, wenn Nitsche diesen Medizinmörder aus der KZ-«Euthanasie» 14f13 ausgespart hätte. Bereits im Mai 1941 tauchte Hebold im KZ Sachsenhausen auf, um «Verlegungsfälle» auszumachen. Hier schloß er mit dem berüchtigten Dr. Mennecke Bekanntschaft, an dem ihn lediglich störte, daß er ihn im Tempo bei der Selektion leistungsgeminderter KZ-Häftlinge noch übertraf.

Hebolds Glaube an das Gesetz der Vernichtung «unnützer Esser» hielt ihn auch dann noch fest, als er längst aus der T4-Zentrale ausgeschieden und die Konjunktur der «Euthanasie» vorüber war. Wie anders soll man sonst jenen Brief werten, den er im Jahre 1944 an Nitsche richtete. Hebold nahm in seinem Schreiben daran Anstoß, daß in seiner Anstalt zwei Kriegsdienstverweigerer untergebracht waren, und klagte: «Sie leben hier einen feinen Tag, sind nicht geisteskrank im engeren Sinne und werden einst nach dem Kriegsende als die feinen Herren entlassen ... Diese im KL (Konzentrationslager – d. A.) unterzubringen, würde eigentlich das Gebot der Stunde sein, damit sie auch etwas energischer etwas vom Kriege zu merken bekommen.»[103]

Ein Mann wie Hebold hatte nach der Kapitulation allen Grund, nicht an seine frühere Wirkungsstätte zurückzukehren. Nach Kriegsende verschwand er zunächst im Magdeburgischen. Es gelang ihm, die Spuren seiner Verbrechen geschickt zu verwischen und wieder als Arzt zu wirken. Im Jahre 1954 verzog Hebold nach Falkenberg/Elster, wo er Leiter des Landambulatoriums wurde. Hier konnte er unentdeckt zehn weitere Jahre verbringen, bis ihn seine Vergangenheit doch noch einholte. Am 23. März 1964 wurde Hebold – nachdem die Beweiskette geschlossen war – urplötzlich verhaftet. Den Wirrwarr seiner unzähligen Verbrechen zu entflechten kostete Zeit und Mühe. Es dauerte noch bis zum 6. Juli 1965, bis der «Euthanasie»-Mörder vor seinen Richtern stand. Am 12. Juli 1965 verurteilte der 1. Strafsenat des Bezirksgerichts Cottbus Hebold wegen fortgesetzter gemeinschaftlich begangener Verbrechen gegen die Menschlichkeit in Tateinheit mit Mord zu lebenslangem Zuchthaus.

Auf dem Gebiet der DDR wurden übrigens insgesamt 89 Kriegsverbrecher und Verbrecher gegen die Menschlichkeit von den Gerichten abgeurteilt, die ihre Untaten unter dem Deckmantel der Medizin verübt hatten.

Flieh oder stirb!

Auch im westlichen Teil Deutschlands wurden einige «Euthanasie»-Verbrecher zur Rechenschaft gezogen. Doch ging die Kalkulation der Täter weitgehend auf, daß man hier mit anderer Elle messen würde, als es dem Geist und Buchstaben von Nürnberg entsprach. BRD-Autoren gestehen, daß dortzulande «die deutsche Psychiatrie nach Kriegsende weithin mit dem gleichen Personal weitermachte wie zuvor»[104]. Das legendäre Schicksal Werner Heydes, des ersten medizinischen Leiters der T4, ist symptomatisch für die Nichtbewältigung auch dieses Teils der Naziverbrechen.

Am Anfang teilte Heyde das Schicksal seines Hauptkomplicen Paul Nitsche. Der einstige Ordinarius aus Würzburg hatte sich noch an Hitlers letztem Geburtstag zum SS-Standartenführer befördern lassen. Doch fünf Wochen später entdeckte ihn auf dänischem Boden ein englischer Leutnant, der Heydes Internierung veranlaßte. Später übernahmen Heyde die Amerikaner, weil der einstige Obergutachter der T4 mit Blick auf den vorgesehenen Ärzteprozeß natürlich eine Art Kronzeuge war. Im Februar 1947 überließen die Amerikaner Heyde schließlich der deutschen Justiz. Das Landgericht Frankfurt/Main hatte bereits im Oktober 1946 Haftbefehl gegen «Euthanasie»-Verbrecher erlassen, und so kam er auch in der hessischen Metropole in Untersuchungshaft.

Anfang April 1947 kommt Abwechslung in das Leben des Untersuchungshäftlings Werner Heyde. Für ein paar Monate wird er als Zeuge im Nürnberger Ärzteprozeß gebraucht. Am 25. Juli soll der Untersuchungshäftling schließlich wieder in die Frankfurter Haftanstalt zurückverfrachtet werden. Doch als der Lastwagen, auf dem Heyde transportiert wird, Würzburg durchquert, springt Heyde ab und ist wie vom Erboden verschlungen.

In Würzburg, der Stätte seines früheren Wirkens, findet er genügend Freunde aus gemeinsamer Vergangenheit, die ihm weiter auf die Sprünge helfen und ihn vor den Fahndern verbergen. Der medizinische Leiter der «Euthanasie»-Morde kann sich falsche Papiere verschaffen und wechselt seine Identität. Er heißt nun Fritz Sawade, geboren am 2. Mai 1905 in Triebel bei Forst, einem Ort, der in weiter Ferne liegt.

Lange hält es Heyde im Untergrund aber nicht aus, denn dort muß er sich zwangsläufig unter seine beruflichen Möglichkeiten begeben. Ende 1949 nimmt er seine ganze Zivilcourage zusammen, indem er sich einfach dem Oberbürgermeister der Stadt Flensburg offenbart und sich gleichzeitig als Sportarzt bewirbt. Heydes Dreistigkeit hat Erfolg, er bekommt die Stelle und bald schon auch einträgliches Zubrot. Bereits in November 1950 erscheint der Name Dr. Sawade auf der Gutachterliste des Oberversicherungsamtes, und binnen kurzer Zeit kann sich der Massenmörder Werner Heyde vor Aufträgen kaum noch retten, neurologische Gutachten zu erstellen. Auch Heydes Frau ist nicht mehr lange auf Taschengeld angewiesen, denn mit Wirkung vom 1. April 1952 bezieht sie Witwengeld für ihren «verstorbenen» Mann und für die Kinder Waisengeld.

Freilich wissen nicht wenige, die ihm Aufträge und Honorar verschaffen, wer der falsche Sawade in Wirklichkeit ist und daß nach dem Mann gefahndet wird. Der Präsident des Landessozialgerichts von Schleswig-Holstein, Dr. Ernst-Siegfried Buresch, weiß es ebenso wie weitere zwanzig verantwortliche Vertreter des nördlichen BRD-Landes. Aber sie alle hüllen sich in den Mantel des

Schweigens. Heyde weiß zuviel über Ärzte, die seine T4-Gutachten vollstreckt haben, über hochgestellte Staatsanwälte und Richter, die in die Mordaktion eingeweiht waren und keinen Finger rührten, wenn Angehörige von Opfern Strafanzeige erstatteten.

Zwölf Jahre lang kann Heyde unbehelligt mit der Maske des Biedermannes umherlaufen. Dann läßt sich das offene Geheimnis auch beim besten Willen nicht länger hüten, die Fahndung nach dem Spitzenkader der T4-Zentrale nicht mehr umgehen. Am 12. November 1959 stellt sich Heyde in Frankfurt a. M. und wird in Untersuchungshaft genommen.

Durch Heydes Aussagen geraten weitere T4-Funktionäre in den Sog der Ermittlungen. Im September 1959 war bereits der einstige Leiter der «Reichsarbeitsgemeinschaft Heil- und Pflegeanstalten», Dr. Gerhard Bohne, festgenommen worden, der sich in Düsseldorf als Anwalt niedergelassen hatte. Im Sommer des darauffolgenden Jahres ereilte auch den ehemaligen Leiter der Büroabteilung der T4-Zentrale, die u. a. für die Trostbriefabteilungen zuständig war, ein Haftbefehl. Sechs Wochen später sucht Dr. Hans Hefelmann, einst Leiter des Amtes IIb in der Führerkanzlei und u. a. zuständig für die Kinder-«Euthanasie», die Flucht nach vorn anzutreten und seiner Verhaftung zuvorzukommen. Er stellt sich freiwillig der Münchner Staatsanwaltschaft, um im Verfahren gegen Heyde «aufklärend und informierend verfügbar zu sein»[105]. Doch gegen Hefelmann liegt ein Haftbefehl vor. Er darf das Justizgebäude nicht mehr verlassen.

Knapp zwei Jahre später präsentiert der hessische Generalstaatsanwalt Fritz Bauer den T4-Spitzen Heyde, Bohne und Hefelmann die Anklageschrift, die 833 Seiten umfassend ist. Doch in Haft bleibt lediglich der einstige Obergutachter Werner Heyde.

Hitlerjurist Bohne, dem der Anstaltsarzt bescheinigt, nicht mehr haftfähig zu sein, verschwindet schnurstracks und taucht in Argentinien unter. Als seine Flucht bekannt wird, bemerkt man, daß man nicht einmal die Fingerabdrücke des Massenmörders besitzt.

In das Frankfurter Ermittlungsverfahren einbezogen ist indessen Dr. Friedrich Tillmann, der aber ebenfalls – für eine Kaution von 10 000 Mark – auf freiem Fuß ist. Doch bevor es zur Gerichtsverhandlung kommt, greift der faschistische Untergrund ein. Heyde soll die Flucht ermöglicht werden. Dazu läßt man den Mithäftling

Götz Wicke, der im Limburger Gefängnis eine Vertrauensstellung genießt, Kontakt zu dem kapitalen Nazimörder aufnehmen. Wicke besorgt sich Abdrücke von den Gefängnisschlüsseln und flieht anschließend aus der Anstalt. In einem nächtlichen Coup und für eine ansprechende Summe soll der junge Mann den hochkarätigen «Euthanasie»-Mörder aus dem Gefängnis herausholen. Doch dazu kommt es nicht mehr. Der geflohene Häftling wird von der Angst gepackt und steigt aus. Einer Illustrierten offenbart er: «Ich war im Begriff, für eine hervorragend organisierte Untergrundgruppe zu arbeiten, die belastete Nazis ins Ausland schleust. Solche Leute schrecken vor nichts zurück, wenn ein Mitwisser beseitigt werden muß ... Vorläufig brauchten sie mich noch. Ich kannte mich als einziger genau im Limburger Gefängnis aus ... Aber – was dann?»[106]

Heydes Flucht scheitert möglicherweise aber auch daran, daß Fritz Bauer einen entsprechenden Wink erhält. Als man Heydes Zelle durchsucht, findet man Kassiber, die den Fluchtverdacht bestätigen. Der Generalstaatsanwalt sieht sich veranlaßt, Heyde am 21. August 1963, zwei Tage nach Wickes Flucht, in die Strafanstalt Butzbach umzusetzen. Die Chancen, den gefürchteten Prozeß zu schmeißen, sind enorm gesunken. Dennoch geben sich Heydes Anwalt und seine Hintermänner gewiß, daß die Gerichtsverhandlung nicht stattfinden werde.

Die Ereignisse überschlagen sich, je näher der Prozeß·rückt, der am 18. Februar in Limburg eröffnet werden soll. Sechs Tage vorher stürzt Tillmann aus dem achten Stock eines Kölner Hochhauses, was er nicht überlebt. Die Umstände seines Todes bleiben ungeklärt. Heyde, der in seiner Butzbacher Zelle indessen noch immer auf seine Befreiung hofft, erfährt von Tillmanns Todessturz. Er weiß dessen Ende wohl zu deuten, denn er kennt die unbarmherzige Devise seiner in Freiheit befindlichen Komplicen für unbequeme Mitwisser: Flieh oder stirb.

Es vergehen keine 24 Stunden, da wird auch Heyde tot aufgefunden. Der erste medizinische Chef der T4 hängt, mit einem Ledergürtel erdrosselt, am Heizungskörper seiner Zelle. Heyde ist weder aus Schuld noch aus Schamgefühl aus dem Leben gegangen, sondern, wie sein Abschiedsbrief einer verblüfften Öffentlichkeit mitteilt, «aus Selbstachtung und Protest». Bis zuletzt sei er der Über-

zeugung gewesen, sich «weder juristisch noch moralisch schuldig gemacht zu haben»[107]. Die Mörderphilosophie seines Abschiedsbriefes ziert dann auch seine Todesannonce: «Ich habe nichts Böses gewollt, soweit ich das nach ehrlicher Selbstprüfung als Mensch zu beurteilen vermag.»[108]

Nur einer der Beschuldigten bleibt übrig: Dr. Hans Hefelmann. Ihm wirft die Anklage vor, 70 000 Erwachsene und mindestens 3 000 Kinder heimtückisch und grausam getötet zu haben. Aber auch er wird nicht von Schuldgefühlen geplagt, sondern schützt edle Motive vor. Für Hefelmann war der «Massenmord ein Akt der Barmherzigkeit»[109].

Hefelmann wohlgesinnte Ärzte und Psychiater sorgen bald dafür, daß der T4-Mörder in den Genuß der medizinischen Amnestie gelangt. Das Verfahren wird wegen des angeblich angegriffenen Gesundheitszustands des Angeklagten zunächst auf unbestimmte Zeit ausgesetzt, am 15. September 1964 schließlich «vorläufig» eingestellt.

«Vorläufig» ist nur als Beruhigungspille für die Öffentlichkeit gedacht. Sechs Jahre später wird Hefelmann für dauernd verhandlungsunfähig erklärt. Die einzige Sanktion, die dem Massenmörder aus dem Strafverfahren erwächst, ist der Entzug der Fahrerlaubnis.

Auch der vierte im Bunde, der «Euthanasie»-Jurist Dr. Gerhard Bohne, weiß sich der Strafe zu entziehen. Obgleich die argentinische Regierung ihn schließlich am 11. November 1966 an die BRD ausliefert, ist der des tausendfachen Mordes Angeklagte weit mehr mit seinen Ärzten denn mit seinen Richtern befaßt. Nach 157 Verhandlungstagen prophezeit ein Sachverständiger, daß Bohne ein Herzinfarkt drohe. Das Verfahren wird zunächst «vorläufig», am 22. Juli 1969 endgültig eingestellt.

Kein Unrechtsbewußtsein?

In einigen Fällen aber kamen westdeutsche Gerichte um ein Urteil nicht herum. Doch nur wenige von ihnen fanden sich bereit, die Taten der «Euthanasie»-Verbrecher beim Namen zu nennen und ihre Schuld festzuschreiben. Je größer der zeitliche Abstand zur Tat wurde, um so unverfrorener geriet der Versuch, die Schuld der Täter zu verwässern oder gänzlich zu bestreiten. Nur in den Jahren 1946 und 1947 ereilte T4-Mörder ein paarmal die Todesstrafe: Figuren wie Dr. Fritz Mennecke, den Kindermörder der Anstalt Eichberg, oder Dr. Walter Schmidt, ferner Dr. Hans-Bodo Gorgaß, der in Hadamar sein Unwesen trieb, oder auch den Medikamentenmörder Dr. Adolf Wahlmann. Doch in den wenigsten Fällen wurde ein Todesurteil auch vollstreckt. Im Fall Mennecke, der im Mai 1947 verstarb, war die Todesstrafe vom Gericht ausgesetzt worden. Schmidt wurde bereits im November 1953 aus der Haft entlassen, und Gorgaß wurde im Januar 1958 die Gnade der Freiheit zuteil.

Schon im Jahre 1949 begann die Justiz der BRD das Muster der Rechtfertigung für die «Euthanasie»-Täter zu stricken. Im April setzte eine Strafkammer des Landgerichts Hamburg knapp zwanzig Angeschuldigte außer Verfolgung, die bei der Kinder-«Euthanasie» mit von der Partie waren. Von Schuld entlastet wurden damals u. a. Professor Werner Catel, der in Leipzig das erste Opfer getötet hatte, und Dr. Ernst Wentzler, ein weiterer Gutachter der Kinder-«Euthanasie». Ohne Umschweife folgte das Gericht der Behauptung der Beschuldigten, an die Existenz eines «Euthanasie»-Gesetzes und mithin an die Rechtmäßigkeit ihrer Untaten geglaubt zu haben. «Wenn also den Angeschuldigten», so das Hamburger Gericht, «das Bewußtsein der Rechtswidrigkeit nicht nachgewiesen werden kann, so fehlt es am Beweis ihrer Schuld, und sie können deshalb nicht verurteilt werden.»[110]

In manchem Urteil wuchs sich die Rechtfertigung der T4-Mörder gar in Würdigung und unverhohlene Anerkennung aus. Über den Chef der Anstalt Kaufbeuren, Dr. Valentin Falthauser, der sich seiner Patienten durch Hungerkost und Spritzen zu entledigen pflegte, behauptete das Landgericht Augsburg, er habe aus ethischen Gründen gehandelt, weil für ihn «das Mitleid eine der edelsten Beweggründe menschlichen Handelns»[111] gewesen sei.

Schon damals, im Jahre 1949, fälschten Richter mit juristischen Taschenspielertricks Mord in Totschlag um, was von vornherein eine Milderung der Strafe bewirkte. Jahre später verharmlosten sie selbst die Mordmethode der T4-Verbrecher. In zynischem Juristendeutsch konstatierten sie, daß die in den Vernichtungsanstalten geübte Tötungsmethode nicht grausam gewesen sei. Das Landgericht Frankfurt a. M. in seinem Urteil vom 23. Mai 1967: «Nach dem Gutachten des Sachverständigen Prof. Dr. Breitenecker ... ist die Tötung durch Kohlenmonoxyd eine der humansten Tötungsarten. Da die Tötung in den Gaskammern durch chemisch reines Kohlenmonoxyd erfolgte, sind den Opfern keinerlei körperliche Schmerzen oder Qualen zugefügt worden ... Die Tötung durch Kohlenmonoxyd verursachte auch keinerlei seelische Qualen bei den Opfern.»[112]

Während der siebziger Jahre wurde die unfaßbare These von der Unschuld der T4-Mörder auch noch höchstrichterlich bestätigt und damit zum letzten Schluß bundesdeutscher Juristenweisheit. Am 21. März 1974 sprach der Bundesgerichtshof den «Euthanasie»-Mörder Dr. Kurt Borm frei, der in der Anstalt «Sonnenstein» nachweislich 6652 Menschen mit der Aufforderung «zum Duschen» ins Gas gelockt hatte. Die höchsten Richter der BRD bescheinigten dem Massenmörder, «nicht aus niedrigen Beweggründen», sondern aus purer Barmherzigkeit gehandelt zu haben. Auch Heimtücke sei nicht im Spiel gewesen, denn – so das Gericht – daß «einzelne Kranke ihren Namen angeben konnten, braucht ihm (Borm – d. A.) nicht die Vorstellung vermittelt zu haben, bei diesen Kranken sei geistiges Leben noch in einem solchen Maß vorhanden, daß sie zu Empfindungen der Arglosigkeit und des Vertrauens fähig wären[113].

Nach solcher Rechtsprechung ist nur das Töten vollwertiger Menschen Mord. Für die «Euthanasie»-Verbrecher blieb somit nur

222

der Vorwurf des Totschlags übrig, der jedoch nach dem Kriminalkodex der BRD seit dem Jahre 1960 als verjährt gilt.

Die Nazidoktrin vom «lebensunwerten Leben» wird damit nachträglich sanktioniert. Robert M. W. Kempner, der stellvertretende amerikanische Chefankläger in Nürnberg, bemerkte zu dem Karlsruher Skandalurteil sarkastisch, selbst Hitler könnte sich vor dieser Justiz damit rechtfertigen, «daß er an die Rechtmäßigkeit seiner Mordtaten ‹im Interesse des deutschen Volkes› geglaubt habe ..., ein Unrechtsbewußtsein sei ihm gewiß nicht nachzuweisen»[114].

Die strafrechtliche Ausbeute solcher Rechtsprechung mußte beschämend gering bleiben. Eine von BRD-Justizminister Hans A. Engelhard angeregte Dokumentation weist aus, daß die Gesamtzahl der dortzulande wegen «Euthanasie»-Verbrechen verurteilten Täter «über vierzig (beträgt)». Es wird geradezu mit Stolz vermerkt. «Im übrigen», so erfährt man weiter, «kann die strafrechtliche Bewältigung des Komplexes als erledigt betrachtet werden.»[115]

Die Wahrheit steckt im Gegenteil. Die Schuld der meisten «Euthanasie»-Verbrecher ist in der BRD prinzipiell geleugnet und auf Hitler und einige wenige andere Naziexponenten abgewälzt worden. Dabei war für die Gerichte in beiden Teilen Deutschlands unschwer herauszufinden, daß die Masse der T4-Täter keineswegs unter bedrohlichen und zwingenden Umständen in die Szenerie der Anstaltsmorde hineingeraten war. Allesamt hatten sie, bevor sie ihre Verbrechen in Angriff nahmen, vor der Alternative gestanden, sich für oder gegen das Ansinnen der «Euthanasie» zu entscheiden. «Was die Angeklagten letzten Endes hat schuldig werden lassen», so beispielsweise das Landgericht Koblenz in einem Urteil aus dem Jahre 1948 gegen Ärzte der Anstalt Andernach, «ist die Trägheit ihres Willens, aus dem heraus sie sich lieber an der Tötung von Menschen beteiligten, als der klaren Erkenntnis ihres Unrechts gemäß offen zu bekennen, sie könnten derartige Handlungen mit ihrem Gewissen nicht vereinbaren ...»[116]

Nicht minder treffend hat das Dresdener Schwurgericht dem Mitangeklagten von Nitsche, Dr. Leonhardt, vorgeworfen, daß er zu jenen gehörte, «die durch ihre Stumpfheit, durch Trägheit des Herzens, durch ihren Verzicht auf eigenverantwortliches Verhalten die Untaten des Faschismus mit ermöglicht haben ... Dieses sklavische Hinnehmen auch verbrecherischer Anordnungen ist kein intellektueller, sondern vor allem ein willensmäßiger und damit ein charakterlicher Mangel.»[117]

Freilich gilt es, die individuelle Schuld auch der «Euthanasie»-Verbrecher in den historischen Rahmen jenes gesellschaftlichen Systems einzuordnen, in dem das Klima für solche Verbrechen gedieh. Ohne Faschismus wären Menschen nicht in die Versuchung geraten, zu Massenmördern zu werden. Er war die soziale, die entscheidende Ursache für die «Euthanasie», die für den längst kalkulierten Völkermord ein willkommenes Modell lieferte.

«... und morgen die ganze Welt»

«Macht keinen Lärm!» So hatte der Naziautor Baumann seinen Gedichtband getauft, den er 1933 in München herausbrachte. Unter den Elaboraten dieser Ausgabe fand sich der Text auch jenes faschistischen Marschliedes, mit dem SA und Hitlerjugend in markerschütterndem Gegröle das schlimmste aller Verbrechen ankündigten: «Wir werden weiter marschieren, wenn alles in Scherben fällt – und heute gehört uns Deutschland und morgen die ganze Welt.»[1]

Aber noch war es nicht soweit. Noch sahen sich Hitler und seine Spießgesellen genötigt, pausenlos vom Frieden zu reden, um hinter den Kulissen die Aufrüstung um so dreister betreiben zu können. Die Irreführung der Öffentlichkeit ging soweit, daß der Versmacher Baumann den Text des zitierten Liedes zeitweilig der Friedensdemagogie des Regimes anpassen mußte. Die Hitlerjungen hatten dann mit einem Mal zu singen: «...'die Freiheit stand auf in Deutschland, und morgen gehört ihr die Welt.»[2] Das nahm sich weniger aggressiv aus, meinte aber das gleiche wie der ursprüngliche Text.

Von Beginn an waren Hitler und seine Komplicen mit der Absicht angetreten, den deutschen Monopolherren die Erdkugel zu erobern und zu Füßen zu legen. Jetzt, da das Staatsruder in ihrer Gewalt war, schien das endlich Gestalt anzunehmen. Dabei waren die Ziele der faschistischen Eroberer keineswegs deren originelle Schöpfung. Sie standen in direkter Kontinuität zu denen, die im ersten Weltkrieg vergeblich anvisiert worden waren. Insofern war die Anzettelung des zweiten Weltkrieges, wie Hitler es in einer geheimen Ansprache im November 1939 ausdrückte, «der zweite Akt des Dramas»[3]. Die Mittel und Methoden jedoch, mit denen die Faschisten ihre Aggressionen schließlich realisierten, unterschieden sich indessen substantiell von denen, die auf den Kriegsschauplätzen des ersten Weltkrieges dominierten.

Die Angriffskriege des Nazireiches, namentlich der heimtückische Überfall auf die Sowjetunion, erwiesen sich als Voraussetzung
und Basis für jenen Völkermord, der nahezu die ganze Welt in Mitleidenschaft zog und die Zivilisation an den Rand des Abgrunds
brachte. Folgerichtig konstatierte das Nürnberger Militärtribunal in
seinem Urteil gegen die deutschen Hauptkriegsverbrecher: «Die
Entfesselung eines Angriffskrieges ist daher nicht bloß ein internationales Verbrechen; es ist das schwerste internationale Verbrechen, das sich von anderen Kriegsverbrechen nur dadurch unter-
scheidet, daß es in sich alle Schrecken der anderen Verbrechen einschließt und anhäuft.»[4]

Sie wußten, was sie taten

Ausgerechnet den Tatbestand des Verbrechens gegen den Frieden
aber suchten die Angeklagten in Nürnberg zu leugnen. Angriffskriege zu führen, so wandten sie durchweg ein, sei damals noch
nicht kriminalisiert, noch nicht strafbar gewesen. Sie dafür verantwortlich zu machen, resultiere aus bloßer Rache der Sieger, bedeute willkürliche, weil rückwirkende Anwendung von Recht und
Gesetz. Mit solchem Einwand sollten Anklage und Urteil in ihrem
Kern erschüttert und die Hauptkriegsverbrecher vom schlimmsten
Schuldvorwurf entlastet werden.

Selbst im Angesicht von 50 Millionen Todesopfern, die der
zweite Weltkrieg gekostet hatte, besaßen die Angeklagten von
Nürnberg und ihre Anwälte die Stirn, sich auf das völkerrechtlich
längst geächtete jus ad bellum, das Recht zum Eroberungs- und
Raubkrieg, zu berufen. Jahrhundertelang hatte dieses Recht tatsächlich als die Krone der Souveränität des Ausbeuterstaates gegolten. Demgemäß waren die für militärische Überfälle verantwortlichen Staatsmänner und Militärs unbehelligt geblieben, da sie allesamt durch die Immunität ihrer Ämter geschützt wurden.

Doch als im Jahre 1917 der erste sozialistische Staat die Arena
der Weltpolitik betrat, stellte er dem Gesetz der imperialistischen
Räuber das Recht der Völker und jedes einzelnen Menschen auf
Frieden entgegen. Mit einem seiner ersten Rechtsakte, dem Dekret
über den Frieden, wandte sich der junge Sowjetstaat leidenschaft-

lich gegen den Geist der bis dahin herrschenden internationalen
«Gesetzlichkeit». Lenin und die Sowjetregierung geißelten in
ihrem Dekret die Fortsetzung des Weltkrieges als «das größte Verbrechen an der Menschheit»[5]. Damit war der Grundstein gelegt für
das Verbot des Angriffskrieges und seine schließliche Kriminalisierung. In zäher Auseinandersetzung zwischen beiden Gesellschafts-
systemen wurde das Verbot der Aggression schließlich zum wichtigsten Überlebensgesetz der Menschheit, zum markantesten Stützpfeiler friedlicher Koexistenz.

Selbst schon nach dem zwiespältigen, noch von imperialisti-
schem Geist geprägten Versailler Vertrag sollte Kaiser Wilhelm II.
wegen seiner Kriegsschuld, «wegen schwerster Verletzung der internationalen Moral und der Heiligkeit der Verträge»[6] vor ein Gericht
der Siegermächte gestellt werden. Am 10. November 1918 allerdings, einen Tag vor dem Waffenstillstand, hatte das deutsche
Staatsoberhaupt die Flucht nach Holland dem Tribunal vorgezogen. Zwar standen weder der deutsche Kaiser noch seine verantwortlichen Minister und Generale, die am Entfesseln des ersten
Weltkrieges teilhatten, jemals vor Gericht. Doch die entsprechenden Bestimmungen des Versailler Vertrages blieben an die Adresse
auch künftiger Kriegsbrandstifter gerichtet.

Freilich fühlten sich die Naziführer am allerwenigsten daran gebunden, zumal sie den Friedensvertrag von Versailles ablehnten
und vom ersten Tag der Machtübernahme an systematisch unter-
wanderten. Nachdem sie den zweiten Weltkrieg schließlich vom
Zaune gebrochen hatten, beriefen sie sich bei der Verfolgung der
Kriegsgegner sogar auf ein angebliches Recht zur Aggression. In
einem Runderlaß vom 3. September verfügte Gestapochef Heydrich, jede Person sofort festzunehmen, «die in ihren Äußerungen
am Sieg des deutschen Volkes zweifelt oder *das Recht des Krieges*
(Hervorhebung d. A.) in Frage stellt»[7].

Die Clique um Hitler wußte nur zu genau, daß das Recht zum
Kriege längst in den Verbotskatalog des internationalen Rechts ver-
bannt worden war und daß das Deutsche Reich, wenngleich unter
dem Druck der Weltmeinung, mit dafür gesorgt hatte. Man wußte
selbstverständlich um das Genfer Protokoll, in dem der Völkerbund
im Jahre 1924 den Angriffskrieg als «internationales Verbrechen»
abgestempelt und Sanktionen dagegen vorgesehen hatte. Und erst

recht wußte man um den 1928 geschlossenen Briand-Kellog-Pakt, in dem die Unterzeichner «feierlich im Namen ihrer Völker» erklärt hatten, «daß sie den Krieg als Mittel für die Lösung internationaler Streitfälle verurteilen und auf ihn als Werkzeug nationaler Politik in ihren gegenseitigen Beziehungen verzichten»[8].

Man erinnerte sich schon, daß die Signatarstaaten geschworen hatten, Streitigkeiten und Konflikte jeglicher Art niemals anders als durch friedliche Mittel zu lösen. Noch weniger konnte man vergessen haben, daß sich zu diesem Vertrag 63 Staaten, darunter das Deutsche Reich, völkerrechtlich verbindlich bekannt hatten. Und es dürfte den Naziführern auch nicht entgangen sein, daß sich erst im Juli 1939 unter anderen die Sowjetunion, Rumänien, Polen, die Türkei, Persien und Afghanistan auf einen Begriff der Aggression geeinigt hatten, der neben dem militärischen Überfall auch noch andere Formen der Gewaltanwendung zwischen den Staaten als verbrecherisch reflektierte und außerhalb des Völkerrechts stellte.

Hitler und seinem Klüngel war es sehr wohl bewußt, daß sie kriminell handelten, als sie sich anschickten, den zweiten Weltkrieg in Szene zu setzen. In einer zweiten Ansprache an die Oberbefehlshaber, die Hitler zehn Tage vor dem Überfall auf Polen hielt, bemerkte er unverblümt: «Ich werde propagandistischen Anlaß zur Auslösung des Krieges geben, gleichgültig, ob glaubhaft. Der Sieger wird später nicht danach gefragt, ob er die Wahrheit gesagt hat oder nicht. Bei Beginn und Führung des Krieges kommt es nicht auf das Recht an, sondern auf den Sieg.»[9] Und nachdem Polen von der Naziwehrmacht schließlich überrannt war, erteilte Hitler seine Lektion über Recht und Unrecht noch einmal Reichsstatthaltern und Gauleitern der Nazipartei: «In der Geschichte behält derjenige Recht, der siegt, daher werde ich ... eiskalt Handlungen auf mich nehmen, die wahrscheinlich vom heute geltenden Völkerrecht verurteilt werden würden ... Was wir brauchen ist Raum.»[9a]

Jene, die in der Geschichte Kriege vom Zaune gebrochen haben, waren stets davon überzeugt, als Sieger hervorzugehen. Scheiterten sie, so war es in der Regel zwar mit Schmach, mit Macht- und Prestigeverlust verknüpft, nur selten aber mit schwerwiegenden persönlichen Konsequenzen und noch seltener mit dem physischen Ende derjenigen, die den Krieg zu verantworten hatten. Für die Naziführer indessen war das Spiel mit dem Feuer der Kriegsfackel weit riskanter. Im Angesicht der Realitäten des 20. Jahrhunderts mußten sie wissen, daß sie im Falle des Scheiterns ihrer kalkulierten Friedensbrüche mit schlimmsten Folgen auch für sich persönlich zu rechnen hatten. Und sie wußten es ganz genau.

Selbst Hitler, der alle übrigen Naziführer und erst recht die verantwortlichen Generale in seinem fanatischen Glauben an den Endsieg weit übertrumpfte, vermochte das Risiko des eingegangenen Abenteuers und die Möglichkeit einer vernichtenden Niederlage nicht aus seinem Bewußtsein zu verdrängen. Auch als das Nazireich den Blitzsieg gegen Polen faktisch schon in der Tasche hatte, erkannte der Naziführer sehr wohl die Fragwürdigkeit des Ausgangs weiterer militärischer Abenteuer. Charakteristisch hierfür war seine Ansprache vor den Oberbefehlshabern am 23. November 1939. Hierbei kreisten seine Gedanken speziell um den Angriff auf Frankreich und England, die nach dem Überfall auf Polen Deutschland zwar den Krieg erklärt, es aber aus bekannten Gründen beim Mundspitzen hatten bewenden lassen. Obgleich Hitlers Rede aus grenzenloser Arroganz und Selbstüberschätzung geschöpft war, blieben darin Zweifel nicht ausgespart, ob die Fortsetzung des Krieges für das Naziregime effektiv sein werde. «Die Frage, ob der Angriff erfolgreich sein wird», so Hitler, «kann niemand beantworten.» Um so genauer hatte er die Konsequenzen einer Niederlage, die er freilich nicht wahrhaben wollte, für sich durchdacht. Gleichwohl sagte er schon sein späteres Schicksal voraus: «Ich werde in diesem Kampf stehen oder fallen. Ich werde die Niederlage meines Volkes nicht überleben.»[10]

Aber auch andere Nazigrößen waren sich der Folgen durchaus bewußt, die sie persönlich treffen mußten, wenn der Griff nach der Weltherrschaft scheitern sollte. Bekanntgeworden ist beispielsweise Görings Ausspruch, der ihm unter dem Eindruck der Kriegserklärungen Englands und Frankreichs entschlüpfte: «Wenn wir diesen Krieg verlieren, dann möge uns der Himmel gnädig sein!»[11]

Maßgebliche Politiker des Naziregimes waren sich bereits vor dem bevorstehenden Überfall auf Polen darüber im klaren, daß die Anstifter eines neuen Weltkrieges um strafrechtliche Konsequenzen härtester Art nicht herumkommen würden. Als Außenminister Ribbentrop sein Scherflein zur Vorbereitung der Aggression gegen das östliche Nachbarland eingebracht hatte, meinte dessen Staatssekretär von Weizsäcker gegenüber Göring, «Ribbentrop sei der erste, der baumeln werde, aber andere würden nachfolgen»[11a].

Ironie der Geschichte: Weizsäcker behielt selbst keine weiße Weste und wurde später im sogenannten Wilhelmstraßen-Prozeß u. a. wegen Verbrechens gegen den Frieden angeklagt.

Weltherrschaft im Visier

Verbrechen gegen den Frieden beging die Naziclique allein schon durch die Anzettelung ihrer Angriffskriege. Wer die territoriale Integrität und somit die politische Souveränität eines anderen Staates verletzt, wer also als erster die Grenzen eines fremden Landes mit militärischer Macht überschreitet, galt bereits damals als Aggressor, gleich welche Motive er dafür auch immer vorschützen mochte. Als das faschistische Italien im Jahre 1935 in Abessinien (Äthiopien) einfiel, verurteilte der Völkerbund den Mussolinistaat als Aggressor, ohne allerdings die nötigen Konsequenzen daran zu knüpfen.

Der verbrecherische Charakter der hitlerfaschistischen Aggressionen wird aber besonders drastisch durch die subjektiven Bestrebungen, die Kriegsziele jener erhellt, die die Angriffskriege planten, vorbereiteten, inszenierten und schließlich auch führten. Selbst die raffinierteste Demagogie der Faschisten konnte nicht verschleiern, daß die Auslösung des zweiten Weltkrieges von durch und durch verbrecherischen, weil räuberischen und menschheitsfeindlichen Zielen diktiert wurde.

Mit peinlicher Sorgfalt hatten sich Hitler und seine führenden Gefolgsleute am Expansionsprogramm des deutschen Monopolkapitals orientiert, das zu wesentlichen Teilen um die Jahrhundertwende artikuliert worden war. Am 11. Dezember 1899 bereits hatte Reichskanzler Bernhard Fürst von Bülow die Erleuchtung, «daß es für uns ohne Macht, ohne ein starkes Heer und eine starke Flotte keine Wohlfahrt gibt. Das Mittel, in dieser Welt den Kampf ums Dasein durchzufechten, ohne starke Rüstung zu Lande und zu Wasser, ist für ein Volk von bald sechzig Millionen, das die Mitte von Europa bewohnt und gleichzeitig seine wirtschaftlichen Fühlhörner ausstreckt nach allen Seiten, noch nicht gefunden worden.»[12]

Es war nicht schwer zu erraten, daß das erstrebte Mittel der Expansion nur die Anwendung militärischer Gewalt, der Krieg gegen andere Länder und Völker sein konnte. Vierzehn Jahre später provozierte der junkerlich-bürgerliche Obrigkeitsstaat den ersten Weltkrieg, um Ziele anzusteuern, die auf der Erde ihresgleichen suchten. Da pokerte man längst um mehr als nur um die Hegemonie über Europa, nach der auch andere Großmächte gierten. Da waren auch schon ein zusammenhängendes Kolonialreich über ganz Zentralafrika, ein deutsches Diktat über den Weltmarkt und schließlich die politische Beherrschung der Erde im Visier.

Das Fiasko jener eklatanten Niederlage des Jahres 1918 hatte nicht an dem vermessenen, abenteuerlichen und verbrecherischen Plan der Mächtigen zu rütteln vermocht, die Weltherrschaft im zweiten Versuch, in einer Art Amoklauf, doch noch zu erringen. Die Nazis verstanden es, die Lüge vom mangelnden Lebensraum des deutschen Volkes in besonders spektakulärer und zugespitzter Weise in das Ohr der Öffentlichkeit zu träufeln. Reichskanzler Fürst von Bülow hatte an der Schwelle des neuen Jahrhunderts noch prophezeit, «in dem kommenden Jahrhundert wird das deutsche Volk Hammer oder Amboß sein»[13]. Hitler indessen spitzte die Prognose bis ins düsterste zu, falls man auf Krieg verzichtete. «Deutschland wird entweder Weltmacht», so tönte er 1926 im 2. Band von «Mein Kampf», «oder überhaupt nicht sein.»[14] Pharisäerhaft beklagte der Naziführer, daß das deutsche Volk, «auf unmöglicher Grundfläche zusammengepfercht, einer jämmerlichen Zukunft entgegengeht»[15]. Bei einem angenommenen Bevölkerungszuwachs von 900 000 pro Jahr prophezeite er die «Katastrophe» und die Gefahr der «Hungerverelendung».[16]

In Wirklichkeit dagegen war der Lebensraum der Deutschen mehr als ausreichend, hätte man ihn nur rationell und auf soziale Weise genutzt.

Hinter der verlogenen Naziparole vom Sieg oder Untergang der Deutschen verbarg sich nichts anderes als die blanke Gier nach fremden Territorien und Rohstoffquellen, neuen Exportmärkten und Kapitalanlagesphären, nach grenzenloser Ausbeutung von Millionen Arbeitssklaven in den eroberten Gebieten und Kolonien, nach politischer Herrschaft rund um den Erdball und für alle Ewigkeit. Daher lag das Kernstück des Programms der Aggression auch in der Vernichtung der Sowjetunion. Wollte man die Weltherrschaft erringen, mußte man vor allem den ersten sozialistischen Staat der Erde zerstören und die ungeteilte Herrschaft des Kapitals im Weltmaßstab zurückgewinnen. So betrachtete Hitler den Überfall auf die Sowjetunion denn auch als seine «große und eigentliche Aufgabe: die Auseinandersetzung mit dem Bolschewismus»[17].

Die konkreten Pläne der Expansion und Aggression standen nicht von Anbeginn fest. Sie entstanden – in gleitender Projektierung – im wesentlichen im Sommer und Herbst 1940. An den Reißbrettern der Kriegsplanung teilten sich die Reichsgruppe Industrie, die führenden Konzerne sowie Vertreter des Reichwirtschaftsministeriums, des Auswärtigen Amtes und des Generalstabes die Arbeit. Das Programm der Weltherrschaft, das zu realisieren sich das faschistische Reich anschickte, umfaßte die «Neuordnung» Europas, den Überfall auf die Sowjetunion, den Griff nach weiteren «Großräumen» der Erde sowie die Errichtung eines Kolonialreiches in Afrika.

Der Pakt mit dem Teufel

Beim ersten Versuch des deutschen Imperialismus, sich die Welt zum Untertan zu machen, war man wahrlich nicht zimperlich zu Werke gegangen. Die zivilisierten Regeln der Kriegführung mit Füßen zu treten und das Verbrechen *im Kriege* zur Methode zu machen, war schon lange vor Anzettelung des ersten Weltkrieges zur Staatsdoktrin deklariert worden. Als Kaiser Wilhelm II. im Juli 1900 das ostasiatische Expeditionskorps zur Unterdrückung des Ihotvan-Aufstandes in China verabschiedete, hatte er in seiner berüchtigten Hunnenrede zu unverhohlenem Mord am militärischen Gegner angestachelt: «Kommt ihr vor den Feind, so wird derselbe geschlagen! Pardon wird nicht gegeben! Gefangene werden nicht gemacht. Wer euch in die Hände fällt, sei euch verfallen!»[18]

Auch im ersten Weltkrieg setzten die kaiserlichen Heerführer die Mörderdoktrin des Hohenzollern getreulich in die Tat um. 900 Militärpersonen klagten die Alliierten nach dem Ende des ersten Weltenbrandes wegen schwerster Verletzungen der Gesetze und Gebräuche des Krieges an. General Stenger beispielsweise wurde zur Last gelegt, den Befehl erteilt zu haben, französische Kriegsgefangene, unter ihnen selbst verwundete, einfach niederzumachen. Gegen Hindenburg und Ludendorff wiederum lagen Beweise vor, beim Rückzug aus Frankreich planmäßige Verwüstungen angeordnet und veranlaßt zu haben, französische Zivilisten zur Zwangsarbeit nach Deutschland zu verschleppen.[19]

Freilich, «saubere» Kriege hat es zu keiner Zeit gegeben, Verbrechen *im* Kriege gehörten stets zu dessen Attributen. Aber wie häufig die Verletzung der Gesetze und Gebräuche des Krieges in früherer Zeit auch passiert sein mag, wie brutal und skrupellos das deutsche Kaiserheer im ersten Weltkrieg auch immer zu Werke gegangen war – die Praxis der hitlerfaschistischen Kriegführung stellte alles bis dahin Geschehene weit in den Schatten.

Die Ursache für die Grausamkeit und die Barbarei der faschistischen Kriegführung aber lag nicht primär in der abnormen Psyche und der Gefühlskälte Adolf Hitlers. Ihre eigentliche Wurzel verbarg sich in dem schreienden Widerspruch zwischen den maßlosen, durch und durch abenteuerlichen Kriegszielen einerseits und den begrenzten ökonomischen und militärischen Mitteln und Ressourcen andererseits. Ein Widerspruch, der objektiv unlösbar war. Wollte man den Griff nach der Weltherrschaft noch einmal wagen, konnte er, wenn überhaupt, nur dann erfolgversprechend sein, wenn äußerste Brutalität und Verbrechen zur *Methode* der Kriegführung wurden. Und der reaktionärste und aggressivste Flügel des deutschen Finanzkapitals *war* entschlossen, beim zweiten Anlauf alles auf eine Karte zu setzen, jede Rücksicht fallen zu lassen, alle Regeln der Humanität in den Boden zu stampfen. Mehr und mehr war er davon überzeugt, daß die Nazipartei und ihr führender Kopf die nötige Entschlossenheit und das Erfolgsrezept parat hatten, mit dem sich der Traum von der Weltherrschaft doch noch ins Reich der Wirklichkeit holen ließ.

Tatsächlich avancierte die Weltherrschaftsabsicht dann auch zum bestimmenden Element der faschistischen Ideologie. Schon in «Mein Kampf» hatte Hitler nicht nur die Himmelsrichtungen der kalkulierten Kreuzzüge abgesteckt. Er hatte auch die Methoden erkennen lassen, mit denen die Nazis über andere Völker herzufallen gedachten. Die Deutschen hätten, so befand der Naziführer, keine andere Wahl, als nach dem Gesetz der Natur anzutreten und ihrem Selbsterhaltungstrieb freien Lauf zu lassen. «Die Natur ... setzt die Lebewesen zunächst auf diesen Erdball und sieht dem freien Spiel der Kräfte zu. Der Stärkste an Mut und Fleiß erhält dann als ihr liebstes Kind das Herrenrecht des Daseins zugesprochen ... Am Ende siegt ewig nur die Sucht der Selbsterhaltung. Unter ihr schmilzt die sogenannte Humanität als Ausdruck einer Mischung von Dummheit, Feigheit und eingebildeten Besserwissern wie Schnee in der Märzensonne. Im ewigen Kampf ist die Menschheit groß geworden – im ewigen Frieden geht sie zugrunde.»[20]

Recht und Moral, insbesondere das Selbstbestimmungsrecht der Völker, waren in der Weltsicht der Hitlerfaschisten nicht existierende Größen. Das Gesetz, unter dem sie auf der Bühne der Weltpolitik anzutreten gedachten, erschöpfte sich im «Recht» des Stärkeren. In seinem zweiten, nicht veröffentlichten Buch bekannte der Naziführer: «Wir ... werden zum Angriff schreiten, ganz gleich, ob er 10 oder 1000 Kilometer hinter den heutigen Linien zum Stehen kommen wird.» Das, was an der Wahrscheinlichkeit des Erfolges fehlte, gelobte Hitler «durch größere Entschlossenheit noch aufzuwiegen und diesen Geist auf die ganze Bewegung zu übertragen»[21].

Die größere Entschlossenheit im Verhältnis zur Kriegführung 1914–1918 sollte sich nach der Machtübernahme bald in ein Szenarium niederschlagen, das im zweiten Akt des Weltkriegsdramas nicht nur Raub und Eroberung, Unterdrückung und Terror, sondern selbst die systematische Ausrottung von Menschen und ganzen Völkern vorsah. Freilich wurde es hinter den Kulissen geschrieben, und in die Regiekonzeption waren nur jene eingeweiht, die die Triebkräfte der Expansion verkörperten oder den Krieg militärisch zu steuern hatten.

Während die Naziführer von der ersten Stunde der Machtübernahme an ihre Friedensabsichten beteuerten, rüsteten sie fieberhaft zum Kriege. Um die aggressiven Absichten des neuen Regimes wußte allerdings nicht nur der führende Naziklüngel. Hitler war gerade vier Tage im Amt des Reichskanzlers, als er sich beeilte, die Befehlshaber des Heeres und der Marine auch über seine Expansionsziele ins Bild zu setzen.

In der Aufzeichnung über seine Ansprache am 3. Februar 1933

liest man u. a.: «Aufbau der Wehrmacht wichtigste Voraussetzung für Erreichung des Ziels: Wiedererringung der politischen Macht ... Wie soll politische Macht, wenn sie gewonnen ist, gebraucht werden? ... Vielleicht Erkämpfung neuer Exportmöglichkeiten, vielleicht – und wohl besser – Eroberung neuen Lebensraumes im Osten und dessen rücksichtslose Germanisierung.»[22]

Letzteres traf den expansiven Nerv monopolistischer Kreise mit verblüffender Genauigkeit. Prompt bestärkten nicht nur der Reichsverband der Deutschen Industrie, sondern auch andere Wirtschaftsverbände wie etwa der Mitteldeutsche Wirtschaftstag die Naziregierung darin, «daß die Erweiterung des deutschen Wirtschaftsraumes ... eine unbedingte Notwendigkeit ist»[23]. Dabei war man sich dessen wohl bewußt, daß die Germanisierung der zu raubenden Gebiete zumindest auf das Vertreiben der dortigen Bevölkerung zielte. Schon in «Mein Kampf» hatte Hitler in rassistischer Manier festgeschrieben, «daß Germanisation nur am Boden vorgenommen werden kann und niemals am Menschen»[24].

Die Germanisationspläne des Naziregimes begnügten sich indessen nicht mit dem Vertreiben fremder Völkerschaften, sondern schlossen von vornherein Vernichtung und Ausrottung ein. Schon 1934 hatte Hitler dem Danziger Senatspräsidenten Rauschning bedeutet: «Wir werden eine Technik der Entvölkerung entwickeln müssen. Wenn Sie mich fragen, was ich unter Entvölkerung verstehe, so meine ich die Entfernung ganzer Rasseeinheiten ... Die Natur ist grausam, also müssen wir es auch sein. Wenn ich die Blüte des deutschen Volkes in die Hölle des Krieges ohne das geringste Mitleid für das Vergießen kostbaren deutschen Blutes schikken kann, so habe ich gewiß das Recht, Millionen einer sich wie Ungeziefer vermehrenden niedrigen Rasse zu vernichten.»[25]

Als der Plan der Aggression gegen Polen unumstößlich war, war der Nazichef längst entschlossen, sein Konzept der Entvölkerung auf den Fall «Weiß», so das Codewort für den bevorstehenden Überfall, anzuwenden. Wenige Tage vor dem Angriff wurden die Militärs rechtzeitig und von ihm persönlich darauf eingestimmt. Als sie für den Vormittag des 22. August auf den Berghof «zum Tee» geladen wurden, ahnten die rund fünfzig Offiziere und Generale wohl, daß Hitler sie nicht aus Gründen der Geselligkeit in die Alpen zitieren würde. Die Order, in Zivilkleidern anzureisen, deutete schon auf den geheimen Charakter der Zusammenkunft hin. In den Hallen des Hitlerschen Prachtbaues auf dem Obersalzberg erfuhren sie dann, was die Stunde geschlagen hatte. Das aufgefundene Stichwortprotokoll, aber auch die Tagebücher von Generalen haben Hitlers verbrecherische Orientierung für den Krieg gegen den östlichen Nachbarn der Nachwelt überliefert. Danach forderte er u. a.: «Ziel ist Beseitigung der lebendigen Kräfte, nicht die Erreichung einer bestimmten Linie ... Herz verschließen gegen Mitleid. Brutales Vorgehen ... Größte Härte ... Restlose Zertrümmerung Polens ist das militärische Ziel ... Verfolgung bis zur völligen Vernichtung.»[26]

Selbst für den eingefleischten Militaristen erhellte sich aus Hitlers Ansprache, daß der bevorstehende «Polenfeldzug» in Ziel und Methode verbrecherisch sein würde. Was Hitler da programmiert hatte, war ein totaler Affront gegen die längst erfolgte Ächtung des Angriffskrieges, gegen den Fundamentalsatz des bürgerlichen Völkerrechts «pacta servanda sunt» (Verträge sind einzuhalten), sowie gegen jegliche Ritterlichkeit, die zumindest das öffentliche Bewußtsein mit dem Soldatenstand verband. Und doch erhob sich kein Wort des Widerspruchs, als Hitler geendet hatte. Im Gegenteil. Durch Görings Mund ließen sich die anwesenden Militärs auf das rüde Konzept Hitlers ausdrücklich verpflichten. Die zweitplazierte Figur des Naziregimes gelobte Hitler «im Namen der versammelten Offiziere Treue und Gehorsam»[27].

Freilich waren Hitlers Worte auf dem Obersalzberg in puncto Methode der Kriegführung noch nicht von jener letzten, jeglichen Zweifel ausschließenden Deutlichkeit, wie er sie später dann mit Blick auf den Fall «Barbarossa» setzte. «Verfolgung bis zur völligen Vernichtung» – damit hätte nach dem Kontext der Rede möglicherweise nur die Vernichtung der Militärmacht des Gegners gemeint sein können. Doch lagen auch die Pläne für die Ausrottung der polnischen Intelligenz bereits in den Tresoren des Sicherheitshauptamtes der SS, und deren Einsatzgruppen lauerten längst in den Startlöchern. Noch im August 1939 traf Heydrich mit dem Generalquartiermeister des Heeres, General Eduard Wagner, eine erste Vereinbarung, welche die «völkische Flurbereinigung» durch die Einsatzgruppen der SS im besetzten Polen zum Gegenstand hatte.

Das Ausmaß der Blutbäder, das die Einsatzgruppen im besetzten Polen dann tatsächlich anrichteten, war für die Truppenführer allerdings nicht voraussehbar. Wohlweislich hatte das Oberkommando des Heeres seinen nachgeordneten Befehlsstellen die den Einsatzgruppen erteilten Morddirektiven vorenthalten. Aber vom ersten Tage des Krieges an waren Himmlers Mörderkolonnen der Wehrmacht auf dem Fuße gefolgt und hatten Zehntausende Angehörige der polnischen Intelligenz, der Geistlichkeit und der jüdischen Bevölkerung viehisch abgeschlachtet. Unter Teilen der deutschen Wehrmacht hatte das beträchtliche Erregung ausgelöst. «Die Einstellung der Truppe zu SS und Polizei schwankt zwischen Abscheu und Haß», so berichtete beispielsweise General Blaskowitz dem Oberbefehlshaber des Heeres, von Brauchitsch. Und: «Jeder Soldat fühlt sich abgestoßen und angewidert durch diese Verbrechen ... Er versteht nicht, wie derartige Dinge, zumal sie sozusagen unter seinem Schutz geschehen, ungestraft möglich sind.»[28]

Progressive Kräfte aus Kreisen der deutschen Offiziere, wie die Gruppe um Beck und Oster, erwogen angesichts dieser Verbrechen damals bereits, Hitler zu stürzen. Die Heeresführung indessen beeilte sich, die fatale Stimmung unter den Soldaten und Offizieren abzuwiegeln. Schließlich hatte der Oberbefehlshaber des Heeres, Walther von Brauchitsch, Hitlers Bemerkung ohne Widerspruch hingenommen, «daß, wenn die Wehrmacht hiermit (gemeint ist die sogenannte völkische Ausrottung – d. A.) nichts zu tun haben will, sie es hinnehmen muß, daß SS und Gestapo neben ihr in Erscheinung treten»[29].

Gleichwohl besaßen einige Befehlshaber der Wehrmacht die Stirn, in Polen mordende SS-Verbrecher vereinzelt vor ihre Kriegsgerichte zu stellen. Brauchitsch und sein Generalstabschef Franz Halder aber schlüpften in die Rolle von Helfershelfern der Massenmörder, schlugen sich auf die Seite Hitlers und Himmlers, so wie es die führenden Köpfe im OKW, Keitel und Jodl, von Beginn an getan hatten. Als sich Hitler am 4. Oktober 1939 genötigt sah, einen geheimen Gnadenerlaß für die Polenmörder der SS zu verfügen, kuschte Brauchitsch nicht nur, sondern er gab dazu auch noch entsprechende Durchführungsbestimmungen heraus.

Beim Überfall auf die Sowjetunion, im Fall «Barbarossa», waren die Naziführer entschlossen, einen gravierenden Schritt weiterzugehen. Diesmal sollte, diesmal mußte die Wehrmacht in den Völkermord einbezogen werden. Denn nun ging es nach dem Verständnis der Hitlerclique ja nicht nur gegen einen nationalen, sondern vor allem gegen einen sozialen Feind, um, wie es Hitler im Angesicht des Blitzkrieges gegen Frankreich bezeichnete, die «große und eigentliche Aufgabe: die Auseinandersetzung mit dem Bolschewismus»[30]. Dieser Krieg war auch und insbesondere als Entscheidungskampf, als Krieg der Weltanschauungen gedacht. Er sollte nichts Geringeres bewirken, als die Idee des Marxismus für immer zu tilgen, ihre Träger und Verfechter auszurotten und die exklusive Herrschaft des Kapitals im Weltmaßstab zu restaurieren.

Diesmal setzte die Hitlerbande auf den traditionellen Antikommunismus der Offizierskaste, und – die Rechnung ging auf. Schließlich waren die führenden Militärs durch die Dolchstoßlegende geprägt worden, und manchem steckte der Schock der Novemberrevolution und der Räterepubliken noch immer in den Gliedern. Eine geradezu traumatische Bolschewistenfurcht hatte das Gros des Offizierskorps von Beginn an zu Stützen des Hitlerregimes gemacht. Schon 1933 hatte die Reichswehrführung applaudiert, als deutsche Kommunisten und Sozialdemokraten wie Freiwild behandelt wurden. In Vertretung des Reichswehrministers hatte Oberst von Reichenau im Februar 1933 angeordnet: «Die Partei wird gegen den Marxismus rücksichtslos vorgehen. Aufgabe der Wehrmacht: Gewehr bei Fuß. Keine Unterstützung, falls Verfolgte Zuflucht bei der Truppe suchen.»[31]

Man hatte es sogar hingenommen, daß zwei führende Vertreter der eigenen Kaste, die Generale Kurt von Schleicher und Kurt von Bredow, während der Röhmaffäre umgebracht worden waren. Man hatte die beiden schlicht zu den Spänen gezählt, die eben gefallen waren, als Hitler, Göring und Himmler mit den «linken Elementen» in der SA abrechneten. Warum sollte man da ausgerechnet im Erfolgsjahr 1940 zögern, den Vernichtungskrieg gegen den tagtäglich verketzerten und tausendfach verfluchten Sowjetstaat mitzutragen? Der extreme Antikommunismus erwies sich als der wirksamste Katalysator für die Bereitschaft auch der Militärs zu grenzenloser Brutalität, mit der der Krieg gegen das Land der Sowjets geführt werden sollte.

Gewiß haben auch noch andere, weniger gewichtige Umstände die Empfänglichkeit der Militärs für eine beispiellose völkerrechtswidrige Kriegführung gefördert. Die Blitzsiege im Westen etwa, die dem Irrglauben von der Unbesiegbarkeit der faschistischen Wehrmacht Auftrieb gegeben hatten, aber auch der Ehrgeiz, durch einen weiteren Blitzkrieg den Stellenwert namentlich des Heeres weiter zu erhöhen. Und nicht zuletzt dürfte auch die blinde Überzeugung dazu beigesteuert haben, daß das vermeintliche Genie Hitler auch den Sieg gegen den Hauptfeind Sowjetunion verbürgen würde. In seinem Tagesbefehl vom 25. Juni 1940 hatte von Brauchitsch diesem trügerischen Bewußtsein mit den Worten Ausdruck gegeben: «Er (Hitler – d. A.) wird die Zukunft des Reiches für alle Zeiten sichern. Sein Heer steht in Treue zu ihm, stets zu jedem Einsatz bereit.»[32]

War das Projekt der Aggression gegen die westeuropäischen Staaten im Spätherbst 1939 noch auf Bedenken und Widerspruch gestoßen, so fand der Plan «Barbarossa» die nahezu ungeteilte Billigung der Generalität. Über Hitlers Vorhaben, «Lebensraum» im Osten zu gewinnen, war man ja seit Februar 1933 schon im Bilde. Und nach den Massakern der SS in Polen konnte auch kaum noch jemand der Illusion erlegen sein, daß die Kriegführung gegen den Hauptfeind Sowjetunion etwa von humanerem Zuschnitt sein würde. Sollte das angepeilte Kolonialreich im Osten Wirklichkeit werden, mußten im Sowjetland radikaler und gründlicher noch als in Polen die Führungskader ausgerottet werden. Schon im Februar 1941 orakelte man darüber offen im Kreise der Naziführer und Militärs. In einer Denkschrift hatte General Thomas im Auftrag der Reichsgruppe Industrie, der IG-Farben und anderer Mammutkonzerne auf die Gefahr hingewiesen, daß beim Einfall in die Sowjetunion Vorratslager, Eisenbahnlinien, Maschinen- und Traktorenstationen und ähnliches zerstört werden könnten. Göring räumte solche Befürchtungen u. a. mit der Bemerkung aus: «Es käme darauf an, zunächst schnell die bolschewistischen Führer zu erledigen.»[33]

In ihrer Realitätsblindheit kalkulierten die Naziführer, daß das sozialistische Gesellschaftssystem in kürzester Zeit in sich zusammenbrechen werde. In Anwesenheit mehrerer Generale, darunter Halder und Wagner, stellte Hitler am 17. März 1941 die Prognose:

«Die von Stalin eingesetzte Intelligenz muß vernichtet werden ...
Weltanschauliche Bande halten das russische Volk noch nicht fest
genug zusammen. Es wird mit dem Beseitigen der Funktionäre zer-
reißen.»[34]

OKW-Chef Keitel und auch Jodl hatten Hitlers Ansinnen schon
zuvor akzeptiert, und die entsprechenden Morddirektiven waren
längst in Arbeit. Bereits am 3. März hatte Jodl als Chef des Wehrmachtführungsstabes einen Entwurf zu den «Richtlinien auf Sondergebieten zur Weisung Nr. 21» (Fall «Barbarossa») der Abteilung L (Landesverteidigung) mit entsprechenden Weisungen Hitlers zur Überarbeitung zurückgereicht. Der bevorstehende Krieg, so
übermittelte Jodl des Führers Instruktion, sei «mehr als nur ein
Kampf der Waffen; er führt auch zur Auseinandersetzung zweier
Weltanschauungen ... Die Notwendigkeit, alle Bolschewisten-
häuptlinge und Kommissare sofort unschädlich zu machen»[35],
spreche dafür, Himmlers Mörderbanden selbst schon im Operationsgebiet der Wehrmacht einzusetzen.

Die gültige Fassung der «Richtlinien», die Keitel am 13. März
1941 unterzeichnete, erfüllten Hitlers Erwartungen dann auch in
jeder Hinsicht. Himmler wurden darin «Sonderaufgaben» zugeschrieben, «die sich aus dem endgültigen Kampf zweier entgegengesetzter Systeme ergeben»[36]. Einzelheiten waren zwischen dem
Oberkommando des Heeres und dem Reichsführer SS auszuhan-
deln.

Noch am selben Tage setzten sich Himmlers Stellvertreter Heydrich und der Generalquartiermeister des faschistischen Heeres,
General Wagner, an einen Tisch. Die beiden hatten ja Erfahrung
im Umgang miteinander, und nicht zum erstenmal war der Tod
ihr unsichtbarer Verhandlungspartner. Man einigte sich prompt,
und der Teufelspakt zwischen SS und Heer war endgültig geschlossen, als Feldmarschall von Brauchitsch am 28. April 1941
das Heydrich-Wagner-Papier mit seiner Unterschrift segnete. Der
Weg war nun frei für konzentrierte Aktionen des Terrors und der
Ausrottung von Menschen im künftigen Feindesland. Heeresbe-
fehlshaber und SD-Kommandeure sollten dafür gemeinsam haf-
ten. Vier spezielle Einsatzgruppen der Sicherheitspolizei und des
SD hatten nach dem Kontrakt zwischen SS- und Heeresführung
den Löwenanteil an der geplanten Massenausrottung zu bestrei-

ten. Der Mordauftrag, der den Einsatzgruppen darin mit Blick auf
das rückwärtige Heeresgebiet zugeschrieben worden war, reichte
über Görings und Hitlers Forderung nach Vernichtung der «bolschewistischen Führer» noch hinaus und lautete: «Erforschung
und Bekämpfung der staats- und reichsfeindlichen Bestrebungen,
soweit sie nicht der feindlichen Wehrmacht eingegliedert sind.»[37]
Es war also ausreichend normativer Raum geschaffen auch für die
«völkische Flurbereinigung», speziell für die Vernichtung von Sowjetbürgern jüdischer Abkunft.

«Es handelt sich um einen Vernichtungskampf»

Die Wehrmacht sollte diesmal nicht nur zum Schirmherrn der
Menschenausrottung bestellt, sondern in das Mordhandwerk selbst
eingebunden werden. Hitler ließ es sich nicht nehmen, die Truppenführer persönlich darauf einzustimmen und in schärfsten Tö-
nen zu motivieren. Für den 30. März waren dazu eigens etwa
250 Befehlshaber und Stabschefs in die Reichskanzlei beordert
worden, die für den Überfall auf den Bündnispartner UdSSR ausersehen waren. In kleinerem Kreise hatte der Naziführer das Konzept
des Völkermordes auf sowjetischem Boden schon mehrfach ausgebreitet. Nun aber sollte auch dem Plenum der Generalität einge-
impft werden, wie der Feind von morgen zu behandeln sei. In theatralischer Gebärde malte der Nazichef mit den Worten «asoziales
Verbrechertum» und «ungeheure Gefahr für die Zukunft» noch
einmal das Gespenst des Kommunismus an die Wand. Es kam ihm
darauf an, das Offizierskorps zur Abkehr von jeglicher Form konventioneller Kriegführung zu bewegen. «Der Kommunist ist vorher
kein Kamerad und nachher kein Kamerad. Es handelt sich um
einen Vernichtungskampf», bedeutete Hitler den versammelten Offizieren. Und damit auch der Einfältigste nicht länger im Zweifel
bliebe, ob das Völkerrecht, namentlich die Haager Landkriegsordnung von 1907 und das Genfer Abkommen über die Behandlung
der Kriegsgefangenen von 1929, im kommenden Krieg noch
irgendwelche Rücksichtnahme verdiene, formulierte Hitler den
Mordauftrag an die Wehrmacht diesmal mit brutaler Eindeutigkeit:
«Vernichtung der bolschewistischen Kommissare und der kommu-

nistischen Intelligenz.» Schließlich führe man den Krieg nicht, «um den Feind zu konservieren». Der bevorstehende Krieg gegen die Sowjetunion, so der Naziführer, werde «sich sehr unterscheiden vom Kampf im Westen. Im Osten ist Härte mild für die Zukunft.»[38]

Die versammelte Generalität nahm die Rede hin, genauer gesagt, sie nahm sie an. Die Verantwortlichen im OKW wie auch im OKH traten nunmehr geradezu in einen Wettlauf miteinander, Hitlers Vorgabe in Befehle und Direktiven umzumünzen. Bereits am 3. April erließ der Generalstabschef des Heeres, Franz Halder, einen Befehl, der die Behandlung der Bevölkerung auf sowjetischem Gebiet betraf und in dem es hieß: «Aktiver oder passiver Widerstand der *Zivilbevölkerung* ist mit scharfen Strafmaßnahmen im Keime zu ersticken».

Mit Strafmaßnahmen aber hatte man keineswegs Sanktionen der Militärgerichte im Auge. Denn diese hätten sich nicht völlig daran vorbeimogeln können, wenigstens Beweise und Schuld zu prüfen und die Strafe je nach Schwere der inkriminierten Handlungen zu differenzieren. Mit Blick auf Kommissare (Politoffiziere der Roten Armee), Funktionäre der KPdSU und des Staatsapparates hatte Hitler ja bereits ausdrücklich vorgegeben, daß sie keinen, auch keinen kurzen Prozeß haben sollten. Ihnen war zugedacht, durch die Wehrmacht an Ort und Stelle und sofort «erledigt» zu werden. Doch auch sowjetische Durchschnittsbürger, bei denen eine feindliche Haltung gegenüber den Okkupanten nur vermutet wurde, sollte letztlich das gleiche Schicksal treffen. Auch hierfür hatte der von sich selbst zum höchsten Militär ernannte Hitler bereits die Weiche gestellt.

Schon im Dezember 1940 hatte der Diktator in einem Kommentar zum Entwurf der «Richtlinien auf Sondergebieten zur Weisung Nr. 21 (Fall Barbarossa)» dafür plädiert, daß sich die Militärgerichte «nur mit den Gerichtssachen innerhalb der Truppe zu befassen (hätten)»[39]. Und in jener berüchtigten Rede vom 30. März 1941 hatte er noch einmal unterstrichen, daß der Kampf «gegen das Gift der Zersetzung» geführt werden müsse, was «keine Frage der Kriegsgerichte»[40] sei.

Im OKW nahm es zunächst Jodls Stellvertreter und Leiter der Abteilung Landesverteidigung, General Warlimont, in seine Hand, den völkerrechtlich verbürgten Schutz der Zivilbevölkerung der Sowjetunion in Normen der Willkür aufzulösen. Allerdings suchte das Militär die Hitlersche Radikalität wenigstens noch etwas abzuschwächen. Nach Warlimonts Konzept hatten sich die Kriegsgerichte immerhin noch mit Vergehen sowjetischer Soldaten und Zivilisten gegen Angehörige der faschistischen Wehrmacht zu befassen. Doch es kam viel schlimmer.

Der Gerichtsbarkeitserlaß im Fall «Barbarossa»

Es blieb dem Hirn eines Juristen vorbehalten, Hitler auch in diesem Punkt bis zum äußersten zu folgen und selbst Zivilpersonen zum Freiwild der Truppe zu stempeln. Ausgerechnet der Chef der Rechtsabteilung der Wehrmacht, Dr. Lehmann, wartete am 28. April mit einem Entwurf über die Gerichtsbarkeit im Fall «Barbarossa» auf, der alles Völkerrecht total auf den Kopf stellte. Nach dem Lehmann-Papier waren sogenannte Freischärler «im Kampf oder auf der Flucht schonungslos zu erledigen sowie andere Angriffe von feindlichen Zivilpersonen mit allen Mitteln bis zur Vernichtung des Angreifers abzuwehren». Die Militärgerichte sollten sich darauf beschränken, für die «Erhaltung der Manneszucht»[41] in den eigenen Reihen zu sorgen.

Wodurch aber sahen Wehrmachtjuristen wie Dr. Lehmann die Manneszucht der faschistischen Formationen schon gefährdet? Ganz gewiß durch homosexuelle Kontakte zwischen den Soldaten, durch alkoholische Exzesse oder andere Disziplinverstöße, die die Schlagkraft der Truppe lähmen konnten. Zuallerletzt aber durch Gewalt und Willkür, durch Mord und Totschlag, die die deutschen Eindringlinge gegenüber den Menschen des überfallenen Landes nicht nur üben würden, sondern auch sollten. Und damit keiner der Kommandeure überhaupt erst auf die Idee kam, die Bluthunde seiner Truppe zur Räson zu bringen, hatte der Chefjurist der Wehrmacht, freilich mit Keitels und Jodls Rückendeckung, festgeschrieben: «Für Handlungen, die Angehörige der Wehrmacht und des Gefolges gegen feindliche Personen begehen, herrscht kein Verfolgungszwang, auch dann nicht, wenn die Tat ein militärisches Verbrechen oder Vergehen ist.»[42]

Damit war auch die letzte juristische Schranke niedergerissen, die deutsche Soldaten und Offiziere von Verbrechen an Sowjetbürgern hätte zurückhalten können.

Auch im OKH war man nach Hitlers Brandrede in der Reichskanzlei nicht untätig geblieben. Hier hatte sich der für Rechtsfragen zuständige General z. b. V. beim Oberbefehlshaber des Heeres, Eugen Müller, ins Zeug gelegt. Was er zur Gerichtsbarkeit im Fall «Barbarossa» zu Papier brachte, geschah allerdings in engster Tuchfühlung mit Dr. Lehman vom OKW. Beide Entwürfe wiesen daher auch eine frappierende Ähnlichkeit auf. Und so konnte Dr. Lehmann am 9. Mai gegenüber Jodl und Warlimont konstatieren: «Der Vorschlag des Heeres nähert sich unseren Vorschlägen. Es fehlt in ihm nur der Satz, daß eine Gerichtsbarkeit der Wehrmachtsgerichte über Landeseinwohner überhaupt nicht besteht.»[43]

Das entsprach nicht ganz der Wahrheit. Denn General Müller hatte es in seinem Papier noch zur unabdingbaren «Aufgabe aller Vorgesetzten» erklärt, «willkürliche Ausschreitungen einzelner Heeresangehöriger zu verhindern und einer Verwilderung der Truppe vorzubeugen»[44]. Der einzelne Soldat dürfe nicht nach Gutdünken, sondern nur nach Befehl des Vorgesetzten handeln. Dabei galt des Generals Sorge ganz gewiß nicht dem Schutz der Opfer, sondern der Effektivität von Terroraktionen sowie der Disziplin der Truppe. Gleichwohl dachten die Verantwortlichen im OKW gar nicht daran, den moderaten Passus Müllers in der Endfassung des Erlasses mit einer Silbe zu berücksichtigen.

Inzwischen war auch Eile geboten, denn die Vorbereitungen für den Fall «Barbarossa» sollten bis zum 15. Mai abgeschlossen sein. Einen Tag vor diesem Termin wurde das Schanddokument schließlich verabschiedet. In seiner endgültigen Fassung nannte es sich «Erlaß über die Ausübung der Kriegsgerichtsbarkeit im Gebiet ‹Barbarossa› und über besondere Maßnahmen der Truppe» (Kriegsgerichtsbarkeitsbefehl).

Diese Morddirektive erging als Führererlaß, doch war sie nicht von Hitler als Oberbefehlshaber der Wehrmacht, sondern in dessen Auftrag durch OKW-Chef Keitel unterzeichnet. Es geschah nicht selten, daß Hitler von solch offensichtlich verbrecherischen Normativakten seinen Namenszug fernhielt, um äußerstenfalls seine Unkenntnis vorschützen zu können. Zudem mag er trotz des Schweigens der Generalität zu seiner Rede am 30. März bei einem Teil des Offizierskorps Widerwillen gewittert haben. Und so war es ihm offenbar psychologisch klüger erschienen, wenn das Mörderpapier die Unterschrift seines ranghöchsten Offiziers trug.

Unter den an der Ausarbeitung und am Erlaß des Kriegsgerichtsbarkeitsbefehls Beteiligten hatte es selbstverständlich nicht den geringsten Zweifel an dessen völkerrechtswidrigem Inhalt gegeben. Daher hatte man das Papier sowohl als «Geheime Kommandosache» als auch als «Chefsache» firmiert und lediglich 23 Ausfertigungen hergestellt. Für das gesamte Landheer hatte Brauchitsch zunächst nur ein einziges Exemplar erhalten, dessen Weitergabe nach dem Anschreiben des OKW «möglichst nicht vor dem 1. 6. 1941 zu erfolgen»[45] hatte.

Um keinen Preis sollte die Morddirektive in die Hände des Gegners geraten. Daher wies das OKW schon Ende Juli 1941 an, den Gerichtsbarkeitsbefehl bei allen Dienststellen bis zu den Generalkommandos aufwärts zu vernichten, ohne ihn jedoch außer Kraft zu setzen.

Der Kriegsgerichtsbarkeitserlaß zeugte von solch unerhörtem Rechtsnihilismus und solch unverfrorener Abkehr von allem Humanitätsdenken, daß er jedem Offizier die Schamröte hätte ins Gesicht treiben müssen.

Zwar hatten Teile der Wehrmacht auch schon während des Überfalls auf Polen mit SS-Einsatzgruppen Hand in Hand gearbeitet und Verbrechen an der polnischen Bevölkerung verübt, doch mit Blick auf den Fall «Barbarossa» wurden Mord und Kollektivvergeltung gegenüber der Sowjetbevölkerung zur beständigen Mission der kämpfenden Truppe erhoben.

Der Kriegsgerichtsbarkeitsbefehl verpflichtete die Formationen der Wehrmacht, «sich gegen jede Bedrohung der Zivilbevölkerung schonungslos zur Wehr»[46] zu setzen.

Um der Grausamkeit gegenüber sowjetischen Zivilisten freien Lauf zu lassen, war für sie der übliche Einsatz von Kriegs- und selbst von Standgerichten ausdrücklich verboten. Ein subalterner Offizier sollte über die sofortige Hinrichtung entscheiden dürfen, wenn jemand auch nur im Verdacht einer Straftat gegen die faschistischen Räuber stand. Damit war der völkerrechtlich verbürgte Anspruch der sowjetischen Bürger auf gerechte Behandlung auch im Kriege von vornherein und vollständig ausgeschaltet. Allerdings hatten die Urheber dieser brutalen Order weit weniger kriminelle Delikte sowjetischer Zivilisten im Auge als vielmehr das Ziel, jeden und alle zu «erledigen», die den Eindringlingen im Wege standen oder auch nur im Wege zu stehen schienen.

Schon das Verteilen eines Flugblattes oder das Entfernen eines Wegweisers konnte den Kopf kosten, galt nach offizieller Ausle- gung des Befehls als todeswürdiges Verbrechen, an das sich die so- fortige Exekution knüpfte. Tatsächlich wurde dann beispielsweise selbst ein neunzehnjähriges Mädchen hingerichtet, daß ein Spott- gedicht auf den faschistischen Eroberer verfaßt hatte.

«In Zweifelsfällen über Täterschaft», so hatte General Eugen Müller am 11. Juni vor Offizieren und Heeresrichtern erläutert, «wird häufig der Verdacht genügen müssen.»[47]

Um Fragen der Beweisführung von vornherein auszuklammern, hatte Dr. Lehmann in den Mordbefehl «neu und von mir allein ein- gefügt»[48], daß es «ausdrücklich verboten» sei, «verdächtige Täter zu verwahren, um sie bei Wiedereinführung der Gerichtsbarkeit über Landeseinwohner an die Gerichte abzugeben»[49].

Mit dem Gerichtsbarkeitserlaß wurde der Schutz der Zivilbevöl- kerung im Kriege gänzlich über Bord gespült und Hitlers Wort vom «Vernichtungskrieg» in die befehlsmäßige Anleitung zum Handeln übertragen. So waren beispielsweise gegen Ortschaften, aus denen heraus die faschistischen Okkupanten unvorhergesehen angegriffen wurden, «kollektive Gewaltmaßnahmen» befohlen, «wenn die Um- stände eine rasche Feststellung einzelner Täter nicht gestatten»[50]. Obgleich ausdrücklich im Widerspruch zur Haager Landkriegsord- nung (Art. 50) stehend, machte Hitlers Wehrmacht mehr als ausgie- bigen Gebrauch davon, indem sie die Bewohner ganzer Ortschaften niedermetzelte und deren Häuser und Ställe in Schutt und Asche legte.

Der Gerichtsbarkeitsbefehl stempelte die sowjetischen Bürger in jeder Hinsicht zu Freiwild, das als solches zu betrachten und zu be- handeln war. Selbst für schlimmste Verbrechen an **unverdächtigen** Personen war, wie bereits zitiert, «kein Verfolgungszwang» vorgese- hen. Nur ausnahmsweise sollte sich der Soldat der Naziwehrmacht für Abscheulichkeiten und Bestialitäten gegenüber der einheimi- schen Bevölkerung verantworten müssen: lediglich «wenn es die Aufrechterhaltung der Manneszucht oder die Sicherung der Truppe erfordert». Nicht die Grausamkeit gegenüber den Opfern galt den Befehlsgebern der Wehrmacht als Grenze des Zulässigen, sondern allein die Rückwirkung von Untaten auf den Zustand der Soldaten. Ein kriegsgerichtliches Verfahren war daher ausnahmsweise für schwere Straftaten vorgesehen, die beispielsweise «auf geschlechtlicher Hemmungslosigkeit beruhen, einer verbrecherischen Veranlagung entspringen oder ein Anzeichen dafür sind, daß die Truppe zu verwildern droht»[51].

Aber selbst diese Bestimmung erwies sich dann bei der Erbarmungslosigkeit, mit der die Naziwehrmacht den Vernichtungskrieg auf sowjetischem Boden austrug, mehr als bloße Absichtserklärung denn von praktischer Bedeutung.

Als der Gerichtsbarkeitsbefehl schließlich den Truppenführern zu Ohren kam, gab es, wenn auch sehr vereinzelt, Widerspruch. Doch konzentrierten sich die Einwände auf Befürchtungen um die Disziplin und mithin die Schlagkraft der Naziwehrmacht. Jedenfalls sah sich von Brauchitsch am 24. Mai genötigt, dem Gerichtsbarkeitsbefehl für den Bereich des Heeres einen sogenannten Disziplinarbefehl beizufügen, der spontanen Ausschreitungen der Soldaten vorbeugen sollte. Offenbar war dieser Akt von Generaloberst Halder initiiert worden, der die Verantwortung der Truppenführer für die Disziplin der Mannschaft ausdrücklich herausgestellt sehen wollte. «Die Verantwortung für die Verletzung der völkerrechtlichen Vereinbarungen und Gepflogenheiten wirkt nicht so unmittelbar drückend»[52], hatte Halder im gleichen Atemzug bemerkt.

Der Inhalt des Papiers, das Brauchitsch am 24. Mai unterzeichnete, kreiste dann auch nur um einen einzigen Gedanken, nämlich, «die Manneszucht, die Grundlage unserer Erfolge, zu erhalten». Allerdings hielt Brauchitsch für sensible Geister noch eine Beruhigungspille parat, indem er die Ausschließlichkeit der Todesstrafe, wie sie der Gerichtsbarkeitsbefehl vorschrieb, formell etwas abschwächte.

Für Straftaten «geringerer Art» sollten unter Umständen «vorübergehendes Festsetzen bei knapper Verpflegung, Anbinden, Heranziehen zu Arbeiten»[53] als Sanktionen genügen. Doch diese den Gerichtsbarkeitserlaß scheinbar mäßigende Klausel wurde schon zwei Monate später durch einen Befehl General Müllers vom 25. Juli 1941 wieder entwertet. Darin hieß es: *«Verdächtige Elemente,* denen eine schwere Straftat nicht nachgewiesen werden kann, die aber hinsichtlich *Gesinnung* und *Haltung* gefährlich erscheinen, sind an die Einsatzgruppen bzw. Kommandos der SP (SD) abzugeben.»[54]

Nach den Erfahrungswerten, die man mit Heydrichs Einsatzgruppen in Polen gemacht hatte, konnten selbst naivste Gemüter keinen Zweifel mehr hegen, daß eine solche Entscheidung für die Betroffenen dem Todesurteil gleichkam. Für Hunderttausende unschuldige Sowjetbürger sollte der Kriegsgerichtsbarkeitserlaß, wie noch zu berichten ist, zum Schicksal werden.

Der Kommissarbefehl

Über die Behandlung der Funktionäre der KPdSU und des Staatsapparates, der Politoffiziere der Roten Armee sowie der sowjetischen Intelligenz hatte der Kriegsgerichtsbarkeitserlaß nichts ausgesagt. Das sollte einem speziellen Akt vorbehalten bleiben, dem sogenannten Kommissarbefehl. Noch krasser widerspiegelte sich darin das verbrecherische Konzept für die Kriegführung gegen den ersten sozialistischen Staat. Denn für das von Hitler geforderte und vom Offizierskorps sanktionierte Abschlachten von Angehörigen der sowjetischen Führungsschicht bedurfte es nicht einmal eines wie auch immer gearteten Verdachts. Da sollte schon die bloße Zugehörigkeit zu diesem Personenkreis als Tötungsanlaß genügen.

Wahrscheinlich hatte Keitel dem Oberkommando des Heeres die Order erteilt, den Entwurf des Kommissarbefehls vorzubereiten. Jedenfalls übersandte General Eugen Müller am 6. Mai 1941 eine entsprechende Vorlage an das OKW, am selben Tage also, an dem er auch den Etwurf des Kriegsgerichtsbarkeitserlasses an Warlimont übermittelt hatte. Müllers Entwurf war nichts anderes als ein geistloser Abklatsch von Hitlers verlogenen Argumenten, mit denen das Gewissen der potentiellen Mörder beruhigt werden sollte. Politische Hoheitsträger und Leiter (Kommissare), so hatte Müller u. a. zu Papier gebracht, hätten «deutlich bewiesen, daß sie jede europäische Kultur, Zivilisation, Verfassung und Ordnung ablehnen. Sie sind daher zu beseitigen.»[55]

Diese undifferenzierte Anstiftung zum Mord erschien selbst

Warlimont und sogar einem Mann wie Rosenberg zu grobschlächtig, der sich gerade für sein zukünftiges Amt als Minister für die besetzten Ostgebiete vorbereitete. Warlimont plädierte dafür, daß zivile Funktionäre, «die sich keiner feindlichen Handlung schuldig machen, zunächst unbehelligt bleiben (werden)». Erst bei weiterer «Durchdringung des Landes» sollte nach seiner Version entschieden werden, «ob die verbliebenen Funktionäre an Ort und Stelle belassen werden können oder an die Sonderkommandos (der Sicherheitspolizei und des SD – d. A.) zu übergeben sind». Freilich waren es keineswegs humane Erwägungen, die den Aggressionsstrategen im OKW zu dieser Einschränkung motivierten. Warlimonts Sorge galt vielmehr der Schwierigkeit, vor die die Truppen der Wehrmacht gestellt sein würden, «die verschiedenen Dienstgrade der einzelnen Sektoren aussondern zu können»[56].

Auch Rosenberg war der Entwurf des z. b. V.-Generals auf den Tisch gekommen. Der sogenannte Theoretiker der Nazipartei, der nun die Verwaltung der zu erobernden Großräume des Sowjetlandes auf sich zukommen sah, hatte diesbezüglich offenbar ein paar Überlegungen angestellt. Deshalb äußerte sich der «Mythos»-Autor dahin, «daß nur hohe und höchste Funktionäre zu erledigen seien, da die staatlichen, kommunalen und wirtschaftlichen Funktionäre für die Verwaltung des besetzten Gebietes unentbehrlich sind»[57].

Rosenberg, der während seines Moskauer Studiums vor dem roten Oktober geflohen war, war zugleich der Illusion erlegen, daß ein beträchtlicher Teil der sowjetischen Führungsschicht auf die Seite der Naziokkupanten überschwenken werde.

Zudem hatten einige Militärs, denen der Entwurf des Kommissarbefehls zu Ohren gekommen war, außergewöhnlich kritisch reagiert. So war Hitlers Heeresadjutant, Major Engel, am 10. Mai 1941 in Posen mit Offizieren der Heeresgruppe B in einen ernsthaften Disput geraten. General von Salmuth und Oberstleutnant von Tresckow hatten den geplanten Kommissarbefehl «als ein Unglück» beklagt und dafür plädiert, ihn zu umgehen. Tresckow hatte eingewandt: «Wenn Völkerrecht gebrochen wird, sollen es zuerst die Russen tun und nicht wir.»[58]

Urheber und Verfasser des Kommissarbefehls hatten indessen besonders den Politkommissar immer wieder zu einer absonderlichen, der Roten Armee aufgepfropften Figur gestempelt, die kein richtiger Soldat sei und daher auch nicht den Status eines Kombattanten erfülle. Denn er war nicht nur mit militärischer Autorität ausgestattet, sondern auch bewaffneter Uniformträger und zudem durch einen roten Stern mit eingewebtem Hammer und Sichel deutlich erkennbar. Im übrigen gehörte es auch damals längst zum Einmaleins des Kriegsrechts, daß im Falle der Gefangennahme Nichtkombattanten ebenso wie Kombattanten die Rechte Kriegsgefangener zustehen. Kriegsgefangene jedoch, so bestimmte es Artikel 4 der Haager Landkriegsordnung, «sollen mit Menschlichkeit behandelt werden»[59]. In bezug auf sowjetische Kriegsgefangene indessen hatten die Naziführer das genaue Gegenteil kalkuliert. Was Hitler und Göring vorgedacht hatten, war umgehend in die eiskalte Sprache juristisch gebildeter Militärexperten übersetzt worden.

Am 6. Juni 1941 übermittelte Warlimont in Keitels Auftrag schließlich die gültigen «Richtlinien für die Behandlung politischer Kommissare» an die Führungsstellen im OKW, OKH, OKM und OKL. Da dem Kommissarbefehl das Verbrechen ungeschminkt ins Gesicht geschrieben stand, bat Warlimont, «die Verteilung nur bis zu den Oberbefehlshabern der Armeen bzw. Luftwaffenchefs vorzunehmen und die weitere Bekanntgabe an die Befehlshaber und Kommandeure mündlich erfolgen zu lassen»[60]. Dennoch suchte der Kommissarbefehl gewissen Gesetzen der Psychologie zu folgen. Mit plumpen Unterstellungen wurde der unverhohlene Mord am militärischen Gegner zunächst einmal gerechtfertigt. Es sei «mit einem Verhalten des Feindes nach den Grundsätzen der Menschlichkeit oder des Völkerrechts *nicht* zu rechnen. Insbesondere ist von den *politischen Kommissaren aller Art* als den eigentlichen Trägern des Widerstandes eine haßerfüllte, grausame und unmenschliche Behandlung unserer Gefangenen zu erwarten ... Sie sind daher, wenn im *Kampf* oder *Widerstand* ergriffen, grundsätzlich sofort mit der Waffe zu erledigen.»[61]

Gleichwohl markierte die Morddirektive Unterschiede in der Behandlung ziviler und militärischer Führungskader. Möglicherweise waren Rosenbergs Zweckmäßigkeitserwägungen doch auf fruchtbaren Boden gefallen. Zivile Funktionäre sollten nach dem Kriegsgerichtsbarkeitserlaß behandelt werden. Für sie war also wenigstens die Chance des Überlebens eingeräumt, falls sie außerhalb jeden

Verdachts standen, sich gegen die faschistische Wehrmacht zu stellen. Für die Politkommissare der Roten Armee indessen war von vornherein jeder Pardon ausgeschlossen. «Diese Kommissare», so der Keitelbefehl, «werden nicht als Soldaten anerkannt; der für die Kriegsgefangenen völkerrechtlich geltende Schutz findet auf sie keine Anwendung. Sie sind nach durchgeführter Absonderung zu erledigen.»

Der Kommissarbefehl bot ein geradezu perfektionistisches Bild der Vernichtungsgier der faschistischen Führer und Militärs. Mit ihm zielten sie nicht nur auf das Leben jener sowjetischen Persönlichkeiten, die im Operationsgebiet der Naziwehrmacht angetroffen wurden. Auch im rückwärtigen Heeresgebiet waren Vertreter von Partei und Staat zu vernichten, die «wegen zweifelhaften Verhaltens ergriffen werden». Für letztere war der Tod auf Raten geplant, denn sie waren «an die Einsatzgruppe bzw. Einsatzkommandos der Sicherheitspolizei (SD) abzugeben»[62].

Hitlers Wunsch, die sowjetische Führungsschicht zu liquidieren, war in den «Richtlinien» vom 6. Juni 1941 zum kategorischen Imperativ geworden. Nicht diese oder jene Handlung, nicht Schuld oder Unschuld galten dem Kommissarbefehl als Anknüpfungspunkt des Tötens, sondern eine Funktion oder ein Amt, welches das Opfer eben bekleidete.

Es entsprach der berechnenden Logik der Aggressoren, die Wehrmacht auch unmittelbar in den kalkulierten Völkermord einzubeziehen. Bestanden Sinn und Ziel des Überfalls auf den Sowjetstaat in Entvölkerung, Ausrottung und Ausplünderung, so konnte man ausgerechnet die Wehrmacht aus dem Vernichtungswerk nicht ausklammern. Andernfalls hätte man nicht nur die Effektivität der verbrecherischen Kriegführung beeinträchtigt, sondern auch Spannungen zwischen Heer einerseits, SS und Sicherheitspolizei andererseits riskiert. So aber saßen alle in einem Boot, begannen die Grenzen zu verschwimmen zwischen Himmlers Berufsverbrechern und jenen, die dem militärischen Gegner Auge in Auge gegenüberstanden. Spätestens mit dem Kommissarbefehl war die Weiche dafür gestellt worden, aus der Naziwehrmacht ein Millionenheer von Totschlägern und Sklavenhaltern zu machen. «Dieser Befehl», so das 1948 gefällte Urteil des amerikanischen Militärgerichtshofs gegen das Oberkommando der Wehrmacht, «gehört offenbar zu den böswilligsten, verwerflichsten und verbrecherichsten Anordnungen, die je von einer Armee ausgegeben worden sind.»[63]

Je näher der Beginn des Überfalls gerückt war, desto weiter hatten die Strategen der Aggression den Kreis der Opfer gezogen. Noch bevor der erste Schuß gefallen war, stand für Naziführung und OKW beispielsweise fest, sowjetische Kriegsgefangene auch unabhängig von ihrem Dienstgrad außerhalb des Völkerrechts zu stellen. Weder die Haager Landkriegsordnung noch das Genfer Abkommen über die Behandlung der Kriegsgefangenen sollten den Sowjetsoldaten Schutz bieten. Ein Befehl des OKW vom 16. Juni 1941, der das «Kriegsgefangenenwesen im Fall Barbarossa» betraf, gipfelte in dem kategorischen Auftrag: «Restlose Beseitigung jedes aktiven und passiven Widerstandes!»[64]

Die Praxis der faschistischen Kriegführung stellte diese Order des OKW bald weit in den Schatten. Bei der massenhaften Liquidierung sowjetischer Kriegsgefangener kam es den Okkupanten schließlich weder auf aktiven noch auf passiven Widerstand an. Die Vernichtung gefangener Soldaten der Roten Armee wurde zum methodischen Bestandteil der verbrecherischen Führung des Angriffskrieges gegen die Sowjetunion. Sie wurde, wie noch zu zeigen ist, nach der sogenannten Endlösung der Judenfrage zum kapitalsten Verbrechen im zweiten Weltkrieg.

«... zig Millionen Menschen werden verhungern»

Das Vernichtungskonzept für die Aggression gegen den Sowjetstaat entsprang keineswegs nur dem Rassenwahn Hitlers und anderer Naziführer. Nicht wenige Historiker neigen dazu, den Ausrottungsfeldzug gegen das Riesenreich Sowjetunion als ideologische Verirrung eines politischen Abenteuers, des Naziführers, zu bewerten. In Wirklichkeit verbarg sich hinter dem von Politikern, Konzernvertretern und Militärs gemeinsam ausgeklügelten Plan «Barbarossa» die ungehemmte Hab- und Raubgier der reaktionärsten Kreise des Monopolkapitals.

Je weiter die schwindelerregende Aufrüstung des Nazireiches gedieh, um so eher sahen sie ihren uralten Traum vom Kreuzzug gen

Osten in Erfüllung gehen. Schon im Sommer 1915 hatte sich Kanonenkönig Krupp dafür engagiert, im Osten «weite Provinzen» anzugliedern, «in denen wir im großen Umfange deutsche Bauern ansiedeln können». Zu diesem Zweck sollte die Zahl der Eingeborenen «dadurch ausschlaggebend herabgesetzt werden, daß sie durch den Friedensvertrag in möglichst großem Umfange von dem abtretenden Lande übernommen werden ...»[65] Die Idee der Deportation Fremdvölkischer zugunsten der Expansion des Deutschen Reiches war also längst geboren, bevor die Naziführer ernsthaft begannen, sich über Außenpolitik den Kopf zu zerbrechen. Inzwischen galt die Frage eines Friedensvertrages mit dem östlichen Hauptkontrahenten in den Augen der herrschenden Kreise selbstverständlich als überholt. Das Klassenziel der zum Kriege Drängenden hieß seit dem roten Oktober Vernichtung des Sowjetstaates und der in ihm herrschenden Gesellschaftsordnung. Geblieben aber war die alte Ambition: dem angeblichen Volk ohne Raum, Raum ohne Volk zu bescheren. Dabei ging es zu allerletzt um das Wohl der breiten Masse der Deutschen, wie es leider allzu viele von ihnen glaubten, sondern vor allem darum, die Profitquellen für die Konzerne zu stärken.

Raum ohne Volk zu schaffen konnte aber nach dem «Barbarossa»-Konzept nur Vertreibung, Deportation oder Vernichtung bedeuten. Tatsächlich machte das Hitlerregime auf sowjetischem Boden dann von allen Varianten des Völkermordes erbarmungslos Gebrauch.

Im Überfall auf die Sowjetunion sahen die Rüstungsgiganten des Dritten Reiches gewissermaßen das Geschäft ihres Lebens. Und das waren sie entschlossen, um jeden Preis zu machen.

Besonders unverblümt artikulierte diese Haltung Arnold Rechberg, Bruder des Großindustriellen Fritz Rechberg. In einem Brief an den Chef der Reichskanzlei, Heinrich Lammers, vom 22. November 1939 betonte er nachdrücklich, daß Deutschland infolge seiner mangelhaften Agrar- und Rohstoffbasis «nicht lebensfähig» und «daher zur Expansion gezwungen» sei. «Wesentliches Expansions-Objekt», so Rechberg, «ist das vom Bolschewismus zugrunde gerichtete, aber in seinem möglichen Agrar-Ertrag und an ungehobenen Bodenschätzen unberechenbar reiche Gebiet Sowjet-Rußlands.» Freilich erfaßte der Briefschreiber sehr genau, daß eine solche Expansion «nur mit militärischer Gewalt gewonnen werden»[66] konnte.

Vier Tage zuvor hatte Rechberg in einem Schreiben an denselben Adressaten gefordert, daß gegebenenfalls «das Risiko des deutschen Expansions-Krieges gegen Osten auch gegen den Widerstand der Westmächte gelaufen werden»[67] müsse.

Während Rechberg namentlich die Erzvorkommen des Urals vorschwebten, schielte die um die IG-Farben gescharte Gruppe der chemischen Industrie längst nach den Erdölvorkommen des Sowjetlandes. Es war den Managern dieses mächtigsten der deutschen Konzerne wie Carl Krauch aus dem Herzen gesprochen, als das Wehrwirtschafts- und Rüstungsamt des OKW im April 1939 feststellte, daß militärische Gewalt das einzige Mittel sei, um auch «das größte und lohnendste Ziel ins Auge zu fassen. Die Beherrschung des gewaltigsten Erdölgebietes Europas, *Kaukasien.*»[68]

Die Fäden für die wirtschaftliche Ausplünderung des Sowjetlandes liefen bei Göring, dem Beauftragten für den Vierjahresplan, zusammen. Im November 1940 forderte der noch immer zweitmächtigste Mann des Nazireiches vom Wehrwirtschafts- und Rüstungsamt, eine Organisation aus dem Boden zu stampfen, die das ökonomische Ausbluten der Sowjetunion ebenso in Angriff nehmen sollte wie den organischen Anschluß bestimmter Gebiete des künftigen Feindeslandes an den Wirtschaftsnerv des faschistischen Reiches.

General Thomas, Chef des Wehrwirtschafts- und Rüstungsamtes, etablierte noch im Januar 1941 einen «Arbeitsstab Rußland», der aus Gründen der Tarnung alsbald «Wirtschaftsstab Oldenburg z. b. V.» (ab 25. Juli 1941 «Wirtschaftsstab Ost») genannt wurde. Diese Organisation hatte die Versorgung der Wehrmacht aus den eroberten Gebieten zu sichern und zu garantieren, daß die führenden Konzerne den geplanten Raub fremder Produktivkräfte unverzüglich in die Tat umsetzen konnten. «Hauptaufgabe der Organisation», so eine Aktennotiz über eine Besprechung bei General Thomas am 28. Februar 1941, «werde in der Erfassung von Rohstoffen und in der Übernahme aller wichtigen Betriebe bestehen.» Letzteres aber war nur in engster Kooperation zwischen Wehrmacht und den Experten des Monopolkapitals möglich. Für die «Übernahme», sprich den produktiven Raub sowjetischer Produktionsstätten, sollten nach besagter Aktennotiz daher «von Anfang an zuverlässige Persönlichkeiten deutscher Konzerne eingeschaltet werden, da nur mit Hilfe ihrer Erfahrungen von Beginn an erfolgreiche Arbeit geleistet werden könne (z. B. Braunkohle, Erz, Chemie, Erdöl)»[69].

Ökonomische wie politische Ziele, die sich die faschistischen Eroberer gesteckt hatten, waren nicht allein dadurch zu erreichen, daß man die sowjetische Führungsschicht liquidierte.

Die von den Strategen der Aggression konzipierte Raub- und Ausbeutungspolitik hatte auch die Vernichtung beträchtlicher Teile des sowjetischen Volkes zur Konsequenz. Darüber waren sich Politiker, Militärs sowie kompetente Vertreter des Monopolkapitals schon geraume Zeit vor Beginn der Aggression im klaren. So hatte Himmler in einer Rede auf der Wewelsburg bereits Anfang 1941 konstatiert, daß «der Zweck des Rußlandfeldzuges die Dezimierung der slawischen Bevölkerung um dreißig Millionen sein sollte»[70].

Für die politische Regie des geplanten Raubzuges hatte Göring im Frühjahr 1941 die Staatssekretäre Paul Körner (Görings ständiger Vertreter), Herbert Backe, Hermann von Hannecken, Friedrich Alpers und Friedrich Syrup zu einem Führungsstab zusammengefaßt, der sich offiziell «Wirtschaftsführungsstab Ost» nannte. In diesem Gremium wurden in engster Tuchfühlung mit dem «Wirtschaftsstab Oldenburg» nicht nur die Grundzüge für die wirtschaftliche Ausplünderung des Sowjetlandes markiert, sondern auch für den längst anvisierten Völkermord. In einer Besprechung mit den genannten Staatssekretären am 2. Mai 1941, bei der mit hoher Wahrscheinlichkeit auch Göring mit von der Partie war, wurden Entscheidungen gefällt, die für die verbrecherische Führung des bevorstehenden Krieges von größter Tragweite waren. Vom Ergebnis dieser Beratung hielt eine Aktennotiz u. a. die unfaßbare Kalkulation fest:

«1.) Der Krieg ist nur weiterzuführen, wenn die gesamte Wehrmacht im 3. Kriegsjahr aus Rußland ernährt wird.

2.) Hierbei werden zweifellos ...zig Millionen Menschen verhungern, wenn von uns das für uns Notwendige aus dem Lande herausgeholt wird.»[71]

Über die Leichen von Millionen sowjetischer Bürger sollte der Weg gebahnt werden, die UdSSR in eine Agrarkolonie des faschistischen Reiches zu verwandeln, auf die man sich zu stützen gedachte, um den Kampf um die Weltherrschaft bis zum erträumten Endsieg führen zu können.

Selbstverständlich war die Wehrmachtführung in diese mörderische Strategie unmittelbar eingebunden. Ohne auch nur mit der Wimper zu zucken, hatten die Generale Thomas und Schubert im Kreise der Staatssekretäre über das Schicksal von «...zig Millionen» mitbefunden.

Etwa drei Wochen nach besagter Runde schickte sich der «Wirtschaftsstab Oldenburg» an, die gesteckten Ziele in praktikable «Richtlinien» zu kleiden. Unter der Ägide von Staatssekretär Backe (Reichsministerium für Ernährung und Landwirtschaft) und Ministerialdirektor Hans Joachim Riecke, Leiter der Gruppe Landwirtschaft im «Wirtschaftsstab Oldenburg», wurde am 23. Mai 1941 ein Dokument verabschiedet, durch das die Kombination von wirtschaftlicher Ausplünderung und Völkermord gebrauchsfähig gemacht werden sollte.

Die teuflische Grundidee des Papiers gipfelte darin, die landwirtschaftlichen Überschußgebiete des besetzten Landes von den Zuschußgebieten hermetisch abzuriegeln. Die gesamte «Waldzone» des Nordens, einschließlich der Industriezentren Moskau und Leningrad, sollte nicht mehr mit Getreide beliefert und dadurch dem Hungertode preisgegeben werden. «Die Hungersnot ist dadurch dort nicht zu bannen», befanden die Planer der Aggression skrupellos. Ihre Prognose: «Viele 10 Millionen von Menschen werden in diesem Gebiet überflüssig und werden sterben oder nach Sibirien auswandern müssen. Versuche, die Bevölkerung dort vor dem Hungertode dadurch zu retten, daß man aus den Schwarzerdezonen Überschüsse heranzieht, können nur auf Kosten der Versorgung Europas gehen. Sie unterbinden die Durchhaltemöglichkeit Deutschlands im Kriege, sie unterbinden die Blockadefestigkeit Deutschlands und Europas. Darüber muß absolute Klarheit herrschen.»[72]

Für solch mörderische Planung hatte nacktes Profitdenken deutscher Industriekonzerne Pate gestanden. Denn es lag auf der Hand, daß mit der Ausrottung von Menschen in den landwirtschaftlichen Zuschußgebieten auch die dortige Industrie weitgehend absterben würde. Dadurch glaubte man, die koloniale Abhängigkeit des

Schwarzerdegürtels, also des Südens der UdSSR, für alle Ewigkeit besiegeln zu können. «Seine Nahrungsmittelüberschüsse jedoch», so die Direktive vom 23. Mai 1941, «werden nur bezahlt werden können, wenn es seine industriellen Verbrauchsgegenstände aus Deutschland bzw. aus Europa bezieht. Die russische Konkurrenz der Waldzone muß daher fallen.»

Göring bestätigte den ebenso habgierigen wie grausamen Plan für die Ausplünderung der sowjetischen Landwirtschaft alsbald. Noch im Juni 1941 dehnte er das von Backe und Riecke geschaffene Modell auf die gesamte Wirtschaft der UdSSR aus. Seine geheimen «Richtlinien für die Führung der Wirtschaft in den neubesetzten Ostgebieten» vom Juni 1941 markierten den wichtigsten Meilenstein in der verbrecherischen Vorbereitung des Überfalls auf den ersten sozialistischen Staat. Das von entmenschten Wirtschaftsplanern vorbereitete Papier ging aufgrund der Farbe des Aktendeckels als «Grüne Mappe» in die Geschichte der faschistischen Aggression ein.[73] Sie galt dem gesamten «Wirtschaftsführungsstab Ost» als Richtschnur für die bevorstehende Okkupation.

Am 16. Juni 1941 setzte Keitel den Inhalt der «Grünen Mappe» für die Wehrmacht in Kraft. Die elementare völkerrechtliche Pflicht, die Ernährung der Bevölkerung in den besetzten Gebieten zu garantieren, war bereits vom Tisch gefegt, noch bevor der erste Schuß gefallen war.

Der Traum vom Blitzkrieg

Angesichts der Weltherrschaftspläne der Beherrscher des Dritten Reiches stehen nicht wenige bis heute vor einem Rätsel. Wie konnte, wie sollte das – im Weltmaßstab gesehen – winzige Deutschland mit seinen damals etwa 75 Millionen Einwohnern die Erdkugel unter seine Fittiche nehmen können? War das nicht von vornherein ein Ding der Unmöglichkeit, an das nur Phantasten, mit politischer Blindheit Geschlagene oder gar pathologisch veranlagte Naturen glauben konnten?

Nun ist es aus vieler Gründen nicht einfach, sich in die Rolle der Weltkriegsstrategen zu versetzen. Und doch ist die Psychologie dieser Figuren nachvollziehbar. Schließlich entspricht sie der typischen Haltung professioneller Gangster. Wie oft solche Leute auch gescheitert und ertappt worden sein mögen, sie stecken nicht auf, sobald sie wieder über Handlungsspielraum verfügen. Obgleich sie sich stets einer Übermacht gegenübersehen und das Risiko des Scheiterns immer im Raum steht, glauben sie unaufhörlich an den perfekten Coup, der sie ans Ziel ihrer Wünsche bringen werde.

Solche Überlegungen waren auch den gescheiterten Militaristen und Kriegsgewinnlern des ersten Weltkrieges eigen. Obgleich ihre Niederlage komplett war und sie dem Strudel der Novemberrevolution nur knapp entgangen waren, beherrschte sie die Idee vom neuen und natürlich klügeren Schachzug, die Welt doch noch in ihre Krallen zu zwingen.

Das militärische Abenteuer 1914–1918 hatte das kaiserliche Heer damals in einen hoffnungslosen Stellungskrieg an mehreren Fronten verstrickt. Und das von General Schlieffen ersonnene Konzept des Blitzkrieges, nach dem zunächst Frankreich und danach Rußland erledigt werden sollte, war schneller gescheitert, als Skeptiker es hatten voraussagen können.

Doch beim nächstenmal sollte alles genauer, feinsinniger eingefädelt und totaler vorbereitet werden. Über die Fähigkeit, Kräftekonstellationen durch das Objektiv der Realität zu betrachten, verfügte weder die Führungsschicht der Weimarer Republik noch gar die des Nazireiches. Die Dimension ihrer verbrecherischen Ziele schloß Abenteuerlichkeit und eine ans Selbstmörderische grenzende Bereitschaft zum Risiko ein. «Wer alles gewinnen will», so meditierte der führende Militärtheoretiker der Nazis, Waldemar Erfurth, «muß auch wagen, alles auf eine Karte zu setzen.»[74]

Um das Unmögliche doch noch möglich zu machen, erhielt das Konzept des Blitzkrieges durch das Hitlerregime einen neuen Schliff. Doch war es auch jetzt nichts anderes als die durch und durch vermessene Konsequenz aus der militärischen, ökonomischen und moralischen Unterlegenheit des deutschen Imperialismus. Spätestens seit 1935 dominierte der Gedanke, durch blitzartige Überraschungsangriffe zunächst die schwächeren Gegner nach und nach zu überrennen und zu vereinnahmen. Der zeitweilige Vorsprung in puncto Rüstung und die Ausbeutung des Wirtschaftspotentials der Aggressionsopfer sollte dann den schrittweisen

Kampf um die globale Herrschaft ermöglichen. «Zwingt uns das Schicksal zur Auseinandersetzung mit dem Westen», so hatte Hitler während der militärischen Lagebesprechung am 23. April 1939 betont, «ist es gut, einen größeren Ostraum zu besitzen. Im Krieg werden wir noch weniger wie im Frieden mit Rekordernten rechnen können.»[75]

Die faschistische Strategie des Blitzkrieges umfaßte mehrere Komponenten. Das Opfer mußte zunächst außenpolitisch isoliert werden, um die Gefahr eines Mehrfrontenkrieges unseligen Angedenkens so gering wie möglich zu halten. Dieser Überlegung kam das Streben der Westmächte entgegen, den Aggressionsdrang des faschistischen Reiches nach Osten, vor allem gegen die Sowjetunion zu lenken. Zudem mußte das zum Überfall bestimmte Land von innen heraus zersetzt und unterminiert werden. Dafür hatten der SD und die Fünften Kolonnen in den anvisierten Ländern zu sorgen, die weitgehend mit Geldern der NSDAP aufgepäppelt worden waren. Und schließlich sollte propagandistisches Trommelfeuer so brutal wie möglich am politischen Nerv des Opfers rütteln, um es reif zum Sturm zu machen. So hieß es in der Weisung des OKW vom 30. Mai 1938 zum Überfall auf die Tschechoslowakei (Aufmarsch «Grün») beispielsweise: «Der Propagandakrieg muß einerseits die Tschechei durch Drohungen einschüchtern und ihre Widerstandskraft zermürben, andererseits den nationalen Volksgruppen Anweisungen zur Unterstützung des Waffenkrieges geben und die Neutralen in unserem Sinne beeinflussen.»[76]

Und nicht zuletzt galt die Überraschung des Gegners als die wichtigste Methode zur Realisierung von Blitzkriegen. Eine streng geheimgehaltene Mobilmachung, der urplötzliche Überfall aus heiterem Himmel und die höchstmögliche Wucht des ersten Schlages sollten nicht nur das Opfer lähmen und entsetzen, sondern auch dessen Verbündete von aktivem Eingreifen fernhalten. «Die Nachbarstaaten», so hatte Hitler seinen führenden Militärs bereits am 23. Mai 1939 in der Neuen Reichskanzlei bedeutet, «müssen aus der Kaserne heraus überrannt werden.»[77] Und: «Die Geheimhaltung ist die entscheidende Voraussetzung für den Erfolg.»[78]

Um den alten Traum des deutschen Monopolkapitals von der Herrschaft über die Erdkugel doch noch wahr zu machen, war das Naziregime zur Anwendung jedes Mittels bereit. Die Art, in der

Raubmörder ihrem arglosen Opfer aufzulauern pflegen, sollte nunmehr auch zur Methode der Kriegführung, der Auseinandersetzung mit anderen Staaten und Völkern werden.

«Ich werde vor nichts zurückschrecken»

Von Beginn an war es den Naziführern bewußt, daß ihre einzige Chance, Eroberungskriege zu gewinnen, allein in Heimtücke und einer nie dagewesenen Brutalität und Grausamkeit liegen konnte. Schon in den ersten Jahren nach der Machtübernahme bekannte Hitler in vertrautem Kreise: «Wenn der Feind innerlich demoralisiert ist …, dann ist die Zeit da. Ein einziger Schlag muß ihn vernichten. Luftangriffe, unerhört in ihrer Massierung, Handstreiche, Terror, Sabotageakte, Attentate von innen, die Ermordung der führenden Männer, überwältigende Angriffe auf alle schwachen Punkte der feindlichen Verteidigung, schlagartig, zur gleichen Sekunde, ohne Rücksicht auf Reserven, auf Verluste, das ist der künftige Krieg. Ich werde vor nichts zurückschrecken. Kein sogenanntes Völkerrecht wird mich davon abhalten, einen Vorteil zu benutzen, der sich mir bietet.»[79]

Wesentlich war, daß Hitlers Mörder- und Räubermoral alsbald auch die Köpfe anderer Nazigrößen, vor allem aber auch des Gros' der Generalstäbler erreichte und beherrschte, die maßgeblichen Anteil an der strategischen wie taktischen Planung und Realisierung der verbrecherischen Aggressionsakte hatten. Was sich an Normen und Regeln für die Kultur der Staatenbeziehungen bis dahin herauskristallisiert hatte, wurde vom faschistischen Reich mit allergrößter Selbstverständlichkeit beiseite gefegt. Gleichwohl hatten Hitler und die anderen Naziführer jahrelang gezielt von ihrer Friedenssehnsucht gefaselt. Der Führer, so war immer wieder zu hören, könne an einem Krieg ja gar nicht interessiert sein. Schließlich habe er im ersten Weltkrieg als einfacher Gefreiter die Schrecken des Krieges am eigenen Leibe erfahren, sei mehrfach verwundet worden und zudem durch Leuchtgas beinahe erblindet. Doch das jahrelange, hohle Friedensgeschwätz hatte keinen anderen Zweck, als die wahren Ziele der hemmungslosen Aufrüstung zu verschleiern und die Welt in Sicherheit zu wiegen.

Selbst das Mittel der Diplomatie hatte man mißbraucht, um Treue zu Frieden und Völkerrecht vorzugaukeln. Mit Polen, Belgien, Dänemark und schließlich auch mit der Sowjetunion waren Nichtangriffspakte geschlossen worden, die faschistischerseits purer Heuchelei entsprangen, gleichwohl aber im Bewußtsein der Öffentlichkeit Spuren hinterließen.

Sein verächtliches Verhältnis zum Völkerrecht, das dann auch die faschistische Kriegführung bestimmte, hatte Hitler vor den führenden Militärs am 23. Mai 1939 in seinem Arbeitszimmer noch einmal in aller Eindeutigkeit artikuliert.

«Anzustreben bleibt, dem Gegner zu Beginn einen oder den vernichtenden Schlag beizubringen. Hierbei spielen Recht oder Unrecht oder Verträge keine Rolle.»[80]

Es entsprach der Logik dieser verbrecherischen Position, daß das faschistische Reich dann auch keinem der angegriffenen Staaten vorher den Krieg erklärte. Es kümmerte die Naziaggressoren nicht im geringsten, daß die Kriegserklärung schon seit vielen Jahrhunderten als feststehende Regel des Völkergewohnheitsrechts galt.

Militärs contra Hitler?

Schon im Vorfeld der Aggression gehörten Generalstab und Wehrmachtführung zu den wichtigsten Protagonisten. Hier verschmolz die Profitgier der Monopole mit dem traditionellen Abenteurertum und der zügellosen Eroberungslust der Militärkaste. Nun blieb sowohl im Nürnberger Hauptkriegsverbrecherprozeß als auch im OKW-Prozeß die Rolle des Generalstabes bzw. des OKW hart umstritten. Vehement wehrten sich die Richter der westlichen Großmächte dagegen, die führenden Köpfe der Naziwehrmacht, abgesehen von Keitel und Jodl, als Verbrecher gegen den Frieden in Acht und Bann zu tun. Doch mit Blick auf die Verhütung künftiger Kriege erscheint es um so dringlicher, die wahre Rolle, die Verantwortlichkeit und Schuld des faschistischen Generalstabes gerade unter diesem Aspekt immer wieder ins Bewußtsein der Öffentlichkeit zu rücken.

Freilich scheint Hitlers Bemerkung überliefert, daß er sich den Generalstab als einen wütenden Fleischerhund vorgestellt habe, den man kaum an der Kette halten könne, statt dessen müsse er die Generale immer wieder vorantreiben. Zeitweilig hatte es tatsächlich Dissonanzen, ja selbst Differenzen zwischen dem Nazichef und einigen führenden Militärs gegeben. Beispielsweise bei der Vorbereitung der Aggression gegen Österreich und die Tschechoslowakei, aber krasser noch im Herbst 1939, als Hitler den Angriff im Westen auf die Tagesordnung setzte, was das OKH und der Generalstab einfach für verfrüht hielten. Doch bezogen sich die unterschiedlichen Standpunkte der Hauptbeteiligten im Grunde nicht auf das Ob, sondern durchweg auf das Wann und Wie verbrecherischer militärischer Aktionen. Und der vielzitierte «Widerstand» führender Generale gegen Hitlers Angriffspläne war allemal im Ansatz oder im theoretischen Sandkastenspiel steckengeblieben.

Tatsache ist, daß der Generalstab über Hitlers aggressive Pläne von Beginn an informiert war. Spätestens seit dem 3. Februar 1933 wußten die Spitzen der Wehrmacht, was der neue Regierungschef und die hinter ihm stehenden Kreise außenpolitisch im Schilde führten. An jenem Tage bereits hatte Hitler den Befehlshabern der Reichswehr und der Reichsmarine unmißverständlich bedeutet, daß man ohne Krieg nicht auskommen werde. Damals schon hatte die «Eroberung neuen Lebensraumes im Osten und dessen rücksichtslose Germanisierung»[81] als die wahrscheinlichste Variante im Raum gestanden. Noch deutlichere Worte hatte Hitler dann Ende Februar 1934 im Reichswehrministerium gebraucht. Mit Blick auf die forcierte Aufrüstung forderte er, die Wehrmacht müsse nach 5 Jahren für jede Verteidigung, nach 8 Jahren für jeden Angriffskrieg geeignet sein.[82]

Der Führer brauchte seine Generalstäbe indessen alles andere als zu drängen. Mit Eifer gingen sie von selbst daran, seine strategischen Grundgedanken zu präzisieren und in militärische Operationspläne zu übersetzen. Generalstäbe bestanden zunächst sowohl beim Oberkommando des Heeres als auch dem der Marine, später auch bei der Luftwaffe. Sie waren nicht nur die wichtigsten Glieder des jeweiligen Oberkommandos, sondern auch die entscheidenden Führungs- und Planungsorgane bei der Vorbereitung des zweiten Weltkrieges.[83]

Der faschistischen Strategie gemäß bildete das Heer den wichtigsten Teil der Wehrmacht. Demzufolge fiel auch dem Oberkommando des Heeres und dessen Generalstab die dominierende Rolle zu. Innerhalb des Generalstabes wiederum war die Operationsabteilung tonangebend. In ihren Amtszimmern wurden die Aufmarschvorbereitungen und die operativen Pläne für den Überfall auf andere Länder fast durchweg ausgeheckt.

Nachweisbare Aggressionspläne existierten seit dem Frühjahr 1935. Am 2. Mai bereits erließ Kriegsminister Blomberg die Weisung «Schulung», die sich vermutlich auf den Überfall auf die Tschechoslowakei bezog. Schon hier reflektierte sich deutlich die Blitzkriegsstrategie. Der Angriff sollte «schlagartig als Überfall zur Ausführung gelangen».[84] Als am 24. Juni 1937 schließlich eine neue «Weisung für die einheitliche Kriegsvorbereitung der Wehrmacht» herausgegeben wurde, konnte im internen Kreis führender Militärs niemand mehr den geringsten Zweifel hegen, daß die Politik des Naziregimes Kurs auf Eroberung nahm. Die Weisung ging davon aus, daß Deutschland von keiner Seite ein Angriff drohe. Gleichwohl wurde die «stete Kriegsbereitschaft der deutschen Wehrmacht» verlangt, um «einen Krieg überfallartig nach Stärke und Zeitpunkt überraschend beginnen zu können».[85]

Im gleichen Atemzug stellte die Führung der faschistischen Wehrmacht die Weiche für die konkrete Vorbereitung von Angriffskriegen. Die Leute um Kriegsminister von Blomberg sowie um Fritsch, damals noch Oberbefehlshaber des Heeres, faßten einen Zweifrontenkrieg ins Auge, bei dem je nach'der gegebenen Situation die Masse der Kräfte im Westen (Aufmarsch «Rot») oder im Südosten (Aufmarsch «Grün») eingesetzt werden sollte. Zudem erhielten die Generalstäbe den Auftrag, Sondervorbereitungen zu treffen für eine bewaffnete Intervention gegen Österreich (Fall «Otto»), mit Blick auf kriegerische Verwicklungen mit dem von der Volksfront beherrschten Spanien sowie für den Fall vorzusorgen, daß sich England, Polen, Litauen an einem Krieg gegen das Nazireich beteiligen sollten.

Daß der Krieg unvermeidlich sei, setzte Hitler noch einmal am 5. November 1937 auseinander. Für den späten Nachmittag jenes Tages hatte er seinen Kriegsminister, die Oberbefehlshaber des Heeres, der Marine und der Luftwaffe, Fritsch, Raeder und Göring, sowie Außenminister Neurath in die Reichskanzlei kommen lassen. Oberst Friedrich Hoßbach, Hitlers Wehrmachtsadjutant, der für das Protokoll verantwortlich war, hatte mit Akribie mitgeschrieben.

Hitler begann seinen Vortrag mit bedeutungsvoller Geste. Seine Ausführungen seien von solcher Tragweite, daß er sie als «testamentarische Hinterlassenschaft für den Fall seines Ablebens anzusehen bitte». Tatsächlich entwickelte er dann seine Strategie zur «Lösung der deutschen Frage» im Sinne seiner Auftraggeber, wofür es «nur den Weg der Gewalt geben (könne)».[86] Apodiktisch betonte er, daß die Zukunft der Deutschen «ausschließlich durch die Lösung der Raumnot bedingt»[87] sei. Auch die Gegner des kalkulierten Krieges machte Hitler an jenem Tage aus. Neben der Sowjetunion fixierte er Frankreich und Großbritannien als die wichtigsten Kontrahenten der militärischen Auseinandersetzung. In jedem Falle waren die Tschechoslowakei und Österreich als die ersten Opfer auserkoren. Beide Länder galten nicht nur als wichtige Bausteine für ein «Großdeutsches Reich». Der Raub ihrer Souveränität sollte auch dazu dienen, «die Flankenbedrohung eines etwaigen Vorgehens nach Westen auszuschalten»[88]. Als äußersten Zeitpunkt, bis zu dem die Kriegsfackel auflodern sollte, nannte Hitler damals noch die Jahre 1943 bis 1945. .

Allerdings blieb Hitlers Rede an jenem 5. November nicht völlig ohne Einwände. Zwar versuchte keiner der Geladenen, Hitlers strategische Karten vom Tisch zu fegen. Doch rieten Blomberg und Fritsch zu größerer Bedachtsamkeit, um das Risiko eines Zweifrontenkrieges zu vermeiden. Sie wollten einfach nicht daran glauben, daß London und Paris stillhalten würden. Und Außenminister Neurath gab schließlich zu bedenken, daß ein italienisch-englisch-französischer Konflikt, mit dem Hitler in Bälde spekulierte, «noch nicht in so greifbarer Nähe sei, als es der Führer anzunehmen schien».[89]

Befürchtungen solcher Art hinderten die Beteiligten aber keineswegs, die Ereignisse voranzutreiben. Der Fall «Grün» wurde nun im Eiltempo behandelt. Noch vor Weihnachten lag Blomberg eine neue Version auf dem Tisch, und Hitler sanktionierte sie alsbald.

Dennoch sollte die zögernde Haltung Blombergs und Fritschs nicht ohne Folgen bleiben. Für die aggressivsten Kreise in der Spitze der faschistischen Pyramide war der baldige Krieg beschlossene Sache. Immerhin hatte das faschistische Reich in puncto Produktionsvolumen inzwischen den ersten Platz in Europa und – hinter den USA – den zweiten in der Welt erreicht. Diese einmalig günstige Situation wollte man um keinen Preis ungenutzt lassen. Wer jetzt noch, wie Blomberg und Fritsch, den Krieg hinausschieben wollte, war fehl am Platze.

Vorwände, die beiden wichtigsten Militärs zu Fall zu bringen, waren bald gefunden. Blomberg warf man vor, eine Prostituierte geheiratet zu haben. Dies schien um so peinlicher, da Hitler als Trauzeuge fungiert hatte. Im nachhinein spricht manches dafür, daß Himmler und Heydrich ihre Finger im Spiel hatten, als plötzlich belastende Aktfotos von Frau Blomberg auftauchten, die möglicherweise montiert worden waren. Und auch Fritsch geriet über Nacht ins Zwielicht. Ein mehrfach Vorbestrafter bezichtigte ihn homosexueller Handlungen. Am 4. Februar 1938 wurden Generalfeldmarschall von Blomberg und Generaloberst von Fritsch entlassen. Zwei Tage später schrieb Goebbels in sein Tagebuch: «Er (Hitler – d. A.) glaubt nicht daran, daß Blomberg das vorher gewußt habe. Er würdigte seine Verdienste um den Aufbau der Wehrmacht. Läßt ihm alle Ehre widerfahren ... Selbst Fritsch läßt er Gerechtigkeit widerfahren ... Aber nun muß man ihn aburteilen. Der Führer will keine Zwischeninstanz mehr zwischen sich und Wehrmacht.»[90]

Der Makel einer Verurteilung blieb Fritsch allerdings erspart. Vor einem Ehrengericht, das unter Görings Vorsitz tagte, rehabilitierte man ihn sogar. Doch seinen Posten als Oberbefehlshaber des Heeres war er endgültig los. Hitler und seine engsten Komplicen hatten gleich zwei Fliegen mit einer Klappe geschlagen: Die beiden wichtigsten Schlüsselfiguren der militärischen Szene, die sich mit Blick auf einen baldigen Krieg als Zauderer erwiesen, waren von der Bühne gefegt und die Führung der Wehrmacht so weit zentralisiert, wie es das bevorstehende Kriegsabenteuer zu verlangen schien. Am selben Tage nämlich, da Blomberg und Fritsch ihren Hut nehmen mußten, verschwand auch das Reichskriegsministerium. Hitler selbst übernahm von nun an den Oberbefehl über die Wehrmacht. Das Wehrmachtsamt des vormaligen Kriegsministeriums wurde zum Oberkommando der Wehrmacht (OKW) umgeformt. Und zum Chef des OKW avancierte jener Wilhelm Keitel, der als willfähriges Werkzeug des Naziregimes schon bald die Schalthebel der faschistischen Militärmaschinerie bedienen sollte.

Mehr denn je gierten die aggressiven Kreise des Nazireiches jetzt nach der Realität des militärischen Abenteuers. In den Stäben der Wehrmacht wurde fieberhaft gearbeitet, um die Weisung für die einheitliche Kriegsvorbereitung zu aktualisieren. Am 30. Mai konnte Hitler die Neufassung für den Aufmarsch «Grün» unterzeichnen. Darin war sein «unabänderlicher Entschluß» endgültig dokumentiert, «die Tschechoslowakei in absehbarer Zeit durch eine militärische Aktion zu zerschlagen»[91]. Noch am selben Tage konfrontierte Hitler in der Artillerieschule Jüterbog die Befehlshaber der Wehrmacht mit dem Vorhaben. Tatsächlich regte sich jetzt noch einmal Widerspruch gegen die prompte Inangriffnahme des Falles «Grün». An jenem Tage vertraute Jodl seinem Tagebuch an: «Noch einmal flammt der ganze Gegensatz auf, der sich ergibt aus der Erkenntnis des Führers, wir müssen noch in diesem Jahre, und der Auffassung des Heeres, wir können noch nicht, da sicherlich die Westmächte eingreifen und wir ihnen noch nicht gewachsen sind.»[92] Mit Blick auf die Diskrepanzen um Hitlers Weisung «Grün» beschwören manche Historiker noch heute den Antikriegskampf und den «Widerstand» führender Generale gegen Hitler. Wahr ist, daß namentlich der damalige Generalstabschef des Heeres, Ludwig Beck, aber beispielsweise auch General Erwin von Witzleben das Abenteuer des Überfalls auf die Tschechoslowakei aufzuhalten suchten. Wahr ist auch, daß Beck die militärischen Chancen Nazideutschlands nüchterner und realistischer als andere Generale beurteilte und die Ziele der Aggression begrenzt wissen wollte. Doch imperial dachte auch er. In einer seiner Denkschriften monierte er, daß Deutschland «zur Zeit (Hervorhebung d. A.) ... für einen Krieg nicht gerüstet ist».[93]

Als im August/September 1938 der Tag des Überfalls auf den südöstlichen Nachbarn immer näher rückte, wuchsen in der Tat die Befürchtungen führender Militärs, besonders im Generalstab des Heeres, daß ein europäischer Krieg und Deutschlands Niederlage das Resultat vorzeitigen Zuschlagens sein können. Auch der Gedanke an einen Putsch gegen Hitler tauchte damals bereits auf.

Gewiß begünstigte die Haltung der Westmächte die Hemmungen jener Militärs, ihre heimliche Absicht wahr zu machen.

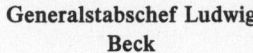
**Generalstabschef Ludwig
Beck**

Schließlich nahmen England und Frankreich in München hin, daß die Tschechoslowakei von den faschistischen Okkupanten zerstückelt wurde. Aber nicht minder entscheidend war die Unentschlossenheit und Uneinigkeit der Generalität. Sie hatte ja, trotz allen Unbehagens, auch stillgehalten, als Blomberg und Fritsch ins Abseits gestellt worden waren. Sich selbst bespöttelnd, hatte man vom großen Beschluß der Mäuse gesprochen, der Katze eine Schelle umzuhängen. Nur – es fand sich niemand, der dazu bereit gewesen wäre. Einen ernsthaften Versuch, Hitler damals schon in den Arm zu fallen, hat es in Wirklichkeit nie gegeben. Hätte man ihn gewagt, wäre der zweite Weltkrieg möglicherweise verhindert worden. Statt dessen hatte der Generalstab des Heeres «alles unternommen, um die Kriegsvorbereitungen voranzutreiben und auf einen höchstmöglichen Stand zu bringen».[94]

Allerdings blieb General Ludwig Beck eine Ausnahme. Er hielt an seiner Überzeugung fest, daß ein Weltkrieg die Potenzen des faschistischen Reiches überfordere. Vergeblich hatte er versucht, Hitler vom Überfall auf die Tschechoslowakei abzuraten. In einem mahnenden Brief, den er am 18. Juli 1938 an Brauchitsch, den neuen Oberbefehlshaber des Heeres, sandte, bäumte er sich noch einmal auf. Beck erwartete von Brauchitsch, die Generalität darüber ins Bild zu setzen, daß sich der Chef des Generalstabes wei-

267

W. von Brauchitsch, Kaempfe und Halder im Herbst 1933

gere, die faschistischen Kriegsabenteuer zu billigen. Doch Brauchitsch ließ das Schreiben seines tüchtigsten Generals im Tresor verschwinden. Demonstrativ legte Beck am 27. August 1938 sein Amt nieder. Ein einzigartiger Schritt, den keiner der übrigen Generale vollzog.

Alles oder nichts

Bereits nach dem «Anschluß» Österreichs hatte der sowjetische Außenminister Litwinow gemahnt, daß «eine Aggression wie eine ansteckende Krankheit ist»[95], die sich zu immer neuen Konflikten auszuweiten drohe. Wie gründlich er der Dynamik des Hitlerregimes auf den Grund geschaut hatte, sollte sich nach der Besetzung des Sudentenlandes alsbald bestätigen. Die maßgeblichen Naziführer dachten auch nicht einen Augenblick daran, sich mit Österreich und den tschechischen Grenzgebieten zu bescheiden. Alles oder nichts war die abenteuerliche Parole der Verantwortlichen oder – wie Himmler nach der Besetzung der Sudeten es vor SS-Gruppenführern ausdrückte – «entweder das großgermanische Imperium oder das Nichts». Ziel der künftigen Aggressionen sei «das größte Reich, das von dieser Menschheit errichtet wurde und das die Erde je gesehen hat»[96].

Schon Ende Mai 1938 hatte Hitler in einer Geheimen Kommandosache den «unabänderlichen Entschluß» fixieren lassen, «die Tschechoslowakei in absehbarer Zeit durch eine militärische Aktion zu zerschlagen»[97]. Diese Absicht zu vollziehen war durch München lediglich aufgeschoben worden. «Chamberlain, dieser Kerl hat mir meinen Einzug in Prag verdorben»[98], hatte Hitler bedauernd zu Hjalmar Schacht geäußert. Doch nun war die Vision des triumphalen Einmarsches in der tschechischen Hauptstadt um so stärker in das Kalkül der Hauptkriegsverbrecher gerückt.

Um einen Anlaß zum Übergriff waren Hitler und seine Komplicen auch diesmal nicht verlegen. Im slowakischen Teil der Tschechoslowakei rumorten, von Berlin aus ermuntert und protegiert, seit längerem nationalistische Kräfte. Jozef Tiso, der klerikalfaschistische Ministerpräsident der Slowakei, erklärte sich bereit, dem Naziregime den Weg zur Aggression zu bahnen. Als Tiso am 13. März 1939 in der Reichskanzlei weilte, drängte ihn Hitler, sich vom tschechoslowakischen Staat loszusagen und die «Selbständigkeit» der Slowakei zu proklamieren. Ribbentrop hatte schon ein entsprechendes «Unabhängigkeitsmanifest» in slowakischer Sprache vorbereitet, und Tiso brauchte es am folgenden Tag dem Parlament in Preßburg (Bratislava) nur noch zu zelebrieren. Der Slowake stellte sein Land unter den «Schutz» des Nazireiches.

Hinzu kam, daß Heydrichs SD in der Tschechoslowakei zunehmend Sabotageakte und faschistische Demonstrationen in Szene setzen ließ. Über die jüngsten Ereignisse verunsichert, suchte Präsident Hacha dringend um eine Unterredung mit Hitler nach. Sie wurde ihm noch für den Abend des 14. März zugesagt. Hacha, der dem zurückgetretenen Edvard Beneš im Amt nachgefolgt war, reiste in Begleitung seines Außenministers František Chvalkovsky an. Schon nach ihrer Ankunft auf dem Anhalter Bahnhof behandelte man die beiden nicht wie Staatsmänner, eher wie subalterne Beamte. Erst nach stundenlangem Warten, zwischen ein und zwei Uhr nachts, wurden Hacha und sein Begleiter zu Hitler vorgelassen, der sich u. a. mit Göring und Keitel umgeben hatte. Keitels Anwesenheit war kein Zufall. Hitler wollte damit den Ernst seiner anschließenden Kriegsdrohung unterstreichen.

Im Angesicht seiner Kontrahenten rutschte dem erregten Hacha das Herz tiefer noch als bis in die Knie. Auf peinlich devote Weise suchte er Hitler entgegenzukommen, indem er sich bereit fand, den tschechischen Staat seiner Souveränität zu entblößen. Legationsrat Hewel vom Auswärtigen Amt, der Protokoll führte, notierte, «daß er (Hacha – d. A.) sich gleich nach dem Umschwung die Frage gestellt habe, ob es überhaupt für die Tschechoslowakei ein Glück sei, ein selbständiger Staat zu sein ... Er sei ein alter Mann ..., und er glaube, daß das Schicksal (der Tschechoslowakei) in den Händen des Führers gut aufgehoben sei.»[99]

Hachas klägliche Bitte, den Tschechen eine eigene nationale Existenz zu gewähren, fegte Hitler mit einem Wortschwall und handfesten Drohungen vom Tisch. Der Naziführer dachte gar nicht daran, noch irgendein Zugeständnis zu machen, zumal der Befehl an die Wehrmacht, um sechs Uhr morgens gen Prag zu marschieren, längst ausgelöst war. Mit unmißverständlichen Drohungen drängten Hitler und Göring Hacha nun, Armee und Volk vom Widerstand gegen die Naziwehrmacht abzuhalten. «Würde der Entschluß anders sein», so das Protokoll, «so sähe er (Hitler – d. A.) die Vernichtung der Tschechoslowakei ... Sein Entschluß sei unwiderruflich.»[100]

Vergeblich versuchten die beiden tschechischen Vertreter nunmehr mit Prag zu telefonieren, um dem militärischen Schlagabtausch auszuweichen. Göring, der dabei die Geduld verlor, prophezeite indessen die Bombardierung der tschechischen Hauptstadt, was eine Herzattacke und den Zusammenbruch Hachas zur Folge hatte. Doch Hitlers Leibarzt Dr. Morell war sofort zur Stelle und brachte den siebenundsechzigjährigen Hacha wieder auf die Beine. Die Verbindung mit Prag kam schließlich doch zustande, und Hachas Anweisung, dem Einmarsch der Wehrmacht keinen Wider-

stand entgegenzusetzen, erreichte noch rechtzeitig die gewünschte
Adresse.

Die Uhr zeigte indessen fünf Minuten vor vier, als Hacha und
Chvalkovsky die Selbstaufgabe des tschechischen Staates mit ihrer
Unterschrift besiegelten. Der Verrat an ihrer Nation war in den un-
faßbaren Satz gekleidet, daß man «das Schicksal des tschechischen
Volkes und Landes vertrauensvoll in die Hände des Führers des
Deutschen Reiches»[101] lege.

Freilich, die Unterschrift der Tschechen war nicht ohne eskalierenden Druck erfolgt. Namentlich Göring und Ribbentrop waren
regelrecht zudringlich geworden und hatten versucht, den beiden
den Federhalter in die Hand zu drücken. Zudem wiederholte Göring die Drohung, daß, wenn die Unterschriften verweigert würden,
halb Prag in zwei Stunden in Trümmern läge. In Wirklichkeit lastete auch um sechs Uhr morgens noch dichter Nebel über den
deutschen Flughäfen, und nicht ein einziger Bomber hätte vom Boden abheben können.

Wieder war den Naziführern ein ebenso plumpes wie brutales Er-
pressungsmanöver geglückt, und reaktionäre bürgerliche Politiker
hatten halbherzig und kleinmütig das Ihre dazu beigesteuert.
Selbst Hitler war wohl überrascht, daß Hacha im Verrat seines Landes so weit gegangen war. Die Tinte von dessen Unterschrift war
noch nicht trocken, als den Naziführer die Schadenfreude des
Falschspielers übermannte. Unvermittelt stürzte er in das Arbeitszimmer seiner Sekretärinnen und jubelte verzückt: «Kinder, jetzt

gebt mir mal jede da einen Kuß ... Hacha hat unterschrieben. Das ist der größte Triumph meines Lebens.»[102]

Noch am Abend des Einmarsches traf Hitler mit seinem Gefolge auf dem Prager Hradschin ein, um seinen Triumph vor Ort zu genießen. Emphatisch deklamierte er: «Die Tschechoslowakei hat damit aufgehört zu existieren.»[103]

Die Naziführung zögerte keinen Augenblick, die vollzogene Okkupation auch juristisch zu zementieren. Bereits einen Tag nach seiner Ankunft in Prag, am 16. März, verfügte Hitler die Bildung des «Protektorats Böhmen und Mähren», was nicht mehr und nicht weniger bedeutete, als daß der Rest des tschechischen Landes dem faschistischen Reich zugeschlagen wurde. Als Reichsprotektor zog Constantin Freiherr von Neurath auf die Prager Burg, derselbe Neurath, der im Zusammenhang mit der Blomberg-Fritsch-Affäre sein Amt dem noch skrupelloseren Ribbentrop hatte überlassen müssen. Henlein durfte als «Chef der Zivilverwaltung» sein Unwesen treiben, und Hacha erhielt als Honorar für seinen Landesverrat das völlig unbedeutende Amt eines Präsidenten des «Protektorats».

Faktisch existierte das «Protektorat» im Zustand einer Kolonie.

Kurs auf den zweiten Weltkrieg

Gespannt lauerten Hitler und seine Umgebung in jenen Märztagen des Jahres 1939 auf die Reaktion der Westmächte. Schließlich hatte man mit dem Einkassieren von Böhmen und Mähren die Verabredung von München ohne Rücksicht auf die Beteiligten gebrochen und die Appeasementpolitik Chamberlains und Daladiers ein übriges Mal bloßgestellt. Doch alle Befürchtungen erwiesen sich noch am Tage des Einfalls in Prag als unbegründet. Vor dem Unterhaus dachte sich Chamberlain einen neuen Grund aus, warum man dem Naziregime, das soeben auf arrogante Weise das Völkerrecht gebrochen hatte, auch jetzt nicht in den Arm fallen könne. Die sogenannte Unabhängigkeitserklärung der Slowakei, so der Premier, habe «die Wirkung gehabt, daß der Staat, dessen Grenzen zu garantieren wir beabsichtigt hatten, von innen her zerbrach und so ein Ende fand».[104]

Erst drei Tage nach dem Einmarsch der Naziwehrmacht bequemten sich Großbritannien und Frankreich, wenigstens formell zu protestieren. Von Mobilmachung war mit keiner Silbe die Rede, nur der dürftige Schein blieb gewahrt.

Die Bäume des Naziregimes schienen in den Himmel zu wachsen. Und im gleichen Maße, wie der brutale Aggressionskurs Früchte trug, steigerte sich der Führerkult. Das Goebbelssche Propagandageschrei schrieb es Hitlers «Genialität» zu, daß man das faschistische Reich immer größer und stärker machen konnte, ohne auf dem Schlachtfeld das Blut deutscher Soldaten opfern zu müssen. Als der Naziführer am 20. April 1939 mit machtprotzender Militärparade und makabrem Pomp seinen 50. Geburtstag feierte, überschlugen sich die Superlative. In einer Proklamation Görings beispielsweise war zu lesen: «Adolf Hitler ist der größte Deutsche aller Zeiten.»[105]

Unzählige Male noch sollte der Naziführer beweisen, daß er das extremste Gegenstück zu Görings Befund war. Von Beginn an gehörten der Einsatz nackter Gewalt und das Ausbluten ganzer Völker zu den Eckpfeilern Hitlerschen Denkens und Handelns. Noch bevor der Coup mit der Tschechoslowakei geglückt war, hatte er das nächste Opfer schon ins Auge gefaßt: Polen. Am 8. März 1939 erklärte er vor führenden Konzernherren, hohen Parteiführern und Generalen: «Polen wird folgen ... Deutsche Herrschaft über Polen ist notwendig, um polnische Lieferung landwirtschaftlicher Produkte und Kohle für Deutschland zu sichern.»[106]

Die Naziführer ahnten ziemlich genau, daß sich das Muster, nach dem sie den tschechoslowakischen Staat zertrümmert hatten, nicht würde wiederholen lassen. Diesmal war mit bewaffnetem Widerstand zu rechnen, diesmal *sollte* auch Blut fließen, schon um die Schlagkraft der Wehrmacht einmal praktisch zu erproben. Hielten sich die Westmächte dabei wiederum militärisch heraus, sprachen die Chancen durchaus für einen Sieg des Aggressors. Schließlich hatte das Naziregime bis zum Jahre 1939 90 Milliarden Mark in die Kriegsausrüstung gepumpt.

Sorgfältiger noch als im Fall «Otto» und im Fall «Grün» wurde der Überfall auf Polen strategisch wie militärtaktisch vorbereitet. Bereits am 3. und 11. April 1939 übermittelten Hitler und Keitel den drei Wehrmachtteilen neue «Weisungen für die einheitliche Kriegsvorbereitung der Wehrmacht für 1939/40». Danach hatte die

Bearbeitung des Falles «Weiß» (Überfall auf Polen) «so zu erfolgen, daß die Durchführung ab 1. 9. 39 jederzeit möglich ist»[107].

Nun waren die Herren in den Generalstäben an der Reihe. Fieberhaft begannen sie das Konzept für den Überfall durchzugestalten sowie die Aufmarsch- und Operationspläne zu erarbeiten. Das strategische Hauptziel hatte die politische Führung vorgegeben, nämlich «die polnische Wehrmacht zu vernichten»[108]. Das war ganz nach dem Geist und Geschmack der führenden Generalstäbler, die endlich ihre Fertigkeiten beweisen wollten. Schon beim Einmarsch in die Sudeten hatten sie nach Blut gelechzt, sahen sich aber ebenso wie beim Einfall nach Böhmen und Mähren schließlich um Ruhm und Ehre gebracht. Als sich Hitler am 1. Oktober 1938 persönlich zur tschechischen Grenze begab, hatte Generalleutnant Walter von Reichenau ihn mit der Aufwartung empfangen, daß ihm das Heer heute «das größte Opfer» bringe, «das eine Truppe ihrem Obersten Befehlshaber bringen kann, nämlich in Feindesland einzumarschieren, ohne einen Schuß zu tun»[109].

Mit Blick auf den Fall «Weiß» konnten die führenden Militärs nun zeigen, was in ihnen steckte. Diesmal gingen sie auch mit um so größerem Eifer ans Werk, da sie Polen schon immer als «Erbfeind» angesehen hatten. Das von Seeckt geprägte Wort, wonach Polens Existenz unerträglich sei, war auch jetzt noch ihr Credo.

Auf diplomatischer Bühne unterwarf man das Verhältnis zu Polen ebenfalls zielstrebig der Dramaturgie des Falles «Weiß». Bereits im Oktober 1938 hatte Ribbentrop dem polnischen Botschafter Jozef Lipski die vorläufigen Forderungen präsentiert, die der faschistische Staat gegenüber dessen Land im Schilde führte: Die Freie Stadt Danzig solle zum Deutschen Reich zurückkehren, und durch den sogenannten polnischen Korridor zur Ostsee wolle man eine exterritoriale Reichsautobahn sowie eine mehrgleisige, deutscheigene Eisenbahnstrecke nach Ostpreußen treiben. Eine knappe Woche nach der Annexion der Resttschechoslowakei wiederholte Rippentrop seine Forderungen mit drohendem, ultimativem Unterton. Die polnische Regierung, die Verhandlungen mit England aufgenommen hatte und auf den alleinigen Schutz der Westmächte vertraute, lehnte das Ansinnen des Nazistaates zu Recht ab. Hitler reagierte darauf am 28. April 1939 mit der Erklärung, daß er den

1934 geschlossenen Nichtangriffspakt zwischen beiden Ländern «als durch Polen einseitig verletzt und damit als nicht mehr bestehend»[110] ansehe.

Damit hätte selbst arglosen Gemütern klar sein müssen, wohin der Kurs des Nazistaates gegenüber dem polnischen Nachbarn zielte. Danzig, die geforderten Verkehrswege durch den Korridor und schließlich auch die angebliche Bedrohung der «deutschen Volksgruppen» in Polen waren im Grunde nur Vorwände für die gewollte Zuspitzung der Situation. Am 23. Mai redete Hitler im Kreise der Oberbefehlshaber von Heer, Luftwaffe und Marine noch einmal Klartext: «Danzig ist nicht das Objekt, um das es geht. Es handelt sich für uns um die Erweiterung des Lebensraumes im Osten und Sicherstellung der Ernährung … Es wird zum Kampf kommen.»[111]

Bald beschränkten sich die Wünsche des Nazistaates auch nicht mehr auf Danzig und die exterritorialen Verkehrswege durch den Korridor. Inzwischen stand das Vereinnahmen des gesamten Gebietes zwischen Pommern und Ostpreußen auf dem Speisezettel der Aggressoren. Aber auch das war nur ein Mittel zum Zweck, Verhandlungen zum Scheitern zu bringen. Als der italienische Außenminister und Schwiegersohn Mussolinis, Galeazzo Ciano, am 11. August Ribbentrop fragte: «Was wollt ihr? Den Korridor oder Danzig?», erwiderte Hitlers Außenminister: «Jetzt nicht mehr, wir wollen den Krieg.»[112]

Die Würfel für das bevorstehende Abenteuer fielen am 22. August. Für diesen Tag hatte Hitler die höchsten Militärs der Naziwehrmacht auf seinem Berghof in Berchtesgaden versammelt, um den definitiven Entschluß der Naziführung, über Polen herzufallen, bekanntzugeben. Hitler: «Uns bleibt nichts anderes übrig, wir müssen handeln … Jetzt ist die Wahrscheinlichkeit noch groß, daß der Westen nicht eingreift … Wir müssen mit rücksichtsloser Entschlossenheit das Wagnis auf uns nehmen.»[113]

Das Protokoll der Zusammenkunft vermerkt am Schluß die Bemerkung Görings «mit Dank an den Führer und der Versicherung, daß die Wehrmacht ihre Pflicht tun wird»[114], von Befürchtungen, Einwänden oder gar Aufbegehren gegen das geplante Verbrechen am polnischen wie auch am eigenen Volk ist dort mit keiner Silbe die Rede. Die führenden Generale der Wehrmacht fanden sich bedingungslos bereit, die räuberischen Absichten und Pläne der herrschenden Finanziers, Großagrarier wie auch der Spitzen der Nazipartei auf brutalste Weise und ohne Rücksicht auf Verluste in die Tat umzusetzen. Und sie waren vom Erfolg jener Blitzkriegsstrategie, die sie selbst mit geformt hatten, fest überzeugt. So drückte Hitler schließlich die Auffassung aller Anwesenden aus, als er betonte: «Mit langer Dauer des Krieges rechnet niemand. Wenn mir Herr von Brauchitsch gesagt hätte, ich brauche vier Jahre, um Polen zu erobern, dann hätte ich geantwortet: ‹Dann geht's nicht›».[115]

Am selben Abend noch wurde der Überfall auf den 26. August festgesetzt. Doch einen Tag zuvor trafen zwei Hiobsbotschaften in der Reichskanzlei ein, die den Beginn des Krieges noch einmal verzögerten. Unter dem Druck der Weltöffentlichkeit hatte sich die britische Regierung veranlaßt gesehen, die Beistandsgarantie für Polen zu einem Beistandspakt hochzustufen. Und zur Abendstunde des 25. August gelangte ein Telegramm Mussolinis auf Hitlers Tisch, aus dem folgte, daß Italien nicht kriegsbereit sei.

Gegen 19.30 Uhr ließ die Naziführung den Vormarsch der Wehrmacht zur polnischen Grenze stoppen. Noch einmal begann von allen möglichen Seiten ein vergebliches Gerangel um Verhandlungen. Um wenigstens äußerlich das Gesicht zu wahren und guten Willen zu zeigen, stellte das Hitlerregime am späten Abend des 30. August ein ebenso unzumutbares wie irreales 16-Punkte-Ultimatum an Polen, verknüpft mit der absurden Bedingung, schon am folgenden Tage darüber zu verhandeln. Wie ernst dieses «Angebot» gemeint war, wird daraus ersichtlich, daß schon am 31. August gegen 12.30 Uhr die «Weisung Nr. 1 für die Kriegführung» erlassen wurde, in welcher der Angriff auf den folgenden Tag, den 1. September 1939, 04.45 Uhr, fixiert worden war. Gleichwohl empfing Ribbentrop, in jeder Art von Lüge und Heuchelei geübt, gegen 18.15 Uhr noch einmal den polnischen Botschafter Lipski zu einem Gespräch. Natürlich kam Lipski ohne Verhandlungsvollmacht, das deutsche Ultimatum betreffend. Damit hatte Ribbentrop im stillen gerechnet, und noch mehr hatte er es erhofft. Er nahm es zum Vorwand, das Gespräch abzubrechen.

Der Rest wurde arbeitsteilig von Goebbels und Heydrich besorgt. Synchron verbreiteten Punkt 21.00 Uhr alle Nazisender die amtliche Lüge, Deutschland habe zwei Tage vergeblich auf das Eintreffen eines bevollmächtigten polnischen Unterhändlers gewartet. Demnach sehe die Naziregierung ihre Vorschläge auch diesmal praktisch als abgelehnt an.

Der Tote im Sender Gleiwitz

Das Alibi für den Überfall sollte durch terroristische Akte untermauert werden. Das Drehbuch für das Auslösen des Krieges sah nicht zuletzt Szenen vor, die den Angreifer in der Rolle des Angegriffenen zu zeigen hatten. Und für diesen Part hatte man dem durchtriebenen SD-Chef Heydrich die Regie übertragen.

Schon Anfang August stellte dieser mehrere Spezialkommandos zusammen, die in geheimer Mission Überfälle polnischer Aufständischer und Soldaten auf deutsche Objekte im grenznahen Gebiet vorzutäuschen hatten. Darunter waren der oberschlesische Sender Gleiwitz, das Zollhaus Hochlinden, das Forsthaus Pitschen und andere. Die Nazipropaganda schlachtete besonders den fingierten Überfall auf den Gleiwitzer Sender als Vorwand für das Anzetteln des zweiten Weltkrieges aus. Im sogenannten Weißbuch II log Ribbentrops Amt über den Zwischenfall: «Die Aufständischen wurden durch deutsche Grenzschutzbeamte vertrieben. Bei der Abwehr wurde ein Aufständischer tödlich verletzt.»[116]

Die Nazimedien wagten nicht einmal den Versuch, ihre Behauptungen zu beweisen. Sie veröffentlichten weder die Namen noch Bilder der angeblichen «Insurgenten». «Der Sieger», so hatte Hitler ja über den propagandistischen Anlaß zum Krieg gegen Polen gemeint, «wird später nicht danach gefragt, ob er die Wahrheit gesagt hat oder nicht».[117]

Nun wollte es die Geschichte aber, daß der anfängliche Siegeszug der Kriegsbrandstifter auf der Anklagebank von Nürnberg endete. Und dort interessierte man sich schon genauer für jenes Netz von Lügen, mit dem die Hitlerclique den verbrecherischen Überfall zu verschleiern gesucht hatte.

Mit dem Überfall auf den Sender Gleiwitz hatte Heydrich einen engen Vertrauten, den Referatsleiter aus dem Amt VI des RSHA, SS-Obersturmbannführer Alfred Helmut Naujocks, beauftragt. Naujocks gab in Nürnberg unter Eid zu Protokoll: «Ungefähr am

10. August 1939 befahl mir Heydrich, der Chef der Sipo und des SD, persönlich, einen Anschlag auf die Radiostation bei Gleiwitz, nahe der polnischen Grenze, vorzutäuschen und es so erscheinen zu lassen, als wären die Polen die Angreifer gewesen ... Mein Befehl lautete, mich der Radiostation zu bemächtigen und sie so lange zu halten, als nötig ist, um einem polnisch sprechendem Deutschen die Möglichkeit zu geben, eine polnische Ansprache über das Radio zu halten ... Heydrich sagte, daß es in der Rede heißen solle, daß die Zeit für eine Auseinandersetzung zwischen Polen und Deutschen gekommen sei und daß die Polen sich zusammentun und jeden Deutschen, der ihnen Widerstand leistet, niederschlagen sollten ... Am Mittag des 31. August bekam ich von Heydrich per Telefon das Schlüsselwort, daß der Anschlag um 8 Uhr abends desselben Tages zu erfolgen habe. Heydrich sagte: ‹Um diesen Anschlag auszuführen, melden Sie sich bei Müller wegen der Konserven.›»[118]

Mit «Konserven» waren Häftlinge gemeint, denen vor der Aktion eine tödliche Spritze verabreicht werden sollte und die man, zum Teil in polnische Uniformen gesteckt, am Tatort als «Beweis» zurückzulassen gedachte.

Nicht zufällig hielt sich in jenen Augusttagen Gestapochef Heinrich Müller in der Nähe der oberschlesischen Stadt Oppeln (Opole) auf, um von hier aus die Fäden für die geplanten Terrorakte zu ziehen.

Von Gestapo-Müller bekam Naujocks dann auch verabredungsgemäß jenen «Aufständischen» geliefert, dessen Tod die Nazipresse in ihre Lügenmeldungen über den Vorfall einflocht. In Nürnberg sagte Naujocks über das Opfer, das wahrscheinlich der erste Tote des zweiten Weltkrieges war: «Ich erhielt diesen Mann und ließ ihn am Eingang der Station hinlegen. Er war am Leben, aber nicht bei Bewußtsein ... Ich sah keine Schußwunden, nur eine Menge Blut über sein ganzes Gesicht verschmiert. Er trug Zivilkleider.»[119]

In Nürnberg wußte man noch nicht, um wen es sich bei dem Opfer gehandelt hatte. Naujocks saß bei Kriegsende in einem amerikanischen Camp für Kriegsverbrecher, aus dem er vor seiner Anklage ausbrechen und untertauchen konnte. Er lebte als Geschäftsmann unbehelligt in Hamburg, bis die dortige Staatsanwaltschaft im Jahre 1963 schließlich ein Ermittlungsverfahren gegen ihn anstrengte. Als der Heydrich-Kumpan im Jahre 1966 verstarb, wurde in Düsseldorf weiter ermittelt, weil dort der am «Überfall» auf den Sender beteiligt gewesene Fahrer von Naujocks wohnte. Zwar sind aus diesem Verfahren keine Prozesse oder gar Verurteilungen erwachsen, doch zur Aufhellung der näheren Umstände dieses Verbrechens haben sie schon beigetragen.

Frappierend ist der Dilettantismus, mit dem Heydrich und seine Komplicen beim Überfall auf den Sender zu Werke gegangen waren. Zwar war das Eindringen in die Rundfunkstation für Naujocks und seine vier Spießgesellen ein Kinderspiel, da die Polizeiwache des Senders gegen Mittag durch eingeweihte Sicherheitspolizisten abgelöst worden war. Das Personal im Handumdrehen zu fesseln und in den Keller zu treiben, auch das erwies sich angesichts der in die Decke gefeuerten Warnschüsse als unkompliziert. Doch dann begann schon das Dilemma der Terroristen. Um den von Naujocks verfaßten Aufruf «Achtung! Hier ist Gleiwitz. Der Sender befindet sich in polnischer Hand ...»[120] zu verlesen, mußte die laufende Sendung erst einmal unterbrochen werden. Was die SD-Verbrecher nicht wußten, war, daß der Sender kein eigenes Programm ausstrahlte und alle Sendungen, einschließlich die des Gleiwitzer Studios, vom Rundfunkverstärkeramt Breslau übernommen wurden. Bis man durch die Nötigung des Sendepersonals in der Lage war, das laufende Programm zu stoppen und das Gewittermikrofon einzuschalten, war fast eine Viertelstunde verstrichen.

Indessen saß Heydrich in Berlin an seinem Rundfunkempfänger und wartete vergeblich auf die Ansprache der «Aufständischen». Pünktlich um 20.00 Uhr hatte der SD-Chef den Skalenanzeiger seines Geräts auf den Sender Gleiwitz gestellt. Doch wer in der Metropole Gleiwitz einschaltete, empfing in Wirklichkeit Breslau. Wutentbrannt vermutete der SD-Chef, daß Naujocks versagt habe. Plötzlich aber schrillte sein Telefon, und Naujocks meldete, er habe seinen Auftrag korrekt erfüllt. Ungehalten fuhr Heydrich ihn an: «Sie lügen, ich habe die ganze Zeit gewartet!»[121]

BRD-Staatsanwälte konnten die Identität jenes Mannes klären, den SS-Verbrecher anläßlich des Überfalls auf den Sender ermordet und als «Beweis» am Tatort zurückgelassen hatten. Das Opfer hieß Franz Honiok und stammte aus dem nördlich von Gleiwitz gelegenen Hohenlieben. Von dem damals 41jährigen Vertreter für Landmaschinen war bekannt, daß er dem Polentum zuneigte und zeitweilig auch im Nachbarstaat gelebt hatte. Während der Weimarer Republik, so berichteten Zeugen, sollte Honiok schon einmal ausgewiesen werden, doch hatte er sich die deutsche Staatsangehörigkeit mit Hilfe eines Schiedsgerichts beim Völkerbund ertrotzt. Vergangenheit und Haltung dieses Mannes mögen ihn in den Augen der Gestapo für jene Rolle disponiert haben, an deren Ende sein Tod stand.

Fest steht, daß Honiok am 30. August 1939 in seinem Heimatort von der Gestapo festgenommen worden ist. Mit von der Partie war der damalige Kriminalsekretär Karl Nowak von der Gestapostelle Oppeln, der der BRD-Staatsanwaltschaft später als Zeuge zur Verfügung stand. Nowak war auch zugegen, als das Opfer am Abend des 31. August vom Polizeigefängnis Gleiwitz abgeholt und zum Sender gefahren wurde. Mehrere Umstände sprechen dafür, daß man Honiok vor der Abfahrt eine Injektion verabreicht hatte. Nowak sagte aus: «Während der Fahrt sank der Mann immer mehr in sich zusammen. Ich nehme an, daß der Sturmführer (der nach Nowaks Bericht vor der Abfahrt in einem weißen Kittel herumgelaufen war – d. A.) dem Mann eine Spritze verpaßt hat, denn anders kann ich mir das Verhalten des Mannes nicht erklären.»[122]

Wer Franz Honiok getötet hat, wurde nicht ermittelt. Man vermutet, daß es jene mit Namen nicht bekannten Gestapoleute waren, die Nowak mit dem Opfer bis zum Sender begleiteten. Der einstige Kriminalsekretär will nach dem Herausheben des inzwischen bewußtlos gewordenen Opfers aus der Gestapo-Limousine das Tatgelände sofort verlassen haben, was natürlich auf eine Schutzbehauptung hindeutet. Nicht auszuschließen ist aber auch, daß Naujocks selbst oder seine Komplicen Honiok umgebracht haben. In Nürnberg hatte Naujocks ausgesagt: «Ich erhielt diesen Mann und ließ ihn am Eingang der Station hinlegen.»[123] Daraus hätte man durchaus schließen können, daß der Sturmbannführer vor dem Zurechtlegen des angeblichen Terroristen mit ihm Berührung hatte. Hamburger Staatsanwälten bot er indessen eine andere Version an, die allerdings auch von seinem Fahrer, Fedor J., unterstützt wurde. So wollte Naujocks beim Eindringen in den Sender zwei seiner Komplicen am Eingang zurückgelassen haben, damit sie die «Konserve», sprich das Opfer, in Empfang nähmen, sobald die Beauftragten von Gestapo-Müller auftauchen sollten. Naujocks in Hamburg: «Punkt 20 Uhr waren wir im Sender. Die beiden Leute, die ich draußen postiert hatte, kannten das Stichwort für die Übergabe.»[124] Mit dem Opfer wollte Naujocks diesmal erst konfrontiert worden sein, als er den Sender wieder verließ. Naujocks wörtlich: «Nach dem Verlassen des Gebäudes sah ich neben dem Eingang einen Mann liegen. Es war halbdunkel ... Ich bin hingegangen und habe ihn mir angesehen. Sein Kopf war blutig, das ganze Gesicht blutverschmiert. Ob er noch gelebt hat, kann ich nicht sagen. Die beiden anderen Leute, die den Mann in Empfang genommen hatten, haben mir später erzählt, daß ein Auto mit zwei Mann gekommen sei. Die Gestapo-Leute nannten das Stichwort und fragten: ‹Wo ist der Eingang?› Und dort haben sie den Man dann hingelegt. Dann sind sie wieder abgefahren.»[125]

Vieles spricht dafür, daß das Opfer durch einen oder mehrere Schüsse in den Kopf getötet worden ist. Wenn Nowaks Aussage stimmt, daß Honiok, als er in unmittelbarer Nähe des Geschehens aus dem Gestapowagen gehoben wurde, zwar bewußtlos aber noch unversehrt war, kann der Mord nur auf den wenigen Metern zum Sendegebäude oder dort selbst passiert sein. Beides aber hätte den von Naujocks am Eingang postierten Komplicen nicht entgangen sein können. Mit Gewißheit hätte Naujocks im nachhinein den wahren Hergang erfahren.

Auch sein Fahrer Fedor J. hat nicht einmal die halbe Wahrheit gesagt. Unwahrscheinlich ist schon seine Einlassung, daß er während eines solchen Coups sein Fahrzeug verlassen habe und mit ins Sendegebäude gegangen sei. So konnte er natürlich weder Zeuge noch Beteiligter des Mordes gewesen sein.

Fedor J.: «Beim Verlassen des Gebäudes habe ich noch in dem Gebäude an der Tür einen Mann liegen gesehen, er lag leblos da, ob er tot war oder nicht, habe ich nicht festgestellt. Ich habe auch bei ihm keine Blutspuren entdeckt.»[126] Als sicher gilt, daß der Mitarbeiter der Gestapoaußenstelle Gleiwitz, Arkadius Solms, den ermordeten Franz Honiok nach dem «Überfall» fotografieren mußte und die Negative sofort per Flugzeug nach Berlin geschickt wurden. Für den Fotografen hatte man die Leiche des Opfers im Senderaum abgelegt. Offenbar sollte durch ein entsprechendes Foto die Beweiskraft der Lügenmeldung über den angeblichen Überfall erhöht werden. Aber sehr wahrscheinlich entsprachen die Fotos nicht Heydrichs Erwartungen. Jedenfalls wurde, vermutlich am nächsten Morgen, ein weiterer Fotograf an den «Tatort» beordert. Der Kripobeamte Bernhard Meyer von der Gestapoaußenstelle Gleiwitz sollte nunmehr jenen Schnappschuß zaubern, der Solms nicht gelungen war. Für diesen Zweck hatte man inzwischen zwei weitere «Konserven» geopfert. Bernhard Meyer sagte rückblickend aus: «Unterwegs entnahm ich aus einem Gespräch, daß Solms Aufnahmen gemacht habe, die jedoch nichts geworden wären ... Sofort nach meinem Eintritt in den Senderaum sah ich an einer Wand eine Vielzahl von Armaturen und einen großen Tisch im Raume stehen, auf dem sich ein Mikrophon befand. Vor dem Tisch lag mit weit ausgestreckten Armen eine Person auf dem Bauch mit dem Gesicht nach unten. Sie hatte abgetragene Drillichkleidung an und könnte etwa 28 bis 32 Jahre alt gewesen sein.

Etwa 3 bis 4 Meter rechts seitlich vor dem Tisch lag eine zweite Person, die der ersten dem Äußeren nach glich ... Auffallend war jedoch, daß keine Verletzungen oder Blutspuren sichtbar waren. Die Personen waren offensichtlich tot ... Ich machte zwei Aufnahmen – ob mit Blitzlicht kann ich heute nicht mehr sagen –, auf denen sich jeweils beide Leichen befanden ... Bereits im Wagen vermutlich hatte einer der (beiden Meyer begleitenden – d. A.) Gestapobeamten den Fotoapparat an sich genommen ... Am gleichen Tage erfuhr ich noch, daß die von mir gemachten Aufnahmen bereits per Sonderflugzeug auf dem Wege nach Berlin seien.»[127]

Aber auch die vom Kripomann Meyer gemachten Aufnahmen erblickten niemals das Licht der Öffentlichkeit. Allzu deutlich schimmerte auch aus ihnen der Makel der Manipulation heraus.

Die Umstände sprechen dafür, daß die von Meyer fotografierten Personen Häftlinge aus dem KZ Sachsenhausen waren. Tatsächlich stammten die für die «Aktion Konservendose» ausgesonderten Opfer durchweg aus diesem KZ. Der Kommunist Rudolf Wunderlich, von März 1939 bis Juni 1944 Häftling in Sachsenhausen, ist mit dem Schicksal solcher Opfer konfrontiert worden. Etwa am 20. August 1939 hatte ihn Rapportführer Hermann Campe angewiesen, vier Häftlinge von ihren Arbeitskommandos ins Lager zu holen. Es waren durchweg politische Häftlinge, nämlich Walter

Schmalenburg aus Wuppertal, Harry van Bergen und Ludwig Wangelin aus Hamburg sowie Wilhelm Betke aus Rehfelde bei Berlin. Alle vier wurden nach entsprechender Musterung im sogenannten Zellenbau in Einzelhaft gepfercht.

Etwa fünf Tage später wurden die vier heimlich verschleppt. Nach dem Appell hatte man plötzlich «Lagersperre» verhängt, was bedeutete, daß sich kein Häftling außerhalb seiner Baracke aufhalten durfte. Kurz danach fuhren mehrere schwarze Limousinen in das Lager ein. Währenddessen wurde der Häftling Rudolf Wunderlich zur Blockführerstube zitiert, die sich am Lagertor befand.

Vor dem Berliner Stadtbezirksgericht Mitte sagte Wunderlich am 5. November 1965 hierzu u. a. aus: «Auf halbem Wege sah ich die Autos wieder aus dem Zellenbau rausfahren. Sie kamen etwa mit mir zur gleichen Zeit am Tor an. Dadurch war ich gezwungen mitzuhelfen, das Tor aufzumachen. Bei der Durchfahrt der PKW konnte ich die vier Häftlinge auf den Rücksitzen der vier PKW sitzen sehen. Der Haltung nach schwer gefesselt. Am nächsten Tag wurden die vier als ‹auf Transport› von der Lagerstärke abgesetzt.»[128]

Wilhelm Betke und Ludwig Wangelin überlebten die «Aktion Konservendose». Man hatte sie zunächst in die Prinz-Albrecht-Straße verfrachtet und anschließend in das Gestapogefängnis Breslau bzw. Oppeln übergeführt. In der zweiten Septemberhälfte kehrten beide nach Sachsenhausen zurück. Nicht so Harry van Bergen und Walter Schmalenburg. Am 4. Dezember 1939 war die Häftlingsschreibstube des KZ angewiesen worden, beide als «tot» von der Lagerstärke abzusetzen.

Vieles spricht dafür, daß die zwei tatsächlich als «Konserven» verwendet, d. h. ermordet und anschließend in polnische Uniformen gesteckt wurden. Von dieser Methode hatten die Anstifter des Krieges jedenfalls beim fingierten Angriff auf das Zollhaus Hochlinden ausgiebig Gebrauch gemacht, der parallel zum «Überfall» auf den Gleiwitzer Sender erfolgte. Dabei hatten selbst SS-Leute in polnische Uniformen schlüpfen und nach der Art von Vandalen das zum Nazireich gehörende Zollhaus verwüsten müssen. Zuvor schon hatte man «Konserven», in polnische Uniformen gesteckte ermordete Häftlinge, am «Tatort» abgelegt, deren Herkunft allerdings unklar ist. Auch hier wurden die angeblichen polnischen Täter vom Erkennungsdienst der Gestapo fotografiert. Und auch die Bilder von den uniformierten toten Häftlingen landeten auf Heydrichs Tisch. Nur waren sie noch weniger brauchbar als das Foto des Franz Honiok. Die abgelichteten «polnischen Soldaten» hatten durchweg kahlgeschorene Köpfe.

Übrigens sollte auch die «Konserve», die für den Gleiwitzer Sender bestimmt war, ursprünglich in eine polnische Uniform gezwängt werden. So jedenfalls hatte es sich Gestapochef Müller gedacht. Naujocks jedoch hatte ihm diese Version wieder ausgeredet, weil sein Unternehmen als Aktion polnischer «Aufständischer» und nicht polnischer «Soldaten» konzipiert worden war. Daraufhin hatte Müller ihm zugestanden: «Na schön, dann bekommen Sie ihn eben in Zivil.»[129]

Es steht außer Zweifel, daß Hitler beim Anzetteln des zweiten Weltkrieges eine dominierende Rolle gespielt hat. Offenbar stammte von ihm schon die Idee, für den Krieg gegen Polen fingierte Vorwände zu schaffen. «Ich werde propagandistischen Anlaß zur Auslösung des Krieges geben, gleichgültig ob glaubhaft»[130], hatte er bekanntlich acht Tage vor dem Überfall den versammelten Oberbefehlshabern bedeutet. Und er hat erwiesenermaßen auch die Art beeinflußt, zumindest aber sanktioniert, in der die Kriegsfackel schließlich entflammt wurde. Einem Bericht vom 17. August 1939 zufolge hatte Hitler selbst Keitel sagen lassen «daß wir (gemeint ist das OKW – d. A.) Heydrich polnische Uniformen zur Verfügung stellen sollten»[131]. Zudem hat auch der einstige Leiter der Gestapostelle Oppeln, SS-Sturmbannführer Emanuel Schaefer, hierzu sehr präzise Angaben gemacht. Schaefer war Anfang August 1939 mit Heydrich in Gleiwitz zusammengetroffen, wo ihn dieser in eine «Geheime Reichssache» einweihte. Schaefer sagte dazu aus: «Heydrich erwähnte …, daß der Führer einen Kriegsgrund brauche, um die Ostgrenze zu bereinigen. Heydrich erwähnte ferner, daß der Führer, Himmler und er folgenden Plan erörtert hätten: Von Polen aus sollte mit Deutschen ein fingierter Angriff polnischer Verbände gegen das deutsche Reichsgebiet vorgetragen werden … Außerdem war noch ein fingierter Angriff auf den Sender Gleiwitz und auf ein Forsthaus an der Grenze in der Nähe von Rosenberg geplant.»[132]

Auch der frühere SS-Oberführer Dr. Herbert Mehlhorn hat versichert, daß Heydrich bezüglich der geplanten Scheinüberfälle eindeutig von einem «Führerbefehl»[133] gesprochen habe. Aber wie gravierend Hitlers Inspiration bei der Anzettelung des zweiten Weltkrieges auch gewesen sein mag, ohne die intellektuelle und physische Mitwirkug eines beachtlichen Personenkreises wäre sie im Sandkastenspiel jenes perfiden Plans verendet. Es waren nicht nur führende Köpfe aus der SS und dem SD in die Vorbereitung und Organisation der Scheinüberfälle verwickelt, sondern auch maßgebliche Wehrmachtführer. So beschaffte die Abteilung Abwehr des OKW bereits Mitte August 1939 für Heydrich 150 polnische Uniformen nebst Zubehör, sehr wohl um den Verwendungszweck wissend. In jenen Tagen schrieb der Leiter der Verbindungsgruppe der Abwehr beim OKH, Oberstleutnant Groscurth, in sein Tagebuch ein: «Der Kriegsgrund wird durch 150 Häftlinge aus den Konzentrationslagern hergestellt, die in polnische Uniformen gesteckt sind und geopfert werden! Das macht Heydrich.»[134]

Aber auch Himmlers rechte Hand hätte ohne abgefeimte Lakaien vom Typ eines Naujocks nichts ausrichten können, nichts ohne Gestapo-Müllers «Konserven»-Kommando oder ohne jene blind gehorchenden SS-Männer, die in jener verhängnisvollen Nacht ohne ersichtlichen Grund das Zollhaus Hochlinden zerstörten und dabei zwar staunend über in polnische Uniformen gezwängte tote Häftlinge stolperten, nicht aber über ihr Gewissen.

«Seit 5.45 Uhr wird jetzt zurückgeschossen»

Um 04.45 Uhr des 1. September, auf die Minute genau, fielen die Formationen der Wehrmacht ohne Ankündigung oder Kriegserklärung über Polen her. Mehr als 1,8 Millionen Soldaten überzogen das Nachbarland unter Einsatz modernster Militärtechnik mit der Flamme des Krieges.

Freilich waren sich Hitler und seine engsten Komplicen des Risikos wohl bewußt, daß sie mit dem Überfall auf Polen den Bogen überspannten und sich einen Zweifrontenkrieg mit den Westmächten einhandeln könnten. Nicht von ungefähr beriefen sie noch für den Vormittag des 1. September den Reichstag ein, um die Öffentlichkeit so drastisch und spektakulär wie möglich über die Schuld am Ausbruch des Krieges zu täuschen. Göring und Hitler überbo-

**Hitler am 1. September 1939 vor dem Reichstag: «Seit 5.45 Uhr
wird jetzt zurückgeschossen»**

ten sich gegenseitig in der Durchtriebenheit, mit der sie ihre angebliche Friedensliebe beteuerten und die polnische Seite zum Aggressor stempelten. Polen habe, so versicherte Hitler in der Kroll-
oper, «heute nacht zum erstenmal auf unserem eigenen Territorium auch durch reguläre Soldaten geschossen. Seit 5.45 Uhr wird
jetzt zurückgeschossen»[135].

Im gleichen Atemzuge aber trug das Naziregime sein räuberi-
sches Gesicht zur Schau. Der frenetische Beifall für Hitlers Rede
war kaum erloschen, als Innenminister Frick· schon den Entwurf
des Gesetzes über den Anschluß Danzigs an das Deutsche Reich
aus der Tasche zog und publik machte. Danzig, das als Freie Stadt
dem polnischen Zollgebiet zugeordnet war, hatte dem Nachbarland
bis dahin den Zugang zur Ostsee ermöglicht. Zweifellos hatte Frick
den besagten Gesetzentwurf bereits auf dem Papier gehabt, bevor

der Panzerkreuzer «Schleswig-Holstein» am frühen Morgen des 1. September den ersten Schuß auf die Stadt abfeuerte.

Vergeblich ersuchte Polen Großbritannien und Frankreich um militärische Hilfe. London und Paris schwankten erst einmal bis zum 3. September, um Deutschland wenigstens den Krieg zu erklären. Um 9.00 Uhr des dritten Kriegstages überreichte der britische Botschafter Henderson im Auswärtigen Amt ein Ultimatum seiner Regierung. Falls Deutschland nicht bereit sei, die Angriffshandlungen einzustellen und seine Truppen zurückzuziehen, so die Note, herrsche ab 11 Uhr zwischen beiden Ländern Kriegszustand. Chefdolmetscher Dr. Paul Schmidt, der das Papier entgegengenommen hatte, eilte mit der Hiobsbotschaft unverzüglich in die Reichskanzlei, wo sein Chef Ribbentrop zusammen mit Hitler der Dinge harrte. Schmidt, der das britische Ultimatum in Gegenwart des Naziführers und Ribbentrops übersetzte, hat die Wirkung der englischen Kriegserklärung auf jene beiden Naziexponenten anschaulich beschrieben, die am intensivsten auf das militärische Verbrechen gegen den polnischen Nachbarn hingewirkt hatten. Schmidt: «Er (Hitler – d. A.) saß völlig still und regungslos an seinem Platz. Nach einer Weile, die mir wie eine Ewigkeit vorkam, wandte er sich Ribbentrop zu, der wie erstarrt am Fenster stehengeblieben war. ‹Was nun?› fragte Hitler seinen Außenminister mit einem wütenden Blick in den Augen, als wolle er zum Ausdruck bringen, daß ihn Ribbentrop über die Reaktion der Engländer falsch informiert habe. Ribbentrop erwiderte mit leiser Stimme: ‹Ich nehme an, daß die Franzosen uns in der nächsten Stunde ein gleichlautendes Ultimatum überreichen werden.›»[136]

Für seine Prognose bedurfte der Naziaußenminister wahrlich keiner prophetischen Gabe. Zwanzig Minuten nach zwölf erschien auch der französische Botschafter Coulondre im Auswärtigen Amt und überreichte eine Note analogen Inhalts. Noch am selben Tage traten die britischen Dominien Australien, Indien und Neuseeland in den Krieg ein, es folgten die Südafrikanische Union am 6. und Kanada am 10. September. Es konnte kein Zweifel mehr sein, daß der völkerrechtswidrige, verbrecherische Überfall auf Polen und die Kriegserklärungen der Westmächte den zweiten Weltkrieg bedeuteten.

Gewiß waren die Westmächte im Spätsommer 1939 von der Aggression gegen Polen überrascht worden. Gleichwohl wäre es ihre Pflicht gewesen, dem überfallenen Bündnispartner aktiv beizustehen und der Naziwehrmacht in den Arm zu fallen. Doch noch immer setzten die herrschenden Kreise in London und Paris auf die Karte eines antisowjetischen Arrangements mit den Nazifaschisten. Daher blieb ihre militärische Strategie trotz Kriegserklärung rein defensiv. Vergeblich wartete die polnische Seite auf ernst zu nehmende Entlastungsangriffe von der Westfront her. Die deutschen Aggressoren hatten freie Hand, ihre verbrecherischen Ziele ungehemmt in die Tat umzusetzen.

Heereschef von Brauchitsch hatte am Tag des Überfalls noch erklärt, die Wehrmacht sehe in der polnischen Bevölkerung nicht ihren Feind und «alle völkerrechtlichen Bestimmungen werden geachtet werden»[137]. Die Praxis der faschistischen Kriegführung hingegen war das ganze Gegenteil jener heuchlerischen Deklaration. Sie stellte alles in den Schatten, was die moderne Geschichte über den Bruch der Gesetze und Gebräuche des Krieges bis dahin auszuweisen hatte. Von den ersten Stunden des Krieges an verübte die Naziwehrmacht im Verein mit den Einsatzgruppen der Sicherheitspolizei und des SD Mord und Terror, Raub und Plünderung in gigantischem Ausmaß. Die Vernichtung Polens, die Hitler wenige Tage vor der Anzettelung des Krieges von seinen Oberbefehlshabern gefordert hatte, war nicht nur auf den polnischen Staat, sondern auch auf das Volk gemünzt. Und so wurden gefangene Soldaten ebenso umgebracht wie zahlreiche Zivilisten, die als deutschfeindlich oder besonders nationalbewußt angesehen wurden, darunter Frauen und Kinder, vorzugsweise auch Polen jüdischer Abkunft. Allein im September wurden in Polen, im Pommerellengebiet, (im einstigen Korridor zwischen Deutschland und Polen) und in Danzig 27000 Menschen durch Exekutionen ermordet.

Einen der Fixpunkte im Genozidprogramm der Besatzer bildete die Ausrottung der polnischen Führungsschicht, einschließlich der Offiziere, des Adels und der Geistlichkeit. Für diesen Zweck war bereits am 25. August 1939 das Sonderreferat «Unternehmen Tannenberg» gebildet worden. Dr. Werner Best, Heydrichs Stellvertreter und Personalchef im RSHA, hatte eiligst fünf Einsatzgruppen zusammengestellt, die das Teufelswerk zu vollbringen hatten. Schon am 21. September konnte Heydrich vor den Chefs der Mordkommandos ein erstes Fazit ziehen. «Von dem politischen Führertum sind in den okkupierten Gebieten höchstens noch 3% vorhanden. Auch diese 3% müssen unschädlich gemacht werden und kommen in KZs.»[138]

Allein im September 1939 fielen dem «Unternehmen Tannenberg» mehr als 10000 Polen zum Opfer.

Durch barbarische, militärisch oft sinnlose Bombardements steuerte die faschistische Luftwaffe zur Bilanz der Opfer bei. Der Bombenteppich, den sie auf 150 Städte und Ortschaften senkte, richtete nicht nur unvorstellbare Sachschäden und Verwüstungen an. Allein in Warschau erlagen 20000 Zivilisten dem Feuerhagel der deutschen Geschwader und der Artillerie.

Als am 6. Oktober die letzten Formationen der polnischen Streitkräfte die Waffen streckten, hatte der vom Naziregime entfachte Krieg schon nach wenigen Wochen einen Strom von Blut und Tränen durch das überfallene Land gezogen. Die polnische Armee hatte 66300 Mann an toten Soldaten und Offizieren zu beklagen, 133000 Mann an Verwundeten, 420000 an Gefangenen. Doch der Leidensweg der polnischen Nation sollte noch lange nicht beendet sein. Es standen ihr noch mehr als fünf Jahre faschistische Okkupation, die Ghettoisierung im Generalgouvernement, das Programm der Verschleppung zur Sklavenarbeit, vor allem aber die Endlösung der sogenannten Judenfrage bevor. Am Ende der faschistischen Schreckensherrschaft stand fest, daß jeder fünfte Pole erschossen oder zu Tode gequält worden war.

Die Naziführer und ihre Hintermänner sahen im eroberten Polen einen langersehnten Zuwachs an ökonomischem und militärischem Potential, das der weiteren Expansion vorzüglich dienen konnte. Sie dachten nicht im geringsten daran, sich mit dem Raub jener Gebiete zu bescheiden, die vor dem ersten Weltkrieg zu Deutschland gehört hatten. Schon Ende September hatte Hitler die Devise ausgegeben, die neue Grenze werde alle diejenigen Gebiete umschließen, die militärisch, wehrwirtschaftlich oder verkehrstechnisch besonders wertvoll seien. Dabei hatte er die industriell entwickelten westlichen Wojewodschaften im Auge. Schon am 8. Oktober 1939 erhob der Nazistaat die verbrecherische Annexion von etwa der Hälfte des besetzten polnischen Gebietes zum Gesetz.

Mit dem am 8. Oktober veröffentlichten Erlaß über die «Gliede-

Der französischen Delegation werden im Salonwagen von Marschall Foch die Waffenstillstandsbedingungen diktiert (22. Juni 1940)

rung und Verwaltung der Ostgebiete» wurden die Reichsgaue Posen (später Reichsgau Wartheland genannt) und Danzig-Westpreußen, unter Einschluß des Freistaates Danzig, gebildet. Zudem wurde Ostpreußen durch den Regierungsbezirk Zichenau erweitert, und auch Schlesien bekam einen beträchtlichen Teil des polnischen Gebietes zugeschlagen, darunter als Regierungsbezirk Kattowitz das hochindustrialisierte Oberschlesien mit seinem enormen Steinkohlevorkommen. In den dem faschistischen Reich einverleibten Gebieten lebten zum Zeitpunkt der Annexion 9,5 Millionen Menschen, d. h. mehr als ein Viertel der polnischen Bevölkerung.

Aus dem restlichen Teil Polens entstand das sogenannte Generalgouvernement, das die Naziokkupanten bald in das größte Menschenschlachthaus der Weltgeschichte verwandeln sollten. Zunächst diente das koloniale Gebilde als Massenghetto für Menschen jüdischer Abkunft, für die aus den polnischen Westgebieten zwangsausgesiedelten Polen sowie für die dort ansässige Bevölkerung, die ihre Heimat nicht mehr verlassen durfte.

Im Gegensatz zum tschechischen Protektorat existierte im Generalgouvernement eine ausschließlich deutsche Administration. An ihrer Spitze thronte als Generalgouverneur der promovierte Jurist und Hauptkriegsverbrecher Hans Frank, der seinen Sitz in Krakau (Kraków), der Hauptstadt des Generalgouvernements, genommen hatte. Aus Franks neuem Herrschaftsbereich wurden mehr als eine Million Polen zur Zwangsarbeit verschleppt.

Nach der Aggression gegen Polen folgten die Überfälle auf Däne-

290

mark und Norwegen, Belgien, die Niederlande, Luxemburg und Frankreich, Jugoslawien und Griechenland. Hinzu kamen der Luft- und Seekrieg gegen Großbritannien sowie die militärischen Aktionen der Wehrmacht in Nordafrika.

Fall «Barbarossa»

Immer wieder versteigen sich bürgerliche Historiker zu der Behauptung, Hitler habe sich beim Krieg gegen die Sowjetunion über die Bedenken militärischer Ratgeber brüsk hinweggesetzt. Spätestens seit dem unerwartet schnellen Sieg über den französischen «Erbfeind» hielt nicht nur Keitel den Naziführer für den größten Feldherrn aller Zeiten. Das Gros der Generalität bezog die gleiche Position. Sensibel und übereifrig reagierten die führenden Generale auf jeden Blick ihres Führers nach Osten.

So hatte Hitler bereits im Juni 1940 gegenüber seinem Außenminister Gedanken über einen Angriff im Osten erwogen. Als Ribbentrops Staatssekretär von Weizsäcker Generalstabschef Halder davon unterrichtete, gab dieser prompt den Auftrag, einen Plan auszuarbeiten, «wie ein militärischer Schlag gegen Rußland zu führen ist»[139]. Halders Auftrag hatte zunächst die Operationsabteilung des Heeres unter Oberst Graf von Greiffenberg zu erledigen.

Am 21. Juli 1940 erteilte dann Hitler selbst dem Oberbefehlshaber des Heeres, von Brauchitsch, den Auftrag: «Russisches Problem in Angriff nehmen.»[140] Zur selben Zeit meldete das OKW an Hitler, daß der Angriff noch im Herbst erfolgen könne. Schon darin lag eine maßlose Unterschätzung der Roten Armee wie überhaupt der Potenzen des Sowjetlandes, in dem der Generalstab einen «Koloß auf tönernen Füßen» zu erblicken glaubte. Die Maxime des faschistischen Generalstabes war von wilder Abenteuerlichkeit, erschreckendem Mangel an nüchterner Analyse und blindem Glauben an den Sieg gezeichnet. «Wir gewinnen diesen Krieg und wenn er hundertmal einer Generalstabsdoktrin widerspricht»[141], hatte Jodl am 15. Oktober 1939 mit Blick auf den Westfeldzug in seinem Tagebuch notiert. Und der Erfolg der bisherigen Aggressionsverbrechen schien solcher Denkungsart recht zu geben. So war es nahezu folgerichtig, wenn von Brauchitsch in bezug auf den geplanten

Krieg gegen die Sowjetunion prognostizierte: «Voraussichtlich heftige Grenzschlachten, Dauer bis zu 4 Wochen. Im weiteren Verlauf wird dann aber nur noch mit geringerem Widerstand zu rechnen sein.»[142]

Die Tatsache, daß man sich Ende Juli 1940 besann, den Überfall auf den Mai 1941 zu verlegen, um dem bevorstehenden Winter auszuweichen, änderte nichts am Realitätsverlust der Verantwortlichen. Davon zeugten schließlich sämtliche Operationsstudien und -pläne für den Überfall auf die UdSSR, an denen maßgeblich auch Generalmajor Erich Marcks sowie Generalleutnant Friedrich Paulus als Oberquartiermeister I und Vertreter des Chefs des Generalstabes des Heeres, mitwirkten. Paulus hatte die Marcksschen Vorgaben auftragsgemäß überarbeitet und in mehreren Kriegsspielen «überprüft».

Am 5. Dezember unterbreiteten von Brauchitsch und sein Generalstabschef Halder das Angriffsprojekt gegen die UdSSR schließlich Hitler selbst. Zugleich setzten sie den Naziführer über die entsprechenden Planspiele ins Bild, deren Erfolg natürlich auf wirklichkeitsfremden Hypothesen beruhte. So gab Hitler der Vorlage des Oberkommandos des Heeres schließlich seinen Segen. Im Grunde teilte er das fehlerhafte Urteil seiner militärischen Ratgeber über die Widerstandskraft der sowjetischen Seite. Auch in seinen Augen – offenbar mit Blick auf die stalinistischen «Säuberungen» – war die Rote Armee «ein tönerner Koloß ohne Kopf», da sie «über keine Führer verfüge und schlecht gerüstet sei». Gleichwohl schien der Nazichef am Gelingen des nächsten und zugleich gewaltigsten Aggressionsverbrechens mehr Zweifel zu haben als seine Generalstäbler. Denn im selben Atemzuge, mit dem er die Potenzen der Sowjetarmee bestritt, meinte er: «Trotzdem dürfe der Russe auch jetzt nicht unterschätzt werden.»[143]

Nicht von ungefähr hatte der Diktator die faschistische Kriegsfurie zuerst auf das Kräftepotential fast des ganzen Kontinents losgelassen, bevor er die Aggression gegen den eigentlichen «Todfeind» Sowjetunion lenkte. Schon zu Beginn der dreißiger Jahre hatte er die UdSSR als eine schwierige Aufgabe bezeichnet, mit der man kaum beginnen könne. Und selbst als alle Prämissen für den Fall «Barbarossa» gesetzt waren und der kalkulierte Blitzkrieg gegen die Sowjetunion auf den Stabskarten der Generale bereits fixiert war, meinte er zu seinem Reichsmarschall: «Göring, es wird der schwerste Kampf werden, den wir bisher geführt haben.»[144]

Offenbar geriet Hitlers Glaube an den Sieg über den «Todfeind» im Osten in dem Maße ins Wanken, in dem der Termin des Angriffs näherrückte. Walter Schellenberg, damals im RSHA für die polizeiliche Spionageabwehr verantwortlich, berichtete von der ernsten und nachdenklichen Stimmung Hitlers in den Vortagen des Überfalls. Bormann habe damals seinen Chef etwa mit den Worten zu beruhigen gesucht: «Mein Führer, Sie machen sich verständlicherweise große Sorgen ... Die Vorsehung hat Sie zum Träger solch weitbestimmender Entscheidungen ausersehen, und kein anderer als ich weiß besser, mit welcher Sorge und Mühe Sie sich den kleinsten Problemen bei der Vorbereitung Ihrer Entscheidung gewidmet und darüber nachgegrübelt haben.» Und Hitler habe erwidert: «Man könne nur hoffen, daß er, Bormann, recht behalte. Aber bei so gewaltigen schicksalsschweren Entscheidungen wisse man nie, ob man auch wirklich alles richtig erwogen und vorausschauend berechnet habe.»

Heydrich habe Hitlers Bemerkungen am Vorabend des Angriffs so kommentiert: Sie zeigten, «daß er (Hitler d. A.) selbst keineswegs so optimistisch sei wie seine engste militärische Umgebung»[145]. Der scharfsinnige SD-Chef hatte Hitlers emotionale Position wohl ziemlich genau erfaßt. Sie wurde durch einen Gedanken des Naziführers noch einmal bestätigt, den er in der Nacht vor dem Überfall äußerte: «Mir ist, als ob ich die Tür zu einem dunklen, nie gesehenen Raum aufstoße, ohne zu wissen, was sich hinter der Tür befindet.»[146]

Hitler wäre nicht Hitler gewesen, wenn er solchen Anfechtungen nachgegeben hätte. Er war nach dem Gesetz der Ausrottung des Kommunismus und der Erlangung der Weltherrschaft angetreten und nur deshalb von seinen Auftraggebern auf die Empore der Macht gehoben worden. *«Deutschland wird entweder Weltmacht oder überhaupt nicht sein»*, hatte er schon in «Mein Kampf» prophezeit. Und: «Wenn wir aber heute in Europa von neuem Grund und Boden reden, können wir in erster Linie nur an *Rußland* und die ihm untertanen Randstaaten denken.»[147]

Mit seinem bedingungslosen politischen Credo und seinen apodiktischen Prophezeiungen, in denen er den vermessenen Herrschaftsanspruch der deutschen Monopolgiganten reflektierte, hatte er sich in jenen Zugzwang gebracht, der keinen Stillstand duldete und aus dem es kein Entweichen gab. Aber es korrespondierte dies auch mit seinem aggressiven Naturell, das zeitlebens zwischen Extremen gependelt hatte: zwischen allem und nichts, dem Sichdurchsetzen um jeden Preis und totalem Versagen, glänzendem Sieg und kompletter Niederlage, in die er die Zerstörung der eigenen physischen Existenz einschloß. «Der Entschluß zum Schlagen war immer in mir», bekannte er im November 1939 mit Blick auf die künftigen Aggressionsverbrechen. Und um zu siegen, war er bereit, durch ein beliebiges Meer von Leichen zu gehen. «Ich werde vor nichts zurückschrecken und jeden vernichten, der gegen mich ist.»[148]

Um den «bolschewistischen Todfeind» hinzustrecken und somit seinen Hauptauftrag zu erledigen, riskierte er jetzt den Angriff im Osten, noch bevor der Krieg mit Großbritannnien, den er eigentlich hatte vermeiden wollen, beendet war.

Hitler und seine Komplicen hätten den Schatten ihrer Maßlosigkeit überspringen müssen, um die Unlösbarkeit des Unternehmens «Barbarossa» vorauszusehen. Indessen malten sie sich bereits ihre Chancen nach Erledigung der UdSSR aus, bevor noch der erste Schuß gefallen war. Beherrschte man das Sowjetland, so hatte der Naziführer schon im Januar 1941 kalkuliert, verfügte das Nazireich «über alle Möglichkeiten, in Zukunft auch den Kampf gegen Kontinente zu führen, es könne dann von niemand mehr geschlagen werden»[149].

Tatsächlich war für den Fall «Barbarossa»[150], wie der Überfall auf die Sowjetunion seit Hitlers Weisung vom 18. Dezember 1940 bezeichnet wurde, weit mehr und intensivere Generalstabsarbeit geleistet worden als für die vorangegangenen Aggressionsakte. Die Erfahrungen der bisherigen Blitzkriege sollten gegen den «Todfeind» im Osten zu höchstem Triumph geführt werden. Entsprechend der Aufmarschanweisung «Barbarossa», die das OKH bereits am 31. Januar 1941 erließ, waren alle Vorbereitungen bis zum 15. Mai 1941 abzuschließen. Doch verzögerte sich der Angriffstermin dann durch den Überfall auf Griechenland und Jugoslawien. Am 3. April teilte Keitel in einem Befel mit: «Der Zeitpunkt für Barbarossa wird sich durch die Balkan-Operation voraussichtlich um mindestens 4 Wochen verschieben.»[151] Doch Ende April stand der Termin für das Auslösen des schwersten und verhängnisvollsten Aggressionsverbrechens der Hitlerbande dann unumstößlich fest. Aus einer Geheimen Kommandosache vom 1. Mai erfuhren die Beteiligten schließlich: «Der Führer hat entschieden: Beginn Barbarossa ... 22. Juni ...»[152]

Alle Mittel der Täuschung und Demagogie wurden ins Feld geführt, um die Vorbereitung und schließlich den Charakter des Angriffs gegen den Sowjetstaat zu verschleiern. Niemand hatte im faschistischen Generalstab ernsthaft daran geglaubt, daß Deutschland ein Angriffskrieg seitens der Sowjetunion drohe. «Die Russen werden uns nicht den Liebesdienst eines Angriffs erweisen»[153], hatte General Marcks in seinem Operationsentwurf festgehalten. Gleichwohl geisterte durch die geheimen Angriffspläne, aber erst recht durch die faschistische Propaganda die permanente Lüge von einem drohenden sowjetischen Angriff, der einen Präventivkrieg von deutscher Seite heraufbeschwöre. Mit dieser Lüge wurden auch die an die Ostgrenze verfrachteten Landser ins Feuer geschickt. Erst wenige Stunden vor dem Überfall erfuhren sie aus Hitlers «Tagesbefehl an die Soldaten der Ostfront», was die Glocke geschlagen hatte. Leider fiel die kommunistische Bedrohungslüge im Volk wie in der Wehrmacht auf fruchtbaren Boden, auf jenen Boden, den die Goebbelspropaganda systematisch bereitet hatte.

Der Überfall begann im Morgengrauen des 22. Juni, gegen 03.30 Uhr. Ohne den im August 1939 geschlossenen Nichtangriffspakt aufzukündigen, heimtückisch und ohne Kriegserklärung drangen 153 Divisionen der Naziwehrmacht – mehr als 4,6 Millionen Soldaten – in das Sowjetland ein. Mit 4 300 Panzern, mehr als 4 000 Flugzeugen und etwa 42 000 Geschützen und Granatwerfern ausgerüstet, stellten sie eine Militärmacht dar, die in der Geschichte der imperialistischen Kriege ihresgleichen sucht. «Barbarossa» wurde durch einen gewaltigen Angriff der faschistischen Luftwaffe eingeleitet. «Endlich ein ordentlicher Krieg!»[154] soll der Generalstabschef der Luftwaffe, Hans Jeschonnek, im Angesicht des Überfalls gejubelt haben. Was weder er noch die anderen Anführer und Anstifter von «Barbarossa» wahrhaben wollten, war, daß dieser Überfall der Anfang vom Ende ihrer Schreckensherrschaft war. Denn das Unterfangen, dem deutschen Imperialismus die Hegemonie über die Erdkugel zu verschaffen, war objektiv unmöglich zu realisieren. Dafür hatte schon die eklatante Niederlage im ersten Weltkrieg den unbestechlichen Beweis geliefert. Und nun hatte man die Kriegsfackel auch noch über die Grenzen des Kapitalismus hinausgetragen. Da erwies sich trotz der schwerwiegenden Untaten und der Fehleinschätzungen des führenden Mannes im Kreml sehr bald, daß sich die Menschen dieses Landes weder mit perfekten Waffen noch mit unmenschlicher Kriegführung bezwingen ließen.

Die Opfer jedoch, die das Sowjetvolk im Schicksalskampf mit dem faschistischen Aggressor erbringen mußte, überstiegen die Opfer der anderen Länder um ein Vielfaches: 20 Millionen Menschen kostete der verbrecherische Angriff das Leben, zerstört und verwüstet wurden mehr als 1700 Städte, 70000 Dörfer, 32000 Betriebe und 127000 Bildungseinrichtungen. Der materielle Schaden, den die Aggressoren auf sowjetischem Boden hinterließen, bezifferte sich – nach vorsichtigen Schätzungen – auf 679 Milliarden Rubel.

Das schwerste aller Verbrechen

Alles in allem erwies sich der von der Hitlerbande angezettelte Weltkrieg als das gigantischste Verbrechen, mit dem die Menschheit jemals konfrontiert worden war. Wie hatte der Nazidichter Baumann in jenem berüchtigten Marschlied für SA und Hitlerjugend doch getextet?

«Und liegt vom Kampfe in Trümmern die ganze Welt zuhauf, das soll uns den Teufel kümmern, wir baun sie wieder auf. Wir werden weiter marschieren ...»[155/159]

Am Ende seines blutgierigen Amoklaufes hatte das Naziregime im Verein mit seinen Bündnispartnern den größten Teil Europas, aber auch Teile Asiens in eine Trümmerlandschaft verwandelt. Von dem Augenblick an, da es rückwärts marschieren mußte, war vom Wiederaufbau keine Rede mehr, da waren totaler Krieg und verbrannte Erde angesagt, was in Hitlers sogenanntem Nerobefehl seine Krönung fand. Das Hauptverbrechen der Hitlerbande, die Aggression, hatte die Zivilisation an den Rand ihrer Existenz gebracht und nach einem Wort des amerikanischen Chefanklägers in Nürnberg, Jackson, «um ein Jahrhundert zurückgeworfen»[160]. Die Opfer und Folgen dieses Verbrechens liegen jenseits der menschlichen Phantasie. Die nüchternen Zahlen, die Historiker über die Dimensionen dieses verheerendsten Krieges der Weltgeschichte zusammengetragen haben, lassen das menschliche Leid, das sich dahinter verbarg, allenfalls ahnen. Vom Völkermord waren vier Fünftel der Weltbevölkerung mehr oder weniger betroffen. Auf das Schuldkonto der deutschen Hauptkriegsverbrecher kamen über 50 Millionen Tote (im ersten Weltkrieg waren es 10 Millionen), von denen mehr als die Hälfte Zivilpersonen waren, etwa 25 bis 30 Millionen (im ersten Weltkrieg war es eine halbe Million).

Hinzu kommen 35 Millionen Kriegsversehrte, 20 Millionen Vermißte und 20 Millionen Waisen. Der direkte materielle Schaden, den die faschistischen Aggressoren verursachten, belief sich auf 260 Milliarden Dollar, während die Kriegsausgaben aller Staaten sogar mindestens 1 117 Milliarden Dollar betrugen. Zudem wurden im Kriegsgetümmel ungezählte und unersetzliche Kulturgüter vernichtet.[161]

Die objektive Seite des Hauptverbrechens der Hitlerbande bliebe Fragment, fügte man nicht noch eine weitere Zahl hinzu, die des Kriegsgewinns des deutschen Monopolkapitals, namentlich der Stahl- und Chemiegiganten. Dieser Gewinn betrug annähernd 100 Milliarden Mark, «das waren 200 bis 300 Prozent mehr als in Friedenszeiten».[162]

Leidenschaftlich hatten die leidgeprüften Völker der Antihitlerkoalition schon während des Krieges verlangt, daß diejenigen vor Gericht gestellt und strengstens bestraft werden, die jenes maßlose Verbrechen angestiftet hatten. Gleichwohl war der Weg bis zum Gerichtshof in Nürnberg noch mit mancher Hürde verstellt. Als sich die UdSSR, die USA, Großbritannien und Frankreich im August 1945 aber schließlich auf das Londoner Viermächte-Abkommen über die Verfolgung und Bestrafung der Hauptkriegsverbrecher der europäischen Achse geeinigt hatten, waren die Weichen gestellt. Im Statut für den «Internationalen Militärgerichtshof» (IMT), Bestandteil des Viermächtevertrages, rangierten die Verbrechen gegen den Frieden nicht zufällig an der Spitze der Straftatbestände. Es widerspiegelt die Tatsache, daß die von der

Hitlerclique geplanten, vorbereiteten, angezettelten und realisierten Angriffskriege das Hauptverbrechen der Naziführer darstellten, in das alle anderen Greuel- und Untaten eingebettet oder sonst mit ihm verquickt waren.

Verbot und Strafbarkeit der Aggression war dann auch der Dreh- und Angelpunkt von Anklage und Urteil, aber auch Kernstück der Polemik zwischen Anklägern und Angeklagten sowie deren Verteidigern. Denn es war schon ein Novum in der Geschichte, daß verantwortliche Staatsmänner, Politiker und Militärs vor die Schranken eines internationalen Gerichts gestellt wurden, um sie für ihre Verbrechen an anderen Völkern und Ländern zu richten. Mitunter waren die Exponenten der Verliererseite von den Siegern getötet oder wie Napoleon mit Verbannung belegt worden. Aber ein internationales Gericht, das nach strengen Maßstäben zivilisierter Rechtsstaatlichkeit über Staatsführer und Generale zu urteilen hatte, war schon ein Phänomen in der Praxis der Staaten. Für die Menschheit war es zugleich und vor allem eine lebenswichtige Konsequenz, die es aus dem faschistischen Völkermord zu ziehen galt. Es ging dabei um nicht mehr und nicht weniger, als, wie der amerikanische Ankläger Jackson es treffend ausdrückte, «der größten Drohung unserer Zeit entgegenzutreten: dem Angriffskrieg»[163]. Eindrucksvoll mahnte der liberal gesinnte Mann aus den USA, daß die Menschheit eine Wiederholung solchen Unheils nicht überleben würde.

Verwunderlich war es nicht, daß ein solches Gericht auf den schroffen Widerspruch der Angeklagten und ihrer Advokaten stieß, die sich in unverkennbarer Sympathie miteinander verbunden wußten.

Gleich zu Beginn des Prozesses versuchte Görings Verteidiger Dr. Stahmer namens der Gesamtverteidigung, den Vorwurf des Verbrechens gegen den Frieden – somit den Kernpunkt der Anklage – zu Fall zu bringen. Zwar beherrsche die Menschheit der Gedanke, daß jene, die am Entfesseln des ungerechten Krieges schuldig seien, von einem internationalen Gericht bestraft werden. «Aber heute», so wurde in der Eingabe der Verteidiger behauptet, «ist er noch nicht geltendes Völkerrecht.»[164] Insoweit steht das Gerichtsverfahren im Widerspruch zu einem geheiligten Grundsatz der Rechtspflege, wonach nur bestraft werden darf, wer gegen ein zur

Zeit seiner Tat bereits bestehendes Gesetz verstoßen hat, das ihm Strafe androht. Ein solcher Einwand ignorierte den wirklichen Fortschritt des Völkerrechts ebenso, wie er die lebensfremde Erwartung reflektierte, daß internationales Recht nach derselben strengen Dogmatik gesetzt werde wie innerstaatliches Recht.

Freilich stimmte es, daß weder die Verträge von Locarno (1925) noch der Briand-Kellog-Pakt (1928) Strafdrohungen für die Schuldigen an Angriffskriegen enthielten.

Entscheidend aber war, daß das Völkerrecht den Angriffskrieg für verboten und rechtswidrig erklärt, d. h. kriminalisiert hatte. Es war den Staaten also aufgegeben, Friedensbruch auch strafrechtlich zu verfolgen. Daß davon in der Ära des Völkerbundes kein Gebrauch gemacht worden war, stand auf einem anderen Blatt und konnte an der juristischen Verbindlichkeit des Aggressionsverbotes nicht rütteln. Und was das Strafmaß betrifft, so hätte es jeder Staat aus gegebenem Anlaß aus seinem nationalen Recht schöpfen können.

Da das faschistische Deutsche Reich und damit der Staat untergegangen war, für die Aburteilung der deutschen Hauptkriegsverbrecher also nur ein internationales Gericht in Frage kam, mußte der Strafrahmen durch eine völkerrechtliche Vereinbarung festgesetzt werden. Demgemäß überließ es das IMT-Statut dem Ermessen des Gerichts, gegen die schuldig befundenen Angeklagten das Todesurteil oder eine andere «gerecht erscheinende Strafe» auszusprechen.

Das IMT hielt sich mit den Spitzfindigkeiten der Verteidiger nicht auf und ging zur Tagesordnung über. Es konnte guten Gewissens so verfahren, weil das Gerichtsstatut samt seinen Strafbestimmungen von insgesamt 21 Regierungen unterzeichnet worden war. Jackson übertrieb nicht, wenn er feststellte, daß das Gesetz, nach dem hier Recht gesprochen werde, das Gerechtigkeitsgefühl und den Willen «einer überwältigenden Mehrheit aller zivilisierten Menschen vertritt»[165].

Es war der alte Zopf des Souveränitätsbegriffs, an den sich die Verteidiger während des gesamten Prozesses hartnäckig klammerten. Vergeblich suchten sie dem einstigen jus ad bellum, dem Recht des Staates zum Kriege, wieder Leben einzuhauchen. Noch gegen Ende des Prozesses stellte Jodls Verteidiger Dr. Jahrreis im

Namen der übrigen Advokaten unverfroren die These in den Raum, «der Entschluß zum Kriege gehört als solcher trotz seiner ungeheuren Folgen nicht in den Bereich jenseits der Grenze»[166] zur Unmenschlichkeit.

Zu früherer Zeit hatten sich Staatsmänner wegen ihrer Handlungen hinter dem Einwand der Souveränität ihres Staates und der Immunität ihres Amtes verschanzen können. Sie konnten sich darauf berufen, daß ihre Handlungen Hoheitsakte des Staates gewesen seien, für die schlimmstenfalls die Verantwortlichkeit des Staates als Ganzes eintreten konnte, beispielsweise die Pflicht zum Schadensersatz gegenüber dem geschädigten Land. Aus dem inzwischen international anerkannten Gewaltverbot aber, dessen gefährlichste Verletzung eben der Angriffskrieg ist, folgte ein neuer Inhalt der Souveränität des Staates, der die persönliche strafrechtliche Verantwortlichkeit von Staatsmännern, die eine Aggression geplant oder ausgelöst haben, konsequenterweise nicht mehr ausschließen konnte. Treffend nannte US-Ankläger Jackson dann auch den faschistischen Anschlag auf den Weltfrieden «das Verbrechen gegen die Gemeinschaft der Völker»[167]. Da aber ein internationales Verbrechen wie der Angriffskrieg allemal eine internationale Angelegenheit ist, begründet eine Aggression, weil sie die Interessen aller Völker bedroht, sowohl die völkerrechtliche Verantwortlichkeit des Staates als auch die strafrechtliche Verantwortlichkeit seiner verbrecherisch handelnden Exponenten gegenüber *allen* anderen Staaten. Und nichts anderes als deren Interessen nahm das IMT wahr.

Die Nürnberger Verteidiger indessen suchten das Rad der Zeit mit allen erdenklichen Mitteln zurückzudrehen. Bestrafe man ihre Mandanten, so bedeute das eine «Privatisierung» des Staates, was «mit dem Wesen der Souveränität und mit dem Fühlen der meisten Europäer (unvereinbar)»[168] sei.

Das Gegenteil war der Fall, denn in Nürnberg galt es Männer zu richten, die, wie der sowjetische Ankläger Rudenko betonte, «sich eines ganzen Staates bemächtigt und diesen Staat selbst zum Werkzeug ihrer ungeheuerlichen Verbrechen gemacht hatten»[169].

Wollte man dem Verbot des Angriffskrieges Nachdruck geben, mußte man, wie, im Gerichtsstatut geschehen, festlegen, daß die amtliche Stellung eines Angeklagten «weder als Strafausschließungsgrund noch als Strafmilderungsgrund gelten (soll)»[170].

Wäre man anders verfahren, wären zumindest die schwersten Delikte der angeklagten Hitlerkomplicen, ihre Verbrechen gegen den Frieden, unter den Tisch gefallen. Die Nürnberger Richter dachten gar nicht daran, der stockkonservativen Sicht der Verteidiger zu folgen. «Verbrechen gegen das Völkerrecht», so hieß es schließlich im Urteil, «werden von Menschen und nicht von abstrakten Wesen begangen, und nur durch Bestrafung jener Einzelpersonen, die solche Verbrechen begehen, kann den Bestimmungen des Völkerrechts Geltung verschafft werden ... Jener Grundsatz des Völkerrechts, der unter gewissen Umständen dem Repräsentanten eines Staates Schutz gewährt, kann nicht auf Taten Anwendung finden, die durch das Völkerrecht als verbrecherisch gebrandmarkt werden.»[171]

Die Verschwörung

Rechtsbasis und Konzept des Prozesses wären ärmlich ausgefallen, hätten sie sich mit der Sühne für die begangenen Verbrechen begnügt. Der Sinn von Nürnberg lag primär in seiner vorbeugenden Wirkung, in der Vorsorge für den Frieden, im Bestreben, auch durch Strafe und Strafandrohung künftige Generationen von der schlimmsten Geißel der Menschheit zu befreien. Das Gerichtsstatut verbot daher nicht nur das Anzetteln oder Durchführen von Angriffskriegen, sondern ausdrücklich auch das Planen und die Vorbereitung eines Angriffskrieges bzw. die «Beteiligung.an einem gemeinsamen Plan oder an einer Verschwörung» zur Begehung einer Aggression.

Der Sinn, bereits Planung und Verschwörung mit Blick auf einen Angriffskrieg zu kriminalisieren, lag einfach darin, ein solches Unternehmen so früh wie möglich als verbrecherisch ins Licht zu rücken, völkerrechtlich zu identifizieren, damit es künftig schon im Keim erstickt werden konnte. Nicht erst beim Versuch des Friedensbruchs, nicht erst beim Angriffskrieg selbst sollten Strafe und Galgen über dem Haupt der Verantwortlichen schweben, sondern bereits im frühestmöglichen Stadium. Zudem lag der Sinn solcher Regelungen darin, mit dem Völkerstrafrecht auch jene Schreibtischtäter zu treffen, die wie beispielsweise Heß zu den maßgeblichen Urhebern der Aggression gehört hatten.

Nun war der aus dem angelsächsischen Rechtskreis stammende Begriff der «conspiracy» selbst unter den Richtern von Nürnberg nicht unumstritten. Namentlich der französische Richter de Vabres wandte ein, daß das Völkerrecht kein Verbrechen der Verschwörung kannte, als diese angeblich zustande gekommen war. Zudem setzte Konspiration eine gewisse Ebenbürtigkeit voraus, die das Führerprinzip ausgeschlossen habe. In den entscheidenden Besprechungen Ende der dreißiger Jahre aber, so der Franzose, «war nur eine Stimme zu hören»[172], und zwar die Stimme Hitlers.

Am Ende stand ein Kompromiß. Man einigte sich darauf, den Tatbestand der Verschwörung ausschließlich auf das Verbrechen gegen den Frieden anzuwenden, obgleich er auch für Kriegsverbrechen und Verbrechen gegen die Menschlichkeit angezeigt war.

Freilich hatte die Anwendung des Begriffs gravierende Konsequenzen für den Umfang der Schuld des davon betroffenen Angeklagten. Denn das Statut bestimmte ausdrücklich, daß Anführer, Organisatoren, Anstifter und Teilnehmer, die am Entwurf oder in Ausführung eines gemeinsamen Planes oder einer Verschwörung teilgenommen haben, «für alle Handlungen verantwortlich sind, die von irgendeiner Person in Ausführung eines solchen Planes begangen worden sind»[173].

Was Wunder, daß die Verteidiger der Angeklagten gegen den Begriff der Verschwörung Sturm liefen. Sie sei, so wandten sie ein, eine willkürliche Schöpfung des Gerichtsstatuts, verletze das Verbot der rückwirkenden Anwendung von Strafgesetzen und impliziere zudem die Kollektivschuld der Deutschen. Das alles war weit gefehlt. Denn auch das kontinentale Strafrecht verwandte Begriffe, die deutliche Analogien zur «Verschwörung» aufwiesen. Das deutsche Strafrecht kannte die «Geheimbündelei», das französische die «Association de malfaiteurs», und auch im sowjetischen Recht gab es Tatbestände für bestimmte Fälle von Konspiration und Banditentum.

Der Einwand aber, die Verschwörung schließe den Vorwurf der Kollektivschuld des Volkes ein, war geradezu grotesk. Der Sinn des Verschwörungstatbestandes lag ja gerade darin, die *Hauptverant-*

wortlichen für die verbrecherische Politik des Hitlerregimes zu treffen, «die Anstifter und Rädelsführer»[174], wie Jackson es ausdrückte, und keineswegs die kleinen, nachgeordneten und blind gehorchenden Täter, geschweige denn den einfachen Soldaten, der am Angriffskrieg lediglich teilgenommen hatte. Das Problem lag eher umgekehrt darin, daß namentlich die westlichen Richter den Kreis der Verschwörer enger zogen als gerechtfertigt und Angeklagte vom Vorwurf des Verbrechens gegen den Frieden freisprachen, die sich, wie beispielsweise Schacht oder Papen, dessen nachweisbar schuldig gemacht hatten.

Die Richter des IMT gingen mit äußerst strengen Maßstäben zu Werke, wenn es um den Vorwurf der Verschwörung ging. Die Verschwörung, so argumentierten die Richter im Urteil, «darf vom Entschluß und von der Tat zeitlich nicht zu weit entfernt sein»[175]. Zwar stellten sie fest, daß sich das Naziregime von Beginn an mit Angriffsabsichten trug. Doch als konkrete Beweisstücke für die kriminelle Verschwörung zur Aggression legten sie insbesondere die Protokolle jener vier Besprechungen zugrunde, in denen Hitler die Angriffspläne des Naziregimes im kleinen Kreis unzweideutig artikuliert hatte. Es waren dies die geheimen Zusammenkünfte am 5. November 1937 sowie die vom 23. Mai, 22. August und 23. November 1939.

Als am 26. November 1945 vor dem Tribunal die Niederschrift vorgetragen wurde, die Hitlers persönlicher Adjutant über die Geheimsitzung am 5. November 1937 gefertigt hatte (sogenanntes Hoßbach-Protokoll), heuchelten nicht wenige Angeklagte Überraschung oder gar Empörung. Zwar hatten von den Angeklagten an jener Beratung nur Göring und von Neurath teilgenommen, doch waren sie allesamt schon wenig später mit dem Gegenstand des Hitlervortrags vertraut gemacht worden. Gleichwohl erregte sich Schirach maßlos über das Beweispapier und erklärte es für «konzentrierten politischen Wahnsinn». Und Seyß-Inquart seufzte gar: «Ich hätte mir ganz gewiß zweimal überlegt mitzumachen, wenn ich nur 1937 gewußt hätte, daß er (Hitler – d. A.) derartige Äußerungen gemacht hatte!»[176] Als ob der zweite Weltkrieg nur ein paar Monate gedauert hätte.

Das Gericht hielt es für erwiesen, daß eher viele einzelne Pläne für das Führen von Angriffskriegen bestanden hatten «als eine ein-

zige alle solche Pläne umfassende Verschwörung»[177]. Dies entsprach im wesentlichen auch der Genesis der faschistischen Aggressionen, die dem Prinzip gefolgt war, die Opfer nach Möglichkeit einzeln zu erledigen.

Nur Hitlers Krieg?

Vergeblich suchten die Verteidiger die Anklage mit juristischen
Mitteln zu erschüttern. Sie hatten sich aber auch genügend Konter
in bezug auf die Fakten aufgebaut. Was hätte sich dabei besser angeboten als Hitlers dominierende Rolle beim Konzipieren und
Realisieren jener Kette von Verbrechen gegen den Frieden? Ein gemeinsames Planen der Angriffskriege, so der Einwand der Advokaten, sei aufgrund der Machtfülle des Naziführers gar nicht denkbar
gewesen. Die Beteiligten hätten immer nur auf Befehle Hitlers gehandelt, gegen die es keinen Widerspruch geben durfte.

Als Jodl-Anwalt Jahrreis am 4. Juli 1946 namens der übrigen
Verteidiger plädierte, wartete er mit der Quintessenz auf: «Und
wenn je bei einer Frage Hitler auch nur den Rat eines Dritten ange-
nommen hat, in der Frage, ob Krieg oder Frieden, nicht. Er war der
Herr über Krieg und Frieden zwischen dem Reich und den übrigen
Staaten. Er allein.»[178]

Die Schuld am weltweiten Friedensbruch, und nicht nur daran,
sollte nachträglich einem einzelnen, eben dem angeblich allmächtigen Diktator, angelastet werden. So sehr man Hitlers Fähigkeiten
während der Naziära ins Phantastische übersteigert hatte, so sehr
wurde sein Charisma jetzt ins Gegenteil verkehrt. Nachdem die
verbrecherische Politik der Angeklagten total gescheitert war, bot
sich der tote Hitler als besonders willkommenes weil allgemein
nützliches Alibi an. Urplötzlich wurde der einst Vergötterte zur In-
karnation des Bösen, zu einem dämonischen, außermenschlichen
Wesen, das im Rückblick nur das Geschöpf des Satans gewesen
sein konnte. Als Rechtsanwalt Laternser am 27. August 1946 seine
Verteidigungsrede für den als verbrecherische Organisation angeklagten Generalstab und das OKW vortrug, behauptete er allen
Ernstes, «daß Hitler allein die Macht des Reiches in Händen hatte
und damit auch die *alleinige* und *gesamte* Verantwortung» (Hervor-

hebung d. A.). Um den Preis, die Anführer der faschistischen Aggressionsarmee von Schuld reinzuwaschen sowie vor Strafe zu schützen, begab sich Laternser ungeniert ins Reich der Mystik. Mit theatralischer Geste suchte er das Tribunal ins Reich der Fabel zu entführen. «Der Diktator übte die ihm gegebene Macht mit einer an das Dämonische grenzenden Willenskraft aus. Neben ihm gab es keinen Willen, keinen Plan, keine Verschwörung ... Hitlers Gestalt ist wahrhaft der des Luzifer zu vergleichen. Wie dieser in rasendem Tempo mit ungeheurem Schwung seine Lichtbahn aufwärts zieht und dann in das tiefste Dunkel hinabstürzt, so war es auch mit Hitler. Wer hat je gehört, daß ein Luzifer bei seinem rasenden Aufstieg Helfer, Ratgeber und Antreiber brauchte? Reißt er nicht vielmehr durch die Wucht seiner Erscheinung alle anderen mit sich auf die Höhe und dann ebenso mit hinab in die Tiefe? Ist es denkbar, daß ein Mensch dieser Art einen Plan von langer Hand vorbereitet, sich mit einem Verschwörerkreis umgibt und sich bei diesem für seinen Aufstieg Rat und Hilfe sucht?»[179]

Freilich hatten die Angeklagten mit ihrer abgrundtiefen Heuchelei und ihren ungenierten Lügen die Versatzstücke für solche rhetorischen Ausschweifungen geliefert. Selbst ein Mann wie Außenminister Ribbentrop wollte im nachhinein immer nur die Befehle seines Führers befolgt, sich aber ausgerechnet vor den Überfällen auf Polen und die Sowjetunion um diplomatische Lösungen bemüht haben. In Wirklichkeit war bekanntlich das Gegenteil der Fall.

Immerhin gestand der Spezialist für Staatsverträge mit doppeltem Boden wenigstens ein, es nicht ernsthaft versucht zu haben, Hitler vom Krieg abzuhalten. Noch in Nürnberg war Ribbentrop hoffnungslos vom Bazillus des Führerkults infiziert. Am 2. April 1946 erklärte er: «Ich sah in Adolf Hitler das Symbol Deutschlands und den einzigen Mann, der diesen Krieg für Deutschland gewinnen konnte, und daher wollte ich ihm keine Schwierigkeiten machen ...»[180]

Tatsächlich war Ribbentrop von Beginn an in die Aggressionspläne des Naziregimes eingeweiht und neben seinem Staatssekretär von Weizsäcker auch in ihre Ausarbeitung einbezogen. Kein anderer Exponent des Naziregimes aus dem zivilen Sektor hatte sich derart eifrig und engagiert für die Inszenierung und Rechtfertigung der faschistischen Angriffskriege eingesetzt wie er. Nach dem Überfall auf die Sowjetunion hatte er beispielsweise alles daran gesetzt, den Antikominternpartner Japan in das Verbrechen gegen das sozialistische Land mit hineinzuziehen. So hatte er am 10. Juli 1941 dem deutschen Botschafter in Tokio u. a. telegrafiert: «Ich bitte Sie im übrigen, mit allen Ihnen zu Gebote stehenden Mitteln im Sinne meiner Botschaft an Matucka weiter auf den schnellstmöglichen Kriegseintritt Japans hinzuwirken ... Natürliches Ziel muß weiter bleiben, daß Japan und wir uns noch vor Eintritt des Winters auf der Transsibirischen Eisenbahn die Hand reichen.»[181]

Abgesehen davon, daß Ribbentrop sämtliche Aggressionen zu rechtfertigen suchte und ihren verbrecherischen Charakter leugnete, hatte er am Schluß des Prozesses auch noch die Stirn, zu beklagen, daß er für die Führung der faschistischen Außenpolitik verantwortlich gemacht werde, «die ein anderer (gemeint war Hitler – d. A.) bestimmte»[182].

Namentlich Göring hatte während der Beweisaufnahme versucht, Ribbentrop, aber auch andere Angeklagte, vom Vorwurf des Friedensbruchs zu entlasten. Der Naziaußenminister, so befand Göring am 84. Verhandlungstag, habe bestimmt keinen solchen Einfluß gehabt, daß er «Hitler in irgendeiner Richtung hätte lenken können»[183]. Die Fülle der Beweise aber, die Ribbentrop sowohl der Verschwörung als auch der Führung von Angriffskriegen überführten, hatten zwangsläufig seine Verurteilung wegen Verbrechen gegen den Frieden zur Folge.

Wenn Göring andere in dieser Hinsicht zu entlasten suchte, so resultierte das nicht zuletzt daraus, daß ihn Eitelkeit und Geltungssucht selbst im Angesicht des Galgens nicht verließen. Er habe, zumindest bis Anfang 1942, den größten Einfluß auf Hitler gehabt. «Es hat kein anderer», so Göring auf eine Frage von Ribbentrop-Verteidiger Dr. Horn, «auch nur annähernd mit dem Führer so eng zusammenarbeiten können und war so wesentlich über seine Gedanken orientiert und hatte so den gleichen Einfluß wie ich. Also hier könnten höchstens der Führer und ich uns verschworen haben. Die anderen kommen sämtlich nicht in Frage.»[184]

Daß Görings Einfluß auf Hitler namentlich in puncto Angriffskriege überdurchschnittlich groß war, war unstreitig. Nur, je mehr er seine exklusive Rolle neben Hitler herausstellte, um so gewichtiger wurde seine Mitverantwortung für das Anzetteln des zweiten Weltkrieges, was durch Fakten tausendfach bestätigt wurde. Doch sobald von Schuld die Rede war, flüchtete sich Göring in die Relativierung seiner Rolle. Sein Einfluß habe dort geendet, wo die alleinige Entscheidungsmacht Hitlers begonnen habe. Alle grundlegenden Beschlüsse im Bereich der Außen- und Militärpolitik habe Hitler als oberster Führer selbst gefaßt. «Ich habe keinen Krieg gewollt oder herbeigeführt», heuchelte Göring in seinem letzten Wort, «ich habe alles getan, ihn durch Verhandlungen zu vermeiden.»[185]

In Wahrheit hatte kein anderer so viel getan wie er, um die Produktion von Angriffswaffen zu forcieren und die Militärmaschinerie des faschistischen Reiches in Schwung zu bringen. Als Beauftragter für den Vierjahresplan hatte Göring mit dem Rückenwind von Industrie- und Bankherren ein Wirtschaftsregime etabliert, das optimal der Vorbereitung der Aggression diente.

Am Vorabend des zweiten Weltkrieges hatte er wohl nach Verhandlungen gestrebt, aber nicht um das Opfer Polen zu retten, sondern um es rundum schutz- und wehrlos zu machen. Zu diesem Zweck hatte er den schwedischen Geschäftsmann Dahlerus in geheimer Mission nach London geschickt, um die Engländer zum Bruch ihrer Beistandsgarantie gegenüber dem polnischen Partner zu motivieren.

Von der ersten Stunde des Krieges an befehligte Göring die deutsche Luftwaffe, die sich durch brutale Angriffe auf friedliche Städte und Dörfer gefiel und auf ihre Weise zum faschistischen Völkermord beisteuerte.

Vor dem Tribunal wandte Göring ein, er habe sich u. a. dem Plan «Barbarossa» widersetzt. Tatsächlich waren seine Bedenken aber rein strategischer Art gewesen. Der Reichsmarschall hielt namentlich den Zeitpunkt des Überfalls so lange für verfrüht, wie der britische Widersacher nicht auf die Knie zu zwingen war. Wie ausgeprägt indessen Görings Bestreben war, ausgerechnet das Sowjetland ökonomisch auszubluten, bewies u. a. jene berüchtigte «Grüne Mappe», die unter seiner Federführung entstanden war, jedoch dem Gericht nicht vorlag. Dessenungeachtet verfügte das Tribunal über eine erdrückende Fülle von Beweisen für Görings Verbrechen gegen den Frieden. In ihrem Urteil kamen die Richter zu dem

Schluß, «daß Göring die treibende Kraft für die Angriffskriege war und in diesem Punkte nur Hitler nachstand»[186].

Auch Rudolf Heß konnte in Nürnberg sowohl als Teilnehmer an der Verschwörung wie auch als emsiger Mitvollstrecker der faschistischen Angriffskriege überführt werden. Als Hitlers Stellvertreter für alle Belange der Nazipartei sowie als Reichsminister ohne eigenen Geschäftsbereich war er von Beginn an in das Geheimnis der Aggressionspläne eingeweiht. Zuständig auch für die Auslandsorganisation der NSDAP, hatte er den Fünften Kolonnen materiell und moralisch auf die Beine geholfen, damit sie die Opferländer von innen her so empfindlich wie möglich aushöhlten.

Mit Vehemenz hatte der Hitler-Stellvertreter die Aggressionen gegen Österreich, die Tschechoslowakei und Polen vorbereiten und bewerkstelligen helfen. Als Vorbote des Naziregimes in Österreich war Heß gemeinsam mit Himmler noch am Mittag des Einmarschtages in Wien eingetroffen. Einen Tag später bereits setzte er seinen Namenszug unter das sogenannte Gesetz über die Wiedervereinigung Österreichs mit dem Deutschen Reich.

Als ein halbes Jahr später auf der Münchner Konferenz um den Anschluß des Sudetenlandes an das faschistische Reich gepokert wurde, bereitete Heß die Nazipartei insgeheim auf die Mobilmachung für den Fall vor, daß die Verhandlungen scheitern sollten. Und als der Einmarsch der Naziwehrmacht auch in Böhmen und Mähren vollendete Tatsache war, trug der enge Vertraute Hitlers nicht wenig dazu bei, den tschechischen Staat auszulöschen. Am 14. April 1939 beispielsweise unterzeichnete Heß einen «Erlaß zur Einsetzung einer faschistischen Regierung des Sudetenlandes».

Aber auch beim Anzetteln des zweiten Weltkrieges gehörte Heß zu den Protagonisten. Demagogisch pries er fünf Tage vor dem Überfall auf Polen Hitlers erpresserisches Ultimatum an den östlichen Nachbarn als «großmütiges Angebot»[187]. Nach der bei den Naziführern besonders beliebten Haltet-den-Dieb-Methode klagte Heß im gleichen Atemzuge Polen an, zum Kriege aufzuhetzen. Noch am Tage, da die Naziwehrmacht über Polen herfiel, unterzeichnete er ein Gesetz, das Danzig dem faschistischen Reich einverleibte. Aber auch andere verbrecherische Normativakte, die die Aggression gegenüber Polen sanktionierten, trugen seine Unterschrift. Sie betrafen den Anschluß beträchtlicher polnischer Gebiete an Hitlerdeutschland sowie die Bildung des sogenannten Generalgouvernements, jenes berüchtigten Zentrums für den systematischen Völkermord.

Eine besonders spektakuläre Rolle mutete sich Heß mit Blick auf den Plan «Barbarossa» zu. Am 10. Mai 1941 stieg er in eine Maschine vom Typ Me 110, um nach Schottland zu fliegen. Sein Ziel war das Schloß des Herzogs von Hamilton, den er während der Olympiade 1936 getroffen hatte und in dem er einen Freund Hitlerdeutschlands wähnte.

Hamilton war zweifellos eine einflußreiche Persönlichkeit des konservativen Lagers, die sowohl dem Königshaus als auch Premierminister Churchill nahestand. Über den Herzog gedachte Heß Großbritannien zum Friedensschluß mit dem faschistischen Reich zu bewegen. Zeitpunkt und Motiv seines Englandflugs lagen in dem bevorstehenden Überfall auf die Sowjetunion begründet. Denn zehn Tage bevor Heß den Motor der Me 110 auf dem Augsburger Militärflughafen anließ, hatte Hitler den 22. Juni als Beginn der Aggression gegen das Sowjetland verbindlich festgesetzt. Und so hatte zweifellos der Alptraum des Zweifrontenkrieges Heß in die Lüfte getrieben.

Doch die Englandmission des Reichsleiters der NSDAP erwies sich schon während des Landemanövers als außergewöhnlich problematisch. Da das mißlang, sprang Heß mit dem Fallschirm ab und ließ die Maschine zerschellen. Zwölf Meilen vom Landsitz des Herzogs entfernt wurde er festgenommen. Aber bereits am folgenden Tage stand Hitlers Stellvertreter dem Herzog von Hamilton gegenüber und konnte mit seinen «Friedens»vorschlägen aufwarten. In einem Regierungsbericht des britischen Außenministers war über die Unterredung zwischen Hamilton und Heß zu lesen: «Er (Heß –d. A.) sagte dann, daß er mir Hitlers Friedensbedingungen mitteilen könne ..., eine der Bedingungen sei natürlich, daß England seine traditionelle Politik, der stärksten Macht in Europa stets feindlich gegenüberzustehen, aufgeben müsse.»[188]

Heß hatte indessen für weitere Bedingungen Vollmacht, mit denen er an den folgenden Tagen herausrückte. Der vermeintliche Friedensbote erhielt mehrmals Gelegenheit, u. a. mit dem Vertreter des Londoner Außenministeriums Ivone Kirkpatrick zu sprechen. Diesem unterbreitete er am 13. Mai, England solle Deutschland freie Hand in Europa lassen, während Deutschland England vollkommen freie Hand innerhalb des Empire gewähren würde. Einzige Bedingung: England müsse dem Nazireich die früheren deutschen Kolonien zurückgeben, deren Rohstoffquellen es unbedingt brauche. Die Arroganz der Heßschen Initiative gipfelte in dem Verlangen, daß eine andere als die gegenwärtige englische Regierung mit dem Naziregime verhandeln müsse. «Churchill», so Heß, «der seit 1936 den Krieg geplant habe, und seine Mitarbeiter ... seien nicht die Persönlichkeiten, mit denen der Führer verhandeln könne.»[189]

Obgleich Heß gefangengenommen blieb, verkannte er seine Situation auf geradezu lächerliche Weise. Bar jeder Sensibilität gegenüber der britischen Seite suchte er seinem «Angebot» durch Drohung und Erpressung Nachdruck zu geben. In blindem Glauben an die militärische Überlegenheit des Nazireiches prophezeite er nicht nur den Sieg über England. Zugleich drohte er, die Blockade gegen die britische Insel auch nach deren Kapitulation fortzusetzen und ihre Bewohner planmäßig auszuhungern. Schlügen die Briten die ihnen eingeräumte Chance aus, so die britische Niederschrift, sei Hitler berechtigt und verpflichtet, «uns vollständig zu vernichten und uns nach dem Krieg in einem Zustand ständiger Unterwerfung zu halten»[190].

Sowenig wie Heß mit seiner Maschine auf britischem Boden hatte landen können, sowenig war seine Mission erfolgreich, den Einfrontenkrieg gegen die Sowjetunion sicherzustellen. Die Briten gingen zur Tagesordnung über und behielten Heß in Haft. So war er derjenige unter den deutschen Hauptkriegsverbrechern, der am längsten auf seinen Prozeß warten mußte. Im Gegensatz zu seinen Mitangeklagten berief er sich nicht auf apodiktische Befehle Hitlers. Heß identifizierte sich vorbehaltlos mit dem verbrecherischen Aggressionskurs des Nazireiches.

Für die Richter von Nürnberg konnte es gar keinen Zweifel geben, daß sich Heß sowohl als exponierter Mitverschwörer der Hitlerbande schuldig gemacht hatte als auch des vielfachen Friedensbruches.

Von den politischen Figuren des Naziregimes wurden noch Alfred Rosenberg, Walter Funk und Freiherr Constantin von Neurath wegen Verbrechen gegen den Frieden verurteilt. Rosenberg, der

Parteiphilosoph, hatte zu den Urhebern und fanatischsten Anwälten der faschistischen Lebensraumtheorie gehört. In seinem «Mythos des 20. Jahrhunderts» hatte er eine abstruse Rechtfertigung für Intervention und Aggression geliefert. Als Chef des Außenpolitischen Amtes der NSDAP, zu dem er 1933 aufstieg, konnte er sein Credo schrittweise in die Tat umsetzen. So hatte er überall dort seine Finger im Spiel, wo Fünfte Kolonnen und Diversionsgruppen die Opfer der Aggression zum Sturm reif machen sollten.

Die Nürnberger Richter lasteten ihm namentlich seine Rolle beim Planen und Vorbereiten des Überfalls auf Norwegen an. Während seiner Kontakte mit Quisling hatte er dessen Warnung aufgegriffen, daß die Briten der Naziwehrmacht in Norwegen zuvorkommen könnten. Diese Behauptung flößte Rosenberg dann auch nachdrücklich seinem Führer ein, bei dem sie mehr und mehr auf fruchtbaren Boden fiel. Es war eine Sternstunde in Rosenbergs außenpolitischer Karriere, als es ihm im Dezember 1939 gelang, Quisling nach Berlin, an Hitlers Tisch zu lotsen, wo sich Angreifer und Trojanisches Pferd miteinander abstimmten.

Am 2. April 1941 wurde Rosenberg von Hitler persönlich über das bevorstehende Unternehmen «Barbarossa» ins Bild gesetzt. Und prompt bot er sich als «Politischer Berater» auch für das kapitalste Verbrechen an. Nachdem der Überfall dann erfolgt war, sollten Rosenbergs Erwartungen über seine Rolle noch übertroffen werden. Am 17. Juli 1941 machte Hitler seinen führenden Ideologen zum Reichsminister für die besetzten Ostgebiete. In dieser Eigenschaft hatte Rosenberg keine geringe Aktie an der verbrecherischen Besatzungspolitik auf dem Gebiet der UdSSR, an der Ausrottung ihrer Bürger, an der «Vernichtung durch Arbeit», an Plünderung und Verwüstung.

Constantin von Neurath, ein Diplomat alter Schule, war von Hitler aus dem gescheiterten Kabinett Schleicher als Außenminister übernommen worden. Neuraths Nimbus als gestandener Diplomat eignete sich wohl, dem aggressiven Kurs des Hitlerregimes zu einem Schein von Seriosität zu verhelfen. In Wahrheit ermunterte der Freiherr die Naziregierung zu ihren abenteuerlichen, zum Kriege treibenden Schritten. Noch 1933 riet er zum Austritt aus dem Völkerbund und dessen Abrüstungskonferenz. Er wußte auch Hitlers Bedenken zu zerstreuen, daß die beabsichtigte Besetzung des Rheinlandes eine Vergeltung Frankreichs auslösen könnte. Von Neurath war zudem auf jener Geheimkonferenz am 5. November 1937 präsent, auf der Hitler Ziele und Konzept der geplanten Aggression ausführlich preisgab.

Im Februar 1938, als die Weichen für den Krieg gestellt waren, mußte Neurath zwar dem ebenso ungehobelten wie hemmungslosen Konkurrenten Ribbentrop weichen. Doch in den verbrecherischen Aggressionskurs blieb er eingebunden, zunächst als Mitglied des sogenannten Reichsverteidigungsrates, in dem wichtige Fäden der Kriegsvorbereitung zusammenliefen, aber auch als Reichsminister ohne Geschäftsbereich. Als Nazideutschland das tschechische Böhmen und Mähren annektiert hatte, bestellte Hitler den Adelssproß zum dortigen Reichsprotektor. Im Protektorat zeichnete von Neurath bis September 1941 für die Verfolgung und Ermordung progressiver Kräfte sowie für die verbrecherische Germanisierungspolitik gegenüber den Tschechen verantwortlich. In seinem Urteil stellte das Nürnberger Tribunal fest: «Er war als Protektor der oberste deutsche Beamte zu einer Zeit, in der die Verwaltung dieses Gebietes eine bedeutsame Rolle in den Angriffskriegen (spielte), welche gegen Osten führten ...»[191]

Obgleich inzwischen 73jährig, demonstrierte von Neurath vor Gericht, daß er nicht ein Jota hinzugelernt hatte. In seinem letzten Wort beteuerte der gestrauchelte Berufsdiplomat starrsinnig, daß sein Leben «der Wahrhaftigkeit, der Ehrenhaftigkeit, der Erhaltung des Friedens und der Völkerversöhnung, der Menschlichkeit und der Gerechtigkeit (geweiht war)»[192].

Das Urteil befand von Neurath sowohl der Teilnahme am Plan der Verschwörung als auch der Führung eines Angriffskrieges für schuldig.

Die Generale

Noch vehementer als die meisten zivilen Kriegsbrandstifter wehrten sich die führenden Militärs gegen den Vorwurf, Exponenten eines verbrecherischen Regimes und Spießgesellen des kapitalsten Kriegsverbrechers, Adolf Hitlers, gewesen zu sein. Dabei hatte Keitel an allen entscheidenden Besprechungen teilgenommen, in de-

Hitler und OKW-Chef Keitel projektieren «Siege» auf dem Reißbrett

nen der Nazichef das Konzept der Aggression ungeschminkt vorgetragen hatte. Es hatte keinen Entwurf und erst recht keinen Operationsplan für Überfälle auf fremde Länder gegeben, die er als Chef des OKW nicht zu Gesicht bekommen oder gar unterzeichnet hätte. Zwar waren die Angriffspläne gegen Polen, Holland, Belgien, Luxemburg und Frankreich, gegen Jugoslawien und Griechenland sowie gegen die Sowjetunion im Generalstab des Heeres ausgetüftelt worden. Doch waren die Aufgaben des OKW und des Oberkommandos des Heeres teilweise miteinander verschmolzen, was mit der Personalunion Hitlers als Oberbefehlshaber von Wehrmacht und Heer zusammenhing.

Keitel und Jodl waren nicht nur die Schlüsselfiguren, über die die aggressive Politik der Monopolbourgeoisie in militärische Strategie umgesetzt wurde, sie waren auch hauptverantwortlich für die verbrecherischen Methoden der Kriegführung. Diese Methoden hatten sie, beispielsweise in Gestalt des Kommissarbefehls oder des Gerichtsbarkeitserlasses im Fall «Barbarossa», bereits in verbindli-

OKW-Chef Wilhelm Keitel in stetem Einvernehmen mit Hitler

che Direktiven gekleidet, bevor die Aggression noch begonnen hatte.

Vor Gericht wollten sich beide nur als Militärexperten begriffen wissen, die mit den politischen Motiven und Hintergründen der verbrecherischen Aggressionspolitik nichts zu schaffen gehabt hätten. Sie seien nicht Spießgesellen Hitlers gewesen, sondern lediglich «die Gehilfen des Führers für die von ihm geplanten und angeordneten operativen Aufgaben», notierte Keitel in Nürnberg. Und weiter: «Wir haben niemals über die Frage, ob Angriffskrieg oder Verteidigungskrieg, mit dem Führer gesprochen. Gemäß unserer ... Auffassung war das nicht unsere Aufgabe.»[193]

Ein solches Maß an Verantwortungslosigkeit und Gleichgültigkeit erscheint im nachhinein geradezu unfaßbar. Sie entsprangen sicherlich auch jenem stupiden Befehlsdenken, zu dem Offiziere im junkerlich-bourgeoisen Obrigkeitsstaat angehalten und erzogen worden waren. Nicht von ungefähr betonte Keitel, daß er mit gleicher Hingabe unter dem Kaiser, unter Ebert, Hindenburg und Hitler gedient habe. Es war ihm um so leichtergefallen, als er sich als Vertreter der stockreaktionären Militaristenkaste mit den aggressiven Ambitionen der Herrschenden allzeit im Einklang wußte.

Um seinen Kopf zu retten, bauschte Keitel Hitlers Rolle und Macht ins Überdimensionale auf, verstrickte sich dabei aber in hoffnungslose Widersprüche. Einerseits gestand er ein, daß das von ihm geführte OKW, «der militärische Stab Hitlers»[194] war. Andererseits bestritt er kategorisch, dessen wirklicher Berater oder gar einer gewesen zu sein, der in militärischen Dingen Einfluß auf den Naziführer zu nehmen vermocht hätte. Es habe Hitlers Eigenart gar nicht entsprochen, «in dieser Form Berater zu haben». Der einstige Generalfeldmarschall wollte sich in Nürnberg nicht entsinnen können, «daß irgendeine der wirklich maßgebenden Entschließungen seit dem Jahre 1938 jemals zustande gekommen wäre in der Gemeinsamkeit der Beratung …»[195].

Natürlich habe er Befehle, gegen die er Bedenken oder Vorbehalte hatte, eindringlich zur Sprache gebracht oder gar zu verhindern gesucht. Andererseits räumte er ein: «… ich muß aber auch pflichtgemäß erklären, daß, wenn diese Entscheidung letzten Endes von Hitler gefällt war, ich dann diese Befehle – ich darf beinahe sagen, ohne sie irgendwie noch zu prüfen – herausgegeben und weitergeleitet habe.»[196]

Ausgerechnet gegen den Angriffsplan «Barbarossa» wollte Keitel Hitler gegenüber ernsthaft opponiert haben. Wie dem auch gewesen sein mag, jedenfalls trug Hitlers Weisung Nr. 21, die militärische Direktive für den Überfall auf die Sowjetunion, nicht nur Keitels Unterschrift. Ihr Inhalt verriet auch seine Mitwirkung. Obgleich Keitel in militärischen Fragen Hitler am nächsten stand, stellte er sich gerade mit Blick auf die Eroberungs- und Raubziele jenes Krieges ahnungslos, der am brutalsten und erbarmungslosesten geführt worden war. Es sei ihm wohl zu Bewußtsein gekommen, die baltischen Staaten in Abhängigkeit zum faschistischen Reich und die Ukraine in ein enges Verhältnis von Ernährungs- oder wirtschaftlichen Beziehungen zu bringen, «aber konkrete Eroberungsobjekte sind mir nicht bekannt»[197], behauptete Keitel unverfroren im Angesicht seiner Richter.

Peinlich für Keitel war es allerdings, daß sich demgegenüber Exgeneral Friedrich Paulus, der die Operation «Barbarossa» im Sandkastenspiel zu erproben hatte, in den expansiven Zielen dieser ver-

hängnisvollsten aller faschistischen Aggressionen bestens aus-
kannte. Und vom sowjetischen Ankläger Rudenko danach befragt,
wer von den Angeklagten aktiver Teilnehmer an der Entwicklung
des Angriffskrieges gegen die Sowjetunion gewesen sei, antwortete
Paulus: «Von den Angeklagten, soweit sie in meinem Blickfeld lagen, die ersten militärischen Berater Hitlers. Das ist der Chef des
Oberkommandos der Wehrmacht, Keitel, der Chef des Wehrmacht-
führungsamtes, Jodl, und Göring.»[198]

Während des gesamten Prozesses blieb Keitel der verstockte, fanatische Militarist, der er vom Scheitel bis zur Sohle immer gewesen war. Er fand sich nicht im mindesten bereit, seine Verantwortung und Schuld am Vorbereiten und Führen der verbrecherischen
Angriffskriege einzugestehen. Stereotyp berief er sich auf Befehl
und soldatischen Gehorsam, als deren Opfer er sich empfand. Freilich konnte dieser Einwand seine Situation nicht bessern. Im Gerichtsstatut war ausdrücklich festgeschrieben worden: «Die Tatsache, daß ein Angeklagter auf Befehl seiner Regierung oder eines
Vorgesetzten gehandelt hat, gilt nicht als Strafausschließungsgrund, kann aber als Strafmilderungsgrund angesehen werden.»[199]

Beim besten Willen konnte das Gericht im Fall Keitel keine mildernden Umstände entdecken. Es gab keinen Aggressionsakt der
Hitlerwehrmacht, an dem der OKW-Chef nicht maßgeblich mitgewirkt hätte. Die Millionen Opfer, die die faschistischen Verbrechen
gegen den Frieden gekostet hatten und die vor dem geistigen Auge
der Prozeßbeteiligten noch einmal vorübergezogen waren, hatten
ihn auch in der Stunde der Wahrheit ungerührt gelassen. Sein Anwalt, Dr. Otto Nelte, hatte ihm während des Prozesses die Frage gestellt: «Würden Sie es im Falle eines Sieges abgelehnt haben, an
dem Erfolg zu einem Teil beteiligt gewesen zu sein?» Und Keitel
hatte geantwortet: «Nein, ich würde sicher stolz darauf gewesen
sein.»[200]

Das Gericht sprach Keitel sowohl der Beteiligung am gemeinsamen Plan und der Verschwörung zur Begehung von Angriffskriegen
als auch des Verbrechens gegen den Frieden selbst für schuldig.

Auch Alfred Jodl, seit August 1939 Chef der Operationsabteilung im OKW und später Chef des Wehrmachtführungsstabes,
suchte sich dem Tribunal gegenüber als bloßer Soldat und Offizier
darzustellen, der keinesfalls Politiker gewesen sei und Befehle eben

habe ausführen müssen. Ihm konnte das Gericht nachweisen, daß er nahezu bei allen Aggressionsakten an den Generalstabsplänen entscheidend mitgebastelt hatte. Die Weisung zum Einmarsch der Naziwehrmacht in Österreich (Fall «Otto») hatte er ebenso abgezeichnet wie die Weisung zum Fall «Barbarossa». Das Urteil des Nürnberger Tribunals kam zu dem Schluß: «Im streng militärischen Sinne fiel Jodl die eigentliche Planung des Krieges zu, und er war im hohen Maße für die Strategie und die Leitung der Operation verantwortlich.»[201]

Faktisch unterstanden dem von Jodl geleiteten Wehrmachtführungsstab die Kriegsschauplätze Nordfinnland und Norwegen, der Westen (Niederlande, Belgien, Frankreich), Mittelmeerraum/Nordafrika sowie der Südosten (Griechenland/Kreta und Jugoslawien). Für den Osten (ohne Finnland) blieb in der Folgezeit indessen das Heer verantwortlich.

Jodls Einwand, er habe angesichts seiner immensen Stabs- und Planungsarbeit gar keine Zeit für politische Erwägungen gehabt, stellte sich als reine Schutzbehauptung heraus. Seine eigenen Notizen verrieten ihn als ebenso bedingungslosen wie begeisterten Teilhaber der faschistischen Weltherrschaftspläne. Nach dem Münchner Abkommen hatte er beispielsweise aufgeschrieben: «Die Tschechoslowakei hat als Machtfaktor ausgespielt ... Das Genie des Führers und seine Entschlossenheit, auch einen Weltkrieg nicht zu scheuen, haben erneut und ohne Gewaltanwendung den Sieg davongetragen. Es bleibt zu hoffen, daß die Ungläubigen, Schwachen und Zweifelnden bekehrt sind und bekehrt bleiben.»[202]

Jodl hatte die Direktiven Hitlers für die barbarische Kriegführung fast durchweg und ohne Zögern auf den Schauplätzen des Krieges in Szene gesetzt. Und dahinter hatte sich nicht etwa Furcht vor dem Diktator und vor möglichen Folgen einer Befehlsverweigerung verborgen. Jodl war ein geradezu emphatischer Bewunderer Hitlers. Daher hatten sich in ihm Zweifel in bezug auf die Angriffspläne des Naziregimes gar nicht erst gerührt. Noch in Nürnberg stand Jodl im Banne von Hitlers Ausstrahlung und zählte selbst auf der Anklagebank noch zu dessen Anwälten. Im Laufe der Jahre habe er sich davon überzeugt, daß Hitler kein Scharlatan war, sondern «eine gigantische Persönlichkeit, wenn auch mit gewissen Vorbehalten»[203].

Bei Jodl war während des Prozesses nicht der geringste Zuwachs an Erkenntnis zu registrieren. Sowenig wie er Hitler für einen Scharlatan und einen Verbrecher hielt, sowenig waren die barbarischen Angriffskriege in seinen Augen Verbrechen gegen den Frieden. Von Reue oder Schuldgefühl war auch bei ihm keine Spur. Die militärischen Führer des Nazireiches, so Jodl in seinem Schlußwort, «haben nicht der Hölle gedient und nicht einem Verbrecher, sondern ihrem Volke und ihrem Vaterlande»[204]. Im übrigen, so log er unverfroren ins Protokoll, hätten die Generale den Krieg nicht gewollt.

Auch in seinem Falle sahen die Nürnberger Richter keinerlei mildernde Umstände. Jodl wurde wie sein unmittelbarer Komplice Keitel sowohl der Beteiligung am gemeinsamen Plan zur Begehung von Angriffskriegen als auch des Verbrechens gegen den Frieden schuldig gesprochen.

Auch Dönitz, Oberbefehlshaber der faschistischen Kriegsmarine ab 1943, sowie dessen Vorgänger Raeder waren wegen Verbrechen gegen den Frieden angeklagt. Dönitz konnte man zwar nicht nachweisen, daß er in die Verschwörung zur Führung von Angriffskriegen eingebunden war. Doch bei der unmittelbaren Vorbereitung, vor allem aber der Durchführung faschistischer Aggressionen, war er an maßgeblicher Stelle mit von der Partie. So hatte er beispielsweise mit Blick auf die Invasion Norwegens bereits im Oktober 1939 mit Vorschlägen für entsprechende U-Boot-Stützpunkte aufgewartet. Dönitz war der alleinige Herr über die aggressive faschistische U-Boot-Waffe, die das gefährlichste und wirkungsvollste Element der deutschen Flotte war. Mit ebenso heimtückischer wie brutaler Kampftaktik hatte Dönitz die Rudel seiner U-Boote nicht nur auf Kriegsschiffe, sondern auch auf unbewaffnete Handelsschiffe von Staaten der Antihitlerkoalition gehetzt und selbst auf Schiffe neutraler Staaten.

Der Hitlernachfolger für die letzten Tage suchte sich vor dem Tribunal, wie schon Keitel und Jodl, in das Schneckenhaus des reinen Militärexperten zu verkriechen. Dennoch übertraf seine Arroganz noch die der meisten Mitangeklagten. Als der «Herr Großadmiral» von seinem Verteidiger danach befragt wurde, ob er bei seinen Befehlen an die U-Boot-Kommandanten irgendwelche Erwägungen angestellt habe, daß es sich dabei um Angriffskriege handelte, erwiderte Dönitz schnoddrig: «Ich habe als Soldat den militärischen Auftrag bekommen und habe den selbstverständlichen Gedanken gehabt, diese militärische Aufgabe durchzuführen. Ob die Staatsführung politisch einen Angriffskrieg damit machte oder nicht oder ob es prophylaktische Maßnahmen waren, stand nicht bei meiner Entscheidung, das ging mich nichts an.»[205]

Auch angesichts der zahllosen unschuldigen Opfer des U-Boot-Krieges, die vor dem Tribunal zur Sprache kamen, zeigte Dönitz nicht einen Anflug von Reue. Völlig zu Recht wurde der Hauptkriegsverbrecher zur See u. a. wegen der Teilnahme an der Führung von Angriffskriegen abgeurteilt.

Im Gegensatz zu Dönitz hatte dessen Vorgänger Erich Raeder allen entscheidenden Zusammenkünften mit Hitler beigewohnt, bei denen die Planung der faschistischen Aggressionen auf der Tagesordnung stand. Der Nürnberger Prozeß überführte ihn als einen der herausragenden Protagonisten des faschistischen Militärapparates. Bereits im April 1939 von Hitler zum Großadmiral ernannt, war er generalstabsmäßig an nahezu allen Aggressionsakten beteiligt, die das faschistische Regime bis zum Ausscheiden Raeders im Januar 1943 unternahm.

Besonders engagiert hatte sich der Urheber des barbarischen U-Boot-Krieges bekanntlich für das Konzept des Überfalls auf Norwegen. Aber auch bei der Kalkulation des Krieges gegen Griechenland war er unter den Stürmern und Drängern zu finden. Am 18. März 1941 hatte er Hitler dringend die Besetzung ganz Griechenlands angeraten.

In einem Punkt allerdings war der Großadmiral in die Kontroverse mit seinem Führer geraten. Raeder hatte erst den britischen Löwen erledigen wollen, bevor man sich in das Abenteuer des sogenannten Rußlandfeldzuges stürzte. Doch als der Plan «Barbarossa» dann unumstößlich war, verweigerte sich der Chef der faschistischen Kriegsmarine nicht. Bereits sechs Tage vor dem Überfall auf die Sowjetunion gab Raeder seine Einwilligung zu Angriffen auf sowjetische U-Boote in der Ostsee.

Bis zum Ende des Prozesses beharrte auch Raeder auf seiner Unschuld. Als Soldat habe er nur seine Pflicht für Volk und Vaterland getan. Wenn überhaupt, so habe er sich höchstens moralisch insofern schuldig gemacht, «daß ich trotz meiner rein militärischen

Stellung vielleicht nicht nur Soldat, sondern doch bis zu einem gewissen Grade auch Politiker hätte sein sollen»[206].

Die Nürnberger Richter hielten es schließlich für eindeutig erwiesen, «daß Raeder an der Planung und Führung eines Angriffskrieges teilnahm»[207].

Neben den aufgeführten Militärs waren in Nürnberg außerdem der Generalstab und das OKW als verbrecherische Organisation angeklagt, die in die Verschwörung gegen den Frieden fest eingebunden war. Die Beweise, mit der die schwere Schuld der etwa 130 maßgeblichen Offiziere der militärischen Führungsspitze belegt werden konnte, hätte für eine solche Verurteilung allemal ausgereicht. Doch in diesem Punkt trafen sich Verteidiger und die westlichen Richter auf halbem Wege. Dr. Laternser, der den Generalstab und das OKW vertrat, verstieg sich am Ende zu der absurden These, daß die faschistischen Generalstäbler keine andere Schuld trügen «als die, die jeder Soldat trägt, wenn er im Kriege dort für sein Vaterland kämpft, wo man ihn hinstellt»[208].

Abgesehen davon, daß sich die faschistischen Angriffskriege offenkundig auch gegen das eigene Vaterland richteten, lag darin der Versuch, die konkret faßbare Schuld der Generalstäbler in der angeblichen Kollektivschuld der deutschen Soldaten aufzulösen. Dem konnten und wollten wohl auch die westlichen Richter des Tribunals nicht folgen. In ihrem Urteil kamen sie in bezug auf die Generale und anderen Offiziere von Generalstab und OKW zu dem Schluß: «Ohne ihre militärische Führung wären die Angriffsgelüste Hitlers und seiner Nazi-Kumpane akademisch und ohne Folgen geblieben ...»[209]

Doch die Konsequenz aus dieser Wahrheit zu ziehen, dazu mochten sich die drei westlichen Mitglieder des Tribunals nicht durchringen. Unter Protest des sowjetischen Richters I. T. Nikitschenko sahen sie davon ab, OKW und Generalstab als verbrecherische Organisation einzustufen. Was blieb, war der Auftrag des Nürnberger Urteils, in Einzelprozessen die individuelle Schuld der belasteten Generalstabsoffiziere festzustellen. Dabei hätte das eine das andere keineswegs ausgeschlossen. Wie nachteilig sich diese Inkonsequenz der drei westlichen Richter auszahlte, bewies dann auch der OKW-Prozeß, der am 5. Februar 1948 vor dem US-Militärgerichtshof V in Nürnberg begann.

In diesem Prozeß hatten sich 13 Generale und Offiziere, darunter Jodls Stellvertreter im Wehrmachtführungsstab, Walter Warlimont, zu verantworten. Die amerikanischen Richter dieses letzten der Nürnberger Nachfolgeprozesse verwässerten die Schuld der angeklagten OKW-Vertreter an den Aggressionsverbrechen weiter und lösten sie schließlich im Nichts auf. Sie ließen die beiden ersten Anklagepunkte, Teilnahme an der gemeinsamen Verschwörung gegen den Frieden sowie die Planung und Führung von Angriffskriegen, buchstäblich unter den Tisch fallen. Zwar gestanden die US-Richter zu, daß die Angeklagten nur ein oder zwei Stufen unter Göring, Keitel, Jodl, Dönitz und Raeder, also den im IMT-Prozeß abgeurteilten Generalen, standen. Doch im selben Atemzug zogen sie den nebulösen Schluß: «Irgendwo zwischen dem Diktator und Obersten Befehlshaber der Wehrmacht der Nation und dem gemeinen Soldaten liegt die Grenze zwischen verbrecherischer und entschuldbarer Teilnahme des einzelnen an einem Angriffskrieg.»[210]

Diese Grenze im Einzelfall zu ziehen wäre ohne Schwierigkeit gewesen, hätte man sich den einschlägigen Feststellungen des IMT-Urteils verpflichtet gefühlt. Doch im Jahre 1948 hatte die US-Administration der Antihitlerkoalition längst den Rücken gekehrt und sich der Politik des «roll back» verschworen.

Und so war es keinesfalls der Verirrung der drei Richter geschuldet, wenn man die Grenze der Verantwortlichkeit für Verbrechen gegen den Frieden willkürlich, genauer: grundsätzlich zugunsten der militärischen Führungsclique des Naziregimes, zog. Militärs, die nicht dem Hitlerkabinett angehörten, so die US-Richter, seien nicht zur politischen Führung zu zählen und kommen somit auch nicht als Täter im Sinne des Verbrechenstatbestandes gegen den Frieden in Frage, eher als Opfer. «... der einzelne Soldat oder Offizier, der nicht zur politischen Führung gehört», so das Urteil im OKW-Prozeß, «ist nichts als das Werkzeug der maßgeblichen Politiker, zumal er der strengen Disziplin unterworfen ist, die notwendig und kennzeichnend ist für eine militärische Organisation.»[211]

Damit war nicht nur die Verurteilung der im IMT-Prozeß abgeurteilten Generale, außer der Görings, in Frage gestellt. Zugleich war das Recht selbst jedes Soldaten, sich einem Angriffskrieg zu verweigern, in die Pflicht umgefälscht worden, am Verbrechen gegen den Frieden aus blindem Gehorsam mitzuwirken. Vor allem aber verwischte das OKW-Urteil die politische Mitverantwortung der militärischen Führungsclique des Hitlerregimes sowie ihre Hauptverantwortung für die durch und durch verbrecherischen Methoden der Kriegführung, die sich die Generalstäbler längst vor Beginn der Aggression selbst ausgedacht und fixiert hatten.

Glacéhandschuhe
für Bank- und Industriemagnaten

Für die sowjetische Seite stand es außer Zweifel, daß auch Vertreter der deutschen Großbanken und Monopolgiganten wegen ihrer Umtriebe gegen den Frieden auf die Anklagebank des IMT gehörten. Immerhin hatten sie die Pläne zur Erlangung der Weltherrschaft schon ausgeheckt, als an Hitler und seine Komplicen noch gar nicht zu denken war. Und als sich die Nazipartei schließlich anbot, als Vollstrecker jener Pläne zu fungieren, hatten sie Aggression und Aggressionsbeute bereitwillig vorfinanziert und ihr gesamtes Potential in den Dienst der faschistischen Angriffskriege gestellt. Aber gleichzeitig hatten sich die wirtschaftlichen Nutznießer der Aggression im Hintergrund der politischen Führungsgremien gehalten. Dort hatten sie sich nur durch einige wenige Vertrauensleute aus den eigenen Reihen, beispielsweise durch Hjalmar Schacht oder Wilhelm Keppler, vertreten lassen. Und so war der Blick der Öffentlichkeit keineswegs zuvorderst auf die Herren der IG-Farben, des Krupp- oder Flick-Konzerns gefallen.

Anklage und Gerichtsverfahren gegen die Gewaltigen der deutschen Großbanken und Konzerne rüttelten letztlich auch am Nerv des Großkapitals der westlichen Siegermächte. Ein Mann wie der Bankier Kurt Freiherr von Schröder hätte allemal vor das IMT gehört. Aber in diesem Falle hätte sich nur schwer vertuschen lassen, daß die New-Yorker Filiale des Bankhauses Schröder sowie ihre Vertretungen in der Schweiz und in England selbst nach Entfesselung des Krieges noch die Interessen der Hitlerregierung wahrgenommen hatten.

Immerhin einigte man sich darauf, zunächst einmal den verantwortlichen Vertreter des Krupp-Konzerns sowie Hitlers Reichsbankpräsident (bis 1939) und Reichswirtschaftsminister (bis 1937) Hjalmar Schacht vor Gericht zu bringen.

Die Anklage gegen Gustav Krupp wurde dann aber zur Panne, noch bevor der Prozeß begonnen hatte. Schuld daran trugen die amerikanischen Ermittler, in deren Machtbereich sich die Familie Krupp befand. Völlig zu Recht hatte ursprünglich Krupp junior, Alfried, auf der Liste der Amerikaner gestanden. Tatsächlich war Kruppsohn Alfried im Jahre 1940 anstelle seines Vaters zum Vorsitzenden des Vorstandes und damit zur Schlüsselfigur des Konzerns aufgerückt. Durch ein Mißverständnis war auf Jacksons Liste aber der Name Alfried schließlich durch Gustav ersetzt worden.

Nun war zwar das Beweismaterial mehr als ausreichend, um auch den alten Krupp wegen Verbrechen gegen den Frieden zu überführen und abzuurteilen. Doch der inzwischen 75jährige Exponent der größten Waffenschmiede der faschistischen Eroberer war weder vernehmungs- noch verhandlungsfähig. Nachdem er im Nürnberger Untersuchungsgefängnis einen Schlaganfall erlitten hatte, befand ein vom IMT eingesetztes Ärzteteam, daß Gustav Krupp an Gehirnerweichung leide und vor dem Gerichtshof nicht erscheinen könne.

Das IMT beschloß am 15. November 1945 daraufhin, das Verfahren gegen Gustav Krupp zu vertagen, das Beweismaterial jedoch zu den Akten zu nehmen und für ein späteres Verfahren zurückzubehalten, falls der Zustand des Angeklagten ein solches zulasse.

Einen Tag später stellten die Ankläger der UdSSR, Frankreichs und der USA den Antrag, die Anklageschrift durch die Einbeziehung Alfrieds Krupps von Bohlen als Angeklagten abzuändern. Der englische Hauptankläger Lord Shawcross indessen wandte sich strikt gegen den Antrag. Im Gremium der Richter scheiterte die Initiative der Ankläger schließlich am Widerstand der westlichen Richter. Allein der sowjetische Vertreter votierte für das Einbeziehen von Alfried Krupp in den Kreis der Angeklagten. So verfiel der Antrag schließlich der Ablehnung des Gerichtshofes, und die mit schwerster Schuld beladenen Vertreter des Krupp-Konzerns blieben vom IMT-Prozeß unberührt. Dabei hatten Senior wie Junior Krupp nicht nur zu jenen Elementen gehört, die, wie US-Ankläger Jackson es formulierte, für den Ausbruch des Krieges «unmittelbar verantwortlich sind»[212]. Hinzu kam, daß beide ihr Milliardenvermögen namentlich durch den Raub sowjetischer und polnischer Montananlagen erheblich vermehrt hatten. Und nicht zuletzt: Von den etwa 120000 Kriegsgefangenen und rund 50000 zivilen Arbeitssklaven aus den überfallenen Ländern, die in den Stahlwerken und Kohlegruben der Krupps bis zum Umfallen schuften mußten, starben die meisten an Unterernährung und Wassermangel, Überbelegung der Lager, mangelnder Hygiene und fehlender medizinischer Betreuung. Die beiden führenden Köpfe des Krupp-Konzerns waren also hoffnungslos in Kriegsverbrechen und Verbrechen gegen die Menschlichkeit verstrickt.

Auch Hjalmar Schacht, der finanzielle Architekt des Hitlerregimes, hatte entscheidende Weichen für die Aufrüstung und Angriffsfähigkeit des Reiches gestellt. Die praktische Politik des Finanzgewaltigen entsprach seinem Credo, er würde selbst einen Bund mit dem Teufel eingehen, um Deutschland groß und stark zu machen. Als Generalbevollmächtigter für die Kriegswirtschaft, der er von Juni 1935 bis Ende 1937 war, hatte er die Rüstung nach allen Regeln der Managerkunst angekurbelt. Sein Opponieren gegenüber der Politik bedingungsloser Geldentwertung und Inflation hatte schließlich zur Folge, daß er seinen Stuhl als Reichswirtschaftsminister zugunsten von Walter Funk räumen und den des Generalbevollmächtigten für die Kriegswirtschaft für Göring freimachen mußte.

Die Anklage warf Schacht u. a. vor, daß er teilnahm «an den in Anklagepunkten eins und zwei angeführten militärischen und wirtschaftlichen Plänen und Vorbereitungen für Angriffskriege und solche Kriege, die eine Verletzung von internationalen Verträgen, Abkommen und Zusicherungen darstellten»[213].

Freilich war sich besonders US-Ankläger Jackson bewußt, daß er ein heißes Eisen angefaßt hatte, als er der Anklage gegen Schacht zustimmte. Während des Prozesses kam es dann aber weit schlimmer, als es sich der liberal gesinnte Jurist erträumt hatte. Die Querschüsse erfolgten aus dem eigenen Lager, namentlich von General Donovan, der nicht zufällig in den amerikanischen Anklagestab hineindirigiert worden war. Donovan, Chef des amerikanischen Geheimdienstes OSS (Office of Strategic Services), überraschte Jackson damit, daß sich der gewiefte Schacht schon 1940/1941 Rückendeckung für den Fall des Scheiterns der faschistischen Aggressionen verschafft und der USA-Regierung über deren ersten Botschaftssekretär in Berlin, Donald Heath, außergewöhnlich wichtige Informationen zugespielt hatte. Am 14. November schrieb Donovan an Jackson u. a.: «Wir wurden über den bevorstehenden deutschen Angriff auf Rußland durch Schacht über Heath informiert.»[214]

Von Heath erfuhr Jackson zudem, daß Schacht auch den Einfall der Naziwehrmacht in die Niederlande rechtzeitig signalisiert hatte. Als Jackson Schacht nunmehr ins Kreuzverhör nahm, ging er mit wenig Zuversicht zu Werke. Da saßen sich auf einmal nicht mehr Ankläger und Angeklagter gegenüber, sondern Kontrahenten, die ziemlich gleichwertige Trümpfe in den Händen hielten. Während einer Beratung aller Ankläger beim IMT am 5. April 1946 machte Jackson aus seiner Resignation im Fall Schacht kein Geheimnis mehr. Es sei wahrscheinlich, so der amerikanische Chefankläger, daß Schacht freigesprochen werden würde.

Trotz erdrückender Beweisfülle verließ Schacht dann tatsächlich den Gerichtssaal als freier Mann. Entgegen dem energischen Protest des sowjetischen Richters sprach das Tribunal den doppelgesichtigen Finanzgewaltigen nicht nur in puncto Verbrechen gegen den Frieden, sondern generell frei. Und dies, obgleich Schacht jahrelang zum engsten Kreise der Vertrauten Hitlers gezählt hatte und über dessen Pläne genauestens informiert war. Zudem hatte er als Reichsbankpräsident maßgeblich an der ökonomischen Realisierung der faschistischen Aggressionen mitgewirkt. Den Raub der österreichischen Nationalbank hatte er ebenso geleitet und beaufsichtigt wie die Zwangsumwandlung der Währung im Sudetenland und das Einverleiben der örtlichen tschechischen Notenbanken in die faschistische Reichsbank. Trotz alledem beharrten die westlichen Richter auf dem Standpunkt, daß Schacht von den Angriffsplänen wußte, sei «nicht über einen vernünftigen Zweifel hinaus erwiesen worden»[215].

Vermutlich hatte Schacht seinen Freispruch dem Klasseninstinkt und der Solidarität der westlichen Richter zu verdanken. Oder sollte es dem Zufall geschuldet sein, daß ausgerechnet der Vorsitzende des Gerichtshofes, Lord-Richter Geoffrey Lawrence, ein sonst durchaus logisch denkender und schlagfertiger Mann, bei Schacht keinerlei Schuld entdecken konnte? Der gewiß unverdächtige amerikanische Historiker Bradley F. Smith bestätigt die Vermutung. «Was Sir Geoffrey in Wahrheit meinte, war, daß Schacht anders als die anderen Angeklagten kein Rüpel, sondern ein feiner Mann war, nämlich ein Bankier, und daß man ihm daher zugute halten müsse, ‹ein Mann von Charakter› gewesen zu sein.»[216]

Verfolgung mit doppeltem Boden

Ursprünglich hatte die Absicht bestanden, in einem weiteren IMT-Prozeß Hauptkriegsverbrecher aus Industrie und Finanzoligarchie zur Verantwortung zu ziehen. Doch dazu kam es nicht mehr. Denn der Prozeß gegen Göring und Komplicen war noch nicht zu Ende, als sich längst die Schatten des kalten Krieges über das einstige Antihitlerbündnis gesenkt hatten. Während sich der sowjetische Hauptankläger, General Rudenko, vehement für gemeinsame Prozesse gegen weitere Hauptkriegsverbrecher einsetzte, griffen die westlichen Ankläger zu Ausflüchten. Ausgerechnet Jackson schützte die finanzielle Belastung vor, die weitere IMT-Prozesse für die USA mit sich brächten. Die wahren Gründe lagen im Kalkül einflußreicher Kreise der USA, Westdeutschland ein Comeback als Militärmacht zu ermöglichen, um es als «Bollwerk» gegen den einstigen Bündnispartner Sowjetunion aufzubauen. In einer geheimen Schrift, die Jackson am 13. Mai 1946 an Präsident Truman sandte, redete er Klartext. «Ich bin gegen derartige weitere Prozesse und kann sie der Regierung der USA nicht empfehlen ... Ich hege die Befürchtung, daß eine sich über lange Zeit erstreckende öffentliche Attacke gegen die Privatindustrie – und zu einer solchen würde es im Laufe eines Prozesses kommen – den Industriekartellen den Mut nehmen könnte, weiterhin mit unserer Regierung im Rahmen der Rüstungsmaßnahmen, die im Interesse unserer Verteidigung getroffen werden müssen, zusammenzuarbeiten.»[217]

Solche Sicht traf sich natürlich bestens mit den Ambitionen jener Figuren, die das politisch geschlagene deutsche Monopolkapital vertraten. Bereits im Oktober 1945 hatte der Kalimonopolist Arnold Rechberg der amerikanischen Militärregierung ein Konzept zur «Rettung der deutschen Wirtschaft» unterbreitet. Engländer wie Amerikaner, so Rechberg, würden die Zusammenarbeit mit dem deutschen Kapital nicht vermeiden können. «Deshalb ist es notwendig, tüchtige deutsche Industrieführer, die jetzt interniert oder von ihren Posten entfernt sind, zu amnestieren und sie in ihre früheren Stellungen wieder einzusetzen.»[218] Rechbergs Vorstoß wurde honoriert. Er avancierte zum Berater der US-Militärregierung.

Dieser Hintergrund erhellt auch den Sinn jener Note, die die USA am 22. Januar 1947 den anderen drei Staaten zukommen ließen, die im IMT-Prozeß mit zu Gericht gesessen hatten. Washington sprach sich darin gegen jede neue Zusammenkunft der vier Ankläger aus, die für ein weiteres IMT-Verfahren nötig gewesen wäre. Man stellte anheim, Kriegsverbrecher aus der Sphäre der Industrie durch nationale Gerichte der Hauptmächte der Antihitlerkoalition zur Verantwortung zu ziehen.

Freilich begriff die amerikanische Administration, daß sie selbst um solche Prozesse nicht herumkommen würde. Dies um so weniger, als sich die meisten Konzernverbrecher in ihrer Besatzungszone befanden.

Als Hauptankläger für die zwölf sogenannten Nürnberger Nachfolgeprozesse wurde US-Brigadegeneral Telford Taylor eingesetzt, immerhin ein Mann von bürgerlich-demokratischer Gesinnung und antifaschistischem Engagement. Taylor hatte nicht wenig Mühe, wenigstens drei Prozesse gegen exponierte Kriegsverbrecher aus der Großindustrie der Naziära anzustrengen.

Im ersten dieser Verfahren, das sich gegen den König der Eisen-, Kohle- und Stahlindustrie, Friedrich Flick, und fünf seiner Komplicen richtete (Fall 5), wurde auf den Anklagepunkt des Verbrechens gegen den Frieden von vornherein verzichtet. Dabei hatte der Industrieboß Flick den Naziverschwörern nicht nur durch kräftige Finanzspritzen und politische Intrigen zur Machtübernahme verholfen. Mit seinem Industrie-Imperium hatte er auch zu den Triebkräften und Trägern der faschistischen Eroberungskriege gezählt. Dies bestätigte General Taylor in seinem Eröffnungsplädoyer selbst, in dem er erklärte: «Die Diktatur des Dritten Reiches stützte sich auf die unselige Dreieinigkeit von Nationalsozialismus, Militarismus und Wirtschaftsimperialismus … Die Angeklagten in diesem Prozeß sind führende Vertreter eines der beiden hauptsächlichen Machtzentren in Deutschland. Nach Berücksichtigung aller Momente beruhte Deutschlands Fähigkeit, Eroberungskriege zu führen, auf seiner Schwerindustrie mit ihrer wissenschaftlichen Technik ... Krupp, Flick, Thyssen und einige andere zogen die Industriellen auf ihre Seite.»[219]

Dennoch wurde Flick vom US-Tribunal lediglich wegen wirtschaftlicher Ausplünderung besetzter Länder, also wegen Menschlichkeitsverbrechen verurteilt. Die Richter schenkten seiner phantastischen Einlassung Glauben, der Flick-Konzern sei gegen seinen Willen genötigt worden, ausländische Zwangsarbeiter und KZ-Häftlinge zu beschäftigen, von denen viele einen elenden Tod starben. In Wirklichkeit hatte Flick zum «Freundeskreis Himmler» gehört und sich bei der SS neben ihrem Anteil an der maßlosen Ausbeutung der Arbeitssklaven mit einer jährlichen Spende von jeweils 100 000 Mark revanchiert.

Am 22. Dezember 1947 verhängten die amerikanischen Richter gegen Flick eine Freiheitsstrafe von sieben Jahren, ein Urteil, zu dem Chefankläger Taylor später selbst bemerkte, daß es «äußerst, um nicht zu sagen übertrieben milde und versöhnlich (war)»[220].

Die Strafhaft des Friedrich Flick dauerte indessen lediglich gut drei Jahre. Dann schon im Januar 1951 erließ der amerikanische Hochkommissar John J. McCloy (im zivilen Leben Bankier!) eine weitreichende Amnestie, unter die auch sämtliche Kriegsverbrecher fielen, die aus der Monopolbourgeoisie stammten. Vier Jahre später verfügte der zum Kreis der Hauptkriegsverbrecher zählende Flick bereits wieder über mehr als 100 Firmen mit einem Jahresumsatz von 8 Milliarden Mark. Der schwerbelastete Konzernbaron galt als reichster Deutscher und als fünftreichster Mann der Welt. Die Arbeitssklaven von damals aber, die ihm ein gerüttelt Maß des Vermögens erschuftet hatten, bekamen nicht einen Pfennig Entschädigung.

Im selben Moment, in dem Flick abgeurteilt worden war, begann in Nürnberg der Prozeß gegen Alfried Krupp von Bohlen und Halbach sowie gegen 11 weitere Mittäter aus seinem Konzern (Fall 10). Diesmal wurden die Angeklagten auch des Verbrechens gegen den Frieden beschuldigt. Die Anklage warf ihnen vor, Angriffskriege geplant und durchgeführt sowie an der Verschwörung zum Begehen solcher Verbrechen teilgenommen zu haben. Als integrierenden

Teil der Angriffshandlungen wertete die Anklage zudem, daß der Krupp-Konzern «Eigentum und Hilfsquellen von besetzten Ländern gestohlen und ausgebeutet sowie Staatsangehörige dieser Gebiete versklavt habe»[221].

Tatsächlich hatte der faschistische Wehrwirtschaftsführer Alfried Krupp, der seit 1943 alleiniger Herrscher über das gigantische Waffenunternehmen war, zu den ökonomischen Schlüsselfiguren der Aggression des Hitlerreiches gehört. Doch General Taylor hatte kaum seinen Anklagevortrag beendet, als die Verteidiger prompt Freispruch aller Angeklagten von der Anschuldigung des Verbrechens gegen den Frieden verlangten. Ein paar Wochen später, am 5. April 1948, gab das Gericht dem Verlangen der Anwälte statt, lange bevor noch das abschließende Urteil gesprochen wurde. Diese Entscheidung der Richter, so resümierte Taylor nach dem Prozeß, «ist nicht sehr tiefgehend. Offensichtlich stützte sich das Gericht auf den Freispruch des IMT in den Fällen Schacht und Speer.»[222]

Im Urteil gegen Alfried Krupp und seine Komplicen, das am 31. Juli 1948 verkündet wurde, unterzog sich das US-Gericht nicht einmal der Mühe, den Freispruch vom Verbrechen gegen den Frieden zu begründen. Das Tribunal verurteilte die Angeklagten lediglich wegen Verbrechen gegen die Menschlichkeit, namentlich wegen Plünderung des Eigentums überfallener Länder sowie wegen barbarischer Anwendung von Sklavenarbeit. Krupp sowie der Mitangeklagte Janssen Friedrich erhielten je 12 Jahre Haft, die übrigen Strafen bewegten sich zwischen 2 Jahren, 10 Monaten und 10 Jahren Gefängnis, einer der Angeklagten wurde in allen Punkten freigesprochen. Das Tribunal entschied zudem, daß Krupp sein Eigentum verwirkt habe.

Obgleich als Hauptkriegsverbrecher abgeurteilt, konnte Alfried Krupp das Landsberger Gefängnis alsbald wieder verlassen. Der erwähnte Gnadenakt bescherte ihm am 4. Februar 1951 die Freiheit. Zugleich erhielt der Waffenkönig des Dritten Reiches sein gesamtes Vermögen zurück. Man schätzte es damals auf 45 bis 50 Millionen Pfund Sterling. Auch das konfiszierte Eigentum des Krupp-Konzerns, dessen alleiniger Eigentümer Alfried seit 1943 war, legte man wieder in seine Hände.

Im Prozeß gegen 24 Direktoren und leitende Angestellte des IG-

Farben-Konzerns, der im August 1947 begann, erhob General Taylor den Vorwurf des Verbrechens gegen den Frieden ebenfalls (Fall 6). In einer leidenschaftlichen Anklagerede charakterisierte der US-Ankläger die IG-Farben-Kriegsverbrecher als «eifrige und führende Teilnehmer» an dem verbrecherischen Abenteuer, die Welt unter die Herrschaft Nazideutschlands zu zwingen. Die Angeklagten, erklärte Taylor, «waren die Fäden in dem dunklen Todesmantel, der sich über Europa senkte ... Dies sind Männer, die vor nichts haltmachten. Sie waren die Zauberkünstler, die die Phantasien von ‹Mein Kampf› wahr machten ... Sie waren die Baumeister der Wehrmacht ... Dies sind die Männer, die den Krieg möglich machten, und sie taten es, weil es sie nach Europa gelüstete.»[223]

Die prominentesten Angeklagten waren Aufsichtsratsvorsitzender Carl Krauch sowie Hermann Schmitz, Vorsitzender des Vorstandes der IG, ferner Georg von Schnitzler, Chef des Handelsausschusses, Fritz ter Meer, der für den Technischen Ausschuß verantwortlich zeichnete, und der Syndikus des Konzerns, August von Knierim. Diese Männer hatten nicht nur für die Herstellung von synthetischen Gasolinen und Kautschuk gesorgt, ohne die die Angriffskriege schon aus technischen Gründen undenkbar gewesen wären – eine Tatsache, die der Angeklagte Heinrich Bütefisch ausdrücklich bestätigte. Mehr als andere Konzernverbrecher waren die Chefs der IG-Farben in die Vorbereitung und Planung der faschistischen Angriffskriege einbezogen. Der Aufsichtsratsvorsitzende Carl Krauch besaß eine Schlüsselstellung im faschistischen Machtapparat, was es der IG besonders einfach machte, ihre Pläne für den Raub der chemischen Industrien Europas und darüber hinaus zur Geltung zu bringen, bevor die Aggressionen vollendete Tatsachen waren. Krauch gehörte seit 1936 zu Görings Stab und zählte zu einem seiner engsten Berater. Als Generalbevollmächtigter für die gesamte chemische Produktion des Nazireiches machte er seine Branche für die Aggression so effektiv wie möglich. Im April 1938 mahnte er Göring: «Es ist unerläßlich für Deutschland, sein eigenes Kriegspotential, ebenso wie das seiner Verbündeten, so zu stärken, daß dieser Zusammenschluß praktisch den Kräften der übrigen Welt gleichkommt ... Wenn diesen Überlegungen nicht mit größter Eile Taten folgen, werden alle Blutopfer des nächsten Krieges umsonst sein, und es wird uns das bittere Ende nicht erspart bleiben, das wir uns einst selbst durch unseren Mangel an Voraussicht und Ziellosigkeit beschert haben.»[224]

Noch bevor der Waffenstillstandsvertrag mit der französischen Vichy-Regierung abgeschlossen worden war, hatte von Schnitzler beispielsweise bereits einen auserwählten Kreis von IG-Managern nach Frankfurt·a. M. eingeladen, um die Einverleibung der chemischen Fabriken und Anlagen Frankreichs, Englands und darüber hinaus zu beraten und zu fixieren. «Es liegt eine konkrete Anfrage der Reichsregierung vor», so teilte von Schnitzler im Juni 1940 mit, «in kürzester Frist ein Programm auszuarbeiten, wie sich unsere Firma eine im künftigen Friedensvertrag zu verankernde Ordnung der gesamten europäischen Belange auf dem Chemie-Sektor vorstellt.»[225]

Und am 2. Mai 1941 waren die Herren des Chemiegiganten vom Beauftragten des Spionageabwehrchefs Canaris Major Bloch, auf noch weiterreichende Aggressionsobjekte eingestimmt worden. In dem als «Geheim!» gekennzeichneten Sitzungsbericht hieß es: «Er (gemeint war Bloch – d. A.) erwähnte als vordringlich die Bearbeitung folgender Länder: Brit. Empire, USA, UdSSR.»

Der Angeklagte Georg von Schnitzler machte in Nürnberg keinen Hehl daraus, daß die Exponenten des IG-Farben-Konzerns zu den Drahtziehern der faschistischen Aggression gehört hatten. Am 8. August 1945 gestand er ein: «Durch diese Handlungsweise übernahm die IG eine große Verantwortung und stellte eine wesentliche und auf dem chemischen Gebiet entscheidende Hilfe für Hitlers Außenpolitik, die zum Krieg und zu Deutschlands Ruin führte. So muß ich den Schluß ziehen, daß die IG weithin für Hitlers Politik verantwortlich ist.»[226]

Die amerikanischen Richter indessen dachten gar nicht daran, auch nur einen der schwerbelasteten Kriegsverbrecher aus dem IG-Farben-Konzern wegen des Verbrechens gegen den Frieden zu bestrafen. Als sie am 30. Juli 1948 das Urteil gegen Carl Krauch und Genossen verkündeten, sprachen sie sämtliche Angeklagten vom Vorwurf des Friedensbruchs frei. Zu stark war offenbar der Einfluß jener amerikanischen Partner der IG-Farben-Verbrecher, die mit den Angeklagten vor und selbst noch während des zweiten Weltkrieges einträgliche Geschäfte gemacht hatten.

In diesem Punkt ist das Urteil gegen die IG-Farben-Kriegsverbrecher eine durchsichtige Mischung von Geschichtsfälschung und Rechtsbeugung. «Die Angeklagten», so das US-Tribunal, «waren weder hohe Staatsbeamte in dem zivilen Sektor der Regierung noch hohe Offiziere. Ihre Teilnahme war dem Grade nach die von Mitläufern, nicht. die von Führern.»[227]

Mit demagogischem Eifer suchten die US-Militärrichter die Protektion der maßgeblichen Kriegstreiber aus dem Farbenkonzern auch noch in eine Tugend zu verkehren. Wollte man die Angeklagten wegen Friedensbruch verurteilen, so «würde das der Billigung des Begriffs der Kollektivschuld gleichkommen, und daraus würde logischerweise Massenbestrafung folgen».[228]

Die US-Richter scheuten sich nicht, die verbrecherischen Umtriebe der Angeklagten gegen den Frieden mit dem Wirken der Masse der Deutschen gleichzusetzen, von denen unzählige unter dem bedrohlichen Zwang der Umstände gehandelt hatten. Entschiede man anders, so das Urteil, «würde es keine praktische Abgrenzung der strafrechtlichen Verantwortlichkeit geben, die grundsätzlich nicht auch gelten würde für den gemeinen Soldaten auf dem Schlachtfeld, den Bauern, der seine Erzeugung von Nahrungsmitteln vermehrt hat, um die bewaffnete Macht zu erhalten, oder für die Hausfrau, die Fett für die Munitionsherstellung eingespart hat»[229].

Für ihre widersinnige Entscheidung riefen die Militärrichter das IMT-Urteil zum Kronzeugen an. Dort, so behaupteten sie dreist, sei die Trennungslinie zwischen Schuldigen und Unschuldigen an den faschistischen Verbrechen gegen den Frieden bereits festgelegt worden. «Sie wurde gezogen unterhalb des Kreises der geistigen Urheber und Führer, wie z. B. Göring, Heß, von Ribbentrop, Keitel, Frick, Funk, Dönitz, Raeder, Jodl, Seyß-Inquart und von Neurath, die der Führung eines Angriffskrieges für schuldig befunden worden sind, und oberhalb derjenigen Männer, deren Beteiligung weniger wichtig war und deren Tätigkeit weder darin bestand, Pläne zu entwerfen, noch darin, das Reich bei seinen ehrgeizigen Angriffsabsichten zu leiten.»[230]

In Wahrheit hatte das IMT eine solche Trennungslinie weder festgelegt noch auch nur gesucht. Vielmehr hatte es bei jedem Angeklagten Verantwortlichkeit und Schuld für Verbrechen gegen den

Frieden individuell geprüft, aber auch mit keinem einzigen Wort ausgeschlossen, daß neben den im IMT-Prozeß abgeurteilten Personen sich auch noch andere des Verbrechens gegen den Frieden schuldig gemacht hatten. Im Gegenteil. Im Urteil gegen Göring und Komplicen wurde ausdrücklich festgestellt: «Hitler konnte keinen Angriffskrieg allein führen. Er benötigte die Mitarbeit von Staatsmännern, militärischen Führern, Diplomaten und Geschäftsleuten. Wenn diese seine Ziele kannten und ihm ihre Mitarbeit gewährten, so machten sie sich zu Teilnehmern an dem von ihm ins Leben gerufenen Plan ... Daß ihnen ihre Aufgaben von einem Diktator zugewiesen wurden, spricht sie von der Verantwortlichkeit für ihre Handlungen nicht frei.»[231]

Das Internationale Nürnberger Militärgericht hatte die Tatbestandsmäßigkeit von Verbrechen gegen den Frieden im wesentlichen von zwei Umständen abhängig gemacht: Erstens von der Kenntnis der faschistischen Angriffspläne und zweitens von der Rolle der Angeklagten bei der Planung, Vorbereitung, Einleitung oder Durchführung eines Angriffskrieges. Um so mehr wirkte jener Teil der Urteilsbegründung im Fall 6 wie ein salto mortale der Logik, in dem die wirtschaftlichen Experten der Aggression einerseits mit der Fett einsparenden Hausfrau auf eine Ebene gestellt wurden, andererseits der Freispruch Albert Speers vom Verbrechen gegen den Frieden im IMT-Prozeß als Alibi herangezogen wurde. Mit Blick auf Speers Funktion als Rüstungsminister hatten die IMT-Richter im Urteil vermerkt, daß diese Tätigkeit «den Kriegsanstrengungen ebenso wie andere Produktionsunternehmungen der Kriegführung gedient haben»[232].

Abgesehen davon, daß Speers Verbrechen mehrfach ausgereicht hätten, um ihn auch wegen der Durchführung von Angriffskriegen zu bestrafen, klammerten sich die Richter im IG-Farben-Prozeß an diesen Satz des IMT-Urteils, um eine Analogie zu den Handlungen von Carl Krauch und Genossen zu konstruieren. Tatsächlich enthielt das aus dem IMT-Urteil willkürlich herausgerissene Zitat nur den einen Grund für Speers Freispruch vom Friedensbruch. Das IMT hatte nämlich primär berücksichtigt, daß Speer erst im Jahre 1942 zum Chef der Rüstungsindustrie avancierte, «lange nachdem alle Kriege bereits begonnen hatten und im Gange waren»[233].

Während sich Speer noch am Reißbrett mit den von Hitler inspi-

rierten Monumentalbauten des «Tausendjährigen Reiches» ab-
plagte und einem Amt mit dem demagogischen Namen «Schönheit
der Arbeit» vorstand, waren die Chefs der IG-Farben längst mit
dem Aufstellen verbindlicher Pläne für die ökonomische Realisierung der kalkulierten Angriffskriege beschäftigt. Dabei hatten sie
keineswegs die Direktiven der politischen und militärischen Führung abgewartet, sondern häufig eigene Initiativen ergriffen, um
der Wehrmacht immer weitergehende Kriegsziele vorzugeben.
Vom Siegestaumel über das blitzartige Niederwerfen Frankreichs
erfaßt, unterbreiteten sie beispielsweise im August 1940 dem
Reichswirtschaftsminister einen mehrhundertseitigen «Neuen
Plan», der das Szenarium für das Anschlußstück der eingeschlagenen Weltherrschaftspolitik enthielt. Im «Neuen Plan» hatten die
Angeklagten des IG-Farben-Prozesses u. a. konstatiert: «Von entscheidendem Einfluß auf alle Planungen für den europäischen
Raum wird aber die Notwendigkeit sein, eine zielbewußte und
schlagkräftige Führung der zwangsläufigen Auseinandersetzung mit
den sich heute abzeichnenden außereuropäischen Großraumwirt-
schaften ... Das Schwergewicht der Auseinandersetzung um eine
Neuordnung des Weltmarktes wird im Verhältnis zu den nordame-
rikanischen Konzernen ruhen.»[234]

Die Hitlerclique reagierte in ihren militärischen Erwägungen
prompt auf den «Neuen Plan» des IG-Farben-Chefs, wie u. a. das
Nürnberger Dokument 376 – PS beweist. Es handelt sich um einen
Brief des Majors Freiherr von Falkenstein aus dem Führerhauptquartier vom 29. Oktober 1940 an einen namentlich nicht genannten General, in dem es heißt: «Den Führer beschäftigt im Hinblick
auf eine spätere Kriegführung gegen Amerika die Frage der Besetzung der Atlantischen Inseln. Es werden hier diesbezügliche Erwägungen angestellt.»[235]

Was auch immer die Ankläger im Prozeß an Beweismaterial für
den gravierenden Einfluß der IG-Farben-Verbrecher auf die faschistischen Kriegsabenteuer vorlegten, die Richter fegten es ohne
Wimpernzucken vom Tisch. Allerdings entsprach die Bedenkenlo-
sigkeit, mit der der Freispruch vom Verbrechen gegen den Frieden
im Urteil formuliert war, nicht der Haltung aller drei Richter. Hinter den Kulissen hatten offenbar doch Auseinandersetzungen zwischen ihnen stattgefunden, wie aus den Worten von Richter Paul

M. Herbert hervorgeht. «Ich stimme nicht mit den beiden anderen Richtern überein, daß das vorgelegte Beweismaterial als unzureichend anzusehen ist, wie das Urteil des Gerichts andeuten will. Die festgestellten Tatsachen sind wahrhaft so sehr an der Grenze, daß man ernsthaft besorgt ist, ob hier Gerechtigkeit gewaltet hat, und zwar wegen der umfassenden und nicht fortdenkbaren Rolle, die diese Angeklagten beim Aufbau einer Kriegsmaschine gespielt haben, die Hitlers Angriffe möglich machte.» Dieser Jurist besaß soviel Wahrhaftigkeit, zu bekennen, daß «andere durchaus zu einem gegenteiligen Resultat hätten gelangen können, wenn sie ihre Schlußfolgerungen so gezogen hätten, wie dies in gewöhnlichen Kriminalfällen üblich ist.»[236] Der Mann machte keinen Hehl daraus, daß hier politische Täter aus Kreisen des Monopolkapitals, die sich des schwersten Verbrechens schuldig gemacht hatten, das die Menschheit kennt, gegenüber konventionellen Rechtsbrechern privilegiert wurden. Gewiß mag diese Haltung auch durch die angelsächsische Rechtspraxis begünstigt worden sein, die weit weniger auf Normen und Tatbeständen basiert als auf Entscheidungen anderer Gerichte. Und so unterdrückte letztlich Militärrichter Herbert seine Skrupel über den Freispruch in puncto Friedensbruch damit, daß man sich so gewichtigen Präzedenzfällen wie dem Freispruch vom Verbrechen gegen den Frieden von Schacht und Speer durch das IMT sowie der Angeklagten des Krupp-Konzerns durch das US-Militärtribunal III «beugen muß»[237].

Zudem berief sich Herbert auf den Prozeß vor einem französischen Militärgericht in Rastatt, das im Juni 1948 den Saarindustriellen Hermann Röchling von der Planung und Vorbereitung von Verbrechen gegen den Frieden freigesprochen und lediglich wegen Teilnahme an der Führung von Angriffskriegen abgestraft hatte.

Röchling, der wegen seiner Kriegsverbrechen im ersten Weltkrieg schon einschlägig vorbestraft war, hatte als Wehrwirtschaftsführer, vor allem aber als Chef der Reichsvereinigung Eisen die faschistischen Aggressionen maßgeblich befördert. Während der Berufungsverhandlung vor dem Militärobergericht der französischen Besatzungszone im Januar 1949 wurde der Eisenmonopolist vom Verbrechen gegen den Frieden generell freigesprochen.

Das Urteil gegen die IG-Farben-Kriegsverbrecher erging am 30. Juli 1948 in Nürnberg. Einige der Angeklagten waren schon vor

Prozeßende «wegen guter Führung» entlassen worden. Die Strafen, die Gerichtspräsident Curtis G. Shaker (ein ehemaliger Richter am Obersten Gericht des Staates Indiana) an jenem Sommertag verkündete, standen in bestürzendem Mißverhältnis zu den unerhörten Verbrechen, deren sich die meisten Angeklagten schuldig gemacht hatten. Es hatte ja neben der Anstiftung zum zweiten Weltkrieg kein komplexes Kapitalverbrechen des Hitlerregimes gegeben, bei dem die Götter der IG-Farben ihre profitgierigen Finger nicht im Spiel gehabt hätten. Sei es der «Röhmputsch», die sogenannte Endlösung der Judenfrage mit Hilfe von Zyklon B, die Vernichtung von Hunderttausenden von Arbeitssklaven im IG-eigenen KZ Monowitz oder seien es die grauenvollen medizinischen Experimente an Wehrlosen – stets liefen die Fäden auch in den Gehirntrust dieses Superkonzerns.

Die Quittung, die das US-Gericht für diese unerhörten Verbrechen ausstellte, war mehr als billig. Die höchsten Strafen – 8 Jahre Freiheitsentzug – erhielten Otto Ambros, Vorstandsmitglied der IG-Farbenindustrie AG und Walter Dürrfeld, der das berüchtigte Werk in Auschwitz geleitet hatte. Fritz ter Meer erhielt 7 Jahre, Carl Krauch 6 Jahre, Georg von Schnitzler 5 Jahre, Hermann Schmitz 4 Jahre Freiheitsentzug. Die knappe Hälfte der Angeklagten, nämlich zehn von 23, wurden freigesprochen, darunter Chefjurist August Knieriem, der unverzüglich zur Feder griff und die gigantischen Verbrechen seines Konzerns in dem Buch «Nürnberg. Rechtliche und menschliche Probleme» in arroganter Weise rechtfertigte und bagatellisierte.

Die letzten der inhaftierten IG-Farben-Verbrecher waren spätestens Anfang 1951 wieder auf freiem Fuß. Die Karriere der meisten von ihnen begann nicht von vorn. Sie setzte sich an jenem Punkt fort, an dem sie im Frühjahr 1945 vorübergehend unterbrochen worden war.

Vorstandsmitglied Heinrich Bütefisch, in Nürnberg wegen Vernichtung durch Arbeit zu 6 Jahren Haft verurteilt, wurde im Jahre 1964 zudem mit dem Großen Bundesverdienstkreuz dekoriert. Es bedurfte erst des massiven Protestes der Öffentlichkeit, um den makabren Akt zu revidieren.

Der Wilhelmstraßen-Prozeß

Nur in einem einzigen Prozeß kamen General Taylor und sein Stab in puncto Verbrechen gegen den Frieden zum Zuge: im sogenannten Wilhelmstraßen-Prozeß (Fall 11). In der Wilhelmstraße (heute: Otto-Grotewohl-Straße), im Herzen Berlins gelegen, residierten seit dem Kaiserreich der Reichskanzler und das Auswärtige Amt. In der Zeit des Faschismus hatten hier Hitler und seine Reichskanzlei (bis zum Bau der Neuen Reichskanzlei in der an die Wilhelmstraße angrenzenden Voßstraße), Ribbentrops Amt, die Präsidialkanzlei sowie weitere zivile Ämter und Ministerien ihren Sitz. Am 15. November 1947 wurde dem Gericht die Anklageschrift gegen 18 maßgebliche Exponenten dieser Institutionen aus der Wilhelmstraße übermittelt. Sechzehn der Angeklagten wurden darin beschuldigt, neben Kriegsverbrechen und Verbrechen gegen die Menschlichkeit auch Verbrechen gegen den Frieden verübt zu haben.

Zu den prominentesten Angeklagten zählten Ribbentrops Stellvertreter Staatssekretär Ernst von Weizsäcker, der Staatssekretär z. b. V. im Auswärtigen Amt Wilhelm Keppler, Görings Vertreter in der Verwaltung des Vierjahresplanes, Paul Körner, sowie die Reichsminister Heinrich Lammers, Chef der Reichskanzlei, Walter Darré, Ernährungs- und Landwirtschaftsminister, und Lutz Schwerin von Krosigk, Hitlers Finanzminister sowie Mitglied der Operettenregierung von Dönitz.

Mehrere Gründe hatten den sogenannten Wilhelmstraßen-Prozeß (offiziell: Prozeß der Vereinigten Staaten gegen Weizsäcker und Genossen) auf die Tagesordnung gesetzt. Im IMT-Prozeß waren die Ankläger der vier Großmächte darauf aus gewesen, die Reichsregierung als verbrecherische Organisation abzuurteilen, wodurch die Bestrafung ihrer Mitglieder allein schon durch ihre Zugehörigkeit sicher gewesen wäre. Dem hatte sich das IMT-Tribunal jedoch aus doppeltem Grunde versagt. Zum einen hatte es darauf verwiesen, es sei nicht dargetan, daß die Hitlerregierung nach 1937, d. h. nach Stattfinden der bewußten Hoßbach-Konferenz, als Gruppe oder Organisation tätig gewesen ist. Zum anderen hatten die IMT-Richter geltend gemacht, «daß die hier beschuldigte Personengruppe so klein ist, daß gegen ihre Mitglieder ohne weiteres Einzelverfahren geführt werden können»[238].

Ernst von Weizsäcker

Schuld und Verantwortlichkeit der Mitglieder des Hitlerkabinetts, das in der Tat nur höchst selten zusammengetreten war, sollten also individuell geprüft und der verbrecherische Beitrag des einzelnen konkret nachgewiesen werden. Hätten sich die Vorstellungen der US-amerikanischen Ankläger in den Nachfolgeprozessen durchgesetzt, wäre es zu mehr als nur 12 Verfahren gekommen. Im Wilhelmstraßen-Prozeß sollten ursprünglich ausschließlich Kriegsverbrecher aus dem Ribbentrop-Amt angeklagt werden. Ein weiterer Prozeß war gegen exponierte Figuren aus Hitlers Reichskanzlei vorgesehen. Doch im Frühjahr 1947 wehte der Wind des kalten Krieges bereits von Washington nach Nürnberg herüber. General Taylor bekam Befehl, kürzerzutreten und es bei 12 Prozessen bewenden zu lassen. Offiziell schützte die Administration im Weißen Haus finanzielle Gründe vor.

So kam es, daß im Wilhelmstraßen-Prozeß nicht nur Minister, hochrangige Diplomaten und Beamte der Zivilverwaltung auf der Anklagebank saßen, sondern auch Kriegsverbrecher aus dem Wirtschaftsbereich sowie die SS-Generale Gottlob Berger und Himmlers Spionagechef Walter Schellenberg. «Es war eine sehr gemischte Verbrechergesellschaft»[239], bemerkte der stellvertretende Chefankläger Robert M. W. Kempner. Kempner, der von Göring einst verjagte und in die USA emigrierte Justitiar der Preußischen

Polizei, hatte auch schon im IMT-Prozeß zum Anklagestab gehört und – Ironie der Geschichte – damals die Verhöre seines einstigen Widersachers und Verfolgers geführt.

Bei fünf der insgesamt sechzehn wegen Verbrechen gegen den Frieden Angeklagten kam das US-Tribunal zu dem Schluß, daß sie solche Verbrechen auch tatsächlich begangen hatten. Es handelte sich um Ribbentrops Staatssekretär Ernst von Weizsäcker, der Hitlers verbrecherische Außenpolitik aus zweiter Position heraus verfochten hatte. Zwar war Weizsäcker nicht bei jenen entscheidenden Besprechungen zugegen gewesen, in denen Hitler die Angriffspläne entwickelt hatte. Doch über seinen einzigen Vorgesetzten Ribbentrop, über Canaris und andere führende Generale der Wehrmacht war er ebenso frühzeitig wie präzise über Zeitpunkt und Ziel der geplanten Aggressionen ins Bild gesetzt worden.

Auch Wilhelm Keppler, der andere Staatssekretär aus dem Auswärtigen Amt, wurde wegen Friedensbruch abgeurteilt. Keppler hatte maßgeblich an der Vorbereitung der Invasion in Österreich mitgewirkt und schließlich jenes erpresserische Ultimatum erreicht, wonach Schuschnigg zurückzutreten habe und der Naziführer Seyß-Inquart an dessen Stelle zu setzen sei. Aber auch beim Zerfetzen des tschechoslowakischen Staates, beim gewaltsamen Anschluß von Böhmen und Mähren hatte Keppler seine Finger im Spiel.

Mit Blick auf die Bewertung von Kepplers Verbrechen aber auch die anderer Angeklagter war von Belang, daß das US-Tribunal, im Unterschied zum IMT, die Invasion Österreichs und der Tschechoslowakei ausdrücklich als Verbrechen gegen den Frieden charakterisierte. Im IMT-Prozeß waren die beiden Aggressionsakte hingegen nur als Teil der Verschwörung eingestuft worden.

Der dritte im Bunde der Ribbentrop-Diplomaten, die im Wilhelmstraßen-Prozeß des Friedensbruchs überführt wurden, war Unterstaatssekreätr Ernst Wörmann, der von 1938 bis 1943 die Politische Abteilung des Auswärtigen Amtes unter sich hatte. Wörmann hatte eine wichtige Rolle bei der diplomatischen Vorbereitung des Überfalls auf Polen gespielt. So wies er u. a. die Vertretungen des Nazireiches im Ausland rechtzeitig an, nach einheitlicher Sprachregelung gegen Polen Stellung zu beziehen, und machte sie am 22. August 1939 mit Richtlinien vertraut, welche Politik gegenüber England, Frankreich und zehn weiteren Ländern einzuschlagen sei, falls es zum Konflikt zwischen Deutschland und Polen komme. Als der zweite Weltkrieg schließlich angezettelt war, schob Wörmann die von SS-Banditen verübten Grenzzwischenfälle dem polnischen Staat in die Schuhe.

Eine Schlüsselfigur der faschistischen Verbrecherszene, die in diesem Prozeß u. a. wegen Verbrechen gegen den Frieden bestraft wurde, war zweifellos Hans Lammers. Der Jurist war von 1933 bis 1945 Chef der Reichskanzlei und der engste juristische Berater Hitlers. Seit 1937 im Range eines Reichsministers, war Lammers nach Ausbruch des zweiten Weltkrieges zudem zum Mitglied des sogenannten Ministerrates für die Reichsverteidigung avanciert, durch den wichtige Fäden für die Vorbereitung und Realisierung der faschistischen Angriffskriege geknüpft wurden. Lammers hatte sich sowohl als «Gesetzgeber», aber auch als Organisator beim Vorbereiten und Durchsetzen der faschistischen Eroberungsziele engagiert. So hatte er neben Hitler, Göring, Frick und anderen Hauptkriegsverbrechern zahlreiche Erlasse unterzeichnet, die die verbrecherischen Resultate der faschistischen Aggressionen juristisch zementierten. Lammers' Einfluß auf Hitler und dessen Entschlüsse zu Methode und Ziel der verbrecherischen Kriegführung waren weit größer als die der meisten anderen Naziminister. Seit 1943 hatte er neben Bormann und Keitel zu jenem Triumvirat gehört, das sämtliche Anweisungen auf Unbedenklichkeit zu prüfen hatte, die Hitler zur Unterschrift vorgelegt wurden. Obgleich Hitler eine Abneigung gegenüber Juristen nachgesagt wird, Lammers' Rat hatte er wegen dessen Skrupellosigkeit stets zu schätzen gewußt.

Die Richter im Wilhelmstraßen-Prozeß konnten dem eiskalten Schreibtischverbrecher bis ins Detail nachweisen, daß er in bezug auf die Tschechoslowakei, auf Polen, Norwegen, Holland, Belgien, Luxemburg und die Sowjetunion «bei der Festlegung und Ausführung der Pläne und bei der Durchführung der Vorbereitungen für die Angriffshandlungen des Reiches gegen diese Länder in strafbarer Weise mitgewirkt hat»[240].

Schließlich wurde noch Staatssekretär Paul Körner des Verbrechens gegen den Frieden überführt. Körner, ein privater Geschäftsmann, hatte sein Schicksal schon frühzeitig an den Lebensweg Görings geknüpft. Zunächst nur dessen Adjutant und Vertrauter, war Körner im Jahre 1936 zum Staatssekretär für den Vierjahresplan aufgerückt. Als ständiger Stellvertreter des zweiten Mannes des Naziregimes hatte er eine herausragende Rolle bei der Gleichschaltung und der Durchführung eines Wirtschaftsprogramms gespielt, das die Inangriffnahme des Weltherrschaftsplans erst ermöglichte. Körner hatte in allen Phasen der faschistischen Aggression zugleich dafür gesorgt, daß jenen Kreisen des Finanzkapitals, die den Krieg vorfinanziert hatten, überreichlich Profit zufloß. In dieser Beziehung hatte er sich namentlich als Görings Vertreter im Wirtschaftsführungsstab Ost verdient gemacht, der die ökonomische Ausplünderung der Sowjetunion bekanntlich seit 1940 kalkulierte und nach dem Überfall auf barbarische Weise in die Tat umsetzte.

Am 14. April 1949 war der Blick der internationalen Öffentlichkeit ein letztes Mal auf den Justizpalast von Nürnberg gerichtet. An jenem Tage verkündete Gerichtspräsident William G. Christianson, der auch schon gegen die Verbrecher aus dem Flick-Konzern mit zu Gericht gesessen hatte, die Urteile im Wilhelmstraßen-Prozeß. Freilich entsprachen die Strafen diesmal noch weniger der Schwere und dem Umfang der von den Angeklagten begangenen Verbrechen gegen die Menschlichkeit als in vorangegangenen Verfahren. Doch lag das weniger im guten oder bösen Willen der Richter begründet, sondern weit mehr in der Renaissance der Bedrohungslüge, die von Washington, aber auch von anderen westlichen Hauptstädten aus, zunehmend verbreitet wurde. Der stellvertretende Chefankläger der USA in Nürnberg, Kempner, erinnerte sich später: «Von dem IMT-Urteil am 2. Oktober 1946 bis zum Urteil im Wilhelmstraßenprozeß war eine lange Zeit vergangen ... Aber in den drei Jahren war ja auch noch etwas anderes passiert: Es gab nicht mehr die *alliance* mit der Sowjetunion, die am ersten Urteil mitgewirkt hatte. Im Gegenteil, es herrschte die Stimmung, möglicherweise kommen die Russen, was wird aus dem Territorium der Bundesrepublik? ... Die Klarheit über die Taten und das Beweismaterial war unerhört angewachsen und – sagen wir ruhig – der Mut zur Bestrafung war gesunken.»[241]

Von den fünf einschließlich wegen Verbrechen gegen den Frieden verurteilten Tätern erhielten zunächst von Weizsäcker und Wörmann je 7 Jahre Haft, Keppler 10, Lammers 20 und Körner 15 Jahre. Und dabei blieb es. Die Verteidiger der meisten Angeklagten hatten mit Eingaben aufgewartet, mit denen die Belastung ihrer Mandanten reduziert, vor allem aber das Strafmaß heruntergehandelt werden sollte. Ausgerechnet die Verteidiger von Weizsäckers und Wörmanns hatten damit Erfolg. Zwar brauchten die Richter fast acht Monate, um sich mit dem Vorbringen der Anwälte auseinanderzusetzen. Am 12. Dezember 1949 widerrief das Gericht die Verurteilung von Weizsäckers und Wörmanns wegen Verbrechen gegen den Frieden. Infolgedessen wurden die Strafen für die beiden um jeweils zwei Jahre auf fünf Jahre herabgesetzt. Allerdings war dieser Beschluß nicht von allen Richtern gebilligt worden. In beiden Fällen hatte sich Präsident Christianson in getrennten Memoranden von der Urteilskorrektur distanziert. Weizsäckers Mitwirkung am Überfall auf die Tschechoslowakei betreffend, fühlte sich der vorsitzende Richter nach erneuter Prüfung des Beweismaterials in seiner Überzeugung von der Schuld Weizsäckers noch bestärkt. Bei Wörmann bemerkte er, daß dieser «wegen seiner Tätigkeit beim Angriff gegen Polen über jeden Zweifel hinaus schuldig war»[242].

Trotz merkwürdiger Kompromisse und bedauerlicher Halbheiten war der Wilhelmstraßen-Prozeß von den 12 Nürnberger Nachfolgeverfahren zweifellos der historisch bedeutsamste. Abgesehen vom IMT-Prozeß war in keinem anderen Kriegsverbrecherverfahren bei der Kardinalfrage der Menschheit, der Frage von Krieg und Frieden, so tief geschürft worden wie hier. Die Verteidigung hatte nämlich gleich zu Beginn des Prozesses den absurden Einwand erhoben und zu begründen versucht, das faschistische Deutschland habe gar keine Angriffskriege geführt. Das Gericht hatte dies zum Anlaß genommen, den aggressiven Charakter der von Nazideutschland geführten Kriege anhand von zum Teil bis dahin unbekannten Dokumenten und Fakten bis ins Detail zu belegen. In dieser Hinsicht liefert das Wilhelmstraßen-Urteil, über dem die Richter fünf Monate lang gearbeitet hatten, einen beachtlichen Mosaikstein zur Geschichte des zweiten Weltkrieges.

Weit gravierender jedoch ist sein völkerrechtlicher Wert, sein Gewicht als Präzedenzfall für die Unantastbarkeit des Gewaltverbots in den Beziehungen zwischen den Staaten und mithin bezüglich der juristischen Vorsorge für Frieden und friedliche Koexistenz. Die internationale Gerichtspraxis kennt ja bislang ohnehin nur drei Fälle, in denen verantwortliche Staatsmänner und Militärs bzw. auch Vertreter der Wirtschaft rechtskräftig wegen Verbrechen gegen den Frieden bestraft worden sind. Dies geschah durch das IMT-Tribunal in Nürnberg, durch das Internationale Militärgericht für den Fernen Osten, in dem die 25 angeklagten Exponenten des japanischen Militarismus sämtlich wegen des schwersten internationalen Verbrechens abgeurteilt wurden, und eben im Wilhelmstraßen-Prozeß. Nicht von ungefähr merkte Robert Kempner zur Entscheidung gegen Weizsäcker u. Genossen an, dieses Urteil sei «eine mächtige Warnung, daß Rechtsgrundsätze, die gerichtlich durchgesetzt sind, nicht plötzlich eingegraben und später vielleicht wieder ausgegraben werden, je nachdem sich der Wind der internationalen Politik dreht»[243].

In der Tat hatten die Richter im Wilhelmstraßen-Prozeß die persönliche Verantwortlichkeit für Verbrechen gegen den Frieden nicht nur prinzipiell bestätigt, sondern leidenschaftlicher und überzeugender noch als im IMT-Urteil begründet. Es sei unzweifelhaft, so hatte der US-Militärgerichtshof I C ausgeführt, daß gegen den Angreiferstaat Sanktionen verhängt werden können. Daran hatte er Fragen geknüpft, auf die die Menschheit von heute entschiedener denn je antworten muß, wenn sie den Strategen neuer militärischer Abenteuer so rechtzeitig in den Arm fallen will, daß ihre Existenz erhalten bleibt. «Aus welchem Grunde sollen dann solche Sanktionen nicht gegen die Einzelpersonen zur Anwendung kommen, durch deren Entscheidung, Mithilfe und Ausführungshandlung der rechtswidrige Krieg oder Einfall in die Wege geleitet und durchgeführt worden ist? Soll die Strafe wirklich immer nur die Menschen treffen, die schuldlos sind? Soll der einfache Bürger, der keinerlei Kenntnis von den Gründen für die Handlungen seines Staates hatte und möglicherweise durch Propaganda hinters Licht geführt worden war, auf dem Schlachtfeld getötet oder verwundet werden oder in Kriegsgefangenschaft geraten, soll er zusehen, wie sein Heim durch Granaten oder Luftbomben zerstört wird und wie Weib und Kinder leiden und entbehren müssen, sollen die Besitzer und die Arbeiter zusehen, wie ihre Fabriken zerstört, wie Handelsschiffe versenkt werden, wie die Seeleute ertrinken oder interniert werden, sollen zum Schluß Kriegsentschädigungen bezahlt werden, die durch Steuern von den Unwissenden und Unschuldigen aufgebracht werden – soll wirklich all dies geschehen, ohne daß die wahren Schuldigen zur Verantwortung gezogen werden?

Die einzige Begründung für die Auffassung, daß die Verantwortlichen frei ausgehen dürfen, die unschuldigen Massen aber leiden müssen, beruht auf dem alten Rechtssatz, daß ‹der König nicht Unrecht tun kann› und daß ‹der Krieg der Sport der Könige› ist …

In solchen Fällen Immunität zuzulassen hieße aus dem Völkerrecht ein wirklichkeitsfremdes Nebelgebilde machen. Wir lehnen diese Auffassung ab und halten jeden, der Angriffskriege und Einfälle plant, vorbereitet, beginnt und durchführt und jeden, der wissentlich, bewußt und schuldhaft an solchen Handlungen teilnimmt, für einen Völkerrechtsbrecher, der für seine Handlungen vor Gericht gestellt, verurteilt und bestraft werden muß.»[244]

Solche Worte aus dem Munde autorisierter Richter mußten manchem Politiker und Militär in den USA, aber auch in anderen Hochburgen des Großkapitals den Atem stocken lassen. Schließlich waren es die USA, die seit der Jahrhundertwende mehrere Angriffskriege um die Neuaufteilung der Welt geführt und sich Aggressionen namentlich gegenüber lateinamerikanischen Ländern geleistet hatten. Und jüngst hatte der verbrecherische Abwurf von zwei Atombomben auf Japan, zu einem Zeitpunkt, da der Krieg faktisch bereits entschieden war, den eigenen Anspruch auf Weltherrschaft demonstriert.

Die Ankläger und Richter der westlichen Großmächte machten aus dem Risiko der völkerrechtlichen Ächtung und Kriminalisierung jedes Angriffskrieges denn auch keinen Hehl. US-Chefankläger Robert H. Jackson, ein Mann von bürgerlich-demokratischer Haltung, mahnte vor dem IMT-Tribunal seine eigenen Auftraggeber wie auch deren Verbündete: «Denn wir dürfen niemals vergessen, daß nach dem gleichen Maß, mit dem wir die Angeklagten heute messen, auch wir morgen von der Geschichte gemessen werden. Diesen Angeklagten einen vergifteten Becher reichen, bedeutet, ihn an unsere eigenen Lippen zu bringen.»[245]

Es war vor allem, aber nicht allein, das veränderte Kräfteverhältnis, das die Regierungen westlicher Länder gezwungen hatte, völkerrechtliche Elementarregeln zu akzeptieren, die im Spannungsverhältnis zum Klassenwesen ihrer Staaten standen. Gewiß hatte auch die Erkenntnis dazu geführt, daß der zweite Weltkrieg zu einer solchen Potenzierung der zerstörerischen Kräfte geführt hatte, deren globaler Einsatz das Ende der Menschheit bedeuten konnte. Vor allem in diesem Sinne dürfte Jacksons Bemerkung in seiner Eröffnungsrede zu deuten sein, daß die Zivilisation die Verbrechen der Hitlerbande nicht ungestraft hinnehmen könne, «sie würde sonst eine Wiederholung solchen Unheils nicht überleben»[246].

Hitlers Anteil

Für die schwersten Verbrechen, die Angriffskriege, an denen Monopolkapital und Naziregime die historische Schuld tragen, ist Hitlers individuelle, juristische Schuld besonders maßlos überzeichnet worden. Die meisten der in Nürnberg angeklagten Kriegsverbrecher beschworen Hitlers Allmacht in dieser Frage. Nun, da sie aus dem

Schatten Hitlers heraustreten mußten, fühlten sie sich auf einmal von ihrem Führer mißbraucht und betrogen, wollten sie seine angeblich unabdingbaren, von keinem beeinflußbaren Entschlüsse zu spät erfahren oder aber nur zähneknirschend befolgt haben. Der zweite Weltkrieg stellte sich aus dem Blickwinkel der Anklagebank als die Wahnidee und das Werk eines einzelnen dar.

Die Motive für solches Lavieren lagen auf der Hand. Erstens verband sich damit die Hoffnung, den Kopf aus der Schlinge des Nürnberger Galgens wieder herausziehen zu können. Und zweitens hätte die These von Hitlers Alleinschuld am Krieg, wäre sie auf fruchtbaren Boden gefallen, die Verknüpfung von monopolkapitalistischen Triebkräften der Aggression und ihren politischen und militärischen Vollstreckern ins Dunkel der Geschichte gerückt. Namentlich Albert Speer, der sich schon vor dem Abgesang des Naziregimes mehr als andere darum bemühte, die Kontinuität des Großkapitals zu bewahren, hatte dies besonders apodiktisch versucht. Und nicht wenige Historiker und Publizisten haben das Konzept der Nürnberger Angeklagten und ihrer Verteidiger später aufgegriffen und verfeinert.

Um so wichtiger bleibt eine realistische Antwort auf die Frage, welche Rolle Hitler beim Planen, Vorbereiten, Auslösen und Realisieren der faschistischen Aggressionen tatsächlich gespielt hat.

Zunächst einmal war Hitler schon unter dem Blickwinkel seines politischen Credos und Engagements mehr als viele andere zum Kriegsherrn prädestiniert. Krieg und Ausrottung, Raub fremder Länder und Reichtümer hatten sein Lebensziel unumstößlich diktiert, seit er politisch zu denken begonnen hatte. Das Schlagen sei immer in ihm gewesen, hatte er im Kreise von Mitverschwörern bekannt. Krieg war für ihn das «Natürlichste, Alltäglichste ... Krieg ist Urzustand»[247]. So deckten sich in Hitlers Weltsicht politische Ambition und abenteuerliche Charakteranlage.

Es dürfte auch außer Zweifel stehen, daß sein persönlicher Einfluß auf die Hinwendung zum Kriege größer war als derjenige anderer Exponenten des Naziregimes. In der Spitze der nazifaschistischen Herrschaftspyramide, die Hitler repräsentierte, war weit mehr Macht konzentriert als in einem beliebigen anderen großbürgerlichen Regime. Sowenig er jemals als Parteiführer oder Staatsoberhaupt gewählt oder sonstwie legitimiert worden war, sowenig hatte ihn irgendwer zum Oberbefehlshaber der Wehrmacht und schließlich auch noch (im Dezember 1941) zum Oberbefehlshaber über das Heer gemacht. Der Spielraum der Führerfigur, der die Macht durch die herrschenden Kreise mit der Maßgabe übertragen worden war, mit dem Weltherrschaftsanspruch Ernst zu machen, bedurfte einer solchen Dimension. Nichts konnte die wahren Herrschaftsverhältnisse besser verschleiern als die scheinbare Konzentration der Macht in einer Hand, als die Entscheidung über Krieg und Frieden durch einen einzigen, der als oberster Gesetzgeber und Gerichtsherr zugleich galt. Hitler selbst hat an dieser Vernebelung der Realität nach Kräften mitgewirkt, indem er gerade in puncto Verbrechen gegen den Frieden seine eigene Person immer wieder maßlos überbewertete. Er sei «unersetzbar», hatte er Ende 1939 vor den Oberbefehlshabern der Wehrmacht geprahlt und ihnen zu suggerieren versucht: «Das Schicksal des Reiches hängt nur von mir ab.»[248]

In Wirklichkeit widerspiegelte sich in der Machtfülle, die Hitlers Amt gerade bezüglich der Wehrmacht in sich vereinigte, vor allem die Konzentration des aggressivsten Teils des Monopolkapitals und seine heimliche Verschmelzung mit dem faschistischen Machtapparat, mit dessen Hilfe die Vorbereitung wie später auch die Durchführung und Ausbeute der Angriffskriege gesteuert wurde.

Hitler und seine Auftraggeber wußten um ihre gegenseitige Abhängigkeit. Die Konzerne konnten einen Krieg von solcher Tragweite nur führen mit einem Regime und einem Regierungschef, die mit Mehrheiten und Abstimmungen nicht zu kämpfen hatten. Hitler indessen hätte seine Befehle zum Überfall auf fremde Länder niemals erteilen können, wenn die IG-Farben nicht ausreichend synthetisches Benzin und Kautschuk, Krupp und Rheinmetall nicht genügend Geschütze und Panzer gestellt, Heinkel und Messerschmitt nicht mit Flugzeugen die Überlegenheit der faschistischen Luftwaffe garantiert hätten.

Gewiß, Hitler war mehr als primus inter pares, mehr als der Erste unter Gleichen. Tatsächlich hatte er an der Vorbereitung der verbrecherischen Aggressionen größeren Anteil als andere Naziführer. Allerdings war dies nicht allein und ausschließlich durch sein Amt, sondern auch durch seinen Eifer und grenzenlosen Ehrgeiz bedingt, mit dem er auf das anvisierte Ziel zusteuerte. Soweit er in den Vorkriegsjahren Energie und Arbeit aufwandte – sein Arbeitsstil war auch in jener Zeit sporadisch und bar jeder Selbstdisziplin –, galten sie der Aufrüstung. Dabei hatte Hitler wie kein anderer Naziführer nicht nur darauf Einfluß genommen, daß man aufrüstete, sondern daß auch innerhalb kürzester Zeit ein optimaler Rüstungsvorsprung gegenüber künftigen Rivalen erreicht wurde. Wie stets hatte dabei der Zweck jedes Mittel geheiligt, was dazu führte, daß er selbst mit solch engagierten Förderern des Aggressionskurses wie Schacht in Kollision geraten war.

Auch bei der aktuellen Planung der verbrecherischen Aggressionsakte ragte die Rolle des Naziführers heraus, war er die am meisten initiative, antreibende und letztlich auch maßgebende Figur des Naziregimes. Daß er beim Auswählen der Aggressionsopfer und -ziele wenig kreativ war, ist schon gesagt. Erfolgbesessen, hatte er jenes Expansionsprogramm zum Kompaß für den neuen Anlauf um die Weltherrschaft gemacht, das die aggressivsten Kräfte schon um die Jahrhundertwende artikuliert und am Ende des verlorenen ersten Weltkrieges konkretisiert und komplettiert hatten. Insofern konnte Hitler im Sinne seiner Auftraggeber kaum etwas falsch machen. Die einzelnen Pläne der Aggression, die er schon frühzeitig ausgearbeitet hatte, fanden die Billigung derer, die den Einfall in andere Länder langfristig vorfinanziert hatten und nun auf maximale Rentabilität aus waren.

Ohne Frage hat Hitler den von ihm *politisch* konzipierten und motivierten Plänen der Aggression seinen Stempel aufgeprägt. Und er hat im wesentlichen auch Zeitpunkt und Reihenfolge der Überfälle festgelegt und bestimmt. Diesen Spielraum hatte sich Hitler von Beginn an ausbedungen und von der zu allem entschlossenen deutschen Großbourgeoisie auch erhalten. Noch bevor er zum Reichskanzler bestallt wurde, hatte er vor Komplicen kategorisch geäußert: «Den geeigneten Zeitpunkt zum Angriff bestimme ich. Es gibt nur einen günstigsten … Ich werde meine ganze Energie darauf verwenden, ihn herbeizuzwingen. Das ist meine Aufgabe. Erzwinge ich das, dann habe ich das Recht, die Jugend in den Tod zu schicken.»[249]

Nachdem Hitler im Februar 1938 das Amt des Oberbefehlshabers der Wehrmacht an sich gerissen hatte, übte er stärkeren Einfluß auch auf die strategischen Aspekte der Kriegführung aus. Und oft genug setzte er sich über ernst zu nehmende Befürchtungen und Einwände seiner Generalstäbler mit einer Geste hinweg.

Es erscheint zweifelhaft, ob der sowjetische IMT-Richter Nikitschenko in seiner abweichenden Meinung zum Urteil mit seiner These recht hatte, daß die Meinung der führenden Männer des Generalstabes und des OKW in den meisten Fällen «die entscheidende (war)»[250]. In einer Reihe von Fällen hatten sich selbst die führenden Militärs als zögerlicher und weniger entschlossen als Hitler erwiesen. Arge Bedenken hatten sie bekanntlich über den nach ihrer Auffassung viel zu frühen Zeitpunkt des Überfalls auf Westeuropa vorgetragen, während der Naziführer auch diesmal gewillt war, va banque zu spielen. Zwar war der Termin des Angriffs dann mehrmals geringfügig verschoben worden, am Ende aber vermochte Hitler seinen Zeitplan doch durchzusetzen.

In den meisten Fällen der Aggressionsvorbereitung hatte der Generalstab unterschiedliche Möglichkeiten für die Realisierung des Angriffs fixiert und unterbreitet. Obgleich selbst nicht frei von Zweifel, entschied sich Hitler fast immer für die abenteuerlichste militärische Variante, von der er sich jeweils den größten Erfolg versprach. Diese Haltung des Naziführers resultierte nicht zuletzt daraus, daß er die Exponenten der meisten zu überfallenden Länder als schwankende Gestalten kennengelernt hatte, aus deren wankelmütiger, opportunistischer Haltung er Rückschlüsse auf die Verteidigungsbereitschaft des jeweiligen Landes ziehen zu können glaubte.

«In dieser Hinsicht», so Kurt Bachmann treffend, «hatte Hitler die umfassendere Kenntnis seines Gegners den Generalen der Wehrmacht voraus. Hitler hatte, bevor noch der Krieg begann, die Politiker Polens, Englands, Frankreichs, Österreichs, der Tschechoslowakei auf dem Felde der nichtmilitärischen Außenpolitik mehrfach besiegt. Die Generale hingegen waren an den Niederlagen und Lehren des I. Weltkrieges geschult, den sie meist in den Stäben in Offiziersstellungen erlebt hatten.»[251]

Hätte sich Hitler in Nürnberg vor dem IMT verantworten müssen, wäre das Gericht zweifellos und völlig zu Recht zu dem Schluß gelangt, daß er von den Angeklagten auch und gerade hinsichtlich der vom Naziregime begangenen Verbrechen gegen den Frieden die schwerste politische wie juristische Schuld auf sich geladen hatte. Dies wäre um so mehr der Fall gewesen, als die westliche Mehrheit der IMT-Richter von der historisch unhaltbaren Prämisse ausging, der Plan zum Führen der Angriffskriege sei «im Gehirn nur einer dieser Personen (nämlich Hitler – d. A.) entstanden»[252].

Aber auch unabhängig davon wäre ihm die Todesstrafe sicher gewesen. Es bedarf keiner besonderen Phantasie, sich auszumalen, daß er sich ebenso wie alle seine angeklagten Komplicen als nicht schuldig erklärt hätte. Schließlich hatten sein Sendungsbewußtsein und seine verlogene Demagogie über Ursache und Anstiftung des zweiten Weltkrieges bis in die Stunde des Todes angedauert. «Es ist unwahr», so hatte er am 29. April 1945 in sein politisches Testament hineingelogen, «daß ich oder irgendjemand anderer in Deutschland den Krieg im Jahre 1939 gewollt haben. Er wurde gewollt und angestiftet ausschließlich von jenen internationalen Staatsmännern, die entweder jüdischer Herkunft waren oder für jüdische Interessen arbeiteten.»[253]

Seine groteske Unverbesserlichkeit bezeugte der Naziführer übrigens in seiner allerletzten Botschaft, die für Keitel bestimmt war: «Es muß weiter das Ziel sein, dem deutschen Volk Raum im Osten zu gewinnen.»[254]

Die Tatsache, daß Hitler die schwerste individuelle Schuld an den Verbrechen gegen den Frieden trug, hatten die Angeklagten in Nürnberg eifrig zu nutzen versucht, um sich selbst zu exkulpieren. Aber weder Ankläger noch Gericht ließen sich von Hitler und seiner dominierenden Rolle blenden, die er im Chor der Naziführer gespielt hatte. Auch in gewöhnlichen Verbrecherbanden verfügt der Boß bekanntlich über größere Macht und in der Regel auch über die größere Autorität als die Mitglieder der Bande. Darauf hatte namentlich der sowjetische Hauptankläger Rudenko verwiesen und bemerkt: «Zumindest ist es sonderbar, das Vorhandensein einer Verschwörung im gegebenen Fall deshalb zu leugnen, weil in den Händen des Häuptlings – Hitler – eine enorme persönliche Macht konzentriert war.»[255]

Auch die Meinungsverschiedenheiten und Zwistigkeiten, die es im Hinblick auf einzelne von Hitler entwickelte Angriffspläne gegeben hatte, konnten die Schuld der am Friedensbruch Beteiligten weder auslöschen noch mindern. Denn alle wegen Verbrechen gegen den Frieden Angeklagten kamen über die bloße Behauptung, sie hätten unter dem unabänderlichen Zwang Hitlers – sprich im Befehlsnotstand – gehandelt, nicht hinaus. Zwar hatte der Nazichef im November 1939 vor den Oberbefehlshabern gedroht, er werde «jeden vernichten, der gegen mich ist». Doch hatte man längst die Erfahrung gemacht, daß Opponieren gegen Hitlers Vorstellungen von Expansion und Krieg schlimmstenfalls disziplinarische Folgen hatte. Ludwig Beck beispielsweise, der als einziger General die Stirn gehabt hatte, sich offen gegen Hitlers Aggressionskonzept zu wenden, und der bereits 1938 – wenngleich vergeblich – versucht hatte, im Generalstab des Heeres Widerstand gegen den Nazichef zu organisieren, war bis zum 20. Juli 1944 ungeschoren geblieben. Keiner in maßgeblicher Stellung, der sich dem fortgesetzten Friedensbruch des Naziregimes verweigert hätte, hätte für Leib oder Leben fürchten müssen.

In Wahrheit hatten namentlich die Generale die Weisungen und Befehle Hitlers in puncto Aggression durchweg hingenommen. Am Anfang der eine oder andere mehr aus blindem Autoritätsdenken und Mangel an Zivilcourage, später, besonders nach dem Blitzsieg über Frankreich und die Beneluxstaaten, aus Begeisterung und grenzenloser Bewunderung des vermeintlich genialen Feldherrn Hitler. Führerkult und Führerwahn, von Goebbels und der Nazipropaganda systematisch kultiviert, hatten das Ihre getan, daß Kollisionen zwischen Hitler und seinen Mittätern nur ausnahmsweise vorkamen. Die Tatsche, daß mehrere der wegen Friedensbruch Angeklagten am Entwickeln der Aggressionspläne selbst nicht mitgewirkt hatten, hatte das IMT als Rechtfertigungsgrund eindeutig ausgeräumt.

Im Urteil gegen Göring und 21 weitere Hauptkriegsverbrecher hieß es: «... diejenigen, die den Plan ausführten, können ihrer Verantwortlichkeit nicht dadurch entgehen, daß sie nachweisen, sie hätten unter Leitung des Mannes gehandelt, der den Plan entwarf ... Wenn sie seine Ziele kannten und ihm ihre Mitarbeit gewährten, so machten sie sich zu Teilnehmern an dem von ihm ins Leben gerufenen Plan. Wenn sie wußten, was sie taten, so können sie nicht als unschuldig erachtet werden, weil Hitler sie benutzte ... Das Verhältnis zwischen Führer und Geführten schließt Verantwortlichkeit ebensowenig aus wie bei dem vergleichbaren Tyrannenverhältnis, wenn es sich um organisierte innerstaatliche Verbrechen handelt.»[257]

Die Endlösung

Die Verfolgung und physische Vernichtung von Millionen Menschen jüdischer Abkunft in Europa ist zweifellos das grauenvollste und abscheulichste Kapitel der Naziverbrechen. Um so vehementer wurde und wird gerade mit Blick auf die faschistische Endlösung der sogenannten Judenfrage die Person Hitlers, wurden und werden aber auch plumpe Verzerrungen historischer Zusammenhänge als Alibi für den Völkermord an den europäischen Juden ins Feld geführt. Daß die Angeklagten von Nürnberg davon Gebrauch machten, ist verständlich. Aber wie kommen ernst zu nehmende bürgerliche Historiker, Publizisten und Politiker dazu, die historische und juristische Schuld an diesem unerhörten Genozid entweder ganz oder aber überwiegend aus der Person Adolf Hitlers abzuleiten?

Ein Musterbeispiel hierfür ist der britische Autor Gerald Reitlinger, der seinem Buch «Die Endlösung», einem faktenmäßig durchaus fundierten Standardwerk über den Millionenmord, den Untertitel gab: «Hitlers Versuch der Ausrottung der Juden Europas 1939–1945». Die Quintessenz seiner Untersuchungen glaubt er in dem Schluß zu sehen, «daß nichts anderes als der pathologische Haß von Hitler und einigen wenigen seiner Spießgesellen diese große Maschinerie mehr als drei Jahre lang in Bewegung hielt»[1].

Auch Gerald Fleming, ein bekannter britischer Zeitgeschichtler und Professor an der University of Surrey, spricht von Hitlers «abgrundtiefem und krankhaftem Judenhaß» und kommt zu dem Fazit: «Die Ideologie Adolf Hitlers in Sachen ‹Endlösung› war der Kult des in den Wahnsinn mündenden Irrationalen, vorangetrieben unter der Parole der eiskalten Vernunft ...»[2]

Die Versuche, die Ursachen für die Verfolgung und Vernichtung der jüdischen Menschen aus dem sozialen Kontext herauszulösen und in die Person des Naziführers zu verlagern, dauern bis in die

Gegenwart an. Dabei geben mitunter selbst Politiker den Ton an. So erklärte der ehemalige Präsident des Bundestages der BRD, Philipp Jenninger, anläßlich des 40. Jahrestages der sogenannten Kristallnacht beispielsweise: «Für das Schicksal der deutschen und europäischen Juden noch verhängnisvoller als die Untaten und Verbrechen Hitlers waren vielleicht seine Erfolge.»[3]

Diese Rede kostete Jenninger Amt und Karriere. Und doch hatte der CDU-Mann nur laut gesagt, was an Bonner Stammtischen bis heute geflüstert wird.

Der Massenmord an Millionen jüdischen Menschen wird seit Anfang der siebziger Jahre durch neonazistische Elemente überhaupt geleugnet. Damals erschien in Großbritannien eine Broschüre von einem gewissen Richard Harwood mit dem Titel «Did Six Million Really Die?» (Starben wirklich sechs Millionen?) In diesem Pamphlet stempelte man die faschistische Endlösung als «die ungeheuerlichste Erfindung aller Zeiten» ab. Die Gaskammern seien ein großer Schwindel gewesen, und in den Konzentrationslagern hätten durchaus menschliche Bedingungen geherrscht. Seitdem geisterte die sogenannte Auschwitzlüge durch zahlreiche westliche Länder, einschließlich durch die BRD und Westberlin. Allerdings war solch plumpen Leugnen des faschistischen Massenmordes wenig Erfolg beschieden.

Es blieb Historikern und Publizisten der BRD vorbehalten, eine neue, verfeinerte Auschwitzlüge in die Welt zu setzen, bei der die Opfer zugleich Urheber ihres eigenen Schicksals waren. Ernst Nolte, ein Vertreter der westdeutschen Historikerzunft, warf im Juni 1986 den ersten Stein, der den sogenannten Historikerstreit auslöste. Er rankt sich um einen makabren Gegenstand. Noltes Kernthese gipfelt in der unverfrorenen Behauptung, daß der Mord an fünf Millionen Juden in der Oktoberrevolution und im Überlebenskampf der Bolschewiki gegen Weißgardisten und Interventen seinen Ursprung habe.

«Der Bolschewismus», so Nolte, «war für den Nationalsozialismus Schreckbild und Vorbild zugleich.»[4] Hartnäckig versucht Nolte der Öffentlichkeit zu suggerieren, «daß die von Furcht und Haß erfüllte Beziehung zum Kommunismus tatsächlich die bewegende Mitte von Hitlers Empfindungen war, daß er damit nur auf besonders intensive Weise dasjenige artikulierte, was zahlreiche

353

deutsche und nichtdeutsche Zeitgenossen empfanden, und daß all diese Empfindungen nicht nur verstehbar, sondern auch größtenteils verständlich und bis zu einem bestimmten Punkt *sogar gerechtfertigt* (Hervorhebung d. A.) waren»[5].

Folgte man Nolte und seinen Parteigängern, wie beispielsweise dem konservativen Hitlerbiographen J. C. Fest, so war die Oktoberrevolution das Original, Auschwitz nur die Kopie des Völkermordes. Das alles läuft auf den historischen Freispruch nicht nur von Hitler, Himmler und Heydrich sowie der aktiven Vollstrecker der Endlösung hinaus. Das Herrschaftsregime der Monopole als Ganzes soll auf diese Art vom schlimmsten Massenmord der Weltgeschichte reingewaschen werden. Allzu deutlich hatte Nolte das wahre Motiv seiner infamen Geschichtsbeugung schon im Frühjahr 1985 in einer britischen Publikation durchblicken lassen. Damals schrieb er: «Derjenige, der das Dritte Reich kritisiert, weil er wirklich die Bundesrepublik Deutschland oder das kapitalistische System angreifen will, muß als der Narr erscheinen, der er ist.»[6]

Angesichts dessen, daß bürgerliche Apologeten die Geschichte dieses Jahrhunderts einfach auf den Kopf zu stellen suchen und ausgerechnet jener Kraft die historische Verantwortung für Auschwitz und die Endlösung zuschreiben möchten, die den Kampf gegen das Naziregime und seine rassistische Ausrottungspolitik am konsequentesten und mit den größten Opfern geführt hat, sollte man die wirklichen Ursachen und Triebkräfte der Judenvernichtung noch sorgfältiger und beweiskräftiger offenlegen. Gewiß bedeutet das Befassen mit diesem fürchterlichsten Kapitel deutscher Geschichte für die meisten immer wieder seelische und moralische Belastung. «Aber es bleibt einem Volke nicht erspart», schrieb Arnold Zweig 1966 im Geleit zu einer Dokumentation über die Verbrechen an den deutschen Juden, «auch in solche Schlammkanäle hinunterzusteigen. Nur dann lernt man, die herrschenden Klassen von damals zur Verantwortung zu ziehen, wenn man ihre Verbrechen völlig aufdeckt und ganz und gar durchleuchtet.»[7] Die Noltes und Fests geben uns mehr denn je Veranlassung, den Morast der politischen Kriminalität der faschistischen Herrschaftsschicht bis in die tiefsten Abgründe auszuloten.

Antisemitismus –
kein Patent Hitlers

Besonders häufig geben bürgerliche Historiker Hitlers Ideologie, Hitlers antisemitisches Weltbild als *die* Ursache der Endlösung aus. Solche Sicht auf die Kausalität des Massenmordes an den jüdischen Menschen ist in mehrfacher Hinsicht falsch und unhaltbar. Judenhaß und das Bestreiten des Existenzrechts von Menschen jüdischer Abkunft waren weder Hitlers Erfindung noch die einzigen Triebkräfte für das unfaßbare Geschehen.

Der Antijudaismus war über viele Generationen hinweg, namentlich durch die katholische Kirche, dogmatisiert und kultiviert worden. Nach der Zerstörung Jerusalems durch die Römer im Jahre 70 unserer Zeitrechnung wurden die Angehörigen des jüdischen Volkes in alle Winde zerstreut. Im Verlaufe von Jahrhunderten gelangte ein Teil der Nachfahren des einstigen Volkes von Israel nach Europa und siedelte sich hier auch im Heiligen Römischen Reich deutscher Nation an.

Da die meisten von ihnen am mosaischen Glauben ihrer Vorväter festhielten, wurden sie zur Zielscheibe der katholischen Kirche, die auch dadurch die Feudalherrschaft zu stützen und das Monopol ihrer Religion mit allen Mitteln zu wahren und durchzusetzen suchte. Menschen jüdischer Herkunft wurden eines unrechten Glaubens gescholten und ihre Vorfahren u. a. des Mordes an Jesus von Nazareth bezichtigt. Nicht selten hatte im Mittelalter das Aufputschen der Andersgläubigen zu Pogromen an wehrlosen jüdischen Menschen geführt, aber auch zu weltlichen Verfolgungen, die häufig auf den Scheiterhaufen der Inquisition endeten.

Begierig griffen die Nazis das Dogma von den Juden als dem Volk der Christusmörder und Brunnenvergifter auf, um es dafür büßen zu lassen. Für diesen Zweck verwandelten sie Jesus sogar in einen «Arier». Alle Überlieferung über den Nazarener bezeugt indessen, daß Jesus Jude war, unbeirrt an den Gott Israels glaubte und die hebräische Bibel als einzige Heilige Schrift verehrte.

Heuchlerisch knüpfte Hitler in «Mein Kampf» auch an den religiös fundierten Antisemitismus an: «Indem ich mich des Juden erwehre, kämpfe ich für das Werk des Herrn.»[8] Weit relevanter für die Absichten der Faschisten war allerdings der rassisch begründete

Antisemitismus. Die mittelalterliche Kirche hatte ja lediglich das Ausmerzen des jüdischen Glaubens auf ihre Fahnen geschrieben. Wer sich zum Katholizismus bekehren ließ, konnte in der Regel seinen Kopf retten. Die neuzeitlichen Verfechter des Antisemitismus stellten indessen auch die biologische Existenz der Menschen jüdischer Abkunft in Frage, dafür hatten sie ihnen eine besondere, «minderwertige Rasse» angedichtet.

Paul de Lagarde, einer der Exponenten des rassistischen Antisemitismus, erklärte mit Blick auf die Juden beispielsweise: «Mit Trichinen und Bazillen wird nicht verhandelt, Trichinen und Bazillen werden auch nicht erzogen, sie werden so rasch wie möglich vernichtet.»[9]

Hitler brauchte von antijüdischen Rasseeiferern wie de Lagarde, Houston Stewart Chamberlain, Karl Lueger oder Georg Ritter von Schoenerer nur wörtlich abzuschreiben, um den Kern der faschistischen Doktrin vom Herrenmenschentum, den Rassenantisemitismus der Nazipartei, zusammenzuklittern.

Der Jude, so Hitler in «Mein Kampf» bar jeder Originalität, «war immer nur *Parasit* im Leben anderer Völker»[10].

Von Beginn an versuchten Hitler und seine Spießgesellen, das sogenannte internationale Judentum als eine Fata Morgana des Bösen in die politische Landschaft zu projizieren. Dabei war ihr irrationaler Haß gegen die jüdischen Menschen nicht das einzige Motiv ihrer extrem antisemitischen Politik. «Das Irrationale paarte und verwob sich mit rationalen Überlegungen, die sich – so anachronistisch sie waren – klar erkennbar auf eine Welt unter dem Hakenkreuz richteten.»[11] So war die Rassenlehre und der Rassenantisemitismus der Faschisten stets auch eine ideologische Erfüllungshilfe für die Vorbereitung und Rechtfertigung von Aggression und Eroberung. Dazu griffen Hitler und andere Naziführer auf längst widerlegte Fälschungen sowie auf Verleumdungen von Vertretern jüdischer Kreise zurück.

Ein Lieblingsobjekt der Nazis waren dabei die gefälschten «Protokolle der Weisen von Zion». Unter diesem Titel hatte ein gewisser Gottfried zur Beek im Jahre 1919 mit einer Broschüre für Aufsehen gesorgt. Die angeblich entdeckten Dokumente gab zur Beek als die geheimen Verhandlungsprotokolle des Zionistischen Weltkongresses in Basel im Jahre 1897 aus. Danach hatte sich das internationale Judentum zur Eroberung der Weltherrschaft verschworen. Doch bald schon wurde der Autor übelster Manipulation überführt. Er hatte nämlich eine plumpe Fälschung der zaristischen Geheimpolizei Ochrana aus dem Jahre 1906 schlicht abgeschrieben.

Hitler und andere Naziideologen störte das nicht im geringsten. Proteste von jüdischer Seite gegen die angeblichen Protokolle deuteten sie unverfroren als Beweise für deren Echtheit. Die Nazifunktionäre klammerten sich nicht zuletzt deshalb so hartnäckig an dieses Machwerk, weil sich damit die Psychose verbreiten ließ, die Deutschen befänden sich mit dem «Weltjudentum» faktisch im Kriegszustand. «... wenn dieses Buch», so frohlockte Hitler in «Mein Kampf», «erst einmal Gemeingut eines Volkes geworden sein wird, darf die jüdische Gefahr auch schon als gebrochen gelten.»[12]

Es war keineswegs Zufall, daß der Antisemitismus in Deutschland nach der Niederlage im ersten Weltkrieg und dem Ausbruch der Novemberrevolution heftiger als zuvor ins Kraut schoß. Dringender denn je bedurfte das Versagen des kapitalistisch-junkerlichen Obrigkeitsstaates einer plausiblen Erklärung. Namentlich die Alldeutschen sprangen eilfertig in die Bresche. Mit antikommunistischem Boykott suchten sie sowohl die Revolution zu stoppen als auch die Unzufriedenheit der Masse auf die Bürger jüdischer Herkunft zu lenken. Als der geschäftsführende Ausschuß des Alldeutschen Verbandes im Oktober 1918 tagte, verlas Claß eine bezeichnende Botschaft, die das führende Mitglied Gebsattel verfaßt hatte. Gebsattel forderte dazu auf, die Situation «zu Fanfaren gegen das Judentum und die Juden als Blitzableiter für alles Unrecht» zu benutzen. Claß identifizierte sich bereitwillig mit dieser Forderung und betonte, daß «die Judenfrage nicht nur wissenschaftlich-politisch, sondern auch praktisch-demagogisch behandelt»[13] werden solle.

Tatsächlich knüpfte das politische Konzept der Nazifaschisten an diese demagogische Komponente des Antisemitismus, wie die Alldeutschen sie zur Geltung zu bringen versucht hatten, unmittelbar an. «... keine der Revolutionen», so meditierte Hitler im Jahre 1922 gegenüber dem Journalisten Josef Hell, «ist jemals ohne einen solchen Blitzableiter, durch den die Haßgefühle der breiten

Masse abgeleitet werden, ausgekommen ... Gefunden mußte ein solches Opfer werden und zwar eines, gegen das der Kampf auch materiell lohnt. Ich kann Ihnen die Versicherung geben, ich habe alle überhaupt denkbaren und möglichen Lösungen dieses Problems geprüft, und auf Grund aller in Frage kommenden Faktoren bin ich zu dem Ergebnis gekommen, daß ein Kampf gegen die Juden ebenso populär wie erfolgreich sein würde.»[14]

Diese Denkweise, in der Menschenverachtung und Demagogie miteinander verschmolzen, war das Fundament für das Ideologiegebäude der Nazifaschisten. Im Gegensatz zum Faschismus in anderen Ländern war der Antisemitismus von Anfang an eines der hervorstechenden Attribute der Nazibewegung. Die besonders raffinierte Art, in der von Hitler und anderen Nazidemagogen gestrickt wurde, barg größere Erfolgschancen in sich als das Herangehen der Alldeutschen. Denn sie schuf die Prämissen dafür, auch die Hirne von Teilen der ausgebeuteten Klassen und Schichten mit dem Gift des Judenhasses zu vernebeln. Der nazistisch getönte Antisemitismus stellte sich zum einen als wissenschaftlich fundiertes Weltbild zur Schau, indem er von der religiösen auf eine angeblich naturwissenschaftliche Basis überwechselte, d. h. auf eine in Wahrheit pseudowissenschaftliche Rassenlehre, die maßgeblich vom Sozialdarwinismus gestützt wurde. Zum anderen schloß der Antisemitismus Hitlerscher Prägung ganz gezielt die Variante ein, sich sozialistisch und antikapitalistisch zu gebärden, indem er ausschließlich jüdische Kapitalisten als Ausbeuter an den Pranger stellte und nur deren Enteignung forderte.

«Kein Jude kann Volksgenosse sein»

Schon in der Geburtsstunde der Nazipartei flammte der Rassenantisemitismus sichtbar auf. Gleich fünf Punkte des am 25. Februar 1920 im Münchner Hofbräuhaus verkündeten Programms der NSDAP zielten auf die Entrechtung und Vertretung jüdischer Menschen. Freilich waren die Konturen von Auschwitz damals noch nicht ablesbar. Aber die Lösung der sogenannten Judenfrage auf verbrecherische Weise war in den berüchtigten 25 Punkten bereits programmiert.

«Staatsbürger kann nur sein», so hieß es in Punkt 4, «wer Volksgenosse ist, Volksgenosse kann nur sein, wer deutschen Blutes ist, ohne Rücksicht auf Konfession. Kein Jude kann daher Volksgenosse sein.»[15]

Von Beginn an machten die Nazis keinen Hehl daraus, daß sie selbst die formale Gleichheit der Menschen vor dem Gesetz, in der sich der Fortschritt der bürgerlichen Gesellschaft juristisch ausdrückte, über Bord zu fegen gedachten. Deutsche Staatsangehörige jüdischer Abkunft sollten nach dem Naziprogramm unter diskriminierende Fremdengesetze gestellt werden. Jedes öffentliche Amt bis hinunter zur Gemeinde sollte nur noch durch Staatsbürger bekleidet werden dürfen. Dieser Passus richtete sich zuerst und vor allem gegen die jüdische Intelligenz, von deren Vertretern sich viele durch progressives Denken auszeichneten. Entrechtung und soziale Ruinierung Zehntausender wurden also bereits im Jahre 1920 unverblümt angesagt.

Der Grundstein für das Konzept der Vertreibung jüdischer Menschen wurde ebenfalls schon im NSDAP-Programm gelegt. «Wenn es nicht möglich ist», so hieß es in Punkt 7, «die Gesamtbevölkerung des Staates zu ernähren, so sind die Angehörigen fremder Nationen (Nicht-Staatsbürger) aus dem Reiche auszuweisen.»[16] Und mit Blick auf die nach 1914 aus Osteuropa eingewanderten Ostjuden verlangte das Naziprogramm gar, daß sie «sofort zum Verlassen des Reiches gezwungen werden»[17].

Bürgerliche Apologeten haben zu lächerlichsten Deutungen Zuflucht genommen, um die wahren Motive Hitlers, aber auch anderer Naziführer für deren militanten Antisemitismus zu vertuschen. Folgt man beispielsweise dem Hitlerbiographen Joachim C. Fest, so ist alles diesbezügliche Geschehen aus der Psyche, namentlich aus den Angstkomplexen des Naziführers zu erklären. Laut Fest unterschied sich Hitler von den Faschistenführern anderer Länder durch «die manische Ausschließlichkeit, mit der er alle Elemente jemals empfundener Angst auf einen einzigen Urheber zurückführte: denn im Mittelpunkt des riesig aufgetürmten Angstsystems stand, schwarz und behaart, die ewig blutschänderische Figur des Juden: übelriechend, schmatzend und geil auf blonde Mädchen, aber ‹rassisch härter› als der Arier, wie Hitler noch im Sommer 1942 beunruhigt versicherte»[18].

In Wirklichkeit diente der Rassenantisemitismus der Nazis von Anfang an sowohl den inneren Herrschaftsbedürfnissen des Großkapitals als auch dessen permanenten Streben nach Expansion und Eroberung.

Die Wahnideen des Rassismus sollten der Masse der Deutschen nicht nur ein übersteigertes Selbstbewußtsein einflößen, sondern sie auch enthumanisieren und brutalisieren. Der Boykott und die Anwendung von Gewalt gegenüber den Juden, ihre Entrechtung und Vertreibung sollten den Lehrfall für die Unterwerfung und Ausrottung auch anderer Völker liefern. Freilich hatten Hitler und seine Kumpane in der Zeit ihres Aufbruchs noch keine präzisen Vorstellungen über das Ausschalten der Menschen jüdischer Abkunft. Doch ihre Bereitschaft, die sogenannte Judenfrage zu lösen, reichte bereits damals bis zur physischen Vernichtung. Im Jahre 1922 bedeutete Hitler dem Journalisten Josef Hell auf eine entsprechende Frage: «Wenn ich einmal wirklich an der Macht bin, dann wird die Vernichtung der Juden meine erste und wichtigste Aufgabe sein. Sobald ich die Macht dazu habe, werde ich zum Beispiel in München auf dem Marienplatz Galgen neben Galgen aufstellen lassen und zwar so viele, als es der Verkehr zuläßt. Dann werden die Juden gehängt, einer wie der andere ... Genauso wird in den anderen Städten verfahren, bis Deutschland vom letzten Juden gereinigt ist.»[19]

«Arier» und «Jude»

Nun ließ sich ein Verbrechen von der Dimension der während des zweiten Weltkrieges dann vollzogenen Endlösung nicht nach den spontanen Eingebungen der frühen zwanziger Jahre realisieren. Zeit und Raum, die innere Stabilität des Regimes wie auch seine internationale Position wollten dabei schon berücksichtigt sein. Einmal im Besitz der Macht, wogen Hitler und seine engsten Komplicen Vor- und Nachteile der Judenverfolgung genauer ab als zuvor. Schließlich stand das Augenblicksinteresse des Kapitals unerbittlich im Raum. «In der Ideologie des deutschen Faschismus», so Kurt Pätzold treffend, «bildete der Rassenantisemitismus eine Konstante. In der Politik machten sich die faschistischen Judenfeinde nicht zu Sklaven ihrer Doktrin; sie wandten sie durchaus variabel an.»[20]

Daraus erklärt sich auch mancher verblüffende Schachzug und mitunter gar ein scheinbarer Kurswechsel in der Verfolgung der jüdischen Menschen, die schließlich auch im europäischen Maßstab betrieben wurde. Gleichwohl ist nachweisbar, daß den jüdischen Deutschen die Lebensbasis systematisch entzogen wurde. Boykotte und Pogrome, wie auch gegen die jüdische Minderheit gerichtete Gesetze, geisterten unter dem stereotypen Schlagwort über die Bühne: «Die Juden sind unser Unglück.» Der Prolog für die planmäßige Hetzjagd auf Menschen jüdischer Abkunft wurde schon kurz nach dem Machtantritt aufgeführt. Er bestand in jenem aufsehenerregenden Boykott vom 1. April 1933, als SA- und SS-Männer sich bedrohlich vor jüdischen Geschäften und Handelsunternehmungen postierten, um Händler wie Käufer zu verschrecken, Haß und Abscheu gegen die jüdische Minderheit zu schüren.

Bis zur Vertreibung der jüdischen Deutschen und ihrer physischen Ausrottung vergingen acht Jahre. Während dieser Zeit wurden ihnen die staatsbürgerlichen und sonstigen Rechte Schritt für Schritt entzogen, bis sie im juristischen Sinne schließlich nicht mehr als Menschen, sondern nur noch als bloße Träger biologisch-vegetativen Lebens, als vogelfrei galten.

«Der Mord wurde zuerst durch das Gesetz begangen», befand das Oberste Gericht der DDR gegen Dr. Hans Globke, «ehe er in diesem Ausmaße physisch vollzogen wurde ... Um den Völkermord perfekt zu machen, mußten sie das Verbrechen auch juristisch perfekt machen.»[21]

Schon aus praktischen Gründen wäre es den Nazis nicht möglich gewesen, die sogenannte Judenfrage über Nacht zu lösen. Denn erstens gingen schon die Vorstellungen von Exponenten und Institutionen des Naziregimes über die Art auseinander, in der das Problem bewältigt werden sollte. Und zweitens mußte der in Frage kommende Personenkreis erst einmal gekennzeichnet, erfaßt und vom übrigen Teil des Volkes isoliert werden. Angesichts dessen, daß im Jahre 1933 etwa 500 000 Menschen mosaischen Glaubens in Deutschland registriert waren, blieb dies allein schon deshalb kein einfaches Unterfangen. Um es in Angriff zu nehmen, brauchte man ein feinmaschig geknüpftes Netz an Gesetzen und anderen

Normativakten. Das war die Prämisse für die einigermaßen einheitliche Organisation des staatlich gelenkten Verbrechens. Es sollte zugleich aber auch der Rechtfertigung und moralischen Aufrüstung der Häscher und Mörder dienen.

Da die Rassentheorie der Nazis aller wissenschaftlichen Erkenntnis ins Gesicht schlug, waren auch die Begriffe der antijüdischen Gesetze nichts anderes als ein Gemisch von Fiktion und Manipulation.

Begriffe wie «Arier» und «Jude» vermochten die Advokaten des Hitlerregimes weder im biologischen noch im ethnologischen Sinne zu definieren. Längst bestanden die Deutschen, deren Vorfahren vor allem Germanen, Slawen und Romanen waren, aus einem Völkergemisch. Und längst hatten sich die Menschen jüdischer Abkunft der Bevölkerungsmehrheit assimiliert. Eheschließungen zwischen Bürgern jüdischer und nichtjüdischer Abkunft hatte es schon seit Generationen gegeben. Und selbst im Bereich der Religion hinterließ der Prozeß der Assimilation seine Spuren. Es waren Übertritte von jüdischen Religionsgemeinschaften zur evangelisch-christlichen Konfession zu verzeichnen, und andererseits waren Tausende Deutsche nichtjüdischer Herkunft dem mosaischen Glauben beigetreten. Im Gegensatz zu den jüdischen Gruppen in einigen Ländern Osteuropas hatten die Deutschen jüdischer Herkunft selbst die Sprache ihrer Urväter, das Hebräische, weitgehend abgelegt und bedienten sich der deutschen Muttersprache. So stellten die jüdischen Deutschen weder eine religiöse noch eine nationale Einheit dar. Gleichwohl stempelte das Naziregime sowohl Menschen jüdischen Glaubens als auch jüdischer Abkunft, von denen bei weitem nicht alle Religionsjuden waren, zu «Rassejuden» ab.

Intellektuelle Betrüger, die unter dem Deckmantel der Wissenschaft ihr Unwesen trieben, feierten Triumphe. Sie «bewiesen» eine besondere Qualität des Blutes, das angeblich in arischen Adern floß, oder benutzten äußerliche Merkmale wie Schädelform und Körperbau als Beleg für die Überlegenheit des «arischen Herrenmenschen». Schließlich aber rückte man angesichts der offensichtlichen Unhaltbarkeit solch grotesker Vergleichsmaßstäbe zunehmend die seelischen und charakterlichen Vorzüge des «Ariers» in den Vordergrund.

Im Gegensatz zum Begriff des «Ariers» war das Hitlerregime genötigt, den Begriff des «Juden» wenigstens staatsrechtlich zu definieren. Um die jüdischen Menschen zu erfassen, zu kennzeichnen, zu entrechten, zu verfolgen, zu vertreiben und am Ende zu vernichten, war eine formale Scheidelinie zwischen «Ariern» und «Juden» unentbehrlich. Tatsächlich wurde der staatsrechtliche Terminus «Jude» in dem Maße ausgedehnt, wie der Terror gegen die jüdischen Menschen verschärft wurde. Im Grunde aber führte die Gesetzgebung des Naziregimes die eigene Rassentheorie ad absurdum. Denn die Zugehörigkeit zu der von den Naziideologen erfundenen «jüdischen Rasse» wurde letztlich allein vom religiösen Glaubensbekenntnis der Eltern bzw. Großeltern abgeleitet. Der Opportunismus schimmerte durch alle Poren der verbrecherischen Rassengesetzgebung. Und in der Praxis der Endlösung wurde er so offensichtlich, daß er selbst seinen Urhebern zu schaffen machte. Als Himmler im Sommer 1942, da die gigantischen Vernichtungsaktionen im polnischen Generalgouvernement bereits angelaufen waren, der Entwurf einer für die besetzten Ostgebiete bestimmten Verordnung über den Begriff «Jude» vorgelegt wurde, ließ er wissen: «Ich lasse dringend bitten, daß keine Verordnung über den Begriff ‹Jude› herauskommt. Mit all diesen törichten Festlegungen binden wir uns ja selber nur die Hände.»[22]

Beim Aussondern von Menschen jüdischer Herkunft in den besetzten Gebieten nahm man es weit weniger genau als im faschistischen Reich. Zwar galt der braunen Rassenlehre der «Jude» als der klassische Fall des Nichtariers. Doch zählte nach ihrer arroganten Deutung zugleich die Mehrheit der Erdbevölkerung zu den «Nichtariern», namentlich aber Tschechen, Polen und Russen. Da kam es nicht darauf an, wenn der Kreis einmal weiter, einmal enger gezogen wurde, je nach Zweckmäßigkeit der faschistischen Ausrottungspolitik. «Als ‹Arier› galt den Faschistenführern ... nur ihre eigene blinde Gefolgschaft.»[23]

Nürnberger Gesetze

Schon im Jahre 1933 gingen die Bürokraten des Naziregimes ans Werk, die seit Jahrzehnten hergestellte Gleichberechtigung der jüdischen Deutschen prinzipiell zu beseitigen. Innenminister Frick, einer der eifrigsten Schreibtischtäter der Hitlerregierung, hatte bereits im Juni 1933 öffentlich zur «rassenhygienischen Erziehung der Jugend» sowie zur «Aufartung» des deutschen Volkes aufgerufen. Zugleich hatte er Stimmung gegen «Mischehen mit Fremdrassigen»[24] gemacht. Schon damals wurde unter Fricks Ministerialbeamten und ihren vom Rassenwahn beseelten «Sachverständigen» ein sogenanntes Reichsangehörigkeitsgesetz erörtert, das dann aber bis zum Herbst 1935 zurückgestellt wurde. Noch sah sich das Hitlerregime genötigt, die ebenso verfassungswidrige wie verbrecherische Gesetzgebung gegen die jüdischen Deutschen nicht auf die Spitze zu treiben, denn im Herbst 1933 waren Störungen im Kapitalverkehr als Folge der Rassenpolitik schon unübersehbar. Zudem hatten die Naziführer auch außenpolitische Verwicklungen zu befürchten. So hatte beispielsweise der japanische Botschafter bei Außenminister Ribbentrop nachgefragt, ob der im Sinne der Naziideologie diskriminierende Begriff «Farbige» auch die Japaner einschließe.

Die juristischen Grundpfeiler des Rassenantisemitismus wurden schließlich im Kontext mit dem auf dem Nürnberger «Parteitag der Freiheit» veranstalteten Spektakel in das Normensystem des Hitlerregimes eingelassen. Den zahlreichen Exzessen und Einzelpogromen faschistischer Elemente gegenüber jüdischen Deutschen, die häufig im Ausland unangenehmes Aufsehen erregt hatten, sollte nunmehr ein Ende bereitet und die fundamentale Entrechtung der jüdischen Bürger in zentral vorgegebenen und scheinlegalen Bahnen vollzogen werden. Am Vorabend jenes berüchtigten Parteitages bedeutete Saar-Gauleiter Bürckel, man solle die Judenfrage, die keine Radaufrage sei, zu einer Charakterfrage machen, «dann wird sie am leichtesten in geordnete gesetzliche Bahnen kommen, und kein Ausland kann uns wegen einer gesetzlichen Regelung angreifen»[25]. Und Streicher, der primitivste und widerlichste unter den Judenhassern, drohte damals schon an, man werde die Judenfrage weltweit auch durch Gesetze «lösen», was sich später im europäischen Maßstab auf grauenvolle Weise bestätigen sollte.

Die Annahme der sogenannten Rassengesetze markierte dann auch den Höhepunkt des Nürnberger Parteispektakels, das sich angesichts des endgültigen Zerfetzens des Versailler Vertrages «Parteitag der Freiheit» schimpfte. Hitler hatte eigens dafür den Reichstag nach Nürnberg zusammentrommeln lassen. Am Abend des 15. September durften die Claqueure des Naziparlaments dann den Gesetzesanträgen der Abgeordneten Hitler, Göring, Frick und Genossen ihren Segen schenken. Die Abstimmung, nichts als eine Farce, fiel einstimmig aus.

Hitler selbst hatte es in einer ebenso zynischen wie verlogenen Rede übernommen, die Nürnberger Gesetze zu begründen. Dabei verstieg er sich ein übriges Mal zur Identifizierung von Bolschewismus und Judentum. Die Nürnberger Gesetze sollten durch die Öffentlichkeit als Teil des Kampfes gegen den Kommunismus aufgenommen werden. In Wahrheit verbarg sich hinter der Verknüpfung von weltanschaulichem und «rassischem» Gegner des Naziregimes bereits jener vorweggenommene antislawische Rassismus, der später im besetzten Polen sowie in okkupierten Teilen der Sowjetunion auf unmenschliche Weise praktiziert wurde.

Die Nürnberger Gesetze und ihre bis 1943 erlassenen 13 Durchführungsverordnungen stießen die Menschen jüdischer Herkunft auf eine tiefere Stufe zurück, als sie sie im Mittelalter innehatten. Zu Recht hat Reitlinger diese durch und durch verbrecherischen Normativakte «das teuflischste Gesetzeswerk» genannt, «das die Geschichte Europas kennt»[26].

Der Raub der elementarsten Bürger- und Menschenrechte der Juden war zunächst durch zwei Gesetze dogmatisiert. Das sogenannte Reichsbürgergesetz trennte die Bürger in zwei Kategorien: in Staatsangehörige, die zugleich Reichsbürger waren, und in solche, denen die Reichsbürgerrechte versagt waren. Der Paragraph 2 lautete: «Reichsbürger ist nur der Staatsangehörige deutschen oder artverwandten Blutes, der durch sein Verhalten beweist, daß er gewillt und geeignet ist, in Treue dem Deutschen Volk und Reich zu dienen.»[27]

Begründung und Interpretation des Reichsbürgergesetzes ließen keinen Zweifel offen, daß sich seine Spitze gegen Menschen jüdischer Abkunft richtete. Zugleich nahm es auch Bezug auf die politische Haltung zum Naziregime.

Staatssekretär Stuckart und sein Judenexperte Globke erläuterten einer verwunderten Öffentlichkeit, worin der Unterschied zwischen deutscher Staatsangehörigkeit gehobener und niederer Stufe bestehen sollte: «Der Reichsbürger ist der alleinige Träger der politischen Rechte … Nur er kann zum Reichstag wählen und gewählt werden, sich an Volksabstimmungen beteiligen, Ehrenämter im Staat und der Gemeinde ausüben und zum Berufs- oder Ehrenbeamten ernannt werden. Kein Jude kann daher in Zukunft ein solches öffentliches Amt ausüben.»[28]

Zielte das Reichsbürgergesetz also zunächst auf die politische Isolierung der jüdischen Deutschen ab, so war das «Gesetz zum Schutze des deutschen Blutes und der deutschen Ehre» auf die biologische Trennung gerichtet. Schon die Präambel des Gesetzes fußte auf der dummdreisten These, «daß die Reinheit des deutschen Blutes die Voraussetzung für den Fortbestand des deutschen Volkes ist».[29]

Das sogenannte Blutschutzgesetz verankerte den Rassenwahn der Naziführer nunmehr auch im Gesetz und erhob ihn damit zur Staatsdoktrin mit allen Konsequenzen. Mit Zuchthaus und Gefängnis bedroht wurden Eheschließungen «zwischen Juden und Staatsangehörigen deutschen oder artverwandten Blutes» sowie auch außerehelicher Verkehr zwischen ihnen. Daß das pornographisch gefärbte Streicher-Blatt «Der Stürmer» bei diesem Gesetz Pate gestanden hatte, war deutlich aus Paragraph 3 des Gesetzes herauszulesen: «Juden dürfen weibliche Staatsangehörige deutschen oder artverwandten Blutes unter 45 Jahren in ihrem Haushalt nicht beschäftigen.»[30] Diese Bestimmung war nichts anderes als die in Gesetzesform gebrachte jahrelange üble Nachrede, wonach jüdische Männer «arische» Mädchen und Frauen nicht nur aus sexueller Begierde «schändeten», sondern auch, um das Blut und die Reinheit der Deutschen zu «zersetzen».

Mord durch Paragraphen

Als die sogenannten Rassengesetze über die Bühne des faschistischen Scheinparlaments geisterten, hätte man noch annehmen können, daß die jüdischen Deutschen zwar ihre Rechte, nicht aber die Existenzberechtigung verlieren sollten. In Wahrheit stellten die beiden Normativakte zwar Zäsuren, aber letztlich doch nur Schritte auf dem Wege zur endgültigen Bewältigung der Judenfrage dar. Die maßgeblichen Autoren jener teuflischen Paragraphen, Stuckart und Globke, ließen dann auch in ihrem halbamtlichen Kommentar durchblicken, wohin die Reise schließlich gehen sollte. Das Judenproblem, so die beiden Schreibtischverbrecher bereits im Jahre 1936, sei «nicht nur ein rassebiologisches. Es bedürfe auch in politischer, wirtschaftlicher und soziologischer Hinsicht einer Lösung für die Jahrhunderte ... Der Jude ist uns völlig fremd nach Blut und Wesen. Deshalb ist die Dissimilation die einzig mögliche Lösung.»[31]

Aber noch waren die Vorstellungen nicht ausgereift, auf welch konkrete Weise die Menschen jüdischer Herkunft oder auch nur jüdischen Glaubens aus dem deutschen Staatsvolk verdrängt und gänzlich ausgeschieden werden sollten. Doch je weiter Vorbereitung und Auslösung der verbrecherischen Aggressionsakte gediehen, um so rücksichtsloser wurden die juristischen und schließlich auch die ökonomischen Lebensadern der jüdischen Menschen durchschnitten. Gesetzgebung einerseits, Terror, Berufsverbote, Vertreibung, Deportation und schließlich Ausrottung andererseits gingen dabei Hand in Hand, beflügelten und komplettierten einander.

Von entscheidendem organisatorischem Wert für die spätere Endlösung war die Erste Verordnung zum Reichsbürgergesetz, die am 14. November 1935 erging. In ihr wurde verbindlich definiert, wer als Jude gilt. «Jude ist», so legte Paragraph 5 als Grundsatz fest, «wer von mindestens drei der Rasse nach volljüdischen Großeltern abstammt.»

Zudem schlug die Verordnung jeden zum jüdischen Mischling, der «von einem oder zwei der Rasse nach volljüdischen Großelternteilen abstammt». Da der Begriff der jüdischen Rasse jeder objektiven Grundlage entbehrte und durch nichts verifizierbar war, sah sich der faschistische Gesetzgeber genötigt, auf die Konfession der Vorfahren zurückzugehen. «Als volljüdisch gilt ein Großelternteil ohne weiteres», so die von Hitler, Frick und Heß unterzeichnete Verordnung, «wenn er der jüdischen Religionsgemeinschaft angehört hat.»[32]

Das stand selbst im unübersehbaren Widerspruch zum Programm der NSDAP, das noch jeden als «Volksgenossen» gelten ließ, «wer deutschen Blutes ist, ohne Rücksicht auf Konfession»[33].

Da sowohl deutsches als auch jüdisches Blut reine Phantasiegebilde waren, blieb nur die Zuflucht zur Religion der Verfemten. Nichts belegte das legalistische Dilemma der Rassenantisemiten deutlicher als die Nürnberger Gesetze und ihre unmenschlichen Durchführungsbestimmungen. Gleichwohl begleiteten und fundierten die immer weiter eskalierenden Definitionen und Normen der faschistischen Rassengesetze den Weg der jüdischen Menschen aus allen Teilen Europas bis in die Gaskammern von Auschwitz.

Für das Schicksal der jüdischen Deutschen war die 11. Verordnung zum Reichsbürgergesetz zweifellos die einschneidendste und verhängnisvollste, die am 25. November 1941 erging. Bis dahin war zwar geregelt, daß jüdische Bürger, die auswanderten, dabei sowohl ihre Staatsbürgerschaft als auch ihr Vermögen verloren. Nachdem aber erste Zwangstransporte jüdischer Menschen in die besetzten Ostgebiete vollzogen worden waren und weitere Deportationen anstanden, türmten sich vor den Judenhäschern neue Probleme auf. Nicht zuletzt galt es zu entscheiden, welchen Status jene Juden einnehmen sollten, die gegen ihren Willen aus Deutschland verfrachtet wurden oder sich bereits im Ausland befanden.

Schon im Dezember 1940 hatten die Schreibtischtäter des Frick-Ministeriums mehrere Gesetzentwürfe verfaßt, die darauf zielten, die juristische Stellung der Juden weiter zu dezimieren. Danach sollten selbst die im Inland verbleibenden jüdischen Menschen ihre Staatsangehörigkeit verlieren, jedoch wenigstens den Status von «Schutzangehörigen» des faschistischen Reiches erhalten. Als am 15. Januar 1941 darüber eine Besprechung mit Vertretern des RSHA stattfand, war man sich zwar über den Entzug der Staatsbürgerschaft einig, nicht aber über das, was den Juden als rechtliches Minimum verbleiben oder nicht verbleiben sollte.

Nun sollte Hitler das Machtwort dazu sprechen. Am

Am 30. Januar 1939 prophezeit Hitler die Vernichtung der europäischen Juden im Falle des Krieges

29. Mai 1941 hielt Reichskanzleichef Lammers Vortrag beim Nazichef und notierte zur Information: «Der Führer hält die vom Reichsinnenminister und Reichsjustizminister beabsichtigten Verordnungen nicht für erforderlich.»[34]

Hitler, so Lammers, halte die vorgeschlagenen Regelungen für zu kompliziert. Die wahren Motive waren indessen weit hintergründiger. Über sie setzte Lammers allein den Chef der Parteikanzlei, Martin Bormann, ins Bild. Hitler, so übermittelte Lammers seinem Compagnon Bormann, habe den vorgeschlagenen Gesetzentwürfen «vor allem deshalb nicht zugestimmt, weil er der Meinung ist, daß es nach dem Krieg in Deutschland ohnehin keine Juden mehr geben werde und daß es deshalb nicht erforderlich sei, jetzt eine Regelung zu treffen, die schwer zu handhaben sei, Arbeitskräfte binde und eine grundsätzliche Regelung doch nicht bringe»[35].

Hitler, der schließlich den Entschluß zur Endlösung im Sinne physischer Vernichtung maßgeblich beeinflußte, war sich längst darüber im klaren, daß das Schicksal der deutschen Juden nicht im faschistischen Reich, sondern im Ausland besiegelt werden würde. Daher blieb die staatsrechtliche Stellung der im Inland lebenden jüdischen Deutschen vorläufig unberührt. Ganz anders gedachte man indessen mit jenen zu verfahren, deren planmäßige Deportation aus dem Reich seit Oktober 1941 in Gang gesetzt wurde. Es fiel den Juristenlakaien im faschistischen Innenministerium nicht schwer, das Paragraphengestrüpp der Nürnberger Gesetze alsbald der Praxis der Vertreibung und Vernichtung der jüdischen Menschen anzupassen und ihr dienstbar zu machen. Dies um so weniger, als Göring bereits im Sommer 1941 Heydrich beauftragt hatte, alle nötigen Vorbereitungen für eine Gesamtlösung der Judenfrage im faschistischen Einflußgebiet Europas zu treffen.

Die berüchtigte 11. Verordnung zum Reichsbürgergesetz bestimmte dann im Kern, daß ein Jude die deutsche Staatsangehörigkeit verliert, «a) wenn er beim Inkrafttreten dieser Verordnung seinen gewöhnlichen Aufenthalt im Ausland hat, b) wenn er seinen gewöhnlichen Aufenthalt später im Ausland nimmt, mit der Verlegung des gewöhnlichen Aufenthalts ins Ausland». Zudem wurde verfügt, daß das Vermögen der Juden, die die deutsche Staatsangehörigkeit aufgrund dieser Verordnung verloren, dem Nazireich zufiel.

Ihres Vermögens waren die jüdischen Deutschen durch Gestapo und andere faschistische Behörden bereits weitgehend beraubt worden. Nun verloren sie auch noch das Minimum ihrer rechtlichen Position als menschliche Individuen, sobald die Massentransporte in die Ghettos des Ostens die Reichsgrenze überschritten hatten. Mit dem Verlust der Staatsangehörigkeit waren sie von der Gesellschaft ausgegrenzt, galten sie nicht mehr als Subjekte, sondern ausschließlich als Objekte, als Sachen, mit denen nach Belieben verfahren werden durfte. «Außerhalb der Gemeinschaft», so hatten Stuckart und Globke die Nürnberger Gesetze bereits im Jahre 1936 interpretiert, «gibt es kein menschliches Leben im Rechtssinne, sondern nur noch ein biologisch-vegetatives Leben, weshalb auch der aus der Gemeinschaft ausgestoßene Verbrecher vogelfrei ist.»[36]

Nicht von ungefähr hatte man der 11. Verordnung zum Reichsbürgergesetz am 3. Dezember 1941 eine nichtveröffentlichte Anordnung nachgefügt. Von der Abteilung Stuckart ausgeheckt, definierte sie klar, daß der Verlust von Staatsangehörigkeit und Vermögen auch diejenigen Juden treffe, die ihren gewöhnlichen Aufenthalt in den von deutschen Truppen besetzten oder in deutsche Verwaltung genommenen Gebieten haben, „insbesondere auch im Generalgouvernement und in den Reichskommissariaten Ostland und Ukraine»[37].

Damit war zum einen klargestellt, daß sich die Vollzugsstätten der Endlösung, nicht zuletzt aus Gründen der Geheimhaltung, außerhalb des faschistischen Reiches befinden würden. Zum anderen tötete man im Sinne dieser satanischen Gesetzgebung bei den in die Vernichtungslager des Ostens verschleppten Juden keine deutschen Staatsangehörigen, sondern schlimmstenfalls bloßes «biologisch-vegetatives Leben».

Immer wieder erwies es sich, daß die Nürnberger Gesetze und ihre Nachfolgebestimmungen für die Endlösung sowohl von erheblichem organisatorischem wie auch psychologischem Wert waren. So ergibt sich beispielsweise aus dem Protokoll der berüchtigten Wannsee-Konferenz, daß die faschistischen Rassengesetze als juristische Grundlage der Endlösung betrachtet wurden. Und in einem Schnellbrief, den Eichmann am 31. Januar 1942 mit Blick auf die einsetzenden Deportationen nach dem Osten aus dem sogenannten Altreich, aus Österreich sowie aus dem Protektorat Böhmen und Mähren an die zuständigen Staatspolizeileitstellen richtete, hieß es: „Erfaßt werden können im Zuge dieser Evakuierungsmaßnahmen alle Juden (§ 5 der 1. Verordnung zum Reichsbürgergesetz vom 14. 11. 1935 – RBGl. I S. 1333).»[38]

Vor dem Bezirksgericht in Jerusalem, vor dem sich Eichmann im Jahre 1961 verantworten mußte, bestätigte er noch einmal die verhängnisvolle Rolle namentlich der 11. Verordnung zum Reichsbürgergesetz. Am 22. Juni 1961 sagte der für die Endlösung verantwortliche Bürokrat des RSHA vor dem israelischen Gericht aus: «Sie war ... die gesetzliche Basis schlechtweg, um Deportationen von Juden aus dem Reichsgebiet, d. h. von Juden deutscher Staatsangehörigkeit, in der Folge frei zu ermöglichen.«[39]

Aber selbst diese 11. Verordnung zum Reichsbürgergesetz war noch nicht der normative Gipfelpunkt des faschistischen Rassenwahns. Mit der 12. Verordnung zum Reichsbürgergesetz vom 25. April 1943 wurde bestimmt, daß Juden und Zigeuner weder Staatsangehörige noch Schutzangehörige des Nazireiches werden oder sein könnten, auch wenn sie, was nur noch selten zutraf, ihren Wohnsitz im Inland hatten. Der mörderische Charakter der Nürnberger Gesetze wurde gekrönt durch die letzte, die 13. Verordnung zum Reichsbürgergesetz, die am 1. Juli 1943 erging. Mit ihr wurde auch der letzte Schein von Recht und Gesetz geopfert. Im Paragraphen 1 dieser Vernichtungsdirektive hieß es: „Strafbare Handlungen von Juden werden durch die Polizei geahndet.»[40]

Bislang hatte die berüchtigte Polenstrafrechtsverordnung auch für Delikte jüdischer Bürger gegolten. Schon danach war selbst für die geringste mißliebige Handlung die Todesstrafe zulässig, aber immerhin noch wenigstens der Form nach ein Gerichtsverfahren nötig. Nun aber hatte Himmlers Polizei völlig freie Hand im Vorgehen gegen jüdische Menschen. Für die Maßregelung und Vernichtung jüdischer Deutscher kam es nicht einmal mehr auf ein bestimmtes, geschweige denn auf kriminelles Verhalten an. Und dies lag ganz im Sinne auch der Justiz. Bereits am 13. Oktober 1942 hatte Justizminister Thierack an Reichsleiter Bormann geschrieben, er beabsichtige, «die Strafverfolgung gegen Polen, Juden und Zigeuner dem Reichsführer SS zu überlassen. Ich gehe hierbei davon aus, daß die Justiz nur in kleinem Umfange dazu beitragen kann, Angehörige dieses Volkstums auszurotten!»[41]

Die kriminelle Wirkung der Nürnberger Gesetze erschöpfte sich nicht darin, daß sie den deutschen Juden zum Verhängnis wurden. Sie bildeten auch das Modell für die Entrechtung der jüdischen Menschen in den von der Naziwehrmacht überfallenen Ländern. Diese Entrechtung war Prämisse und Element des Genozids zugleich. Denn sowohl die jüdischen Deutschen als auch die Juden in den vom Faschismus besetzten Teilen Europas hatten zuvor unter dem Schutz sowohl des innerstaatlichen Rechts als auch des Völkerrechts gestanden. Treffend gelangten die Richter im Wilhelmstraßen-Prozeß zu dem Schluß, daß die Nürnberger Gesetze und die Direktiven ihrer Durchführung «ein wesentlicher Bestandteil des Programms (waren), mit dem die fast vollständige Ausrottung der Juden beabsichtigt war und auch erreicht worden ist»[42].

Schon zum Zeitpunkt des Erlasses der Rassengesetze war es ein offenes Geheimnis, wer seine maßgeblichen Verfasser waren. Federführend für ihre Ausarbeitung war die Abteilung I im Reichs- und Preußischen Ministerium des Innern, in der Staatssekretär Stuckart das Sagen hatte. Zur Bewältigung der brisanten Materie standen Stuckart die Regierungs- bzw. späteren Ministerialräte Dr. Hans Globke und Bernhard Lösener zur Seite. Als Stuckart und Globke im Jahre 1936 den Büchermarkt mit ihrem extrem judenfeindlichen Kommentar zu den Nürnberger Femegesetzen überschwemmten, maß Fricks «Ministerial-Blatt» ihm «besondere Bedeutung zu, weil die beiden Verfasser am Zustandekommen der Rassengesetzgebung amtlich beteiligt waren …»[43]

Während Stuckart und Globke die juristische Flanke der Verfolgung und Ausrottung der europäischen Juden bis zum Ende be-

Dr. Hans Globke, Kommentator und Mitautor der Nürnberger Rassengesetze

dienten, verweigerte sich Lösener Ende Dezember 1941 dieser makabren Aufgabe. Der Hintergrund seiner Entscheidung war, daß sein Mitarbeiter Dr. Feldscher am 29. November 1941 in Riga miterlebt hatte, wie deutsche Juden die für sie bestimmten Massengräber selbst ausheben mußten und anschließend abgeschlachtet wurden. Als Lösener davon erfuhr, meldete er sich dringend bei Stukkart an, um ihm mitzuteilen, daß er seine Arbeit im Judenreferat nicht länger mit seinem Gewissen vereinbaren könne. Obgleich er Stuckart über den Massenmord in Riga ohne Abstriche ins Bild setzte, wußte Stuckart lediglich zu erwidern: «Herr Lösener, wissen Sie nicht, daß das alles auf höchsten Befehl geschieht?» Und Lösener will geantwortet haben: «Ich habe in mir einen Richter, der mir sagt, was ich tun muß.»[44]

Einen solchen Richter haben jedenfalls Stuckart und Globke in keinem Augenblick ihres Lebens verspürt. Erst nach dem Ende der braunen Schreckensherrschaft sah sich wenigstens einer der beiden, Stuckart, den Nürnberger Untersuchungsrichtern gegenüber. Aber er verstand es geschickt, seine Rolle im Schatten von Frick und Himmler zu bagatellisieren. Vehement bestritt er, vom Vernichtungsprogramm gegen die jüdischen Menschen überhaupt gewußt zu haben. Auf der Anklagebank des Wilhelmstraßen-Prozesses war diese Taktik dann verbraucht. Zu stark belastete Stuckart

373

eine eidesstattliche Erklärung seines einstigen Mitarbeiters Lösener. Aber selbst die Aussage seines Komplicen Dr. Globke, den
Stuckart als Entlastungszeugen benannt hatte, belegte, daß die
Ausrottung der Juden im faschistischen Innenministerium kein
Geheimnis war. Globke erklärte gegenüber dem US-Militärgericht:
«Ich wußte, daß die Juden massenweise umgebracht wurden ... Ich
bin der Auffassung, und ich habe es gewußt, daß diese Ausrottung
der Juden systematisch vorgenommen worden ist, aber ich wußte
nicht, daß sie sich auf alle Juden bezog.»[45]

Stuckart wurde im Fall 11 u. a. als Mitautor der Nürnberger Ras-
sengesetze des Kriegsverbrechens und des Verbrechens gegen die
Menschlichkeit für schuldig befunden und zu insgesamt 3 Jahren
und zehn Monaten Freiheitsentzug verurteilt. Da er seit 1945 in
Haft saß, ließ man ihn unverzüglich frei. Er kam 1953 bei einem
Autounfall ums Leben.

Globke indessen blieb unbehelligt. Dabei hatte er sein Hirn wie
kaum ein zweiter gerade auch um die Kennzeichnung der Juden
angestrengt, was keine unwichtige Voraussetzung für ihre Aussonderung und schließlich Vernichtung war. Dabei hatte er weiter und
konstruktiver gedacht als Hitler. Als Himmler im Juni 1936 dem
Innenminister mitteilte, der Führer wünsche ein Gesetz, das Juden
verbiete, die «germanischen» Vornamen Siegfried und Thusnelda
zu führen, fiel Globke wesentlich Wirksameres ein. Eine Verordnung vom 17. August 1938, deren Entwurf aus Globkes Feder ge-
flossen war, zwang alle jüdischen Deutschen, zusätzlich den Vornamen «Sarah» bzw. «Israel» zu führen.

Gleichwohl stieg Globkes Stern in der Nachkriegszeit höher als
im Nazistaat, dem er sich als Schreibtischmörder verdingt hatte.
Der Beginn seiner zweiten Karriere fiel mit der Gründung der BRD
zusammen. Noch im Oktober 1949 berief CDU-Bundeskanzler
Konrad Adenauer Globke als Ministerialdirigent ins Kanzleramt,
ein Dreivierteljahr später schon avancierte der Judenmörder zum
Ministerialdirektor. Obgleich in der Öffentlichkeit umstritten und
attackiert, stellte sich der erzkonservative Adenauer allzeit schüt-
zend vor den Naziverbrecher und bescheinigte ihm selbst vor dem
Bundestag das beste Zeugnis.

Im Jahre 1953 stieg Globke schließlich zum Staatssekretär im
Bundeskanzleramt auf. Damit war er u. a. für die Koordinierung

der Geheimdienste kompetent und bediente mehr Schalthebel der Macht als ein beliebiger Ressortminister. Der schier unaufhaltsame Aufstieg des Dr. Hans Globke wurde erst gestoppt, als der Generalstaatsanwalt der DDR vor dem Obersten Gericht der DDR Anklage gegen den berüchtigten Schreibtischverbrecher erhob. Zwar konnte der im April 1963 vom Obersten Gericht der DDR erlassene Haftbefehl nicht vollstreckt und der Angeklagte vor Gericht nicht vorgeführt werden, doch seine Verbrechen wurden in einem mehrwöchigen Prozeß, unter den Augen eines breiten internationalen Publikums, durch zahlreiche Dokumente und Zeugenaussagen minutiös belegt.

Das höchste Gericht der DDR verurteilte Globke am 23. Juli 1963 wegen schwerer Verbrechen gegen die Menschlichkeit, Kriegsverbrechen und Verbrechen des Mordes zu lebenslangem Zuchthaus. Von da an waren Globkes Tage als Staatssekretär gezählt. Seine Absicht, den Lebensabend in einer Schweizer Idylle zu verbringen, scheiterte an der Haltung der dortigen Regierung. Zum ersten Mal im Leben des Paragraphenmörders kehrte sich ein Gesetz gegen ihn. Eine Verordnung der Schweizer Regierung verfügte, daß verdächtige Ausländer ausgewiesen oder an den ermittlungsführenden Staat ausgeliefert werden können. Angesichts dessen entschied sich Globke, auf dem wesentlich sichereren Boden der Bundesrepublik zu verbleiben. Er verstarb 1973 in Bad Godesberg, ohne daß ihm auch nur ein Härchen gekrümmt worden war.

«Kristallnacht»

Als Hitler im September 1935 die Nürnberger Gesetze begründete, versprach er seinen Gefolgsleuten, er werde ihnen die «Judenfrage» zur weiteren Behandlung übergeben, falls die Juden die Rassengesetze nicht einhalten sollten. Zwar hatten seitdem Gestapo und Justiz das Ihre getan, um jüdische Deutsche zu drangsalieren, zu inkriminieren und zu verfolgen, doch «zwischen der faschistischen Programmatik und Doktrin und dem Tempo der versprochenen ‹Lösung der Judenfrage› existierte bis 1938 eine offensichtliche Diskrepanz»[46].

Im Spätherbst 1938 konnte man es sich bereits leisten, den Judenhaß, der sich namentlich in den Reihen der SA angestaut hatte, elementarer sprudeln zu lassen als bislang. Doch nicht darin lag das eigentliche Motiv Hitlers und seiner engsten Komplicen, jenen Pogrom auszulösen, für den die Goebbels-Propaganda den ebenso ironisierenden wie verharmlosenden Begriff «Reichskristallnacht» erfunden hat.

Nachdem die jüdischen Deutschen politisch entrechtet und gesellschaftlich isoliert worden waren, sollten sie nun auch wirtschaftlich den Boden unter den Füßen verlieren. Es war kein Zufall, daß der Pogrom, der den ökonomischen Todesstoß gegen die jüdische Bevölkerung einleitete, mit dem Vorabend des längst geplanten Krieges zusammenfiel. Die forcierte Rüstung verschlang den Löwenanteil des Fiskus und ließ die Disproportionen der faschistischen Wirtschaft ausufern. So wurde der Griff nach dem Eigentum der Juden immer akuter, um das Tempo der Aggressionsvorbereitung weiter beschleunigen zu können.

Bis zum April 1938 hatte das Naziregime die wirtschaftlichen Fundamente des jüdischen Groß- und Mittelbürgertums vor allem durch Boykotthetze zwar erschüttert, aber eben doch noch bestehen lassen. Ein großer Teil der werktätigen Juden indessen hatte längst seinen Arbeitsplatz verloren.

Als das Hitlerregime am 26. April 1938 schließlich die «Verordnung zur Anmeldung des Vermögens von Juden» erließ, war ablesbar, daß es an die wirtschaftliche Existenz der jüdischen Deutschen ging. Göring wurde ermächtigt, den Einsatz des anmeldepflichtigen jüdischen Vermögens im Interesse der faschistischen Wirtschaft «sicherzustellen». Zwischenzeitlich wurden die jüdischen Gewerbebetriebe gekennzeichnet und registriert und ihnen bestimmte Tätigkeiten wie Immobilienhandel, Darlehensvermittlung u. a. gesetzlich verboten. «Die Judenfrage», so Göring am 14. Oktober 1938 während einer Besprechung im Reichsluftfahrtministerium, «müßte jetzt mit allen Mitteln angefaßt werden, denn sie müßten aus der Wirtschaft raus.»[47]

Bei dieser Kalkulation der Dinge erschien der Naziführung das Attentat von Paris wie ein Geschenk des Himmels. Am 7. November hatte sich der aus Hannover stammende siebzehnjährige Jude Herschel Grynszpan in die Pariser Botschaft des Deutschen Reiches begeben, um durch einen Anschlag auf den Nazibotschafter die Weltöffentlichkeit auf das tragische Schicksal seiner Eltern aufmerksam zu machen. Da er den Botschafter nicht zu Gesicht bekam, richtete er seine Pistole auf den Gesandtschaftsrat I. Klasse, Ernst vom Rath, und verletzte ihn lebensgefährlich. Schon am folgenden Tag, da vom Rath noch am Leben war, drohte der «Völkische Beobachter», daß das deutsche Volk «aus dieser Tat seine Folgerungen ziehen wird»[48].

Hitler indessen, der am Abend desselben Tages eine rührselige Rede zum Gedenken an den 1923 gescheiterten Bierkellerputsch hielt, erwähnte das Attentat mit keiner Silbe. Doch sein geheimer Plan, einen reichsweiten Pogrom gegen die jüdischen Deutschen auszulösen, hatte in seinem Hirn längst Gestalt angenommen. Als sich die Naziprominenz am Abend des 9. November zum üblichen Essen im Münchener Rathaussaal einstellte, waren aller Augen auf den Führer gerichtet. Die Rede jedoch, die er hier jährlich zu halten pflegte, fiel diesmal aus. Und das hatte seine Gründe. Am Nachmittag des 9. November nämlich war vom Rath verstorben, und Hitler hatte die Nachricht darüber soeben erhalten. Nun stand sein Entschluß fest: Noch in der folgenden Nacht sollte der Pogrom ausgelöst werden. Doch nicht er gedachte als Verkünder des heraufziehenden Unheils gegen die Juden aufzutreten, sondern ein anderer sollte den versammelten Parteiführern die Botschaft überbringen. Der listige Naziführer war zwar bereit, intern die alleinige Entscheidung über das Kapitalverbrechen der kommenden Nacht zu treffen, aber keinesfalls vor der Öffentlichkeit die Verantwortung dafür auf sich zu nehmen.

So erschöpfte sich Hitlers Aktivität an jenem Abend im Münchener Rathaus in einem Tuschelgespräch mit Josef Goebbels. Ihm gab er die nötigen Instruktionen, und ihm überließ er auch die Regie für das weitere Geschehen. Danach verschwand der Naziführer in seiner Luxuswohnung am Prinzregentenplatz, deren Vorzüge er schon seit seiner angeblich so entsagungsreichen «Kampfzeit» genossen hatte.

Die Hetzrede, die Goebbels anschließend hielt, ist im Wortlaut nicht erhalten geblieben. Daß der Pogrom durch seinen Auftritt inspiriert und ausgelöst worden ist, unterliegt keinem Zweifel. Der Propagandachef hatte seine Ausführungen kaum beendet, als die versammelten Naziführer wie aufgescheucht an die Telefone und zum Fernschreiber eilten, um die ihnen unterstellten SA-Gruppen zum Losschlagen zu bewegen. Allerdings war jedes Eingreifen in Uniform unerwünscht. Das geplante Zerstörungswerk sollte sich als spontaner Protest des Volkes darstellen.

Die Befehle, die die NSDAP-Gewaltigen an jenem Abend ihren Gauen übermittelten, waren weitgehend deckungsgleich: An den Juden sollte «Rache» geübt, ihre Geschäfte sollten zerstört, die Synagogen in Brand gesetzt werden. Zu Morden war nicht befohlen worden, aber auf Mißhandlungen und ein paar Tote sollte es am Ende auch nicht ankommen.

Wenig später besprachen Hitler und Himmler in der besagten Wohnung, wie sich Sicherheits- und Ordnungspolizei zu den bevorstehenden Ausschreitungen verhalten sollten. Als sich der Naziführer anschließend zum Königsplatz begab, wo die getöteten Putschisten des 9. November beigesetzt waren, brannten in der bayrischen Metropole schon die ersten Synagogen.

Im übrigen Reichsgebiet tobte der faschistische Mob bis in die späten Nachmittagsstunden des 10. November. Goebbels, der das Zeichen zum Sturm gesetzt hatte, durfte nun auch für das Finale sorgen. In einer Aufforderung «an die gesamte Bevölkerung» verlangte der Propagandachef, «von allen weiteren Demonstrationen und Vergeltungsaktionen gegen das Judentum, gleichgültig welcher Art, abzusehen. Die endgültige Antwort auf das jüdische Attentat in Paris wird auf dem Wege der Gesetzgebung bzw. der Verordnung dem Judentum erteilt werden.»[49]

Die Bilanz des landesweiten Verbrechens, das an jenem 9. und 10. November geschah, vermittelt nur ein ungenaues Bild des wirklichen Geschehens. Die meisten Synagogen, die im Nazireich existierten, waren in Brand gesetzt, etwa 7 500 jüdische Geschäfte verwüstet und geplündert, mehr als 20 000 vorwiegend vermögende Juden in Konzentrationslager geworfen, eine nicht genau feststellbare Zahl jüdischer Menschen ermordet worden. Das Charakteristische dieses Verbrechens aber lag darin, daß es nicht nur die unmittelbaren Opfer betraf, sondern das Los aller jüdischen Deutschen berührte.

Schon wenige Tage nach dem Pogrom, am 12. November, hielt man unter Görings Ägide im Luftfahrtministerium Kriegsrat über das weitere Schicksal der jüdischen Menschen. Göring besaß für diese Stabsbesprechung einen ausdrücklichen Auftrag Hitlers, in der Judenfrage «die entscheidenden Schritte zentral zusammenzufassen»[50].

Während dieser Besprechung offenbarte sich die unterschiedliche Sicht der Naziführer auf die Folgen des Pogroms. Die Improvisation, mit der er in Szene gesetzt worden war, hatte zu größeren materiellen Schäden geführt, als es den für die Wirtschaft verantwortlichen Naziführern lieb sein konnte. Allein im Juweliergeschäft Markgraf Unter den Linden waren Stücke im Werte von 1,7 Millionen Mark gestohlen worden.

So knisterte es zwischen Göring und Goebbels auf jener Sitzung nicht nur in Worten. Der Propagandachef hatte im vertrauten Kreise zynisch geäußert, der Mob habe in Berlin doch endlich eine Gelegenheit bekommen, ganz billig einzukaufen. Göring indessen bemerkte schon zu Beginn der Besprechung, daß er Demonstrationen wie den Pogrom vom 9. und 10. November satt habe. «Sie schädigen nicht die Juden», so erklärte er euphemistisch, «sondern schließlich mich, der ich die Wirtschaft als letzte Instanz zusammenzufassen habe.»[51]

Freilich hatten die Ausschreitungen der Nazirandalierer auch Zerstörungen zur Folge, die den Devisenfonds des Nazistaates belasteten. Die unzähligen eingeschlagenen Schaufenster- und Wohnungsfensterscheiben beispielsweise mußten weitgehend aus Importglas ersetzt werden. Bezahlt werden mußten auch jene geraubten oder zerstörten Waren, die jüdische Händler lediglich in Kommission hatten. Angesichts dessen meinte Göring nicht ohne Vorwurf: «Mir wäre lieber gewesen, ihr hättet 200 Juden erschlagen und hättet nicht solche Werte vernichtet.»[52]

Angesichts des nun folgenden Raubzuges auf das Vermögen der Juden, der mit dieser Runde eingeleitet wurde, waren diese Beträge jedoch eine Bagatelle. Göring präsentierte eine Verordnung, die den Juden wegen der Tötung des deutschen Diplomaten eine «Sühneleistung» von einer Milliarde Reichsmark auferlegte, aus der dann schließlich 1,25 Milliarden Mark wurden. Ferner wurden die Versicherungssummen, die den geschädigten Juden zustanden, beschlagnahmt und dem Nazifiskus einverleibt. Und selbst die durch die SA-Trupps angerichteten Schäden hatten die betroffenen Juden zur «Wiederherstellung des Straßenbildes» auf eigene Rechnung schnellstens zu beseitigen.

Im Mittelpunkt der Göring-Runde stand jedoch die «Arisierung» der Wirtschaft, die nun Schlag auf Schlag erfolgen sollte. Alles zielte darauf ab, die jüdischen Bürger, gleich, ob Kapitalist oder Arbeiter, Händler oder Handwerker, der Basis ihrer sozialen Existenz zu berauben. Bereits am 3. Dezember erging eine Verordnung, die den Zwangsverkauf des jüdischen Eigentums verfügte. Es fiel darunter namentlich Eigentum jüdischer Unternehmer und Handwerker, in jüdischem Eigentum stehende städtische, land- und forstwirtschaftliche Grundstücke und selbst Wertgegenstände wie Juwelen und Kunstwerke.

Dabei wurden die Preise auf ein solches Niveau heruntergedrückt, daß sie im schreienden Mißverhältnis zum Wert der Verkaufsobjekte standen. Hinzu kam, daß die «Verkäufer» über die auf ihren Konten überwiesenen Gelder weder frei verfügen noch sie ins Ausland transferieren konnten. Zum Teil wurden jüdische Betriebe gegen «Schuldverschreibungen» des Nazireiches, d. h. ohne jedes Entgelt weggenommen. Im ordinären Ganovenjargon erörterten Göring und Konsorten an jenem 12. November auch, wie man Freizügigkeit und Teilnahme der jüdischen Deutschen am Kulturleben soweit als möglich abschnüren könne. Zwischen Göring und Goebbels entspann sich ein makabrer Disput darüber, inwieweit jüdische Bürger noch die Reichsbahn benutzen dürften. Goebbels plädierte dafür, daß jüdische Reisegäste keinesfalls unter Deutsche gemischt werden dürften und daß, «wenn kein Platz ist, die Juden draußen im Flur zu stehen haben». Daraufhin Göring: «Da finde ich es viel vernünftiger, daß man ihnen eigene Abteile gibt.»

Goebbels: «Aber nicht, wenn der Zug überfüllt ist.»

Göring: »Einen Moment! Es gibt nur einen jüdischen Wagen. Ist er besetzt, müssen die übrigen zu Hause bleiben.»

Goebbels: «Aber nehmen wir an: es sind nicht so viele Juden da, die mit dem Fern-D-Zug nach München fahren, sagen wir, es sitzen zwei Juden im Zug, und die anderen Abteile sind überfüllt. Diese beiden Juden hätten nun Sonderabteil. Man muß deshalb sagen: Die Juden haben erst dann Anspruch auf Platz, wenn alle Deutschen sitzen.»

Göring: «Das würde ich gar nicht extra einzeln fassen, sondern ich würde den Juden einen Wagen oder ein Abteil geben. Und wenn es wirklich jemals so wäre, wie Sie sagen, daß der Zug sonst überfüllt ist, glauben Sie: das machen wir so, da brauche ich kein Gesetz. Da wird er herausgeschmissen, und wenn er allein auf dem Lokus sitzt während der ganzen Fahrt.»

Goebbels: «Das will ich nicht sagen. Ich glaube das nicht, sondern da muß eine Verordnung herauskommen».[53]

Schon wenig später hagelte es Verordnungen. Sie betrafen auch den Ausschluß der Juden von deutschen Schulen und Universitäten, das Verbot, Theater, Kinos, Museen, Sportplätze, Bäder usw. zu besuchen, den Entzug der Führerscheine, die Festsetzung von Sperrzonen in den Städten («Judenbann»), das Berufsverbot auch für jüdische Zahnärzte und Apotheker und vieles andere mehr. Sarkastisch hatte Göring gegen Schluß der düsteren Runde bemerkt: «Ich möchte kein Jude in Deutschland sein.»[54]

Vertreibung

Seit 1933 hatten die Naziführer in der Vertreibung der jüdischen Menschen das Konzept gesehen, mit dem sie glaubten, die Judenfrage im Deutschen Reich bewältigen zu können. Zu Beginn des Jahres 1938 mußten sie jedoch konstatieren, daß es noch weit länger als ein Jahrzehnt dauern würde, bis die «deutsche Volksgemeinschaft judenrein» wäre. Nach dem «Anschluß» Österreichs war dann die Statistik vollends getrübt. Im «Großdeutschen Reich» lebten nun mehr Juden als 1933 im sogenannten Altreich. Allerdings leistete Adolf Eichmann, der seit August 1938 die «Zentralstelle für jüdische Auswanderung» in Wien leitete, bald ganze Arbeit. Während jener Göring-Runde am 12. November 1938 verwies Heydrich mit Stolz darauf, daß die Eichmann-Zentrale bereits 50 000 Juden aus Österreich vertrieben habe, während es im Altreich in der gleichen Zeit nur 19 000 gewesen seien.

In dem Maße, in dem nun Besitz und Vermögen der jüdischen Bürger geraubt wurden, verstärkte sich nicht nur das Interesse der Hitlerclique an der Vertreibung, sondern auch der Druck auf die jüdische Bevölkerung. Nachdem die soziale Existenz der Juden weitgehend vernichtet war, drohten sie die faschistische „Volksgemeinschaft" um so mehr zu belasten, als diese sich in rasantem Tempo auf den Krieg zubewegte. Daher kam Göring bald auf das Wiener Modell zurück, das Heydrich so eifrig gepriesen hatte. Bereits am 24. Januar 1939 erteilte er als Beauftragter für den Vierjahresplan Innenminister Frick die Weisung, eine «Reichszentrale für jüdische Auswanderung» zu bilden, an der auch andere Naziinstitutionen beteiligt werden sollten. «Die Auswanderung der Juden aus Deutschland», so verfügte der zweitmächtigste Nazibonze, «ist mit allen Mitteln zu fördern.»[55]

Göring drängte darauf, die ärmeren Juden «bevorzugt» aus dem Lande zu treiben. Auch das entsprach der Methode, die Heydrich bzw. Eichmann in Österreich mit Erfolg praktiziert hatten. «Das Problem war ja nicht», wie Heydrich in der Göring-Runde am 12. November 1938 betonte, «den reichen Juden herauszukriegen, sondern den jüdischen Mob.»[56] Jene Juden, die noch über Vermögen verfügten, waren dort um den Preis der eigenen Auswanderung genötigt worden, die Einwanderungsgebühren, das sogenannte Vorzeigegeld, für mittellose Glaubensgenossen mitzufinanzieren. Auf diese Weise suchten die amtlichen Judenhäscher zwei Fliegen mit einer Klappe zu schlagen: den Raubzug auf das jüdische Vermögen zu forcieren und daraus auch noch politisches Kapital zu schlagen. Denn mit der Vertreibung namentlich der armen Juden erhofften sie sich einen kostenlosen Export von Antisemitismus. «Je ärmer und damit belastender für das Einwanderungsland der einwandernde Jude ist», so ein Rundschreiben des Auswärtigen Amtes vom Tage nach Görings Direktive, «desto stärker wird das Gastland reagieren, und desto erwünschter ist die Wirkung im deutschen propagandistischen Interesse.»[57]

Es war nur folgerichtig, daß Göring die Leitung der sogenannten Auswanderungszentrale auch im «Altreich» SD- und Sipochef Heydrich übertrug. Der wiederum betraute den damaligen Leiter der Abteilung II des Geheimen Staatspolizeiamtes, Heinrich Müller, mit der Geschäftsführung der Vertreibungszentrale. Damit waren die Zügel in die Hände zweier Männer gelegt, die wegen ihrer Durchtriebenheit, ihrer Skrupellosigkeit und Eiseskälte für politische Verbrechen solcher Art besonders prädestiniert waren. Mit Eichmann, der Müller im Oktober 1939 als Geschäftsführer der Berliner Vertreibungszentrale nachfolgte, wurde dann jener Routinier einbezogen, der nach dem Einmarsch der Naziwehrmacht in Prag auch dort die «Zentralstelle für jüdische Auswanderung» aufgebaut hatte.

Emsig mühte sich Heydrich darum, die Vertreibung auch der jüdischen Deutschen so effektiv und billig wie möglich zu gestalten. Er zwang alle Jüdischen Gemeinden, einer «Reichsvereinigung der Juden in Deutschland» beizutreten, was durch eine Verordnung zu den Nürnberger Gesetzen (10. Verordnung zum Reichsbürgergesetz) auch noch einen legalen Anstrich bekam. Der Zweck dieser Zwangsvereinigung war kein Geheimnis: Sie hatte die Auswanderung aller Juden, gleich ob staatsangehörig oder staatenlos, aus dem Deutschen Reich zu fördern und soweit als möglich auch noch selbst zu finanzieren.

Obgleich die Anzettelung des zweiten Weltkrieges und die dadurch bedingten Umstände die Naziführung nötigten, die Strategie der Vertreibung zugunsten anderer, schlimmerer Varianten zu verwerfen, hielt sie in den Grenzen des faschistischen Reiches vom 31. August 1939 daran noch eine Zeitlang fest. Zwar wurde der Strom der Auswanderer aus dem Reich nach dem Überfall auf Polen und andere europäische Länder schwächer, doch er versiegte bis zum Oktober 1941 nie völlig. Natürlich hatten die Bedürfnisse des Raubkrieges Vorrang, was die finanziellen, technischen und organisatorischen Möglichkeiten der Vertreibung schrumpfen ließ. Auch die Bereitschaft neutraler Länder, jüdische Deutsche aufzunehmen, war nach dem Überfall auf Polen noch geringer geworden, als es zuvor schon der Fall gewesen war. So kam es, daß zwischen September 1939 und Oktober 1941 nur noch etwa 10 000 jüdische Menschen aus dem Deutschen Reich «auswandern» konnten. Gleichwohl orientierte eine Mitteilung des RSHA vom 20. Mai 1941 an die Stapoleitstellen – unter Berufung auf Göring – noch darauf, die Auswanderung der Juden aus dem Reichsgebiet, einschließlich Böhmen und Mähren, auch während des Krieges im Rahmen der gegebenen Möglichkeiten verstärkt zu betreiben. Doch im Herbst desselben Jahres gerieten auch die deutschen Juden in die Maschinerie planmäßiger Vernichtung, die die Einsatzgruppen der SS auf sowjetischem Gebiet seit Monaten bereits angekurbelt hatten.

An Stelle der Vertreibung trat die Deportation der deutschen Juden nach dem Osten, nach Polen und in die Sowjetunion. Regional waren auch im Jahre 1940 bereits ein paar tausend aus «kriegswirtschaftlichen Gründen» zwangsverfrachtet worden, beispielsweise jüdische Menschen aus Stettin sowie aus Baden und der Pfalz. Mitte Oktober 1941 jedoch setzte der planmäßige, im großen Stil betriebene Abtransport in die Hölle der Lager und Ghettos ein. Am 14. Oktober 1941 unterzeichnete der Chef der Ordnungspolizei, Daluege, den ersten Deportationsbefehl, der zunächst 20 Transporte mit durchschnittlich je 1000 Menschen auslöste. Zehn Tage später erfolgte ein zweiter Befehl, ebenfalls vom Heydrich-Lakaien Daluege unterschrieben, der 50000 jüdische Personen aus Deutschland, Österreich und den annektierten Teilen der Tschechoslowakei in die Sonderzüge der Reichsbahn beförderte. Einen Tag bevor Daluege den zweiten Verschleppungsbefehl unterschrieb, hatte Gestapochef Heinrich Müller die Dienststellen der Sicherheitspolizei und des SD instruiert, Himmler habe angewiesen, «daß die *Auswanderung* von Juden mit sofortiger Wirkung zu verhindern ist». Um Irrtümer auszuschließen, war hinzugefügt: «Die Evakuierungsmaßnahmen (gemeint war die Zwangsverschleppung nach dem Osten – d. A.) bleiben hiervon unberührt.»[58]

Von da an war die Möglichkeit der Auswanderung die Ausnahme, die nur noch «bei Vorliegen eines positiven Reichsinteresses» ins Auge gefaßt wurde. Die Regel, die das Schicksal der deutschen Juden fortan bestimmte, war die «Evakuierung» nach dem Osten, was nichts anderes bedeutete als die Vorstufe fabrikmäßiger Vernichtung oder der Ausrottung durch Arbeit. In diese Wende paßte sich nahtlos jene berüchtigte 11. Verordnung zum Reichsbürgergesetz vom 25. November 1941 ein, die den deportierten Juden beim Überfahren der Reichsgrenze nicht nur ihr Eigentum, sondern auch ihre Staatsangehörigkeit raubte und damit das letzte Minimum rechtlichen Schutzes für Leib und Leben.

Bis Mitte Oktober 1941 war es etwa einer halben Million jüdischer Deutscher gelungen, das Nazireich zu verlassen. Doch nicht jeder von ihnen, dem die «Auswanderung» gelungen war, konnte sich vor seinen Peinigern schon in Sicherheit wägen. Nicht wenige wurden durch die blitzsiegende Naziwehrmacht wieder eingeholt. Von dort war die Reise nach Auschwitz oder Treblinka zwar weiter, aber nicht minder gewiß.

Der Madagaskar-Plan

Je weiter die faschistische Aggression ihre Kreise zog, desto größer wurde für das Hitlerregime die Dimension der Judenfrage. Denn in welches Land die Soldaten der Wehrmacht ihre Stiefel auch setzten, überall stießen sie auf Menschen jüdischer Abkunft.

Der faschistische Raub- und Vernichtungskrieg lieferte erst den Schlüssel zum Verständnis für die Metamorphose der Endlösungspläne. Der Krieg drängte die Naziführer auf die Suche nach effektiveren und radikaleren Lösungen, und er machte sie zugleich möglich. Man konnte nun auf fremdem Territorium, unter Ausschluß der deutschen Öffentlichkeit, nach Belieben schalten und walten. Rücksichten auf andere Staaten und Regierungen entfielen weitgehend, und die Vertreibung konnte nun im eigenen Machtbereich stattfinden.

Nachdem die Naziwehrmacht in Polen eingefallen war, bestand die erste Maßnahme darin, die polnischen Juden aus den annektierten Gebieten in größeren Städten Restpolens zu konzentrieren. In einer Weisung vom 21. September 1939 legte Heydrich Wert darauf, daß diese Konzentrationspunkte über günstige Eisenbahnverbindungen verfügten. Die von der SS-Führung ins Auge gefaßte Ghettoisierung der jüdischen Menschen sollte nur ein Schritt in Richtung auf ein noch nicht näher definiertes, aber streng geheimzuhaltendes «Endziel» sein. Aber schon dieser Schritt konnte angesichts technischer und finanzieller Schwierigkeiten und erst recht nach der Fortsetzung des Krieges in West- und Nordeuropa nicht zu Ende geführt werden. Auch der Plan, innerhalb des Generalgouvernements jüdische Frauen, Kinder und nichtarbeitsfähige Personen in städtische Ghettos zu pferchen, die Männer hingegen in Arbeitslagern zusammenzusperren, scheiterte u. a. an den Baukosten für die Lager der zu Arbeitssklaven bestimmten Juden. So landeten schließlich die arbeitsfähigen polnischen Juden ebenfalls in den Ghettos. Doch mit den Ghettos erwuchsen den verantwortlichen Nazifunktionären neue Probleme. Die Ernährung der Ghettobewohner, die für die meisten von ihnen zwar den Hungertod auf Raten bedeutete, belastete gleichwohl die faschistische Kriegswirtschaft, ohne nennenswerten Nutzen einzubringen. Die in den Ghettos grassierenden Seuchen und Infektionskrankheiten drohten auf die Umgebung auszustrahlen. Zudem empfand man derartige Konzentrationen Hunderttausender Juden auch als Sicherheitsrisiko. Was Heydrich und seine Schergen im September und Oktober 1939 noch als «historische Lösung» der Judenfrage ausgegeben hatten, endete in der Sackgasse.

Die Probleme potenzierten sich weiter, nachdem die Siege über Dänemark, Norwegen, Belgien, die Niederlande, Luxemburg und Frankreich perfekt waren. Jene Nazifunktionäre, die sich mit der Bewältigung der sogenannten Judenfrage befaßten, sahen sich genötigt, in anderen Dimensionen zu denken und nach neuen Lösungen zu suchen. Dabei wurde auch auf den sogenannten Madagaskar-Plan zurückgegriffen.

Die Idee, jüdische Menschen auf die französische Insel zu verfrachten, stammte nicht aus dem Arsenal der nazifaschistischen Endlöser. Bereits im Jahre 1937 hatte die stockreaktionäre polnische «Regierung der Obersten» erwogen, polnische Juden auf der genannten Insel anzusiedeln. Zu jener Zeit hatten Heydrich und seine Komplicen längst mit der Idee geliebäugelt, das Judenproblem nicht einzeln, von Fall zu Fall, sondern generell, durch massenhafte Vertreibung zu lösen. Daher hatte ihnen das polnische Madagaskar-Projekt schon damals ins Auge gestochen.

Auch Göring hatte in Auswertung der «Kristallnacht» am 12. November 1938 davon gesprochen, daß Hitler erwäge, «zur Lösung der Madagaskarfrage zu kommen»[59].

Im Frühjahr und Sommer 1940 waren sich die mit der Judenfrage unmittelbar befaßten Naziverbrecher sicher, die Herren Europas zu sein, zumal sie auch die Kapitulation Großbritanniens ganz nahe wähnten. Der Friedensschluß konnte aus ihrer Sicht nur ein Diktat des Hitlerregimes sein, nach dem auch mit der französischen Kolonie Madagaskar, der viertgrößten Insel der Erde, nach Belieben verfahren werden konnte.

Im Judenreferat des Auswärtigen Amtes beschäftigte man sich mit Blick auf die faschistischen Kriegsziele und das Friedensdiktat bereits Anfang Juni auch mit den sich daraus ergebenden Möglichkeiten, die Judenfrage zu lösen. Legationsrat Rademacher hielt als eine Variante fest, die Juden aus Westeuropa abzuschieben. Doch war Madagaskar hier noch mit einem Fragezeichen versehen.

Mit Gewißheit hat sich zur selben Zeit auch das RSHA mit dem

Projekt einer territorialen Lösung der Judenfrage befaßt. Als Heydrich am 24. Juni 1940 an Ribbentrop schrieb, ersuche er nicht von ungefähr darum, beteiligt zu werden, falls im Auswärtigen Amt Besprechungen über die Endlösung der Judenfrage stattfinden sollten. «*Das Gesamtproblem* – es handelt sich bereits um rund $3\frac{1}{4}$ Millionen Juden in den *heute* deutscher Herrschaftsgewalt unterstehenden Gebieten –», so ließ Heydrich Ribbentrop wissen, «kann durch Auswanderung nicht mehr gelöst werden; eine *territoriale* Endlösung wird daher notwendig.»[60]

Während der folgenden zwei Monate wurde das Madagaskar-Projekt dann im einzelnen ausgetüfftelt. Sein Kerngedanke war, alle europäischen Juden vom Kontinent zu vertreiben. Selbst die neutralen Länder Europas gedachte man zu nötigen, ihre jüdischen Bürger dem unmenschlichen Plan des Naziregimes zu unterwerfen. Die in Madagaskar ansässigen Franzosen sollten ausgesiedelt und die Insel neben einem Stützpunkt für die Naziwehrmacht in ein gigantisches Konzentrationslager für etwa vier Millionen Juden verwandelt werden, das ein SS-General der Sicherheitspolizei und sein Gefolge in Schach halten sollte. Das Madagaskar-Projekt bedeutete die Kumulation all jener verbrecherischen Methoden, die man an jüdischen Menschen bereits erprobt hatte: Entwürdigung und Enteignung, Raub der Freiheit und der Staatsbürgerschaft sowie Ausbeutung durch Sklavenarbeit bei Strafe des Hungertodes.

Vom RSHA wurde das von Rademacher konzipierte Madagaskar-Projekt euphorisch begrüßt. Im August 1940 erhielt Judenreferent Adolf Eichmann die Order, das Madagaskar-Projekt weiter auszufeilen, was er mit dem ihm eigenen Eifer auch besorgte. Die im RSHA gedrechselte Version des Madagaskar-Plans wurde, wie sich aus Akten des Auswärtigen Amtes ergibt, von Himmler gebilligt und noch im August 1940 an Ribbentrop und andere zentrale Stellen verschickt.

Gleichwohl nahm das Madagaskar-Projekt nie Gestalt an, sondern blieb im Konzept stecken. Es fragt sich, ob es von Hitler und seinen engsten Vertrauten jemals ernst gemeint war, denn seit dem frühen Sommer des Jahres 1940 trug sich der Naziführer bereits mit der Absicht, die Sowjetunion in naher Zukunft und womöglich noch vor der Kapitulation Englands anzugreifen und von der Landkarte zu tilgen. Solange dieser Krieg aber nicht geführt und gewon-

nen war, mußte Madagaskar schon aus Gründen der Praktikabilität
Utopie bleiben. Darüber waren sich auch im Auswärtigen Amt wenigstens Ribbentrop und Staatssekretär von Weizsäcker im klaren,
die seit Juni 1940 von Hitlers Angriffsabsichten gegenüber der Sowjetunion wußten. Die zuständigen Beamten des Auswärtigen Amtes, die weiter am Madagaskar-Projekt herumbastelten, gingen indessen noch vom baldigen Friedensschluß aus, der für die Deportation der europäischen Juden nach Übersee vorausgesetzt werden
mußte.

Auch für die Spitze des Naziregimes gab es zu jenem Zeitpunkt
noch keine greifbare Alternative, die die Lösung des Judenpro-
blems in Europa hätte ermöglichen können. Das mag einer der
Gründe dafür gewesen sein, daß man das Madagaskar-Projekt weiter im Raum schweben ließ. Aber sehr wahrscheinlich waren dafür
auch demagogische Motive maßgebend.

Denn wenigstens Hitler und Göring hatte mit Blick auf einen
Weltkrieg eine radikalere Lösung vorgeschwebt als die Vertreibung
der Juden vom europäischen Kontinent. Schon im Anschluß an die
«Kristallnacht» hatte Göring gedroht, im Falle eines außenpolitischen Konflikts «eine große Abrechnung an den Juden zu vollziehen»[61]. Deutlicher noch hatte sich Hitler über seine Absichten am
21. Januar 1939 gegenüber dem tschechoslowakischen Außenminister Chvalkovsky geäußert. Nach dem amtlichen deutschen Protokoll hatte er ohne Umschweife geäußert: «Die Juden würden bei
uns *vernichtet*. Den 9. November 1918 hätten die Juden nicht umsonst gemacht, dieser Tag würde gerächt werden.»[62]

Wenige Tage später war der Naziführer in seiner berüchtigten
Reichstagsrede wieder einen Schritt weiter gegangen und hatte
«prophezeit»: «Wenn es dem internationalen Finanzjudentum innerhalb und außerhalb Europas gelingen sollte, die Völker noch
einmal in einen Weltkrieg zu stürzen, dann wird das Ergebnis nicht
die Bolschewisierung der Erde und damit der Sieg des Judentums
sein, sondern die Vernichtung der jüdischen Rasse in Europa!»[63]

Die Absicht, die europäischen Juden auszurotten, hegten die
Spitzen des Naziregimes schon längere Zeit. Doch zwischen der
Mordabsicht und ihrer Ausführung lagen Barrieren, die sich nicht
unabhängig von der internationalen Situation und nicht über
Nacht überwinden ließen. Ein Verbrechen von solchem Ausmaß

mußte heimlich, vor allem aber hinter dem Rücken der Millionen Opfer, vorbereitet werden. Da mußten zunächst selbst die eigenen Verbündeten hinters Licht geführt werden, die zwar antisemitisch eingestimmt, aber nicht zum Massenmord an den Juden ihrer Länder geneigt waren. So hatte ausgerechnet Hitler am 17. Juni 1940 Mussolini glauben machen wollen, «man könnte einen israelischen Staat auf Madagaskar errichten»[64]. In diesem Kontext geht Reitlinger wohl nicht fehl in der Annahme, «daß der Madagaskar-Plan hauptsächlich den Zweck hatte, dem Auswärtigen Amt die Verhinderung der freien Auswanderung von Juden aus den Achsenländern zu erleichtern»[65].

Wenngleich der Madagaskar-Plan ein Stück Papier blieb, war er zeitweilig doch nicht ohne Einfluß auf die Praxis der faschistischen Judenpolitik. Im Sommer 1940 war selbst der Chef des Generalgouvernements, Frank, von der Realisierbarkeit des Projekts überzeugt. Am 12. Juli gab er seinen Distriktsgouverneuren bekannt, er habe Hitler überredet, die Juden des Generalgouvernements in das Madagaskar-Projekt einzubeziehen, auf alle Fälle würden weitere Judentransporte aus dem Reich ins Generalgouvernement unterbleiben. Zwei Wochen später war Frank sogar davon überzeugt, daß das Generalgouvernement in absehbarer Zeit «judenfrei» sein werde. Tatsächlich blieben die Transporte aus dem Reich dann auch für ein paar Monate aus. Der Krieg gegen die Sowjetunion jedoch ließ der Hitlerclique gar keine andere Wahl, als ihren Entschluß, die europäischen Juden zu vernichten, im Osten zu vollziehen. Dennoch wurde das Trugbild des Madagaskar-Projekts noch bis Anfang 1942 aufrechterhalten. Am 10. Februar 1942 erst übermittelte Rademacher den Abteilungen des Auswärtigen Amtes die Direktive: «Der Krieg gegen die Sowjetunion hat inzwischen die Möglichkeit gegeben, andere Territorien für die Endlösung zur Verfügung zu stellen. Demgemäß hat der Führer entschieden, daß die Juden nicht nach Madagaskar, sondern nach dem Osten abgeschoben werden sollen. Madagaskar braucht mithin nicht mehr für die Endlösung vorgesehen zu werden.»[66]

Gab Hitler den Vernichtungsbefehl?

Mit dem Madagaskar-Projekt hatten sich die Projektanten der physischen Ausrottung der jüdischen Menschen gedanklich weiter angenähert. Im Ergebnis lief dieser Plan bereits auf Genozid hinaus, denn angesichts des ungewohnten Klimas der Insel, des zu erwartenden akuten Nahrungsmangels und anderer widriger Umstände wäre das Überleben der zu härtester Arbeit verurteilten Zwangsinsulaner nur eine Frage der Zeit gewesen.

Ein weiterer Teufelsplan, der die Zerstörung der biologischen Substanz der jüdischen Menschen bewirken sollte, war in Hitlers Parteikanzlei ausgeheckt worden. Am 28. März 1941 teilte Oberdienstleiter Victor Brack Himmler mit, es seien Versuche abgeschlossen worden, die die massenhafte Sterilisation von Juden zum Ziele haben. Man brauche, so Brack, etwa 20 entsprechende Anlagen, um täglich etwa 3000 bis 4000 Juden durch Röntgenstrahlen fortpflanzungsunfähig zu machen.

Vorbereitung und Ausführung des Überfalls auf die Sowjetunion machten auch dieses verbrecherische Unternehmen hinfällig. Die Endlösung, genauer gesagt, die endgültige, unwiderrufliche Lösung der Judenfrage, sollte nun in die entscheidende Auseinandersetzung mit dem «bolschewistischen Todfeind» eingebettet werden. Darauf wurde diesmal bekanntlich nicht nur die Führung der SS, sondern auch die der Wehrmacht eingeschworen. Als Jodl am 3. März 1941 unter ausdrücklicher Berufung auf Hitler seine Direktiven für die Verwaltung der zu besetzenden Sowjetgebiete ausgab, fixierte er bereits: «Die jüdisch-bolschewistische Intelligenz ... muß beseitigt werden.»[67]

In den Richtlinien des OKW für das Verhalten der deutschen Truppen auf sowjetischem Gebiet ging die Naziführung noch einen Schritt weiter. Hier wurden die Juden allein schon wegen ihrer «Rasse», unabhängig von ihrer gesellschaftlichen Stellung, zu Trägern der «zersetzenden Weltanschauung» des Bolschewismus und damit zu Todfeinden gestempelt. Der Kampf gegen diese Weltanschauung, so die OKW-Direktive, «verlangt rücksichtsloses Durchgreifen gegen bolschewistische Hetzer, Freischärler, Saboteure, Juden ...»[68] Damit sollte in der Wehrmacht das ideologische Fundament gelegt werden für das Zusammenwirken mit den Einsatzgruppen der SS, die den Kampftruppen dann auf dem Fuße folgten.

Bis heute streiten sich westliche Historiker verbissen um die Frage, ob ein Befehl für die Endlösung, für die physische Ausrottung der Juden Europas, überhaupt existiert habe und wenn ja, von wem er erteilt worden sei. Man könnte die extreme Behauptung des Briten David Irving, Hitler habe den Holocaust weder befohlen noch gewollt, ja bis 1943 nicht einmal davon gewußt, als absurd und geradezu lächerlich abtun. Und doch hat Irving mit seiner These denen Auftrieb gegeben, die sich bis heute als ebenso nihilistische wie arrogante Verfechter der «Auschwitz-Lüge» aufspielen. Andere Faschismusforscher, wie die BRD-Historiker Martin Broszat und Hans Mommsen, meinen, es habe gar keines Vernichtungsbefehls bedurft. Unzählige Einzel- und von Fall-zu-Fall-Entscheidungen hätten sich schließlich zum Massenmord kumuliert. Eine dritte Gruppe, für die Namen wie die des amerikanischen Wissenschaftlers Raul Hilberg, des israelischen Historikes Yehuda Bauer oder des Westdeutschen Helmut Krausnick stehen, ist von der dominierenden Rolle Hitlers in bezug auf die Endlösung überzeugt. Die letztere Auffassung deckt sich im Ergebnis mit der marxistischen Faschismusforschung. Sie ist durch zahlreiche Quellen auch am solidesten fundiert.

Tatsache ist zunächst, daß ein schriftlicher Befehl Hitlers, die Juden ganz Europas durch Massenmord aus dem Wege zu räumen, niemals aufgefunden wurde. Darin liegt allerdings kein Grund zu bezweifeln, daß Hitler den Befehl zur biologischen Ausrottung der Juden doch, nämlich mündlich, erteilt hat. Dafür sprächen die eingefleischte List und Heimtücke des Naziführers sowie sein Drang, seine Umwelt und erst recht die Öffentlichkeit zu täuschen. Diese Eigenschaften hatte er schon bei seinem Parteiaustritt, beim sogenannten Röhmputsch, beim Auslösen der «Kristallnacht», mit Blick auf den Madagaskar-Plan und bei vielen anderen Gelegenheiten bewiesen. Daß er davor zurückschrecken konnte, den Holocaust schriftlich anzuordnen, lag aber vor allem in der Verruchtheit und Unfaßbarkeit eines solchen in seiner Dimension nie dagewesenen Verbrechens begründet. Der Erfolg eines derart perfiden Massenmordes hing ja nicht zuletzt davon ab, daß er so geheim und perfekt wie möglich vorbereitet und ausgeführt wurde. Deshalb war

Bruno Streckenbach

es nur folgerichtig, daß die Verantwortlichen für den Millionenmord so wenig Spuren wie möglich hinterlassen wollten. Im übrigen gehörte es zu Hitlers Arbeitsstil, selbst wichtige Befehle an seine Vertrauten mündlich weiterzugeben. Das bestätigte Rüstungsminister Albert Speer am 15. Juni 1977 noch einmal in einer eidesstattlichen Erklärung: «Es ist daher der Arbeitsweise Hitlers entsprechend und darf nicht als Lücke angesehen werden, daß kein schriftlicher Befehl zur Vernichtung der Juden vorliegt.»[69]

Aber dies bliebe alles im Reich der Hypothese, stünden nicht zahlreiche Beweise und Indizien zur Verfügung, die *für* einen Befehl Hitlers sprechen, die Juden systematisch und möglichst lautlos umzubringen. Was die Vernichtung der sowjetischen Juden angeht, so liegt seine Rolle als höchster Befehlsgeber ziemlich klar zutage. Bekanntlich hatte Hitler die «Richtlinie auf Sondergebieten zur Weisung Nr. 21 (Barbarossa)» selbst redigiert. Am 13. März von Keitel unterzeichnet, diktierte sie Himmler «Sonderaufgaben im Auftrage des Führers» zu, «die sich aus dem endgültig auszutragenden Kampf zweier entgegengesetzter Systeme ergeben»[70]. Diese Direktive war nach dem Verständnis aller Beteiligten, die Wehrmachtführung eingeschlossen, das normative Fundament, auf dem die Einsatzgruppen unmittelbar nach dem Überfall auf die UdSSR den Massenmord an jüdischen Menschen verübten.

Aber auch die Einstimmung der Chefs der Einsatzgruppen und -kommandos verrät Hitlers Urheberschaft. Noch vor dem Angriff war ihnen reiner Wein über Inhalt und Herkunft des Mordbefehls eingeschenkt worden. Diese Aufgabe hatten Heydrich und Strekkenbach, der Personalchef des RSHA, im Juni 1941 besorgt. «Es wurde», so dazu beispielsweise die Aussage von Dr. Blume, einstiger Chef des Sonderkommandos 7 a, «ausgeführt, daß das Ostjudentum das intellektuelle Reservoir des Bolschewismus sei und deshalb, nach Ansicht des Führers, vernichtet werden müsse.»[71] Daß es sich dabei nicht nur um eine Ansicht Hitlers handelte – was für das Mordunternehmen gewiß ausgereicht haben würde –, sondern um dessen ausdrücklichen Befehl, ist von Beteiligten mehrfach bestätigt worden. So hat der Chef des Sonderkommandos 1 a, Sandberger, bekundet, daß die verantwortlichen Einsatzführer vor ihrem Abmarsch zweimal, einmal in Pretzsch und einmal in der Prinz-Albrecht-Straße, vergattert worden seien. «Mit Sicherheit», so Sandberger, «kann ich nur sagen, daß der sogenannte Führerbefehl bei einer dieser Gelegenheiten bekanntgegeben worden ist.»[72]

Als das Blutbad dann in vollem Gange war und selbst an den Nerven einzelner Einsatzführer rüttelte, tauchte doch die Frage auf, wer das alles verantworten solle. Offenbar hat diese Frage Dr. Otto Bradfisch, Chef des Einsatzkommandos 8, Mitte August 1941 keinem Geringeren als Himmler gestellt. Der Reichsführer SS hatte sich zu jenem Zeitpunkt eigens nach Minsk begeben, um dort einer von ihm angesetzten Erschießung von 120 bis 180 jüdischen Zivilisten beizuwohnen. Auf Bradfischs Frage hatte Himmler in ziemlich scharfem Ton erwidert, «daß diese Befehle von Hitler als dem obersten Führer der deutschen Staatsregierung kämen und daß sie die Kraft eines Gesetzes hätten»[73].

Himmler hatte Bradfischs Frage zum Anlaß genommen, das Gewissen von dessen Komplicen zu erleichtern. Nur er und Hitler, so hatte er die Skrupel des Mordkommandos zu zerstreuen gesucht, trügen die Verantwortung für den Massenmord. Auch bei anderer Gelegenheit hat Himmler betont, daß die Ausführung des Hitlerbefehls jeder Gerichtsbarkeit, namentlich auch der SS- und Polizeigerichtsbarkeit, entzogen sei.

Tatsache ist, daß Hitler das blutige Wüten der Einsatzgruppen nicht nur anordnete und auslöste. Er ließ sich über die grauenvollen Massenmorde auch genauestens informieren. Bereits am 1. August hatte Gestapochef Heinrich Müller in einem verschlüsselten Funkspruch die Chefs der vier Einsatzgruppen angewiesen: «Dem Führer sollen von hier aus lfd. Berichte über die Arbeit der Einsatzgruppen im Osten vorgelegt werden.»[74]

Im kriminellen Denkschema Hitlers war die Ausrottung der Juden, aber auch anderer unschuldiger Menschen während des Krieges von vornherein gerechtfertigt, eine Art «Notwehr». An der Front, so hatte er einmal geäußert, fielen ja auch täglich Soldaten, die keinerlei Schuld auf sich geladen hätten. Primär jedoch war die Ausrottungspolitik im Osten, namentlich in der Sowjetunion, für den Naziführer eine Frage der Zweckmäßigkeit, die Kriegsziele des faschistischen Imperiums so effektiv wie möglich durchzusetzen und zu stabilisieren. Das besetzte Gebiet sollte ja nie mehr verlassen und für eine Ewigkeit durch die «arische Rasse» besiedelt werden. Aber längst hatte die Anzahl der Angehörigen jener Völker, die unter dem Nazijoch stöhnten, diejenige der Reichs- und «Volksdeutschen» überschritten. Wollte man das eroberte Land wirklich beherrschen, mußte man das «ungeheure Menschenreservoir des Ostens», wie Himmler es besorgt ausdrückte, erheblich dezimieren. In diesem Sinne hatte Hitler schon wenige Wochen nach dem Überfall auf das Sowjetland in Gegenwart von Göring, Keitel, Rosenberg und Lammers die Devise ausgegeben: «Der Riesenraum müsse natürlich so rasch wie möglich befriedet werden; dies geschehe am besten dadurch, daß man Jeden, der nur schief schaue, totschiesse.»[75]

Weit umstrittener als Hitlers Mordbefehl für die Einsatzgruppen ist unter bürgerlichen Historikern die Frage, ob der Nazichef einen generellen Vernichtungsbefehl sowohl für die sogenannten Reichsjuden als auch für die Juden aus anderen Teilen West- und Mitteleuropas erteilt hat. Der dokumentarische Beweis für einen solchen Befehl ist, wie gesagt, nicht zu führen. Es gibt aber genügend Anhaltspunkte dafür sowie Aussagen maßgeblicher an der Endlösung beteiligter Naziverbrecher, wonach Hitler und die engere Naziführung im Kontext mit der Aggression gegen die Sowjetunion fest entschlossen waren, die Endlösung der Judenfrage im Sinne der biologischen Ausrottung europaweit zu betreiben.

Schon vor dem Überfall auf die UdSSR hatte Hitler mehrfach

vorausgesagt, daß es nach dem Krieg im deutschen Machtbereich keine Juden mehr geben werde. Mit dieser «Prophezeiung» konnte der Naziführer keinesfalls nur die sogenannten Ostjuden im Auge gehabt haben, die er freilich für die gefährlichsten hielt. Aufschlußreich ist in diesem Zusammenhang ein Schreiben, das Eichmanns Dienststelle am 20. Mai 1941 an die Nazikonsulate versandte. Darin wurde mitgeteilt, Göring habe die Auswanderung von Juden aus Frankreich und Belgien verboten, weil diese erstens die Auswanderung der «Reichsjuden» behindere und zweitens «die Endlösung der Judenfrage» zweifellos unmittelbar bevorstehe.[76] Dieses Schreiben, das Abwehrchef Schellenberg in Heydrichs Vertretung unterzeichnet hatte, beruhte weder auf einem Alleingang Görings noch gar auf einer Erfindung des RSHA. Man darf annehmen, daß Hitlers Plan, das Schicksal auch der westeuropäischen Juden im Sinne ihrer Ausrottung zu besiegeln, zu jenem Zeitpunkt schon ziemlich weit fortgeschritten war. Den Entschluß, so zu verfahren, soll er Himmler schon nach der Kapitulation Frankreichs im Sommer 1940 mitgeteilt haben. So jedenfalls hat es Himmlers finnischer Masseur Felix Kersten der Nachwelt überliefert.[77]

Eine Tagebucheintragung von Generalgouverneur Frank vom 17. Juli 1941 bestätigt Hitlers Entschluß, nicht nur die sogenannten Ostjuden auszurotten. An jenem Tage hatte Frank notiert, daß ihm der Führer bereits am 19. Juni eindeutig erklärt habe, die Juden zum gegebenen Zeitpunkt überhaupt beseitigen zu wollen. Das Generalgouvernement sollte «nur noch gewissermaßen Durchgangslager sein»[78]. Zwei Tage später fiel die Naziwehrmacht in die Sowjetunion ein.

Als Göring schließlich am 31. Juli 1941 Heydrich beauftragte, «alle erforderlichen Vorbereitungen in organisatorischer, sachlicher und materieller Hinsicht zu treffen für eine Gesamtlösung der Judenfrage im deutschen Einflußgebiet in Europa», wußten die Beteiligten sehr genau, was die Stunde geschlagen hatte. Daß es sich hierbei nicht um irgendeine Lösung handeln sollte, folgte schon aus dem Wortlaut des von Göring unterzeichneten Schreibens. Heydrich wurde nämlich zugleich beauftragt, einen «Gesamtentwurf» aller Vorausmaßnahmen «zur Durchführung der angestrebten *Endlösung* (Hervorhebung d. A.) der Judenfrage vorzulegen»[79].

Daß die SS der Vollstrecker der Endlösung sein würde, darüber

Dr. Hans Frank (l.), Generalgouverneur in Polen

hatte Hitler Heydrichs Chef, Himmler, längst ins Bild gesetzt. Im übrigen spricht einiges dafür, daß Görings Auftrag nicht nur im RSHA formuliert, sondern auch auf Heydrichs Schreibmaschine getippt worden war. Göring pflegte für seinen Schriftwechsel nämlich Kopfbögen mit dem Aufdruck aller seiner Ämter zu verwenden. Im Brief an Heydrich indessen waren die Funktionen des Reichsmarschalls mit Maschine geschrieben. Wahrscheinlich hatte Heydrich bei Göring nur dessen Unterschrift eingeholt. Die Vollmacht des SD- und Sipochefs für die Regie des geplanten Millionenmordes hatte weniger den Sinn, dessen Pflicht zu begründen, als vielmehr sich anderen Nazibehörden gegenüber zu «legitimieren». Die Vorbereitung des Massenmordes an den jüdischen Menschen aller möglichen Länder ließ sich ja nicht ohne Rosenbergs Ostministerium, ohne Innen- und Außenminister, ohne Justizminister und vor allem nicht ohne

Parteiapparat ins Werk setzen. Daher war es ganz wesentlich, daß Göring Heydrich bevollmächtigte, Zentralinstanzen «zu beteiligen», sofern deren Zuständigkeit berührt werde. Solche Befugnisse gegenüber anderen Institutionen konnten nur Hitler selbst oder Göring aufgrund einer Ermächtigung durch den Naziführer auf einzelne Ressortchefs übertragen. Da Hitler genügend Gründe hatte, sich als Urheber der Endlösung im Hintergrund zu halten, hatte er den Reichsmarschall mit diesem Schritt betraut. Daß dem so war, bestätigte Heydrich dann auch ausdrücklich auf der Wannsee-Konferenz im Januar folgenden Jahres. Nach der Aufzeichnung von Unterstaatssekretär Luther vom Außenministerium hatte Heydrich am Wannsee erklärt, «daß der Auftrag Reichsmarschalls Göring an ihn auf Weisung des Führers erfolgt sei»[80].

«Wohl war dieser Befehl etwas Ungeheuerliches ...»

Dem Hitlerbefehl zur endgültigen Ausrottung der Juden begegnet man im Sommer 1941 auch und insbesondere in Himmlers Aktivitäten. Der Reichsführer SS war ja Heydrichs Vorgesetzter und unmittelbarer Chef, und er überließ das Zepter eines solch ungeheuerlichen Unternehmens keineswegs allein seinem Sicherheitspolizei- und SD-Chef. Während Heydrich daranging, die in die Endlösung einzubeziehenden Instanzen administrativ unter eine Kappe zu bringen, setzte Himmler bereits den Aufbau der Todesfabriken in Gang. Die Hauptrolle hatte er dabei einem Mann namens Rudolf Höß zugedacht, der schon in der Weimarer Zeit gemeinsam mit Martin Bormann in einen Fememord verstrickt war, der sich vor allem aber in den Konzentrationslagern Dachau und Sachsenhausen ganz im Himmlerschen Sinne «bewährt» hatte. Ebendiesen Höß bestellte Himmler – nach dessen umstrittener Erinnerung – sich im Sommer 1941 in sein Amt und sagte ihm unter vier Augen, daß, so Höß am 15. April 1946 in Nürnberg, «der Führer die Endlösung der Judenfrage befohlen (hat). Wir, die SS, haben diesen Befehl durchzuführen ...»[81]

Nach dieser Eröffnung gab Himmler seinem Günstling den streng geheimzuhaltenden Befehl, in Auschwitz eine Stätte der

Massenvernichtung jüdischer Menschen zu errichten. Höß, der dem Naziregime bedingungslos ergebene Berufsverbrecher, zeigte sich von Hitlers Befehl ebenso beeindruckt wie von Himmlers Auftrag. Während seiner Untersuchungshaft in Polen, wohin er im Mai 1946 ausgeliefert worden war, resümierte Höß: «Wohl war dieser Befehl etwas Ungeheuerliches … Ob diese Massenvernichtung notwendig war oder nicht, darüber konnte ich mir kein Urteil erlauben, so weit konnte ich nicht sehen. Wenn der Führer selbst die ‹Endlösung der Judenfrage› befohlen hatte, gab es für einen alten Nationalsozialisten keine Überlegungen, noch weniger für einen SS-Führer.»[82]

Ausdrücklich bestätigte Höß in seinen Aufzeichnungen, die er im Krakóẇer Gefängnis anfertigte, daß der Hitlerbefehl, den auszuführen ihm Himmler befohlen hatte, nicht nur die Juden des Ostens betraf, sondern daß «alle für uns erreichbaren Juden jetzt während des Krieges ohne Ausnahme zu vernichten (sind)»[83].

Auf Höß, der der gigantischsten Hinrichtungsstätte aller Zeiten bis Ende 1943 als Lagerkommandant vorstand, ist noch zurückzukommen.

Einen weiteren Kapitalverbrecher weihte Himmler in jenem schicksalsschweren Sommer in die «Geheime Reichssache» des Hitlerschen Vernichtungsbefehls ein: den Stuttgarter Kriminalkommissar Christian Wirth, der schon in der «Euthanasie»-Anstalt Brandenburg daran mitgewirkt hatte, geistig Behinderte probeweise mit Gas zu töten. Dieser Mann konnte wegen seiner hervorstechenden Skrupellosigkeit schon seit längerem auf die besondere Aufmerksamkeit und Förderung der Naziführung zählen. Als Wirth im April 1938 in Heydrichs Sicherheitsdienst übernommen wurde, fand sich auf dem Überweisungsdokument des bisherigen SA-Sturmführers der Vermerk «z. V. Führer». Wirth, den die von ihm Gepeinigten später den «Wilden Christian» nennen sollten, wurde von Himmler auf die Spur geschickt, drei weitere Vernichtungslager im Generalgouvernement aus dem Boden zu stampfen, nämlich Bełzec, Sobibór und Treblinka.

Es bleibt kein Zweifel, daß für die Naziführung der Plan, die Juden auszurotten, wo man ihrer auch immer habhaft werden konnte, im Sommer des Jahres 1941 unmstößlich war. Die bornierte Überzeugung, den Krieg gegen den «Todfeind» Sowjetunion in kürze-

Christian Wirth

ster Frist zu gewinnen, hatten Hitler und seine bewährten Menschenschlächter Himmler und Heydrich auch den letzten Schritt wagen lassen. Als der Amtschef im RSHA, Bruno Streckenbach, im September 1941 Heydrich in eine Debatte über den Massenmord an sowjetischen Juden verwickelte, bedeutete der SD-Chef seinem Kumpan, daß «der Führer die Absicht geäußert habe, im Zusammenhang mit diesem Kriege als der gewaltigsten weltanschaulichen Auseinandersetzung auch das Judenproblem zu lösen»[84].

Tatsächlich markieren Vorbereitung und Beginn der Aggression gegen die Sowjetunion die Zäsur, auf die der systematische Genozid an jüdischen Menschen folgte. Zwar hatten die Einsatzgruppen auch schon beim Einfall in Polen eine Reihe von Massenerschießungen vorgenommen, beispielsweise durch die Einsatzgruppe Woyrsch, verschiedentlich Pogrome ausgelöst und zahlreiche einzelne Exekutionen vollzogen, doch übertraf die Praxis der SS-Mörderbanden auf sowjetischem Territorium alles bislang Dagewesene.

Die Wannsee-Konferenz

Heydrich zögerte nicht, sich seinem Auftrag zu stellen, ein Konzept für die faschistische Endlösung der Judenfrage im Maßstab Europas vorzulegen. Für diesen Zweck lud er die zu beteiligenden Instanzen für den 9. Dezember 1941 zu einer Besprechung in eine verschwiegene Villa am Wannsee ein. Doch der Termin mußte kurzfristig abgesagt werden. Zum ersten Mal seit Beginn des zweiten Weltkrieges sah sich die Naziführung mit Ereignissen konfrontiert, die Wirkung zeigten. Am 5. Dezember 1941 hatte vor Moskau die Gegenoffensive der Roten Armee begonnen und das Scheitern der Blitzkriegsstrategie ablesbar gemacht. Hinzu kam, daß die Japaner mit ihrem Überfall auf Pearl Harbor am 7. Dezember die USA in den Krieg hineingezogen hatten, was Deutschlands und Italiens Kriegserklärung an Amerika zur Folge hatte. Daraus erklärt sich, daß die professionellen Judenhäscher aus Partei und Staat erst am 20. Januar des folgenden Jahres zu Stuhle kamen.

Das Konzept für die Ausführung des Millionenmordes wurde im Anschluß an ein Mittagessen geschmiedet, das Heydrich in der Prachtvilla am Großen Wannsee 56/58 gab, die seit 1940 als Erholungsheim für SS-Offiziere diente. Nicht von ungefähr hatte der eitle SD-Chef der Einladung jenes Schreiben von Göring beigefügt, mit dem dieser Heydrich mit dem Entwurf der «Gesamtlösung» beauftragt hatte. So konnten weder Zweifel darüber· entstehen, wer das Zepter bei der Endlösung zu führen hatte, noch darüber, daß jetzt nicht mehr nur im besetzten Sowjetland ernst gemacht werde. Eichmann, der Heydrichs Rede entworfen hatte und auch Protokoll führte, notierte aus Heydrichs Einführung, daß «an Stelle der Auswanderung nunmehr als weitere Lösungsmöglichkeit *nach entsprechender vorheriger Genehmigung durch den Führer* (Hervorhebung d. A.) die Evakuierung nach dem Osten getreten (ist)»[85].

«Evakuierung nach dem Osten» – das war das neue Codewort für die Vernichtung der Juden durch direkten Mord oder durch Vernichtung durch Arbeit. Heydrich definierte es an jenem Tage ohne Umschweife: «Unter entsprechender Leitung sollen im Zuge der Endlösung die Juden in geeigneter Weise im Osten zum Arbeitseinsatz kommen. In großen Arbeitskolonnen, unter Trennung der Geschlechter, werden die arbeitsfähigen Juden straßenbauend

Hinrich Lohse

in diese Gebiete geführt, wobei zweifellos ein Großteil durch natürliche Verminderung ausfallen wird.»

In dieser Prognose steckte noch eine gehörige Portion Demagogie. Denn Heydrich kannte die Schwierigkeiten ganz genau, die
sich bislang schon beim Arbeitseinsatz jüdischer Menschen im besetzten Polen ergeben hatten. Auf der Wannsee-Konferenz faßte
man schließlich 11 Millionen jüdische Opfer ins Auge. Unter den
Bedingungen des Krieges im Osten, dessen Blatt sich zu wenden
begann, war es ein Ding der Unmöglichkeit, auch nur einen Bruchteil der Opfer in das Sklavenarbeitsprogramm einzureihen.

Als primäre «Lösung» konnte eigentlich nur in Frage kommen,
was Heydrich dem «verbleibenden Restbestand» als Schicksal zudachte: «... da es sich bei diesem zweifellos um den widerstandsfä-
higsten Teil handelt», wird er «entsprechend behandelt werden
müssen, da dieser, eine natürliche Auslese darstellend, bei Freilassung als Keimzelle eines neuen jüdischen Aufbaus anzusprechen
ist (siehe die Erfahrung der Geschichte)»[86].
Längst war man sich zu jenem Zeitpunkt darüber einig, die nichtarbeitsfähigen Juden zu selektieren und umzubringen. Bereits am
25. Oktober 1941 hatte Rosenbergs Judenreferent Dr. Wetzel den
Reichskommissar für das Ostland (Belorußland, Litauen, Lettland
und Estland), Hinrich Lohse, dahin instruiert, daß «nach Sachlage

Rudolf Lange

keine Bedenken (bestehen), wenn diejenigen Juden, die nicht arbeitsfähig sind, mit den Brackschen Hilfsmitteln beseitigt werden».[87]

Mit den «Brackschen Hilfsmitteln» waren Vergasungseinrichtungen gemeint, die unter der Ägide Viktor Bracks von der Kanzlei Hitlers für die Endlösung entwickelt worden waren und die an die Technologie der «Euthanasie»-Morde anknüpften. Aus Wetzels Brief ergibt sich, daß der Massenmord an den nichtarbeitsfähigen Juden, die aus dem Altreich nach Łódź, Kowno, Minsk und Riga verschleppt worden waren, schon drei Monate vor der Wannsee-Konferenz beschlossene Sache war.

Auch die Anwesenheit von Dr. Rudolf Lange auf der Konferenz deutet darauf hin, daß nicht der Arbeitseinsatz, sondern die Vernichtung der jüdischen Menschen Hauptzweck jener mittäglichen Zusammenkunft am Wannsee war. Mit Lange hatte man nicht von ungefähr einen Mann der «Praxis» eingeladen. Als Kommandeur der Sicherheitspolizei und des SD in Lettland und Chef des Einsatzkommandos 2 C z. b. V. hatte er schon mehrfach Massenerschießungen geleitet, so Ende November 1941 den ersten Massenmord an eben aus dem Nazireich angekommenen jüdischen Menschen sowie von 14 000 Juden aus dem Rigaer Ghetto. Übrigens wäre Lange auch am 8. Dezember, an dem die Wannsee-Konferenz

ursprünglich stattfinden sollte, unabkömmlich gewesen. An jenem Tage nämlich hatte er «Dienstaufsicht» an den Erschießungsgruben im Rumbuli-Wald bei Riga.

Das von Heydrich redigierte Protokoll schwieg sich bewußt darüber aus, was mit jenen Juden geschehen sollte, die nicht arbeitsfähig waren oder aus anderen Gründen nicht zur Zwangsarbeit eingesetzt werden konnten. Lediglich zu denen, die das 65. Lebensjahr überschritten hatten, vermerkte die amtliche Niederschrift, es sei beabsichtigt, sie «nicht zu evakuieren, sondern sie einem Altersghetto – vorgesehen ist Theresienstadt – zu überstellen»[88].

Zweifellos klaffte zwischen den wirklichen Dialogen der Teilnehmer und der ohnehin brutalen Sprache des Protokolls noch eine beträchtliche Diskrepanz. Darüber hat Eichmann die Öffentlichkeit vor dem Jerusalemer Gericht aufgeklärt. Am 24. Juli 1961 sagte er aus: «... ich weiß, daß die Herren beisammen gesessen sind, und da haben sie eben in sehr unverblümten Worten – nicht in Worten, wie ich sie dann ins Protokoll geben mußte, sondern in sehr unverblümten Worten die Sache genannt ... Es wurde von Töten und Eliminieren und Vernichten gesprochen.»[89]

Noch am Nachmittag jenes 20. Januar waren sich die Konferenzteilnehmer über das Ziel der Endlösung einig. Niemand hatte Bedenken oder gar Einwände erhoben. Man ging in ungetrübter Stimmung auseinander oder fand sich noch zu munterem Plausch zusammen. In Argentinien, wo Eichmann nach dem Krieg untergetaucht war, erinnerte er sich wie folgt: «Ich weiß noch, wie im Anschluß an die ‹Wannsee-Konferenz› Heydrich, Müller (der Gestapochef – d. A.) und ich gemütlich an einem Kamin zusammensaßen. Da sah ich zum ersten Male Heydrich rauchen; er nahm sogar einen Kognak. Erstmals seit vielen Jahren sah ich Heydrich Alkohol trinken.»[90]

Als Eichmann schon ein Jahr später seinem Vernehmer, dem israelischen Polizeihauptmann Avner Less, gegenübersaß, wollte er plötzlich das kleinste Licht unter den Konferenzteilnehmern gewesen sein, das in abseitiger Position Protokoll führte. «Ich weiß nicht, ob Sie es mir nachempfinden können, Herr Hauptmann –», stammelte da der Judenreferent der Vernichtungszentrale plötzlich, «ich bin mit der Stenotypistin in einer Ecke gesessen und da hat sich niemand um uns gekümmert, niemand. Da waren wir viel zu klein. Man hat uns nicht beachtet, nicht einmal Heydrich.»[91] Less muß über stählerne Nerven verfügt haben. Sein eigener Vater, der im ersten Weltkrieg auf deutscher Seite gekämpft hatte, war schließlich Eichmanns Opfer gewesen. Als Träger des Eisernen Kreuzes hatte er nach Avner Less' bitterer Bemerkung das «Privileg» gehabt, als einer der letzten umgebracht zu werden. Gleichwohl verlor Less nur äußerst selten die Beherrschung, wenn Eichmann ihm während der langen Verhöre immer neue Lügen und Halbwahrheiten auftischte.

Auch andere Teilnehmer der Wannsee-Konferenz suchten später ihre dortige Rolle zu bagatellisieren oder gar in eine Tugend umzumünzen. So hatte der sich sonst sehr nüchtern gebende Dr. Stukkart, der Frick vertrat, ein glühendes Plädoyer für die Zwangssterilisierung der sogenannten jüdischen Mischlinge gehalten. Als Angeklagter im Wilhelmstraßen-Prozeß wollte er seine Richter glauben machen, er habe damit die Mischlinge vor Deportation und Vernichtung bewahren wollen. In Wahrheit war es kein anderer als Stukkart selbst, der später gemeinsam mit Globke jene Verordnungen ausheckte, die auch für Mischlinge den Weg nach Auschwitz bahnten.

Bemerkenswert an der Wannsee-Konferenz war, wie pragmatisch die versammelten Spitzenfunktionäre an die Ausrottung der Menschen jüdischer Abkunft herangingen. So war Görings Beauftragter für den Vierjahresplan, Staatssekretär Neumann, energisch dafür eingetreten, «daß die in kriegswichtigen Betrieben im Arbeitseinsatz stehenden Juden derzeit, solange noch kein Ersatz zur Verfügung steht, nicht evakuiert werden können»[92]. Heydrich wußte nur zu gut, wie aussichtslos es sein würde, sich in dieser Frage mit Göring auf einen Clinch einzulassen, und er reagierte entsprechend. Zudem war der Massenmord an den Juden nicht das Ziel, sondern nur *ein* Mittel zur Neuordnung und allmählichen «Germanisierung» Europas, die nach dem Generalplan Ost die Dezimierung von …zig Millionen Menschen voraussetzte. Im Januar 1942 war man ungeachtet erster Niederlagen noch fest davon überzeugt, daß man in Bälde in ganz Europa schalten und walten könnte, wie es beliebte. Daher hatte Heydrich in die von ihm und Eichmann errechnete Zahl von 11 Millionen Opfern auch schon die in England, in der Schweiz, in Schweden und selbst die im europäischen Teil der Türkei ansässigen Juden einbezogen.

«Nun hatten wir das Gas entdeckt»

Als die Mordspezialisten des Naziregimes daran gingen, die Endlösung der Judenfrage auszuführen, verfügten sie bereits über Erfahrungen in der systematischen Ausrottung von Menschen. Bekanntlich waren die «Euthanasie»-Opfer überwiegend in sogenannte Duschräume gelockt worden, wo sie in Kohlenmonoxydgas ihr Leben aushauchten. Da der erste Stopp der «Euthanasie» mit dem Beginn der Endlösung zeitlich fast zusammenfiel, hätte man vermuten können, daß die Tötungsmethode der «Euthanasie» nahtlos fortgesetzt würde. Aber das scheiterte schon daran, daß der geplante Millionenmord weit größeren Aufwand brauchte und nicht im eigenen Land vollzogen werden konnte, sondern weitab und unter den Umständen eines tobenden Krieges. Zudem duldete der Auftrag der Einsatzgruppen, die Juden im besetzten Sowjetland auf Schritt und Tritt zu vernichten, keinen Aufschub. Der sofortige Bau von Gaskammern wäre ebenso unreal gewesen wie das Heranschaffen des kostspieligen Giftgases in ausreichender Menge. Also machte man von Gewehr und Pistole Gebrauch. Nicht alle Mitglieder der Einsatzgruppen jedoch waren trainierte Killer. Zwar waren sie geistig darauf eingestimmt, das jüdische «Ungeziefer» auszumerzen, doch zwischen Bewußtsein und Tat war noch immer eine Hemmschwelle zu überwinden, die auch manchen SD- und Sipo-Mann nervlich überforderte. Und so stellten sich im Anschluß an die Massaker bei sensiblen Naturen mitunter Depressionen ein, die sie im Alkohol zu ertränken suchten, bei den bereits verrohten Todesschützen Eigenmächtigkeiten und spontanes Handeln, was der Absicht methodischer Vernichtung der Opfer abträglich war.

Darüber, wie man die psychische Situation der Mörder erleichtern könne, dachte man seit August 1941 intensiver nach. Himmler hatte daran eine besondere Aktie, was wiederum auf ein persönliches Erlebnis des «Reichsführers» zurückging. Zu jenem Zeitpunkt hatte Himmler dem Führer der Einsatzgruppe B, Kripochef Arthur Nebe, befohlen, in seiner Gegenwart in Minsk etwa 120 bis 180 jüdische Frauen und Männer erschießen zu lassen. Als es dann soweit war, zeigte sich, daß der kapitalste Schreibtischmörder des Nazireiches sich offenbar überschätzt hatte. Von dem Bach-Zelewski, der als Höherer SS- und Polizeiführer dem Meuchelmord beiwohnte, berichtete nach Kriegsende, wie Himmler nach der ersten Salve zu wanken begann. Als die Schützen mehrere Anläufe brauchten, um zwei jüdische Frauen zu töten, habe der SS-Chef zu schreien angefangen. Schon wenig später gab Himmler die Devise aus, man müsse bessere Tötungsmittel finden.

Der blutige Amoklauf der SS-Schützen wurde dadurch keineswegs verzögert. Doch rief Himmlers Fingerzeig Rassenfanatiker aus verschiedenen Institutionen auf den Plan, die nach effektiveren Methoden des Tötens suchten. Victor Brack aus der Führerkanzlei hatte sich ohnehin schon den Kopf darüber angestrengt, wie man sowohl Täter als auch Tatmethode der «Aktion T4» für die Endlösung nutzen und anwendbar machen könne. Als er am 24. Oktober 1941 zu diesem Zweck den Judenreferenten aus Rosenbergs Ostministerium, Dr. Wetzel, zu sich in die Voßstraße bestellte, hatte er schon ein ziemlich ausgereiftes Projekt in der Hinterhand. Wetzel sagte darüber im Jahre 1961 aus: «Brack sagte mir …, er habe einen Auftrag für mich. Ich sollte dem Minister Rosenberg folgendes übermitteln: Er, Brack, habe einen Gasapparat, der solle nach Riga geschickt werden. Der Minister solle den Reichskommissar

Erich von dem Bach-Zelewski

Lohse davon benachrichtigen. Brack sagte mir, der Gasapparat sei
für die Vernichtung von Juden bestimmt. Eichmann sei damit einverstanden, daß dieser Gaswagen nach Riga komme ... Brack hat
mir bei seiner Erklärung gesagt, es handelte sich um einen Führerbefehl oder einen Auftrag des Führers.»[93]

Wetzel zögerte nicht einen Tag, um, offenbar mit dem Rückenwind seines Ministers, die makabre Botschaft an Lohse weiterzulei-
ten. Schon am folgenden Morgen diktierte er jenes Schreiben an
den «Reichskommissar für das Ostland», der als «Gaskammer-
brief» in die Geschichte der Endlösung eingegangen ist. Wetzel in-
formierte Lohse darüber, «daß sich Oberdienstleiter Brack von der
Kanzlei des Führers bereit erklärt hat, bei der Herstellung der erforderlichen Unterkünfte und Vergasungsapparate mitzuwirken».
Lohse solle sich an Brack wenden und von diesem die Entsendung
des Chemikers Dr. Kallmeyer sowie weiterer Hilfskräfte erbitten, da
man die Apparate an Ort und Stelle leichter herrichten könne.
Wetzels Brief war durch die Vollmacht an die Nazibehörden im besetzten Sowjetland gekrönt, mit der fabrikmäßigen Tötung jüdischer Menschen zu beginnen. «Nach Sachlage bestehen keine Bedenken, wenn diejenigen Juden, die nicht arbeitsfähig sind, mit
den Brackschen Hilfsmitteln beseitigt werden.»[94]

Fahrbare Gaskammern, sogenannte Gaswagen, allerdings noch

mit Kohlenmonoxydflaschen ausgerüstet, waren schon in Polen zum Töten geistig Behinderter eingesetzt worden. Der technische «Fortschritt» der Brackschen Methode bestand darin, die Auspuffgase des jeweiligen Fahrzeugs in den hermetisch abgeschlossenen Laderaum zu leiten, in dem sich die Opfer befanden. Die Idee hierfür hatte der Fahrdienstchef des RSHA, Obersturmbannführer Walter Rauff, geliefert. Rauff, ein Intimus von Heydrich, war von diesem ins Vertrauen darüber gezogen worden, daß sich Himmler um die nervliche Belastung der Einsatzgruppen-Mordschützen Sorgen mache. Der Fahrdienstchef, ein Mann von Ehrgeiz, hatte prompt ein neues Tötungspatent parat: Auspuffabgase. Das war billig und zudem leicht und unauffällig zu handhaben. Heydrich und Brack sanktionierten Rauffs Tip, und bald wurde der erste hermetisch abschließbare Laderaum durch den Transportleiter des RSHA, Friedrich Pradel, bei der Firma Gaubschat in Berlin-Neukölln in Auftrag gegeben. Noch im Spätherbst probierte man das «Modell» im KZ Sachsenhausen aus. Die ersten Opfer der neuen Vergasungsmethode waren 40 bis 50 sowjetische Kriegsgefangene. Bis zum Juli 1942 lieferte die Firma Gaubschat etwa 20 solcher Gaswagen aus, die intensiv zur Vernichtung jüdischer Menschen genutzt wurden. Am 5. Juni 1942 unterzeichnete Rauff, der auch für die Funktionstüchtigkeit der Gaswagen zuständig war, einen geheimen Bericht, in dem es u. a. hieß: «Seit Dezember 1941 wurden beispielsweise mit 3 eingesetzten Wagen 97000 verarbeitet, ohne daß Mängel an den Wagen auftraten.»[95]

Die ersten fahrbaren Mordfabriken dieser Art kamen bereits im November 1941 in Poltawa und im Dezember in Charkow zum Einsatz. Im Verlauf des folgenden Jahres erleichterten sie dann allen Einsatzgruppen das Mordhandwerk, die sich zwischen Belorußland, der Krim und dem Nordkaukasus austobten. Aber auch in dem im sogenannten Warthegau gelegenen Chełmno (Kulmhof), einem der ersten reinen Vernichtungslager, wurden noch im Dezember 1941 fahrbare Tötungsstationen in Betrieb gesetzt. Dorthin hatte sich Eichmann, von Gestapo-Müller dazu beordert, noch vor Jahreswechsel begeben, um die Effektivität der neuen Ausrottungsmethode am Tatort zu studieren und darüber nach Berlin zu berichten. Als Gefangener in Jerusalem beschrieb er diesen Vorgang dann als «das Entsetzlichste, was ich in meinem Leben bis dahin gesehen hatte. Der (gemeint ist der Vergasungswagen – d. A.) fuhr an eine längliche Grube, die Türen wurden aufgemacht und heraus wurden Leichen geworfen, als ob sie noch lebten, so geschmeidig waren die Glieder. Wurden reingeworfen, ich sehe da noch, wie ein Zivilist mit einer Zange Zähne rauszieht, und dann bin ich abgehauen.»[96]

Aber auch mit dem Gaswagen ließ sich der geplante Millionenmord technisch noch längst nicht bewältigen. Rauffs Bericht vom Juni 1942 hatte sich nämlich nur auf den kleineren LKW-Typ, den sogenannten Diamond-Wagen, bezogen, dessen Fassungsvermögen nur für 25 bis 30 Personen ausreichte. Mit dem größeren Typ, dem sogenannten Saurer, der bis zu 60 Menschen aufnehmen konnte, hatte es indessen beträchtliche Schwierigkeiten gegeben. Das geht u. a. aus einem Schreiben des Chemikers Dr. August Becker hervor, das dieser am 16. Mai 1942 aus Kiew an Rauff sandte. Becker war vom RSHA schon für die technische Überwachung der Gasaggregate in den T4-Anstalten eingesetzt worden und kannte sich im Giftgasmord bestens aus. Im Frühjahr 1942 hatte Rauff den bewährten «Fachmann» schließlich auch mit der Überprüfung der Gaswagen im Osten beauftragt. Im besagten Brief klagte Becker, daß der Saurer-LKW bei feuchtem Wetter völlig festliege. «Es tritt nun die Frage auf», so Becker, «ob man den Wagen nur am Orte der Exekution im Stand benutzen kann. Erstens muß der Wagen an diesen Ort gebracht werden, was nur bei guter Wetterlage möglich ist ... Fährt oder führt man die zu Exekutierenden an diesen Ort, so merken sie sofort, was los ist und werden unruhig, was nach Möglichkeit vermieden werden soll. Es bleibt nur der eine Weg übrig, sie am Sammelort einzuladen und hinauszufahren.»[97]

Der Einsatz der Gaswagen hatte Grenzen. Die Probleme, die damit verknüpft waren, mögen dazu geführt haben, daß die Organisatoren der Endlösung beschleunigt auch stationäre Vergasungsanlagen planten. Hierbei hat sich namentlich Christian Wirth hervorgetan, jener Kriminalkommissar aus Stuttgart, der sich im «Sonderauftrag des Führers» im polnischen Generalgouvernement mit unerhörtem Eifer für den Bau von Vernichtungslagern engagierte. Es war kein Zufall, daß Wirth in der zweiten Dezemberhälfte 1941 zum Kommandanten ausgerechnet des Lagers Bełżec ernannt wurde. Bełżec, südöstlich von Lublin gelegen, wurde die grauenvolle Stätte des ersten reinen Vernichtungslagers. Einen halben Kilometer vom Bahnhof des Städtchens entfernt, direkt an einem Nebengleis, begann Wirth unverzüglich mit dem Bau einer ortsfesten Gaskammer, die er mit eigenen Händen errichten half. Das Ganze glich einer Kopie der T4-Mordstätten, die Wirth ja als Leiter des «Standesamtes» in Hadamar sowie als Verwaltungsleiter in Hartheim aus nächster Nähe hatte studieren können. Wirth ließ auch hier, um die arglosen Opfer in den Tod zu drängen, Brausedüsen an der Decke installieren. Der Unterschied zum klassischen «Euthanasie»-Mord bestand einzig darin, daß man hier nicht Kohlenmonoxyd aus Stahlflaschen in die Todeskammer einströmen ließ, sondern die Dieselabgase vom Motor eines Panzerkampfwagens. Zunächst waren die Insassen der ankommenden Transporte in einer abgedichteten Baracke erstickt worden, deren Kapazität nicht übermäßig groß war. Ein Mann wie Wirth wußte sich natürlich auszurechnen, daß es seine Karriere befördern mußte, wenn er den Mord der ganz großen Dimension sein Patent nennen könnte. Zeitweilig war er von dem Gedanken besessen, sämtliche Juden in Bełżec umzubringen. Karrierismus und Rassenwahn motivierten ihn im Mai 1942 dazu, die Vergasungsbaracke wieder abzureißen und statt dessen mehrere massive Gaskammern zu errichten. Von nun an konnten in Bełżec während eines einzigen Vergasungsvorganges bis zu 1 500 Menschen in den Tod geschickt werden. Damit konnte sich Wirth bei seinen Vorgesetzten sehen lassen. Das Honorar für diesen Bahnbrecher des Massenmordes folgte der Tat auf dem Fuße. Schon am 1. August 1942 durfte der einstige Kriminaler ein neues, höheres «Amt» antreten. Er wurde Inspekteur aller drei Vernichtungslager des Lubliner Distrikts, d. h. von Bełżec, Sobibór und Majdanek.

Das wirksamste und zugleich billigste Mittel für die industrielle Vernichtung von Menschen jedoch wurde in Auschwitz «entdeckt». Als Himmler im Sommer 1941 Rudolf Höß in Hitlers Endlösungsbefehl einweihte, war man sich bereits darüber einig, daß für den Millionenmord nur Gas in Frage komme. Unstreitig war aus schon genannten Gründen auch, daß das Tötungsmittel nicht abgefülltes Kohlenmonoxydgas sein könne. Es war wohl mehr dem Zufall geschuldet, daß ausgerechnet der primitive und von Höß wegen Unfähigkeit bald wieder verjagte 1. Schutzhaftlagerführer von Auschwitz, Karl Fritzsch, jenes Mittel ausfindig machte, durch das Auschwitz zur größten Mordstätte der Menschheitsgeschichte wurde: Zyklon B.

Das hochgiftige Blausäurepräparat war ein Erzeugnis der «Deutschen Gesellschaft für Schädlingsbekämpfung m.b.H.» (DEGESCH), die zum IG-Farben-Konzern gehörte. Lieferant war die Handelsgesellschaft Tesch und Stabenow, die es durch eine Dessauer Firma an die meisten Konzentrationslager zur Bekämpfung von Ungeziefer bzw. zur Entseuchung von Gebäuden lieferte.

Mit Blausäurekristallen gefüllte Büchsen waren auch in der Lagerverwaltung von Auschwitz immer vorrätig. Als Lagerkommandant Höß sich Anfang September 1941 auf einer Reise befand, hatte SS-Hauptsturmführer Fritzsch die Idee, Zyklon B an Menschen auszuprobieren. Zu jener Zeit war das Töten Wehrloser bereits an der Tagesordnung. Insbesondere für viele gefangengenommene Kommissare der Roten Armee sowie für Funktionäre der KPdSU und des Sowjetstaates war Auschwitz das nächstgelegene KZ, in dem sie nach jenen Befehlen zu vernichten waren, die man schon vor Beginn des Krieges erlassen hatte. Bislang waren sie durch Mordschützen der SS liquidiert worden. Am 3. September 1941 jedoch war in Auschwitz der Widerhall von Schüssen nicht zu hören. Statt dessen ließ Schutzhaftlagerführer Fritzsch mehrere hundert sowjetische Gefangene sowie Häftlinge aus der Krankenbaracke in die Kellerzellen des Bunkers im Block 11 treiben. Durch Gasmasken geschützt, begaben sich Fritzsch und ein paar seiner Helfershelfer dann in die dicht gefüllten Räume, um dort Zyklon-B-Kristalle auszuschütten. Die Beteiligten waren verblüfft. Der Tod der Opfer trat schneller ein, wenngleich nicht weniger qualvoll als beim Einatmen von Kohlenmonoxyd. Stolz berichtete Fritzsch seinem Chef nach dessen Rückkehr über das Gelingen seines perfiden Experiments. Höß war von der Initiative seines 1. Schutzhaftlagerführers sehr angetan, und als Eichmann das nächste Mal in Auschwitz auftauchte, wußte auch er Bescheid. Selbstverständlich war Eichmann mit der neuen Vernichtungsmethode einverstanden, denn sie schien die technische Endlösung zu sein, die ja organisatorisch auf seinen Schultern lag.

Die Versuche mit Zyklon B wurden unverzüglich fortgesetzt und vervollkommnet. Künftig wurden die Blausäurekristalle durch Öffnungen geschüttet, die in die Decken der Gaskammern eingelassen wurden. Dadurch waren jene weniger gefährdet, die mit dem hochgiftigen Präparat hantierten, und jegliche Gegenwehr der Opfer war hoffnungslos. Lagerkommandant Höß erinnerte sich nach Kriegsende an einen von ihm beobachteten Massenmord an 900 sowjetischen Kriegsgefangenen durch Zyklon B und war «erleichtert» mit Blick auf die bevorstehende Endlösung. «Die Russen mußten sich im Vorraum entkleiden und gingen alle ganz ruhig in den Leichenraum, da ihnen gesagt wurde, sie werden da entlaust ... Die Tür wurde zugeschlossen und das Gas durch die Öffnungen hineingeschüttet. Wie lange die Tötung gedauert hat, weiß ich nicht. Doch war eine geraume Weile das Gesumme noch zu vernehmen. Beim Einwerfen schrien einige ‹Gas›, darauf ging ein mächtiges Brüllen los und ein Drängen nach beiden Türen ... Nach mehreren Stunden erst wurde geöffnet und gelüftet. Da sah ich zum ersten Male die Gasleichen in der Menge. Mich befiel doch ein Unbehagen, so ein Erschauern, obwohl ich mir den Gastod schlimmer vorgestellt hatte ... Doch ich muß offen sagen, auf mich wirkte diese Vergasung beruhigend, da ja in absehbarer Zeit mit der Massenvernichtung der Juden begonnen werden mußte ... Nun hatten wir das Gas und auch den Vorgang entdeckt.»[98]

Die Einsatzgruppen

Die Einsatzgruppen der SS waren gewissermaßen die Pioniere der Endlösung. Gleich apokalyptischen Reitern traten sie zum Genozid an, noch bevor die Todesfabrik Auschwitz den Betrieb aufnahm. Insgesamt gab es vier Einsatzgruppen, die die Bezeichnung A, B, C und D führten. Angeführt wurden diese Mörderkolonnen durch exponierte Vertreter der Vernichtungszentrale des RSHA sowie einen weiteren SS-General. Die Einsatzgruppe A leitete SS-Brigadeführer Walter Stahlecker, Chef des Amtes IV (Sicherheitsdienst Ausland) im RSHA, die Einsatzgruppe B SS-Gruppenführer Arthur Nebe, Chef des Amtes V (Kriminalpolizei) im RSHA, die Einsatzgruppe C Brigadeführer Otto Rasch, Inspekteur der Sicherheitspolizei und des SD in Königsberg, die Einsatzgruppe D schließlich SS-

Arthur Nebe

Gruppenführer Otto Ohlendorf, der Chef des Amtes III (Sicherheitsdienst Inland) im RSHA. Die Offiziere der Einsatzgruppen kamen ebenfalls aus den Reihen des SD, der Sicherheitspolizei (Gestapo und Kriminalpolizei) und der SS. Die Mannschaften rekrutierten sich überwiegend aus Mitgliedern der Waffen-SS, der Ordnungspolizei und anderen bewaffneten Formationen. Zu jeder Einsatzgruppe gehörten 800 bis 1200 Mann, die sich in insgesamt 16 Einsatzkommandos aufteilten.

Die Einsatzgruppen waren den Heeresgruppen der Wehrmacht angeschlossen. In ihrem Schatten und in engster Kooperation mit ihnen zogen sie gleich nach dem Überfall auf die Sowjetunion ihre Blutspur gen Osten. Am 2. Juli hatte Heydrich in einer Mitteilung an die Höheren SS- und Polizeiführer im besetzten Gebiet den Kreis der Opfer auch schriftlich fixiert. Danach waren insbesondere Funktionäre der KPdSU und des Sowjetstaates sowie «Juden in Partei- und Staatsstellungen»[99] zu exekutieren. Tatsache ist, daß die Einsatzgruppen aber auch «Asiatisch-Minderwertige» und Zigeuner systematisch ausrotteten. Heydrichs Direktive vom 2. Juli war aus Gründen der Verschleierung bewußt enger gehalten als die mündlich erteilten Vernichtungsbefehle, die die Chefs der Einsatzgruppen schon im Juni erhalten hatten. Damals war kein Zweifel offengeblieben, daß im Grunde sämtliche Juden umzubringen

413

Otto Ohlendorf

sind. In diesem Sinne und mit diesem Ziel handelten die Einsatzgruppen dann auch. Als die Einsatzgruppe A am 15. Oktober 1941
eine Bilanz ihrer Blutbäder vorlegte, hieß es beispielsweise, daß
«die sicherheitspolizeiliche Säuberungsarbeit gemäß den grundsätzlichen Befehlen eine möglichst umfassende Beseitigung der Juden zum Ziel (hatte)»[100]. Und in einem späteren Bericht derselben
Mörderformation beklagte man die Schwierigkeiten, auf die «die
endgültige und grundlegende Beseitigung der nach dem Einmarsch
der Deutschen im weißruthenischen Raum verbliebenen Juden
stößt»[101].

Die rund vier Millionen Juden, die beim Überfall auf die Sowjetunion auf deren Territorium lebten, bildeten nirgends und zu keinem Zeitpunkt irgendeine besondere Gefahr für die Naziwehrmacht. Intern waren sich die Invasoren darüber weitgehend einig.
Ein faschistischer Rüstungsinspekteur in der Ukraine schrieb Anfang Dezember 1941 klageführend an General Thomas, die jüdische Bevölkerung «war von vornherein ängstlich-willig». Daß sie
die Okkupanten hasse, sei nicht verwunderlich. «Es ist aber nicht
beweisbar, daß die Juden geschlossen oder auch nur in größerem
Umfang an Sabotageakten u. a. beteiligt waren.»[102]

Gleichwohl waren jene Naziführer, die die Einsatzgruppen ins
Leben gerufen und zum Massenmord an den Juden angestiftet hat-

ten, nach außen hin um Rechtfertigung bemüht. Von Hitler über Himmler bis zu den später angeklagten Führern der Einsatzgruppen war zu hören, daß die Massaker nur eine Reaktion auf den angeblich erbarmungslosen Kampf der sowjetischen Partisanen gewesen seien. So wie man die Juden als Hauptträger des Bolschewismus darstellte, so wurden sie auch für den durchaus legitimen Kampf sowjetischér Partisanen verantwortlich gemacht. In Wahrheit war die Teilnahme irregulärer sowjetischer Verbände an der Abwehrschlacht gegen die mordenden und brandschatzenden Horden des Aggressors nur ein willkommener Anlaß für den rassisch motivierten Ausrottungsfeldzug. «Dieser Partisanenkrieg hat auch wieder seinen Vorteil», konstatierte Hitler schon am 16. Juli 1941 mit Genugtuung. «Er gibt uns die Möglichkeit auszurotten, was sich gegen uns stellt.»[103]

Auch Himmler bediente sich dieser mehr als durchsichtigen Demagogie. Als er Anfang 1942 den Verkehrsminister drängte, ihm mehr Züge für den Transport der polnischen und sowjetischen Juden in die Vernichtungslager zur Verfügung zu stellen, sprach er vom «*Abtransport* der ganzen *Bandenhelfer* und *Bandenverdächtigen*. Dazu gehört auch in erster Linie der Abtransport der *Juden*.»[104]

Wie verlogen die behauptete Kausalität zwischen Partisanenkampf und den Massenmorden der Einsatzgruppen war, beweist schon die Tatsache, daß man auch vor jüdischen Frauen, Kindern und Greisen nicht haltmachte. Der deutsche Ingenieur Hermann Friedrich Graebe war am 5. Oktober 1942 Augenzeuge eines Massakers an solchen Menschen geworden.

Seine eidesstattliche Erklärung über das entsetzliche Erlebnis war Gegenstand der Beweisaufnahme im IMT-Verfahren und hat selbst hartgesottene Prozeßteilnehmer bis ins Innerste erschüttert. Graebe: «Die von den Lastwagen abgestiegenen Menschen, Männer, Frauen und Kinder jeden Alters, mußten sich auf Aufforderung eines SS-Mannes, der in der Hand eine Reit- oder Hundepeitsche hielt, ausziehen und ihre Kleidung nach Schuhen, Ober- und Unterkleidern getrennt, an bestimmten Stellen ablegen ... Ich beobachtete eine Familie von etwa 8 Personen, einen Mann und eine Frau ... mit deren Kindern, so ungefähr 1-, 8- und 10jährig, sowie 2 erwachsene Töchter von 20–24 Jahren. Eine alte Frau mit schneeweißem Haar hielt das einjährige Kind auf dem Arm und sang ihm

415

etwas vor und kitzelte es. Das Kind quietschte vor Vergnügen. Das Ehepaar schaute mit Tränen in den Augen zu. Der Vater hielt an der Hand einen Jungen von etwa zehn Jahren, sprach leise auf ihn ein. Der Junge kämpfte mit den Tränen. Der Vater zeigte mit dem Finger zum Himmel, streichelte ihm über den Kopf und schien ihm etwas zu erklären. Da rief schon der SS-Mann an der Grube seinem Kameraden etwas zu. Dieser teilte ungefähr 20 Personen ab und wies sie an, hinter den Erdhügel zu gehen. Die Familie, von der ich sprach, war dabei ... Ich ging um den Erdhügel herum und stand vor dem riesigen Grab. Dicht aneinandergepreßt lagen die Menschen so aufeinander, daß nur die Köpfe zu sehen waren. Von fast allen Köpfen rann Blut über die Schultern. Ein Teil der Erschossenen bewegte sich noch. Einige hoben ihre Arme und drehten den Kopf, um zu zeigen, daß sie noch lebten. Die Grube war bereits dreiviertel voll. Nach meiner Schätzung lagen darin bereits ungefähr 1 000 Menschen ... Die vollständig nackten Menschen gingen an einer Treppe, die in die Lehmwand der Grube gegraben war, hinab, rutschten über die Köpfe der Liegenden hinweg bis zu der Stelle, die der SS-Mann anwies. Sie legten sich vor die toten oder angeschossenen Menschen, einige streichelten die noch Lebenden und sprachen leise auf sie ein. Dann hörte ich eine Reihe Schüsse. Ich schaute in die Grube und sah, wie die Körper zuckten oder die Köpfe schon still auf den vor ihnen liegenden Körpern lagen. Von den Nacken rann Blut ... Schon kam die nächste Gruppe heran, stieg in die Grube herab, reihte sich an die vorherigen Opfer an und wurde erschossen. Als ich um den Erdhügel zurück ging, bemerkte ich wieder einen soeben angekommenen Transport von Menschen. Diesesmal waren Kranke und Gebrechliche dabei. Eine alte, sehr magere Frau, mit fürchterlich dünnen Beinen wurde von einigen anderen, schon nackten Menschen ausgezogen, während 2 Personen sie stützten. Die Frau war anscheinend gelähmt. Die nackten Menschen trugen die Frau um den Erdhügel herum. Ich entfernte mich ...»[105]

Graebes Beobachtungen waren kein Einzelfall. Vom Einsatzkommando 3 der Einsatzgruppe A, das in Litauen wütete, ist beispielsweise überliefert, daß es seit Mitte August 1941 fast täglich auch Kinder erschoß. Allein am 29. August 1941 brachte die Mordkolonne in Utena und Moletai neben 582 männlichen Juden

1731 jüdische Frauen und 1469 Kinder um. Mit derselben Erbarmungslosigkeit gingen auch die anderen Einsatzkommandos gegen Juden, aber auch gegen Angehörige von Partisanen und von Funktionären der KPdSU und des Sowjetstaates vor, wobei die jüdischen Opfer allemal überwogen. In einer Geheimrede, gehalten am 6. Oktober 1943, erläuterte Himmler den Gau- und Reichsleitern der Nazipartei den niederträchtigen Sinn, der hinter dem radikalen Vorgehen seiner Henkerformationen steckte: «Es trat an uns die Frage heran: Wie ist es mit den Frauen und Kindern? – Ich habe mich entschlossen, auch hier eine ganz klare Lösung zu finden. Ich hielt mich nämlich nicht für berechtigt, die Männer auszurotten – sprich also, umzubringen oder umbringen zu lassen – und die Rächer in Gestalt der Kinder für unsere Söhne und Enkel groß werden zu lassen.»[106]

Falls Ohlendorfs Aussagen im IMT-Prozeß stimmen, so hatte Himmler im Frühjahr 1942 befohlen, Frauen und Kinder fortan nur noch in Gaswagen zu töten. Der Grund hierfür habe darin bestanden, diese Opfer nicht «der seelischen Belastung der Exekutionshandlung» auszusetzen. Wenn überhaupt, so hatte Himmler diesen Befehl bestenfalls unter dem Eindruck seines nichtbewältigten Erlebnisses in Minsk erteilt. Und nicht den Opfern, sondern den Todesschützen wollte er nicht zumuten, was ihn als Augenzeuge ins Wanken gebracht hatte. Ohlendorf plauderte denn auch im gleichen Atemzuge den wahrscheinlichen Grund für Himmlers Order aus. Es sollten «die Männer, die zu einem großen Teil verheiratet waren, nicht gezwungen werden, auf Frauen und Kinder zu schießen».

Gezielt suchte Ohlendorf den Eindruck zu erwecken, es sei humaner gewesen, die Opfer im Auspuffgas der Todeswagen zu erstikken, als sie vor die Gewehrläufe der SS-Pelotons zu treiben. Von einem Arzt, der den Vergasungstod durch Auspuffgas beobachtet hatte, wollte er erfahren haben, «daß die Opfer von dem eintretenden Tod keine Empfindung haben»[107].

In Wahrheit war die Art, in der die Menschen in den Todeswagen umgebracht wurden, selbst dem Vergasungsspezialisten des RSHA, Dr. August Becker, über die Fasson gegangen. Becker, der schon die «Technik» des «Euthanasie»-Verbrechens befördert und überwacht hatte, klagte in einem Brief, den er im Mai 1942 aus Kiew an den

417

Fahrdienstchef des RSHA, Rauff, schrieb: «Die Vergasung wird durchweg nicht richtig vorgenommen. Um die Aktion möglichst schnell zu beenden, geben die Fahrer durchweg Vollgas. Durch diese Maßnahme erleiden die zu Exekutierenden den Erstickungstod und nicht, wie vorgesehen, den Einschläferungstod.»[108]

Die Masse der jüdischen Opfer auf sowjetischem Boden ist allerdings im Kugelhagel der Einsatzgruppen ermordet worden. Dabei hatten die Todeskolonnen der SS leichtes Spiel, weil die große Mehrheit der sowjetischen Juden in den westlichen Landesteilen und zudem in Städten konzentriert war. Von den vier Millionen Juden, die in den Gebieten lebten, die unter den Stiefel der Hitlerwehrmacht gerieten, konnten etwa anderthalb Millionen noch rechtzeitig fliehen.[109] Die Zurückgebliebenen indessen traten den Eindringlingen nicht selten mit erstaunlicher Arglosigkeit gegenüber. Sie folgten den Aufrufen der Okkupanten, sich registrieren zu lassen, sich für eine angeblich geplante Umsiedlung zu melden oder anderen fadenscheinigen Verlautbarungen und Befehlen. So konnten sie zu Hauf in Ghettos gepfercht oder auch direkt zu den Mordstätten geführt und jeweils in riesiger Anzahl vernichtet werden. Das Sonderkommando 4a der Einsatzgruppe C beispielsweise ermordete allein am 29. und 30. September 1941 in Kiew 33 771 jüdische Menschen. Im Ghetto von Minsk schlachtete die SS am 6. und 20. November 1941 19 000 sowjetische Juden ab. Hier wurden aber auch ...zigtausend Juden aus Deutschland, Österreich und der Tschechoslowakei umgebracht. Ihr zeitweiliges Vegetieren im Ghetto, das der Vernichtung voranging, spottete jeder Beschreibung. Die tägliche Verpflegung bestand aus einer fettlosen Wassersuppe mit 5 Gramm Buchweizen und 150 Gramm Brot. Am 16. Dezember 1941 berichtete der faschistische Generalkommissar von Minsk, Wilhelm Kube: «Die Juden selbst werden in den nächsten Wochen wahrscheinlich verhungern oder erfrieren. Sie bilden für uns eine ungeheure Seuchengefahr.»[110]

Nach der ersten Mordwelle wurden schließlich auch die Ghettos vernichtet. Bereits im Februar 1942 konnte Heydrich melden, daß Estland judenfrei sei und in Riga die Zahl der Juden von 29 500 auf 2 500 herabgedrückt worden war. Die Mordzüge der Einsatzgruppen dauerten ihren eigenen Berichten zufolge bis zum November 1942 an. Allerdings bedeutete das Ende der blutigen Kreuzzüge der Einsatzgruppen noch lange nicht das Ende des Massenmordes. Nachdem man im besetzten Gebiet faschistische Zivilverwaltungen etabliert hatte, wurden die mobilen Einsatzgruppen und Kommandos in stationäre Instrumente des Terrors umgewandelt. Die bisherigen Leiter der Einsatzgruppen A und C wurden zu Befehlshabern, die Chefs von Einsatzkommandos zu Kommandeuren der Sicherheitspolizei und des SD ernannt. In dieser Eigenschaft machten sie auch weiter Jagd auf Juden und, Zigeuner sowie auf politische Funktionäre, besonders aber auf Sowjetbürger, die verdächtig erschienen, Partisanen zu sein.

Obgleich die meisten Verbrechen der Einsatzgruppen unter Abschirmung der Öffentlichkeit verübt wurden und darüber strengstes Stillschweigen anbefohlen worden war, blieben die Greueltaten nicht geheim. Bereits im November 1941 hatte die sowjetische Regierung die Weltöffentlichkeit über die Massenverbrechen der Nazihorden informiert. Nicht von ungefähr sorgten sich die Verantwortlichen für die Endlösung etwa seit Januar 1942 darum, die Blutspur der Einsatzgruppen so gründlich wie möglich zu verwischen. Zu jenem Zeitpunkt beauftragte Heydrich den bisherigen Chef des Sonderkommandos 4 a, SS-Standartenführer Paul Blobel, die notdürftig verscharrten Leichen der Opfer zu exhumieren und zu verbrennen. Blobels neues Unternehmen nannte sich, abgeleitet von dem entsprechenden Aktenzeichen des RSHA, «Sonderkommando 1005». Der Bandenchef des Sonderkommandos ließ riesige Roste aus Eisenbahnschienen herrichten, auf denen die Leichen der ungezählten Opfer verbrannt wurden. Die zurückbleibenden Knochenreste wurden anschließend zermahlen und die Asche verstreut. Mitunter pflanzte man sogar Bäume und Sträucher auf die geleerten Massengräber. Die Arbeit selbst mußten jüdische Häftlinge verrichten, die nach Beendigung der Aktion oft in Gaswagen gelockt und an ihrer «Arbeitsstätte» dann als letzte verbrannt wurden. Doch es gelang dem Leichentrupp von Blobel bei weitem nicht, alle Massengräber noch ausfindig zu machen. Zu zickzackartig hatten die Einsatzgruppen ihre Amokläufe durch sowjetisches Land veranstaltet. So stieß man noch viele Jahre nach Kriegsende immer wieder auf grauenvolle Spuren, die die Einsatzgruppen dortzulande hinterlassen hatten.

Die Zahl der Opfer, die den Mörderkolonnen der SS und des SD zum Opfer fielen, läßt sich nicht mehr genau rekonstruieren. Das Nürnberger IMT-Tribunal ging von 2 Millionen ermordeter Juden aus, die auf das Konto der Einsatzgruppen kommen. Der US-Militärgerichtshof Nr. II bezifferte die Zahl der Opfer sehr vorsichtig mit einer Million. Der in den USA tätige Politologe Raul Hilberg, dem wir die gründlichste Arbeit über die Ausrottung der Juden verdanken, kommt auf eine Gesamtzahl von 1 400 000 jüdischen Menschen, die Mordopfer der Einsatzgruppen wurden.[111] Diese Ziffer dürfte der Wahrheit am nächsten sein.

«Aktion Reinhard»

Im Frühjahr 1942, als die Chefs der Einsatzgruppen die Zahl ihrer Opfer schon mehrfach bilanziert hatten, begann die Endlösung auch im polnischen Generalgouvernement. Schon auf der Wannsee-Konferenz hatte Franks Stellvertreter, Staatssekretär Dr. Bühler, geworben, «daß das Generalgouvernement es begrüßen würde, wenn mit der Endlösung dieser Frage im Generalgouvernement begonnen würde»[112].

Der Jude, so Bühler demagogisch, bedeute gerade in diesem Gebiet eine Seuchengefahr und bringe durch Schleichhandel die wirtschaftliche Struktur dauernd in Unordnung. In Wirklichkeit geriet die wirtschaftliche Verfassung Ostpolens in dem Moment beträchtlich aus den Fugen, als mit der Ausrottung der polnischen Juden ernst gemacht wurde. Nach Schätzung der Nazibehörden lebten im Generalgouvernement damals noch etwa 2 284 000 Menschen jüdischer Abkunft. Hunderttausende von ihnen wurden als Arbeitssklaven in Industrie und Landwirtschaft zum Nutzen der Okkupanten ausgepreßt, und Zehntausende von ihnen waren namentlich als Facharbeiter selbst in der Rüstungsindustrie für die Versorgung der Naziwehrmacht unentbehrlich.

Aber noch wähnten sich die Naziführer auf der Straße des unbezwingbaren Siegers. Noch verdrängte die Idee der Neuordnung Osteuropas die ökonomischen Zwänge der Kriegführung. Das ungeheure Menschenreservoir des Ostens, über das Dr. Erhard Wetzel mit Blick auf den Generalplan Ost meditiert hatte, mußte dezimiert werden, wollte man diese Räume nicht nur besetzen, sondern auch wirklich beherrschen. Und das Generalgouvernement sollte ja in der Perspektive komplett germanisiert werden. Auf die Dauer wäre da selbst für die Polen kein Platz mehr gewesen. Das Generalgouvernement jedoch judenfrei zu machen – dies galt den faschistischen Machthabern geradezu als das Gebot der Stunde. So fiel des Generalgouverneurs und seines Stellvertreters Wunsch alsbald auf fruchtbaren Boden.

Das Verhängnis für die polnischen Juden begann in der Nacht vom 16. zum 17. März 1942. Bis dahin hatte die Masse von ihnen in Hunderten von Ghettos vegetiert. Nun wurden sie in ihren erbärmlichen Behausungen aufgescheucht, um den Weg nach Bełżec, Sobibór oder Treblinka anzutreten. Das Ghetto in Lublin war für Heydrichs Mörderkolonne der erste Anlaufpunkt. Als am späten Abend des 16. März im Ghetto plötzlich die Straßenlaternen aufflammten, ahnte noch keines der Opfer, was ihnen bevorstand. Doch bald schon war ein ganzer Häuserblock umstellt, und ein Kommando der Sicherheitspolizei jagte die schockierten Menschen aus ihren Unterkünften. Ghettobewohnern, die alt und krank waren, ersparte man die Reise in den Tod. Sie wurden noch an Ort und Stelle, spätestens aber auf dem Weg zum Bahnanschluß, erschossen oder auch erschlagen. Die anderen, auf engstem Raum in Güterwagen gezwängt, fuhren am frühen Morgen des anderen Tages durch den schmalen Spalt des Stacheldrahtverhaus, der das von Kriminalkommissar Christian Wirth geleitete Vernichtungslager Bełzec umgab.

Wirth ist auch derjenige, der vor den nun täglich eintreffenden Opfern meistens die «Ansprache» hält. Der abgefeimte Menschenschlächter gaukelt den vom Transport Erschöpften vor, sie befänden sich im «Durchgangslager» für einen bevorstehenden Arbeitseinsatz. Der in höchstem Auftrag («z. V. Führer») tätige Kriminaler fordert die Ankömmlinge schließlich auf, nach Geschlechtern getrennt, sich zu entkleiden und sodann zur Desinfektion ins Bad zu begeben. Über einen Lautsprecher folgen die weiteren Anweisungen: Prothesen und Brillen ablegen, Wertsachen am Schalter abgeben. Die Frauen müssen vor dem «Baden» noch zum Friseur, denn selbst ihre Haare braucht man für die faschistische Kriegsindustrie. Danach folgt der letzte Gang, der Gang in die Gaskammer, die ein riesiger Dieselmotor bald mit seinen tödlichen Abgasen füllen wird. Wer auf diesem Weg zögert oder gar zurückzubleiben sucht, bekommt erbarmungslos die Lederpeitschen der SS-Aufseher zu spüren.

Professor Wilhelm Pfannenstiel, ein führender Hygieniker der Waffen-SS, hatte im Sommer 1942 Wirths Todesfabrik «studienhalber» besucht und sagte später vor der BRD-Justiz über sein Erlebnis aus. «Die Juden gingen ruhig und ohne Widerstand zu leisten in die Kammern. Es wurde in diesen erst unruhig, als das Licht ausgeschaltet wurde. Hierauf wurde der Motor angeworfen ... Ich glaube, mich noch erinnern zu können, daß ich damals auf die Uhr geschaut habe und daß es 18 Minuten dauerte ... Nachdem in den Kammern Stille eingetreten war, wurden die an der Außenwand des Gebäudes angebrachten Türen geöffnet. Durch diese wurden die Leichen von jüdischen Häftlingen herausgeschafft und in große Gruben geworfen.»[113]

Das SS-Personal, die Mörder, vermieden es peinlich, die mit Urin und Kot verschmutzten Opfer auch nur zu berühren. Soweit der Serienmord mit körperlichem Aufwand verbunden war, überließen sie es jüdischen Arbeitsgruppen, ihn zu leisten. Selbst die Kapos dieser Gruppen waren Gefangene und Werkzeuge der SS. Ihr deprimierendes, ekelerregendes Tageswerk war selten von längerer Dauer. Schon nach Tagen, spätestens aber nach wenigen Wochen, wurden sie ihrer Mitwisserschaft wegen umgebracht und durch neuankommende Häftlinge ersetzt.

Seit jener Schreckensnacht im März, in der man begonnen hatte, das Lubliner Ghetto auszufegen, waren die Todestransporte immer weiter angeschwollen. Innerhalb eines knappen Monats, bis zum 14. April, gerieten von den 37000 Lubliner Ghettobewohnern schon beinahe 30000 in die Wirthschen Gaskammern. Nur etwa 4000 hatte man vorher zur Sklavenarbeit selektiert.

Aber Lublin war nur der Anfang. Ein Großteil der Juden aus den übrigen Distrikten des Generalgouvernements teilte bald das Schicksal der Lubliner Opfer. Jüdische Menschen aus den Bezirken Lemberg (Lwów) und Krakau (Kraków) endeten ebenfalls überwiegend in Bełżec, solche aus Warschau und dem Distrikt Radom in Treblinka, Reste der Lubliner Juden in Majdanek. Bereits am 27. März hatte Goebbels in seinem privaten Tagebuch notiert: «Aus dem Generalgouvernement werden jetzt, bei Lublin beginnend, die Juden nach dem Osten abgeschoben. Es wird hier ein ziemlich barbarisches, nicht näher zu beschreibendes Verfahren angewandt, und von den Juden selbst bleibt nicht mehr viel übrig ... Die in den Städten des Generalgouvernements frei werdenden Ghettos werden jetzt mit den aus dem Reich abgeschobenen Juden gefüllt, und hier soll sich dann nach einer gewissen Zeit der Prozeß erneuern.»[114]

Die Gesamtverantwortung für den Aufbau der Todesfabriken und die Endlösung der Judenfrage im Generalgouvernement hatte Himmler auf die Schultern von Odilo Globocnik gelegt. Der aus Österreich stammende Altnazi, ein Duzfreund Himmlers, war bis zum Gauleiter von Wien aufgestiegen. Bald schon wurde ihm jedoch sein habgieriges Naturell zum Verhängnis. Aufgrund diverser Devisenschiebungen mußte er Anfang 1939 sein Amt quittieren. Doch Himmler ließ seinen «Globus», wie er Globocnik scherzhaft zu nennen pflegte, nicht fallen. Gut zwei Monate nach dem Überfall auf Polen ernannte er ihn zum SS- und Polizeiführer im Distrikt Lublin. Und als solchem hatte der SS-Chef Globocnik eine besondere Rolle im Konzept der Endlösung zugedacht: die Regie bei der Vernichtung der Juden im Generalgouvernement. Daß Himmlers Wahl auf ihn fiel, war nicht dem Zufall geschuldet. Globocnik war nicht nur ein Mann äußerster Robustheit und hemmungsloser Brutalität, er war auch von einem besonders fanatischen Antisemitismus beseelt.

SS-Brigadeführer Globocnik ging an die Erfüllung seines Mordauftrags generalstabsmäßig heran. Seine Mission umfaßte den Bau der Vernichtungslager, die Planung und Koordination der Deportationen in die Todesfabriken, den Raub und die Sicherstellung von Hab und Gut der Opfer und schließlich ihre physische Vernichtung. Der Eifer, mit dem Globocnik dieses infernalische Unternehmen betrieb, wurde durch das Attentat auf Heydrich im Sommer 1942 noch beflügelt. Heydrich, inzwischen auch Stellvertretender Reichsprotektor für Böhmen und Mähren, hatte am 27. Mai durch einen Bombenanschlag der tschechischen Widerstandskämpfer Gabčik und Kubis im besetzten Prag schwere Verletzungen erlitten, denen er am 4. Juni erlag.[115] Die todesmutige Tat der beiden Tschechen hatte die Naziführung gleich einem Ameisenhaufen aufgeschreckt. Ihre Rachegelüste galten keineswegs nur den Attentätern, für deren Ergreifen die ungewöhnliche Summe von einer Million Reichsmark ausgesetzt war. Hitler und seinen engsten Kumpanen war der Anschlag von vornherein Anlaß, die Ermordung der jüdischen Menschen zu forcieren. Heydrich lebte noch, da notierte Goebbels bereits in seinem Tagebuch: «Wir sind über die Hintergründe des Attentats noch nicht im Bilde ... Jedenfalls halten wir uns an den Juden schadlos ... Je mehr von diesem Dreckszeug beiseite geschafft wird, um so besser für die Sicherheit des Reiches.»[116]

Spontan ließ Goebbels in Berlin fürs erste 152 jüdische «Geiseln» hinrichten, und auch im KZ Sachsenhausen fielen zahlreiche jüdische Häftlinge dem Rachefeldzug für Heydrich zum Opfer. Im Generalgouvernement indessen wurde der von Globocnik dirigierte Massenmord von nun an unter dem Codewort «Aktion Reinhard» (nach Heydrichs Vornamen benannt) auf Hochtouren gebracht. Globocnik rotierte dabei mehr denn je, besonders nachdem Himmler ihm aufgrund eines Führerbefehls am 19. Juli die Frist gesetzt hatte, die gesamte Bevölkerung des Generalgouvernements bis zum 31. Dezember 1942 «umzusiedeln und die totale Bereinigung»[117] bis dahin durchzuführen.

Bei diesem Vorhaben konnte sich der Lubliner SS- und Polizeichef u. a. auf 92 bewährte Mordspezialisten aus der «Aktion T4» stützen. Schon Anfang Mai 1942 hatte sich SS-Oberführer Victor Brack nach Lublin begeben und Globocnik zugesagt, ihm neben Christian Wirth, Josef Oberhauser (der Wirths Adjutant in Belzec wurde) und anderen weitere «Experten» des T4-Unternehmens zu überlassen. Als die «Aktion Reinhard» die Judenvernichtung im Generalgouvernement weiter beschleunigen sollte, sandte Globocnik erneut einen Hilferuf an Hitlers Kanzlei aus. Selbstgefällig berichtete Brack darüber in einem Brief vom 23. Juni 1942 an Himmler. «Sehr geehrter Reichsführer! Ich habe dem Brigadeführer Globocnik auf Anweisung von Reichsleiter Bouhler für die Durchführung seiner Sonderaufgabe schon vor längerer Zeit einen Teil meiner Männer zur Verfügung gestellt. Aufgrund einer erneuten Bitte von ihm habe ich nunmehr weiteres Personal abgestellt. Bei dieser Gelegenheit vertrat Brigadeführer Globocnik die Auffassung, die ganze Judenaktion so schnell wie nur irgend möglich durchzuführen, damit man nicht eines Tages mittendrin steckenbleibe, wenn irgendwelche Schwierigkeiten ein Abstoppen der Aktion notwendig machen.»[118]

Unter den Mördertypen, mit denen Brack die «Aktion Reinhard» zusätzlich unterstützte, befanden sich beispielsweise Leute wie Dr. Irmfried Eberl und Franz Stangl. Eberl, der den Gashahn schon in der Vernichtungsanstalt Brandenburg aufgedreht hatte, wurde der erste Lagerkommandant von Treblinka. Am 30. Juli 1942 schrieb er seiner Frau, daß hier das Tempo des Tötens «geradezu atemberaubend ist. Wenn ich vier Teile hätte und der Tag 100 Stunden, dann würde das wahrscheinlich auch noch nicht ganz reichen.»[119]

Eberl scheiterte an organisatorischer Unfähigkeit. Sein Nachfolger wurde Franz Stangl, der ebenfalls durch die Tiergartenstraße 4 geprägt worden war. Stangl, der unter Wirths Anleitung in der «Euthanasie»-Anstalt Hartheim Standesbeamter gespielt hatte und als Chef des Vernichtungslagers Sobibór inzwischen etwa 100 000 Juden vergasen ließ, sorgte dafür, daß Treblinka zur perfektesten Todesfabrik der «Aktion Reinhard» wurde. Als Stangl Treblinka übernahm, erregte er sich, daß sein Vorgänger Dr. Eberl nach Feierabend nackte Jüdinnen auf dem Tisch hatte tanzen lassen. Er blieb jedoch ungerührt, wenn im Winter die Todeskandidaten auf dem Wege zu den Gaskammern mit ihren nackten Füßen am Boden festfroren.

Himmler war es, der die Vollstrecker der «Aktion Reinhard» zu immer größerer Eile antrieb. Das hohe Tempo des Massenmordes hielt er schon aus Gründen der Tarnung für geboten. Probleme ergaben sich allerdings aus der Tatsache, daß jüdische Facharbeiter, namentlich in für die Versorgung der Naziwehrmacht wichtigen Betrieben, noch immer unentbehrlich waren. Gleichwohl befahl Keitel Anfang September 1942, offenbar auf Drängen Himmlers, die jüdischen Arbeitskräfte durch Polen zu ersetzen. Das aber war aus vielerlei Gründen unmöglich. Deshalb warnte der Wehrkreisbefehlshaber des Generalgouvernements, General von Gienanth, am 18. September das OKW, die «sofortige Entfernung der Juden hätte zur Folge, daß das Kriegspotential des Reiches erheblich gedrückt und die Versorgung der Front sowie der Truppen des Gen.-Gouv. mindestens augenblicklich stocken würde»[120].

Himmler reagierte äußerst gereizt auf von Gienanths Prognose, zumal er dahinter den Versuch argwöhnte, die Endlösung zu verzögern. Er erreichte, daß der General Tage später sein Amt quittieren mußte. In einem geheimen Rundschreiben vom 9. Oktober 1942, das Himmlers Adjutant, SS-Obergruppenführer Karl Wolff, auch dem Wehrmachtführungsstab zur Kenntnis brachte, drohte Himmler gegen alle jene unnachsichtig vorzugehen, «die in Wirklichkeit lediglich die Juden und ihre Geschäfte unterstützen wollen». Jüdische Arbeitskräfte, auf die man im Moment noch keinesfalls verzichten konnte, gedachte er in einigen wenigen SS-eigenen Konzentrationslagern im Osten des Generalgouvernements zu konzentrieren. Himmler abschließend: «Jedoch auch dort sollen eines Tages dem Wunsche des Führers entsprechend die Juden verschwinden.»[121]

Himmlers Vorhaben, die im Generalgouvernement verbleibenden Juden bis Jahresende in fünf sogenannte Sammellager zu verfrachten, scheiterte am dringenden Arbeitskräftebedarf der Besatzer ebenso wie an der durch die bedrohliche Frontsituation sich zuspitzenden Transportkapazität. So tauchte Himmler gemeinsam mit Karl Wolff am 9. Januar 1943 unvermittelt in Warschau auf, um sein Erstaunen darüber auszudrücken, daß das dortige Ghetto, dessen Auflösung bis Ende 1942 von Hitler befohlen worden war, noch immer existierte. Oberst Freter, der Leiter des Rüstungskommandos, bekam eine Standpauke und wurde gehalten, General Schindler, dem Rüstungsinspekteur, Himmlers Verwunderung zu übermitteln. Der «Reichsführer» griff nun persönlich in die organisatorischen Belange der «Aussiedlung» der Juden aus dem Generalgouvernement ein. Obgleich Stalingrad so gut wie verloren war, die Situation an der Ostfront von Tag zu Tag brenzliger wurde und man jeden Waggon für den Nachschub der Wehrmacht brauchte, schrieb er am 20. Januar 1943 an Staatssekretär Dr. Ganzenmüller vom Reichsverkehrsministerium: «Ich weiß sehr wohl, wie angespannt die Lage für die Bahn ist und welche Forderungen an Sie immer gestellt werden. Trotzdem muß ich an Sie die Bitte richten: Helfen Sie mir und verschaffen Sie mir mehr Züge.»[122]

Es türmten sich aber auch noch andere Schwierigkeiten auf, die Ghettos im Generalgouvernement in dem von Hitler und Himmler kalkulierten Tempo zu leeren. Bewohner des Warschauer Ghettos bäumten sich in einem zwar aussichtslosen, aber heroischen,

28 Tage währenden Aufstand gegen ihre Deportation in die Todeslager auf. Auch im Distrikt Galizien war es gelegentlich zu Widerstand gekommen, was SS und Polizei zu infernalischem Vorgehen bewog. Am 16. Mai 1943 meldete der Henker von Warschau, SS-Brigadeführer und Polizeigeneral Jürgen Stroop: «Das ehemalige jüdische Wohnviertel Warschau besteht nicht mehr ... Gesamtzahl der erfaßten und nachweislich vernichteten Juden beträgt insgesamt 56 065.»[123]

In Galizien beseitigte der dortige SS- und Polizeiführer Katzmann die jüdischen Wohnviertel mit kaum geringerer Unmenschlichkeit. So hatte er im Lemberger Ghetto Häuser sprengen bzw. die Bewohner bei lebendigem Leibe in ihren Unterkünften verbrennen lassen. Stolz berichtete Katzmann seinen Vorgesetzten, daß mit Wirkung vom 23. Juni 1943 sämtliche Judenwohnbezirke vernichtet werden konnten. «Der Distrikt Galizien ist damit, bis auf die Juden, die sich in den unter Kontrolle des SS- und Polizeiführers stehenden Lagern befinden, *judenfrei.*»[124]

Der ursprüngliche Plan, das Generalgouvernement von jüdischen Menschen völlig zu «reinigen», hat sich trotz Himmlers und seiner Komplicen Eifer nie ganz realisieren lassen. Zu stark waren die ökonomischen Zwänge, die den totalen Verzicht auf jüdische Arbeitskräfte nicht zuließen, aber auch der Verlauf des Krieges, der die drohende Niederlage des Nazireiches immer deutlicher markierte, blieb nicht ohne Einfluß. Dennoch hatten Globocnik und seine Henkersknechte in Bełżec, Sobibór und Treblinka ganze Arbeit geleistet. Als die «Aktion Reinhard» im Oktober 1943 offiziell abgeschlossen wurde, bedeutete das zwar noch keineswegs das Finale der Vernichtung des polnischen Judentums, doch die knappe Hälfte der polnischen Juden war in den Gaskammern der genannten Todeslager erstickt worden oder schon auf dem Transport dorthin zugrunde gegangen. Der Historiker Czesław Madajczyk hat bilanziert, daß von den 3,5 Millionen polnischen Juden, die im polnischen Vorkriegsstaat lebten, schätzungsweise 2,7 Millionen dem Rassenwahn der Nazis zum Opfer fielen. Etwa 2 Millionen von ihnen wurden in den Todeslagern sowie in Konzentrationslagern umgebracht, rund 500 000 gingen allein an den unmenschlichen Bedingungen in den Ghettos und Zwangsarbeitslagern zugrunde.[125]

Die Vollstrecker der «Aktion Reinhard» setzten ihr blutiges

Werk schließlich an anderen Schauplätzen der faschistischen Verbrechensszenerie fort. Obgleich viele von ihnen sich an der persönlichen Habe ihrer Opfer schamlos bereichert hatten, blieb die steile Kurve ihrer Karriere ohne Knick. Globocnik, der besonders hemmungslos in eigene Taschen gewirtschaftet hatte, war im November 1942 dennoch zum SS-Gruppenführer befördert worden. Am Ende der Aktion konnte er – per 15. Dezember 1943 – immerhin noch nachweisen, daß er im Zuge der Vernichtung der polnischen Juden dem faschistischen Reich Geld- und Sachwerte in Höhe von 178 745 960,59 RM «zugeführt» hatte. Das Ausmaß seiner persönlichen Bereicherung war indessen so aufsehenerregend, daß Himmler sich zur Versetzung des Massenraubmörders und seiner Komplicen entschied. Globocnik, Wirth, Stangl und andere Drahtzieher der «Aktion Reinhard» wurden ins Adriatische Küstenland abkommandiert, wo Globocnik zum Höheren SS- und Polizeiführer von Istrien avancierte. Am Ende aber teilte die Schlüsselfigur des Genozids an den polnischen Juden das Schicksal seines Herrn. Als Ende Mai 1945 eine britische Patrouille Globocnik aufspürte, schluckte er eine Kapsel mit Zyankali. Christian Wirth indessen, der im Herbst 1943 noch zum Major der Sicherheitspolizei befördert worden war, soll bei Straßenkämpfen mit jugoslawischen Partisanen sein Ende gefunden haben. Franz Stangl schließlich starb nach verwirrendem Versteckspiel mit seinen Verfolgern 1971 in einer Düsseldorfer Haftanstalt, wo er eine lebenslange Zuchthausstrafe verbüßte.

Auschwitz ...

Nichts dokumentiert die Schande unseres Jahrhunderts bedrückender als Auschwitz. In dem zu Oberschlesien geschlagenen polnischen Gebiet gelegen, wurde es zum Schauplatz des größten Massenmordes der Weltgeschichte. Himmler hatte wohlüberlegte Gründe, ausgerechnet jenes durch den Zusammenfluß von Sola und Weichsel markierte Gebietsdreieck von 40 Quadratkilometern nahe der kleinen polnischen Stadt Auschwitz (Oświęcim) zum Zentrum der Judenvernichtung zu bestimmen. Als er Höß im Sommer 1941 in die Pläne der Endlösung einweihte, betonte Himmler die günstige verkehrstechnische Lage von Auschwitz sowie dessen Vorzug, sich leicht absperren und tarnen zu lassen. Tatsächlich wies Auschwitz einen Eisenbahnknotenpunkt auf, und dieser Umstand hat gewiß eine Rolle gespielt. Den Ausschlag aber, das Auschwitz nahe gelegene Territorium zum Standort der gigantischsten Todesfabrik auszuwählen, mag ein wichtiges Motiv gegeben haben: Zu jenem Zeitpunkt hatte nämlich längst der Plan Gestalt angenommen, in Auschwitz einen Industrieriesen aus dem Boden zu stampfen, der Benzin und synthetischen Gummi erzeugen sollte. Für dieses vom IG-Farben-Konzern initiierte Projekt wurden …zigtausend Zwangsarbeiter gebraucht, und so ließen sich die Deportationen nach Auschwitz günstig als Transporte für den Arbeitseinsatz im Osten tarnen.

Das Lager Auschwitz war seit Mai 1940 von Rudolf Höß als Kommandanten zunächst als Konzentrationslager für sowjetische Kriegsgefangene sowie für polnische und deutsche Widerstandskämpfer errichtet worden. Um das beschriebene Gebiet den Zwecken des Lagers dienstbar zu machen, wurden sieben polnische Dörfer, darunter Brzezinka (Birkenau), zwangsgeräumt, ihre Bewohner enteignet und vertrieben.

Nachdem in Birkenau die perfekteste aller faschistischen Todesfabriken errichtet worden war, nannte man das ursprüngliche Lager «Stammlager» oder «Auschwitz I», Birkenau «Auschwitz II». Später kam Auschwitz III hinzu, nämlich das IG-Farben-Projekt Monowitz und die übrigen Arbeitslager.

Die Opfer, für die Auschwitz zur Endstation ihres Leidensweges wurde, stammten aus vielen Ländern Europas. Die Masse kam aus Polen, der Sowjetunion und Ungarn, viele aber auch aus Frankreich, Belgien, Holland, der Slowakei, Jugoslawien, Griechenland, Bulgarien, Norwegen, Italien und …zigtausend aus Deutschland. Die ersten Opfer, die in den provisorischen Gaskammern von Birkenau erstickten, waren im Januar 1942 polnische Juden aus Oberschlesien. Ab Sommer desselben Jahres wurde Auschwitz schließlich zum häufigsten Ziel jener endlosen Güterzüge, die sich, überfüllt mit jüdischen Menschen aus verschiedensten Teilen Europas, gen Osten in Bewegung setzten.

Die Zahl der in Auschwitz ermordeten Juden wird sich nie mehr exakt ermitteln lassen. In der Regel kamen die Transporte ohne

Namenslisten an. Und jene Opfer, die man unmittelbar nach ihrer Ankunft ins Gas trieb, wurden in der Lagerkartei meist gar nicht erst registriert. Zudem mußten nach jeder größeren Vernichtungsaktion alle Unterlagen über die Anzahl der Getöteten vernichtet werden. Faktisch war Eichmann der einzige, der einen etwaigen Überblick über die nach Auschwitz verschleppten jüdischen Menschen besaß. Ihm allein hatte Himmler gestattet, Aufzeichnungen über die Gesamtaktion der Endlösung zu machen. Glaubt man Höß, dem mehrjährigen Kommandanten des Vernichtungslagers, so habe der Judenreferent des RSHA kurz vor Kriegsende die Zahl von 2,5 Millionen genannt, die zum Zwecke der Ermordung nach Auschwitz transportiert worden seien. In dieser Zahl sind keinesfalls jene Hunderttausende enthalten, die an erbarmungsloser Sklavenarbeit zugrundegingen, Opfer von Epidemien, medizinischer Experimente oder anderer Greueltaten der SS-Banditen wurden oder sonstwie zu Tode kamen. Sowohl das IMT als auch der höchste Nationalgerichtshof Polens schätzten, daß auf das Blutkonto der Auschwitzverbrecher ungefähr vier Millionen jüdischer Frauen, Männer und Kinder kommen.

Ein Mordgeschehen von solchem Ausmaß überfordert die menschliche Phantasie. Es ist aber auch nicht ohne weiteres nachvollziehbar, wie ein paar hundert SS-Verbrecher schon rein physisch in der Lage sein konnten, eine solch gewaltige Menschenmenge umzubringen. Schließlich sind Menschen, die sich vom Tode bedroht sehen, zum äußersten entschlossen, selbst wenn ihre Häscher bewaffnet sind. Doch es war eine seltene Ausnahme, daß die ankommenden Opfer sich weigerten, ihre Kleidung abzulegen und geordnet zur Hinrichtungsstätte zu marschieren. Die meisten von ihnen glaubten wohl daran, zum Arbeitseinsatz zu kommen, selbst wenn es nicht wenige unter ihnen gab, die von der Vergasung ihrer Glaubensgenossen schon gehört hatten. Sie verdrängten dieses Wissen, das infolge strengster Geheimhaltung der Beteiligten ja meist nicht verbürgt war, bis zum letzten Augenblick. Auch der amerikanische Holocaust-Forscher Hilberg meint, daß «der Erfolg der Vernichtungsoperationen vor allem auf Geheimhaltung (beruht)»[126].

Hinzu kam, daß die SS-Mörder es tagtäglich trainieren konnten, ihre Opfer zu täuschen und namentlich mit dem Duschraumtrick auf perfideste Art zu überrumpeln. Gerade in Birkenau wurden die Methoden, mit denen man die oft vom tagelangen Transport erschöpften Opfer irreführte, zunehmend raffinierter. Häufig wurde den Ankommenden bedeutet, sie sollten sich beim Entkleiden und Duschen beeilen, weil andernfalls die Suppe kalt würde, die anschließend verabreicht werde.

Wie brenzlig es für die SS werden konnte, wenn die Opfer das Bevorstehende erfaßten, bewies ein Zwischenfall, der sich nach dem Ankommen eines Transports aus Belsen zutrug. Ein Teil der Deportierten hatte Argwohn geschöpft und Widerstand geleistet, als sie zur Eile beim Auskleiden angetrieben wurden. Die zum Tode Verdammten rissen die Stromkabel heraus, überwältigten und entwaffneten die SS-Mörder und erstachen einen von ihnen. Um der Situation Herr zu werden, mußte Höß persönlich eingreifen und für Verstärkung sorgen. Er ließ die Aufsässigen anschließend einzeln erschießen.

Auch die Selektion nährte in vielen Opfern zumindest den Hoffnungsschimmer zu überleben. Auf den ersten Blick schien es plausibel zu sein, daß unter Lagerbedingungen arbeitsfähige Männer, Frauen und Jugendliche ausgesondert werden sollten. Dennoch kam es an den Rampen von Auschwitz häufig zu Zwischenfällen und chaotischen Szenen.

Der SS-Rottenführer Pery Broad, ein wichtiger Zeuge aus der Politischen Abteilung, hat eine dieser Szenen geschildert. «Ein buntes Durcheinander herrscht auf der Rampe ... Als erstes werden Männer und Frauen getrennt. Herzzerreißende Abschiedszenen spielen sich dabei ab. Ehegatten trennen sich, Mütter winken ihren Söhnen zum letzten Mal zu ... Wen der Abschiedsschmerz überwältigt und wer noch einmal hinüberstürzt, um dem geliebten Menschen die Hand zu geben, ihm noch ein paar trostspendende Worte zu sagen, den schleudert der Schlag eines der SS-Männer zurück. Nun beginnt der SS-Arzt, die Arbeitsfähigen von den seiner Meinung nach Arbeitsunfähigen zu trennen. Mütter mit kleinen Kindern sind prinzipiell auch arbeitsunfähig, ebenso alle Menschen, die einen schwächlichen oder kränklichen Eindruck auf ihn machen.»[127]

Die SS-Ärzte, die an den Rampen von Auschwitz als Richter über Leben oder Tod fungierten, waren Bestien, wie beispielsweise der durch seine Experimente an Häftlingen berüchtigt gewordene Josef Mengele oder andere Medizinverbrecher wie König, Thilo, Schumann. Wenn die Bewegung ihrer Hand nach rechts wies, so bedeutete das die Verdammung des Opfers zur Zwangsarbeit in Monowitz, deutete sie nach links, so war dies das Todesurteil, und in aller Regel lebte der Betreffende dann keine zwei Stunden mehr. Zwar wurden in Auschwitz mehr Arbeitssklaven benötigt als in den Lagern des Generalgouvernements, gleichwohl führte der Weg für den weitaus größten Teil direkt in die Gaskammern. Trotz gewisser Richtlinien für die Selektion regierten dabei Zufall und Willkür. Allerdings nahm der wachsende Bedarf an Arbeitskräften für die Rüstungsindustrie seit 1942 spürbaren Einfluß auf den steigenden Anteil der zur Zwangsarbeit bestimmten Menschen.

Aber auch jene, die zum Sklavendienst ausersehen waren, durften sich vor der Gaskammer keineswegs sicher wähnen. Gerade akut erkrankte Häftlinge, aber auch durch Schwerstarbeit sichtlich ausgemergelte wurden nach Birkenau gebracht. Zynisch nannten die SS-Mörder die zu Skeletten abgemagerten Häftlinge beiderlei Geschlechts «Muselmänner». Um dem Schicksal von Birkenau zu entgehen, trachteten manche Todeskandidaten danach, sich irgendwo im Lager zu verstecken, was nur ganz selten glückte. In ihrer Verzweiflung hofften manche gelegentlich auch auf einen Funken Barmherzigkeit auf seiten ihrer Gebieter. So flehte ein neunzehnjähriges Mädchen den Kommandanten des Frauenlagers, Hössler, an, er möge sie doch verschonen. Hössler blieb eiskalt. «Du hast lange genug gelebt. Komm, Kleine, komm.»[128]

Auf Auschwitz trifft wie auf kein zweites Vernichtungslager des KZ-Staates der Begriff der industriellen Menschenvernichtung zu. Keine der übrigen Mordstätten besaß solch gewaltige Vernichtungsanlagen und so viele Krematorien wie Auschwitz. Zwischen Frühjahr und Sommer 1943 sind in Birkenau vier moderne Vernichtungsanlagen in Betrieb genommen worden, die sogenannten Krematorien II bis V. (Das Krematorium I befand sich im Stammlager.) Die fünf Krematorien von Auschwitz verfügten insgesamt über eine Oberfläche von 2254,84 Quadratmetern. In Birkenau waren die Gaskammern teils unterirdisch, teils zu ebener Erde aufs zweckmäßigste in die Krematorien integriert. Allein die Gaskammern der Krematorien II und III hatten je eine Grundfläche von

210 Quadratmetern, so daß in jede bis zu 3000 Menschen hinein-
gepfercht werden konnten. Die je vier Gaskammern der Krematorien IV und V konnten zusammen etwas mehr als 6000 Personen
fassen, so daß es theoretisch möglich war, 12000 Menschen gleichzeitig zu töten.

Auf die höchsten Mordquoten brachte es Auschwitz nach dem
15. Mai 1944, da die Götterdämmerung der Hitlerclique längst an-
gebrochen war. An jenem Tage begann die Deportation der ungarischen Juden. Es trafen von da an häufig vier Züge mit jeweils
45 Viehwagen täglich ein. In jedem Waggon befanden sich 80 und
mehr Personen. Bis zum 30. Juni waren etwa 380000 ungarische
Juden nach Auschwitz verschleppt und hier überwiegend vergast
worden. Pery Broad schilderte das Tempo, in dem in jenen Wochen
getötet wurde.'«Es ging pausenlos. Man hatte kaum die letzte Leiche aus den Kammern gezogen und über den mit Kadavern über-
säten Platz hinter dem Krematorium zur Brandgrube geschleift,
als schon die nächsten zur Vergasung ausgezogen wurden. Es war
kaum möglich, in der Geschwindigkeit die zahllosen Kleidungsstücke aus den Auskleideräumen abzutransportieren. Manchmal
krähte noch unter einem Kleiderbündel das Stimmchen eines Kindes, das man vergessen hatte. Es wurde herausgezerrt, hochgehal-
ten und von irgendeinem der völlig vertierten Henkersknechte
durch den Kopf geschossen.»[129]

Wie in anderen Vernichtungslagern auch waren die Gaskammern von Birkenau mit fingierten Duschen versehen. Das Zyklon B, das hier ausschließlich verwandt wurde, schütteten SS-Mörder durch vergitterte Rohre in die Gaskammer, die so angebracht
waren, daß sich das tödliche Gas gleichmäßig ausbreiten konnte.

Das Wegräumen und Beseitigen der Leichen mußte ausschließlich von Angehörigen der Häftlingskommandos bewältigt werden.
Eine «Arbeit», die manchen dieser Häftlinge an den Rand des Irr-
sinns trieb. Ihr doppelt schweres Los war jedoch meist nicht von
langer Dauer. Als unliebsame Zeugen hatten sie nach gewisser Zeit
denen zu folgen, die sie tagtäglich verscharrten oder verbrannten.

Aber wie erging es nun jenen Opfern, die zur Zwangsarbeit in
Monowitz oder einem der übrigen 39 Außenarbeitslager bestimmt
worden waren? Das amerikanische Militärgericht VI belegte in seinem Urteil gegen die IG-Farben-Verbrecher, daß die Arbeitshäft-

linge «unter dem Schatten der Liquidierung»[130] lebten und arbeiteten. Dieser Schatten verdichtete sich mit jedem Tag, an dem die Sklaven von Auschwitz für die IG-Farben oder andere Unternehmen bis zum Umfallen schuften mußten. Denn der teuflische Pakt zwischen Kapitalhyänen und SS erschloß eine einzigartige Profitquelle, die sich ausbeuten ließ, ohne daß man auf den Wert und die Reproduktion der Arbeitskraft Rücksicht nehmen mußte. Als die IG-Farben Anfang 1943 auch die Verpflegung des Lagers Monowitz übernahmen, bestand die Tagesration bei zehn- bis zwölfstündiger Arbeitszeit aus einem Liter fettloser Suppe, in der ungeschälte Kartoffelstücke herumschwammen, 375 Gramm Brot sowie 8 Gramm, mitunter auch 16 Gramm, Margarine. Hinzu kamen völlig unzureichende Unterbringung und Hygiene sowie mangelhafte Kleidung, besonders zur Winterszeit. Dennoch arbeiteten die Häftlinge bis zur totalen Erschöpfung. Zu genau wußten sie um das Schicksal derer, die man als nicht mehr leistungsfähig einstufte. Letztere kamen alsbald nach Birkenau, sprich: in die Gaskammer, nur selten zurück ins Stammlager. Mit dieser Angst im Nacken verrichteten sie ihr Tagewerk. Doch je größer der Arbeitseifer, desto schneller der Prozeß ihrer Abmagerung, die Verwandlung zu «Muselmännern», die in dieser erbarmungslosen Welt des Superprofits jeden Anspruch auf Existenz verwirkt hatten. In einem solchen Teufelskreis währte die durchschnittliche Lebenserwartung eines Häftlings zwischen drei und vier Monaten. Die Verurteilung zur Sklavenarbeit war also nur eine Variation des Genozids, eine vertagte Endlösung, die das Interesse der Profiteure wie das der SS befriedigte.

Die Herren der IG-Farben konnten sich solch mörderischen Verschleiß der Arbeitskräfte leisten. Denn die von Konzerndirektoren am 14. Mai 1942 gegenüber Lagerkommandant Höß kategorisch gestellte Bedingung, der IG «kräftige und arbeitsfähige Häftlinge» zur Verfügung zu stellen, suchte die SS mit wachsender Sorgfalt zu erfüllen. Auf die Kritik der IG-Farben-Bosse, daß nicht immer die geeignetsten Häftlinge ausgesondert würden, «versprach der Kommandant, für eine gute Auswahl zu sorgen». Entschuldigend setzte Höß hinzu, «er müsse zugeben, daß sein Unterführerpersonal unzureichend und zum Teil schlecht sei»[131].

Höß war gegenüber den Konzerngewaltigen um so mehr in der

Hinterhand, als ihn Himmler persönlich beauftragt hatte, die Wünsche der IG soweit als möglich zu befriedigen. Der «Reichsführer» war schließlich nicht nur um den Ausbau der Rüstungsindustrie besorgt, er wollte einen wenn auch relativ geringen Teil des Profits in die SS-eigene Kasse fließen sehen. Auf dem Sklavenmarkt von Auschwitz kostete die IG-Farben ein Häftling je Tag zwischen 3 und 4 Reichsmark, die sie als Obulus an die SS abzuführen hatte, was am Ende doch Millionen ausmachte. Aber selbst dieser lächerliche Betrag ging bei weitem nicht immer von den ohnehin bombastischen Profiten des Konzerns ab. Der Sklavenhandel blühte nämlich auch noch zwischen der IG und ihren Subunternehmen, die in Auschwitz mitverdienten. An diese vermietete der Mammutkonzern einen Teil seiner Häftlinge weiter, für 0,80 RM pro Stunde bei zwölfstündiger Arbeitszeit!

Seit 1933 hatte die IG-Farben das Hitlerregime jährlich mit Millionenspenden gespickt und den geplanten Ausrottungskrieg nach Kräften vorfinanziert, jetzt erntete sie die Früchte ihrer als «Spenden» getarnten Bestechungsgelder in einem Maße, das selbst noch die gierige Phantasie der IG-Farben-Bosse übertraf. IG-Baudirektor Dr. Ambros hatte nicht übertrieben, als er schon Tage nach Gründung des Auschwitzer Buna-Werkes seinem Vorstand berichtete, daß „sich unsere neue Freundschaft mit der SS sehr segenreich aus(wirkt)»[132].

Was sich aus der skrupellosen Sicht der Großaktionäre als Segen darstellte, bedeutete für ...zigtausend Häftlinge im wahrsten Sinne des Wortes Ausbeutung bis auf die Knochen, Siechtum und schließlich Endstation Birkenau. Wer akut erkrankte, blieb selten länger als 14 Tage im «Revier». Wir zahlen nicht für Häftlinge, die im Bett liegen, hatten die IG-Farben-Verbrecher der SS unverblümt bedeutet. So genügte ein Wink der Sklavenhalter, und der Entkräftete verschwand für immer von der Bildfläche.

Der Leiter der Schreibstube von Monowitz, Dr. Gustav Herzog, schätzte, daß allein im Hauptlager des Buna-Werkes Monowitz die erbarmungslose Schufterei 120000 Häftlinge das Leben kostete. Die Zahl jener, die in den 39 Außenkommandos durch Arbeit vernichtet wurden, lag sogar bei 250000. 370000 Tote hatte der IG-Farben-Konzern am Ende allein auf seinem Auschwitzer Blutkonto zu verbuchen. Sie waren der Preis für eine Profitrate, die in der Ge-

schichte des Kapitals einmalig gewesen sein dürfte. Die Rüstungszentrale und das Vernichtungslager von Auschwitz waren das gemeinsame, arbeitsteilige Werk von SS und Monopolkapital. Vernichtung durch Arbeit und Vernichtung durch Zyklon B bedurften
und ergänzten einander. Nirgendwo funktionierte das faschistische
Konzept von Ausbeutung und Ausrottung so perfekt und so umfassend wie im Vernichtungslager von Auschwitz. So wurde es nicht
nur zum Symbol für die sogenannte Endlösung der Judenfrage,
sondern auch zum Schreckbild für den Weltherrschaftswahn deutscher Imperialisten.

War Höß ein Sadist?

Viele Zeitgenossen bewegt noch immer die Frage, wie solche Menschen wohl beschaffen waren, die es fertigbrachten, Mord, Massenmord, ja, wie im Falle des Auschwitzer Kommandanten Höß, sogar
Mord an Millionen gewissermaßen als Handwerk zu betreiben. Waren diese Leute allesamt Rohlinge, Sadisten, Lustmörder? Kamen
sie bösartig, blutgierig, als Wölfe zur Welt?

Schon über einen gewöhnlichen Mörder, der aus Eifersucht,
Haß, Habgier oder auch aus sexueller Erregung tötet, bestehen
nicht selten übersteigerte, ja mitunter total verfehlte Vorstellungen.
Man glaubt, an der Physiognomie eines solchen Täters ablesen zu
können, daß er zum Töten fähig ist. Um wieviel abstruser fallen
häufig Befunde über faschistische Massenmörder aus.

Bleiben wir bei Rudolf Höß. Auch er kam nicht als Verbrecher
zur Welt, so wie kein Mensch als Verbrecher geboren wird. Das,
was einer an Charakter mit in die Wiege bekommt, ist immer nur
ein Entwurf, der so oder so ausgeformt werden kann und ausgeformt wird, durch das Individuum selbst, aber auch durch seine
Umwelt und im weitesten Sinne durch die Gesellschaft.

Das soziale Umfeld des Rudolf Höß war nicht eben günstig für
seinen Werdegang. Bereits im Elternhaus waren die Weichen für
die Genesis einer fragwürdigen Persönlichkeit gestellt worden. Der
Vater, ein Offizier, der aus dem Sohn um jeden Preis einen Priester
machen wollte, hatte dem Sprößling von Kindesbeinen an blinden
Autoritätsglauben eingebleut. Was Eltern, Lehrer, Pfarrer wie über-

haupt Erwachsene sagten, so zitierte Höß seinen Vater, «sei immer richtig»[133].

Von dieser Maxime, dieser Selbstaufgabe, hat sich Rudolf Höß nie befreit und auch nie befreien wollen. Er hat Subordination und Fremdsteuerung eher gesucht, schon mit sechzehn – nach dem Tode des Vaters – als Kriegsfreiwilliger im kaiserlichen Heer, nach der Niederlage im berüchtigten Freikorps Roßbach und mit 22 in der Nazipartei (Mitglieds-Nummer 3240), in der das Führerprinzip bedingungslosen Gehorsam abverlangte.

So in reaktionärstem Geiste geprägt, beteiligte er sich im Sommer 1923 ohne Bedenken am Fememord gegen den Volksschullehrer Kadow, den Höß' Freikorpsführer als kommunistischen Spitzel verdächtigt hatten. Von den zehn Jahren Zuchthaus, zu denen der Weimarer Staatsgerichtshof ihn deshalb verurteilt hatte, saß er fünf Jahre ab, was seinen Groll gegen alles Progressive weiter vertieft haben mag. Als er 1934 der Totenkopf-Wachkompanie des «Muster»-KZ Dachau beitrat, spürte er angesichts der grausamen Mißhandlungen und willkürlicher Vernichtung von Häftlingen nach eigenen Worten, «daß ich für *den* Dienst *nicht geeignet* war … Damals hätte ich zu Eicke (dem Lagerkommandanten – d. A.) oder zum RFSS gehen und ihm erklären müssen, daß ich für den Dienst an einem KL *nicht geeignet* wäre, weil ich zuviel Mitleid mit den Häftlingen hätte. *Ich brachte den Mut dazu nicht auf* … Doch durch mein Verbleiben am KL machte ich mir die dort geltenden Anschauungen, Befehle und Anordnungen zu eigen. Ich fand mich mit meinem Los ab, *das ich mir freiwillig auferlegte.* (Hervorhebung d. A.)»[134]

Präzise hat Höß hier unbewußt jenen Punkt markiert, an dem seine Verantwortung und seine Schuld dafür einsetzten, daß er sich in das Naziregime und dessen für ihn offensichtliche Verbrechen bewußt verstrickte. Er hätte sich auch anders entscheiden und seinen Hut nehmen können. Aber dazu mangelte es ihm nicht allein an Mut, auch seine Ideologie motivierte ihn zu bleiben. Höß: «Als alter Nationalsozialist war ich von der Notwendigkeit eines KL fest überzeugt.»[135]

Fünf Jahre später, als er es übernahm, der Todesfabrik Auschwitz Gestalt zu geben und den Massenmord zu verwalten, war er längst auch davon überzeugt, daß es notwendig sei, den «jüdischen

Bazillus» auszumerzen. Die Sensibilität, die ihm in Dachau noch innere Zerwürfnisse bereitet hatte, war verflogen. Inzwischen war Höß so rettungslos manipuliert worden, daß Auflehnung oder Ausstieg längst außerhalb seiner Gedankenwelt lagen. Mit Blick auf die Endlösung äußerte er gegenüber Gilbert, dem Gerichtspsychologen in Nürnberg: «Nein, nach unserer ganzen Ausbildung kam uns der Gedanke, einen Befehl zu verweigern, einfach nicht in den Sinn – unabhängig davon, was für ein Befehl ...[136]

Die Berge von Leichen und der Geruch, der bei ihrem Verbrennen entstand, sei «nicht immer ein Vergnügen» gewesen. «Aber Hitler hatte es befohlen und hatte sogar die Notwendigkeit erklärt. Und ich habe wirklich nie viel Gedanken darauf verschwendet, ob es unrecht war. Es schien einfach nötig.»[137]

Man darf es Höß abnehmen, daß er die Juden «persönlich nie gehaßt», ihm ihre massenhafte Vergasung oder anderweitige Vernichtung nie Freude oder gar Lust bereitet habe. Doch andererseits waren die Reste von Mitleid, die in Dachau in ihm noch gebohrt hatten, von seiner Besessenheit und seinem blinden Ehrgeiz verschlungen worden, jeden Auftrag so perfekt wie möglich zu erfüllen. «Was mich betrifft», so hatte er 1944 einem Komplicen anvertraut. «so habe ich seit langem aufgehört, menschliche Gefühle zu haben.»[138].

Höß hatte alles getan, um Himmlers Idealbild vom professionellen SS-Mörder zu entsprechen. Der «anständige», weil disziplinierte und damit effektive Mörder sollte weder sadistisch gepolt noch sensibel oder gar weichlich sein. Er mußte nicht nur sein menschliches Empfinden verdrängt, sondern auch alle rationalen Maßstäbe von Gut und Böse, von Recht und Unrecht, von legalem und verbrecherischem Handeln abgelegt haben, ganz im Sinne von Hitlers Philosophie, wonach der Begriff des Verbrechens überholt sei, es nur positive oder negative Aktivität gäbe.

Was Menschen mit humanistischem Weltbild nicht nachzuvollziehen vermögen ist, daß Leute wie Höß ohne Bewußtsein von Schuld gemordet haben, daß sie das tägliche Vergasen großer Menschenmengen als «Arbeit» wie jede andere betrachteten, die eben bewältigt werden mußte. Was Höß als Regisseur der Auschwitzer Tragödie dabei am meisten bewegt hatte, war der Zeitfaktor. Auf die Frage des Gerichtspsychologen, wie es praktisch durchführbar war, Millionen Menschen zu vernichten, entgegnete Höß: «Das war nicht so schwierig – es wäre nicht einmal schwierig gewesen, noch mehr Menschen zu vernichten ... Man konnte 2000 Menschen in einer halben Stunde erledigen, aber das Verbrennen kostete so viel Zeit. *Das Töten war leicht.* (Hervorhebung d. A.)»[139]

Die Maschinerie des Mordes zu bewegen und in Gang zu halten war Höß und seinesgleichen um so leichter gefallen, als sie in den Tötungsvorgang physisch selbst nicht eingeschaltet waren. Wenn die Opfer in die Gaskammern getrieben waren und die Türen hinter ihnen ins Schloß fielen, war die «Arbeit» der SS erledigt, bis auf das Einwerfen des Zyklon B, bei dem die Mörder ihre Opfer aber ebenfalls weder im Blick noch mit ihnen Berührung hatten. Aus der Sicht der Mörder war es einen Art «sauberes», «hygienisch einwandfreies», im faschistischen Sinne «anständiges» Töten, bei dem sie nichts empfanden und die Opfer sich angeblich nicht zu quälen brauchten.

Während der Zeit, da Höß das Kommando von Auschwitz innehatte, empfand er offenbar nicht die geringste innere Beziehung zu jener ungeheuerlichen Schuld, die er tagtäglich dort auf sich lud. Deshalb war die Möglichkeit oder gar die Befürchtung, für seine Verbrechen irgendwann zur Rechenschaft gezogen zu werden, fern von allem Bewußtsein. Als Gilbert, der Gerichtspsychologe, Höß in Nürnberg fragte, ob er nicht geglaubt habe, wegen Mordes aufgehängt zu werden, erwiderte der Gefangene: «Nein, nie.»

Gilbert: «Wann ist Ihnen zuerst der Gedanke gekommen, daß Sie wahrscheinlich vor Gericht gestellt und aufgehängt werden würden?»

Höß: «Beim Zusammenbruch – als der Führer starb.»[140]

Nachdem man Höß im Mai 1946 zur Aburteilung an Polen ausgeliefert hatte – zuvor war er als Zeuge im Hauptkriegsverbrecherprozeß gehört worden –, begann er in der Untersuchungshaft unaufgefordert mit weitschweifigen autobiographischen Aufzeichnungen, «um ungeklärte Zusammenhänge aufzuhellen, soweit mir dies möglich ist»[141]. Manches hat der Exkommandant von Auschwitz auf insgesamt 474 handgeschriebenen Seiten dabei zum Aufhellen der Szene des Holocaust zweifellos beigetragen, insbesondere zur Psychologie der Täter. Zugang zu seiner persönlichen Schuld, zu Reue oder gar zur Ungeheuerlichkeit des von ihm dirigierten Verbrechens hat er auch in Erwartung des Galgens nicht gefunden, der übrigens auf dem Gelände des einstigen KZ errichtet wurde. «Ich war *unbewußt* (Hervorherbung d. A.) ein Rad in der großen Vernichtungsmaschine des Dritten Reiches geworden», fabulierte er, sich selbst bemitleidend, in seiner Krakauer Gefängniszelle. Die breite Masse «würde doch nie verstehen, daß auch der (gemeint ist er selbst – d. A.) ein Herz hatte, daß er nicht schlecht war.»[142]

Was den Völkermord an den jüdischen Menschen angeht, so hielt er ihn inzwischen zwar für «falsch, grundfalsch». Doch keineswegs aus der Gräßlichkeit dieses in der Geschichte einzig dastehenden verbrecherischen Vorgangs, nicht aus dem Tatbestand heraus, daß das elementarste Menschenrecht, das Recht auf Leben und Existenz, in den Gaskammern von Auschwitz tagtäglich erstickt worden war, sondern aus der puren Zweckmäßigkeitserwägung eines unverbesserlichen Faschisten. Höß: «Dem Antisemitismus war damit gar nicht gedient, im Gegenteil, das Judentum ist dadurch seinem Endziel viel näher gekommen.»[143]

Die Befürchtung, daß die Öffentlichkeit im Mörderchef von Auschwitz weiter «die blutdürstige Bestie, den grausamen Sadisten»[144] sehen werde, hat Höß umsonst mit ins Grab genommen. Sein Fall ist im Gegenteil ein Musterbeispiel dafür, daß auch ein durchschnittlicher, von seinem Naturell her weder bösartiger noch brutaler Mensch, in dem nicht einmal Haß auf andere verwurzelt ist, durch verbrecherische Ideologie und ein verbrecherisches Regime zum Mörder, ja zum Massenmörder manipuliert werden kann.

Wäre es dem Großkapital mißglückt, die Nazis an die Schalthebel der Macht zu lassen, hätte Höß sein späteres Leben sehr wahrscheinlich auf einem «selbsterarbeiteten Bauernhof» und im Kreis «einer gesunden großen Familie»[145] verbracht, wovon er im Weimarer Strafvollzug sooft geträumt hatte. Die Tatsache aber, daß die gesellschaftliche Situation des Faschismus Verbrechen wie die des Rudolf Höß determiniert und überhaupt erst ermöglicht hat, kann weder die Verantwortungslosigkeit des Menschen begründen noch seine individuelle Schuld an begangenen Untaten aufheben. Höß war ja keineswegs, wie er sich selbst sehen wollte, «unbewußt ein Rad in der großen Vernichtungsmaschine des Dritten Reiches», sondern ein sehr bewußter, energischer und konsequenter Vollstrecker der Endlösung, die ohne Leute wie ihn nicht praktikabel gewesen wäre. Unmenschliche Zustände, wie sie im Faschismus herrschten, bringen den einzelnen weder schicksalhaft noch mit unausweichlichem Zwang dazu, selbst unmenschlich, gegen alle moralischen und rechtlichen Grundsätze der Zivilisation zu handeln.

In Dachau hätte Höß, wie er selbst einschätzte, noch die Alternative gehabt, sich zu verweigern und von der SS Abschied zu nehmen. Trotz Hinundhergerissenseins hat er sich schließlich *bewußt für* das teuflische KZ-Handwerk entschieden, dort seine Karriere gesucht und gemacht.

Freilich gab es unter den Funktionären der Konzentrations- und Vernichtungslager genügend gefühlsrohe und sadistisch veranlagte Verbrecher, für die ihr «Dienst» ausgesprochene Lust bedeutete. Man denke nur an den stellvertretenden Kommandanten von Treblinka, Kurt Franz, der seinen Hund «Barry» mit Vorliebe auf Häftlinge hetzte, damit er ihnen die Geschlechtsteile herausriß oder zerfetzte. Betrachtet man indessen die Masse der Naziverbrecher, für die Höß mehr oder weniger repräsentativ ist, so zeigt sich, wie der Münchener-Historiker Martin Broszat es sehr anschaulich formulierte, «daß es nicht irgendein verkommener Auswurf der Menschheit war, der die Technik des Massenmordes erfand und durchführte, sondern das Werk ehrgeiziger, pflichtbesessener, autoritätsgläubiger Philister, die im Kadavergehorsam erzogen, kritik- und phantasielos mit bestem Gewissen und Glauben sich einredeten und sich einreden ließen, die ‹Liquidierung› Hunderttausender von Menschen sei ein Dienst für Volk und Vaterland»[146].

Spurenbeseitigung

Als die militärische Niederlage des KZ-Staates auch aus der Sicht seiner Führer unaufhaltsam schien, suchten sie fieberhaft die Spuren ihres grauenvollsten Verbrechens zu verwischen. In der zweiten Jahreshälfte 1944 war allein noch das Vernichtungslager Auschwitz voll in Funktion. Am 25. November befahl Himmler schließlich, auch die Todesfabriken von Auschwitz, Krematorien und Gaskammern, zu demontieren. Obgleich seit dem 3. November das Lager keine Judentransporte mehr erreichten, blieb das Krematorium V mit Rücksicht auf die hohe Sterblichkeit noch bis zum 20. Januar in Betrieb. An jenem Tage sprengten die SS-Mörder, bevor sie vor der Roten Armee flüchteten, das letzte Krematorium mit Dynamit. Bevor sie das Terrain von Auschwitz verließen, vergaßen sie nicht, auch die Unterlagen zu vernichten, die vom gräßlichsten Massenmord des zweiten Weltkrieges zeugten. Berge von Akten, in denen Vokabeln wie «Sonderbehandlung», «gesonderte Unterbringung», «Desinfizierung» u. ä. auftauchten, gingen in Rauch auf. Die Verantwortlichen der IG-Farben beseitigten die Papiere über die Vernichtung durch Arbeit ebenso wie die KZ-Ärzte ihre Aufzeichnungen über die unmenschlichen Experimente, die sie an Häftlingen vorgenommen hatten. Nur Dr. Mengele, jener ausgemachte Sadist, packte eiligst Aufzeichnungen ein, die er über seine «Forschungsergebnisse» an Zwillingen gemacht hatte.

Von den in Auschwitz verbliebenen 67102 Häftlingen wurden die meisten, teils zu Fuß, in Lager verschleppt, die im Reichsgebiet lagen. Tausende von ihnen überstanden weder Transport noch Marsch, andere wurden bis fünf nach zwölf noch in der Rüstungsindustrie zu Tode geschunden. Als die ersten Sowjetarmisten das Lager betraten, warfen sich ihnen Überlebende von Auschwitz überglücklich und fassungslos in die Arme. Die meisten der Zurückgebliebenen aber hatten keine Kraft mehr zum Jubel. Sie vegetierten auf ihren Krankenlagern dahin und hatten jede Hoffnung zu überleben längst preisgegeben.

Die Rotarmisten stießen in Auschwitz aber nicht nur auf jene rund 7000 Häftlinge, die menschlichen Wracks glichen, sondern auch noch auf Hunderte von Toten, darunter viele Kinder, die noch immer dort lagen, wo sie gestorben waren. Und sie fanden auch noch einen Teil der Beute, die die Leichenfledderer von Auschwitz tagtäglich gemacht hatten: Hunderttausende von Herrenanzügen und Damenmänteln, diverse Mengen an Kinderbekleidung, unzählige Zahnprothesen sowie sieben Tonnen Menschenhaar. Es waren nur Restbestände, denn die meisten Beutedepots hatte die SS vor der Flucht noch niedergebrannt. Aber das war alles vergebliche Mühe. Ein Völkermord von der Dimension eines Auschwitz hätte sich nie und nimmer vertuschen lassen. Die gravierenden Spuren, die er hinterließ, waren und sind untilgbar, aus kriminalistischer Sicht ohnehin, aber vor allem und viel wichtiger noch aus der Sicht der Geschichte. Selbst als die Mordmaschinerie von Auschwitz auf Hochtouren lief, waren immer wieder Informationen über das Unfaßbare durch die Stacheldrahtverhaue des Lagers nach draußen gesickert. Einigen wenigen Häftlingen war auch die Flucht gelungen, und zudem war es der anglo-amerikanischen Luftflotte mehrfach geglückt, das Lager und die Fabriken von Monowitz zu fotografieren. Daß die Mörder dennoch diesen völlig aussichtslosen Versuch unternahmen, die Spuren ihrer beispiellosen Verbrechen auszulöschen, ließ allein Rückschlüsse auf das Maß ihrer heillosen Furcht zu, die sie vor ihren Verfolgern empfanden.

Im Herbst 1944 hatte Himmler nicht nur Order erteilt, die Mordvorrichtungen von Auschwitz zu zerstören, sondern auch die Vernichtung der Juden generell einzustellen. Er hatte nach eidesstattlicher Aussage seines Vertrauten Dr. Kurt Becher sogar «die Pflege von kranken und schwachen Personen»[147] befohlen.

Zuvor schon hatte Becher in der Schweiz geheime Verhandlungen mit Vertretern jüdischer Hilfsorganisationen sowie mit Roosevelts Beauftragten Roswell McClelland geführt, die das Schicksal der noch am Leben befindlichen Juden betrafen. Sie waren gewissermaßen des «Reichsführers» letztes Faustpfand, mit dem er in grenzenloser Einfalt gedachte, nicht nur seinen Kopf zu retten, sondern sich durch das Verschonen der restlichen Juden am Ende den Nimbus eines flexiblen, gemäßigten Naziführers zu verschaffen, der auch nach Kriegsende noch regierungsfähig sein könnte. Allerdings hatte Himmler seine Rechnung ohne Kaltenbrunner und die mittlere Bürokratie der Endlösung gemacht. Dem Chef des RSHA, aber auch Gestapochef Müller sowie Eichmann wollte Himmlers plötzlicher Kurswechsel nicht einleuchten, und so suchten sie Himmlers Direktive nach Kräften zu unterlaufen. Himmler selbst war seinem Konzept wieder untreu geworden, nachdem sein Führer davon erfahren hatte, daß am 6. Februar 1945 1 200 Juden aus dem Ghetto Theresienstadt in die Schweiz hatten ausreisen dürfen. Hitler wollte um jeden Preis vermeiden, daß jüdische oder auch andere KZ-Häftlinge in die Hände der Sieger fielen. Wäre es nach ihnen gegangen, wären sämtliche KZ vor Eintreffen der alliierten Truppen noch in die Luft gesprengt worden. Zum Glück vereitelten das Tempo, in dem die Wehrmacht zum Rückzug genötigt wurde, und einander widersprechende Befehle, die in den letzten Kriegswochen in den KZ-Kommandanturen eintrafen, daß die Lager vom Erdboden getilgt wurden.

Doch bis Ende April 1945 wurden noch immer, beispielsweise im KZ Mauthausen, Tausende jüdischer Häftlinge systematisch umgebracht. Andere fielen sinnlosen Evakuierungen von Konzentrationslagern zum Opfer, die bis kurz vor Kriegsende andauerten. Kranke Lagerinsassen, die man zurücklassen mußte, wurden von der SS nicht selten noch vorher «erledigt».

Bilanz der Opfer

Wie viele Menschen jüdischen Glaubens und jüdischer Herkunft insgesamt Opfer des Ausrottungswahns der Nazis geworden waren – wer sollte und wie sollte man das nach dem Ende der braunen Tyrannei präzise nachprüfen. Es war ein Ding der Unmöglichkeit, die Spuren von Millionen europäischer Juden im einzelnen aufzunehmen und zu verfolgen. Was Sicherheitspolizei und SD an Unterlagen über die Endlösung noch besaßen, war weitgehend und rechtzeitig vernichtet worden. Die Gesamtsumme der Opfer zu errechnen wurde auch dadurch erschwert, daß in den osteuropäischen Ländern Juden unterschiedlich statistisch erfaßt waren. Diejenigen, die sich den Nazimördern nach Kriegsende an die Fersen hefteten und den Knäuel ihrer Verbrechen zu entwirren hatten, kamen ohne Schätzungen nicht aus, die sich freilich auf eine Reihe aufgespürter Dokumente sowie auf Täter- und Zeugenaussagen gründeten.

Es hatte kein Verbrechen des Naziregimes gegeben, über das sein Gehirntrust in der Mordzentrale nicht Buch geführt hätte. US-Ankläger Jackson übertrieb nicht, als er den angeklagten Hauptkriegsverbrechern bescheinigte, sie hätten die den Deutschen eigene «teutonische Leidenschaft für Gründlichkeit»[148] in bezug auf Aktenaufzeichnungen geteilt. Ungeachtet aller verordneten Geheimniskrämerei waren in der SS-Zentrale auch die Opfer der Endlösung notiert worden. Nicht nur von Eichmann vom RSHA, sondern auch im Wirtschaftsverwaltungshauptamt, dem die KZ- und

444

Vernichtungslager administrativ unterstanden, waren darüber Aufzeichnungen gemacht worden. Schließlich wollten nicht nur Himmler, sondern auch der Nazichef selbst genauestens darüber im Bilde sein, wie weit man vom Ende der Endlösung noch entfernt war. Allerdings war Himmler mit Eichmanns Buchführung unzufrieden. So beauftragte er am 18. Januar 1943 nicht Eichmann, sondern seinen «Inspekteur für Statistik», Dr. Korherr, einen Bericht über die «Endlösung der europäischen Judenfrage» anzufertigen. Eichmann mußte hierfür seine Unterlagen herausrücken, und Kaltenbrunner bekam zu wissen, daß das RSHA bezüglich der Judenvernichtung keine statistischen Arbeiten mehr zu leisten habe, «denn die bisherigen statistischen Unterlagen entbehren der fachlichen Genauigkeit.»[149]

Auch Korherr hatte seine Schwierigkeiten, zu eindeutigen Ergebnissen zu kommen. Ihm lagen über die Vernichtung jüdischer Menschen in den Ostgebieten und im deutsch-sowjetischen Frontbereich nur sehr fragmentarische Unterlagen vor. Mit Stand vom 31. Dezember 1942 kam der Chefstatistiker der SS somit nur auf eine Gesamtopferzahl von 1 873 539.

Korherrs Bericht, der 16 Seiten umfaßte, ging acht Wochen später bei Himmler ein. Dieser war von der Vorlage angetan und hielt sie «als allenfallsiges Material für spätere Zeiten, und zwar zu Tarnungszwecken, für recht gut»[150]. Allerdings enthielt der Bericht aus Himmlers Sicht einen Schönheitsfehler, nämlich jenen Terminus, der in der Zwiesprache der Mörder sonst üblich war, an dem sich der SS-Chef im Kontext mit der Bilanz der jüdischen Opfer aus Gründen der Geheimhaltung aber stieß: «Sonderbehandlung». Diesen Begriff, der nichts anderes als ein nazistisches Synonym für Mord war, mußte Korherr aus seiner Vorlage wieder entfernen. Zudem bekam er den Auftrag, einen gekürzten Bericht «zur Vorlage an den Führer mit eindeutiger Bilanz» anzufertigen. Für diesen Zweck brachte Korherr die Vernichtungsstatistik nunmehr auf den Stand vom 31. März 1943. Aber auch diesmal war er «trotz allen vergossenen Schweißes», wie er am 19. April Himmlers Referenten Dr. R. Brandt schrieb, nicht imstande, «eine eindeutige Bilanz für einen festen Zeitraum für das ganze heutige Reich»[151] abzuliefern. Ausdrücklich wies der Bürokrat des Todes darauf hin, daß die von ihm nunmehr errechnete Zahl von 2 669 118 «Evakuierten», sprich

Ermordeten, unvollständig, also entschieden zu niedrig sei. Mit Blick auf eine europäische Gesamtbilanz, die Vernichtung und Vertreibung einschließt, kam Korherr zu dem Fazit, daß der Verlust an europäischen Juden «bereits an 4 Millionen Köpfe betragen dürfte ... Insgesamt dürfte das Judentum seit 1933, also im ersten Jahrzehnt der nationalsozialistischen Machtentfaltung, bald die Hälfte seines Bestandes verloren haben.»[152]

Der «Korherr-Bericht» wurde nach Kriegsende aufgefunden und diente den Anklägern im IMT-Prozeß als ein wichtiges Beweisstück. Es war nicht nur wegen aufschlußreicher Details von Wert, sondern auch mit Blick auf die Tatsache, daß die SS-Spitze, wenngleich nicht perfekt, Buch geführt hatte und die Angaben von Tätern und Zeugen über die annähernde Gesamtzahl der jüdischen Opfer nicht aus der Luft gegriffen sein konnten.

Ein wichtiger Zeuge war in dieser Hinsicht SS-Sturmbannführer Dr. Wilhelm Höttl vom RSHA, der mit Eichmann seit langem befreundet war. Eichmann hatte Höttl Ende August 1944 in dessen Budapester Wohnung in ziemlich deprimiertem Zustand aufgesucht und ihm dabei internste Dinge anvertraut. Er wisse, so Eichmann damals, daß er von den Alliierten als einer der Hauptkriegsverbrecher betrachtet werde, weil er Millionen von Menschenleben auf dem Gewissen habe. Damit hatte er natürlich Höttls Neugierde herausgefordert. Höttl im November 1945 unter Eid: «Ich fragte ihn, wie viele das seien, worauf er antwortete, die Zahl sei zwar ein großes Reichsgeheimnis, doch werde er sie mir sagen ... In den verschiedenen Vernichtungslagern seien etwa vier Millionen Juden getötet worden, während weitere zwei Millionen auf andere Weise den Tod fanden, wobei der Großteil davon durch die Einsatzkommandos der Sicherheitspolizei während des Feldzuges gegen Rußland durch Erschießen getötet wurden.»[153]

Am 3. Januar 1946 sagte Dieter Wisliceny, einer von Eichmanns engsten Mitarbeitern und Taufpate seines Sohnes, vor dem IMT in Nürnberg aus. Der einstige SS-Hauptsturmführer war Eichmann zuletzt im Februar 1945 in Berlin begegnet. Damals hatte sich sein Chef für den Fall des verlorenen Krieges bereits mit Selbstmordabsichten getragen, allerdings mit einem Anstrich von makabrem Galgenhumor. Wisliceny: «Er (Eichmann – d. A.) sagte: Er würde lachend in die Grube springen, denn das Gefühl, daß er fünf Millionen Menschen auf dem Gewissen hätte, wäre für ihn außerordentlich befriedigend.»[154]

Einmal war bei Eichmann also von sechs, einmal von fünf Millionen die Rede. Von den Schwierigkeiten selbst für die Mordzentrale, die genaue Zahl der Opfer zu erfassen, war schon die Rede. Himmler selbst, so hatte Eichmann seinem Duzfreund Höttl noch anvertraut, bezweifelte die Zahl von 6 Millionen, «da nach seiner Meinung die Zahl der getöteten Juden größer als 6 Millionen sein müsse»[155].

In dieser Hinsicht mag der Chef der verruchtesten Mörderbande des Naziregimes, wie wir noch sehen werden, richtig gemutmaßt haben. Von etwa 5 bis 6 Millionen jüdischer Opfer gingen auch Ankläger und Gericht im IMT-Prozeß aus. Jackson betonte schon zu Beginn des Prozesses, daß von 9,6 Millionen Juden, die in den von den Nazis besetzten Ländern Europas lebten, «nach amtlichen Schätzungen sechzig von hundert umgekommen (sind). 5,7 Millionen Menschen werden in den Ländern, in denen sie früher lebten, vermißt. Über 4,5 Millionen davon lassen sich weder durch normale Sterblichkeit oder Auswanderung erklären, noch sind sie unter den Verschleppten.»[156]

Die Richter selbst stützten sich offenbar auf Eichmanns Mitteilung gegenüber seinem Kumpan Höttl vom August 1944. Das Urteil gegen die Hauptkriegsverbrecher führt die von Eichmann geschätzte Zahl von 6 Millionen getöteter Juden an, ohne sie zu kommentieren.[157]

Im Prozeß gegen Eichmann vor dem Bezirksgericht in Jerusalem wurde die Gesamtzahl der Opfer noch einmal erhärtet. Dem Gericht lag u. a. ein von Eichmann handschriftlich verfaßtes Dokument vor, in dem er die Zahl der während des Krieges vernichteten Juden wiederum auf 5 Millionen geschätzt hatte. Vom Gericht dazu befragt, bestätigte Eichmann diese Angaben als richtig. Professor Salo Baron, der als sachverständiger Zeuge aus den USA angereist war, ging davon aus, daß im Jahre 1939 16 Millionen Juden auf der Erde lebten, während ihre Anzahl 1945 noch etwa 10 Millionen betrug. Darauf stützte sich das Gericht dann auch in seinem Urteil, in dem es festschrieb, es bestünden «keine Zweifel darüber, daß die Gesamtzahl der Opfer der Endlösung ungefähr 6 Millionen betrug»[158].

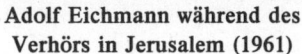
Adolf Eichmann während des
Verhörs in Jerusalem (1961)

In der Berufungsverhandlung vor dem Obersten Gericht Israels
bekräftigte Generalstaatsanwalt Gideon Hausner die Feststellung
des Bezirksgerichts. Hausner betonte in seinen letzten Worten, daß
«mehr als ein Drittel des jüdischen Volkes vernichtet (wurde), darunter eine Million Kinder ...»[159]

Prominente Historiker und Demographen haben nach Kriegsende immer wieder Berechnungen über die Anzahl der vom Hitlerregime ermordeten Menschen jüdischer Abkunft und jüdischen
Glaubens angestellt.

Jacob Lestchinski, ein amerikanischer Experte für Statistik, errechnete bereits 1945 die Quote der Opfer, indem er die Anzahl der
Juden in den verschiedenen Ländern Europas vor und nach dem
Krieg aufrechnete. Sein Ergebnis war, daß die Verluste an Menschenleben 5 987 000 betrugen. Andere bedienten sich später ähnli-
cher, weiter verfeinerter Methoden, und doch stand am Ende immer wieder die Zahl von etwa 6 Millionen. Allein der Engländer
Gerald Reitlinger kam auf wesentlich geringere Opferzahlen, weil
er ganz bewußt von den jeweils niedrigsten Ziffern ausging. Die mi-
nimale Zahl der Opfer weist er mit 4 194 200 aus, die maximale Op-
ferzahl mit 4 581 200.[160]

Der britische Zeitgeschichtler Gerald Fleming kommt auf
4 975 477 ermordete jüdische Menschen, wobei er betont, daß «es

nicht möglich (ist), eine endgültige und absolut genaue Zahl der Opfer festzustellen»[161]. Der amerikanische Politologe Raul Hilberg, dem die anspruchsvollste und umfassendste Darstellung der Endlösung gelungen ist, beziffert die Zahl der Opfer mit 5 100 000. Nach Ländern in den Grenzen vom August 1939 aufgeschlüsselt, hat er die folgende Opfertabelle errechnet[162]:

Todesfälle nach Ländern

Polen	bis zu	3 000 000
UdSSR		700 000
Ungarn (einschl. der Karpatoukraine)	über	300 000
Rumänien		270 000
Reichs- u. Protektoratsgebiet		250 000
Litauen	bis zu	130 000
Niederlande		100 000
Frankreich		75 000
Lettland		70 000
Slowakei		70 000
Jugoslawien		60 000
Griechenland		60 000
Belgien		25 000
Italien (einschl. Rhodos u. Albanien)	unter	10 000
Estland		2 000
Norwegen	unter	1 000
Luxemburg	unter	1 000

Das Werk eines Triebtäters?

Am Tatbestand ist nicht zu deuteln. Etwa 6 Millionen jüdischer Menschen sind ermordet, sind Opfer der Endlösung geworden, jenes zahlenmäßig größten Verbrechens der Naziherrschaft. Also bleibt nur noch übrig, die Frage nach der Schuld und den Schuldigen, nach Verantwortlichkeit und Strafe zu stellen. Schuld und Verantwortlichkeit aber treffen immer das Individuum, den einzelnen. Knüpft man unmittelbar an die individuelle juristische Schuld beispielsweise eines Kaltenbrunner, eines Eichmann oder auch eines Höß an, könnte die Bewertung dieses Verbrechens, das die Mörder zynisch Endlösung nannten, leicht in die Irre gehen. Ein Verbrechen von solchem Ausmaß und mit solchen Folgen ist nicht aus dem Blickwinkel der Schuld einzelner Täter zu durchschauen, sondern nur durch das Prisma seiner historischen Relevanz. Dort, wo der geschichtliche Stellenwert der Vernichtung der europäischen Juden objektiv richtig bestimmt wird, die sozialen Triebkräfte und Motive für dieses Verbrechen erhellt und nicht verschleiert werden, kann auch die juristische, die strafrechtliche Schuld der Täter differenziert und gerecht fixiert werden. Schließlich geschah der Mord an Millionen jüdischer Menschen nicht in einem sozialen Vakuum. Er war keineswegs in erster Linie Resultat der Mordlust dieses oder jenes SS-Offiziers, dieses oder jenes Exponenten der Nazidiktatur. Er wurde begangen aus konkreten Bedingungen und Bedürfnissen eines ganz bestimmten sozialen Systems heraus.

Der Mord an Millionen Juden war und bleibt das gräßlichste und am wenigsten faßbare Verbrechen des Naziregimes. Und doch ist es ein Teil von ihm, Ausdruck seiner anachronistischen Funktion, die ihm zugedacht war. Der Millionenmord an den jüdischen Menschen ist ein Teil der Geschichte jenes verbrecherischen Regimes, erklärbar nur aus seinen Bewegungsgesetzen heraus.

Aber gerade damit nehmen sich bürgerliche Historiker, Ideologen und Politiker schwer. Für die meisten von ihnen war und bleibt die Endlösung ein Phänomen, das, wenn überhaupt, nur aus der gestörten Psyche, abnormen Trieben und Charakteranlagen Hitlers bzw. auch einiger anderer Naziführer sowie ausschließlich aus der faschistischen Rassenideologie erklärbar ist. Der wahre Beweggrund der Naziverbrechen, so wollte beispielsweise Joachim C. Fest anläßlich des 100. Geburtstages Hitlers die Öffentlichkeit glauben machen, «war, nimmt man alles zusammen, ein radikaler Vernichtungswille, der unablässig Opfer suchte und fand»[163].

Man sperrte und sperrt sich noch immer gegen die längst durch Fakten erhärtete Wahrheit, daß der Nazifaschismus und seine Verbrechen nicht in den Hirnen einzelner Menschen wurzelten, sondern in der Herrschaft von Monopolen und dem vom Profit diktierten Wolfsgesetz. Denn je mehr Tatsachen diesen Zusammenhang belegen, davor hatte der Amerikaner Ashby Turner so eindringlich gewarnt, um so weniger ist ein solcher zu verteidigen.

Also hielt und hält man immer wieder nach irrationalen Gründen Ausschau, um auch und gerade das besonders abscheuliche

Verbrechen der Judenvernichtung erklären zu können. Wen wundert es, daß sich deutsche Historiker dabei besonders angestrengt haben. Schon Ende der siebziger Jahre tischte Sebastian Haffner, der übrigens einen englischen Paß in der Tasche trägt, der Öffentlichkeit die Version von Hitler als Triebtäter auf. Der Naziführer habe immer zwei Ziele verfolgt, die angeblich nicht miteinander vereinbar gewesen waren: die Weltherrschaft Deutschlands und die Ausrottung der Juden. Seit der Jahreswende 1941/1942 habe sich Hitler mit der militärischen Niederlage abgefunden und sich von da an ganz auf die Endlösung konzentriert. «Der Politiker Hitler», so Haffner, «dankte im Dezember 1941 endgültig ab zugunsten des Massenmörders Hitler.»[164]

Folgte man Haffner, so hätte Hitler die Opfer seines Regimes «zu keinem militärischen oder politischen Zweck» umbringen lassen, «sondern zu seiner persönlichen Befriedigung».[165]

Solch biologische Ausdeutung der faschistischen Greuel hat sich bis in die Gegenwart erhalten. Selbst für einen Politiker wie Willy Brandt, dessen Fähigkeit zur Analyse allenthalben gerühmt wird, gilt Hitler auch heute noch als «ein hochbegabter Geisteskranker», als «Teufel», der sich besonders gut darauf verstand, wie man Macht «nicht nur skrupellos einsetzt, sondern auch noch Lustgewinn daraus schöpft»[166].

Ob sich die Anhänger dieser Bewertung Hitlers darüber im klaren sind, daß sie den Naziführer damit im Grunde verharmlosen? Wäre Hitler tatsächlich pathologisch veranlagt, gar ein Geisteskranker gewesen, hätte man ihn am Ende – ob seiner Gemeingefährlichkeit – zwar dingfest machen, nicht aber zur Verantwortung ziehen und bestrafen können. Ein geistig Kranker verdient, was auch immer er angestellt hat, medizinische Betreuung, nicht aber Kriminalstrafe. Daß der Nazichef geisteskrank war, dafür haben weder seine Ärzte Indizien finden können, noch läßt sich der Verdacht hierfür aus der Art seiner Verbrechen, die Endlösung eingeschlossen, herleiten. Gegen Hitler als pathologischen Fall spricht auch die Tatsache und das Motiv seines Suizids. Bei aller extremen Brutalität und Skrupellosigkeit, die ihn charakterisierten, war ihm die Erkenntnis über die Ungeheuerlichkeit der von ihm inspirierten Verbrechen, über seine exponierte Rolle und Verantwortung wohl zu keinem Zeitpunkt abhanden gekommen. Andernfalls hätte er

sie nicht so intensiv zu vertuschen gesucht. Als er im Frühjahr 1941, im Zenit seiner Karriere, den Weg zur Endlösung frei-
gab, war er schon, nicht zuletzt aus Sorge um die eigene Person,
auf peinlichste Geheimhaltung bedacht. Nicht von ungefähr hatte
Himmler, nachdem Hitler die von Korherr angefertigte Mordstati-
stik zurückgereicht hatte, verfügen müssen: «Führer hat Kenntnis
genommen, vernichten, H. H.»[167]

Ein paar Monate später, im Juli 1943, hatte der Nazichef über
Bormann dann die gehobenen Funktionäre der Nazipartei auch
ausdrücklich angewiesen, daß «bei der öffentlichen Behandlung
der Judenfrage jede Erörterung einer künftigen Gesamtlösung unterbleiben (muß). Es kann jedoch davon gesprochen werden, daß
die Juden zu zweckentsprechendem Arbeitseinsatz herangezogen
werden.»[168]

Soviel Umsicht und Vorsicht sprechen viel eher für einen eiskalt
berechnenden und zurechnungsfähigen Mörder denn für einen
Geisteskranken. Daß für Hitler die Vernichtung der jüdischen
Menschen Lustgewinn bedeutete, ist bloße Vermutung. Tatsächlich
hat er, im Gegensatz zu Himmler, seinen Fuß niemals über die
Schwelle eines Vernichtungslagers gesetzt. Aber selbst wenn der
Nazichef über die Endlösung persönliche Befriedigung empfunden
haben sollte, schafft das nicht die sozialen, historisch relevanten
Beweggründe aus der Welt, die letztlich zum Mord an Millionen
jüdischer Menschen führten.

Modell eines Völkermordes

Aber gerade gegenüber den sozialen Motiven der Verantwortlichen
für die Ausrottung der Juden stellen sich bürgerliche Historiker
blind. Mehr noch, aus der Endlösung der Judenfrage konstruieren
sie liebend gern einen totalen Widerspruch zwischen Faschismus
und Kapitalismus. Die massenhafte Vernichtung von Arbeitskräften sei doch ein Schnitt ins Fleisch des Kapitals, ins Gefüge der
Profitwirtschaft gewesen. Zu solchem Schluß kann man allerdings
nur kommen, wenn man das verbrecherische Gesamtkonzept des
Hitlerregimes willkürlich auseinanderreißt, seine Hauptverbrechen
voneinander isoliert und nicht im Kontext betrachtet.

Für Haffner beispielsweise standen die Massenmorde «seinem (Hitlers – d. A.) politisch-militärischen Interesse geradezu entgegen». Der Krieg gegen die Sowjetunion sei zwar militärisch nicht zu gewinnen gewesen, doch hätte Hitler ihn «politisch vielleicht gewinnen können, wenn er als Befreier statt als Ausrotter aufgetreten wäre»[169].

Welch apologetische und zugleich militaristische Sicht der Dinge. Als ob der Alptraum deutscher Imperialisten vom «Volk ohne Raum» nicht von jeher mit dem Traum vom «Raum ohne Volk» verknüpft gewesen wäre. Der Alldeutsche Heinrich Claß hatte doch 1912 bereits den «feindfreien Herrschaftsraum» gefordert. Claß hatte prophezeit, es könne der Fall eintreten, in dem man «vom besiegten Gegner im Westen oder Osten menschenleeres Land verlangen muß». Und in bezug auf Rußland: «... wir werden die Gebietsabtretungen verlangen, die uns eine bessere Grenze und gleichzeitig Siedlungsland gewähren, wobei die Evakuierung sich nicht umgehen lassen wird.»[170]

Das Kriegskonzept der Naziführer knüpfte daran an, stellte aber die Größenvorstellungen der Alldeutschen weit in den Schatten. Nun kam es nicht mehr auf das Abtreten dieses oder jenes Gebiets an, sondern auf das Auslöschen ganzer Staaten, auf die Beherrschung Europas und schließlich der Welt. Die überfallenen Völker in ihrer vorhandenen Größe zu versklaven und durch deutsche Kuratel in Schach zu halten war schon machtpolitisch ein Ding der Unmöglichkeit. Deshalb hatte Himmler ja herauszufinden, welche «volksfremden Bevölkerungsteile» auszuschalten sind, «die eine Gefahr für das Reich und die deutsche Volksgemeinschaft bedeuten»[171]. Und auch deshalb sah der Generalplan Ost nicht nur die Vernichtung vor, sondern – auf lange Sicht – auch das Verschleppen beträchtlicher Teile des sowjetischen, des polnischen und tschechischen Volkes.

Dafür, daß nach dem Überfall auf die Sowjetunion Massenmord zuerst an jüdischen Menschen geübt wurde, hatten Hitler und seine engsten Komplicen ein Bündel an Motiven. Gewiß war von großem Gewicht, daß jüdische Menschen im Sinne der faschistischen Rassentheorie als die Minderwertigen galten. Auch daß sie aus dem Blickwinkel der Kriegführung «mögliche Herde von Unruhe und Gefahr im Hinterland»[172] bedeuteten, mag dabei eine

Rolle gespielt haben. Doch ganz wesentlich haben sich die Regisseure des Genozids von eiskalter ökonomischer Kalkulation leiten lassen. Das Dezimieren der überfallenen Völker war für sie auch ein Mittel, Probleme von Übervölkerung und Ernährung zu «lösen», hohe und höchste Rentabilität in den okkupierten Gebieten zu sichern.

Als übervölkert galten den faschistischen Okkupanten all jene Territorien, die in puncto Arbeitsproduktivität und Kapitalverwertung dem Nazireich hinterherhinkten, so unter anderem das Generalgouvernement. Dr. Fritz Arlt, Chef der Abteilung Bevölkerungswesen im Innenministerium des Generalgouvernements, plädierte bereits 1940 dafür, daß durch die Aussiedlung der Juden «der Lebensraum des Generalgouvernements um rund 1 500 000 Juden entlastet werden würde»[173]. Jeder, der nicht erwerbstätig war, wurde durch die gleiche Brille gesehen wie die geistig Behinderten im faschistischen Reich, galt als unnützer Esser, als «Ballastexistenz». Daß die Juden im Kalkül der Wirtschaftsplaner als erste zu verschwinden hatten, lag beispielsweise auch darin begründet, daß jüdische Frauen traditionsgemäß wesentlich seltener im Berufsleben standen als Frauen des nichtjüdischen Bevölkerungsteils. Davon, daß nicht- oder unterbeschäftigte Polen vom Lande in jene Stellen namentlich von Industrie, Handel und Gewerbe «umgeschichtet» wurden, die bislang jüdische Bürger innehatten, versprach man sich zugleich eine Rationalisierung der Landwirtschaft.

Rohstoffe, Energie und Kapital verknappten sich während des Krieges zwangsläufig, und so blieb als einziger variabler Wirtschaftsfaktor die Bevölkerungsdichte und in Abhängigkeit davon die Zahl der benötigten Arbeitskräfte übrig, für die allein die Nachfrage maßgebend war. In den Augen der faschistischen Wirtschaftsplaner bedeutete Übervölkerung mangelnde Produktivität bzw., wie der Vertreter des Instituts für Deutsche Ostarbeit in Krakau, Helmut Meinhold, schrieb, «effektiver Kapitalverschleiß»[174].

Als man im Generalgouvernement nach einer Volkszählung Anfang 1943 2,2 Millionen Menschen weniger registrierte als noch im Jahre 1940, bedeutete das den Nazis vor allem einen demographischen Fortschritt. Das vorläufige amtliche Ergebnis war kaum ausgezählt, da reiste der stellvertretende Chef des Statistischen Amtes im Generalgouvernement, Regierungsrat Dr. Götz, schnurstracks

zu Himmler, um ihn über den «Erfolg» der Ausrottungs- und Be-
völkerungspolitik dortzulande ins Bild zu setzen. Dr. Korherr, der
SS-Statistiker, wußte das Defizit sehr wohl zu werten, als er am
1. März 1943 dazu schrieb, daß es «sich in der Hauptsache aus evakuierten Juden und zum Arbeitseinsatz ins Reich deportierten Polen zusammensetzen dürfte»[175].

Fragen der Rentabilität fielen auch ins Gewicht, als man sich
entschloß, die Judenghettos aufzulösen und ihre Bewohner zu vernichten. Man rechnete hin und her (ein Złoty = 50 Pfennige waren
pro Kopf im Warschauer Ghetto vorgesehen), doch blieben die
meisten Ghettos Zuschußobjekte, wollte man ihre Insassen nicht
dem Hungertod preisgeben. Auch waren nicht überall ausreichend
Arbeitsplätze vorhanden, um alle arbeitsfähigen Ghettobewohner
zu beschäftigen. Hinzu kam, daß die Lebensmittelrationen, die
man selbst den im Arbeitseinsatz befindlichen Juden zudachte, die
Arbeitsproduktivität nach unten drückten. Wenn Himmler so vehement auf die Vernichtung auch der in der Rüstung beschäftigten
jüdischen Arbeiter drängte, so kam das am Ende auch den Waffen-
inspekteuren der Wehrmacht entgegen. Denn diese gingen davon
aus, daß ein polnischer Rüstungsarbeiter, den man etwas besser er-
nährte, produktiver sein würde als zwei halbverhungerte Juden. Im
übrigen war auch damals schon erkannt, daß die Verringerung der
Arbeitskräfte einen Rationalisierungsschub nach sich zieht.

Die These bürgerlicher Historiker, daß die Nazis mit der Endlösung das Monopolkapital überlistet und um Profit betrogen hätten,
ist ebenso absurd wie apologetisch. Soweit und solange die Arbeitskraft jüdischer Menschen von Nutzen war, wurde sie durch die IG-
Farben, Krupp und andere mit dem Hitlerregime aufs engste liierte
Konzerne bis zum äußersten ausgepreßt, um sie anschließend der
Gaskammer zu überantworten. Das deutsche Finanzkapital war
nicht Betrogener, es war im Gegenteil Mitvollstrecker und Mitver-
antwortlicher der Endlösung, im ökonomischen wie im politischen
Sinne. Es hatte aus den selektierten Arbeitssklaven ja nicht nur
phantastische Profite herausgeschlagen, sondern auch jene Pläne
zur «Neuordnung» Europas und schließlich der Welt mit ausgeheckt und sanktioniert, die «Entvölkerung» zur Prämisse hatten. In
einer außergewöhnlich instruktiven, durch überwältigende Fakten
untermauerten Arbeit über «Die Ökonomie der ‹Endlösung›» kom-

men auch die BRD-Autoren Susanne Heim und Götz Aly zu dem Schluß: «Die Vernichtung der Juden war der erste Schritt zur wirtschaftlichen Neuordnung.»[176]

Die Vernichtung der europäischen Juden war kein Endpunkt, wie bürgerliche Theoretiker immer wieder behaupten, sondern ein entsetzliches Experiment, auf das man auf dem Wege zum faschistischen Weltreich aufzubauen gedachte. In der Vernichtung von 3,3 Millionen sowjetischen Kriegsgefangenen fand es seine grauenvolle Fortsetzung. Und man darf gewiß sein, daß neue Akte von Völkermord gefolgt wären, wenn die Eroberungsträume der Naziführer weiter gereift wären. Der schon zitierte Naziplaner Meinhold erwog bereits im Jahre 1942 die Lösung des Übervölkerungsproblems im Generalgouvernement dahin, daß man «einen Teil der Polen oder auch alle weit nach Osten aussiedeln»[177] könne. Hätte die Antihitlerkoalition das Blatt nicht zu wenden vermocht, wäre ein kontinentaler und schließlich ein globaler Völkermord die Folge gewesen. «In der Theorie und Methode des Massenmords», so Bracher, «ist die rassistische Ideologie des Nationalsozialismus als ein Selbstzweck hervorgetreten. Nützlichkeitserwägungen haben nur noch im Blick auf den Arbeitseinsatz eine begrenzte Rolle gespielt ... Die Vernichtungsaktion gründete im biologistischen Wahnsinn der NS-Ideologie ...»[178]

Das stößt sich schon an der Tatsache, daß der Hauptverantwortliche für die Endlösung, Hitler, offenbar selbst ·nicht von der Existenz der Rassen im wissenschaftlichen Sinne überzeugt war. Freilich war er seit jungen Jahren ein glühender Antisemit, der gierig alles in sich hineingeschlungen hatte, was andere über die Juden schon resümiert hatten. Als Hitler im Dezember 1920 den Alldeutschen Claß kennenlernte, küßte er ihm vor Rührung die Hand. In dessen Kaiser-Buch wähnte er alles entdeckt zu haben, was für sein Weltbild vonnöten war. Doch je intensiver er sich mit dem Herrschafts- und Expansionsbedürfnis des Kapitals beschäftigte, um so mehr wurde der Rassenantisemitismus für ihn ein Mittel zum Zweck, ein Hauptnenner, dem er all seine Feindbilder zuordnen konnte. Als er schließlich an der Macht war, offenbarte er ungeniert, daß er den Begriff der «Rasse» für «die Neuordnung der Welt» brauchte.[179]

Im übrigen war er ja auch persönlich alles andere als ein Ebenbild dessen, was seit dem Grafen Gobineau «Rassenforscher» dem «arischen» Menschen an Attributen beigemessen hatten. Wenn Auslandskorrespondenten dieserhalb gelegentlich ironische Fragen stellten, war selbst dem im allgemeinen schlagfertigen Chef des Auslandspresseamtes, Hanfstaengl, nichts Dümmeres eingefallen, als zu betonen, daß Hitlers Haare immerhin unter den Achseln blond seien. Aber auch Goebbels, Himmler, Streicher und andere exponierte Fanatiker des Rassismus brauchten sich nur im Spiegel zu betrachten, um an ihrer mangelnden Identität mit der beschriebenen arischen Rasse nicht nur zu zweifeln, sondern zu verzweifeln.

Bürgerliche Autoren ziehen den gültigen Schluß für Hitlers innere Überzeugung vom Rassenantisemitismus häufig daraus, daß er noch in der Stunde des Todes daran festgehalten habe. Tatsächlich hatte der Naziführer noch am zeitigen Morgen des 29. April 1945 in geradezu lächerlicher Vermessenheit «die Führung der Nation und die Gefolgschaft zur peinlichen Einhaltung der Rassegesetze und zum unbarmherzigen Widerstand gegen die Weltvergifter aller Völker, das internationale Judentum»[179a] verpflichtet.

Aber wie sollte er auch anders? Sollte er plötzlich eingestehen, daß am zweiten Weltkrieg nicht die Juden Schuld trugen, sondern dessen Entfesselung auf sein und das Konto seiner Komplicen kommt? Sollte er eingestehen, daß er das Opfer seiner eigenen Demagogie geworden war? Er hatte sich doch ein Leben lang gegen menschliche Größe, gegen Wahrhaftigkeit, Ehrlichkeit, aber auch gegen Realismus gewehrt. Woher sollte er sie in den letzten Stunden seines Lebens plötzlich nehmen?

Nein, der faschistische Rassismus war zu keinem Zeitpunkt Selbstzweck, sondern von Anbeginn an als Fassade für die imperialen Ansprüche der Mächtigen des deutschen Reiches gedacht. Hitler hatte doch im Schlußwort von «Mein Kampf» nicht von ungefähr die Prognose gestellt: «Ein Staat, der im Zeitalter der Rassenvergiftung sich der Pflege seiner besten rassischen Elemente widmet, muß eines Tages zum Herrn der Erde werden.»[180] Dabei waren die behauptete Minderwertigkeit und das angebliche Parasitentum jüdischer Menschen nur der eine Stützpfeiler des faschistischen Rassismusgebäudes. Der andere, nicht minder tragende, war aus der Lüge von der jüdischen Verschwörung gezimmert, die nach Weltherrschaft lechzte und namentlich auf den Garaus des deutschen Volkes aus war. Rassismus und Rassenantisemitismus zielten von Anfang an darauf ab, Aggression und Eroberung zu legitimieren, sie als Akte der Notwehr und der eigenen Rettung zu rechtfertigen. Hitlers mehrfach wiederholte Drohung, daß ein vom «internationalen Finanzjudentum» verursachter neuer Weltkrieg die Vernichtung der jüdischen Rasse in Europa zum Resultat haben werde, war dafür der beredteste Ausdruck.

Wer wird schon bestreiten, daß das permanent verspritzte Gift der faschistischen Rassendoktrin das geistige Klima für den Massenmord schaffen half. Wer sich dagegen nicht wenigstens innerlich zur Wehr setzte, war eines Tages von der «Notwendigkeit» der Judenvertilgung überzeugt und – wenn es verlangt wurde – häufig auch zum Töten bereit. Wenngleich der Rassenantisemitismus auch die subjektiven Bedingungen für den Völkermord bereitete, seine eigentliche Ursache war er nicht, schon gar nicht aus einem Selbstzweck heraus.

Warum stemmen sich manche Betrachter so energisch gegen den Zusammenhang zwischen Endlösung und Aggression, warum behaupten sie einen prinzipiellen Widerspruch zwischen Massenmord und Kriegführung? Der eigentliche Grund dürfte in der Scheu wurzeln, den Angriffskrieg als Verbrechen, geschweige denn im Sinne des Nürnberger Urteils als das schwerste faschistische Verbrechen anzuerkennen, das in sich alle Schrecken der anderen Verbrechen einschloß und anhäufte, welche das Naziregime verübt hat. Rechnete man den Völkermord an Millionen Juden den Kriegsverbrechen zu, ließen sich die faschistischen Aggressionen wohl kaum noch als legitimer Vorgang verteidigen. Damit der Angriffskrieg nicht mit der Hypothek der Judenvernichtung belastet wird, sondern mehr oder weniger als konventioneller oder «normaler» Krieg erscheint, wird die Endlösung in ein eigenständiges, «spezifisches» Verbrechen der Hitlerbande umgedeutet. Bei Haffner wird das überdeutlich, doch er ist mit seiner Auffassung bis heute in breiter, illustrer Gesellschaft. Haffner: «Tatsächlich gehen die ‹Kriegsgesetze und -gebräuche› aber davon aus, daß Krieg kein Verbrechen, sondern eine grundsätzlich akzeptierte, weil unvermeidliche, internationale Erscheinung ist.»

Soweit jedoch Verstöße gegen die Kriegsregeln begangen würden, «die natürlich in allen Kriegen und von allen Seiten vorkommen», hätten sie hergebrachterweise keiner internationalen Gerichtsbarkeit unterlegen, und so sollte es auch bleiben. «Es liegt Weisheit darin», so Haffner, «die sozusagen normalen Kriegsgreuel als Begleiterscheinungen einer unvermeidlichen Ausnahmesituation zu behandeln ... und sie nach dem Kriege möglichst schnell in Vergessenheit geraten zu lassen ... Hitlers Massenmorde erkennt man als solche gerade daran, daß sie *keine* Kriegsverbrechen waren ... Massenmord, planmäßige Ausrottung ganzer Bevölkerungsgruppen, ‹Ungeziefervertilgung›, begangen an Menschen, ist etwas ganz anderes».

Die Absurdität dieses Urteils gipfelt in Haffners polemischer Bemerkung, daß Kriegsverbrechen «mit wechselnder Strenge, im Kriege selbst von den Vorgesetzten und Kriegsgerichten der eigenen Seite bestraft (werden)»[181]. Da hätten sich Hitler, Göring, Keitel wie auch andere Generale zuallererst selbst anklagen müssen. Denn die von ihnen konzipierten und geführten Angriffskriege hatten in Ziel und Methode planmäßig Ausrottung und Völkermord zur Voraussetzung. Die physische Vernichtung der jüdischen Menschen war zudem ein Auftrag, der namentlich auf sowjetischem Boden auch den Formationen der Wehrmacht aufgegeben war. Der Führerbefehl ist doch nachlesbar, wonach nächst «kommunistischen Funktionären und Aktivisten» Juden «als Elemente» galten, «die die Sicherheit der Truppe durch ihre *Existenz* (Hervorhebung d. A.) gefährden und daher ohne weiteres hinzurichten sind»[182]. Zudem hat Himmler gegenüber SS-General Streckenbach eindeutig bezeugt, daß es sich bei der Endlösung um einen Führerbefehl handele, «der sowohl für die Polizei als auch für die Wehrmacht gelte»[183]. Es gibt in der Tat genügend Beispiele dafür, daß Formationen der Wehrmacht Massenerschießungen von Juden durch die Einsatzgruppen der SS nicht nur «abgesichert», sondern auch selbst vorgenommen haben.

Haffner läßt es offen, ob er auch die Vernichtung von Millionen sowjetischer Kriegsgefangener als exklusives Naziverbrechen oder als Kriegsverbrechen bewertet. Unter den von ihm aufgezählten Kriegsverbrechen erwähnt er zuvorderst «Massaker an Kriegsgefangenen in Drang und Hitze der Schlacht»[184]. Die Masse der gefan-

Sowjetische Kriegsgefangene als Arbeitssklaven in Deutschland

gengenommenen Rotarmisten ist nicht in der Hitze des Gefechts ermordet worden, sondern durch systematischen Nahrungsentzug und das Verweigern elementarster hygienischer Bedingungen. Tatsächlich kamen von den insgesamt 5,7 Millionen sowjetischen Kriegsgefangenen 3,3 Millionen in faschistischer Gefangenschaft um.[185] Und daran hatte die Naziwehrmacht die Hauptaktie.

Die Vernichtung der europäischen Juden wie die der sowjetischen Kriegsgefangenen waren zweifellos die gravierendsten Akte des faschistischen Völkermordes. Wenngleich ideologisch stark verbrämt, waren sie eindeutige Kriegsverbrechen und Verbrechen gegen die Menschlichkeit, den maßlosen Zielen der Aggressoren adäquat und dienlich. Als Peter Kleist, Ribbentrops Experte für Polen und die baltischen Staaten, Hitler auf die negativen Auswirkungen des Ausrottungskrieges im Osten hinwies, erwiderte dieser: «Ich habe die Pflicht, an morgen und übermorgen zu denken und darf nicht um Augenblickserfolge die Zukunft vergessen.» In hundert

Jahren würden die Deutschen 120 Millionen Menschen zählen. «Für dieses Volk brauche ich den *leeren* Raum. (Hervorhebung d. A.) ... Politik wird nicht gemacht durch Illusionen, sondern durch harte Tatsachen. Das Raumproblem ist für mich entscheidend.»[186]

Sie wußten von nichts

Im Prozeß gegen die Hauptkriegsverbrecher bildeten Verfolgung und Vernichtung der jüdischen Menschen selbstverständlich einen gravierenden Punkt von Anklage und Urteil. Die Konsequenzen für dieses unerhörte Verbrechen waren den Haupttätern frühzeitig angedroht worden. Am 18. Dezember 1942 bereits hatten sich die Regierenden der Antihitlerkoalition auf eine entsprechende Erklärung geeinigt. Sie war gleichzeitig in Moskau, Washington und London auch über den Äther verbreitet worden. Zu diesem Zeitpunkt verfügten die Kontrahenten des Nazireiches bereits über gesicherte Informationen darüber, daß die Nazibehörden, wie es hieß, «die von Hitler mehrfach ausgedrückte Absicht verwirklichen, das jüdische Volk in Europa auszutilgen». Die Signatare bestätigten «ihre feierliche Verpflichtung, zusammen mit allen Vereinten Nationen sicherzustellen, daß die Personen, die für diese Verbrechen verantwortlich sind, der verdienten Vergeltung nicht entgehen ...»[187]

Mit Beginn des IMT-Prozesses hatten sich die Angeklagten vornehmlich auch wegen des Millionenmordes an jüdischen Menschen zu verantworten. Allesamt erhielten sie die Möglichkeit, sich auch diesbezüglich zu verteidigen, eine Chance, die sie keinem ihrer Opfer eingeräumt hatten. Wer geglaubt hatte, daß die Göring, Kaltenbrunner oder Streicher unter der Last der erschütternden Zeugnisse über dieses Verbrechen am Ende vielleicht doch Scham und Schuld empfinden würden, sah sich getäuscht. Einer wie der andere bekannte sich in sämtlichen Anklagepunkten als «nicht schuldig». Auch unter den Augen ihrer Richter waren sie noch, wie US-Ankläger Jackson es zu Prozeßbeginn ausdrückte, «lebende Sinnbilder des Rassenhasses»[188].

Was die Männer auf der Anklagebank bewegte, war nicht das Schicksal der Opfer, sondern allein die Frage, wie sich ihre Rolle bei der Ausführung dieses Verbrechens am besten verschweigen, verschleiern oder wenigstens auf ein Minimum reduzieren ließ. Nicht daß sie den Völkermord an den Juden ernsthaft bestritten oder auch nur in Frage stellten. Dazu war die Last der Beweise einfach zu erdrückend. Doch man feilschte um jede Silbe, jedes Wort und erst recht um jede Weisung und jeden Befehl, durch die die eigene Mitwirkung an der Judenvernichtung ins Licht gerückt wurden.

Görings Verteidigung war ein Musterbeispiel für diese Taktik. Ausgerechnet er, der zweitpostierte Mann der Hierarchie, wollte von der systematischen Ausrottung der Juden erst nach dem Krieg erfahren haben. Mit einer sophistischen Spitzenleistung suchte Göring beispielsweise den Sinn seines Auftrags an Heydrich, die Endlösung der Judenfrage vorzubereiten, zu bagatellisieren.

Göring: «... dazu muß ich aber nun die Erklärung abgeben, daß ich deshalb den Brief an ihn gerichtet habe, weil Heydrich mit Erlaß vom 24. Januar 1939 beziehungsweise Himmler die Aufgabe der Judenauswanderung übertragen war ...» Daraufhin Ankläger Jackson: «Und Sie haben alle anderen Zentralstellen beauftragt, mit der Sicherheitspolizei und SS in der Endlösung der Judenfrage zusammenzuarbeiten?» – Göring: «Hier kommt nichts von der SS vor, nur von der Sicherheitspolizei, einer staatlichen Stelle. Daß Heydrich SS-Gruppenführer ist, hat damit ja direkt nichts zu tun ...» – Jackson: «Und die Erwähnung seines Ranges in der SS war überflüssig und hat mit dieser Angelegenheit nichts zu tun?» – Göring: «... wenn ich an den Chef der Sicherheitspolizei schreibe, dann muß ich das an den Chef der Sicherheitspolizei, SS-Gruppenführer Heydrich,·das war ja sein Rang und Titel, richten, das hat aber mit einer Verwendung der SS nichts zu tun.»[189]

Die Trickkiste Görings schien unerschöpflich zu sein, und doch mißlang ihm der Versuch, seine dominierende Rolle bei der Endlösung zu verschleiern, gründlich. Gerade die Vernichtung jüdischer Menschen durch Sklavendienst in der Kriegswirtschaft war auf seine Regie zurückzuführen. Das Beweismaterial, das Görings Wissen und Verantwortung in bezug auf die Endlösung belegte, füllte ganze Aktenordner. Dabei waren Gericht und Ankläger noch längst nicht hinter alle Schritte gekommen, die die Verantwortlichen für die Endlösung gegangen waren, bevor die Schornsteine von Auschwitz und Monowitz sich zum Himmel reckten. Über die Wannsee-Konferenz und das berüchtigte Protokoll, das Eichmann davon gefertigt hatte, tappte man damals noch im dunkeln. An ebenjener Konferenz hatte zwar Göring nicht selbst, dafür aber sein Vertreter, Staatssekretär Neumann, mitgewirkt. Und jeder Einladung zu diesem Konzilium der Schreibtischmörder hatte eine Kopie von Görings Auftrag an Heydrich beigelegen.

Die Spitzfindigkeit und Verstocktheit, mit der Göring auch seine Verantwortung für die Ausrottung der Juden leugnete, hielt bis zur letzten Minute an. In seinem Schlußwort besaß er die Stirn, zu beteuern, daß er «niemals, an keinem Menschen und zu keinem Zeitpunkt einen Mord befohlen und ebensowenig sonstige Grausamkeiten angeordnet oder geduldet» habe. «Für die von Herrn Dodd (dem Mitankläger der USA – d. A.) in seinem Schlußplädoyer neu aufgestellte Behauptung, ich hätte Heydrich befohlen, die Juden zu töten, fehlt es an jedem Beweis; sie ist auch nicht wahr.»[190]

Die Richter ließen sich durch die Dreistigkeit solcher Lügen weder blenden noch in Zweifel bringen. «Obwohl die Ausrottung der Juden eigentlich Himmler oblag», befanden sie im Urteil, «so war Göring weit davon entfernt, teilnahmslos oder untätig zu sein ... Mit der Verordnung vom 31. Juli 1941 wies er Himmler und Heydrich an, eine endgültige Lösung der Judenfrage innerhalb der deutschen Einflußsphäre in Europa zustande zu bringen ..., er war Leiter des Sklavenarbeiter- und der Urheber des Unterdrückungsprogramms gegen die Juden und gegen andere Rassen im In- und Auslande.»[191]

Ribbentrop, Hitlers Außenminister, warf die Anklage ebenfalls vor, daß er Kriegsverbrechen und Verbrechen gegen die Humanität, «darunter viele verschiedenartige Verbrechen gegen Personen und Eigentum in den besetzten Gebieten, genehmigte, leitete und an ihnen teilnahm»[192].

Ribbentrop, im Täuschen seiner Kontrahenten geschult, wand sich wie ein Aal. Aber wie massiv die Wellen seiner Lügen auch auf das Gericht zukamen, das Fundament der Beweise gegen ihn konnten sie nicht unterspülen. Als der stellvertretende britische Hauptankläger Maxwell-Fyfe ihn fragte, ob er nicht gewußt habe, daß Konzentrationslager in ungeheurer Anzahl bestanden, erwiderte Ribbentrop: «Nein, darüber habe ich nichts gewußt.» Er habe von drei Konzentrationslagern lediglich gehört, nämlich von Dachau, Oranienburg und Theresienstadt. «Alle anderen Namen habe ich hier zum ersten Male gehört.»[193]

Natürlich war dem Herrn Außenminister bis zu seiner Verhaftung auch nie der Name Auschwitz begegnet. Das Peinliche war nur, daß jüdische Menschen der besetzten Länder nachweisbar durch maßgebliches Zupacken seiner Mitarbeiter in die Vernichtungslager des Ostens befördert worden waren. Sollten sie alle auf eigene Faust und hinter dem Rücken ihres Ministers gehandelt haben? Tatsächlich suchte der Exdiplomat diesen Eindruck zu erwecken. Die Beweisdokumente indessen, die Ankläger und Gericht Ribbentrop vorhielten, machten seine Ausflüchte hoffnungslos. Allzu eifrig war der Außenminister darum bemüht gewesen, sich Himmler und dem RSHA in der Judenfrage ebenbürtig zu erweisen. Da hatte er beispielsweise am 24. September 1942 eine Weisung an seine Mitarbeiter gerichtet, die zwar Unterstaatssekretär Luther unterzeichnet hatte, aber Ribbentrops Urheberschaft unzweifelhaft erkennen ließ. Es hieß darin: «Der Herr RAM (Reichsaußenminister – d. A.) hat mir heute telephonisch die Weisung erteilt, die Evakuierung der Juden aus den verschiedenen Ländern Europas möglichst zu beschleunigen ... Nach einem kurzen Vortrag über die im Gange befindliche Judenevakuierung aus der Slowakei, Kroatien, Rumänien und den besetzten Gebieten hat der RAM angeordnet, daß wir nunmehr an die bulgarische, die ungarische und die dänische Regierung mit dem Ziel, die Judenevakuierung aus diesen Ländern in Gang zu setzen, herantreten sollen.»[194]

Eine Ausrede fiel Ribbentrop auch hierzu ein, allerdings eine klägliche. «Der Führer», so wollte er die Richter glauben machen, «hat damals den Plan gehabt, die Juden aus Europa entweder nach Nordafrika – es war auch von Madagaskar die Rede – zu evakuieren.»[195]

In Wirklichkeit rauchten zu jener Zeit die Schornsteine von Auschwitz, Sobibór und Treblinka schon Tag und Nacht, und der Madagaskar-Plan war längst vergessen. Ribbentrop verschwieg nicht nur, daß sein eigener Judenreferent Franz Rademacher das Madagaskar-Projekt ausgeheckt hatte. Er unterschlug vor allem, daß derselbe bereits am 10. Februar 1942 die Abteilungen des Auswärtigen Amtes instruiert hatte, Hitler habe mit Blick auf die Endlösung entschieden, «daß die Juden nicht nach Madagaskar, sondern nach dem Osten abgeschoben werden sollen»[196].

Rademachers Direktive konnte dem Angeklagten allerdings nicht entgegengehalten werden, denn sie wurde, ebenso wie das Wannsee-Protokoll, erst bei der Vorbereitung des Wilhelmstraßen-Prozesses entdeckt. Und doch konnte man Ribbentrop überführen, daß er um Verbleiben und Schicksal der Opfer wußte. Er hatte beispielsweise persönlich auf Mussolini eingewirkt, weil ihm u. a. die Verfolgung der Juden in dem von Italien besetzten Gebiet Frankreichs inkonsequent erschienen war. Am 2. April 1946 zitierte der stellvertretende französische Hauptankläger Edgar Faure aus dem amtlichen Protokoll über die Unterredung zwischen Ribbentrop und Mussolini im Palazzo Venezia am 25. Februar 1943: «Weiterhin behandelt der RAM die Judenfrage. Dem Duce sei bekannt, daß Deutschland hinsichtlich der Behandlung der Juden radikal eingestellt sei ... Es habe aus Deutschland und den von Deutschland besetzten Gebieten alle Juden in Reservate im Osten abtransportiert.»[197]

Nun half kein Leugnen mehr, aber da war ja noch der Führer über ihm, der das alles befohlen hatte. Und im übrigen, so Ribbentrop, sei es ja darum gegangen, daß die Juden im Osten «angesiedelt werden sollten»[198]. Aber auch diese Mär wußten die Ankläger zu widerlegen. Da gab es nämlich auch noch ein Protokoll, das Ribbentrops Dolmetscher Schmidt über dessen Unterredung mit dem ungarischen Reichsverweser Horthy am 17. April 1943 angefertigt hatte. Und darin war u. a. zu lesen: «... erklärte der RAM, daß die Juden entweder vernichtet oder in Konzentrationslager gebracht werden müßten. Eine andere Möglichkeit gäbe es nicht.»[199]

Im Fall Ribbentrop war es den Richtern nicht schwer geworden, ein eindeutiges Urteil auch über dessen Verantwortung und Schuld für die Endlösung zu fällen. Im Schuldspruch des IMT hieß es u. a.: «Er spielte bei Hitlers ‹Endlösung› der Judenfrage eine wichtige Rolle ... Auch bei der Verwaltung der Gebiete, deren Kontrolle Deutschland durch widerrechtliche Invasion erworben hatte, unterstützte Ribbentrop die Durchführung verbrecherischer Pläne, insbesondere zur Ausrottung der Juden.»[200]

Im Mittelpunkt der Beweisaufnahme in puncto Endlösung stand natürlich Heydrichs Nachfolger Ernst Kaltenbrunner. Von Himmler am 30. Januar 1943 zum Chef des RSHA ernannt, hielt er alle Fäden in seiner Hand, die die Umtriebe der Sicherheitspolizei (Gestapo und Kripo) und des SD sowie die Vorgänge in den KZ und Vernichtungslagern betrafen. Der sowjetische Chefankläger Rudenko charakterisierte Kaltenbrunner in seinem Schlußwort als Henker, der «die abscheulichste Funktion im allgemeinen Verbrecherplan der Hitler-Clique gehabt (hat)»[201].

Ausgerechnet dieser Mann vollführte vor Gericht ein Kabinettstück theatralischer Verstellung, das in diesem Prozeß unerreicht blieb. Und doch war aus den Phrasen der pathetischen Monologe des einstigen Rechtsanwalts Wimmern um sein Leben deutlich herauszuhören. Es begann damit, daß er schon seine Funktion als RSHA-Chef an die Grenze der Bedeutungslosigkeit herunterzuspielen versuchte. Bei Übernahme des Amtes habe er sich ausbedungen, ausschließlich für nachrichtendienstliche Dinge Verantwortung zu übernehmen, da er als Rechtsanwalt bar aller Polizeierfahrung gewesen sei. Daraufhin habe Himmler ihm zugesagt, die Ämter der Gestapo und der Kriminalpolizei persönlich zu führen. «Ich habe dazu die eingearbeiteten alten Fachleute Müller und Nebe. Sie haben sich darum nicht zu kümmern»[202], so zitierte Kaltenbrunner Himmler vor dem IMT: Mit Heydrich sei er, Kaltenbrunner, keinesfalls vergleichbar, was man auch daran sehe, daß er bis zuletzt von dem Gehalt eines Generals der Ordnungspolizei mit 1320 Mark zu leben hatte, daß Heydrich in seinem Amt Bezüge über 30000 Mark hatte, nicht als Honorierung eines höheren Dienstranges, sondern in Anerkennung seiner ganz anderen Position …»[203]

Kaltenbrunner schwor Stein und Bein, daß er bei Übernahme des RSHA Heydrichs Auftrag, die Endlösung der Judenfrage zu vollziehen, weder übernommen noch überhaupt gekannt habe. In Wirklichkeit hatte Himmler aus gutem Grunde das ganze Amt und die volle Verantwortung auf seine Schultern gelegt. Der Altösterreicher war ein Mann seiner Wahl, bei dem er die Skrupellosigkeit eines Heydrich voraussetzen konnte, der aber im Gegensatz zu diesem leichter zu dirigieren und von dem Rivalität kaum zu erwarten war. Hans Bernd Gisevius, damals bei Kripochef Nebe tätig, erklärte am 25. April 1946 vor dem Tribunal: «Kaltenbrunner kam, und es wurde von Tag zu Tag schlimmer. Immer mehr machten wir die Erfahrung, daß vielleicht die Impulsivitäten eines solchen Mörders wie Heydrich nicht so schlimm waren wie die kalte, juristische Logik eines Rechtsanwalts, der die Regie eines solchen gemeingefährlichen Instruments wie der Gestapo übernahm.»[204]

Müßig, darüber zu befinden, ob Kaltenbrunner schlimmer als Heydrich war. Wesentlich ist, daß die Ämter der Sicherheitspolizei ebenso in Kaltenbrunners Griff waren, wie die übrigen Hauptabteilungen des RSHA. Anders wäre es nicht zu erklären, daß die periodischen Berichte der Einsatzgruppen auf seinem Tisch landeten, daß er neben unzähligen Schutzhaftbefehlen gegen jüdische Bürger auch Befehle für ihre Deportation in die Vernichtungslager unterzeichnete oder durch seinen Faksimilestempel autorisierte; daß er sich im KZ Mauthausen mit Himmler nicht nur fotografieren ließ, sondern dort auch alle Akten der «Sonderbehandlung» von Häftlingen (Vergasen, Erhängen, Erschießen) in Augenschein nahm; daß seine Morddirektiven sowohl auf Vernichtung durch Arbeit als auch auf «Sonderbehandlung» abzielten.

So hatte er beispielsweise im Sommer 1944 dem Bürgermeister von Wien, SS-Brigadeführer Blaschke, auf dessen Hilferufe jüdische Häftlinge «für kriegswichtige Arbeiten» zugesagt. In einem Brief, in dem Kaltenbrunner Blaschke seine Unterstützung ankündigte, schrieb er: «Lieber Blaschke! Aus den von Dir ... angeführten besonderen Gründen habe ich inzwischen angeordnet, einige Evakuierungstransporte nach Wien/Straßhof zu leiten. Es handelt sich um 4 Transporte mit etwa 12 000 Juden ... Nach den bisherigen Erfahrungen werden bei diesen Transporten schätzungsweise etwa 30 % (im vorliegenden Fall etwa 3 600) an arbeitsfähigen Juden anfallen ... Die nichtarbeitsfähigen Frauen und Kinder dieser Juden, die sämtlich für eine *Sonderaktion* (Hervorhebung d. A.) bereitgehalten und deshalb eines Tages wieder abgezogen werden, müssen auch tagsüber in dem bewachten Lager verbleiben.»[205]

Fast täglich hatte Kaltenbrunner, meist im Beisein von Gestapo-Müller, über die «Sonderbehandlung» von Menschen, einschließlich solchen jüdischer Abkunft, entschieden, oder aber die Entscheidung darüber Himmler vorbehalten. Der Zeuge Josef Spacil hatte in einer eidesstattlichen Erklärung dazu präzise Angaben gemacht. Kaltenbrunner, von US-Ankläger Oberst Amen danach hinterfragt, wartete mit einer Antwort auf, die wohl den Gipfelpunkt seiner dummdreisten Verteidigung markierte. Kaltenbrunner: «Wissen Sie, was ‹Walsertraum› im Walsertal, und wissen Sie, was ‹Winzerstube› in Godesberg sind? ... ‹Walsertraum› ist das eleganteste, fashionabelste Alpinistenhotel des gesamten Deutschen Reiches, und die ‹Winzerstube› ist das hochberühmte Hotel, das sich dem Namen nach in Godesberg befindet ... In diesen beiden Hotels sind besonders qualifizierte, besonders angesehene Persönlichkeiten, ich nenne hier M. Poncet und M. Herriot und so weiter, untergebracht gewesen, und zwar bei dreifacher Diplomatenverpflegung, das ist die 9fache Nahrungsmittelzuteilung des normalen Deutschen während des Krieges ... Das ist das, was wir unter ‹Sonderbehandlung› verstehen ... In diesem Zusammenhang mag Müller mit mir gesprochen haben, aber Walsertraum und Godesberg, diese beiden Endziele dieser sogenannten ‹Sonderbehandlung› sind die Unterbringungsstätten bevorzugter politischer Häftlinge gewesen.»[206]

In stoischer Gelassenheit erduldeten Ankläger und Richter die tragikomischen Eskapaden dieses blutbefleckten Gauklers. Eine letzte mag noch erwähnt sein, weil sie bezeichnend ist für Kaltenbrunners grenzenlose Scheinheiligkeit, mit der er das Profil eines vom Vernichtungswahn Befallenen zu retuschieren versuchte. Es waren mehr als 100 Verhandlungstage vergangen, als ihm plötzlich einfiel, daß Himmlers Befehl vom Oktober 1944, die Vernichtung jüdischer Menschen einzustellen, sein Verdienst sei. Er behauptete ernsthaft, «daß dieser Befehl bei Hitler durch meine Vorstellungen erwirkt worden ist, und offensichtlich geht dieser Befehl Himmlers auf einen Befehl, den er von Hitler bekommen hat, zurück»[207].

Wir haben gesehen, aus welch eigennützigen Motiven der SS-Chef diesen Befehl hinter dem Rücken seines Führers erlassen hatte. Gestapo-Müller und Eichmann aber, die ja Kaltenbrunners rechte Hand für die Judenfrage waren, hatten Himmlers Schwenk bis zuletzt nach Kräften sabotiert.

Kaltenbrunner verstand die Welt schon nicht mehr, seit es Himmler unternommen hatte, ungarische Juden gegen Rüstungsartikel und Devisen einzutauschen. Ein solches «Geschäft» hatte der SS-Chef den Westmächten schon im Frühjahr 1944 angeboten. Für die Lieferung von 100 000 Lastwagen für die Naziwehrmacht sollten eine Million ungarische Juden ins Ausland freigelassen werden, nach der Devise «Blut gegen Ware». Himmlers Angebot, das schließlich scheiterte, hatte zu seinem Plan gehört, Hitler auszubooten und sich mit den Westmächten gegen die Sowjetunion zu arrangieren.

Als Kaltenbrunner von dieser Art Geschäfte erfuhr, war er dagegen Sturm gelaufen und hatte, nach eigener Aussage, «sofort dagegen Stellung genommen, und zwar nicht bei Himmler, bei dem es vergeblich gewesen wäre, sondern bei Hitler»[208]. In seiner Besessenheit, das Gericht in die Irre zu führen, merkte er nicht einmal, wie sehr er damit gegen sich selbst zeugte. Denn wie konnte dieses Dazwischenfunken anders zu deuten sein, denn als Ausdruck seines Bedauerns, daß Teile der ungarischen Juden der Endlösung entgehen könnten? Daß das materielle Rückgrat der Naziwehrmacht gestärkt werden sollte, hätte ja sonst ganz in seinem Sinne liegen müssen, weil es nicht nur die Lebensdauer des Reiches, sondern auch seine eigene zu verlängern versprach.

Zweifellos hat sich Kaltenbrunner bis zuletzt gegen das Verschonen jüdischer Menschen vor der Endlösung – wie auch anderer mißliebiger Personen vor der «Sonderbehandlung» – gestemmt. Noch im März 1945 hat er sich gegen den Versuch des Internationalen Roten Kreuzes gesperrt, den jüdischen Häftlingen zum Status von Zivilinternierten zu verhelfen, um ihr Los wenigstens erträglich zu machen. Dabei hatte Himmlers Unterhändler Felix Kersten mit mehr oder weniger deutlicher Zustimmung seines Herrn bereits entsprechende Zusagen gemacht. Als Graf Bernadotte persönlich am 5. März 1945 bei Kaltenbrunner um Zugang zu den Lagern für das Rote Kreuz ersuchte, ließ der ihn eiskalt abblitzen: «Ich habe nicht die Absicht, Sie bei Ihrem Vorhaben zu unterstützen.»[209] Und schließlich wissen wir noch um jenen schon erwähnten Befehl des RSHA-Chefs an den KZ-Kommandanten von Mauthausen, täglich noch mindestens tausend Häftlinge umzubringen. Diese Order war am 27. April 1945 immer noch in Kraft.

Das Bild des nach Himmler und Heydrich kapitalsten Schreibtischmörders rundet sich durch seine letzten Worte, die er vor dem Tribunal in Nürnberg zum Thema Endlösung sprach: «Ich habe niemals die biologische Ausrottung des Judentums gebilligt oder geduldet ... Der Antisemitismus Hitlers, wie wir ihn heute feststellten, war Barbarei ...»[210]

Kaltenbrunner hatte die Richter des IMT nicht zu blenden vermocht. Und so ließ das Urteil gegen ihn auch keine Zweifel offen: «Das RSHA spielte eine führende Rolle bei der ‹Endlösung› des jüdischen Problems durch Ausrottung der Juden. Eine Sonderabteilung wurde unter Amt IV des RSHA zur Überwachung dieses Programms geschaffen. Unter ihrer Leitung wurden ungefähr 6 Millionen Juden ermordet, von denen 2 Millionen von Einsatzgruppen und anderen Einheiten der Sicherheitspolizei getötet wurden ..., diese Einsatzgruppen setzten ihre Tätigkeit fort, nachdem er Chef des RSHA geworden war.

Die Ermordung von ungefähr 4 Millionen Juden in Konzentrationslagern wurde bereits erwähnt. Auch dieser Teil des Programms unterstand der Aufsicht des RSHA, während Kaltenbrunner Chef dieser Organisation war ...»[211]

Wie reagierten andere Judenausrotter auf Anklage und Schuldvorwurf? Ihre Ausflüchte waren nicht weniger stereotyp: Wir haben das nicht gewußt, nicht geduldet, und was dennoch geschah, ist dem Mißbrauch und der Pervertierung der nationalsozialistischen Idee durch Hitler oder Himmler zuzuschreiben. Alfred Rosenberg, der Parteiideologe und spätere Minister für die besetzten Ostgebiete, besaß den makabren Schneid, am Schluß des Prozesses zu sagen: «Der Gedanke an eine physische Vernichtung von Slawen und Juden, also der eigentliche Völkermord, ist mir nie in den Sinn gekommen, geschweige denn, daß ich ihn irgendwie propagiert habe.»[212]

In Wahrheit hatte er ganze Kompendien mit pseudogelehrtem Geschwätz über Herrenrasse und Untermenschentum gefüllt, mit dem das Bewußtsein der Deutschen vergiftet worden war. Einen Tag bevor er die Zivilverwaltung der besetzten Ostgebiete in seine Hand nahm, war ihm von Hitler das Gesetz des Handelns unzweideutig mit auf den Weg gegeben worden: Nach außen hin werde man betonen, daß man das Gebiet habe besetzen, ordnen und sichern müssen. «Alle notwendigen Maßnahmen – Erschießen, Aussiedeln etc. – tun wir trotzdem und können wir trotzdem tun.»[213]

Rosenberg hat die von ihm dirigierte Besatzungsadministration rücksichtslos in den Dienst dieser Maxime gestellt. Das geschah auch und besonders mit Blick auf die Endlösung der Judenfrage. Namentlich die Vernichtung jüdischer Menschen in den Städten der baltischen Republiken, in der Ukraine sowie in Belorußland wurde mit seiner Zustimmung und seiner Beihilfe zuwege gebracht. Rosenberg war Prediger wie Praktiker des Judenhasses und der Judenausrottung. Sein Credo gipfelte in einem Satz, den er im November 1942 aussprach: «Die Judenfrage in Europa und Deutschland ist nur dann gelöst, wenn es keinen Juden mehr auf dem europäischen Kontinent gibt.»[214]

Zwar bestritt Rosenberg nicht, Antisemit zu sein, doch sein Antisemitismus sei – im Gegensatz zu dem Hitlers – «edelmütiger» Natur gewesen. Ihm sei es lediglich um die Ansiedlung der Juden «in einem nationalen Territorium» gegangen. Leider habe Hitler im Kriege zunehmend Personen zur Staatsführung herangezogen, «die nicht meine Kameraden, sondern meine Gegner waren. Zu deren unheilvollen Taten habe ich zu erklären: Dies war nicht die Durchführung des Nationalsozialismus …, sondern nur ein schmählicher Mißbrauch, eine auch von mir zutiefst verurteilte Entartung.»[215]

Im Urteil stellte das Gericht Rosenbergs Mitverantwortung für die Endlösung der Judenfrage eindeutig heraus: Er habe u. a. mitgeholfen an der Formulierung «der auf Ausrottung der Juden wie der Gegner der Naziherrschaft gerichteten Pläne … Seine Untergebenen (man denke nur an den berüchtigten Reichskommissar für die Ukraine Erich Koch! – d. A.) begingen Massenmorde an Juden, und seine Zivilverwaltung im Osten war der Ansicht, daß es notwendig sei, den Osten von Juden zu reinigen.»[216]

Und schließlich sei noch erwähnt, was Julius Streicher zu seiner Rechtfertigung zu sagen wußte, jener Mann, der sich selbst als «Judenfeind Nr. 1» apostrophiert hatte. Mit seinem Wochenblatt «Der Stürmer» (seit 1935 600 000 Auflage) hatte er durch Bild und Wort in abscheulichster Art zu Haß und Mord an jüdischen Menschen angestachelt, noch bevor die Endlösung in Sicht war. Nach Erlaß der Nürnberger Rassengesetze hatte er zur Ausrottung der Juden aufgefordert und erklärt: «Erst wenn das Weltjudentum vernichtet wird, wird dieses Problem gelöst sein.»[217]

Streichers antijüdische Pogromhetze war sowohl «eine Art Motor der Vertreibungspolitik»[218] als auch eine Schule, durch die atavistische Instinkte im Menschen wieder aufgetaut wurden.

Dieser Berufslügner hätte seinen Schatten überspringen müssen, um sein unzweifelhaftes Wissen über die Endlösung einzugestehen. Freilich wußte er dem Gericht nicht zu erklären, was des «Stürmers» Feststellung aus dem Jahr 1943 zu bedeuten hätte: «Die Juden in Europa sind verschwunden.»[219]

Vor Gericht versteifte sich Streicher darauf, nur ein «Zionist» gewesen zu sein, der die Judenfrage friedlich lösen und die Betroffenen nach Palästina zurückschicken wollte. Er hatte die Stirn, sich als «humanen» Antisemiten darzustellen, den auch nicht ein Jota Schuld treffe. Denn, so beteuerte er: «Erstens: Die Massentötungen sind ausschließlich und ohne Beeinflussung auf Befehl des Staatsführers Adolf Hitler erfolgt. Zweitens: Die Durchführung der Massentötungen ist ... durch den Reichsführer Heinrich Himmler vollzogen worden.»[220]

Die Richter hatten wenig Mühe, diesen notorischen Antisemiten und Menschenhasser zu überführen. Die Beweise für Streichers Beitrag zur Endlösung brauchten nicht den Dossiers des Mörderregimes entnommen zu werden, sie waren für jedermann nachprüfbar und nachlesbar. Das Urteil befand: «Streichers Aufreizung zum Mord und zur Ausrottung, die zu einem Zeitpunkt erging, als die Juden im Osten unter den fürchterlichsten Bedingungen umgebracht wurden, stellt eine klare Verfolgung aus politischen und rassischen Gründen in Verbindung mit solchen Kriegsverbrechen, wie sie im Statut festgelegt sind, und ein Verbrechen gegen die Menschlichkeit dar.»[221]

Wegen ihres Mitwirkens an der Endlösung wurden im Hauptkriegsverbrecherprozeß noch Hans Frank, Wilhelm Frick, Walter Funk, Baldur von Schirach und Arthur Seyß-Inquart zur Verantwortung gezogen und bestraft. Frank wurde überführt, als Generalgouverneur der besetzten polnischen Gebiete ein Programm mitausgeführt zu haben, das den Mord von mindestens drei Millionen Juden zur Folge hatte. Frick wies man nach, daß er als Reichsinnenminister jene Gesetze unterschrieben hatte, die den Weg zur Endlösung im Nazireich wie in einverleibten und besetzten Gebieten geebnet hatten; zudem, daß er als Reichsprotektor von Böhmen und Mähren für die Deportation jüdischer Menschen nach Auschwitz, namentlich aus dem Ghetto Theresienstadt, verantwortlich war. Funk indessen wurde sozusagen als der kapitalste Leichenfledderer abgestraft, den es bei der Endlösung gegeben hatte. In seiner

Eigenschaft als Präsident der Reichsbank hatte er aufgrund eines Abkommens mit Himmler das Gold, das aus den Gebissen und den Brillen der Opfer stammte, aber auch die ihnen gestohlenen Devisen entgegengenommen und aufbewahrt. Von Schirach hatte als Gauleiter von Wien Blutschuld auf sich geladen, indem er an der Deportation der dortigen Juden in die Ghettos des Ostens teilnahm. Auch Seyß-Inquart hatte als Reichsstatthalter der «Ostmark» mit dafür gesorgt, daß die österreichischen Juden nach dem Osten verfrachtet wurden. Zudem wies ihm das Gericht nach, daß er in den besetzten Niederlanden, wo er seit Mai 1940 als Reichsstatthalter gethront hatte, mehr als 100000 holländische Juden zur Endstation Auschwitz befördern ließ.

Der Unsichtbare
auf der Anklagebank

In Nürnberg wurden auch exponierte Vertreter der Einsatzgruppen bzw. der Einsatz- und Sonderkommandos zur Verantwortung gezogen. Im «Fall Vereinigte Staaten gegen den ehemaligen Chef der Einsatzgruppe D, Otto Ohlendorf, und andere» (sog. SS-Einsatzgruppen-Prozeß bzw. Fall IX) waren insgesamt 22 Kriegsverbrecher angeklagt, genauso viele wie im IMT-Prozeß. Diese Leute konnten sich beim besten Willen nicht damit herausreden, sie hätten um das grauenvolle Geschehen der Endlösung nicht gewußt. Als Einsatzgruppenführer, Kommandeure der Einsatzkommandos, Führer und Unterführer hatten sie persönlich an der Grube oder am Gaswagen gestanden, Mordbefehle nicht nur erteilt, sondern vor Ort vollstrecken lassen und nicht selten auch selbst Hand angelegt. In den periodischen «Ereignisberichten», die darüber dem RSHA in Berlin übermittelt wurden, waren sie nicht selten durch ihre Unterschrift verewigt oder aber dadurch, daß darin ihre Anwesenheit am Tatort bestätigt war.

Da sie weder den Massenmord und – in der Regel – auch ihre Mitwirkung daran nicht leugnen konnten, waren sie um so eifriger darum bemüht, das Geschehene zu rechtfertigen. Was lag da näher, als sich auf den Befehl des Mannes zu berufen, der den Völkermord durch seine dominierende Position und seine scheinbar grenzenlose Autorität gedeckt hatte, auf den Befehl Hitlers.

Der Naziführer war jene «unsichtbare Gestalt auf der Anklagebank», mit der sich die Richter im Einsatzgruppen-Prozeß intensiver als mit manchem Anwesenden auseinanderzusetzen hatten. «Sie betritt nie den Zeugenstand, sie spricht nie, aber sie steht über jedem Beweisstück, ihr Schatten fällt auf jedes Dokument»[222], hieß es später im Urteil.

Tatsächlich glaubten wohl die meisten der Angeklagten, mit der Verlagerung der Schuld auf einen einzigen Täter den eigenen Kopf und Kragen retten zu können. So leugnete Otto Ohlendorf, Leiter der Einsatzgruppe D und Chef des Amtes III im RSHA (Sicherheitsdienst Inland), zu keinem Zeitpunkt des Prozesses die Massaker seiner Mörderformation, denen allein 90 000 Menschen zum Opfer gefallen waren. Um so überzeugter aber berief er sich darauf, auf Weisung Hitlers gehandelt zu haben. Ohlendorf war von der Berechtigung des Endlösungsbefehls um so überzeugter, als er in seiner Verblendung annahm, der Überfall auf die Sowjetunion sei ein Akt der Verteidigung seitens des Nazistaates gewesen.

Auch der zeitweilige Chef der Einsatzgruppe B, SS-Brigadeführer Erich Naumann, verschanzte sich dahinter, daß Hitler ja die Order zum Massenmord erteilt hatte. Danach befragt, ob er im Vernichtungsbefehl nicht irgend etwas moralisch Unrechtes sah, erklärte der Angeklagte: «Ich habe den Befehl für richtig gehalten, weil er im Rahmen der Kriegführung und der Erreichung des Kriegszieles meiner Auffassung nach notwendig war.» Die Richter konnten und wollten es nicht glauben und hakten noch einmal nach: Ob er mit seiner Antwort sagen wolle, daß er «in dem Befehl nichts Unrechtes sah, obgleich er die Tötung wehrloser Menschen in sich schloß». Naumann: «Jawohl.»[223]

Mit welcher Bedingungslosigkeit sich diese Menschenschlächter dem Hitlerregime verschrieben hatten, brachte nicht zuletzt die Vernehmung des Chefs des sogenannten Vorkommandos Moskau, Professor Franz Six, zutage. Als sich der Staatswissenschaftler über das Niederbrennen der Synagogen in jener verhängnisvollen Novembernacht 1938 äußern sollte, sprach er vor dem Tribunal von «Schande und Skandal». Doch die Schande bestand für ihn nicht in der frevelhaften Zerstörung von unwiederbringlichen Zeugnissen

Franz Six

deutscher Kulturgeschichte: Für den herzlosen Kathedergelehrten
lag das Unerhörte der «Kristallnacht» darin, daß sie, nach seinem
Dafürhalten, ohne Befehl geschehen war. Hitlers Befehl zur Vernichtung der Juden stand für ihn auf einem ganz anderen Blatt.
Zwar räumte der im RSHA für «weltanschauliche Forschung und
Auswertung» verantwortliche Six ein, daß die Exekution von
Frauen und Kindern beklagenswert war, «aber das Töten männlicher Juden sei in Ordnung gewesen, da sie mögliche Waffenträger
waren»[224].

Freilich waren den angeklagten Führern der Einsatzgruppen und
-kommandos die Regeln der Kriegführung geläufig gewesen, dies
um so mehr, als auffallend viele von ihnen aus dem Juristenstande
kamen. Sie hatten sehr wohl darum gewußt, daß die Haager Landkriegsordnung es prinzipiell verbot, Angriffe auf die Zivilbevölkerung oder auch einzelne Zivilisten zu unternehmen. Doch jeden
Respekt vor diesen elementarsten Geboten der Menschlichkeit hatten sie zugunsten eines blinden, allein dem Kodex des SS-Ordens
verhafteten Gehorsams preisgegeben. «Die vierte Richtlinie und
Tugend, die für uns gilt», so hatte es Himmler seinen Horden wieder und wieder eingebleut, «ist die des Gehorsams, des Gehorsams,
der bedingungslos aus höchster Freiwilligkeit kommt, aus dem
Dienst an unserer Weltanschauung ..., des Gehorsams, der nicht

ein einziges Mal zaudert, sondern bedingungslos jeden Befehl befolgt, der vom Führer kommt oder rechtmäßig von den Vorgesetzten gegeben wird …»[225]

In diesem Sinne hatten die Verantwortlichen der Einsatzgruppen und -kommandos gedacht und gehandelt: Hitlers Vernichtungsbefehl, so hatte der Chef des Sonderkommandos 7a, Walter Blume, dem Gericht gegenüber erklärt, «das war meine Kriegsregel.»[226]

Blume, ein promovierter Jurist, hätte ebenso wie die übrigen Angeklagten wissen müssen, daß die Berufung auf den Ausrottungsbefehl des Naziführers aus mehreren Gründen aussichtslos sein mußte. Denn zum ersten konnten selbst primitive und ungebildete Gemüter nicht darüber in Zweifel geraten, daß der Hitlerbefehl in jeder Hinsicht verbrecherisch und unmenschlich war. Nicht nur Völkerrecht, selbst das im Nazistaat geltende Militärstrafrecht hätten da nur die Wahl gelassen, den Befehl einfach zu verweigern. Paragraph 47 des deutschen Militärstrafgesetzbuches zählte schließlich zum abc jedes Kombattanten. Und diese Bestimmung bedrohte nicht nur denjenigen mit Strafe, der einen kriminellen Befehl erteilte, sondern auch den Ausführenden, «wenn ihm bekannt war, daß der Befehl des Vorgesetzten eine Handlung betraf, welche ein bürgerliches oder militärisches Verbrechen oder Vergehen bezweckte»[227].

Diese Bestimmung aber hatte selbst das Hitlerregime formell nie zu ändern gewagt.

Nun müßte man internationales wie nationales Recht als starr schelten, ließe es die Umstände außer Betracht, unter denen ein krimineller Befehl ausgeführt wurde. Selbstverständlich fallen die Zwänge nicht einfach flach, denen sich einer im Falle der Befehlverweigerung ausgesetzt hätte. Wenn der Befehlsvollstrecker im Weigerungsfalle gravierende Folgen für die eigene Person, namentlich für Leib oder Leben, zu befürchten hatte, sich also im sogenannten Befehlsnotstand befand, so liegt darin in aller Regel schon ein Grund für die Milderung der Strafe. Aber gerade Befehlsnotstand konnten die angeklagten Anführer der Mordkolonnen nicht für sich in Anspruch nehmen. Für die meisten von ihnen stand Verweigerung außerhalb jedes Kalküls, weil sie sich mit Hitlers Befehl bedenkenlos identifizierten. Freilich machten einige geltend, daß sie innerlich über die Vernichtungsdirektive empört gewesen seien. Ob das nun stimmte oder nicht, auf das entsetzliche Schicksal der Opfer hatte es keinen Einfluß.

Erwiesen ist, daß Führer wie Mitglieder der Einsatzgruppen durchaus die Möglichkeit hatten, sich gegen die Mordbefehle ohne schwerwiegendes Risiko für die eigene Person zu sperren. Im Prozeß wurde publik, daß der zeitweilige Chef der Einsatzgruppe C, Dr. Thomas, seinen Leuten bedeutet hatte, daß diejenigen, die den Hitlerbefehl mit ihrem Gewissen nicht vereinbaren könnten, ins Reich zurückgeschickt oder mit anderen Aufgaben betraut würden. Gewiß war das außergewöhnlich. Aber es hat auch Fälle gegeben, in denen es Verantwortliche von Sonderkommandos von sich aus einfach darauf ankommen ließen. Als der Höhere SS- und Polizeiführer von Rußland-Süd, Jeckeln, dem Chef des Polizeibataillons 303, Hannibal, befahl, seine Truppe bei Judenerschießungen einzusetzen, biß er auf Granit. Zwar beschimpfte Jeckeln Hannibal ungeniert als «einen schlappen Hund, der ihm nicht mehr vor die Augen kommen solle»[228], doch die Folgen, die sich aus der Befehlsverweigerung für den Polizeimajor ergaben, widerlegen alle diejenigen, die bis heute von der Unmöglichkeit reden, sich den Morddirektiven des Hitlerregimes zu widersetzen. Hannibal wurde kurze Zeit nach seiner Kontroverse mit Jeckeln samt seiner Einheit an die Front versetzt. Trotz allem avancierte er bis zum Ende des Krieges bis zum Generalmajor der Schutzpolizei.

Der Fall Hannibal war keine Ausnahme. Beispielsweise bot auch der Chef der 3. Kompanie des Bataillons der Waffen-SS z. b. V., Grafhorst, dem Führerbefehl die Stirn. Seine Kompanie sollte an der Erschießung Tausender Juden in der Schlucht von Babi Jar bei Kiew mitwirken. Grafhorst, damals SS-Obersturmführer, weigerte sich, bei dem Massaker mitzutun. Auch hier folgten Konsequenzen auf dem Fuße, jedoch waren sie angesichts des Geforderten durchaus zumutbar. Grafhorsts Kompanie wurde aus dem Unterstellungsverhältnis zur Einsatzgruppe C herausgelöst und gleich Hannibal an die Front versetzt.

Hitler, der seinen Schatten auf alle Anklagebänke im damaligen Nürnberg warf, konnte auch im Einsatzgruppen-Prozeß nicht als Alibi dienen. Gewiß, ohne seinen Vernichtungsbefehl wären jene, die zu Mördern wurden, nicht in Versuchung geraten, möglicherweise nicht einmal auf die Idee gekommen, die Judenfrage auf

Oswald Pohl, Chef des WVHA der SS, vor dem US-Tribunal

diese Weise zu «lösen». Gewiß war Hitler derjenige unter den Naziführern, der sich am ungestümsten für die Variante der Ausrottung eingesetzt hatte. Er war schon, wie Goebbels am 27. März 1942 zutreffend ins Tagebuch schrieb, «der unentwegte Vorkämpfer und Wortführer einer radikalen Lösung ...»[229]

Auf ihn durften sich die Vollstrecker der Endlösung als höchste Gesetzgebungsinstanz des Regimes berufen, auf ihn glaubten sie sich auch mit Blick auf Straffreiheit verlassen zu können. Zweifellos war Hitler *die* Integrationsfigur auch für das Verbrechen des Genozids an den jüdischen Menschen Europas. In diesem Zusammenhang betonen marxistische Historiker fast durchweg, daß der Naziführer nur *einer* der subjektiven Faktoren im verbrecherischen Gesamtgeschehen war. Das ist zwar zutreffend, birgt aber die Gefahr in sich, Hitlers wirkliche Rolle gerade mit Blick auf die Endlösung zu reduzieren und anderen Faktoren gleichzustellen. Summiert man seinen spezifischen Anteil an der Verfolgung und Vernichtung der jüdischen Menschen, beginnend von der Konzipierung eines uniformen, antisemitisch geprägten Feindbildes bis hin zu der zuerst von ihm fixierten Absicht, einen Vernichtungskrieg zu führen, der sukzessive «Entvölkerung» voraussetzte, so muß man schließlich wohl doch zu dem Ergebnis kommen, daß seine Rolle im Ensemble der Naziführer von einzigartiger Suggestivkraft und motorischer Wirkung war. Ohne diesen Hitler als profiliertesten Kopf der nazistischen Verbrecherbande, der zudem über unumstrittene Autorität verfügte, hätte es sicherlich Verfolgung und Vertreibung jüdischer Menschen gegeben, jedoch mit hoher Wahrscheinlichkeit keine Endlösung dergestalt, wie sie tatsächlich geschehen ist. Eine solche Annahme stützt in keiner Weise die These, daß der Naziführer im juristischen Sinne etwa als Alleinschuldiger am Millionenmord zu betrachten sei, wofür die Verteidiger im Einsatzgruppen-Prozeß so vehement plädierten. Im Urteil, das am 10. April 1948 erging, konterten die amerikanischen Richter die Behauptung von Hitlers Alleinschuld sehr anschaulich: «Daß Hitler ein Mann von außergewöhnlichen Fähigkeiten war, kann nicht bezweifelt werden. Aber seine Fähigkeiten, Schaden zu stiften, wären gleich Null gewesen, wenn er nicht willige und enthusiastische Mitarbeiter wie die Angeklagten gehabt hätte, die seine wahnwitzigen Ausbrüche und hysterischen Verwünschungen gegen wehrlose Minoritäten akzeptierten, als ob seine Ansprüche die Auslassungen eines Halbgottes wären.»[230]

Über 13 Angeklagte verhängte der Militärgerichtshof II der Vereinigten Staaten die Todesstrafe, darunter über Ohlendorf, Naumann, Blobel und Blume. Vollstreckt wurde sie lediglich an Ohlendorf, Naumann, Blobel sowie an Braune, dem Chef des Einsatzkommandos 11b. Die übrigen Todesurteile wandelte der amerikanische Hohe Kommissar John J. McCloy am 31. Januar 1951 im Gnadenwege in lebenslange, teilweise sogar in zeitlich begrenzte Freiheitsstrafen um. Auch die ursprünglich ausgesprochenen Freiheitsstrafen wurden drastisch reduziert, im Falle des Franz Six beispielsweise von 20 auf 10 Jahre. Bis auf die vier Hingerichteten wurden die im Einsatzgruppen-Prozeß Verurteilten allesamt Nutznießer des vom kalten Kriege geprägten politischen Klimas. Bis Mitte der fünfziger Jahre waren alle Verurteilten wieder in Freiheit.

Schuld und Sühne

Betrachtet man die faschistischen Verbrechen in ihrer Totalität, ergibt sich ein Phänomen. An diesen Massenverbrechen waren ja, wie wir gesehen haben, nicht nur die Naziführer und andere Exponenten des Hitlerregimes beteiligt, sondern Hunderttausende, die aus unterschiedlichsten sozialen Kreisen stammten. Es gab Täter, die aus geraumer Entfernung, vom Schreibtisch aus töteten und mit keinem Tropfen Blut in Berührung kamen. Es gab andere, die tagtäglich Hand an die Opfer legten. Es gab ein ganzes Volk, das sich Tag und Nacht für den «Endsieg» abrackerte, den Führern des Banditentums «Heil» entgegenbrüllte und nahezu bis zuletzt gute Miene zum bösen Spiel machte. Und es gab schließlich die wenigen, die sich bei Einsatz ihres Lebens diesem Regime entgegenwarfen.

Wer nun war schuld an jener Explosion der Unmenschlichkeit, die zwölf lange Jahre andauerte? Nur die Clique um Hitler, die den ganzen Staat zum Werkzeug ihrer Angriffs- und Ausrottungspläne gemacht hatte? Oder auch und besonders jene, die sie ausführten und ohne die die Pläne für den Völkermord und Zerstörung nutzloses Papier geblieben wären? Oder das ganze Volk, von Ausnahmen abgesehen? Fragen über Fragen, die die Gemüter bis heute erregen, besonders dann, wenn die Auffassungen verschiedener Generationen über die faschistische Ära aufeinanderprallen.

Im Kontext mit den Hitlerverbrechen ist häufig von der historischen Schuld des deutschen Monopolkapitals die Rede, von der strafrechtlichen Schuld bestimmter Naziverbrecher, aber auch von der moralischen Schuld der Deutschen. Diese Begriffe sind nicht identisch, aber auch nicht losgelöst voneinander zu sehen, wie noch zu erläutern ist. Schuld im engeren, strafrechtlichen Sinne läßt sich allein aus der Freiheit des Menschen herleiten, sein soziales Handeln selbst zu bestimmen.

Aus der Fähigkeit des Individuums zur Selbstbestimmung folgt die Verantwortung für seine Handlungen, seine Taten. «Das Prinzip der Verantwortung besagt, daß dem Menschen die von ihm geübten Verhaltensweisen als eigene Leistung zugerechnet werden dürfen und müssen.»[1] Es setzt zugleich voraus, daß der Handelnde die Möglichkeit hat, sich so oder so, d. h., sich alternativ zu entscheiden. «Die Entscheidung des einzelnen zu einer Straftat wird zur Schuld, wenn sie in verantwortungsloser Weise erfolgte.»[2] Fraglos hat der Faschismus die Entscheidung von Menschen zum Verbrechen befördert, begünstigt und ideologisch auf unerhörte Weise stimuliert. Dennoch gab es, wie bewiesen, auch hier die Möglichkeit, verantwortungsbewußt, im Einklang mit den sozialen Anforderungen an menschliches Verhalten zu handeln. *Daß* so viele zu Mördern wurden, war zweifellos durch die gesellschaftliche Realität des Faschismus determiniert, jedoch nicht im Sinne linearer Kausalität. *Ob* einer zum Mörder wurde, hing immer auch von seinen Zielen, seinen Motiven und seiner Bereitschaft ab, äußere Einflüsse, welcher Art auch immer, auf humane Weise zu verarbeiten. Schließlich stimmt die Engelssche Erkenntnis noch immer, wonach alles, was die Menschen in Bewegung setzt, durch ihren Kopf hindurch muß. Daran haben auch Faschismus und Untermenschenideologie nicht rütteln können. Völlig zu Recht befindet Schliwa: «Sowohl das faschistische System als auch seine Subjekte sind zu verurteilen. Das eine erübrigt nicht das andere, das Individuum kann sich nicht mit Berufung auf die Verhältnisse herausreden.»[3]

Keine Kollektivschuld

Bürgerliche Historiker wie auch Juristen haben häufig Sinn und Zweck bezweifelt, Naziverbrecher zur Verantwortung zu ziehen, ihre Schuld zu individualisieren und sie demgemäß zu bestrafen. Die begangenen Verbrechen seien Teil der Geschichte und Geschichte könne man nicht justifizieren. Zudem machten es Dimension und Verwobenheit dieser Verbrechen unmöglich, die Schuld des einzelnen überhaupt festzustellen. Schuldig hätten sich mehr oder weniger alle Deutschen gemacht und dabei solle man es doch bewenden lassen.

Solche Betrachtungsweise ist nicht nur aus rechtlicher Sicht unhaltbar, sondern auch politisch-moralisch gefährlich. Sie negiert nicht nur, daß Schuld immer nur auf eine bestimmte Person oder – im Falle kollektiv verübter Verbrechen – auf bestimmte Täter bezogen sein kann. Indem man die Verantwortlichkeit der Naziverbrecher in der Anonymität der Masse auflöst, diffamiert man zugleich die ganze Nation, verwischt man die Trennlinie zwischen den Exponenten und Vollstreckern des Verbrecherregimes und dessen Mitläufern, zwischen Kriminellen und Nichtkriminellen, zwischen Mördern und denen, die moralisch versagt haben. Eine Kollektivschuld des Volkes ist weder im philosophischen noch im juristischen Sinne denkbar, es gab sie und gibt sie weder nach Völkerrecht noch nach sonstigem Recht.

Davon gingen auch die Ankläger und Richter von Anbeginn an aus. Im Prozeß gegen die Hauptkriegsverbrecher räumten sie ein, daß die Exponenten des Hitlerregimes die Hauptverantwortung für das Versagen jener Generation Deutscher trifft. Die Angeklagten, so US-Ankläger Jackson in seiner Eröffnungsrede, «nahmen dem deutschen Volk all jene Würde und Freiheiten, die wir als natürliche und unveräußerliche Rechte jedes Menschen erachten. Statt dessen weckten sie im Volke hitzige und billig zu stillende Haßgefühle gegen jene, die als ‹Sündenböcke› gekennzeichnet wurden.»[4]

Mit Blick darauf, daß im IMT-Prozeß auch faschistische Organisationen angeklagt waren, die für verbrecherisch erklärt und als solche verurteilt werden sollten, hegten mehrere Verteidiger die Befürchtung, daß dabei das Prinzip individueller Verantwortlichkeit zugunsten von Kollektivschuld preisgegeben werde. Als Folge prophezeiten sie unzählige Prozesse, in denen Millionen Deutscher vor Gericht gestellt würden. Dem trat Sowjetankläger Rudenko eindeutig entgegen. Er betonte, daß «die Verantwortlichkeit für die Teilnahme an verbrecherischen Organisationen nur dann festgestellt (wird), wenn die persönliche Schuld erwiesen ist»[5]. Die Verbrechen der Hitler-Banditen charakterisierte der General als grenzenlos. Und Rudenko bemerkte, daß man durch Rachegefühle nicht geblendet sei. «Wir haben nicht die Absicht, das ganze deutsche Volk durch Vergeltung zu treffen»[6], betonte der sowjetische Ankläger. Und auch das Gericht bekannte sich im Zusammenhang mit der Verurteilung von Gestapo, SD und SS zu verbrecherischen

Organisationen zur Individualisierung der Schuld. Einer der «wichtigsten Rechtsgrundsätze», so der Urteilsspruch, «besteht darin, daß strafrechtliche Schuld eine persönliche ist und daß Massenbestrafungen vermieden werden sollen.»[7]

Auch in den Nürnberger Nachfolgeprozessen oder in Verfahren vor Gerichten anderer Staaten der Antihitlerkoalition wurden in der Regel Deutsche zur Verantwortung gezogen, denen konkrete verbrecherische Handlungen und nicht allein Funktion oder Mitgliedschaft in einer als verbrecherisch erklärten Organisation nachgewiesen wurden. Hinzu kommt, daß überwiegend exponierte Kriegsverbrecher abgeurteilt wurden. Berücksichtigt man, daß erhebliche Teile der Wehrmacht bis hin zum einfachen Soldaten (man denke beispielsweise an die Anwendung des Kommissarbefehls und die «Taktik der verbrannten Erde») in systematische Kriegsverbrechen verstrickt waren, so ergibt sich, daß der Kreis der verfolgten Personen weit enger gezogen wurde als der mit krimineller Schuld belastete.

Tauziehen um den Prozeß

Allerdings bevor der Nürnberger Prozeß und die Anwendung des Schuldprinzips auch gegenüber den deutschen Hauptkriegsverbrechern Wirklichkeit wurde, gab es ein Tauziehen, das ohne Ende schien. Zwar war man schon frühzeitig eins, daß die Verbrechen des Hitlerregimes vergolten und gesühnt werden müßten. Spätestens seit der Moskauer Erklärung über deutsche Greueltaten vom Oktober 1943 stimmten die großen Drei (Roosevelt, Churchill und Stalin) darin überein, die Verantwortlichen für diese Verbrechen an den Begehungsort zurückzubringen, «damit sie nach den Gesetzen dieser befreiten Länder ... vor Gericht gestellt und bestraft werden können.» Doch von dieser Verfahrensweise waren ausdrücklich die Fälle der Hauptverbrecher ausgenommen, «deren Rechtsverletzungen keine bestimmte geographische Begrenzung haben»[8]. Ihre Bestrafung blieb einem gemeinsamen Beschluß der alliierten Regierungen vorbehalten.

Von Anbeginn an zielte das sowjetische Konzept dahin, auch die Hauptkriegsverbrecher vor ein Kriminalgericht zu stellen, das nach allgemein anerkannten Rechtsmaßstäben verhandelt. Die sozialistische Macht innerhalb der Antihitlerkoalition war wie keine andere daran interessiert, die Ursachen und Hintergründe der Naziverbrechen, namentlich der Angriffskriege, vor den Augen der ganzen Welt bloßzulegen und aufzuhellen. Exekution oder Freiheitsentzug ohne angemessenes Gerichtsverfahren hätte zudem den Vorwurf provozieren können, sich gleicher Methoden wie die Hitlerclique zu bedienen. Schließlich ist die gerichtliche Prüfung und Feststellung der Schuld eines Menschen, der mit Strafe belegt werden soll, ein unverzichtbares Element der Zivilisation und der Achtung der Menschenwürde.

Im anglo-amerikanischen Regierungslager gab es indessen ernst zu nehmende Kräfte, die aus vielerlei Gründen einen Gerichtsprozeß gegen die hauptverantwortlichen Naziverbrecher lieber ausgespart hätten. Selbst auf diplomatischer Bühne verhehlten sie nicht ihre Abneigung gegen ein Verfahren, welches den Beschuldigten das Recht auf Verteidigung einräumte. USA-Außenminister Cordell Hull meinte auf besagter Konferenz in Moskau: «Wenn es nach mir ginge, würde ich mit Hitler und Mussolini und Tojo und ihren Erzkomplicen kurzen Prozeß machen. Und bei Sonnenaufgang des nächsten Tages gäbe es einen historischen Zwischenfall.»[9]

Rabiater noch fiel ein knappes Jahr später jener Plan aus, der unter Federführung von Finanzminister Henry Morgenthau jr. ausgeheckt worden war. Morgenthau, der Deutschland künftig als rückständigen Agrarstaat sehen wollte, plädierte nicht nur dafür, zu Hauptkriegsverbrechern erklärte Personen nach Gefangennahme und Identifizierung sofort zu erschießen. Er empfahl zudem Massendeportationen von faschistischen Beamten und Parteifunktionären bzw. ihre Verfrachtung in ferne Gegenden. Der Finanzminister fand damit keineswegs nur Zustimmung, er stieß zugleich auch auf erbitterte Gegner. Während Präsident Roosevelt sich dem Morgenthau-Projekt insoweit zuneigte, als es die summarische Exekution der Hauptkriegsverbrecher vorsah, lief Kriegsminister Henry L. Stimson dagegen Sturm. Der Pentagonchef fürchtete nicht nur, daß das Bekanntwerden des Planes weitere Verbrechen an US-amerikanischen Kriegsgefangenen auslösen könnte. Er war auch im Prinzip dagegen. In einem Memorandum ließ er Morgenthaus Plan als ein Verbrechen gegen die Zivilisation brandmarken. Als schließlich Einzelheiten darüber in die Schlagzeilen der Presse gerieten, war es um das Ansehen und die Karriere des Mr. Morgenthau jr. geschehen. Kurz nach Roosevelts Tod nahm er seinen Hut.

Dafür machte schon bald ein anderer im guten Sinne von sich reden: Robert H. Jackson. Der Mann galt zu Recht als der fähigste Richter am Supreme Court, dem Obersten Gerichtshof der Vereinigten Staaten. Mit Vehemenz trat Jackson für einen ordentlichen Gerichtsprozeß gegen die Hauptkriegsverbrecher ein. Und dies keineswegs allein aus Gründen der Prozedur oder gar nur der Optik. Jackson wollte mit dem Prozeß endlich auch der Kriminalisierung des Angriffskrieges Nachdruck verschaffen, die strafrechtliche Verantwortlichkeit für das Anzetteln und Führen verbrecherischer Kriege ein für allemal festschreiben. Als er einen Tag nach Roosevelts Tod dazu öffentlich Position bezog, erregte er beträchtliches Aufsehen. Jacksons Rede war unüberhörbar auch an den britischen Partner gerichtet, der sich einen Prozeß gerade mit Blick auf die Bestrafung der faschistischen Aggressoren noch immer zu sperren suchte.

Sowohl der britische Außenminister Anthony Eden als auch Premierminister Churchill waren zu jener Zeit noch immer nicht bereit, mit der Hitlerclique gerichtlich abzurechnen. Allzu gern hätten die Briten die sowjetische Seite dazu bewegt, ihrem Konzept der summarischen Hinrichtung der Naziführer beizupflichten. Doch als der britische Geschäftsträger in Moskau im November 1942 deshalb bei Außenminister Molotow vorfühlte, ließ man ihn abblitzen. Knapp zwei Jahre später versuchte es dann Churchill selbst noch einmal während einer Unterredung mit Stalin. Der englische Regierungschef bemühte sich, völkerrechtliche Schwierigkeiten in bezug auf ein Gerichtsverfahren vorzuschützen. Zudem vertrat er die Auffassung, daß über Schlachtfelder Gras wachse, jedoch nie über Galgen. Ausgerechnet Stalin bedeutete dem britischen Premier, es dürfe «keine Hinrichtungen ohne Gerichtsverfahren geben; sonst würde die Welt sagen, wir fürchteten uns, die Verbrecher vor Gericht zu stellen»[10].

Während der Konferenz von Jalta, im Februar 1945, forderte Churchill im Zusammenhang mit dem Aufstellen einer Liste der Hauptkriegsverbrecher erneut: Wer auf der Liste steht, müsse erschossen werden, sobald er identifiziert ist. Doch am Ende setzte sich die sowjetische Position durch. Im Kommunique ließ man schließlich verlautbaren: «Wir sind entschlossen …, alle Kriegsverbrecher vor Gericht zu bringen und einer schnellen Bestrafung zuzuführen …»[11] Gleichwohl klopften die Briten Ende April erneut in Washington mit ihrer Version an. In einem Aide-mémoire suchten sie noch einmal davon zu überzeugen, daß einer Hinrichtung ohne Prozeß der Vorzug zu geben sei. Noch immer schreckte man in London davor zurück, den Angriffskrieg als internationales Verbrechen zu brandmarken. Es sei, so das diplomatische Schriftstück, nicht klar, ob Angriffshandlungen «korrekterweise als Verbrechen gegen das Völkerrecht gekennzeichnet werden können»[12]. Doch inzwischen stießen die Briten mit solchen Einwänden auch im Weißen Haus auf taube Ohren. Drei Tage nach der englischen Demarche stellte Amerikas neuer Präsident Harry S. Truman die Weichen, indem er Robert H. Jackson darum bat, die USA bei der Kodifizierung der Rechtsgrundsätze zu vertreten, die für die Aburteilung der deutschen Hauptkriegsverbrecher maßgebend sein sollten. Jackson sagte nach kurzer Bedenkzeit zu, und schon am 2. Mai wurde er zum Hauptankläger der USA berufen. Einen Tag später befaßte sich das britische Kabinett mit der Behandlung der Hauptkriegsverbrecher. Inzwischen sah man auch in London ein, daß es sinnlos war, gegen die Position der Sowjetunion und nunmehr auch die der USA weiterhin anzurennen. Alle Beteiligten strebten nun nach der Einigung. Am 26. Juni trafen die Bevollmächtigten der UdSSR, der USA, Großbritanniens und der inzwischen gebildeten Provisorischen Regierung der Französischen Republik in London zusammen, um das juristische Fundament für den gemeinsamen Prozeß zu gründen. Aber auch am Verhandlungstisch ging das Tauziehen weiter. Verständlicherweise hatten die sowjetischen Vertreter Probleme mit dem angelsächsischen Recht entlehnten Begriff des «gemeinsamen Planes» bzw. der «Verschwörung». Umstritten war auch der Ort, an dem das Gericht tagen sollte. Am 2. August einigte man sich dann aber auf der Potsdamer Konferenz wie auch in der Londoner Verhandlungsrunde auf Nürnberg, wo einst die pompösen Reichsparteitage stattgefunden hatten.

Am 8. August war das «Londoner Viermächte-Abkommen über die Verfolgung und Bestrafung der Hauptkriegsverbrecher der Europäischen Achse» schließlich unterschriftsreif. Ihm war zugleich das Statut für den Gerichtshof beigefügt, in dem die Grundsätze des Verfahrens und die anzuwendenden Straftatbestände fixiert waren.

Unterschiedliche Vorstellungen gab es allerdings auch nach London noch über Stellenwert und Zahl der anzuklagenden Personen. Den Amerikanern schwebte vor, etwa 100 Mitverschwörer anzuklagen. Bezeichnenderweise fand sich auf ihrer Liste der Hauptkriegsverbrecher nicht ein einziger führender Konzernvertreter. Der sowjetische wie auch der französische Vertreter hingegen bestanden darauf, einen führenden Mann der Firma Krupp vor Gericht zu stellen, was schließlich an dem schon erwähnten Lapsus der Amerikaner scheiterte. Am Ende schwenkte man auf den britischen Vorschlag ein, einen rationellen Prozeß zu führen, der auf die wirklich Hauptverantwortlichen begrenzt bleibt. Schließlich einigte man sich auf 24 Personen, von denen Gustav Krupp durch Krankheit und Robert Ley durch Selbstmord ausfielen. Bormann, den man für flüchtig hielt, wurde in Abwesenheit angeklagt.

Im nachhinein ist viel darüber gerechtet worden, wer alles noch auf der Anklagebank von Nürnberg hätte präsent sein müssen. Ein Mann wie Walther von Brauchitsch beispielsweise, der bis Dezember 1941 als Oberbefehlshaber des Heeres einen barbarischen Ausrottungskrieg auf sowjetischem Boden geführt hatte, hätte allemal nach Nürnberg gehört. Doch die britischen Besatzer, die ihn festnahmen, internierten ihn in England. Aber auch Generalstabschef Franz Halder, der ungeschoren blieb, oder Jodls Stellvertreter Walter Warlimont, der erst im OKW-Prozeß abgeurteilt und 1957 begnadigt wurde, hätten durchaus vor die Schranken des IMT gehört. «Man könnte mit einigem Zynismus sagen», so hat US-Ankläger Robert M. W. Kempner im Rückblick bemerkt, «daß Hitler die Auswahl selbst getroffen hat.»[13]

Aber damit hat der ehrenwerte alte Mann wohl sein eignes Licht und das seiner Anklägerkollegen von damals unter den Scheffel gestellt.

Fahndung und Haft

Bereits die Fahndung nach den späteren Angeklagten und die Untersuchungshaft warfen bezeichnende Schlaglichter auf das wirkliche Profil der politischen und militärischen Führer des untergegangenen Nazireichs.

Als Hitlers Tod bekanntgeworden war, hatte die SS den Hausarrest über Göring aufgehoben. Freiwillig begab sich der Reichsmarschall am 7. Mai 1945 zu den Amerikanern. Noch schien er sicher zu sein, freies Geleit zu bekommen und alsbald mit General Eisenhower, dem Oberkommandierenden der US-Streitkräfte in Europa, verhandeln zu können. Sein jovial gefärbtes Selbstbewußtsein und seine an Lächerlichkeit grenzende Eitelkeit hatten den dickleibigen, tablettensüchtigen Mann auch in der Stunde der Götterdämmerung nicht verlassen. «Fragen Sie General Stack», bedeutete Göring dem Dolmetscher eines US-Militärs, «ob ich meine Pistole oder meinen Ehrendolch tragen soll, wenn ich mit Eisenhower zusammentreffe.»[14]

Für die Amerikaner gab es zu jenem Zeitpunkt selbstverständlich nichts mehr zu verhandeln, und schon bald sah sich Göring als Gefangener. Was ihn jetzt groteskerweise noch immer am stärksten wurmte, war die Einsetzung von Dönitz als Hitlers Nachfolger. Den entsprechenden Funkspruch schrieb er Bormann zu, der hinter dem Rücken des Führers gehandelt habe. Im Verhörzentrum der 7. US-Armee in Wiesbaden schnitten die amerikanischen Fahnder über versteckte Mikrophone übrigens auch die Privatgespräche von Göring mit. Und so wurden sie Zeuge, wie sich Göring gegenüber dem mitgefangenen Reichskanzleichef Lammers empörte: «Gibt es etwas Fantastischeres als diesen Schwindel von Bormann? ... Ich muß schon sagen, diese verdammten Gauner haben ein Ding gedreht, das ist einmalig ... Wir haben hier den Fall eines ‹Staatsoberhauptes›, das in Wirklichkeit gar kein Staatsoberhaupt ist, weil es keine Beweise dafür gibt. Auf der anderen Seite bin ich der einzige, der als legales Staatsoberhaupt möglicherweise jetzt von der amerikanischen Regierung anerkannt werden und der verhandeln könnte.»[15]

Im Hinterkopf muß Göring allerdings auch ein anderes Schicksal einkalkuliert haben. Denn als er sich in die Hände der Amerikaner begab, befanden sich gleich drei Cyankalikapseln in seinem Besitz, von denen jedoch eine alsbald entdeckt wurde.

Am 20. Mai flogen die Amerikaner Göring in das Luxemburgische Mondorf, wo im dortigen Grand-Hotel noch weitere im westlichen Gewahrsam befindliche Spitzenverbrecher des Dritten Reiches gesammelt und interniert wurden. Als der 240 Pfund schwere Häftling in Mondorf eintraf, verfügte er noch über eine Ordonnanz und 16 Koffer Gepäck. Doch diese Privilegien fanden in Luxemburg ein baldiges Ende. Der Kommandant des abgeschirmten Hotels, Burton C. Andrus, erwies sich als ebenso resoluter wie gründlicher Bewacher. Er ließ den Häftling nicht nur genauestens durchsuchen, was zwei weitere, im Rockfutter eingenähte Zyankalikapseln zutage förderte, sondern er konfiszierte zu Görings großem Verdruß auch dessen Restvermögen, zu dem diverse Wertsachen, Orden sowie 81268 Reichsmark gehörten. Vergeblich suchte der prominenteste der gefangenen Naziführer Andrus zu beeindrukken.

Göring: «Vergessen Sie nicht, daß Sie es mit historischen Persönlichkeiten zu tun haben! ... Sie aber sind ein Niemand.»[16]

In Mondorf begannen die ersten systematischen Verhöre. Es dauerte nicht mehr allzu lange, bis Göring endgültig begreifen mußte, daß er nicht Verhandlungspartner westlicher Siegermächte, sondern bald die Nr. 1 auf der Anklagebank sein würde. Was Hitler betraf, so hatte er während der Untersuchungshaft zwar kritische Worte über die Kriegstaktik seines Führers gefunden, sie jedoch im gleichen Atemzuge dadurch relativiert, daß Hitler in der Endphase nicht ganz richtig im Kopf gewesen sei und an der Parkinsonschen Krankheit gelitten habe. Göring unterschied sich von den meisten späteren Angeklagten dadurch, daß er sein Heil nicht im Abwälzen der Schuld auf Hitler suchte. Im Gegenteil. Schon in Mondorf gab er in einem unbemerkten Augenblick für die Mitgefangenen die Devise aus: «Nicht ein Wort gegen Hitler!» Auch die übrigen, später als Hauptkriegsverbrecher Angeklagten schwankten schon vor und erst recht während ihrer Haft zwischen Arroganz und Feigheit, Lüge und Selbstbetrug.

Ribbentrop beispielsweise begab sich rechtzeitig nach Flensburg, wo Dönitz dabei war, eine neue «Reichsregierung» zu etablieren. Zu seiner Enttäuschung ging er leer aus, wanderte schließlich nach

Hamburg ab, um hier alte Verbindungen wieder anzuknüpfen. Immerhin war es Hitlers Außenminister möglich, sich in der Hansestadt noch bis zum 13. Juni in aller Öffentlichkeit zu präsentieren. Erst in den Morgenstunden des folgenden Tages überraschten ihn seine Fahnder im Bett.

Hans Frank, einst Generalgouverneur in Polen, war indessen bereits am 6. Mai in die Fänge amerikanischer Infanterie geraten, allerdings ohne daß diese ihn identifizierte. Der einstige Anwalt des Führers erregte erst die Aufmerksamkeit seiner Bewacher, als er die Pulsader seines linken Armes öffnete. Ein Militärarzt rettete ihn, und Frank übergab anschließend sämtliche Bände seines akribisch geführten Tagebuches, in dem kaum eines der von ihm inspirierten Verbrechen ausgespart war. Über sein Schicksal hatte er kaum noch Illusionen. Er trat zum römisch-katholischen Glauben über, erging sich in endlosen Meditationen und bereitete sich auf das Ende vor.

Julius Streicher hingegen war rechtzeitig in der Gegend von Berchtesgaden untergetaucht. Unter dem Namen Seiler betätigte sich der Meister aller Judenhetzer plötzlich als «Kunstmaler». Durch Zufall stöberte ihn ein Suchkommando der 101. US-Luftlandedivision auf. Die Ironie des Augenblicks mag darin bestanden haben, daß US-Major Henry Blitt Streicher in jiddisch fragte: «Bist Du von der Nazi-Party?[17] Im Moment fiel Streicher nichts Klügeres ein, als sich schwerhörig zu stellen: Doch seine Visage war zu häufig durch die Gazetten gegeistert, als daß sich längeres Versteckspiel gelohnt hätte. Brav sagte Streicher schließlich seinen Namen auf. Sein abgrundtiefer Judenhaß war aber auch in der Haft nicht von ihm abgefallen. Und so verlangte er, daß ein Antisemit ihn verteidigen möge.

Baldur von Schirach, der einstige Reichsjugendführer und spätere Gauleiter, Reichsstatthalter und Reichsverteidigungskommissar von Wien, stand nicht im Visier der Siegermächte. Über ihn war die Meldung verbreitet worden, daß er in Wien von einer wütenden Menge erschlagen worden sei. In Wirklichkeit war Schirach in den Wirren der letzten Kriegstage gemeinsam mit Fritz Wieshofer, seinem Adjutanten, in Schwaz bei Innsbruck hängengeblieben. Im Haus eines Drechslermeisters untergeschlüpft, amüsierten sich die beiden, als sie die Nachricht vom Tod des Wiener Gauleiters aus einem Volksempfänger erfuhren. Nun kam es also darauf an, Schirachs Existenz auch urkundlich zu verschleiern. Wieshofer meldete sie beide bei der Schwazer Volksbuchhandlung als Mitglied an, sich unter seinem relativ häufigen Namen, seinen Chef hingegen als den bekannten Kriminalschriftsteller Dr. Richard Falk. Damit besaßen beide eine «Legitimation», die mit dem dortigen Stadtwappen versehen war und gegenüber den ahnungslosen Amerikanern erst einmal hinreichte.

Erst am 4. Juni besann sich Schirach anders. An jenem Tage hatte er eine Rundfunkmeldung empfangen, wonach auch die HJ (Hitlerjugend) als verbrecherische Organisation angeklagt werden sollte. «Jetzt melde ich mich», bedeutete Schirach seinem verblüfften Adjutanten. Doch der war bereit, seinem Chef in die Gefangenschaft zu folgen. So konzipierten sie ihre Kapitulation, wie Schirach-Biograph Jochen von Lang hintergründig schreibt, «als bühnenreifen Auftritt». Schirach verfaßte ein Schreiben an den Oberkommandanten von Schwaz, in dem er mitteilte: «Ich, Baldur Benedikt von Schirach, stelle mich freiwillig der Besatzungsmacht, um mich vor einem internationalen Gerichtshof verantworten zu können.»[18]

Als er am Abend desselben Tages dann persönlich auf der Ortskommandantur erschien und sich vorstellte, schüttelten die Amerikaner ungläubig den Kopf. Doch der Mann bestand darauf: «I am Schirach!»

Schirach hatte mit einem Todesurteil gegen sich gerechnet, noch bevor er sich den Amerikanern stellte. Wohl deshalb war er anfangs bereit, die Verantwortung für die HJ bis zum Zusammenbruch zu übernehmen, obgleich seit 1940 Arthur Axmann als Reichsjugendführer agiert hatte. Als er dann in Nürnberg eintraf (ohne Umweg über Mondorf), schlug er Göring vor, den bevorstehenden «Schauprozeß» geschlossen abzulehnen und die Anwälte zum Niederlegen der Verteidigung zu bewegen. «Man wird uns zwar trotzdem zum Tod verurteilen, aber vor der Welt hat der Spruch so gut wie keinen juristischen Wert.» Resigniert winkte Göring ab: «Das kriegen Sie mit diesen Angeklagten nicht hin!»[19]

Wesentlich früher als Schirach war Franz von Papen in Gefangenschaft gekommen. Der Diplomat vom Scheitel bis zur Sohle hatte sich samt seiner Familie in einer Jagdhütte in Westfalen

Robert Ley

verkrochen, als er am 9. April von amerikanischer Infanterie festgenommen wurde. Ganz im Gegensatz zu Schirach litt er nicht unter Schuldkomplexen. Als er Ende April nach Reims, dem Haupt-
quartier Eisenhowers, gebracht wurde, will er, wie er rückblickend
schrieb, noch «völlig im dunkeln über die Gründe meiner Verhaftung»[20] gewesen sein. Spätestens im Luxemburgischen Mondorf,
wo er auf die verbliebene Creme des Nazireiches stieß, gingen ihm
dann aber die Augen auf. Schon hier riskierte er, wie später so oft
vor Gericht, die Flucht nach vorn. In einem Appell an General Eisenhower «wehrte» er sich «gegen die These von der Kollektivschuld»[21], ohne allerdings seine Freilassung zu beantragen. Es
nützte ihm fürs erste wenig, der Prozeß blieb ihm nicht erspart.
Gleichwohl sah er dem Tribunal mit Zuversicht entgegen, was offenbar noch weit mehr bei Rudolf Heß der Fall gewesen zu sein
schien. Obgleich Hitlers Stellvertreter auf Parteiebene schon gute
vier Jahre Haft in England hinter sich hatte, tröstete er Göring
zu Beginn des Prozesses: «Sie werden sehen, dieser Alptraum ist
bald vorbei, und in einem Monat sind Sie der Führer Deutschlands.»[22]

Ohne jegliche Zuversicht hingegen geriet der ehemalige Reichs-
organisationsleiter der Nazipartei und Chef der «Deutschen Arbeitsfront», Dr. Robert Ley, in Gefangenschaft. Ley hielt sich in

einer Almhütte der Bayrischen Alpen versteckt, als ihn am 16. Mai
US-Soldaten einer Luftlandedivision aufspürten. Der Mann, der
einst zum radikalsten Flügel der Naziführer gezählt hatte, war inzwischen das völlige Gegenteil. Im Angesicht der Amerikaner ver-
wandelte sich der stotternde Alkoholiker, der zwölf Jahre lang Ab-
stinenz gepredigt hatte, in ein kompaktes Angstbündel. Ausgerüstet mit grünem Tirolerhut, Bergschuhen und Lodenmantel, hoffte
er seine Identität unter dem Namen Dr. Ernst Diestelmeyer verschleiern zu können. Doch der Zufall wollte es, daß ausgerechnet
Xaver Schwarz, der frühere Schatzmeister der Nazipartei, ihn überführte. Spontan verlangte Ley «einen anständigen jüdischen
Rechtsanwalt»[23].

   Als er in seiner Nürnberger Gefängniszelle schließlich die Anklage in den Händen hielt, war es mit seiner Zivilcourage vollends
vorbei. Ley war nach Punkt 1 der Anklage – «Gemeinsamer Plan
oder Verschwörung» – sowie nach Punkt 4 – «Verbrechen gegen
die Humanität» – angeklagt, «begangen durch Mißbrauch von
Menschen zur Arbeit bei der Führung von Angriffskriegen»[24]. Als

Gilbert, der Gerichtspsychologe, Ley am 23. Oktober in seinem
Verließ aufsuchte, stotterte der Angeklagte erregt: «Wenn nach all
dem Blutvergießen dieses Krieges noch ein paar mehr O-opfer gebraucht werden, um die R-revanche der Sieger zu befriedigen, alles
schön und gut. – Stellt uns an die Wand und erschießt uns! –
… Aber warum soll ich vor einen Gerichtshof geschleppt werden
wie ein V …, V …, wie ein V …, V …?» Als Gilbert ihm die Voka-
bel zuwarf, fügte Ley hinzu: «Ja, ich kann das Wort nicht einmal
aussprechen.»[25]

In der folgenden Nacht erdrosselte sich der prominente Hitler-
komplice mit den abgerissenen Rändern eines Handtuches, die er
am Wasserhebel der WC-Ecke befestigt hatte. Ein paar Tage später
wurden die übrigen Angeklagten über Leys Selbstmord unterrichtet. Görings Kommentar lautete: «Es ist gut, daß er tot ist … Ich
bin sicher, er hätte sich bei den Verhandlungen lächerlich gemacht.»[26] Als die Liste, auf denen die Beschuldigten die Nachricht
vom Tode Leys abzuzeichnen hatten, Schacht vorgelegt wurde, witterte Hitlers Finanzier sofort eine Chance, seine Situation aufzu-

494

bessern. Über den anwesenden US-Sergeanten machte er das un-
verblümte Angebot: «Wenn Sie wollen, mache ich ein Kreuz hinter
jeden, den Sie eigentlich erschießen müßten.»[27]

Hauptkriegsverbrecher
vor Gericht

Am Donnerstag, dem 18. Oktober 1945, trat der Internationale Militärgerichtshof dann zu seiner ersten öffentlichen Beratung im großen Sitzungssaal des Gebäudes der Alliierten Kontrollbehörde am
Berliner Kleistpark zusammen. Hier hatte einst das Berliner Kammergericht sein Domizil, und hier hatte Freisler über Attentäter
des 20. Juli gerichtet.

Während sich die westlichen Richter in Roben präsentierten, erschienen die sowjetischen Vertreter in Uniformen, was dem Charakter des Gerichts als Militärtribunal durchaus angemessen war.
Die Mitglieder des Gerichtshofes und ihre Stellvertreter gaben die

495

feierliche Erklärung ab, ihre «Befugnisse und Pflichten als Mitglied des Internationalen Militärgerichtshofes ehrenhaft, unparteiisch und gewissenhaft»[28] auszuüben. Noch am selben Tage erhielten die als Hauptkriegsverbrecher belasteten 24 Personen die Anklageschrift, die ihr beigefügten Dokumente sowie eine Abschrift des Gerichtsstatuts in deutscher Sprache. Mehr als einen Monat hatten Göring und die übrigen Angeklagten nun Gelegenheit, sich auf den Prozeß vorzubereiten und sich für einen Anwalt ihrer Wahl zu entscheiden.

Als die Beschuldigten, die der ersten Sitzung des Gerichts noch nicht beigewohnt hatten, ihre Nase in die Anklageschrift steckten, konnten die meisten ihre Betroffenheit nicht verbergen. Göring meinte sarkastisch: «Für mich sieht es trübe aus ... Bei diesem Prozeß braucht man keine Anwälte ... Was hier gebraucht wird ..., ist ein guter Dolmetscher.»[29] Jedoch war das bloße Koketterie, und sehr bald bat er Dr. Otto Stahmer, ihn vor dem Tribunal zu verteidigen. Rosenberg wünschte sich übrigens den Mitangeklagten Hans Frank als Anwalt, was natürlich ein Ding der Unmöglichkeit war. Während Hitlers Wirtschaftsminister Walter Funk in Tränen ausbrach, soll Starpropagandist Hans Fritzsche, der sich ebenso wie Erich Raeder noch in Moskau in Haft befand, in Gelächter ausgebrochen sein.

Der Flur des Gerichtsgefängnisses

In Nürnberg sammelte der Gefängnispsychologe Gilbert die Kommentare der Beschuldigten zur Anklageschrift ein. Sie waren durchweg ausweichender oder zynischer Art. Allein Speer, Hitlers gewiefter Rüstungsminister, lenkte ein und notierte das Klügste, was im Moment zu sagen war: «Der Prozeß ist notwendig. Eine Mitverantwortlichkeit für solch grauenvolle Verbrechen gibt es sogar in einem autoritären Staat.»[30]

Am 20. November 1945 war es dann soweit. Während der britische Landrichter Geoffrey Lawrence, der als Gerichtsvorsitzender fungierte, die Hauptverhandlung eröffnete, waren die Augen der internationalen Öffentlichkeit auf Nürnberg gerichtet. «Der Prozeß,

Master-Sergeant
John C. Woods
vollstreckte die
Todesurteile

der nunmehr eröffnet wird», so Lawrence am ersten Verhandlungstag, «steht einzig in der Geschichte der Rechtspflege der Welt da
und ist von größter Bedeutung für Millionen von Menschen auf der
ganzen Welt.»[31]

Wohl hatte es auch in der Vergangenheit verschiedentlich Prozesse gegeben, in denen sich namentlich Militärpersonen wegen
Verbrechen verantworten mußten, die sie im Kriegsgeschehen begangen hatten. Schon das Mittelalter kannte ein jus in bello (Recht
im Kriege). Doch erstmals trat in Nürnberg ein internationales Gericht in Szene, das über Staatsmänner, Parteiführer und Militärs zu
richten hatte, die sich, wie es Sowjetankläger Rudenko ausdrückte,
«eines ganzen Staates bemächtigt und diesen Staat selbst zum
Werkzeug ihrer ungeheuerlichen Verbrechen gemacht hatten»[32].

Der Prozeß gegen die Welteroberer und Massenmörder des Nazireiches dauerte länger als sieben Monate. Der Gerichtshof hielt 403
öffentliche Sitzungen ab, hörte 33 Zeugen der Ankläger und
80 Zeugen der Angeklagten und ihrer Verteidiger an. Von den

498

5060 Beweisdokumenten stammten 2360 von seiten der Ankläger, 2700 von seiten der Verteidigung. Neben 240 schriftlichen Zeugenvernehmungsprotokollen lagen dem Gericht 200000 eidesstattliche Erklärungen vor, im anglo-amerikanischen Recht «Affidavits» genannt.

Die Anklageschrift, die noch am ersten Hauptverhandlungstag verlesen wurde, umfaßte vier Punkte: 1. Gemeinsamer Plan oder Verschwörung 2. Verbrechen gegen den Frieden 3. Kriegsverbrechen und 4. Verbrechen gegen die Menschlichkeit.

Am meisten umstritten waren, wie geschildert, die Anklagepunkte eins und zwei. Aber auch in bezug auf die restlichen Punkte feilschten Angeklagte und Verteidiger nach Kräften, wenngleich mit unterschiedlicher Intensität und unterschiedlichem Geschick. Zwar hatten alle Angeklagten bewußt und mehr oder weniger bedingungslos jenem verbrecherischen Regime gedient und es mitgetragen. Und doch waren sie nicht alle über einen Kamm zu scheren. Zu verschieden waren ihre Biografie und Persönlichkeit, ihr Einfluß wie die Exponiertheit ihrer Position im Nazireich, ihr Anteil an diesem oder jenem Verbrechenskomplex.

Göring redet 56 Stunden

Es war kein Zufall, daß Hermann Wilhelm Göring in Anklageschrift und Urteil an erster Stelle rangierte. Von allen Angeklagten hatte er zweifellos die höchsten Ämter bekleidet und jahrelang den nach Hitler mächtigsten Einfluß auf die Verhältnisse im Nazireich ausgeübt. Auf Volkes Kosten hatte er sich mit Pomp und Glanz umgeben und märchenhafte Einkünfte bezogen. Als Reichsmarschall waren ihm monatlich 20000 Reichsmark zugeflossen, als Befehlshaber der Luftwaffe 3600, als Präsident des Reichstages 1600 Mark. In Mondorf gestand Göring ferner ein: «Dann hatte ich meine schriftstellerische Tätigkeit – für alle Bücher war ein Gewinn von fast einer Million Mark.» Auf die Frage: »Kostete das Leben nicht mehr als das?» erwiderte er: «Eine Anzahl meiner Ausgaben wurden anderweitig bezahlt. Berlin und Karinhall wurden vom Staat erhalten.» Frage: «Gaben Sie nicht eine große Summe für Bilder aus – mehr als Sie verdienten?» – Göring: «Ich hatte Gel-

Herrmann Göring in seiner Zelle in Nürnberg

der ...»[33] – Und ob. Noch am 19. April 1945 wies er die August-Thyssen-Bank AG an, «von meinem ‹Festgeld-Konto Ord.› den Betrag von RM 500000 – Fünfhunderttausend – auf mein Konto bei der Bayrischen Hypotheken- und Wechsel-Bank, Berchtesgaden, zu überweisen»[34]. Dies war nur eine der Anweisungen, mit denen er seine Berliner Konten in Sicherheit zu bringen hoffte.

Die Beweisaufnahme ergab, daß Göring nahezu auf sämtliche Konzentrationspunkte der Hitlerverbrechen ebenso maßgeblich wie förderlich eingewirkt hatte. Von seiner Mitwirkung an den Aggressionsakten des Nazireiches sowie an der Endlösung der Judenfrage war schon die Rede, doch damit war das Konto seiner Verbrechen längst nicht erschöpft. «Er hatte seine fetten Finger in jedem Kuchen»[35], bemerkte US-Ankläger Jackson in seinem Plädoyer. So war es in der Tat. Göring trug die Hauptverantwortung für jene Sklaverei, die im Zwangsarbeitsprogramm der Nazis eine übersteigerte Renaissance erlebte. Von ihm stammten beispielsweise Wei-

500

sungen über die Behandlung polnischer Arbeiter in Deutschland, einschließlich ihrer «Sonderbehandlung» durch den SD. Er hatte am 16. Juli 1941 an jener Beratung mit Hitler teilgenommen, in welcher der Naziführer «alle notwendigen Maßnahmen – Erschießen, Aussiedeln etc. – ...»[36] gegenüber dem überfallenen Sowjetland angeordnet hatte. Und er war nicht zuletzt als Beauftragter für den Vierjahresplan für die Ausplünderung der besetzten Gebiete, speziell der Ostgebiete, zuständig und verantwortlich. Am 6. August 1942 hatte Göring den Reichskommissaren für die besetzten Gebiete und Vertretern der Heeresleitung aufgegeben: «Sie müssen wie die Bluthunde dort sein, wo noch etwas ist ... Ich beabsichtige zu plündern, und zwar ausgiebig ...»[37]

Plündern, ein klassisches Kriegsverbrechen, besorgte Göring nicht nur zugunsten des Nazireiches, er betrieb es ausgiebig auch zu eigenen Gunsten. Zwar hatte Hitler den Einsatzstab Reichsleiter Rosenberg damit beauftragt, Kunst- und Kirchenschätze aus aller Herren Länder zu vereinnahmen. Doch Göring fand bald genügend Wege, auf denen er die wertvollsten Stücke der Rosenbergschen Raubzüge in einer seiner acht Residenzen, die meisten davon auf seinem Landsitz Karinhall, nahe Berlins, verschwinden ließ. Übrigens bevorzugte der eiteldickwanstige Reichsmarschall Frauenakte der Renaissance und des Barock.

Je mehr sich im Gerichtssaal die Beweislast gegen Göring kehrte, um so heftiger bestritt er, von den Verbrechen des Hitlerregimes auch nur gewußt zu haben. Und im gleichen Sinne suchte er auch die übrigen Angeklagten zu beeinflussen. Seine Buhmänner waren Bormann und Himmler.

Vergeblich hatte Robert Kempner, der die Voruntersuchung gegen Göring führte, den Beschuldigten zu einem Geständnis zu bewegen versucht. Der Ankläger hatte mit Görings Verteidiger Dr. Stahmer eine Reihe von Fragen verabredet, die dem einstigen Reichsmarschall vorgelegt werden sollten. Jahre später berichtete Kempner darüber: «Nach längerem Hin und Her antwortete Göring ausweichend und lehnte ein offenes Geständnis ab. Er verbot sogar dem Generalfeldmarschall Keitel, dessen Verteidiger mich mit der Nachricht überrascht hatte, Keitel wollte ein offenes Geständnis ablegen, ein solches abzugeben.»[38]

Selbstredend bezeichnete sich Göring auf die entsprechende

Frage des Vorsitzenden gleich zu Beginn als unschuldig im Sinne der Anklage, und alle übrigen folgten seinem Beispiel. Allzu gern hätte er im gleichen Atemzuge auch noch die Zuständigkeit des Gerichts bestritten und «aufs schärfste den Vorwurf zurückweisen» wollen, »daß meine Handlungen, für die ich die Verantwortung übernehme, als verbrecherisch bezeichnet werden»[39]. Doch der Gerichtsvorsitzende fuhr ihm energisch in die Parade und unterband die geplante Attacke des arrogant-provokant auftretenden Angeklagten, was später nicht immer der Fall war. Skrupellos mißbrauchte Göring die Großzügigkeit des Lordrichters zu mitunter nicht enden wollenden Monologen, die an die Stelle von Antworten traten. Tatsächlich führte dieser Angeklagte während des Prozesses 56 Stunden lang das Wort und log das Blaue vom Himmel herunter. Mit Gesten und Worten der Verachtung reagierte er zudem auf Aussagen solcher Zeugen oder Mitangeklagter, die Hitler oder andere exponierte Naziverbrecher belasteten oder gar wie Hans Frank Regungen von Reue erkennen ließen. Sie galten ihm durchweg als ängstliche Feiglinge. Er hingegen mühte sich bis zum Schluß, die selbstherrliche Fassade seiner Figur aufrechtzuerhalten, obgleich ihm bewußt sein mußte, daß das Urteil des Gerichts sein vorzeitiges Ende bedeuten würde. Doch ein solches oder ähnliches Finale hatte der im ersten Weltkrieg hoch dekorierte, danach aber entwurzelte Fliegeroffizier schon zu Beginn seiner Nazikarriere für denkbar gehalten. Daraus machte er vor dem Tribunal nicht den geringsten Hehl. «Ich habe nach einer gewissen Zeit», so gestand Göring am 18. März 1946 seinen Richtern, «als ich mehr Einblick in die Persönlichkeit des Führers bekam, ihm meine Hand gegeben und gesagt: Ich verbinde mein Schicksal auf Gedeih und Verderb mit dem Ihren, ich verpflichte mich Ihnen ganz, in guten und schlechten Zeiten, und mit diesem meinem Eid nehme ich auch meinen Kopf nicht aus. Und das gilt auch heute hier.»[40]

Solche Haltung sollte die Öffentlichkeit beeindrucken, jedoch mehr noch an die Ganovenehre der Mitangeklagten appellieren, die auf der Anklagebank sichtlich zerbröckelte. Göring hielt an seiner Treue und seinem Glauben an Hitler fest, auch als ihm Jackson das Testament des Naziführers vorhielt. Noch immer bedauerte der von Hitler aller Ämter Enthobene und aus der Nazipartei Verstoßene das Attentat vom 20. Juli und beteuerte: «Ich habe den Führer

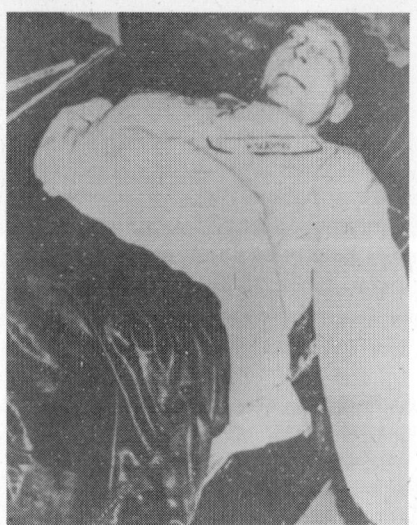

weder verraten noch habe ich zu diesem Zeitpunkt auch nur mit einem einzigen fremden Soldaten verhandelt.»[41] Gleichwohl vermochte Göring die Verbrechen des Hitlerregimes in seinem Schlußwort nicht zu leugnen. Seine Beteiligung daran bestritt er hingegen kategorisch. «Ich stehe zu dem, was ich getan habe», tönte es aus seinen letzten Sätzen. «Das einzigste Motiv, das mich leitete, war heiße Liebe zu meinem Volk, sein Glück, seine Freiheit und sein Leben.»[42] Zynischer hätte der Abgang des verruchten Mannes von der Tribüne des Gerichts kaum ausfallen können.

Die Sprache der Richter indessen war nüchtern und frei von Sarkasmus. Görings Schuld, so das Urteil, «ist einmalig in ihrer Ungeheuerlichkeit. Für diesen Mann läßt sich in dem gesamten Prozeßstoff keine Entschuldigung finden.»[43] Das IMT sprach Göring nach allen vier Punkten der Anklage schuldig. Der Strafausspruch lautete: «Tod durch den Strang.»

Heß findet sein Gedächtnis
wieder

Die merkwürdigste Figur gab auf der Nürnberger Anklagebank zweifellos Rudolf Heß ab. 1920 als Nr. 16 der Nazipartei beigetreten, galt er gleich Göring als alter Kämpfer. Schon während seiner Haft in England hatte Heß in den letzten beiden Jahren den Eindruck erweckt, als leide er an Gedächtnisschwund. In Nürnberg war es nicht anders. G. M. Gilbert: «Den ganzen Tag saß er in apathischer Abwesenheit in seiner Zelle, unfähig, die verschwommenste Ahnung von Vertrautheit mit irgendeinem aus der Vergangenheit erwähnten Thema zu zeigen, wozu auch der Flug nach England zählte.»[44]

Auch Verteidiger Dr. Rohrscheidt kamen in bezug auf die Zurechnungs- und Verhandlungsfähigkeit seines Mandanten starke Bedenken. Noch vor Prozeßbeginn beantragte er bei Gericht, Heß medizinisch untersuchen und über ihn ein gerichtliches Gutachten erstatten zu lassen. Das IMT beauftragte schließlich eine Expertenkommission, die den Geisteszustand und die Verhandlungsfähigkeit von Heß eingehend untersuchte. Im Ergebnis kamen die Gutachter zu dem Schluß, daß der Angeklagte «nicht geisteskrank im engeren Sinne dieses Wortes (ist) … Heß' Gedächtnisschwund ist nicht die Folgeerscheinung einer geistigen Erkrankung, sondern kennzeichnet sich als hysterischer Gedächtnisschwund …»[45]

Gleichwohl änderte sich das auffällige Verhalten des einstigen Führerstellvertreters auch auf der Anklagebank nicht. Gedankenverloren starrten seine tiefliegenden Augen in ein leeres Etwas. Aber wenigstens antwortete er auf die Frage des Vorsitzenden, ob er sich im Sinne der Anklage als schuldig oder nicht schuldig bekenne, mit Nein. Als Sir Lawrence dazu bemerkte, «dies wird als nicht schuldig protokolliert»[46], gab es erstes Gelächter im Saal, was dem Ernst der Stunde freilich unangemessen war.

Am Nachmittag des 30. November stand schließlich die besondere Behandlung des Falles Heß an. Langatmig bestritt sein Anwalt, daß Heß in der Lage sei, sich wirklich zu verteidigen. Es möge daher ein Obergutachten veranlaßt sowie das Verfahren gegen Heß abgetrennt werden. Bevor es zu dieser Debatte kam, hatte es eine zehnminütige Pause gegeben. Gilbert, der Gerichtspsychologe,

Rudolf Heß als Häftling im Gerichtsgefängnis

hatte die Zeit genutzt, um Heß in ein Gespräch zu verwickeln. Er bedeutete ihm, daß er wahrscheinlich für unzurechnungsfähig erklärt und von den weiteren Verhandlungen ausgeschlossen werden würde. Möglicherweise hatte die Prophezeiung des Psychologen einen Sinneswandel in Heß ausgelöst. Als ihm nach längerem Hin und Her zwischen Anwalt, Gericht und Anklägern die Möglichkeit eingeräumt wurde, sich selbst zum Streitpunkt zu äußern, erklärte Heß zu aller Verblüffung: «Ab nunmehr steht mein Gedächtnis auch nach außen hin wieder zur Verfügung. Die Gründe für das Vortäuschen von Gedächtnisverlust sind taktischer Art. Tatsächlich ist meine Konzentrationsfähigkeit etwas herabgesetzt. Dadurch wird jedoch meine Fähigkeit, der Verhandlung zu folgen, mich zu verteidigen, Fragen an Zeugen zu stellen oder selbst Fragen zu stellen, nicht beeinträchtigt.»[47]

Diese Einlassung schlug wie eine Bombe ein. Allerdings, zur Aufhellung der Naziverbrechen steuerte Heß dann nicht das geringste bei. Alles, was er in den Prozeß einbrachte, war seine Sturheit und Unverbesserlichkeit. Er weigerte sich, Erklärungen abzugeben und in den Zeugenstand zu treten, so daß sein Verteidiger ausschließlich auf Dokumente und Zeugenaussagen zurückgreifen mußte. Heß wurde im Sinne aller vier Anklagepunkte belastet. Sowohl der sowjetische Ankläger als auch seine westlichen Kollegen hielten ihm neben unumstrittenen Verbrechen gegen den Frieden auch die Mitwirkung an Gesetzen und Befehlen vor, die Kriegsverbrechen und Verbrechen gegen die Menschlichkeit zum Ziele hatten. Man beschuldigte ihn der Mitwirkung an den Nürnberger Rassegesetzen, an Normativakten, durch die das verbrecherische Okkupationsregime in Polen begründet wurde sowie der personellen Unterstützung der Waffen-SS, die er für «die besonderen, in besetzten Ostgebieten zu lösenden Aufgaben geeigneter» hielt «als andere bewaffnete Verbände»[48].

Gewiß, seine Stellung als Stellvertreter des Führers exponierte ihn nicht so sehr, wie es die Bezeichnung des Amtes ausdrückt. Heß hatte stets im Schatten von Leuten wie Göring und Goebbels gestanden. Doch immerhin besaß er nach Hitlers Verfügung vom 21. April 1933 die Vollmacht, «in allen Fragen der Parteiführung in meinem Namen zu entscheiden»[49].

Es war an Skurrilität kaum zu übertreffen, wie Heß am Schluß des Prozesses die faschistischen Greueltaten, besonders die, die in den Konzentrationslagern geschahen, interpretierte. Die Welt stehe da vor einem Rätsel, denn offenbar hätten die Täter unter dem Einfluß eines geheimnisvollen Mittels gehandelt. Auch während seiner Haft in England hätten sich bestimmte Leute ihm gegenüber unverständlich und anormal verhalten. Sie hätten «glasige und wie verträumte Augen» gehabt.

Im übrigen bestritt Heß dem Gerichtshof jegliche Kompetenz. Er blieb auch in Nürnberg der eingefleischte, unverbesserliche Faschist, der er seit seiner Jugend war. «Es war mir vergönnt», beteuerte er mit makabrem Pathos, «viele Jahre meines Lebens unter dem größten Sohne zu wirken, den mein Volk in seiner tausendjährigen Geschichte hervorgebracht hat … Ich bereue nichts … Stünde ich wieder am Anfang, würde ich wieder handeln wie ich handelte, auch wenn ich wüßte, daß am Ende ein Scheiterhaufen für meinen Flammentod brennt.»[50]

Die Richter der westlichen Alliierten bestanden darauf, Heß ausschließlich unter Punkt 1 und 2 der Anklage für schuldig zu befinden. Mit Blick auf die ihm angelasteten Kriegsverbrechen und Verbrechen gegen die Menschlichkeit glaube der Gerichtshof nicht, so das Urteil, «daß dieses Beweismaterial gegen Heß ausreicht, um auf diese Verbrechen einen Schuldspruch zu begründen»[51]. Daraus mag auch zu erklären sein, daß dem schwerbelasteten Naziverbrecher die Höchststrafe erspart blieb. Heß wurde zu lebenslänglichem Gefängnis verurteilt.

In seiner abweichenden Meinung zum Urteil plädierte der sowjetische Richter I. T. Nikitschenko dafür, daß zahlreiche Akte dieses Angeklagten auch den Tatbestand des Verbrechens gegen die Humanität erfüllt hätten. Nikitschenko notierte: «Mit Rücksicht darauf, daß Heß der drittwichtigste politische Führer im Hitler-Deutschland war, daß er eine entscheidende Rolle bei der Begehung der Verbrechen des Naziregimes spielte, halte ich als einzig richtiges Strafmaß für ihn die Todesstrafe.»[52]

In seinem Urteil hatte das Gericht zugestanden, es möge sein, daß Heß sich anomal verhalte und sein Geisteszustand sich im Prozeßverlauf verschlechtert habe. Schon bald nach seiner Verurteilung lieferte er dann auch einen frappierenden Beweis für seinen Realitätsverlust. Bevor man ihn ins alliierte Kriegsverbrechergefängnis nach Berlin-Spandau einlieferte, rechnete er damit, daß die drei Westmächte ihn bald als «neuen Führer Deutschlands» zu Hilfe rufen würden. Noch in seiner Nürnberger Zelle entwarf er eine Rede, die er als «Bekanntmachung Nr. 1» über den Rundfunk zu publizieren gedachte. «Ich habe damit», so hieß es darin, «die Führung über das Schicksal Deutschlands in einer Lage übernommen, die man sich nicht verzweifelter vorstellen kann ... Dennoch ist die Rettung möglich. Sie ist genauso möglich wie nach der Machtergreifung 1933 ...»[53]

Auch während der Strafverbüßung in Spandau blieb sein Verhalten ignorantenhaft und absonderlich. Kontakte zu seinen Mitgefangenen beschränkte Heß auf das Notwendigste, und nicht selten geriet er mit anderen in Zwistigkeiten. Dafür freundete er sich später mit Eugen K. Bird an, der von 1964 bis 1972 amerikanischer Gefängniskommandant in Spandau war. Dieser entlockte Heß seine Biographie, notierte und publizierte sie nach seinem Rausschmiß aus der US-Army. Birds Aufzeichnungen belegen, daß das faschistische Credo des Rudolf Heß auch ein Vierteljahrhundert nach seiner Verurteilung noch immer unerschüttert war. Seinem Biographen sagte Heß: «Ich würde den gleichen Weg gehen und hier in Spandau enden ... Ich möchte das Erlebnis, unter Hitler als Stellvertreter gedient zu haben, in meinem Leben nicht missen.»[54]

Bis zu seinem Ende verblieb Heß im Gefängnis in Spandau. Seit Oktober 1966 war er schließlich der einzige und letzte Gefangene in Spandau. Je länger seine Strafverbüßung andauerte, um so heftiger wurden im Westen, besonders in der Bundesrepublik, Stimmen laut, die seine Begnadigung forderten. Von seinem einstigen Anwalt, Dr. Alfred Seidl, über Bundeskanzler Kohl bis hin zu Bundespräsident von Weizsäcker fehlte kaum ein prominenter Politiker der BRD, der nicht für die Freilassung von Heß eingetreten wäre. Beispielsweise schrieb am 21. Juli 1986 Bundeskanzler Kohl an die Gewahrsamsmächte: «Ich bin der Auffassung, daß die Begnadigung von Heß ein Akt der Menschlichkeit ist. Eine Fortdauer der über 40 Jahre währenden Haft eines 92jährigen kranken Mannes ist zutiefst inhuman.»[55] Von der unmenschlichen Politik gegenüber Millionen Menschen, die Heß acht Jahre lang an der Spitze des Hitlerregimes maßgeblich mitvertrat, war nicht die Rede. Zweifellos hätte man Heß Jahre vor seinem Tode die Freiheit geschenkt, wäre die sowjetische Regierung nicht unnachgiebig geblieben. Dafür bestand um so mehr Veranlassung, als die Kampagne um die Freilassung des Hitler-Stellvertreters neonazistischen Kreisen spürbare Impulse gab. Allzugern hätten sie ihn als Symbolfigur auf ihren Schild gehoben.

Im Sommer 1987 setzte der inzwischen 93jährige Heß seinem Leben ein Ende. In einer Mitteilung der britischen Militärregierung hieß es dazu: «Am Nachmittag des 17. August begab sich Heß, wie gewohnt, unter Aufsicht eines Gefängniswärters zu einem Häuschen im Garten des Gefängnisses, wo er zu sitzen pflegte. Als der Wärter ein paar Minuten später im Häuschen nachsah, fand er Heß mit einem Elektrokabel um den Hals vor. Man nahm Wiederbelebungsversuche vor, und Heß wurde ins britische Militärkrankenhaus gebracht. Nach weiteren Versuchen, Heß wiederzubeleben, wurde er um 16.10 Uhr für tot erklärt.»[56]

Ribbentrop bricht zusammen

Naziaußenminister Ribbentrop hatte schon sehr frühzeitig auf der Kriegsverbrecherliste der westlichen Alliierten gestanden. Ihm war der Einstieg in den Kreis der oberen Zehntausend schon 1920

Joachim von Ribbentrop als
Angeklagter in Nürnberg

durch seine Heirat mit der Erbtochter des reichsten deutschen
Sektfabrikanten, Henckell, geglückt. Seine politische Karriere indessen hatte später als die der meisten Nazigrößen begonnen.

Seit 1930 hatte Ribbentrop der Nazipartei gute Dienste geleistet,
und 1932 war er schließlich ihr Mitglied geworden. Als er im Sommer 1932 zum ersten Male Hitler begegnete, war er von diesem regelrecht fasziniert. Noch vor dem Tribunal in Nürnberg schwärmte
Ribbentrop, daß er «damals aus dem Gespräch mit Adolf Hitler
wegging mit der Überzeugung, daß, wenn überhaupt noch jemand,
dieser Mann in der Lage sein würde, Deutschland aus dieser großen Schwierigkeit und Not, die damals bestand, zu erretten»[57].

Auch der Naziführer mußte an dem eitlen und arroganten Alko-
holhändler einen Narren gefressen haben. Noch im Jahr der sogenannten Machtübernahme machte er Ribbentrop zu seinem außenpolitischen Sonderberater, später zum Botschafter und im Februar 1938 schließlich zum Reichsaußenminister, der mit
unverwechselbarem Eifer die verbrecherische Aggressionspolitik
vorantreiben half. Diese Rolle Ribbentrops wurde bereits beleuchtet, auch seine gravierende Mitwirkung an der Endlösung der Judenfrage. Doch es kamen noch weitere Kriegsverbrechen und Verbrechen gegen die Menschlichkeit auf das Sündenregister des Na-
zidiplomaten.

Ribbentrop hatte heimlich gehofft, man werde ihn ausschließlich wegen Verbrechen gegen den Frieden anklagen. Als er die Anklageschrift in den Händen hielt und sich mit allen vier Anklagepunkten konfrontiert sah, war er sichtlich betroffen. Als die sowjetischen Ankläger dann aber aus der Anklageschrift die grauenvollen Details der in den besetzten Ländern begangenen Verbrechen vortrugen, hielt das Nervenkostüm des einst so rustikalen Unterhändlers der Nazibande nicht länger stand. Ribbentrop brach auf der Anklagebank zusammen.

Er war ja auch in alles mögliche verwickelt. Er hatte keine geringe Aktie an der Verschleppung von Menschen zur Zwangsarbeit nach Deutschland. Er war am Raub von Kulturschätzen der besetzten Länder beteiligt. Seine Beauftragten in Dänemark und Vichy-Frankreich hatten dort als die obersten deutschen Beamten fungiert. «... Ribbentrop ist daher», so das Urteil des Tribunals, «für die allgemeinen wirtschaftlichen und politischen Methoden verantwortlich, die bei der Besetzung dieser Länder verwirklicht wurden.» Zu Recht lasteten ihm die Richter auch an, den italienischen Faschisten dringend zugeredet zu haben, «in Jugoslawien und Griechenland eine rücksichtslose Besetzungspolitik einzuschlagen»[58].

So hatte Ribbentrop am 21. Februar 1943 beispielsweise vom italienischen Botschafter Alfieri erbarmungsloses Vorgehen gegen jugoslawische Partisanen und ihre Angehörigen verlangt und ausgeführt: «Diese Banden müßten ausgerottet werden, und zwar Männer, Frauen und Kinder, weil ihr Fortbestand das Leben deutscher und italienischer Männer, Frauen und Kinder gefährde.»[59] Und am 8. April 1943 hatte er im Schloß Kleßheim versucht, dem italienischen Staatssekretär plausibel zu machen, ebenso in Griechenland rücksichtsloser vorzugehen. Ribbentrop an jenem Tage: «Auch in Griechenland müsse brutal durchgegriffen werden, wenn etwa die Griechen Morgenluft wittern sollten ... Er sei der Ansicht, daß die demobilisierte Armee blitzschnell aus Griechenland abtransportiert werden sollte und daß man den Griechen eisern zeigen müsse, wer Herr im Land sei.»[60]

Der britische Chefankläger Sir Hartley Shawcross übertrieb nicht, als er mit Blick auf diesen Angeklagten feststellte: «Noch nie hat jemand in der Weltgeschichte die Diplomatie so degradiert – nie war jemand eines gemeineren Verrats schuldig.»[61] Um so jämmerlicher war die Figur, die Ribbentrop nun vor Gericht abgab. Er war ein Bündel an Nervosität und innerer Zerrissenheit. Einerseits suchte er seinen Kopf aus der Schlinge zu ziehen, andererseits stand er noch immer im Banne seines längst verendeten Führers, den er auch vor Gericht noch glaubte schonen zu müssen. Bereits während eines Verhörs in der Untersuchungshaft hatte er betont: «Ich will nicht vor dem deutschen Volke dastehen als ein Mann, der dem Führer untreu war.»[62]

Am Schluß des Prozesses hatte Hitlers Außenminister, der des Führers Anweisungen nach eigenem Eingeständnis «blindlings» befolgt hatte, wohl begriffen, daß seine Verteidigung ohne Effekt geblieben war. Und so offenbarte er noch einmal sein wahres Gesicht, das sich im Verlaufe des Prozesses nicht im geringsten verändert hatte. In seinen letzten Sätzen probierte es Ribbentrop tatsächlich, den Spieß umzudrehen und die richtenden Länder gleicher Handlungen zu bezichtigen, deren sie die Hauptkriegsverbrecher in Nürnberg anklagten. Im übrigen bestritt er alles, was man in bezug auf die Substanz des Prozesses nur hätte bestreiten können: Die Rechtsgrundlagen des Prozesses, insbesondere die Strafbarkeit des Angriffskrieges, die Verschwörung der Naziführer, ihre Weltherrschaftspläne. Zwar beklagte Ribbentrop die Greueltaten des Hitlerregimes, fügte jedoch im gleichen Atemzuge hinzu: «Ich vermag sie aber nicht alle an puritanischen Moralmaßstäben zu messen …» Sein Fazit war im Grunde ein Urteil über sich selbst: «Das einzige, dessen ich mich vor meinem Volke, und nicht vor diesem Gericht, schuldig fühle, ist, daß mein außenpolitisches Wollen ohne Erfolg geblieben ist.»[63]

In bezug auf den Naziaußenminister gab es unter den Richtern so gut wie keine Meinungsverschiedenheiten. Das Urteil nahm neben der Aufzählung seiner Verbrechen ausdrücklich und eindeutig darauf Bezug, daß sich Ribbentrop weitgehend auf Hitlers Befehle berufen hatte, und konstatierte: «Von Ribbentrop hat Hitler so willig bis zum Schluß gedient, weil Hitlers Politik und Hitlers Pläne sich mit seinen eigenen deckten.»[64] Das IMT befand den höchsten Diplomaten des Naziregimes nach allen 4 Punkten der Anklage für schuldig. Es verurteilte ihn zum Tode.

Keitel – «Lakaitel»

Neben dem Nazi Göring mußten sich in Nürnberg auch die vier angeklagten Generale und Admirale wegen Kriegsverbrechen und Verbrechen gegen die Menschlichkeit verantworten. Anklage und Urteile gegen Keitel, Jodl, Dönitz und Raeder reflektierten mehr oder minder deutlich, daß die faschistischen Angriffskriege nicht nur in ihren Zielen verbrecherisch waren, sondern auch in der Methode, mit der sie geführt wurden. Gleichwohl behaupteten alle vier, in Unkenntnis der Verbrechen gehandelt oder versucht zu haben, sie zu verhindern, bzw. sie beriefen sich auf unumstößliche Befehle Hitlers, denen man nicht ausweichen konnte.

In Wirklichkeit war es von Feigheit und Bewunderung geprägte Servilität, die ihr Verhältnis zu Hitler geprägt hatte. Am stärksten fiel dies bei Keitel auf, der sich in Offizierskreisen bald den Spottnamen «Lakaitel» eingehandelt hatte. Nicht nur, daß der OKW-Chef Hitler glühend verehrte, seit dem Sieg über Frankreich hielt er ihn dann auch für den größten Feldherrn aller Zeiten. Der Chef der Rechtsabteilung der Wehrmacht, Dr. Lehmann, hatte über seinen Chef einmal geäußert, Keitel sei so mutig, einem Löwen mit bloßen Fäusten entgegenzutreten, jedoch Hitler gegenüber «hilflos wie ein Kind»[65].

Dem Gutsbesitzersohn und Berufsoffizier Wilhelm Keitel hatte man den preußischen Kadavergehorsam schon in jungen Jahren eingehämmert. Er hatte in seinem Leben kaum etwas anderes erlernt und geübt als blindlings zu gehorchen und – im Proporz zur Steilkurve seiner Karriere – zu befehlen. Seinen Beruf, so der einstige Generalfeldmarschall vor Gericht, habe er zeitlebens in rastloser Arbeit verrichtet. «Ich habe das in gleicher Hingabe getan unter dem Kaiser, unter dem Präsidenten Ebert, unter dem Feldmarschall von Hindenburg und unter dem Führer, Adolf Hitler.»[66]

Es hatte kaum einen Befehl verbrecherischer Kriegführung gegeben, an dem Keitel keine Aktie gehabt hätte. Freilich suchte er in Nürnberg den Eindruck zu erwecken, als habe er die kriminellen Direktiven Hitlers lediglich weitergegeben. Er unterschlug dabei, daß er sich mit Hitlers Konzept des Vernichtungskrieges gegen die Sowjetunion völlig identifiziert hatte. Als Abwehrchef Canaris aus Sorge um das Schicksal deutscher Kriegsgefangener in der Sowjet-

Wilhelm Keitel

union die Behandlung von gefangenen Rotarmisten monierte und rügte, daß «die ausdrücklich gebilligten Maßnahmen zu willkürlichen Mißhandlungen und Tötungen führen»[67], hatte Keitel erwidert: «Die Bedenken entsprechen den soldatischen Auffassungen vom ritterlichen Krieg! Hier handelt es sich um die Vernichtung einer Weltanschauung! Deshalb billige ich die Maßnahmen und decke sie.»[68]

Es würde Bände füllen, wollte man alle diejenigen verbrecherischen Befehle anführen, die Keitels Namenszug trugen und mit seiner Unterstützung grauenvolle Realität wurden. Von seiner Mitwirkung am Kommissarbefehl sowie am Gerichtsbarkeitserlaß war schon die Rede. Am 12. Dezember 1941 unterzeichnete Keitel beispielsweise auch den berüchtigten Nacht-und-Nebel-Erlaß, der den zuvorgenannten an Grausamkeit nicht im geringsten nachstand. Dieser Befehl bezog sich auf Personen, die im Verdacht standen, gegen Naziwehrmacht und Besatzungsregime Widerstand zu leisten. In ihm wurde angewiesen: «Eine wirksame und nachhaltige Abschreckung ist nur durch Todesstrafe oder durch Maßnahmen zu erreichen, die die Angehörigen und die Bevölkerung über das Schicksal des Täters im ungewissen halten. Diesem Zweck dient die Überführung nach Deutschland.»[69]

Vor Gericht gestand selbst Keitel ein, daß das heimliche Ver-

schwindenlassen von Menschen «viel grausamer war, als ein Todesurteil im Einzelfalle»[70].

Auch dem Befehl gegen die sogenannte kommunistische Auf-
standsbewegung, erlassen am 16. September 1941, hatte Keitel zur
Wirksamkeit verholfen. Durch ihn wurde die Anwendung schärf-
ster Mittel angewiesen. Dabei sei zu bedenken, so der Befehl, «daß
in den betroffenen Ländern ein Menschenleben vielfach nichts gilt
und eine abschreckende Wirkung nur durch ungewöhnliche Härte
erreicht werden kann. Als Sühne für ein deutsches Soldatenleben
muß als Regel die Todesstrafe für 50 bis 100 Kommunisten gelten.»[71]

Zur Rechtfertigung dieser Morddirektive verteidigte sich Keitel
allen Ernstes mit der unverschämten Behauptung, «daß in den
Südostgebieten und auch zum Teil in der Sowjetunion das Menschenleben nicht in dem Umfange geachtet wurde ...»[72]

Im übrigen habe er als Sühne für einen von Kommunisten getöteten deutschen Soldaten die Vernichtung von fünf bis zehn Menschenleben für ausreichend gehalten. Hitler persönlich habe die
Zahl heraufgesetzt. Es sei noch eine «Geheime Kommandosache»
vom 2. Januar 1943 erwähnt, die die völkerrechtswidrige Ermordung von Partisanen und ihrer Angehörigen zum Inhalt hatte. Die
verfügbaren Kräfte, so Keitels Befehl, würden bald nicht mehr aus-
reichen, wenn der Kampf gegen die Partisanen «sowohl im Osten
wie auf dem Balkan nicht mit den allerbrutalsten Mitteln geführt
wird ... Die Truppe ist daher berechtigt, in diesem Kampf ohne
Einschränkung auch gegen Frauen und Kinder jedes Mittel anzuwenden, wenn es nur zum Erfolg führt.»[73]

Natürlich bestritt Keitel energisch, daß «jedes Mittel» auch
Grausamkeiten und Mord an Frauen und Kindern einschloß. Als
ihm Sowjetankläger Rudenko entgegenhielt, «aber solche Fälle hat
es Millionen gegeben», erwiderte Hitlers höchster Offizier: «Das ist
mir nicht bekannt, und das glaube ich auch nicht ...»[74]

Es gab keine Kriegsverbrechen von Relevanz, in die Keitel nicht
verstrickt gewesen wäre. Er hatte seine Finger beim Kunstraub im
Spiel, bei dem Wehrmacht und Rosenbergs Einsatzstab Hand in
Hand arbeiteten. Er verfügte die unmenschlichen Richtlinien über
die Behandlung der sowjetischen Kriegsgefangenen, die – neben
der Vernichtung der Juden – auf einen zweiten Genozid hinauslie-

fen. Er forcierte die Vernichtung durch Arbeit, indem er durchsetzte, daß sowjetische Kriegsgefangene in der faschistischen Rüstungsindustrie verheizt, französische, niederländische und belgische Bürger beim Bau des Atlantikwalls zugrunde gerichtet wurden usw.

Die Verbrechen selbst vermochte Keitel nicht zu leugnen. Doch seine Rolle als Chef des OKW suchte er auf die eines Statisten zu reduzieren. Hartnäckig versuchte er, die Richter glauben zu machen, daß Hitler als Oberbefehlshaber «Partei und Wehrmacht unumschränkt beherrschte»[75]. Tatsächlich hatte Keitel nicht den leisesten Versuch unternommen, Hitlers Vorgaben für die verbrecherische Kriegführung zu blockieren. Im Prozeß bewies er dafür um so mehr Energie zum Widerspruch, die allerdings in Lüge und Demagogie verpuffte. Von Reue und vom Begreifen seiner schier unermeßlichen Schuld war bei Keitel keine Spur. Selbstbemitleidung war das einzige, wozu er fähig war. «Es ist tragisch, einsehen zu müssen», resümierte er seine Vergangenheit, «daß das Beste, was ich als Soldat zu geben hatte, Gehorsam und Treue, für *nichterkennbare Absichten* (Hervorhebung d. A.) ausgenutzt wurde und daß ich nicht sah, daß auch der soldatischen Pflichterfüllung eine Grenze gesetzt ist. Das ist mein Schicksal.»[76]

Im Fall Keitel brauchten die Richter die wenigste Zeit, um sich über Schuld und Strafe einig zu werden. Bei keinem waren Zweifel aufgetaucht, daß der einstige OKW-Chef sich im Sinne aller Punkte der Anklage schuldig gemacht hatte. Einziger Differenzpunkt: Professor Donnedieu de Vabres, das französische Mitglied des Tribunals, wie auch sein Stellvertreter R. Falco plädierten dafür, daß Keitel mit Rücksicht auf seinen militärischen Rang nicht durch den Strang, sondern durch Erschießen hingerichtet werden möge. Doch mit diesem Vorschlag wollte sich keiner der übrigen Richter anfreunden. Das Urteil für Keitel lautete schließlich: Tod durch den Strang.

Jodl –
der Widerspruchsgeist?

Es fällt schwer, zwischen Keitel und dem nächsthöchsten Militär, der auf der Anklagebank von Nürnberg saß, Unterschiede von Erheblichkeit zu entdecken. Als Verbrecher gegen das Völkerrecht steht einer dem anderen kaum nach, der Anteil eines jeden am Gesamtverbrechen des Hitlerregimes ist von annähernd gleichem Gewicht. Auch die Biographien der beiden weisen verblüffende Analogien auf: Jodl wie Keitel ein Berufsoffizier mit rascher Karriere, der 1919 bereits zum Generalstab kommt. Im Gegensatz zu Keitel lernt er Hitler aber bereits im Jahre 1923 kennen. Der Generalstäbler ist fasziniert von dem Bohemien aus Braunau, und seine Vergötterung für den Naziführer will kein Ende mehr nehmen. Noch im November 1943 vergleicht er Hitler mit Friedrich dem Großen, und er ist fest davon überzeugt, daß der Naziführer «nur dazu ausersehen sein kann, unser Volk in eine hellere Zukunft zu führen»[77]. Und selbst vor dem Tribunal in Nürnberg beschwor Jodl Hitlers ungewöhnliche Führerpersönlichkeit.

Bürgerliche Politologen behaupten immer wieder, daß Jodl aus anderem Schrot und Korn als der OKW-Chef gewesen sei. «Niemand erlag der Versuchung, ihn mit Keitel gleichzusetzen.»[78]

Jodl sei begabter, intelligenter, selbstbewußter, ja Hitler gegenüber auch weniger unterwürfig gewesen. Tatsächlich hatte Jodl einige Male Widerspruch angemeldet, aber in keinem Falle auf seiner Position beharrt und seine Mitwirkung an verbrecherischen Befehlen definitiv versagt.

Zu den Kriegsverbrechen und Verbrechen gegen die Menschlichkeit, die das Gericht ihm zurechnete, gehörte u. a. der berüchtigte Kommandobefehl vom 18. Oktober 1942. Dieser Befehl bezog sich auf britische Kommandotrupps, die auf Sabotageakte gegenüber der Naziwehrmacht aus waren, was völkerrechtlich durchaus zulässig war. Die Erfolge dieser Kommandos hatten Hitler in hochgradige Wut versetzt, und so befand er, daß sich die Angehörigen dieser Trupps «nicht wie Soldaten, sondern wie Banditen benehmen ..., und wo sie auch auftreten, rücksichtslos im Kampf niedergemacht»[79] werden müßten, also weder gefangengenommen noch vor Gericht gestellt werden dürften. Wie schon Keitel blieb

Alfred Jodl

auch Jodl dabei, daß Wort für Wort des Kommandobefehls von Hitler stammte, was auch nicht widerlegt werden konnte. Beide hätten sich dagegen gesperrt, einen entsprechenden Ausführungsbefehl zu erlassen. Als daraufhin am 17. Oktober 1942 Hitlers Chefadjutant Schmundt bei Jodl aufgetaucht sei und erklärt habe, der Führer verlange den Ausführungsbefehl, will Jodl geantwortet haben: «Sagen Sie ihm einen schönen Gruß, einen solchen Befehl mache ich nicht.» Da Schmundt erwiderte «Das kann ich aber nicht sagen», will Jodl wiederum geantwortet haben: «Gut, dann melden Sie dem Führer, ich wisse nicht, wie man einen solchen Befehl völkerrechtlich begründen solle.» – Als solch einen Widerspruchsgeist stellte sich der einstige Chef des Wehrmachtführungsstabes vor Gericht dar. Den Kommandobefehl betreffend, beschwor er, alles auf eine Karte gesetzt zu haben. «Ich wollte dadurch entweder die Möglichkeit erreichen, meine Bedenken vorzutragen oder hinausgeworfen zu werden.»[80] Natürlich geschah weder das eine noch das andere. Am folgenden Tage erschien Schmundt erneut bei Jodl, legte ihm Ausführungsbefehl nebst Begründung auf den Tisch und – Jodl verteilte das Papier an die zuständigen Stellen.

Wäre es ihm mit seinem Widerspruch ernst gewesen, hätte er den Befehl für sich behalten oder vernichtet, so wie es der Befehlshaber des Afrikakorps, Generalfeldmarschall Erwin Rommel, getan hatte.

Aber es war ja auch nicht der Respekt vor dem Völkerrecht, der Jodl zu dieser kleinen, unterm Strich vergeblichen Rebellion veranlaßt hatte. Bis zum Schluß des Krieges hatte er den Traum vom Zerfall der Antihitlerkoalition geträumt, der im gemeinsamen Auslöschen des bolschewistischen Todfeindes gipfelte. Dem hätte auch eine einigermaßen korrekte Kriegführung gegenüber den Westmächten dienlich sein können. Beim Zerfetzen allen Völkerrechts gegenüber sowjetischen Kombattanten hatte sich sein Gewissen nicht ein einziges Mal gerührt. Für die Behandlung sowjetischer Partisanen hatte er im Gegenteil auf Henkermethoden des Mittelalters zurückgreifen wollen. Während einer Besprechung bei Hitler am 1. Dezember 1941 hatte er erklärt, daß die deutschen Truppen sowjetische Patrioten ungestraft «aufhängen, verkehrt aufhängen oder vierteilen»[81] dürften. Er hatte persönlich einen Entwurf des Kommissarbefehls zu Papier gebracht und die totale Zerstörung Moskaus und Leningrads befohlen, bevor er jemals dazu Gelegenheit erhielt.

Sobald es darum ging, die Potenzen der Roten Armee zu schmälern, war Jodl zu verbrecherischen Methoden der Kriegführung auch gegenüber bürgerlichen Staaten entschlossen. Ende November 1944 hatte er die Evakuierung aller Personen aus dem Norden Norwegens angeordnet, dazu das Niederbrennen ihrer Häuser, damit, wie das IMT-Urteil Jodls Befehl referierte, «sie den Russen keine Hilfe gewähren könnten»[82]. Gleichwohl war er nicht von Hemmungen geplagt, seinen Richtern zu versichern, daß die Haager Landkriegsordnung allzeit auf seinem Tisch gelegen hätte.

Gegen Schluß des Krieges durfte er, mit Billigung der Westalliierten, noch einmal Mittelpunktfigur sein. Am 7. Mai 1945 unterzeichnete er als Bevollmächtigter von Hitlernachfolger Dönitz in Reims die Teilkapitulation gegenüber den Westmächten. Sechs Tage später «avancierte» er in der Operettenregierung des Großadmirals für den verhafteten Keitel noch zum Chef des Oberkommandos der Wehrmacht, die längst in Auflösung begriffen war. Seine Karriere endete unwiderruflich am 23. Mai. Mit erhobenen Armen trat Jodl neben den übrigen Teilhabern der Dönitz-Regierung den Weg in die Gefangenschaft an. Doch erst im August war sein Name auf der endgültigen Liste der Hauptkriegsverbrecher zu finden, was ein Verdienst der sowjetischen und französischen Ankläger war.

Jodls Verteidigung war wenig originell. Er wie auch sein spitzfindiger Anwalt, Professor Exner, beriefen sich auf höhere, sprich Hitlers Befehle, deren Inhalt Jodl, den Chef des Wehrmachtführungsstabes, gar nichts angegangen sei. Ungehemmt vertrat Exner die Auffassung, daß ein Führerbefehl «Recht schafft» und somit strafbare Beihilfe unmöglich ist. Aber selbst wenn man einen Führerbefehl als rechtswidrig und strafwürdig betrachte, sei es nicht Jodls Sache gewesen, «die Rechtmäßigkeit zu prüfen, sondern lediglich den Befehl richtig, das heißt, dem Willen des Befehlenden entsprechend, auszufertigen»[83].

Solche Argumentation schlug nicht nur deutschem Militärstrafrecht ins Gesicht, sie verhöhnte auch das Völkerrecht wie den Sinn des Prozesses. Mit Blick auf Jodls Mitwirkung am Kommandobefehl suchte Exner in geradezu lächerlicher Weise die Funktion seines Mandanten zu totaler Bedeutungslosigkeit herunterzuspielen. Theoretisch sei Jodl nicht einmal verpflichtet gewesen, Hitlers Anweisung auch nur zu lesen. «Und in diesem Falle», so der Anwalt, «ist der Generaloberst auch nichts anderes als der Bote, der ihm Übergebenes weitervermittelt.»[84]

Solche realitätsfremden Einwände konnten an Jodls Schuld ebensowenig rütteln wie dessen Unverfrorenheit, mit der er die Angriffe westlicher Bomber auf deutsche Städte oder gar den völlig legitimen Befreiungskampf der Partisanen mit den Naziverbrechen auf eine Stufe stellte. Jodls Schlußwort bildete denn auch einen der Gipfelpunkte an Demagogie, die in diesem Prozeß geboten wurden. Die obersten militärischen Führer des Nazireiches, behauptete Hitlers Stabschef ohne Wimpernzucken, hätten vor einer unlösbaren Aufgabe gestanden: »... nämlich einen Krieg zu führen, den sie nicht gewollt, unter einem Oberbefehlshaber, dessen Vertrauen sie nicht besaßen und dem sie selbst nur beschränkt vertrauten, mit Methoden, die oft ihren Führungsgrundsätzen und ihren überkommenen erprobten Anschauungen widersprachen, mit Gruppen und Polizeikräften, die nicht ihrer vollen Befehlsgewalt unterstanden, und mit einem Nachrichtendienst, der teilweise für den Gegner arbeitete. Und dies alles in der vollen und klaren Erkenntnis, daß dieser Krieg entschied über Sein oder Nichtsein des geliebten Vaterlandes.»[85]

Über den Angeklagten Jodl waren sich die Richter nicht von vornherein einig. Die Franzosen meinten, daß Jodl weniger Schuld träfe als Keitel, und plädierten für «ehrenhafte Festungshaft»[86]. Lawrence, der Vorsitzende, wie auch USA-Richter Francis Biddle hatten vorerst Scheu, Jodl durch den Strang hinrichten zu lassen. Am Ende aber einigte man sich doch, daß Jodl die gleiche Strafe und Hinrichtungsart wie Keitel verdiene. Das Gericht fand keine mildernden Umstände. Das Urteil betonte: «Die Teilnahme an Verbrechen dieser Art ist noch nie von einem Soldaten verlangt worden, und er kann sich jetzt nicht hinter einer mythischen Forderung nach militärischem Gehorsam um jeden Preis als Entschuldigung für diese Verbrechen verbergen.»[87]

Während seiner Haft produzierte Jodl einen augenfälligen Beweis dafür, daß sich der Sinn der Strafe gegen Leute wie ihn keineswegs in der Sühne für begangene Verbrechen erschöpfte, sondern nicht minder in der Garantie einer friedlichen Zukunft der Menschheit lag. Zwischen den Gerichtsverhandlungen fertigte er eine ausführliche strategische Studie an, die den Titel trug: «Ein Krieg zwischen den Westmächten und der Sowjetunion». Jodl hatte den zweiten Weltkrieg gerade überstanden, aber er sehnte sich schon nach dem nächsten. Damit den Westmächten gelänge, was Hitler versagt blieb, kehrte er die besonderen Gefahrenmomente heraus, die von der Sowjetunion angeblich ausgehen. «Rußland», so notierte der Unverbesserliche, werde «nicht ruhen und rasten, bis es das Geheimnis der Atombombe gelöst oder sich sonst verschafft hat»[88]. Dem sollte man wohl zuvorkommen.

Dönitz
und sein Flottenrichter

Auch Hitlernachfolger Großadmiral Dönitz war nicht allein wegen Verbrechen gegen den Frieden, sondern auch wegen Kriegsverbrechen angeklagt, vor allem wegen des Bruches der Regeln des Seekrieges. Seit 1936 Befehlshaber der U-Boot-Flotte, hatte er sich ungeachtet des Versailler Vertrages energisch für den Ausbau dieser

wichtigen Angriffswaffe engagiert. Bei Ausbruch des zweiten Weltkrieges sah er in der Unterwasserflottille ein durchgreifendes Mittel gegen den englischen Rivalen, dessen Handelsschiffe er ungeniert zu torpedieren begann. Die von ihm erdachte «Taktik der Wolfsrudel», das Auflauern alliierter Geleitzüge durch Gruppen faschistischer U-Boote, zeitigte dann bis zum Jahre 1943 (da das Radar aufkam) auch beträchtliche Wirkungen. Abgesehen von enormen Sachschäden kostete die faschistische Seekriegführung allein 30 000 britischen Seeleuten das Leben. Zweifellos kam das Gros der Opfer auf das Konto der von Dönitz geführten U-Boot-Flotte.

Die Anklage gegen Dönitz, der seit Anfang 1943 als Oberbefehlshaber der gesamten Kriegsmarine fungiert hatte, gipfelte in dem Vorwurf, einen unbeschränkten, mithin verbrecherischen U-Boot-Krieg geführt zu haben. Das traf zwar zu, und dennoch war der einstige Großadmiral in einer unvergleichlich günstigeren Position als seine Komplicen Keitel und Jodl. Denn zum einen waren auch Briten und Amerikaner auf dem Wasser nicht gerade rücksichtsvoll zu Werke gegangen, und zum andern hatte Dönitz einen Verteidiger zur Verfügung, der diesen Umstand brillant zu nutzen wußte.

Von Anbeginn an hatte Dönitz darauf beharrt, kein Zivilist könne seine Handlungen begreifen und er brauche einen Anwalt, der aus der Marine kommt. So wurde ihm schließlich gestattet,

einen alten Bekannten und einstigen Untergebenen, den Flotten-
richter Otto Kranzbühler, zu seinem Verteidiger zu wählen. Kranzbühler, ein ausgebuffter Jurist von geschliffener Sprache, ging nach
der Devise vor, daß Angriff die beste Verteidigung sei. Gleich zu
Beginn seines Auftritts erreichte er, daß sein Assistent Einsicht in
von den Briten erbeutete Kriegstagebücher der faschistischen Seekriegsleitung nehmen durfte. Resultat: Der Vorwurf, Dönitz habe
das Töten Schiffbrüchiger ausdrücklich befohlen, konnte einigermaßen entkräftet werden. Damit war zwar nicht aus der Welt, daß
sich die Besatzungen faschistischer U-Boote teilweise unfaßbarer
Verbrechen schuldig gemacht hatten. In der Ostsee und im Schwarzen Meer hatten sie selbst sowjetische Lazarettschiffe sowie Dampf-
er versenkt, auf denen sich evakuierte Frauen und Kinder befanden. Der Nachweis allerdings, daß Dönitz solche Verbrechen befohlen hatte, war nicht zu führen. Und schließlich brauchte er
seine Unschuld nicht zu beweisen.

Gleichwohl blieb noch genügend Beweismaterial, das Dönitz
gravierend belastete. Der Londoner Flottenvertrag von 1930 sowie
das Protokoll von 1936, die die Verhaltensregeln für U-Boote im
Krieg fixierten und zu denen sich Deutschland bekannte, hatte Dönitz demonstrativ über Bord gefegt. Während das Abkommen verlangte, alles Erdenkliche zur Rettung von Überlebenden versenkter
Schiffe zu tun, hatte Dönitz gleich zu Beginn des Krieges den
Kommandanten seiner U-Boote untersagt, Schiffbrüchige überhaupt an Bord zu nehmen. Als sich die Kämpfe dann zunehmend
auf das offene Meer verlagerten, hatte er diesen Befehl zwar relativiert, im Jahre 1942 jedoch kategorisch angewiesen, mit aller Härte
vorzugehen und eigene U-Boote unter keinen Umständen durch
Versuche, Schiffbrüchige zu retten, in Gefahr zu bringen. Schiffbrüchige ihrem Schicksal zu überlassen lief zweifellos auf deren
vorsätzliches Töten hinaus, und am Tatbestand des Kriegsverbrechens war kaum zu deuten.

Und doch hatte die Sache einen Haken. Kranzbühler hatte es
nämlich zuwege gebracht, daß der US-Flottenchef im Pazifik, Admiral Chester W. Nimitz, einen Fragebogen unter Eid auszufüllen
hatte, der über die Praxis der amerikanischen U-Boote im Krieg gegen Japan Aufschluß gab. Auf die von Kranzbühler formulierte
Frage, ob es in den Operationsgebieten üblich war, daß amerikani-

sche U-Boote japanische Handelsschiffe ohne Warnung angriffen, hatte Nimitz geantwortet: «Der Chef der Marineleitung hat am 7. Dezember 1941 uneingeschränkten U-Boot-Krieg gegen Japan angeordnet.» Und auf die Frage, ob es den US-Unterseebooten verboten war, Rettungsmaßnahmen von Passagieren und Mannschaften von ohne Warnung versenkten Schiffen auszuführen, hatte der amerikanische Admiral notiert: «Im allgemeinen haben die U.S.-Unterseeboote feindliche Überlebende nicht gerettet, wenn es für das Unterseeboot eine ungewöhnliche, zusätzliche Gefahr bedeutete oder das Unterseeboot dadurch an der weiteren Durchführung seiner Aufgabe gehindert wurde.»[89]

Freilich hatten es die Amerikaner mit einem besonders fanatischen und nicht minder rücksichtslos agierenden Angreifer als dem faschistischen Aggressor zu tun. Und doch hätten sie den besonderen Schutz, den das Völkerrecht Schiffbrüchigen zusagt, nicht so pauschal außer acht lassen dürfen. Hinzu kam, daß die USA bereits Monate vor Kriegseintritt an der Seite ihres britischen Partners Jagd auf deutsche U-Boote gemacht hatten, was sich völkerrechtlich an ihrer Neutralität stieß.

Kranzbühler war schlau genug, den Flottenchefs der USA nicht ihrerseits Völkerrechtsbruch vorzuwerfen. Das hätte zu unerwünschter Konfrontation geführt und seinem Klienten keinesfalls Pluspunkte eingebracht. Also suchte der Dönitz-Anwalt aus der gemeinsamen Not eine gemeinsame Tugend zu machen. Kranzbühler: «Ich möchte keineswegs beweisen oder auch nur behaupten, daß die amerikanische Admiralität bei ihrer U-Boot-Kriegführung das Völkerrecht gebrochen habe. ... Es handelt sich bei dem Seekrieg der Vereinigten Staaten gegen Japan um genau die gleiche Frage, wie bei dem Seekrieg Deutschlands gegen England ... Meine These ist, daß durch den Befehl an Handelsschiffe, Widerstand zu leisten, das Londoner U-Boot-Abkommen nicht mehr anwendbar ist auf derartige Handelsschiffe ... Ich möchte durch die Vernehmung des Admirals Nimitz klarstellen, ... daß das Verhalten der deutschen Seekriegführung rechtmäßig gewesen ist.»[90]

Kranzbühlers Rechnung ging nicht völlig auf. Denn die U-Boote der Naziflotte hatte englische Handelsschiffe bereits angegriffen, als diese noch unbewaffnet und zum Widerstand unfähig waren.

Angesichts dessen waren die britischen Handelsschiffe jedoch alsbald bewaffnet und dazu angehalten worden, die faschistischen U-Boote zu rammen oder auch mit Waffen zu bekämpfen. In den Augen der Ankläger galt dies als unerheblich, weil die Londoner Vereinbarungen das Versenken von Handelsschiffen ausdrücklich verboten, falls nicht für die Sicherheit der Mannschaft ausreichend gesorgt war. Das Gericht sah es anders und hielt im Urteil fest: «Aufgrund dieses Tatbestandes kann der Gerichtshof Dönitz für seine Unterseebootkriegführung gegen bewaffnete britische Handelsschiffe nicht für schuldig erklären.»

In diesem Punkte blieb das IMT-Urteil auffallend widersprüchlich. Denn andererseits warf das Urteil Dönitz vor, daß er angewiesen habe, bei britischen Handelsschiffen die Rettungsbestimmungen nicht einzuhalten. «Diese Befehle beweisen daher», so das Urteil, «daß Dönitz der Verletzung des Protokolls schuldig ist.»[91] Als Verletzung des Völkerrechts wurde ihm gleichfalls angelastet, daß er selbst Schiffe neutraler Staaten hatte versenken lassen, die solche Meeresteile befuhren, die das Nazireich einseitig zu militärischen Operationsgebieten erklärt hatte. Doch in diesem Kontext stieß dem Gericht wiederum ein Befehl der britischen Admiralität vom 8. Mai 1940 ins Auge, nach dem sämtliche Schiffe versenkt werden sollten, die im Skagerrak angetroffen wurden. Die angloamerikanischen Richter sahen sich in diesem Anklagepunkt wohl in die Rolle von Pharisäern gedrängt. Daher ihr Entschluß, Dönitz wegen des völkerrechtswidrigen U-Boot-Krieges zwar den Pelz zu waschen, ihn aber nicht naß zu machen. Und so schrieb US-Richter Francis Biddle, der die Urteilsgründe gegen Dönitz formulierte, darin fest, «die Verurteilung von Dönitz (ist) nicht auf seine Verstöße gegen die internationalen Bestimmungen für den U-Boot-Krieg gestützt.»[92]

Dennoch blieben genügend Fakten, die es hergaben, den Angeklagten auch wegen Kriegsverbrechen schuldig zu sprechen und zu bestrafen. Als Dönitz Anfang 1943 Großadmiral Raeder als Oberbefehlshaber der Kriegsmarine ablöste, duldete er, daß der verbrecherische Kommandobefehl weiterhin im vollen Umfang in Kraft blieb. Dieser Umstand hatte im Sommer 1943 die Besatzung eines norwegischen Motortorpedobootes das Leben gekostet. Obgleich die Opfer bei Gefangennahme in Uniform waren, wurden sie nach ihrer Vernehmung durch Admiral Schrader dem SD übergeben und von diesem ermordet.

Dönitz hatte zudem bei der Vernichtung von KZ-Häftlingen durch erbarmungslose Ausbeutung seine Hand im Spiel. Als fanatischer, hitlerhöriger Durchhaltestratege war er noch im Dezember 1944 dafür eingetreten, 12 000 KZ-Häftlinge auf den Werften des Nazireiches zu verheizen. Und schließlich lastete ihm der Gerichtshof seine zynische Haltung zum Kriegsvölkerrecht an, die sich nicht nur in seiner Anschauung, sondern auch in der Art seiner Kriegführung ausgedrückt hatte. Als Hitler Anfang 1945 Jodl und Dönitz danach befragte, wie sie zur Kündigung der Genfer Konvention stünden, hatte Dönitz abgeraten und geantwortet: «Es wäre besser, die für notwendig erachteten Maßnahmen ohne Warnung durchzuführen und auf alle Fälle der Außenwelt gegenüber das Gesicht zu wahren.»[93]

Die Art, in der Dönitz sich vor Gericht verteidigte, war militant, anmaßend und ohne jede Spur von Einsicht oder gar Schuldgefühl. Zu den Verbrechen, die auf das Konto seiner U-Boot-Flotte kamen, erklärte er: «Ich halte diese Kriegführung für berechtigt ... Ich müßte das genauso wieder tun.»[94] Im übrigen hatte er die Verteidigung des unsichtbaren Angeklagten Hitler gleich mit übernommen. Obgleich er danach nicht gefragt war, betonte Dönitz: «Ich habe vom Führer nie einen Befehl erhalten, der irgend in einer Form gegen die Kampfsittlichkeit verstößt.»[95]

Im Fall Dönitz wertete es das Gericht als mildernden Umstand, daß gefangene britische Seeleute, die sich in Lagern seiner Befehlsgewalt befanden, nach den Bestimmungen der Genfer Konvention behandelt worden sind. Er wurde nach Punkt 2 und 3 der Anklage für schuldig befunden und zu 10 Jahren Gefängnis verurteilt.

Auch nach Verbüßung der Strafe blieb Dönitz derjenige, der er war: ein nazistisch eingefärbter, unverbesserlicher Kommunistenhasser. In seinen Memoiren, mit denen er nach seiner Haft den Büchermarkt belastete, präsentierte er nicht nur die «Verdienste» der faschistischen Seestreitkräfte, sondern auch die seines Führers. Dönitz resümierte: «Das Ergebnis seiner (Hitlers – d. A.) Politik vor dem Kriege war, daß Deutschland und damit mindestens auch Osteuropa nicht der bolschewistischen Ideologie verfielen, sondern daß Deutschland durch seinen Zusammenschluß zur einheitlichen

Nation ..., im Gegenteil zum stärksten Bollwerk Europas gegen den Bolschewismus wurde.»[96]

Das Gespenst des Kommunismus blieb für Dönitz das Alibi für die faschistischen Aggressionsakte vor dem zweiten Weltkrieg. Es entsprach der kriminellen Logik dieses Mannes, daß er 20 Jahre nach dem Nürnberger Urteil noch immer gegen dessen Rechtlichkeit anging. Dönitz im Jahre 1966: «Die Erweiterung des Tatbestandes jedoch – wie das in Nürnberg geschah –, auf das reine Führen oder die Teilnahme an einem Angriffskrieg, weswegen ich verurteilt worden bin, halte ich grundsätzlich für falsch.»[97]

Das letzte faschistische Staatsoberhaupt verstarb am 24. Dezember 1980 in Aumühle bei Hamburg.

Raeder war «nur Soldat»

Der Vorgänger von Dönitz, Großadmiral Erich Raeder, war mit Blick auf den Tatbestand des Kriegsverbrechens unter dem gleichen Aspekt angeklagt, insbesondere einen Unterseebootkrieg ohne Einschränkung geführt zu haben. Die entsprechenden Fakten, die die Ankläger gegen den langjährigen Marinechef ins Feld führten, wogen in seinem Falle noch schwerer. Nicht nur unbewaffnete Handelsschiffe selbst neutraler Staaten waren unter seiner Verantwortung versenkt worden, sondern am 3. September 1939 sogar ein britisches Passagierschiff, die «Athenia». Ein paar Wochen nach dem Vorfall hatte die Goebbels-Presse gelogen, daß Churchill es veranlaßt habe, die «Athenia» zu versenken, um die feindselige Haltung der USA gegenüber dem Nazireich anzustacheln. (Auf dem Schiff hatten sich überwiegend amerikanische Passagiere befunden.) Am 23. Oktober 1939 «entrüstete» sich der «Völkische Beobachter»: «Wie lange noch darf ein Mörder eines der traditionsreichsten Ämter versehen, das Großbritanniens Geschichte kennt?»

In Wahrheit kam der Abschuß der «Athenia» auf das Konto des deutschen U-Bootes U 30. Zwar war Raeder im Prozeß nicht nachzuweisen, daß er die Versenkung des Passagierschiffes angeordnet hatte. Doch dementierte er weder die Lügenversion der Nazipresse, noch ließ er den Kommandanten des U-Bootes zur Verantwortung

ziehen. Damit leistete er einer unmenschlichen Kriegführung Vorschub.

Raeder traf auch nicht nur der Vorwurf, die Rettungsbestimmungen der Londoner Vereinbarungen in den Wind geschlagen zu haben. Unter seine Verantwortung fiel zudem, daß auf Schiffbrüchige
mit Maschinengewehren geschossen worden war. Doch dieser Anklagepunkt zählte für das Gericht nicht, durfte angesichts des Urteils gegen Dönitz nicht zählen. Kranzbühler hatte in puncto verbrecherischer U-Boot-Krieg für Raeder gleich mitplädiert und das
mit Erfolg. Nicht zu Unrecht bemerkte der amerikanische Historiker Bradley F. Smith, daß Dönitz mit seinem Konzept der Verteidigung nicht nur den «eigenen Kopf rettete, sondern auch den von
Raeder»[98].

Was für die Verurteilung wegen Kriegsverbrechen blieb, war der
Kommandobefehl. Raeder hatte ihn an die verschiedenen Marine-
abteilungen bedenkenlos weitergegeben. Am 20. Mai 1946 danach
befragt, ob er den Kommandobefehl befürwortet habe, geriet Rae-

527

der ins Stottern: «Ich sagte Ihnen immer ..., ja ich habe ..., nein ich sage auch nicht ..., das habe ich schon zweimal gesagt, sondern ich habe ihn weitergegeben, weil ein Befehl meines Oberbefehlshabers vorlag. Ich habe aber eben keine Veranlassung gefunden, wegen dieses Befehls, den ich so begründet fand, Einspruch beim Führer zu erheben ..., ich war als Soldat nicht in der Lage, zu meinem Obersten Befehlshaber und Staatsoberhaupt zu gehen und ihm zu sagen: Jetzt zeigen Sie mir Ihre Unterlagen für diesen Befehl. Das ist Meuterei, und das konnte unter gar keinen Umständen passieren.»[99]

Der Kommandobefehl blieb in Raeders Machtbereich nicht nur Papier. Am 10. Dezember 1942 waren zwei britische Marinesoldaten ermordet worden, die an einem Unternehmen gegen deutsche Schiffe in der Gironde-Mündung teilgenommen hatten. In diesem Falle war die Exekution nicht durch den SD, sondern durch eine Einheit der deutschen Seestreitkräfte selbst vorgenommen worden. Im Tagebuch der faschistischen Seekriegsleitung hieß es dazu, die «Maßnahme würde dem besonderen Befehl des Führers entsprechen, bildet jedoch, da die Soldaten Uniform trugen, ein völkerrechtliches Novum»[100].

Wie gesagt, Raeder war im Unterschied zu Dönitz nicht nur in die verbrecherische Kriegführung, sondern zugleich in die Verschwörung der Hitlerclique gegen den Frieden verstrickt. Um so mehr strengte Dr. Siemers, sein Verteidiger, sich an, Raeder als unpolitischen, mehr oder weniger ahnungslosen Militärexperten zu verharmlosen und alle Verantwortung auf den Naziführer abzuwälzen. Sein Mandant, so der Anwalt, könne höchstens «für ein militärisches Verbrechen zur Rechenschaft gezogen werden, nicht aber für ein politisches, denn für das haftet der Diktator selbst ... Er (Raeder – d. A.) war aber nur Soldat ... Raeder mag im geschichtlichen Sinne eine Schuld tragen, weil er, wie viele andere im Inland und Ausland, Hitler nicht erkannte und durchschaute und nicht die Kraft hatte, sich gegen die ungeheure Dynamik eines Hitler aufzulehnen, aber ein Unterlassen ist kein Verbrechen.»[101]

Auf solche Art hätte man nicht einmal einen zivilen Mörder erfolgreich verteidigen können. Denn auch ein Unterlassen kann eine Entscheidung, eine absichtliche Handlung, ein Tötungsverbrechen sein, wenn man beispielsweise einem Hilflosen Beistand versagt, obgleich er möglich ist. Beim Kommandobefehl ging es indessen um ein klassisches Kriegsverbrechen, das mit keinem juristischen Trick in Zweifel zu ziehen war. Hier konnte es nur Befehlsverweigerung geben und sonst nichts. Daß dies möglich war, hatten mehrere Offiziere der Wehrmacht bewiesen, indem sie beispielsweise den Kommissarbefehl einfach ignorierten. In den Augen des Kriegsmarinechefs Raeder indessen galt das Eintreten für die simpelsten Regeln der Kriegführung als Meuterei. Es war ja auch viel bequemer, verbrecherische Befehle als «völkerrechtliches Novum» einzuordnen und damit das eigene Gewissen zu besänftigen.

Die Arroganz, mit der Raeder sich verteidigte, hätte ihm nicht einmal auf der Kommandobrücke eines seiner Kriegsschiffe angestanden. Nicht nur, daß er den Anklägern die Kompetenz bestritt, weil sie «nur sehr wenig Urteil über die Grundsätze wahren Soldatentums und soldatischer Führung erkennen ließen». Raeder verstieg sich allen Ernstes zu der Behauptung, daß die faschistische Kriegsmarine «vor diesem Gericht und vor der Welt mit reinem Schild und unbefleckter Flagge da (steht)». Wenn überhaupt, so sei er äußerstenfalls dem deutschen Volke gegenüber moralisch schuldig, weil er nur Soldat und kein bißchen Politiker war. «Dies», so Raeder im Schlußwort, «kann mich nie und nimmer zum Kriegsverbrecher stempeln ...»[102]

Für die Richter gab es keine Zweifel an der kriminellen Rolle und der Schuld des Erich Raeder. Der französische Richter de Vabres bezweifelte allerdings Raeders Mitwirkung an der Verschwörung. Die übrigen Mitglieder des Gerichts hielten Raeder aber nach den ersten drei Anklagepunkten für schuldig, was sich dann auch im Urteil niederschlug. Raeder wurde zu lebenslänglichem Gefängnis verurteilt.

Im Gegensatz zu Heß starb Raeder nicht in Spandau. Am 26. September 1955 wurde er aus gesundheitlichen Gründen entlassen, und dies hatte er der Initiative der westlichen Gewahrsamsmächte zu danken. Gewiß, sein Gesundheitszustand war tatsächlich angegriffen. Aber Raeders Kräfte reichten noch hin, westliche Bücherläden mit zwei Bänden schlimmster Apologetik für das Naziregime zu beglücken. Bis zum Schluß blieb für Raeder Hitler ein außergewöhnlicher Mensch, der es verdiente, Deutschlands Führer zu werden.

Der Großadmiral unseligen Angedenkens verstarb am 6. November 1960 in Kiel.

Wenn sich die westlichen Richter auch nicht bereit fanden, Generalstab und OKW zur verbrecherischen Organisation zu erklären, die Version von der unpolitischen Natur des Offizierskorps, das außerhalb der Hitlerbande stand, nahmen auch sie nicht ab. Von den vier angeklagten Militärs war zwar keiner nominelles Mitglied der Nazipartei, weil das Wehrgesetz dies bis 1944 auch gar nicht zuließ. Doch allen vieren hatte Hitler das Goldene Ehrenzeichen der NSDAP verliehen. Dem reinen, unpolitischen Soldatentum, auf das sie vor dem Tribunal so pochten, hatten sie in der Naziära selbst abgeschworen.

«Der Offizier ist der Exponent des Staates; das Geschwätz, der Offizier ist unpolitisch, ist barer Unsinn»[103], hatte Dönitz in einer Rede vor den Oberbefehlshabern der Wehrmacht kategorisch erklärt. Und war es etwa unpolitisch, wenn Reader schon im Frühjahr 1939 öffentlich für «die klare und schonungslose Kampfansage an den Bolschewismus und das internationale Judentum»[104] plädierte?

Nein, die Generalstäbler von damals waren bis zum Stehkragen in den Sumpf der Nazibarbarei hineingewatet. Und bei aller Inkonsequenz, die die westlichen Richter mit Blick auf Generalstab und OKW in Nürnberg bezeugten, um die moralische Verurteilung der im Generalstab und OKW etablierten Offiziere kamen sie nicht herum. So hieß es denn im Spruch des IMT: «Sie sind in großem Maße verantwortlich gewesen für die Leiden und Nöte, die über Millionen Männer, Frauen und Kinder gekommen sind. Sie sind ein Schandfleck für das ehrenwerte Waffenhandwerk geworden … Die Wahrheit ist, daß sie an all diesen Verbrechen rege teilgenommen haben oder in schweigender Zustimmung verharrten, wenn vor ihren Augen größer angelegte und empörendere Verbrechen begangen wurden, als die Welt je zu sehen das Unglück hatte.»[105]

Westliche Kritik am Nürnberger IMT-Spruch hat sich namentlich an der Verurteilung von Keitel, Jodl, Dönitz und Raeder festgemacht. Hierin reflektierte sich besonders deutlich, daß das Gericht ein Tribunal der Sieger gewesen sei. Diesem vordergründigen

Einwand hatte US-Ankläger Jackson schon in seiner Eröffnungsrede den Boden entzogen, indem er begründete, daß Hitlers Wehrmachtführer nicht vor Gericht stehen, «weil sie den Krieg verloren,
sondern weil sie ihn begonnen haben»[106].

Kaltenbrunner möchte noch einmal geboren werden

Von Kaltenbrunner, dem Chef des RSHA seit 1943, war schon ausführlich die Rede. Der nach Heydrichs Tod neben Himmler prominenteste Massenmörder entstammte der Familie eines Rechtsanwalts und wurde selbst Jurist. Daß er schon als Knabe, während seiner Schulzeit in Linz, mit Adolf Eichmann befreundet war, ist
natürlich dem Zufall geschuldet. Daß sich beide dem Völkermord
der Hitlerbande verdingten, war keine Laune des Schicksals, sondern Resultat ihrer gemeinsamen fatalen Weltsicht und der gering-
schätzigen Haltung zur Spezies Mensch. Übrigens bestritt Kaltenbrunner vor Gericht seine persönliche Bindung zu Eichmann, weil
es ihm möglicherweise Minuspunkte hätte einbringen können.

Der Heydrichnachfolger war vor allem, aber keineswegs ausschließlich deshalb angeklagt, weil bei ihm die Fäden der Endlösung zusammengelaufen waren. Die Ankläger warfen ihm beispielsweise auch Teilnahme an der Verschwörung vor, weil er keine
geringe Aktie am Naziputsch in Österreich und dessen Anschluß
ans Deutsche Reich hatte. Doch bekanntlich wertete das IMT die
Annexion Österreichs zwar als Aggressionsakt, jedoch nicht als Angriffskrieg, so daß Kaltenbrunner nach Anklagepunkt 1 entlastet
war. Dafür sah er sich nach den Punkten 3 (Kriegsverbrechen) und
4 (Verbrechen gegen die Menschlichkeit) auch noch außerhalb der
Endlösung einer erdrückenden Beweisfülle gegenüber.

Kaltenbrunners Verteidigungstaktik bestand auch hier von Anbeginn an darin, seine Rolle nicht nur zu verniedlichen, sondern
sich nach Möglichkeit selbst als Opfer, zumindest aber als Hinter-
gangener und zudem als Widersacher Himmlers und Hitlers darzustellen. Weitschweifig suchte er dem Gericht zu suggerieren, daß
ihm schon das Amt des RSHA-Chefs von Himmler aufgenötigt
worden sei. Er habe sich schließlich dazu überreden lassen, nach-

Ernst Kaltenbrunner

dem der SS-Chef von ihm lediglich den Neuaufbau und die Zentralisierung des Geheimdienstes erwartet habe. «Es bleibt dabei», so habe Himmler ihm damals versichert, «daß ich mit Müller und Nebe die Exekutivämter (Gestapo und Kripo – d. A.) selbst führe.»[107]

Hätte Kaltenbrunner mit dieser Mär landen können, wäre er nicht nur die Verantwortlichkeit für die Endlösung der Judenfrage los gewesen, sondern auch die für das unmenschliche Treiben in den Konzentrationslagern. Schließlich hatte in der Regel die Gestapo sowohl für die Einweisung von Menschen in die KZ gesorgt als auch dort vollzogene Exekutionen angeordnet. Sogenannte Schutzhaftbefehle, die die formaljuristische Handhabe für die Einweisung ins KZ lieferten, waren zu Tausenden vom RSHA verfügt worden. Das Unangenehme für Kaltenbrunner war nun, daß man ihm Schutzhaftbefehle vorlegen konnte, die mit seinem Namen unterzeichnet waren. Gleichwohl schwor er, in seinem Leben weder einen Schutzhaftbefehl gesehen noch unterzeichnet zu haben. Das war denn selbst seinem Verteidiger Dr. Kaufmann zu dick. Der Anwalt mahnte seinen Mandanten: «Es ist eine Ungeheuerlichkeit, daß der Chef des Amtes nicht darüber orientiert ist, daß derartige Befehle seinen Namen tragen. Wie erklären Sie sich diese Tatsache ...?» Doch Kaltenbrunner log immer weiter: «Ich habe erklärt, daß die Unterschrift ‹Kaltenbrunner› unter Schutzhaftbefehlen nur in der Form zustande gekommen sein kann, daß der Amtschef Müller … den Namen des Chefs des Reichssicherheitshauptamtes unter den Schutzhaftbefehl setzte und hierzu seine Abteilungen, zum Beispiel seine Schutzhaftabteilung, eben anwies … Er hat mich aber hiervon niemals verständigt, und er hat hierzu niemals von mir eine Vollmacht erteilt bekommen.»[108]

Als Jurist sei er grundsätzlich gegen die Handhabung jeder Schutzhaft gewesen. «Ich hatte einige Vorträge bei Himmler, aber auch bei Hitler darüber gehalten», phantasierte Kaltenbrunner am 11. April 1946. Wie hätte die Karriere dieses Mannes ihn an die Spitze der Mordzentrale des Dritten Reiches führen können, wären ihm auch nur leiseste Zweifel an der KZ-Ordnung entschlüpft, die die eigentliche Verfassung des Naziregimes war.

Noch heftiger wehrte sich der einstige RSHA-Chef gegen den Nachweis, daß auch die Exekutionsbefehle für die KZ über seinen Tisch gegangen seien. Wieder mußten Himmler und Müller herhalten, Komplicen, die Kaltenbrunner nicht mehr gefährlich werden konnten. Doch zu diesem Punkt gab es Zeugen, die eindeutige Aussagen gemacht hatten, wie beispielsweise Dr. Rudolf Mildner, einst stellvertretender Gruppenleiter im Amt IV (Gestapo) des RSHA. Ihm war u. a. die Frage vorgelegt worden: «War der regelmäßige Dienstweg für einzelne Hinrichtungsbefehle von Himmler durch Kaltenbrunner an Müller und dann zu den Kommandanten des Konzentrationslagers?»[109] Und Mildner hatte diese Frage in einer eidesstattlichen Erklärung eindeutig mit Ja beantwortet. Dennoch bestritt Kaltenbrunner seine Mitwirkung an den Mordbefehlen. Es gab nichts und niemanden, der ihn zum Eingeständnis seiner Schuld hätte bewegen können. Dasselbe bezog sich auf seine Verantwortlichkeit für die Ermordung sowjetischer Kriegsgefangener. Der Kommissarbefehl wie auch andere Mordbefehle waren nicht immer vor Ort vollstreckt worden. Manche Kommissare der Roten Armee waren bei Gefangennahme als solche unerkannt geblieben, in manchen Fällen hatten es Befehlshaber der Wehrmacht auch unterlassen, von solchen Direktiven Gebrauch zu machen. Daher sorgte Kaltenbrunners RSHA für die «Feinarbeit». Den Kommandanten der Kriegsgefangenenlager an der Ostfront wurden Einsatzkommandos der Gestapo zugeteilt, die Kommissare, jüdische Soldaten, aber auch andere als feindlich eingestufte Rotarmisten herauszufinden hatten. Diejenigen, die Gestaposchnüffler als solche ausmachten, wurden in ein KZ verfrachtet und dort getötet. Kurt Lindow, vor 1945 Beamter im RSHA, hatte dazu präzise Aussagen gemacht, auch, daß ein entsprechender Exekutionsbefehl von Gestapo-Müller unterzeichnet worden war. Kaltenbrunners Kommentar: «Ich habe von diesen Tatsachen keine Kenntnis.»[110]

Auch gegenüber anderen Kriegsgefangenen hatte Kaltenbrunner die Maschinerie des Tötens in Schwung gebracht. Unter seiner Regie war am 4. März 1944 der sogenannte Kugel-Erlaß verabschiedet worden, der sich gegen flüchtige kriegsgefangene Offiziere und nichtarbeitende Unteroffiziere, ausgenommen britische und amerikanische, richtete. Der Kugel-Erlaß sah vor, daß die Betreffenden im Falle ihrer Wiederergreifung in das KZ Mauthausen zu verfrachten und dort zu erschießen waren.

Vom Kugel-Erlaß wollte Kaltenbrunner erst an der Jahreswende 1944/45 erfahren haben und auch, daß es sich dabei um einen Führerbefehl handele. Daraufhin habe er Himmler prompt wissen lassen, daß mit diesem Erlaß «die primitivsten Prinzipien der Genfer Konvention gebrochen seien ... Ich bäte ihn (Himmler – d. A.), dagegen beim Führer vorstellig zu werden.»[111]

Diese Flucht nach vorn hätte sich Kaltenbrunner schenken können, zumal dem Gericht die eidesstattliche Erklärung des SS-Oberscharführers Josef Niedermayer aus Mauthausen vorlag. Derselbe hatte beschworen, daß er den Kugel-Erlaß mit Kaltenbrunners Unterschrift selbst gesehen habe. Folgt man der Aussage des einstigen SS-Mannes, so hat man in Mauthausen wiederergriffene Offiziere und Unteroffiziere dort auch verhungern lassen.

Bliebe noch zu erwähnen, daß unter Kaltenbrunners Ägide der Kommandobefehl auch auf Fallschirmtruppen ausgedehnt wurde und er der Lynchjustiz gegen abgesprungene Piloten der alliierten Geschwader durch Zivilisten das Wort geredet hatte. Die feindliche Stimmung der Bevölkerung gegen englische und amerikanische Flieger solle, so hatte Kaltenbrunner Heinrich Müller bedeutet, «gefördert werden»[112].

Selbst Kaltenbrunners Anwalt war über dessen Verbrechen derart schockiert, daß er ihm schließlich nicht mehr die Hand gab. Gleichwohl suchte er nicht nur seinen Mandanten, sondern alle

Angeklagten als Opfer eines ausgeklügelten Systems der Geheimhaltung zu entschuldigen. Freilich konnte er das Gros der Verbrechen des RSHA-Chefs nicht in Abrede stellen. «Kaltenbrunner ist schuldig», räumte Dr. Kaufmann ein. Doch das Maß seiner Schuld sei geringer, weil er selbst nicht frei gehandelt habe und für ihn und seine Familie stets unmittelbare Lebensgefahr bestanden habe. «Sicher scheint mir zu sein», so Kaufmann, «daß Himmler eine kategorische Ablehnung Kaltenbrunners zur Übernahme des Reichssicherheitshauptamtes als Sabotage gewertet und diesen Mann ausgelöscht hätte.» Zu dieser Hauptthese wußte der Anwalt aber auch nicht den geringsten Realitätsbezug herzustellen. So korrespondierten die Spekulationen des Verteidigers mit den Lügen des Angeklagten. Den Höhepunkt im Phantasieexkurs des Dr. Kaufmann markierte wohl der Satz: «Ich glaube, Kaltenbrunner möchte noch einmal geboren werden, und ich weiß, er würde jene Freiheit auch mit seinem Blute verteidigen.»[113]

Was wußte Kaltenbrunner, abgesehen von notorischem Lügen, selbst in seine Verteidigung einzubringen? «Ich habe mich wiederholt an die Front gemeldet», verblüffte er das Gericht am einhundertsechsten Verhandlungstag. Doch seine entsprechenden Bitten seien vergeblich gewesen. In diesem Kontext fragte sein Verteidiger ihn: «Hielten Sie es also mit Ihrem Gewissen vereinbar, trotzdem zu bleiben?» – Kaltenbrunner: «Ich konnte meiner Ansicht nach angesichts der Möglichkeit, auf Hitler, auf Himmler und andere Personen immer wieder einzuwirken, mit meinem Gewissen nicht vereinbaren, diese Position aufzugeben. Ich habe es für meine Pflicht gehalten, gegen Unrecht persönlich aufzutreten.»[114]

Bis zum Schluß blieb Kaltenbrunner dabei, daß er stellvertretend für den fehlenden Himmler «und andere mir vollkommen konträre Elemente»[115] auf der Anklagebank sitze. Wie im Leben, so suchte der Massenhenker auch vor Gericht nach einem Konsens mit den Vertretern westlicher Staaten. Gegen Ende des Jahres 1944 hatte er noch versucht, über Allen Dulles die westlichen Alliierten dazu zu bewegen, den Spieß gegen die Sowjetunion zu wenden und der Naziwehrmacht an die Seite zu treten. Nun appellierte er auch in seinem letzten Wort an den antikommunistischen Instinkt der bürgerlichen Richter: «Ich konnte als deutscher Soldat nur in den Dienst der Abwehr jener zerstörenden Kräfte mich stellen, die Deutschland einst schon nahe an den Abgrund gebracht hatten und heute, nach dem Zusammenbruch des Reiches, weiterhin die Welt bedrohen.»[116]

Das Beweismaterial, das sich im Fall Kaltenbrunner zu Bergen getürmt hatte, machte es dem Gericht einfach, Schuld und Strafe zu fixieren. Umstritten war lediglich seine Teilnahme an der Verschwörung, die die Mehrheit der Richter verneinte. Unumstritten war die Strafe für den letzten Chef der faschistischen Mordzentrale: Tod durch den Strang.

Rosenberg – ohne Mythus

Im Gegensatz zu Kaltenbrunner war Alfred Rosenberg nicht nur Praktiker des Völkermordes. Schon in der Frühphase der Nazibewegung galt er als deren zumindest halboffizieller Parteiphilosoph. Voller Haß war er als Vierundzwanzigjähriger vor der Oktoberrevolution geflohen, die seine renommierte baltendeutsche Familie in Mitleidenschaft gezogen hatte. «Der Rosenberg», so hatte Hitler einmal gespöttelt, «ist ja nur darum so gegen die Bolschewisten, weil sie es ihm unmöglich machen, ein Russe zu sein.»[117]

Unter der Mitgliedsnummer 625 war er Ende 1919 in die «Deutsche Arbeiterpartei» Anton Drechslers, den Vorläufer der NSDAP, eingetreten. Auch beim kläglich gescheiterten Bierkellerputsch in München war er schon dabei, und als Hitler und Konsorten anschließend in Landsberg saßen, hatte er – mit wenig Erfolg – versucht, die Splitter der Partei zusammenzuhalten. Seine Sporen hatte er sich mehr als Schriftleiter und später als Herausgeber des «Völkischen Beobachters» verdient, als Leiter des Außenpolitischen Amtes der NSDAP (seit 1933) und eben mit seiner Nazibibel «Der Mythus des 20. Jahrhunderts», die 1930 erschien.

In diesem seinem «Hauptwerk» unternahm es Rosenberg, die Rassendoktrin der Nazis auf einen philosophischen Sockel zu stellen, der allerdings aus bloßem Irrationalismus gemauert war. Rosenbergs Mythus war nichts anderes als der «Mythus des Blutes», selbstredend des nordischen Blutes und dessen Reinerhaltung. «Geschichte und Zukunftsaufgabe», so der Naziapostel, «bedeuten nicht mehr Kampf von Klasse gegen Klasse ..., sondern Auseinan-

Alfred Rosenberg (2. v. l.) im Verhandlungssaal

dersetzung zwischen Blut und Blut, Rasse und Rasse, Volk und
Volk. Und das bedeutet: Ringen von Seelenwert gegen Seelenwert ...»[118]

Goebbels hatte Rosenbergs Abhandlung ironisch einen philosophischen Rülpser genannt. Denn sie übertraf Hitlers «Mein
Kampf» noch weit an Verworrenheit, was letzteren zu der Frage
veranlaßte, «wie viele Parteigenossen fähig wären, es zu lesen»[119].
Dessenungeachtet durchbrach der «Mythus» im Dritten Reich die
Schallmauer der Millionenauflage. Rosenbergs Buch hat keine geringe Rolle für die Inspiration der Deutschen zu rassistischem
Dünkel und Völkerhaß gespielt. Als «Kirchenvater des Nationalsozialismus» (Hitler) und Kontrolleur der gesamten ideologischen
Schulung der Nazipartei hatte Rosenberg maßgeblich an der Verbreitung jenes Giftes anteil, das er im «Mythus» und anderen
Pamphleten zusammengebraut hatte. Nicht von ungefähr sprach
der britische Chefankläger Shawcross in Nürnberg von «Rosen-

bergs Schuld als Philosoph und Theoretiker, der den Boden vorbereitete für den Samen der Nazipolitik»[120].

Rosenbergs Rolle im Ensemble der Naziverbrecher erschöpfte sich aber keineswegs in der des ideologischen Gehilfen. Er war auch Vertreter seiner Maximen. Als er 1939 in Frankfurt a. M. sein Institut zur Erforschung der Judenfrage gründete, standen nicht wissenschaftliche, sondern ausschließlich kriminelle Ziele auf dem Programm. Noch gehörte zwar das Töten jüdischer Menschen nicht zur Methodik des Hitlerregimes, doch die Plünderung ihres Hab und Gutes war längst angezeigt. Freilich griff der «Wissenschaftler» Rosenberg nicht nach beliebigen Dingen. Er spezialisierte sich auf das Ausrauben von Kunstgalerien, Bibliotheken, Archiven und anderen Kultur- und Wissenschaftsstätten jüdischer Provenienz.

Die Diebereien im eigenen Land waren nur die Probe für den Einbruch ins europäische Kunsthaus. Wohin die Naziwehrmacht ihre Stiefel auch setzte, der «Einsatzstab Reichsleiter Rosenberg» folgte ihr auf dem Fuße und plünderte das Beste vom Besten, gleich, ob aus öffentlicher oder privater Hand oder auch aus dem Besitz der Kirche. Besonders reiche Beute machte Rosenberg in Frankreich, aber auch in Belgien und Holland. Allein in Paris versiegelte und inventarisierte Rosenbergs Meute 38 000 Wohnungen überwiegend jüdischer Besitzer. Bis zum 14. Juli 1944 hatte der «Einsatzstab» im Westen mehr als 21 903 Kunstgegenstände, darunter berühmte Gemälde und Museumsstücke, verschwinden lassen. Vor Gericht besaß Rosenberg die Dreistigkeit, den Raubzug u. a. damit zu rechtfertigen, daß das gestohlene Kulturgut «zum Teil gefährdet» gewesen sei und zudem «alle Institutionen und Organisationen dieser (jüdischer – d. A.) Art leer zurückblieben und daß auch die Schlösser und Wohnungen dieser führenden Persönlichkeiten gleichsam herrenlos waren»[121].

In Wahrheit hatte die französische Regierung gegen den Kunstraub protestiert und selbst Anspruch auf das Eigentum der verjagten Juden erhoben. Zynisch wies Rosenbergs «Einsatzstab» die Note mit dem Bemerken zurück, man habe schließlich «den französischen Staat und das französische Volk von dem Einfluß des internationalen Judentums befreit»[122].

Rosenberg verhehlte dem Gericht andererseits nicht seine damalige Hoffnung, «daß mindestens ein großer Teil dieser Kunstschätze einmal in Deutschland verbleiben würde.» Schließlich seien ja auch, so Rosenberg, deutsche Kulturwerke durch Bomben zerstört worden. Nur vergaß er dabei, daß er selbst den Weltkrieg mitangezettelt und damit verursacht hatte, daß die Flamme des Krieges auf Deutschland zurückgeschlagen war.

Auch die «Aktion Möbel» suchte Rosenberg u. a. mit den Bombenopfern im faschistischen Reich zu motivieren. Noch im Dezember 1941 hatte er bei Hitler angeregt, die Einrichtungen jüdischer Wohnungen in Frankreich zu rauben und ins Reich zu verfrachten. Nachdem der Nazichef dafür grünes Licht gegeben hatte, plünderten Rosenbergs Berufsgangster weit über 69 000 Wohnungen und Häuser. 26 984 Eisenbahnwaggons wurden gebraucht, um das Diebesgut abzutransportieren.

Was im Westen recht gewesen war, sollte erst recht im Osten billig sein. Bereits im April 1941, Wochen vor dem Überfall auf die Sowjetunion, hatte Rosenberg Pläne für den Raub von Kulturschätzen dortzulande ausgearbeitet. Am 16. Oktober 1941 schrieb er an Hitler: »Ich habe nunmehr den gleichen Einsatzstab meiner Dienststelle angewiesen, die im Westen durchgeführten Arbeiten nun in umfassender Weise in den besetzten Ostgebieten ebenfalls durchzuführen.»[123] Voller Stolz bilanzierte der kapitalste Kunsträuber aller Zeiten im Oktober 1944, daß für den Transport der «erfaßten Güter» 1 418 000 Eisenbahnwaggons und 427 000 Tonnen Schiffsraum benötigt worden seien.

Die Plünderung fremdländischen Eigentums, seit Jahrhunderten ein klassisches Kriegsverbrechen, machte nur ein Bruchstück des Rosenbergschen Sündenregisters aus. Schwerer noch wogen seine Verbrechen gegen Leben und Freiheit von Menschen. Nicht zufällig hatte Hitler am 17. Juli 1941 seinen «Ostexperten» Rosenberg zum Reichsminister für die besetzten Ostgebiete ernannt. Einen Tag zuvor hatte der Naziführer in Anwesenheit Rosenbergs noch einmal sein Ausrottungs- und Ausbeutungskonzept gegenüber der Sowjetunion verbindlich gemacht. Es komme darauf an, hatte Hitler auch Rosenberg mit auf den Weg gegeben, «den riesenhaften Kuchen handgerecht zu zerlegen, damit wir ihn erstens beherrschen, zweitens verwalten und drittens ausbeuten können.»[124]

Rosenberg glaubte begriffen zu haben. Er zimmerte die Zivilverwaltung für die betreffenden Gebiete zusammen und verordnete ihr als Kompaß des Handelns den Bruch des Völkerrechts. Unverblümt wies Rosenberg an: «Die Bestimmungen der Haager Landkriegsordnung haben keine Gültigkeit mehr.»[125]

Die von Rosenberg verfolgte Germanisierungs-, Ausbeutungs- und Sklavenarbeitspolitik beschränkte sich keineswegs auf jüdische Menschen. Gleichwohl hatte er sich schon während jener Beratung mit Hitler für eine differenzierte Behandlung der sowjetischen Völker ausgesprochen, was nicht in jeder Hinsicht mit dem Entvölkerungskonzept der Nazispitze korrespondierte. Beispielsweise ging es Rosenberg in bezug auf die Ukrainer um eine Vorzugsstellung. Nicht von ungefähr kontrollierte und beeinflußte daher gerade Bormann den Kurs, den Rosenberg in den besetzten Gebieten steuerte. So hatte Hitlers Sekretär am 23. Juli 1942 einen Brief an den Ostminister gerichtet, in dem er diesem die Orientierung für sein Handeln vorgab. Rosenbergs Mitarbeiter Dr. Makull hatte in einer Aufzeichnung für seinen Minister zum Inhalt des Bormann-Briefes notiert: «Die Slawen sollen für uns arbeiten. Soweit wir sie nicht brauchen, mögen sie sterben. Impfzwang und deutsche Gesundheitsfürsorge sind daher unerwünscht. Sie mögen Präservative benutzen oder abtreiben, je mehr desto besser. Bildung ist gefährlich. Es genügt, wenn sie bis 100 zählen können ...»[126]

Vor Gericht beteuerte Rosenberg händeringend, daß er in entscheidenden Punkten mit Bormann nicht übereingestimmt habe. Pech für Rosenberg, daß Makull auch notiert hatte, der Minister hätte «in einer Meldung an den Führer vom 11. August 1942 eingehend erläutert, inwieweit diese Grundsätze schon jetzt verwirklicht beziehungsweise der verfolgten Politik zugrunde gelegt würden»[127].

Vom amerikanischen Ankläger Dodd danach befragt, fiel Rosenberg als Ausrede lediglich ein, daß er mit seiner Antwort Hitler und Bormann habe beruhigen wollen.

Rosenberg war nicht zuletzt auch wegen seines Anteils an der Vernichtung durch Arbeit angeklagt. In dem Maße, wie sich die Arbeitskräftesituation im faschistischen Reich zuspitzte, hatte er seiner Zivilverwaltung immer höhere Ziffern an ausländischen Arbeitern vorgegeben, die nach Deutschland zu verschleppen waren. In Nürnberg suchte er die Verantwortung dafür u. a. auf Sauckel abzuwälzen, der als Generalbevollmächtigter für den Arbeitseinsatz der ranghöchste Sklavenhalter des Nazireiches gewesen war. Bis in das

Jahr 1943 hinein, so log Rosenberg vor Gericht, habe er «auf einer freiwilligen Werbung bestanden. Ich konnte aber diese Haltung angesichts der dringenden Weisungen des Führers nicht mehr aufrechterhalten ...»[128] Und so hatte er nicht nur veranlaßt, bestimmte Jahrgänge zur Zwangsarbeit ins Reich zu verpflichten, sondern sie auch mit Polizeigewalt zusammentreiben zu lassen. Die schrecklichste Seite dieses Kapitels bestand in der Verschleppung von wehrlosen Kindern zur Sklavenarbeit. Ohne mit der Wimper zu zucken, hatte Rosenberg am 14. Juni 1944 einen Befehl unterzeichnet, der die Verschleppung von 40 000 bis 50 000 Kindern im Alter von 10 bis 14 Jahren für die Heu-Aktion genehmigte.

Ein paarmal war Rosenberg allerdings auch mit den beiden eingesetzten Reichskommissaren in Kollision geraten, speziell mit dem für die Ukraine zuständigen Erich Koch. Der hatte beispielsweise Hunderte von Menschen im Waldgebiet Zuman erschießen lassen, um es für Jagdzwecke «frei» zu machen. Das war selbst Rosenberg zu weit gegangen, und er hatte bei Hitler darüber Beschwerde geführt. Als es zur Schlichtung der Angelegenheit kam, zog der Ostminister den kürzeren, wie später auch bei anderen Zwistigkeiten. Rosenbergs gelegentliche Zweifel, seine Eigenbrötelei und Unentschiedenheit gegenüber dem erbarmungslosen Ausrottungskurs der Okkupanten hatten seinen Stern dann ziemlich rasch zum Sinken gebracht. Ende September 1944, da die Ostgebiete auf einen winzigen Rest zusammengeschmolzen waren, raffte er sich noch zu einem kläglichen Brief an Hitler auf: «Ich bitte Sie, mein Führer, mir zu sagen, ob Sie meine Tätigkeit in dieser Richtung noch wünschen ...»[129] Rosenbergs Gewimmer blieb ohne Echo. Hitler hatte anderes im Kopf, als mit seinem gescheiterten Philosophen über dessen verlorenes Ostreich zu debattieren.

Rosenbergs Verteidiger Dr. Thoma suchte seinen Mandanten von den begangenen Kriegsverbrechen und Verbrechen gegen die Humanität vor allem mit dem Einwand zu entlasten, daß «er zwar die Oberaufsicht hatte, aber nicht souverän war; dies waren die beiden Reichskommissare»[130]. Dieses Argument war ebenso spitzfindig wie Thomas' Bemerkung, daß das Gericht Verbrechen und keine Weltanschauung abzuurteilen habe. Rosenbergs Anwalt machte keinen Hehl aus seiner Sympathie für die Naziideologie und der Identifikation mit dem Angeklagten.

Thoma im Plädoyer: «Er (Rosenberg – d. A.) hat mit tiefem Schmerz erleben müssen, wie eine große Idee in machtgierigen Händen mißbraucht wurde ...»[131]

An Rosenbergs faschistischer Gesinnung war der Prozeß spurlos vorübergegangen. Von Einsicht, Bedauern oder gar Reue keine Spur. Am Schluß des Prozesses beteuerte er mit der ihm eigenen Verbohrtheit: «Ich weiß mein Gewissen völlig frei von Schuld, von einer Beihilfe zum Völkermord.»[132]

Das Gericht hätte blind und taub zugleich sein müssen, um dem zu folgen. Einstimmig votierten die Richter dafür, daß Rosenberg schuldig im Sinne sämtlicher Anklagepunkte sei. Umstritten war die Frage, ob der «Denker» unter den Angeklagten lebenslange Haft oder den Strang verdiene. Drei der Richter entschieden sich schließlich für die Höchststrafe, so daß das Urteil auch in diesem Falle Tod durch den Strang lautete.

Noch bevor Rosenberg seinen Fuß aufs Schafott setzte, brachte er «letzte Aufzeichnungen» zu Papier. Darin suchte er sich und seinen Führer zu rechtfertigen und alle Schuld Bormann, Himmler und Goebbels zuzuweisen. Vom beschworenen Mythus, vom demagogischen Höhenflug war er in die Tiefe kleinlichen Gezeters hinabgestürzt.

Frank: «Tausend Jahre werden vergehen ...»

Hans Frank, der langjährige Chefjurist der Nazipartei, zählte nicht zu denen, die Hitler auch in Nürnberg noch verteidigten. Dabei hatte es häufige Kontakte zwischen ihm und dem Naziführer gegeben. Nicht nur, daß der Dreiundzwanzigjährige beim Bierkellerputsch in München schon mit dabei war. Der Rechtsanwalt Dr. Hans Frank hat Hitler später auch mehrfach vor Gericht vertreten und der Nazipartei dabei recht wirkungsvoll auf die Sprünge geholfen. Hitlers «Legalitätseid» im Prozeß gegen die Ulmer Reichswehroffiziere hatte er ebenso bewerkstelligt wie beispielsweise die Verteidigung der Potempa-Mörder. Nach der Machtübernahme löste Franks Partei die fälligen Honorare dann durch hohe und einträgliche Ämter ein. Er wurde Minister ohne Geschäftsbereich, Reichskommissar für Justiz, Präsident der Akademie für

Hans Frank

deutsches Recht und manches mehr. Doch ein enges persönliches oder gar freundschaftliches Verhältnis zu Hitler hatte sich zum Leidwesen Franks nicht ergeben. Noch vor dem Nürnberger Gericht beklagte Frank, daß Hitler «innerlich gegen die Juristen (stand), das war eine der schwersten Schattenseiten dieses so gewaltig großen Mannes»[133].

Dennoch, inzwischen verdammte Frank den Nazichef, der ihn im Oktober 1939 auf den Sessel des Generalgouverneurs der besetzten polnischen Gebiete befördert hatte. Auf der Krakauer Burg, hoch über der Weichsel, wo Frank fortan residierte, hatte er zwar rauschende Feste feiern dürfen, aber auch beweisen müssen, daß ein Nazijurist seiner Güte zum eisernen Diktator und selbst zum Henker ohne Richter taugte. So stand am Anfang seines Weges die Maxime: «Polen wird als Kolonie behandelt werden; die Polen sollen die Sklaven des Großdeutschen Weltreiches werden.»[134] Einem Blutegel gleich saugte Frank mit seiner Administration das polnische Gebiet wirtschaftlich in unerhörter Weise aus. Die Lebensmittelrationen für polnische Menschen waren zum Leben zu wenig und häufig genug zum Sterben gar nicht zuviel.

Seit dem Frühjahr 1941 waren sich Frank und sein Führer darin einig, daß der Zweck des Generalgouvernements sich früher oder später erschöpfen müsse. Neben den Juden sollten schließlich auch die Polen aus dem Generalgouvernement verschwinden. Am 26. März 1941 erklärte Frank vor NSDAP-Leitern in seinem Herrschaftsbereich: «Wo heute 12 Millionen Polen wohnen, sollen einmal vier bis fünf Millionen Deutsche wohnen. Das Generalgouvernement muß ein so deutsches Land werden wie das Rheinland.»[135]

Doch bevor der Völkermord auch am nichtjüdischen Teil des polnischen Volkes vollstreckt werden sollte, mußte erst der geplante Krieg gegen die Sowjetunion gewonnen sein. So blieb der Genozid an den Polen zwar im Versuch stecken, Opfer hat er dennoch zu Hunderttausenden gekostet. Frank gehörte zur treibenden Kraft der Ausrottung. US-Ankläger Jackson übertrieb keineswegs, als er bemerkte, daß Frank «Polen mit der Peitsche eines Cäsars regierte»[136]. Da waren Standgerichte von SS und Polizei an der Tagesordnung, öffentliche Erschießungen von Polen in Gruppen von 20 bis 200 Menschen sowie die Ermordung von Geiseln am laufenden Band.

Im Prozeß wurde Frank u. a. überführt, die sogenannte AB-Aktion befördert zu haben. Sie war nichts anderes als ein Mordfeldzug gegen potentielle Widerstandskämpfer, führende Vertreter der polnischen Intelligenz eingeschlossen. Am 30. Mai 1940 hatte Frank auf einer Polizeisitzung die Devise ausgegeben: «Was wir jetzt an Führerschicht in Polen festgestellt haben, das ist zu liquidieren; Was wieder nachwächst, ist von uns sicherzustellen und in einem entsprechenden Zeitraum wieder wegzuschaffen.»[137] Der Zeitpunkt für das Blutbad schien Frank besonders verlockend. Angesichts der Aggression im Westen, so befand er, sei das «Scheinwerferlicht» abgelenkt. «Jetzt müssen wir den Augenblick benutzen.»[138]

Dem Tribunal log Frank vor, daß das AB-Unternehmen «im Rahmen der allgemeinen Befriedungsaktion gedacht und mein Plan war, zu erreichen, daß durch ein geregeltes Verfahren die Willküraktionen der Polizei ausgeschaltet wurden»[139]. Das Gegenteil war der Fall. Sicherheitspolizei und SD richteten die Opfer durch Standgerichte mit anschließender Exekution.

Der sowjetische Ankläger Smirnow fragte Frank, warum er denn von seinem Gnadenrecht keinen Gebrauch gemacht habe. Frank: «Ich machte davon Gebrauch». Sein Lügen war hoffnungslos. Er persönlich hatte angewiesen: «Jeder Versuch der Gerichtsbehör-

den, sich in die mit Hilfe der Polizei ergriffene AB-Aktion einzu-
mischen, muß als Verrat am Staat und an deutschen Interessen betrachtet werden ... Die bei mir eingeführte Gnadenkommission hat
mit diesen Dingen nichts zu tun.»[140]

Vernichtung durch Arbeit war ein weiterer Punkt, dessen ihn die
Ankläger bezichtigten und ihn das Gericht für schuldig befand.
Dazu hieß es im Urteil: «Frank führte die Deportation von Skla-
venarbeitern nach Deutschland schon in den ersten Anfängen seiner Verwaltungstätigkeit ein. Am 25. Januar 1940 gab er seine Absicht bekannt, 1 Million Arbeiter nach Deutschland zu deportieren,
und am 10. Mai 1940 schlug er das Mittel der Polizei-Razzia zur
Aufbringung dieses Kontingentes vor.»[141] Alles in allem war Frank
für die Verschleppung von mehr als zwei Millionen polnischer Arbeitskräfte verantwortlich. Frank war von Haus aus eine zwiespältige,
gebrochene Natur, die immer wieder zwischen Extremen hin- und
hergerissen wurde. Einerseits fühlte er sich normativem Denken
verhaftet, woran der erlernte Beruf seinen Anteil hatte, andererseits
war er von den Wirkungen brutalster Willkür fasziniert. 1934 hatte
er beispielsweise über die Ermordung von SA-Stabschef Röhm und
anderer mißliebiger Personen räsoniert, worüber Hitler mehr als
nur die Stirn gerunzelt hatte. Und als er mit dem Staatssekretär für
Sicherheitsfragen und Höherem SS- und Polizeiführer im Generalgouvernement, Friedrich Krüger, ob dessen Alleingängen in Streit
geraten war, besann er sich plötzlich «auf die Unsterblichkeit der
Rechtsidee»[142].

Mehrere Reden, die er dazu im Sommer 1942 an Universitäten
hielt, kosteten ihn am Ende sämtliche Parteiämter und brachten
ihm ein Redeverbot ein. So widersprüchlich wie im Leben war
Franks Haltung auch vor Gericht. In den Zeugenstand gerufen, beteuerte er «das Gefühl einer tiefen Schuld» und erklärte: «Tausend
Jahre werden vergehen und diese Schuld von Deutschland nicht
wegnehmen.»[143] Das trug ihm zwar Görings Verachtung ein, hob
ihn aber zunächst von den übrigen Angeklagten ab. Doch im
Schlußwort korrigierte er diese Aussage wieder mit dem Bemerken,
daß die Verbrechen der Kriegsgegner an Deutschen «jede nur mögliche Schuld unseres Volkes schon heute restlos getilgt (haben)»[144].
Auf die Frage, ob er sich an der Vernichtung der Juden beteiligt
habe, hatte er zunächst geantwortet: «Ich sage ja ...»[145] Aber

schließlich bestritt er, von den Vorgängen in den KZ überhaupt gewußt zu haben. Das Gericht gestand Frank zu, daß einige Verbrechen im Generalgouvernement ohne sein Wissen und sein Mittun durch direkten Befehl Himmlers an Krüger geschehen sein mögen. «Aber es ist ebenso wahr», so das Urteil, «daß Frank ein williger und wissender Mitwirkender sowohl bei der Anwendung von Terror in Polen war, wie bei der wirtschaftlichen Ausbeutung Polens auf eine Art und Weise, die zum Hungertod einer großen Anzahl von Menschen führte ...»[146]

Daß sein Weg ins Verderben führen würde, war Frank lange vor 1933 prophezeit worden. Als er sich anschickte, sich als Verteidiger faschistischer Schlägertrupps einen Namen zu machen, hatte ihn der Geheimrat von Calker, einer seiner Lehrer gemahnt: «Herr Kollege, ich bitte Sie, lassen Sie diese Leute! ... Politik, die im Strafprozeß beginnt, endet auch in einem solchen.»[147] Spätestens seit Beginn des Jahres 1943 wußte Frank, wie recht der alte Geheimrat gehabt hatte. Während einer Regierungssitzung am 25. Januar jenes Jahres klärte Frank seine Komplicen darüber auf, daß sie allesamt bereits auf der Kriegsverbrecherliste zu finden seien. Er fügte hinzu: «Ich habe die Ehre, Nummer 1 zu sein.»[148] Letzteres war zwar übertrieben, doch auf der Anklagebank saß er immerhin in Reichweite der Nr. 1. Von seinem Schuldbekenntnis war bei Ende des Prozesses nur wenig geblieben. Es war längst vom Groll gegen jenen Mann überschattet, der ihm einst ein Abgott gewesen war und um dessen Gunst er mit allen Mitteln gebuhlt hatte: Hitler. Frank im Schlußwort: «Sein Gang wurde mehr und mehr der eines entsetzlichen Abenteurers ohne Gewissen und Ehrlichkeit, wie ich heute weiß ...»[149] Mit solchem Urteil ließ sich das eigene Gewissen erleichtern und Schuldgefühl verdrängen. Soweit Frank eigene Schuld überhaupt empfand, bezog sie sich zum geringsten auf seine Opfer. Noch bevor er vor Gericht aussagte, hatte ihn Gilbert, der Gerichtspsychologe, gefragt: «In welcher Weise fühlen Sie sich eigentlich schuldig?» Und Frank hatte erwidert: «Weil ich ein glühender Nazi war und ihn (Hitler – d. A.) nicht tötete.»[150] Bis auf den französischen Richter de Vabres, der für Frank auf lebenslange Haft plädierte, war sich das Tribunal darin einig, daß dieser Angeklagte die Höchststrafe verdiente. So lautete denn das Urteil: Schuldig nach Punkt 3 und 4 der Anklage und – Tod durch den Strang.

Frick meidet das Kreuzverhör

Gleich Frank war auch Wilhelm Frick, Hitlers langjähriger Innenminister, promovierter Jurist. Doch im Gegensatz zu jenem war er
allzeit Beamter gewesen, und im Nazireich war es ihm schließlich
vergönnt, zum höchsten aller Beamten aufzusteigen. Hitler hatte
ihn mitunter verächtlich «Paragraphenschuster» genannt, jedoch
stets die «Verdienste» gewürdigt, die Frick schon sehr früh um das
Gedeihen der Nazipartei hatte. Der phantasielose, stockreaktionäre
und nationalistisch erzogene Lehrersohn war schon frühzeitig in
den Diensten der kaiserlichen Polizei gelandet. Als er im
Jahre 1919 schließlich zum Chef der politischen Polizei im Münchener Polizeipräsidium avancierte, deckte er die Umtriebe des
rechtsextremen Gesindels im Stile der Unterwelt. Er hatte nicht
nur den Mördern von Erzberger gefälschte Pässe für deren Flucht
nach Ungarn ausgestellt, sondern mit Polizeipräsident Pöhner im
Rücken auch seine schützende Hand über die noch schwachbrü-
stige Nazipartei gehalten. Anzeigen gegen Hitler und seine Schlä-
gerkolonnen hatte er unterdrückt und den Naziführern manchen
Tip gegeben, durch den sie die Staatsgewalt unterlaufen konnten.
Hitler gestand später ein, ohne Fricks Beistand wäre er «auch nie
aus dem Kittchen herausgekommen»[151]. Am 9. November hatte der
Geheimkriminaler mitzuputschen versucht, sogar danach gestrebt,
das Polizeipräsidium in seine Krallen zu nehmen, doch war er erst
einmal dort gelandet, wo er längst hingehört hätte: im Gefängnis.
Vorzeitig entlassen, machte er sich bald im Reichstag als Abgeord-
neter und Fraktionsführer der NSDAP breit, und im Aufwind der
Nazipartei konnte er 1930 bereits in das Amt des thüringischen In-
nenministers schlüpfen. Fricks Amtsmißbrauch nahm seinen Fortgang, gipfelte in Sabotage an der Weimarer Republik, reaktionären
Lehrplänen an Schulen, im Verbot von Jazzmusik und beispielsweise des Films «Im Westen nichts Neues». Ein Mißtrauensvotum
im April 1931 bedeutete für seine Staatskarriere dann ein jähes
Ende. Erst der 30. Januar 1933 brachte dem Verwaltungsbürokraten
der Nazibewegung den Triumph seines Lebens. Hitler berief ihn als
Reichsinnenminister in sein Kabinett. In diesem Amte erwies sich
Frick als der aktivste Konstrukteur des KZ-Staates. Ob die Einführung der sogenannten Schutzhaft, die Entmündigung des Reichsta-

Wilhelm Frick

ges, das Parteienverbot oder die Allmacht der Gestapo angesagt war – stets fabrizierte Hitlers Innenminister die staatsrechtlichen Bausteine dafür. Am 12. April 1934 hatte er beispielsweise einen Schutzhaft-Erlaß herausgegeben, der für das gesamte Reich gültig war. Danach war zeitlich unbegrenzte KZ-Haft u. a. zum «eigenen Schutz» des Häftlings zulässig oder dann, wenn er durch sein Verhalten, sprich durch staatsrechtliche Betätigung, die Naziordnung «gefährdete». Dies war nichts anderes als eine notdürftig getarnte Anleitung zur Freiheitsberaubung Andersdenkender. Gleichwohl verstieg sich Fricks Verteidiger, Dr. Otto Pannenbecker, im Prozeß dazu, daraus den «Kampf Fricks gegen Willkürmaßnahmen der Politischen Polizei der Länder»[152] herzuleiten. Wie weit Frick davon entfernt war, belegte ein Runderlaß, den er am 25. Januar 1938 herausgab. Mit ihm wurde das Anordnen von Schutzhaft ausschließlich in die Hände der Gestapo gelegt. Mit diesem Akt suchte Frick nicht einmal mehr den Eindruck zu erwecken, als sei KZ-Haft Ausnahmerecht für Ausnahmezeiten. Schließlich feierte Heydrichs Stellvertreter Best den Frickerlaß als «Beseitigung aller bestehenden rechtlichen Schranken»[153].

Im übrigen kannte Frick das Schicksal der Schutzhäftlinge und die Grausamkeiten, denen sie ausgesetzt waren. Auf seinem Schreibtisch waren unzählige Beschwerden und Bittgesuche von Häftlingen gelandet, die ihn aber allesamt kalt gelassen hatten. Im Jahre 1938 hatte er sich im KZ Sachsenhausen dann auch vor Ort vom Alltag eines Vernichtungslagers überzeugt.

Frick war der Prototyp des Schreibtischtäters, der die Verbrechen des Systems vornehmlich durch Paragraphen befördert hatte. Das betraf zum einen die Endlösung der Judenfrage. Die Nürnberger Gesetze und ihre Durchführungsbestimmungen bis hin zur berüchtigten 13. Verordnung zum Reichsbürgergesetz am 1. Juli 1943 waren das Werk seines Ministeriums. Völlig zu Recht lastete ihm das Nürnberger Urteil an: «Er unterschrieb 1943 nach der Massenausrottung der Juden im Osten einen endgültigen Erlaß, der sie ‹außerhalb des Gesetzes› stellte, und übergab sie der Gestapo. Diese Gesetze ebneten den Weg zur ‹Endlösung› und wurden von Frick auf die einverleibten Gebiete und gewisse besetzte Gebiete ausgedehnt:»[154]

Das betraf zum anderen die Germanisierung vor allem mit Hilfe des faschistischen Staatsangehörigkeitsrechts. Die von Fricks Ministerium ausgeheckten Normen zur Staatsangehörigkeit spalteten die Menschen der überfallenen Länder in zwei Hauptgruppen auf: in die deutschen «Volkszugehörigen» bzw. ihnen Gleichgestellte oder für «eindeutschbar» Erklärte einerseits und in «Fremdvölkische» und «deutschstämmige unverbesserliche Renegaten» andererseits. Den einen wurde die Staatsangehörigkeit der Eroberer aufgezwungen bis hin zu der Pflicht, gegen das eigene Land Krieg zu führen; die anderen wurden ihrer staatsbürgerlichen Rechte beraubt, zu «Schutzangehörigen» bzw. «Protektoratsangehörigen» degradiert oder gar für staatenlos erklärt. In dieser Hinsicht warfen die IMT-Richter Hitlers Innenminister vor: «Er trägt die Verantwortung für die Germanisierung in Österreich, dem Sudetenland, Memel, Danzig, den Ostgebieten (Westpreußen und Posen), Eupen-Malmedy und Moresnet. Den Bürgern dieser Gebiete zwang er deutsches Recht, deutsche Gerichte, deutsche Erziehung, deutsche Polizei und Militärdienstpflicht auf.»[155] Zudem war Fricks Ministerium die Trainingsstätte für Rosenbergs mörderische Administration in den okkupierten Ostgebieten gewesen. Das Gros der Beamten, mit dem Rosenberg die besetzten Gebiete der Sowjetunion drangsalierte und ausplünderte, stammte aus dem Hause Frick. Schließlich mußte sich der einstige Reichsinnenminister auch wegen jener Verbrechen verantworten, in die er als Reichsprotektor für Böhmen und Mähren verstrickt war. Im August 1943 hatte Frick seinen Ministersessel zugunsten Himmlers räumen müssen, der längst die größere Gunst Hitlers genoß. Fortan mußte sich Frick mit dem Amt des Reichsprotektors begnügen, über das er wohl nicht sonderlich glücklich gewesen zu sein scheint. Die Allmacht nämlich, mit der Heydrich selbst als stellvertretender Reichsprotektor dortzulande hatte wüten können, war inzwischen mit dem Amt nicht mehr verknüpft. Neben dem Reichsprotektor gab es einen deutschen Staatsminister namens Karl Hermann Frank, in dessen Hand die eigentliche Exekutive, vor allem SS und Polizei, lag. Doch von solch geringem Einfluß war Fricks neues Amt auch wieder nicht, wie es Verteidiger und Entlastungszeugen darzustellen suchten. Ausgerechnet Exreichskanzleichef Lammers beeilte sich, dem Gericht zu versichern, daß Frick das Amt gar nicht antreten wollte und «der Reichsprotektor von jetzt ab nur eine mehr dekorative Persönlichkeit sein sollte ..., und im übrigen hat Hitler gewünscht, daß der Reichsprotektor sich nicht allzuviel im Protektorat aufhält»[156]. Was Lammers wie auch der Verteidiger Pannenbecker unterschlugen, war, daß Karl Hermann Frank dem Reichsprotektor rechenschaftspflichtig und dieser der höchste Repräsentant des Nazireiches im Protektorat war. Davon gingen auch die Nürnberger Richter aus. Im Urteil hieß es: «Als oberste Reichsbehörde in Böhmen und Mähren trägt Frick allgemein die Verantwortung für die Unterdrückungsmaßnahmen in diesem Gebiet seit 23. August 1943, wie z. B. die Terrorisierung der Einwohner, Sklavenarbeit und Deportation der Juden nach Konzentrationslagern zum Zwecke der Ausrottung.»[157] Bis auf das Schlußwort war von Frick selbst im Prozeß nichts zu hören. Er hatte es kategorisch abgelehnt, sich dem Kreuzverhör der Ankläger zu stellen. Dazu gab es eine Vorgeschichte. Durch Zufall war US-Ankläger Robert Kempner in Nürnberg seiner früheren Sekretärin im Preußischen Innenministerium wiederbegegnet. Diese Frau hatte es in den letzten Kriegsjahren auf den Prager Hradschin verschlagen, wo sie als Angestellte ausgerechnet von Reichsprotektor Wilhelm Frick tätig war. Kempner, der die Ermittlungen gegen Frick führte, erfuhr von

ihr nun aufregende Dinge über ihren einstigen Chef, beispielsweise, daß Frick vor Kriegsende Gelder von Staatskonten auf Pri-
vatkonten hatte verschwinden lassen. Kempner machte daraus gegenüber Fricks Verteidiger keinen Hehl und meinte zu Pannenbek-
ker: «Seien Sie froh, daß das kein Anklagepunkt ist.» Der Anwalt
gab Kempners Wissen an seinen Mandanten weiter, und Frick reagierte verärgert: «Dann werde ich mich nicht als Zeuge in eigener
Sache Herrn Kempner stellen.»[158]

Auf dieser Haltung beharrte Frick dann auch vor Gericht, um so
mehr, als die Anklage gegen ihn von Kempner selbst vorgetragen
worden war. Erst in seinem Schlußwort versuchte der Angeklagte
dann, sich aus der Affäre zu ziehen. Nicht nur, daß er sein reines
Gewissen gegenüber der Anklage beteuerte. Frick behauptete zudem: «Ich bin überzeugt, daß kein patriotischer Amerikaner oder
Angehöriger eines anderen Landes in gleicher Lage seines Landes
an meiner Stelle anders gehandelt hätte. Denn jede andere Handlungsweise wäre Bruch meines Treueides, Hoch- und Landesverrat
gewesen.»[159]

Soviel Dreistigkeit, aber auch Einfältigkeit hatte man dem bis dahin schweigsamen Angeklagten kaum zugetraut. Ganz so einfach
hatte es sich Pannenbecker nicht gemacht. Zwar ging auch Fricks
Anwalt von der Schuldlosigkeit seines Mandanten aus, versuchte
aber, den Angeklagten auch noch moralisch zu entlasten. Fricks Tra-
gik, so Pannenbecker, liege in der Verstrickung in ein System, von
dem sich Hitler die Wiederaufrichtung einer deutschen Nation versprochen habe. «Hitler war es aber auch, der es verstand, den bürgerlichen Beamten sein Programm hinzustellen als den einzigen Weg
zur Abwendung einer bolschewistischen Herrschaft in Deutschland
und was der scheinbaren Wahrheiten, Verdrehungen und Propagan-
dakünste mehr waren, durch die so viele getäuscht wurden, die sich
von der suggestiven Kraft eines Hitlers haben mitreißen lassen und
die nicht rechtzeitig erfaßt haben, daß sie sich dem suggestiven Willen eines Verbrechers untergeordnet hatten ...»[160]

Solches Argumentieren war viel zu stereotyp und abgenutzt, als
daß es das Gericht hätte beeindrucken können. Zwar votierte die
Mehrheit der Richter gegen die Verurteilung Fricks wegen Teilnahme an der Verschwörung. Doch die übrigen Anklagepunkte
hielt man für erwiesen. Das Urteil: Tod durch den Strang.

Streicher:
«Ich habe nicht den Führer erzogen»

Während Frick in eiskalter Paragraphensprache auf den Verbre-
chensmechanismus eingewirkt hatte, war Julius Streicher mit dem
aufstachelnden Vokabular des Menschenhassers zu Werke gegangen. Dem bayerischen Volksschullehrer schien man den Antisemitismus schon in die Wiege gelegt zu haben. Als er 1919 die
Deutsch-sozialistische Partei mitbegründete, war er längst ein glühender Judenhasser. Folgerichtig schwenkte er im Oktober 1922
mit seinem Parteigefolge in das Lager Hitlers über, dem er bald
blind ergeben war und zu dessen wenigen Duzfreunden er sich
rechnen durfte. Beim Putsch am 9. November marschierte Streicher
in der zweiten Reihe, und so genoß er später als «alter Kämpfer»
Hitlers Nachsicht auch dann noch, wenn er sich den Unwillen gehobener Parteibonzen zuzog.

Im April 1923 gründete Streicher die Wochenzeitung «Der
Stürmer», und die Spalten dieses Blattes lieferten in Nürnberg
schließlich Beweise ohne Ende für die Verbrechen eines Mannes,
der sich in peinlicher Selbstkoketterie so oft als «Judenfeind
Nr. 1» bezeichnet hatte. Die Zeitschrift war damals schwer angelaufen, mußte sich im Anfang mit ein paar tausend Exemplaren
begnügen, die über den Nürnberger Raum kaum hinausgelang-
ten. Doch der Nazigauleiter von Franken, zu dem Streicher 1925
gekürt worden war, schaffte es zunehmend, den «Stürmer» zum
abstoßendsten, aber auch effektivsten antisemitischen Blatt zu
«profilieren», das wohl jemals gedruckt worden ist. Schon die
Sprache der Gazette, deren Ton ebenso reißerisch wie plump und
ordinär war, zog primitive, naiv-neugierige Gemüter an. Da wurde
beispielsweise die Lüge vom Ritualmord an Nichtjuden so emotional wie möglich kolportiert, das Bild des geborenen jüdischen
Verbrechers gezeichnet, der Jude als ewiger Kriegstreiber angeprangert. Aber mehr noch bezog «Der Stürmer» seine Affinität
aus den Karikaturen und der Pornografie, mit denen er immer
wieder sexuelle Kontakte zwischen jüdischen und sogenannten
arischen Menschen als «Blutschande» attackierte. Streichers antijüdische Pogromhetze wurde in dem Moment zum Verbrechen
gegen die Menschlichkeit, da das Naziregime Diskriminierung,

Häftling Julius Streicher

Verfolgung und schließlich Ausrottung jüdischer Menschen zur Staatspolitik erhob.

Ohne Frage förderten und stimulierten gedruckte Haßtiraden die Praxis des Naziregimes gegenüber den jüdischen Menschen, waren sie eines ihrer Elemente. Mitunter hatte der sogenannte Frankenführer auch dirigierend in die Attacken gegen jüdische Deutsche eingegriffen. Der Boykott jüdischer Geschäfte am 1. April 1933 war unter seiner Schirmherrschaft geschehen, beim Abriß der Nürnberger Hauptsynagoge am 10. November 1938 hatte er Regie geführt, und auch die willkürliche Enteignung Hunderter jüdischer Häuser und Geschäfte in Nürnberg und Fürth gingen auf seine Order zurück. Ansonsten hatte Streicher sich mit fanatischem Eifer darum bemüht, die praktischen Schritte Hitlerscher Judenpolitik psychologisch vorbereiten und anschließend rechtfertigen zu helfen. Wie kaum ein anderer hatte er den Nürnberger Gesetzen Beifall gespendet, und noch vor dem Tribunal gestand er: «... ich habe es als Zurücksetzung empfunden, daß ich zur Beratung dieser Gesetze nicht beigezogen worden war.»[161]

Im Mai 1939, lange bevor die Endlösung ins Auge gefaßt wurde, war im «Stürmer» bereits die Vernichtung der sowjetischen Juden verlangt worden: «Die Juden in Rußland müssen getötet werden. Sie müssen ausgerottet werden mit Stumpf und Stiel. Dann wird

553

die Welt sehen, daß das Ende der Juden auch das Ende des Bolschewismus ist.»[162]

So plump und dreist wie die Lügen und Verdrehungen seines
einstigen Blattes waren auch Streichers Aussagen vor Gericht. Hier
behauptete er allen Ernstes, von der Endlösung erst in Mondorf,
nach seiner Gefangennahme, erfahren zu haben. Griffith Jones,
einer der britischen Ankläger, hatte da keine Mühe, Streicher des
Meineids zu überführen. Am 28. Januar 1943 hatte er einen Beitrag
publiziert, in dem vom folgenschwersten Versprechen Hitlers die
Rede war, «die Welt von seinen jüdischen Peinigern zu befreien.»
Streicher weiter: «Wie herrlich ist es zu wissen, daß dieser große
Mensch und Führer auch diesem Versprechen die Tat folgen läßt!
Sie wird die größte sein, die je unter Menschen geschah.»[163] Es gab
auch noch weitere Beweise, die Streicher der Mitwisserschaft um
die Endlösung und damit der ideologischen Mitwirkung an ihr überführten. Zu Streichers ständiger Lektüre hatte u. a. das in der
Schweiz erscheinende «Israelische Wochenblatt» gehört, das die
Öffentlichkeit ständig über die Zahl der jüdischen Opfer aus den
okkupierten Ländern unterrichtete. Und als das Warschauer
Ghetto dem Erdboden gleichgemacht wurde, war Streichers Bild-
porter am Tatort. Dennoch hatten die Ankläger weiter ausgeholt,
als es nötig und angemessen war. Jackson lastete dem Judenhetzer
in seinem Schlußwort an, daß er das deutsche Volk «angestiftet
und vorbereitet (hatte), die rohe Verfolgung und das Abschlachten
von Millionen seiner Mitbürger hinzunehmen und sich daran zu
beteiligen. **Ohne ihn hätten sich diese Dinge nicht ereignet.** (Hervorhebung d. A.)»[164]

Auch Rudenko maß Streichers Rolle mehr Gewicht bei als ihr
objektiv zukam: «Ohne den ‹Stürmer› und seinen Redakteur hätte
der deutsche Faschismus nicht so schnell und in solchen Ausma-
ßen Mörder erziehen können, welche die verbrecherischen Pläne
Hitlers und seiner Clique direkt ausführten, indem sie mehr als
sechs Millionen Juden Europas vernichteten.»[165]

Folgte man diesen Thesen, dächte man sich die Figur Streichers
aus der antisemitischen Szene weg, gelangte man zu dem Schluß,
daß es ohne Streicher gar keine Endlösung gegeben hätte oder aber
sie erheblich später stattgefunden hätte. Solche Betrachtungsweise
übersah zunächst, daß die Endlösung in den Germanisierungsplä-

nen und im Weltherrschaftskonzept des Faschismus wurzelte, daß die Ideologie des Rassenantisemitismus zwar eine Bedingung, nicht aber die Ursache für die Endlösung war. Die Prämissen der Ankläger negierten zudem, daß es im Hitlerreich ca. 3 000 Tageszeitungen gegeben hatte, von denen die meisten das Gift des Antisemitismus ebenso versprühten wie der Rundfunk, der in die Stuben der meisten Deutschen eindrang. Und nicht zuletzt gab Himmler eine SS-eigene Zeitung, «Das schwarze Korps», heraus, die dem «Stürmer» kaum nachstand.

Die Kausalität zwischen Streichers Judenhetze einerseits und der Endlösung andererseits nachzuweisen war denn auch eine Sache der Unmöglichkeit, an der sich Streichers Verteidiger Dr. Marx aufrichtete. Zur Entlastung seines Mandanten konnte der Anwalt auch noch ins Feld führen, daß Streicher bereits 1940 aus dem Kreis der Naziführer hatte verschwinden müssen. Eigenmächtigkeiten, krumme Geschäfte, sexuelle Exzesse und Anwürfe gegen Göring hatten ihn schließlich seine Parteiämter gekostet. Seitdem lebte er zurückgezogen und gemieden auf seinem Gut in Pleikershof, wo ihn französische Zwangsarbeiter allerdings von vorn und hinten zu bedienen hatten. Was ihm als Brücke zur großen Politik noch geblieben war, war sein «Stürmer», und den durfte er bis in das Jahr 1945 hinein dazu benutzen, um den Genozid an den Juden in ideologischer Form mitzutragen.

Anhand der doch verbogenen Karriere des Julius Streicher suchte sein Anwalt das Tribunal glauben zu machen, daß sein Mandant nur der unbedeutende Herausgeber einer unbedeutenden Zeitung war. Auch Streicher selbst beschwor, daß in den zwanzig Jahren, da der «Stürmer» durch die Welt der Naziblätter geisterte, kein einziger Mord geschehen sei, zu dem antisemitische Schriftsteller oder Redner aufgereizt hätten. «Wir haben keine Mörder erzogen», beteuerte er. «Das, was während des Krieges geschah – ich habe den Führer nicht erzogen, der Führer hat den Befehl aus sich selbst heraus erteilt.»[166]

Das stand ganz im Widerspruch zu der Aussage, daß er von der Endlösung erst nach Kriegsende erfahren haben wollte. Streicher, der von den Mitangeklagten weitgehend gemieden wurde, glaubte vielleicht, gerade deshalb auch seine Nebenleute entlasten zu müssen. So betonte er einerseits, daß Hitler in seinem Entschluß, die

Juden auszurotten, «unbeeinflußbar» war, andererseits, «daß, wenn Hitler befahl, jeder gehandelt hat», natürlich ausgenommen er selbst. Streicher: «... wenn der Führer es mir befohlen hätte, ich hätte nicht vermocht, Tötungen vorzunehmen.»[167]

Gleichwohl blieb Streichers glorifiziertes Hitlerbild auch in Nürnberg unverrückt. «... diese Massentötungen», so interpretierte er während des Kreuzverhörs, «waren der letzte Willensakt eines vielleicht am Wissen, daß er nicht siegen werde, verzweifelnden großen Mannes der Weltgeschichte.»[168]

Auch Dr. Marx suchte seinen Mandanten mit dessen mangelnder Kooperation mit dem Naziführer zu entlasten. Der Anwalt legte Wert auf die Feststellung, «daß im entscheidenden Zeitraum zwischen September 1939 und Oktober 1942 eine Einflußnahme Streichers auf Hitler weder erfolgte, noch nach Lage der Sache überhaupt möglich war»[169].

Daß die Endlösung ein Organisationsverbrechen war, das nur arbeitsteilig zwischen Ideologen und Planern, Häschern und Henkern, Leichenfledderern und Totengräbern zu bewerkstelligen war, überforderte wohl die verbildete Gedankenwelt des bürgerlichen Rechtsdogmatikers.

Streicher selbst war auch am Ende des Prozesses der alte geblieben: ein verbohrter, verblendeter Antisemit, der seine Schmierereien von gestern noch immer als die Wahrheit ausgab. Bürgerliche Historiker meinen selbst, daß Streicher «gar kein Unrechtsbewußtsein hatte»[170]. Auszuschließen ist das nicht, wenn man Streichers psychisches Profil berücksichtigt. «Auf die Richter wirkte Streicher offenbar höchst widerlich und wie ein Verrückter»[171], resümierte der Amerikaner Bradley F. Smith. Aber das alles konnte an der Schuldfähigkeit und strafrechtlichen Verantwortlichkeit des Endlösungsideologen natürlich nicht rütteln.

Ins Visier der Ankläger war Streicher zunächst in erster Linie deshalb geraten, weil die Amerikaner in ihm ein Mitglied der Verschwörung vermutet hatten. Aber dies war im Lichte der Beweisführung dann doch nicht belegbar. So blieb zur Verurteilung allein Anklagepunkt 4 übrig, Verbrechen gegen die Menschlichkeit, das Streicher gewissermaßen im Wochenrhythmus begangen hatte. Doch unterschied er sich von anderen antisemitischen Mordhetzern des Nazireiches eben nur graduell, nicht prinzipiell. So kam dann auch das Urteil gegen Streicher um derbe Übertreibung nicht herum, um seine Rolle als Hauptkriegsverbrecher zu begründen. Seine Art, in der er «die Gedankengänge Tausender von Deutschen vergiftete», werteten die Richter als «Anlaß dafür, daß die Deutschen der nationalsozialistischen Politik der Verfolgung und Vernichtung der Juden Folge leisteten»[172]. Da mußte selbst die These von der Kollektivschuld noch herhalten, was mit Blick auf die Endlösung und ihre peinliche Geheimhaltung durch die Hitlerclique besonders absurd war.

Auch im Fall Streicher wurde die Todesstrafe ausgesprochen, was in der Relation zu solchen Hauptfiguren des Völkermordes wie Kaltenbrunner, Frank und Rosenberg schlicht überhöht war. Kaum jemand wird bestreiten, daß Streicher für seine ekelhaften Ergüsse harte· Strafe verdient hatte, doch ob er auf die Anklagebank der Hauptkriegsverbrecher gehörte, darf bezweifelt werden. Dies um so mehr, wenn man bedenkt, daß Höß, der Kommandant von Auschwitz, in Nürnberg nur als Zeuge gehört wurde. Gleichwohl muß man, wie Bradley F. Smith zu Recht bemerkt, Jahrzehnte später «das Geschick eines Julius Streicher nicht bedauern»[173].

Funk und die Goldzähne
in der Reichsbank

Weit schwerer belastet war ein Mann, der neben Streicher auf der Anklagebank saß und der es ganz im Gegensatz zu seinem Nachbarn selbst während der Naziära verstanden hatte, den Schein von Seriosität zu wahren: Walter Funk. Der nicht ungebildete Wirtschaftsjournalist und Chefredakteur der konservativen «Berliner Börsenzeitung» war im Jahre 1931 zur Nazipartei gestoßen. Damals besaß Funk längst das Vertrauen rheinisch-westfälischer Schlot- und Bankbarone, und so war es ihm ein leichtes, seine Gönner zu Millionenspenden für die Kasse der Nazipartei zu animieren. Was Wunder, daß er über Nacht Hitlers Mann wurde und zu dessen wichtigstem Wirtschaftsberater aufstieg.

Als die Macht in den Schoß der Hitlerclique gelegt wurde, figurierte Funk zunächst als Pressechef der Reichsregierung. Nachdem Goebbels wenig später ein eigenes Ministerium bewilligt erhielt,

Walter Funk

zog Funk als Staatssekretär in die faschistische Hetzzentrale ein,
wo er laut Nürnberger Aussage «die geradezu geniale Art, mit der
Goebbels Propaganda machte, bewundert»[174] hat. Dafür war sein
eigener Stern als Naziagitator um so blasser geblieben. Dies mag
einer der Gründe gewesen sein, warum Hitler Ende 1937 sich wieder auf den Wirtschaftsfachmann Funk besann, da der Bruch mit
Hjalmar Schacht nicht mehr zu kitten war. Noch im November 1937 trat Funk für den verdrängten Bankier das Amt des Wirtschaftsministers an und damit eine Karriere, die in Verbrechen gegen das Völkerrecht einmündete.

Gleich nach dem Novemberpogrom 1938 tat sich Funk mit
einem Verordnungsentwurf hervor, der auf das Ausschalten jüdischer Deutscher aus der Wirtschaft zielte. Dieses Gesetz hatte er
auf den Tisch jener verhängnisvollen Runde gelegt, die am 12. November 1938 unter Görings Vorsitz die Weichen in Richtung Endlösung stellte. Als Funk die Details vortrug, erntete er Görings un-
geteiltes Lob: «Mir scheint das einfach hervorragend vorbereitet
zu sein.»[175] Funks Edikt, das Juden den Betrieb von Geschäften,
Bestellkontoren, Handwerksunternehmungen ebenso verbot wie
eine Tätigkeit als Betriebsleiter oder leitender Angestellter in der
Wirtschaft, wurde von Göring noch am selben Tag in Kraft gesetzt.

Das Protokoll jener Runde lag dem Gericht vor, so daß Funk nur die Wahl blieb, diesen Punkt zu verdrehen. Und ebendies machte er in aller Unverfrorenheit. Einerseits beteuerte er, daß die Vorgänge in der Nacht vom 9. zum 10. November ihn «persönlich auf das schwerste trafen». Andererseits suchte er seinen Anteil an der Eskalation der Entrechtung als gute Tat auszugeben. Funk am 6. Mai 1946: «Aber die Durchführungsverordnungen mußte ich erlassen, um die Juden vor völliger Rechtlosigkeit zu schützen ...»[176] Soviel Plumpheit des Arguments wollte Dr. Fritz Sauter, sein Anwalt, dann doch nicht gelten lassen. Aus dessen Sicht hatte sich der Angeklagte damals in «einer Zwangslage» befunden. Sauter versuchte es mit Funks Rolle als Märtyrer. Sein Mandant wurde, so der Anwalt, «ein Opfer seiner Treue gegenüber den Gesetzen des Staates, dem er den Treueid geleistet hatte»[177]. Der an sich clevere Anwalt hatte dabei zwei wichtige Dinge unterschlagen: daß Funk selbst Autor jener Paragraphen war, die ihm angelastet wurden und daß bei einem verbrecherischen Gesetz die Pflicht zur Treue allemal der Pflicht zum Widerstand zu weichen hat.

Es sollte noch schlimmer kommen für Funk. Das Beweismaterial überführte ihn nämlich auch des Mittuns an der Endlösung, und zwar in seiner Eigenschaft als Reichsbankpräsident. Dieses Amt hatte er neben seinen Funktionen als Wirtschaftsminister und Generalbevollmächtigter für die Wirtschaft seit Januar 1939 innegehabt. Als die Amerikaner 1945 in Frankfurt a. Main einrückten, machten sie in den dortigen Gewölben der Reichsbank einen entsetzlichen Fund. Neben Goldbarren und Devisen stießen sie auf eine Unmenge an Schmuck, Zähnen, Zahnbrücken und Brillenfassungen aus Gold. Über die Herkunft der in Kisten und Säcken verstauten Utensilien gab es keine Zweifel. Deutlich war auf mehreren der Stempel «Auschwitz» und «Lublin» zu lesen, jene Orte, von denen aus die Beute abgesandt worden war. Als US-Ankläger Dodd Funk am 7. Mai 1946 fragte: «Haben Sie schon irgendeinmal gehört, daß jemand seine Goldzähne in eine Bank gebracht hat, um sie sicherzustellen?», bekam er keine Antwort. Sekunden zuvor hatte der Ankläger dem Gericht einen Film vorgeführt, in dem das Auffinden der erwähnten Sachen festgehalten worden war. Nachdem Funk die Sprache wiedergefunden hatte, fiel ihm wenig Überzeugendes ein. Funk: «Woher diese Zähne gekommen sind, weiß ich nicht, das hat man mir nicht berichtet, und was mit den Zähnen gemacht worden ist, weiß ich auch nicht.»[178]

Offenbar vertraute Funk darauf, daß sein damaliger Stellvertreter, der geschäftsführende Vizepräsident der Reichsbank, Emil Puhl, ihn vom Verdacht der Leichenfledderei befreien würde. Deshalb wollte er Puhl unbedingt als Entlastungszeuge vor Gericht sehen, was ihm schließlich auch gewährt wurde. Doch erst einmal verlas Dodd zu Funks Entsetzen eine eidesstattliche Erklärung Puhls, die dieser am 3. Mai 1946 abgegeben hatte. Darin hieß es: «Im Sommer des Jahres 1942 hatte der Reichsbankpräsident und Reichswirtschaftsminister eine Unterredung mit mir ... Funk sagte mir, daß er eine Vereinbarung mit dem Reichsführer Himmler getroffen habe, Gold und Schmuck für die SS in Verwahrung zu nehmen. Funk gab die Anweisung, daß ich die notwendigen Vereinbarungen mit Pohl treffen solle, der der Leiter der Wirtschaftsabteilung der SS war und dem die Verwaltung der ökonomischen Seite der Konzentrationslager unterstand ... In Ausübung meiner Pflichten besuchte ich von Zeit zu Zeit die Safes der Reichsbank und sah, was dort aufbewahrt wurde. Auch Funk besuchte die Safes von Zeit zu Zeit ...»[179]

Tags zuvor hatte Funk noch beteuert, er habe «niemals ein Geschäft mit der SS begonnen»[180]. Nun erinnerte er sich plötzlich, doch mit Himmler gesprochen zu haben, jedoch lediglich über die Frage, ob die Einlagen der SS zugunsten der Reichsbank verwertet werden dürften. Die Tatsache selbst, daß die SS Devisen und Wertgegenstände in der Reichsbank hinterlegte, wollte er erst im nachhinein von Puhl erfahren haben. Diese Ausrede zerbröckelte dann aber am 15. Mai 1946, da Puhl als Zeuge vor Gericht erschien. Zwar suchte der einstmals zweite Mann der Reichsbank seine eidesstattliche Erklärung inzwischen etwas abzuschwächen, was den genauen Inhalt der SS-Einlagen anbetraf. Schließlich fiel der Verdacht dieses Verbrechens ja auch auf ihn. Doch blieb Puhl dabei, daß die Vereinbarung mit der SS zwischen Funk und Himmler getroffen worden war. Auf die Frage, was sein Vorgesetzter ihm damals erzählt habe, was denn für die SS verwahrt werden solle, sagte Puhl: «Also Wertsachen, die von der SS aus den östlichen Gebieten gekommen waren ...» Funks Verteidiger Dr. Sauter faßte nach: «Hat er näher angegeben, der Angeklagte Funk, was das für Wertsachen sein sollen?» – Puhl: «Nein, detailliert nicht, aber im großen und ganzen sagte er: Werte wie Gold und Devisen, Silber, Schmucksachen.»[181]

In seiner Erklärung vom 3. Mai hatte Puhl auch Uhren, Brillenrahmen, Goldfüllungen und andere Gegenstände in großer Menge genannt, «die von der SS Juden, Konzentrationslageropfern und anderen Personen abgenommen worden waren»[182].

Nicht von ungefähr hatte Funk seinen Vize über diese Angelegenheit zu strikter Geheimhaltung verpflichtet. Das allerdings war vergebliche Mühe gewesen. Denn die SS war mit Lastwagen an der Staatsbank vorgefahren, um die Opferbeute abzuliefern. Insgesamt 77 Sendungen waren im Zuge der Endlösung bei der Reichsbank eingegangen. Dem Personal konnte das schwerlich entgehen. So gestand Puhl denn auch ein: «Es war ein allgemeines Geflüster über diese Operation in der Bank, aber Einzelheiten waren natürlich nicht bekannt.»[182a] Offenbar wußten er und Funk ganz genau um den wahren Inhalt der Wertpakete der SS. Diese Transaktion mit der SS, so befand der amerikanische Chefankläger Jackson, war «wahrscheinlich die dämonischste Deckung in der Geschichte des Bankwesens»[183].

Funk und die von ihm geführte Reichsbank hatten auch noch andere Geschäfte mit Himmler und Pohl gemacht. Ein Teil der SS-Beute war nach beiderseitiger Vereinbarung der Städtischen Pfandleihe in Berlin übergeben und in Geld umgemünzt worden. Nach Puhls Angaben war dafür ein laufendes Konto für die SS eingerichtet worden, das zwischen 10 und 12 Millionen Reichsmark betrug. Zur Verschleierung hatte man das Konto unter dem Namen «Max Heiliger» geführt. Von diesem Geld finanzierte das Wirtschaftsverwaltungshauptamt der SS u. a. die Ausbeutung von Zwangsarbeitern in SS-eigenen Betrieben. Für den gleichen Zweck hatte die SS auch Kreditmittel gefordert. Als Funk damit konfrontiert wurde, war seine einzige Frage: «Ist der Kredit sicher, wird er verzinst?». Als Puhl ihm dies versicherte, wies Funk ohne Umschweife an: «Schön, machen Sie das.»[184]

Die Kreditierung SS-eigener Produktion war nicht der einzige Berührungspunkt Funks zum Verbrechen der Vernichtung durch Arbeit. Als Mitglied des Ministerrates für Zentrale Planung hatte er mit darüber zu entscheiden, wie viele ausländische Arbeiter in Industriebetrieben seines Herrschaftsbereiches zwangszuverpflichten waren. In der Untersuchungshaft war Funk am 22. Oktober 1945 gefragt worden: «Glaubten Sie, daß es rechtmäßig war, Menschen aus ihren Heimen zu reißen und nach Deutschland zu transportieren?» Seine Antwort war: «Im Krieg passieren viele Dinge, die nicht völlig rechtmäßig sind. Ich habe mir nie den Kopf darüber zerbrochen.»[185] Im Prozeß wollte Funk diese Aussage allerdings nicht mehr wahrhaben.

Neben Kriegsverbrechen und Verbrechen gegen die Menschlichkeit befand das Gericht Funk auch des Verbrechens gegen den Frieden für schuldig. Die Richter lasteten ihm sowohl seine Mitwirkung an der ökonomischen Vorbereitung der Aggression gegen Polen und die Sowjetunion an als auch an der wirtschaftlichen Ausbeutung der besetzten Gebiete. Funks Werk war beispielsweise der Raub der Goldreserven der Tschechoslowakischen Nationalbank in Höhe von 23 000 Kilogramm. Die Liquidierung der Jugoslawischen National-Bank war ebenfalls das Resultat seiner Aktivität. Vor Gericht gestand Funk zudem ein, daß die besetzten Gebiete von 1941 bis einschließlich 1943 für die faschistische Kriegführung Produktionswerte von 90 Milliarden Reichsmark beisteuern mußten. Hätte sich Funks Zukunftsvision für Osteuropa erfüllt, die er in einer Rede Ende 1941 in Prag ausgearbeitet hatte, wäre es zum Ausbluten auf lange Sicht gekommen: «Die weiten, für Europa noch nicht eröffneten Rohstoffgebiete des osteuropäischen Raumes werden in ein vielversprechendes Kolonialland Europas verwandelt.»[186]

Zu seiner Verteidigung wandte Funk vor allem ein, daß seine Macht als Wirtschaftsminister aufs ärgste begrenzt gewesen sei. Er habe stets im Schatten von Göring gestanden, gebunden an dessen Weisungen. Irgendwelche kriminelle Schuld wies Funk weit von sich. «Ich habe diese Verbrechen nicht gekannt und nicht zu erkennen vermocht», trotzte er im Schlußwort. Hätte er auch nur geahnt, daß die Depositen der SS aus der Leichenschändung ihrer Opfer stammten, hätte er Aufbewahrung und Verwertung abgelehnt, «selbst auf die Gefahr hin, daß es mich den Kopf gekostet hätte»[187].

Alles Vorbringen von Funk und seinem Verteidiger zielte auf Freispruch ab. Doch da hatten beide weit gefehlt. Nikitschenko, der sowjetische Richter, hielt Funk im Sinne sämtlicher Anklage-

punkte für schuldig und plädierte für die Höchststrafe. Die übrigen waren von Funks Beteiligung an der Verschwörung nicht überzeugt. Man kam überein, für diesen Angeklagten einen Milderungsgrund anzuerkennen und ihn mit lebenslänglichem Gefängnis zu bestrafen. Begründung: «Trotz der Tatsache, daß Funk hohe Posten innehatte, war er doch nie eine dominierende Figur in den verschiedenen Programmen, an denen er mitwirkte.»[188]

Funk, schon während des Prozesses ein kranker Mann, verbüßte seine Strafe bis zum Jahre 1957. Am 17. Mai durfte er Spandau verlassen. Er verstarb im Jahre 1960 in Düsseldorf.

Goetheverehrer Baldur von Schirach

Rechtsanwalt Dr. Sauter hatte neben Funk auch noch den jüngsten unter den Angeklagten, Baldur von Schirach, zu verteidigen. Der einstige Reichsjugendführer der Nazipartei und seit 1933 auch Jugendführer des Deutschen Reiches hatte nicht nur einen germanischen Vornamen, er war, ganz im Gegensatz zu dem mickrigen, unscheinbaren Funk, von hohem Wuchs, breitschultrig und dazu mit blondem Haar ausgestattet. Schirachs Vater, Theaterdirektor in Weimar, hatte seinen Sohn Baldur schon frühzeitig in die Muse

563

der Dichtkunst eingeweiht, was in dem Jungen eine besondere Affinität zu Goethe weckte. Er kam auch mit Strömungen in Berührung, die mit Goetheschen Idealen wenig im Sinn hatten. Als Sechzehnjähriger wurde er Mitglied einer «Knappenschaft», die sich an der völkischen Szene orientierte und die auf Rache gegen den Vertrag von Versailles sann. In diesem Punkt kreuzte sich Schirachs Gedankenwelt mit der Hitlers und dessen Partei. Als er den Naziführer 1925 persönlich kennenlernte, wurde die entscheidende Weiche für sein Leben gestellt. Mit fliegender Fahne eilte der knapp Achtzehnjährige in die NSDAP, und seine Karriere glich bald dem Zug eines Kometen. Der charismatische Funkenschlag, der von den Reden des Volkskundestudenten Schirach ausging, lockte die Kommilitonen zu Hauf in den nazistischen Studentenbund. Nicht zufällig durfte der junge Mann mit 21 bereits in die Spitze der Nazipartei einrücken und sich mit dem höchsten Amt schmücken, das die Bewegung zu vergeben hatte: dem eines Reichsleiters der NSDAP.

Im Bewußtsein des jungen Schirach verblaßte Goethes Bild mehr und mehr, um dem des Gefreiten aus Braunau Platz zu machen. Den späteren Angeklagten von Schirach hinderte das allerdings nicht, zu beteuern, daß er der jungen Generation «zu allen Zeiten nicht nur der Propagandist eines nationalen Sozialismus, sondern auch der Propagandist Goethes war»[189]. Solche Einlassung mußte um so makabrer wirken, als er Klassiker von Wort und Ton und den braunen Gangsterboß nicht nur in einem Atemzug genannt, sondern auch noch in einen Topf geworfen hatte. Schirachs Mund entstammte der peinliche Satz: «Faust, die Neunte Symphonie und der Wille Adolf Hitlers sind ewige Jugend und kennen weder Zeit noch Vergänglichkeit.»[190] Die Vergänglichkeit Hitlers war Schirach spätestens in der Untersuchungshaft bitter aufgestoßen. Als seine Frau Henriette, übrigens die Tochter des Hitler-Fotografen Heinrich Hoffmann, ihn im Nürnberger Gefängnis besuchte, meinte er, daß man sie alle hängen werde. Er selbst wurde nach Anklagepunkt 1 (Teilnahme an der Verschwörung und Vorbereitung des Krieges) sowie nach Punkt 4 (Verbrechen gegen die Menschlichkeit) belastet. Die Beweisaufnahme zu Punkt eins war dann schier endlos – Schirach befand sich zwei und einen halben Tag im Zeugenstand – und seine Rolle als Reichsjugendführer wurde dabei hin- und herbeleuchtet. Die Anklage zu Punkt 1 hatte in dem Vorwurf gegipfelt, daß er als Reichsjugendführer die Gedankenwelt der Jugend mit der Naziideologie vergiftet und sie insbesondere für den Angriffskrieg ausgebildet habe. Das entsprach der reinen Wahrheit, hatte aber gleichwohl den Haken, daß ihm die *konkrete* Kenntnis der Angriffspläne nicht eindeutig nachzuweisen war, was der Tatbestand des Verbrechens gegen den Frieden aber verlangte. So konstatierten die Richter im Urteil schließlich: «Trotz der kriegsähnlichen Tätigkeit der Hitlerjugend hat es jedoch nicht den Anschein, als ob von Schirach in die Ausarbeitung des Hitlerschen Planes für territoriale Ausdehnung durch Angriffskriege verwickelt war oder als ob er an der Planung oder Vorbereitung irgendeines Angriffskrieges beteiligt war.»[191]

Mit Blick auf Punkt 4 der Anklage hatte Schirach indessen keine Chance, unter dem Regen durchzuschlüpfen. Auf die schiefe Ebene völkerrechtlich relevanter Verbrechen war er geraten, nachdem er im August 1940 zum Gauleiter und Reichsstatthalter von Wien gekürt worden war. Zwar hatte er zuvor seinen Posten als Reichsjugendführer an Arthur Axmann verloren, doch behielt er auch jetzt noch die Kontrolle über die Erziehung der Jugend. Als Schirach seine neuen Ämter antrat, hatte er Hitler gegenüber bedeutet, daß man Wien nicht mit Bajonetten, sondern nur mit Musik erobern könne. Doch die Töne, die von ihm nun ausgingen, waren nicht weniger schrill und abstoßend als die seines Vorgängers Josef Bürckel. Der hatte bereits dafür gesorgt, die Masse der Wiener Juden in den Ghettos des Ostens verschwinden zu lassen. Im Sommer 1940 lebten noch ca. 60 000 jüdische Menschen in ihrer Heimatstadt an der Donau. An ihnen durfte sich nun der Antisemit Baldur von Schirach ausprobieren. Daß er Antisemit war, bestritt er vor Gericht nicht einmal. Das Buch des Autokönigs Henry Ford, «Der internationale Jude», habe das bei ihm bewirkt. «Ich las es und wurde Antisemit.»[192]

Schirach bestritt auch nicht, daß ihm Hitlers Forderung, Wien von Juden frei zu machen, einleuchtete. «Ich dachte», so der Angeklagte am 24. Mai 1946, «daß das Judentum dort (im Generalgouvernement – d. A.) besser aufgehoben sein würde in einem geschlossenen Siedlungsgebiet als in Deutschland und Österreich, wo es den Launen des Propagandaministers ausgesetzt war, der ja der Hauptträger des Antisemitismus in Deutschland gewesen ist.»[193] Gleichwohl legte er Wert auf die Feststellung, daß die Deportation der österreichischen Juden im Auftrage Hitlers erfolgt und vom RSHA bzw. Himmler geleitet worden sei. «Ich habe keinerlei Möglichkeit gehabt, die Judenverschickung etwa abzustoppen oder sonst auf sie Einfluß zu nehmen»[194], behauptete er am 138. Verhandlungstag. Aber gerade das konnte ihm recht eindeutig widerlegt werden. Am 2. Oktober 1944 hatte Schirach sich im Führerhauptquartier aufgehalten und mit Hitler, Frank, Koch und sehr wahrscheinlich auch mit Bormann über die Verschleppung jüdischer Menschen konferiert. In einem Aktenvermerk über diese Runde hieß es: «Reichsleiter von Schirach, der an der anderen Seite des Führers Platz genommen hatte, warf ein, er habe in Wien noch über 50 000 Juden, die Dr. Frank ihm abnehmen müsse.»[195]

Schirach bestritt, es so gesagt zu haben. Nicht bestreiten konnte er jene Rede, die er am 15. September 1942 in Wien gehalten und in der er sich für die Deportationen zu rechtfertigen gesucht hatte: «Wenn man mir den Vorwurf machen wollte, daß ich aus dieser Stadt, die einst die europäische Metropole des Judentums gewesen ist, Zehntausende von Juden ins östliche Ghetto abgeschoben habe, muß ich antworten: Ich sehe darin einen aktiven Beitrag zur europäischen Kultur.» Für diese Worte bekundete Schirach dann doch Reue. Aber selbst für diese Rede mußte, wie so häufig, Hitler wieder herhalten. Er habe dabei «aus einer falschen Loyalität dem Führer gegenüber»[196] gehandelt.

Um alles in der Welt hingegen leugnete er, um das Schicksal der deportierten Juden gewußt zu haben. «Andernfalls», so Schirach, «säße ich heute nicht hier.»[196a] Im vorletzten Kriegsjahr habe er erstmals von der Endlösung erfahren. Auch in dieser Hinsicht besaßen die Ankläger indessen keine schlechten Karten. Sie hatten nämlich Monats- bzw. Wochenberichte der Einsatzgruppen in den Händen, die in die österreichische Metropole gegangen waren. 55 dieser Berichte hatte das RSHA auch an den Reichsstatthalter von Wien geschickt. Sie trugen allesamt den Eingangsstempel von Schirachs Büro und waren von dessen Stellvertreter, Regierungspräsident Dellbrügge, abgezeichnet worden. Weder Ankläger noch Gericht vermochten dem Angeklagten zu folgen, daß Dellbrügge Berichte von solcher Brisanz einfach unterschlagen und Schirach sie erst im Prozeß zu Gesicht bekommen habe.

In der Frage seiner Mitschuld an der Endlösung fiel auch Schirach nichts Klügeres ein, als den Zeigefinger nach oben zu richten. Am 24. Mai 1946 erklärte er kategorisch: «Er (Hitler – d. A.) und Himmler haben gemeinsam dieses Verbrechen begangen, das für immer ein Schandfleck unserer Geschichte bleibt.»[197]

Die Anklage benannte noch weitere Schandflecke, die Schirach mitverursacht hatte. Als Gauleiter war er entsprechend einem Erlaß von Sauckel in seinem Herrschaftsbereich auch Bevollmächtigter für den sogenannten Arbeitseinsatz, also für die zur Zwangsarbeit verschleppten Ausländer. Da es hier nichts zu leugnen gab, suchte Schirach nach Kräften zu verharmlosen, mehr noch – zu verklären. Häufig, so versicherte er dem Gericht, habe er fremdvölkische Arbeiter vor Ort besucht, so beispielsweise Russinnen und Französinnen in einer Waschmittelfabrik. Schirach: «Sie waren dort besser untergebracht als manche Wiener Familie ... Ich habe bei den Russinnen, die dort waren, festgestellt: Sie waren fröhlich, gut ernährt und anscheinend zufrieden.» Selbst den Zwang, Tausende Kilometer von Heimat und Familie entfernt schuften zu müssen, suchte er abzustreiten. «Nach Wien», so der Angeklagte zu seiner Rechtfertigung, «kommt man genauso gern, wie man nach Paris kommt.»[198]

Verstrickt war Schirach in seiner Eigenschaft als Reichsleiter für Jugenderziehung auch in den Plan, im Herbst 1944 50 000 Kinder und Jugendliche aus den Ostgebieten ins Nazireich zu deportieren, um sie hier in der Wirtschaft oder gar als Hilfskräfte in der Wehrmacht zu verschleißen. Wieder glaubte Schirach, die Not in Tugend umfälschen zu können. Man habe die jungen Leute schützen und deshalb von der Front wegbringen wollen. Im übrigen wisse er, «daß die Unterbringung, Ausbildung, Verpflegung und überhaupt die Behandlung dieser russischen Jugendlichen eine geradezu hervorragende gewesen ist»[199].

Ein Vorwurf der Anklage traf den einstigen HJ- und Parteiführer besonders tief. Schirach, der sich angesichts seiner obskuren Gedichte über Hitler und die Nazibewegung (sein Sammelband trug den Titel: «Die Fahne der Verfolgten») sowie eines Buches über den Führer («Hitler, wie ihn keiner kennt») selbst in Nürnberg noch als Dichter und Künstler dünkte, hatte 1942 ausgerechnet die Vernichtung eines englischen Kulturzentrums angeregt. Anlaß hierfür war das Attentat auf Heydrich, hinter dem Schirach britische Auftraggeber vermutete. Damals hatte er seinem Duzfreund Martin Bormann prompt ein Fernschreiben mit der Mahnung übermittelt, die Welt dürfe nicht glauben, daß sich das Volk im Protektorat gegen Hitler auflehne. Um dies zu verhindern, so Schirachs Botschaft, «muß sofort die englische Urheberschaft gebrandmarkt werden, am wirkungsvollsten wäre ein schlagartig einsetzender Luftangriff auf eine britische Kulturstätte, die unter der Schlagzeile Rache für Heydrich der Welt bekanntgegeben werden müßte»[200].

Vergleicht man Schirachs Handlungen im nachhinein mit denen anderer als Hauptkriegsverbrecher Abgeurteilter, fällt sein Anteil an den Naziverbrechen geringer ins Gewicht. Außer Frage steht, daß Schirach vor Gericht gehörte und bestraft werden mußte. Der eigentliche Grund jedoch, dessentwegen er als Hauptkriegsverbrecher auf die Anklagebank gelangt war, bestand in der Annahme, als Reichsjugendführer an der Verschwörung beteiligt gewesen zu sein. Da dieser Anklagepunkt nicht standhielt, blieben seine Untaten als Gauleiter und Reichsstatthalter übrig. Von diesen Verbrechern gab es allerdings eine ganze Reihe, und Schirach hob sich von ihnen nur unmerklich ab. Aus solchen Gründen kommt auch der amerikanische Nürnbergforscher Bradley F. Smith zu dem Schluß, daß Schirach «ganz sicher aber kein Hauptkriegsverbrecher war»[201]. Verwunderlich scheint es schon, daß von den 32 Mitgliedern der amerikanischen Juristendelegation in Nürnberg 9 eine Wette dafür hielten, daß Schirach gehenkt werde. Tatsächlich verurteilten die Richter ihn dann ausschließlich wegen Verbrechen gegen die Menschlichkeit zu 20 Jahren Gefängnis.

Schirach, ein labiler und melancholischer Charakter, traf das Urteil schwer. «Lieber ein schneller Tod als ein langsamer»[202], war sein erster Kommentar zum Urteil. Bis zum 18. Juni 1947 verbrachte er seine Tage noch im Nürnberger Gerichtsgefängnis. An jenem Tag flog man ihn, wie die sechs anderen zu Freiheitsstrafen Verurteilten auch, in die einstige Reichshauptstadt. Im Hof des Spandauer Gefängnisses stieg Schirach als erster aus der «Grünen Minna». So bekam er ganz im Gegensatz zu seiner Wertigkeit die Bezeichnung «Number One», Nummer eins. Er behielt die Ziffer bis zu seiner Entlassung am 30. September 1965, da sich um Mitternacht die Türen des roten Backsteinbaus für ihn öffneten.

Schon in seiner Zelle hatte er über die Geldquelle nachgedacht, aus der er seine Zukunft speisen wollte. Außer den Memoiren über seine gescheiterte Existenz hatte er nichts mehr zu bieten. Und die war der Hamburger Verlag des «Stern» bereit, großzügig zu vergolden. Das Buch «Ich glaubte an Hitler» war gewissermaßen das letzte politische Lebenszeichen des einstmals prominentesten Hitlerjungen. Was es bot, war ein Konglomerat aus Rechtfertigung, Bedauern und Resignation. Im Gegensatz zu anderen Hauptangeklagten hat Schirach den Sinnverlust seines Lebens nie verwinden, seiner Vergangenheit nie entfliehen können. Er verfiel dem Alkohol, erblindete nahezu und starb am 8. August 1974 in einem Hotel in. Kröv an der Mosel, das einstigen Führerinnen des «Bundes Deutscher Mädels» gehörte.

Menschenfänger Sauckel

Der einzige Arbeiter, der im Hauptprozeß die Anklagebank drückte, war Fritz Sauckel. Der Sohn eines Postboten hatte eigentlich Ingenieur werden wollen, doch die Verhältnisse der Weimarer Republik hatten sein Vorhaben vereitelt. Im Jahre 1923 erlebte er eine Hitlerrede, und die sollte ihm eine Art Kompaß für den weiteren Lebensweg sein. Sauckel besaß das nötige Quantum Fanatismus, das einer brauchte, um in der Nazipartei von sich reden zu machen. So agierte er 1925 bereits als Gaugeschäftsführer in Thüringen, zwei Jahre später als Gauleiter. Bald ergatterte er auch einen Sitz im Landtag, um sich im Sommer 1932 schließlich zum Ministerpräsidenten Thüringens zu mausern.

Nach Hitlers Machtantritt wurde Sauckel auch Reichsstatthalter in Thüringen, und er blieb es bis zuletzt. Seine herausragende Rolle im Ensemble der Naziverbrecher fiel ihm allerdings erst im Jahre 1942 zu. Am 21. März ernannte Hitler ihn zum Generalbevollmächtigten für den Arbeitseinsatz. Die Vorgeschichte war, daß sich die Naziführung veranlaßt gefühlt hatte, ein gerüttelt Maß an deutschen Arbeitern aus der Wirtschaft abzuziehen, um sie in die Wehrmacht zu stopfen. Die eklatanten Niederlagen im Win-

Fritz Sauckel

ter 1941/1942 schienen keine andere Wahl zu lassen. Sauckels Auftrag bestand darin, alle verfügbaren Arbeitskräfte, einschließlich zivile Ausländer und Kriegsgefangene, für die faschistische Kriegswirtschaft sicherzustellen. Als Hitler Sauckel in sein neues Amt einweihte, klagte er, «daß, wenn jetzt nicht der Wettlauf mit dem Gegner in der Neubewaffnung, Neumunition und Neuaufstellung gewonnen würde, würden die Sowjets nächsten Winter am Kanal stehen»[203].

Sauckel wußte sehr wohl, daß der Einsatz von Staatsangehörigen der Feindstaaten in der Kriegsindustrie gegen traditionelles Völkerrecht verstieß. Im Artikel 52 der Haager Landkriegsordnung von 1907 war eindeutig fixiert worden, daß Dienstleistungen «von Gemeinden oder Einwohnern nur für die Bedürfnisse des Besatzungsheeres gefordert werden (können)». Zudem mußten sie von solcher Art sein, «daß sie nicht für die Bevölkerung die Verpflichtung enthalten, an Kriegsunternehmungen gegen ihr Vaterland teilzunehmen»[204].

Die Phantasie der Diplomaten, die damals die Landkriegsregeln zu Papier brachten, hatte die Potenzierung solcher Kriegsverbrechen, wie sie Sauckel dann in gigantischem Ausmaß organisierte, noch nicht erahnen können. Menschen aus den überfallenen Ländern wurden nicht nur vor Ort beliebig zu Sklaven der deutschen Kriegswirtschaft erniedrigt, sondern zu Millionen ins Nazireich

570

verschleppt. Ein Tatbestand, den Artikel 6c des Statuts für den Nürnberger Gerichtshof mit «Deportation» und «Versklavung» umschrieb und als «unmenschliche Handlungen» bewertete.

Wie viele der Angeklagten berief sich auch Sauckel zunächst einmal auf Hitler: «Der Führer hat zu dieser Frage mir gegenüber so ausführliche Darlegungen gemacht ..., daß ... an diesem Einsatz ausländischer Arbeiter keinerlei völkerrechtliches Bedenken bei mir entstehen konnte.»[205] Freilich war er sich dabei im klaren, daß solcher Einwand nicht durchgreifen konnte. Schließlich hatte Hitler Völkerrecht nicht annullieren können. So fiel Sauckel schließlich auch noch ein, daß die Sowjetunion der Genfer Konvention über Kriegsgefangene nicht beigetreten war, Polen und andere Staaten hingegen kapituliert hätten und man ihm erklärt habe, daß Deutschland deshalb zur Einführung deutscher Verordnungen berechtigt gewesen sei. Was Hitlers Generalbevollmächtigter für den Arbeitseinsatz nicht begreifen wollte, war, daß die von ihm selbst erlassenen Bestimmungen völkerrechtswidrig und kriminell zugleich waren.

Vergeblich suchte Sauckel den Richtern weiszumachen, daß der Import ausländischer Arbeitskräfte primär dem Prinzip der Freiwilligkeit gefolgt sei. Zu viele Dokumente aus eigener Feder straften ihn Lügen. Schon im ersten Monat nach seiner Ernennung hatte er Ostminister Rosenberg ein «Arbeits-Mobilisierungsprogramm» übermittelt, das nicht deutlicher hätte sein können. Sauckel schrieb: «Gelingt es nicht, die benötigten Arbeitskräfte auf freiwilliger Grundlage zu gewinnen, so muß unverzüglich zur Aushebung derselben bzw. zur Zwangsverpflichtung geschritten werden.» Vor allem gelte es, fuhr Sauckel fort, «Zivil- und Facharbeiter und -arbeiterinnen aus den Sowjetgebieten vom 15. Lebensjahr ab für den deutschen Arbeitseinsatz zu mobilisieren»[206]. Tatsächlich hatten Sauckels Beauftragte besonders in den besetzten Ostgebieten regelrechte Razzien auf arbeitsfähige Männer, Frauen und Kinder gemacht und sie zu Tausenden ins Reich verschleppt. Als er Anfang 1943 seine Menschenfänger zu einer Dienstbesprechung nach Weimar zitierte, legte er sie auf unbedingte Rücksichtslosigkeit fest: «Es ist bitter, Menschen von ihrer Heimat, von ihren Kindern loszureißen. Aber wir haben den Krieg nicht gewollt ... Schwören wir hier jeder falschen Gefühlsregung ab.»[207]

Sauckel, selbst Vater von zehn Kindern, war jedes Gespür für fremdes Leid längst verlorengegangen. Auch im Westen ging er auf Menschenfang, riß er auch hier Familien auseinander und betrieb ein diabolisches Spiel mit Schicksalen. In Frankreich beispielsweise hatte er ein Netz von Agenten ausgebreitet, die den Schein von Freiwilligkeit herzustellen hatten. Das waren Menschenhändler, die, wie Sauckel der Zentralen Planung am 1. März 1944 mitteilte, «auf Menschenfang ausgehen und durch Schnäpse und Überredung die Leute betören, um sie nach Deutschland zu bringen»[208]. «Shanghaien» hatte Sauckel diese Methode genannt. Sie war angewandt worden, weil die verordnete Zwangsverpflichtung französischer Arbeiter ins Hitlerreich zunehmend auf Widerstand gestoßen war. In jener Tagung der Zentralen Planung hatte Sauckel auch reinen Wein eingeschenkt, wie es um die Freiwilligkeit der betroffenen Ausländer im Ganzen stand: «Von den fünf Millionen Arbeitern, die nach Deutschland gekommen sind, sind keine 200 000 freiwillig gekommen»[209].

Auch Sauckels Angaben über Arbeits- und Lebensbedingungen der ausländischen Zwangsarbeiter brachen unter der Beweislast wie ein Kartenhaus zusammen. Die fremden Arbeiter hätten dieselbe Behandlung, dieselben Löhne, dieselbe Ernährung bekommen wie die deutschen auch. In Wahrheit hatte man die «Ostarbeiter» in Arbeitslager gepfercht, die durch Stacheldrahtverhaue gesichert waren und durch Polizei bewacht wurden. Sie mußten das Ostabzeichen tragen, das sie als Untermenschen ausweisen sollte, nicht selten 72 Stunden in der Woche arbeiten, mitunter 30 bis 38 Stunden aufeinanderfolgend.

In einer eidesstattlichen Erklärung hatte der Arzt Dr. Wilhelm Jäger die entsetzliche Situation der internierten Arbeitssklaven aufgehellt. Seit Oktober 1942 war der Mediziner als Oberlagerarzt in den Zwangsarbeitslagern der Firma Krupp in Essen tätig gewesen. Sein Bericht, den er vor Gericht bestätigte, war eine zusätzliche Anklageschrift gegen Sauckel, aber nicht minder auch gegen den Konzern. «Die Ostarbeiter bekamen nur 2 Mahlzeiten pro Tag und ihre Brotration. Eine der Mahlzeiten bestand nur aus einer dünnen, wässrigen Suppe ... Der Versorgungsplan schrieb eine kleine Menge Fleisch pro Woche vor. Dafür durfte nur Freibankfleisch verwendet werden, welches entweder Pferde-, tuberkulöses oder *vom Tierarzt verworfenes*·Fleisch war … Die Schuhknappheit zwang viele Arbeiter, auch im Winter barfuss zur Arbeit zu gehen … Am Krämerplatz, wo ungefähr 1200 Ostarbeiter in den Räumen einer alten Schule zusammengepfercht waren, waren die sanitären Zustände einfach unmöglich. Für die 1200 Personen standen nur 10 Kinderklosetts zur Verfügung … In der Dechenschule hatten ungefähr 2½ % der Ostarbeiter offene Tbc … Flecktyphus war auch unter diesen Arbeitern verbreitet. Läuse, die Träger dieser Krankheit, zusammen mit unzähligen Flöhen, Wanzen und anderem Ungeziefer plagten die Insassen dieser Lager.»[210]

Gewiß, es gab auch «Ostarbeiter», denen das Lagerdasein erspart blieb. Aber auch sie hatten den Status von Sklaven. Jene halbe Million «hauswirtschaftlicher Ostarbeiterinnen» im Alter von 15 bis zu 35 Jahren beispielsweise, die Hitler Sauckel befohlen hatte, aus der Ukraine nach Deutschland zu verfrachten. In bezug auf sie hatte Sauckel u. a. verfügt: «Ein Anspruch auf Freizeit besteht nicht … Der Besuch von Gaststätten, Lichtspiel- oder sonstigen Theatern und ähnlichen für Deutsche oder ausländische Arbeiter vorgesehene Einrichtungen ist verboten. Desgleichen ist der Kirchenbesuch untersagt.»[211]

Zudem schwebte über den Ostarbeitern jederzeit das Damoklesschwert des Konzentrationslagers oder gar des Schafotts. Denn mit dem Verschleppen nach Deutschland lieferte Sauckel die Fremden nicht nur der Profitgier der Konzerne und anderer Menschenschinder aus, sondern auch dem Schreckensregime der SS. In einem Geheimerlaß vom 20. Februar 1942 hatte Himmler festgelegt, daß «Disziplinlosigkeiten, zu denen auch pflichtwidrige Arbeitsverweigerung und lässiges Arbeiten mitgehören, ausschließlich von der Geheimen Staatspolizei bekämpft (werden) … In schweren Fällen … wird in der Regel nur mit harten Maßnahmen, d. h. Einweisung in ein Konzentrationslager oder Sonderbehandlung vorzugehen sein … Die Sonderbehandlung erfolgt durch Strang.»[212]

Als todeswürdige Handlungen galten nach Himmlers Order auch die Flucht sowie «bei männlichen Arbeitskräften aus dem altrussischen Gebiet» sexuelle Kontakte mit Deutschen. Weiblichen sowjetischen Häftlingen war für das gleiche «Vergehen» Konzentrationslager angedroht.

Solch extrem unmenschlicher Behandlung waren Zwangsarbeiter

aus den westeuropäischen Ländern zwar nicht ausgesetzt, doch als Menschen zweiter Klasse galten sie allemal. Auch sie mußten in der Rüstungsindustrie bis zum Umfallen schuften oder militärische Befestigungen errichten, die den Befreiungskrieg ihrer Heimatländer aufhalten sollten. Franzosen, Holländer und Belgier beispielsweise wurden gezwungen, gegen ihren Willen am Bau des «Atlantik-Walls» teilzunehmen. Arbeitsverweigerung wurde ebenfalls mit Strafen geahndet, mit dem Entzug der Lebensmittel- und Kleiderkarte beispielsweise, Sanktionen, die weniger drakonisch waren als im Falle der «Ostarbeiter» und doch an die Substanz gingen.

Für US-Ankläger Jackson war Sauckel «der größte und grausamste Sklavenhalter seit den ägyptischen Pharaonen»[213]. Es war nicht übertrieben. Sauckel hatte nachweisbar fünf Millionen zivile Arbeiter aus den Ländern Europas ins Reich verschleppen lassen. Rechnet man die Kriegsgefangenen hinzu, für deren Einsatz er ebenfalls kompetent war, so bezogen sich seine Verbrechen auf das Schicksal von ungefähr zehn Millionen Menschen. Kein Wunder, daß die Regimespitze voll des Lobes und Lohnes für den Menschenfänger war. Göring hatte Sauckels Leistung vorbildlich und einmalig genannt. Und Hitler hatte Sauckel zu dessen 50. Geburtstag einen Scheck über 250000 Reichsmark überreichen lassen. Doch als Angeklagter in Nürnberg wollte er seine Taten nur als Pflichterfüllung für Volk und Vaterland verstanden wissen. «Mein Wollen und mein Gewissen ist rein»[214], versicherte der bullige Mann in seinem Schlußwort. Das einzige, was er als «Irrtum» einzuräumen geneigt war, «war vielleicht der Überschwang meines Gefühls und meines Vertrauens, sowie meine große Verehrung für Hitler ... Den Hitler dieses Prozesses konnte ich nicht erkennen.»[215]

Weit aggressiver und unverschämter hatte Sauckels Anwalt Servatius dessen Verbrechen zu rechtfertigen gesucht. Das Verschleppen von Menschen aus besetzten Gebieten, so der Verteidiger, sei völkerrechtlich erlaubt, «wenn die Bevölkerung, anstatt ihrer Gehorsamspflicht entsprechend sich friedlich zu verhalten, sich am Kampf von Partisanen und Widerstandsgruppen beteiligt und die Sicherheit gefährdet». Ungeniert redete der Anwalt dem Recht zum Angriffskrieg das Wort, obgleich der als schwerstes Verbrechen angeklagt war. Deportation zur Sklavenarbeit stellte sich in den Trugbildern von Servatius gewissermaßen als Bestrafung für Widerstand gegen den Aggressor dar. Zudem bestritt der Anwalt, daß sein Klient als selbständiger Regierungsbeamter gehandelt habe. Er sei den Befehlen Hitlers und dem Vierjahresplan unterworfen gewesen und habe nur dementsprechend gehandelt. «Mit den führenden Männern», so Servatius, «hatte er keine Fühlung.» Immer und unter allen Umständen habe Sauckel guten Willen gezeigt. «Ich beantrage daher Freispruch.»[216]

Sauckel war nach allen vier Punkten angeklagt. Mitwirkung an der Verschwörung war ihm nicht nachzuweisen, doch die massenhafte Verschleppung und den Einsatz ausländischer Arbeitskräfte in der faschistischen Kriegswirtschaft hätte man schon als Teilnahme an der Durchführung des Angriffskrieges werten können, ohne mit dem Gerichtsstatut in Kollision zu kommen. Die Mehrheit der Richter hielt Sauckel indessen ausschließlich des Kriegsverbrechens und des Verbrechens gegen die Menschlichkeit für schuldig, und dies mit Konsequenz. Es stehe außer Zweifel, so das Urteil, «daß Sauckel die Gesamtverantwortlichkeit für das Sklavenarbeitsprogramm hatte»[217]. Der Angeklagte wurde zum Tode verurteilt.

Speer – der beste Mann
in der Box

Eine besondere Rolle im Machtmechanismus der Hitlerdiktatur hat Albert Speer gespielt. Der studierte Architekt war dem Naziführer zum ersten Mal im Jahre 1930 begegnet. Speer hatte sich von Hitlers Wortschwall verzaubert gefühlt. Die Affinität zwischen ihm und dem Naziführer beruhte bald auf Gegenseitigkeit. «Wenn Hitler überhaupt Freunde gehabt hätte», bekannte Speer in Nürnberg, «wäre ich bestimmt einer seiner engen Freunde gewesen.»[218]

Hitler hielt Speer für genial, was möglicherweise dadurch genährt wurde, daß ihm selbst das Schicksal den Architektenberuf versagt hatte. Zudem bediente Speer aufs eifrigste den gigantomanen Geschmack des Nazichefs. Schon bald nach der Machtübernahme wurde des Führers Günstling mit lukrativen Aufträgen überhäuft. In Speers Hände legte man nicht nur die Gestaltung von Massenkundgebungen und der Reichsparteitage, denen er mit grel-

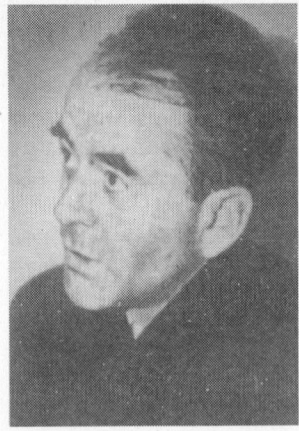

Albert Speer

len Lichteffekten und geballtem Fahnenschmuck zu beachtlicher
optischer Wirkung verhalf. Auch die neue Reichskanzlei und
manch anderer Prunkbau nahmen auf seinem Reißbrett erste Gestalt an.

Speers Karriere als erster Baumeister des Nazireiches wurde
schließlich durch ein Amt noch in den Schatten gestellt, das er im
Februar 1942 antrat. Nachdem Todt, Reichsminister für Bewaff-
nung und Munition, bei einem Flugzeugunglück ums Leben gekommen war, stellte Hitler Speer an die Spitze der Rüstungsma-
schinerie. Vom Sommer 1943 an zeichnete Speer schließlich für
die gesamte Kriegsproduktion verantwortlich. Unter seiner Regie
geriet die gesamte Wirtschaft des Nazireiches in den unerbittlich-
sten Sog des Krieges. Bald wurde der agile Manager zum größten
«Arbeitgeber» des Nazireiches, dem 14 Millionen Arbeitskräfte
unterworfen waren. Daß sich darunter Hunderttausende ausländischer Zwangsarbeiter befanden, berührte ihn nicht im geringsten.
Ob die gesetzlichen Maßnahmen, durch die Ausländer zur Frontar-
beit ins Reich genötigt wurden, «berechtigt waren oder nicht, habe
ich damals nicht untersucht»[219], bemerkte Speer in Nürnberg ungeniert. Er habe seine Energie auch mit dafür eingesetzt, «daß möglichst viele Arbeitskräfte auf diese Weise nach Deutschland kamen»[220].

576

Speer hatte auch seine Aktie daran, daß die nach Deutschland verschleppten Arbeiter in das Korsett einer unbarmherzigen Disziplin gezwängt wurden. Viele Zwangsarbeiter, die sich krank fühlten, galten in seinen Augen als Drückeberger. Speer auf einer Sitzung der Zentralen Planung am 30. Oktober 1942: «SS und Polizei könnten hier ruhig hart zufassen und Leute, die als Bummelanten bekannt sind, in KZ-Betriebe stecken. Anders geht es nicht.»[221]

In Nürnberg gelang es Speer, ein gerüttelt Maß seiner Schuld am Sklavenarbeitsprogramm auf Sauckel abzuwälzen. In Wirklichkeit war er auch in dieser Hinsicht der weit Einflußreichere, Mächtigere. Speers Gier nach Arbeitskräften, vorrangig nach ausländischen, wuchs in dem Maße, in dem das Kriegsglück der Hitlerclique ins Wanken geriet. Sauckel übertrieb nicht, als er vor dem Tribunal beteuerte, «daß die Forderungen Speers zu erfüllen waren»[222]. Schließlich hatte Hitler Speer immer wieder den Rücken gestärkt und die unersättlichen Ansprüche der Kriegswirtschaft für heilig erklärt. So mußte denn auch das Urteil des IMT bestätigen, daß es Speer über die Zentrale Planung gelungen war, «Anweisungen an Sauckel zu erteilen, Arbeitskräfte für die seiner Kontrolle unterstehenden Industrien herbeizuschaffen»[223]. In Hitlers Anwesenheit hatte Sauckel im August 1942 beispielsweise Order erhalten, Speer bis spätestens November eine weitere Million sowjetischer Arbeitskräfte zu beschaffen.

Speers Schuld am Sklavenarbeitsprogramm erschöpfte sich nicht darin, daß er Zwang und Freiheitsberaubung gegenüber den Opfern förderte und tagtäglich sanktionierte. Sie lag aus der Sicht des Völkerrechts auch darin, daß er Ausländer und selbst Kriegsgefangene in der Rüstung schuften und militärische Anlagen errichten ließ, die sich gegen deren Heimatländer richteten. Als Chef der Organisation Todt, Teil des Sammelsuriums seiner Ämter, hatte Speer hunderttausendfach ausländische Zwangsarbeiter für den Bau von Heerstraßen und Panzersperren und schließlich auch für das Errichten des Atlantikwalls eingesetzt.

Anklage und Urteil warfen Speer zudem vor, in seinem Imperium auch KZ-Häftlinge verbraucht zu haben. Speer hatte befürwortet, in unmittelbarer Nähe von Rüstungskonzernen KZ-Sonderlager zu errichten, um, nach eigenen Worten, «lange Wege zu ersparen, um dadurch den Arbeiter frisch und arbeitslustig im

Betrieb zu haben»[224]. Von der Vernichtung durch Arbeit wollte Speer in Nürnberg allerdings nie gehört haben. Tatsächlich waren aber gerade Arbeitssklaven aus den KZ den allerschlimmsten Bedingungen ausgesetzt. In unterirdischen Fabrikhallen mußten beispielsweise 60000 Häftlinge des KZ Mittelbau (Dora) bis in die letzten Kriegstage die «Wunderwaffe» V 2 montieren. Die Bedingungen in derartigen unterirdischen Anlagen, log Speer in Nürnberg, seien etwa die gleichen gewesen, «wie in einer Nachtschicht in einem normalen Betrieb»[225]. In den Stollen des V-2-Baus hatte indessen eine durchschnittliche Temperatur von 7° Celsius geherrscht. Mehr als 12000 Häftlinge des KZ Mittelbau hatten den unterirdischen Wunderwaffenbau nicht überlebt.

Als sein besonderes Verdienst strich Speer vor dem Tribunal heraus, daß er in den besetzten Gebieten sogenannte Sperrbetriebe hatte einrichten lassen. Die Belegschaft dieser Betriebe mußten sich zwar ebenfalls für die Bedürfnisse der Okkupanten abrackern, blieben jedoch von der Verschleppung ins Reich verschont. Auch diese Variante der Zwangsarbeit bedeutete Bruch des Kriegsvölkerrechts. Nach dem schönenden Urteil der westlichen Richter allerdings war die Praxis der Sperrbetriebe gerade «noch ungesetzlich»[226]. Dennoch rechneten sie Speer diese Betriebe auch als mildernden Umstand an. Und dies war nicht die einzige Nachsicht, die man Speer gegenüber übte. Unter den Angeklagten war er wohl der gewiefteste, der sich die Sympathie der meisten Ankläger und Richter zu erwerben wußte. Ganz im Gegensatz zu seinen Nebenleuten hatte er sich nicht auf Hitlers Befehle und somit auch nicht auf Befehlsnotstand berufen. «Soweit Hitler mir Befehle gab und ich diese durchführte», so Speer am 20. Juni 1946, «trage ich hierfür die Verantwortung.»[227] Zudem erklärte sich Speer bereit, seit Übernahme seines Ministerpostens auch Gesamtverantwortung für die verbrecherische Generallinie des Naziregimes zu übernehmen. Solche scheinbar großmütige Geste, die aus kluger, aber auch berechnender Taktik geboren war, beeindruckte die westlichen Prozeßverantwortlichen sichtlich.

Worauf es Speer ankam und ankommen mußte, war schlicht, seinen Kopf zu retten. Die Weichen hierfür hatte er bereits gestellt, als er noch Mitglied der Dönitz-Regierung in Flensburg war. Mitte Mai 1945 stellte er sich führenden Militärs der USA schon für wichtige Auskünfte zur Verfügung, insbesondere in bezug auf die Effektivität der amerikanischen Luftwaffe im zweiten Weltkrieg. «In unserer ‹Hochschule des Bombenkrieges›», erinnerte sich Speer dieser Zusammenkünfte, «herrschte … ein fast kameradschaftlicher Ton.»[228] Speer war zu gewitzt, um jetzt schon alles preiszugeben, was für die Amerikaner von Interesse sein könnte. Erst als der Prozeß in Sicht war, fand er sich zu weiteren vertraulichen Informationen bereit. Am 17. November 1945 schrieb er heimlich an US-Chefankläger Jackson: «Ich bin der Meinung, daß verschiedene werktechnische Kenntnisse, die ich habe, nicht dritten Stellen bekannt werden sollen … Ich käme mir dagegen erbärmlich vor, wenn ich durch Dritte gezwungen würde, diese Kenntnisse nochmals abzugeben. Jedes persönliche Opfer ziehe ich einer derartigen Möglichkeit vor. Gezeichnet Albert Speer.» Gut drei Jahrzehnte später machte Hitlers Rüstungsminister auch öffentlich keinen Hehl mehr daraus, daß mit dritter Seite «natürlich die Russen gemeint (sind)»[229].

Jackson ging auf Speers Angebot ein. So war es denn kein Zufall, daß der US-Chefankläger das Kreuzverhör Speers persönlich führte. Beide trafen zuvor, wie Werner Maser belegt, «eine Art Absprache über das bevorstehende Kreuzverhör: Gegen Hitler und gegen Göring»[230]. Und gegen die sowjetische Seite, bliebe hinzuzufügen. Was Wunder, daß Jackson Speer danach als den besten Mann in der «Box» (womit der Zeugenstand gemeint war) lobte.

Trotz seiner tiefen Verstrickung in die Verbrechen der Hitler-Clique gelang es Speer vor Gericht, eine ungewöhnlich günstige Ausstrahlung zu erzielen. Dieses Kunststück glückte sonst keinem der Angeklagten. Über den Speer im Zeugenstand notierte US-Richter Biddle: «Speer sieht völlig vernichtet aus.»[231] Der stellvertretende US-Richter Parker indessen deutete die respektvolle Art, in der Jackson Speer entgegentrat, als Grund für Nachsicht mit dem Exminister.

In der Sache wußte sich Speer vor allem als Held der letzten Wochen der Naziära darzustellen. Tatsächlich hatte er Hitlers apokalyptischen Nerobefehl sabotiert. Tatsächlich hatte er die Stirn gehabt, dem zum äußersten entschlossenen Diktator am 29. März 1945 zu schreiben: «Ich kann aber nicht mehr an den Erfolg unserer guten Sache glauben, wenn wir in diesen entscheidenden Monaten gleichzeitig und planmäßig die Grundlage unseres Volkslebens zerstören. Das ist ein so großes Unrecht unserem Volk gegenüber ...»[232]

In Wahrheit hatte Speer mit seiner Intervention weniger die Existenz des Volkes als die Rettung des Industriepotentials im Westen im Auge, für dessen Eigentümer er sprach und handelte. Ein Mann wie Speer hatte nicht die Absicht, seinem Führer mit fliegenden Fahnen in den Tod nachzueilen. Seine Gedanken flogen der neuen Zeit voraus, noch bevor die alte beendet war. Schon Anfang März vergab er immense Aufträge an die Elektroindustrie. Seine Mitarbeiter hatten den Managern mitzuteilen, «daß dies die ersten Aufträge für die Zeit nach dem Kriege wären»[233]. So rettete Speer den Monopolherren nicht nur ein Gutteil ihres vor allem im Ruhrgebiet gelegenen Vermögens, er verschaffte sich damit auch ein glänzendes Indiz für seine Opposition gegen Hitlers Untergangsstrategie. Hinzu kam, daß ihm die Behauptung, im Februar/März 1945 auf den Führer ein wenngleich vergebliches Attentat versucht zu haben, nicht widerlegt werden konnte.

Über Albert Speer urteilte der amerikanische Ankläger im OKW-Prozeß, Henry T. King, Jahre später: «Es sollte nicht vergessen werden, daß die deutsche und die westeuropäische Industrie in gewisser Beziehung einem der Hauptangeklagten des Nürnberger Prozesses viel zu danken haben.»[234] Diese Erkenntnis stand unausgesprochen schon im Raum, als man in Nürnberg an die Urteilsfindung ging. Obgleich Speer nach allen vier Punkten angeklagt war, befanden die westlichen Richter ihn ausschließlich wegen Kriegsverbrechen und Verbrechen gegen die Menschlichkeit für schuldig. Gewiß, Teilnahme an der Verschwörung hätte man ihm nur schwerlich nachweisen können. Als Speer sein Ministeramt antrat, waren die Kriege längst angezettelt. Doch daß er als Rüstungsminister eine unentbehrliche Figur unter denen war, die die Durchführung der Aggression bewerkstelligten, lag außer Zweifel. Speers unerschöpflichem Eifer war es zu danken, daß der verbrecherische Angriffskrieg Hitlers länger als erwartet dauerte. Ausgerechnet im Jahre 1944 war es Speer gelungen, der Rüstungsproduktion des Nazireiches zu absolutem Rekord zu verhelfen. Zwar hatte Speer übertrieben, als er in besagtem Brief an Hitler behauptete, ohne ihn wäre der Krieg vielleicht schon 1942/1943 verloren gewesen, doch um Monate hatte er zu dessen Verlängerung zweifellos entscheidend beigetragen.

Auch in puncto Strafe maßen die westlichen Richter Speer mit anderer Elle als beispielsweise seinen Komplicen Sauckel. Zwar stellte das Urteil zu Speers Beziehung zum Sklavenarbeitsprogramm fest, daß er «dessen hauptsächlichster Nutznießer (war)» und er «fortwährend auf dessen Ausdehnung (drängte)»[235]. Und in einer Denkschrift, die dem Richterkollegium zum Fall Speer zugearbeitet worden war, hieß es ausdrücklich: «Wenn der Rüstungsminister Speer von Sauckel bestimmte Mengen Arbeitskräfte verlangte, die Sauckel dann beschaffte, kann Sauckel unmöglich mehr Schuld getroffen haben als Speer.»[236] Gleichwohl kam Speer durch das Mehrheitsvotum der westlichen Richter mit 20 Jahren Gefängnis davon.

Speer war von solch mildem Urteil selbst überrascht. Noch nach Verbüßung der Strafe gestand er Robert Kempner: «Ich habe sogar mehr verdient.»[237] Man muß es zugestehen, daß er von den im Hauptprozeß Verurteilten der einzige war, der wenigstens den humanitären Zweck des Prozesses respektierte. Dazu bekannte er sich auch noch nach seiner Entlassung aus Spandau. In einer beeideten Erklärung, die er im Jahre 1977 abgab, äußerte er: «Der Nürnberger Prozeß bedeutet für mich noch heute einen Versuch, zu einer besseren Welt vorzustoßen. Die Begründung meines Urteils durch das Internationale Militärgericht erkenne ich auch heute noch als im allgemeinen korrekt an.»[238]

Schon während des Prozesses hatte Speer tiefgründiger als seine Mitangeklagten über die Umstände nachgedacht, die das Naziregime ermöglicht hatten. Freilich blieb auch sein Faschismusbild auf die Urheberschaft eines einzelnen, nämlich die Hitlers, fixiert. Gleichwohl zog Speer aus der Naziherrschaft einen bemerkenswerten Schluß, den die Mehrheit in Ost und West ebensowenig beherzigt hat wie manch andere Lehre von Nürnberg auch. In seinen letzten Worten breitete Speer vor dem IMT die Vision aus: «Die Welt aber wird aus dem Geschehenen lernen, die Diktatur als Staatsform nicht nur zu hassen, sondern zu fürchten.»[239]

In seinen Memoiren, die er im Spandauer Gefängnis schon vorbereitete, vertiefte er diesen Standpunkt. Zudem warnte Speer vor den Gefahren, die im technischen Fortschritt für die Entpersönlichung und die Eigenverantwortung des Menschen lauern. Schon in Nürnberg hatte er davor gewarnt, daß im autoritären System durch Mißbrauch der Medien und Nachrichtenmittel «der neue Typ des kritiklosen Befehlsempfängers (entsteht)»[240]. Eine Erkenntnis, die gültig bleibt und die dazu beitragen sollte, Diktaturen im Keime zu ersticken.

Gewiß ist Speer nicht vom Saulus zum Paulus geworden. Eine gespaltene Persönlichkeit blieb er zeitlebens. Er wußte sich, nach eigenen Worten, «weder der Faszination noch dem Schrecken jener Jahre zu entziehen»[241]. Sowohl in seinen Memoiren als auch im «Sklavenstaat»[242] verwässerte er seinen Schuldanteil an der Nazibarbarei auf Kosten anderer. Gleichwohl hob er sich von anderen Hauptkriegsverbrechern dadurch ab, daß er den Willen, die intellektuelle Fähigkeit und die Größe zu besserer Weltsicht besaß und zudem genügend Sensibilität, die der Reue in ihm Raum gab. Speers Bedauern seiner Verbrechen war nicht nur platonisch. Über Robert Kempner ließ er jüdischen und christlichen Opfern des Hitlerregimes einen Teil seiner Bücherhonorare zukommen. Auch darin blieb Speer Einzelgänger unter den sogenannten Nürnbergern. Er starb am 1. September 1981 während eines Englandbesuches in einer Londoner Klinik.

Immer in der vordersten Reihe – Seyß-Inquart

Mit Seyß-Inquart stand ein weiterer promovierter Jurist vor den Schranken des IMT. Der in Mähren geborene Sohn eines Gymnasialprofessors hatte sich 1921 als Rechtsanwalt in Wien heimisch gemacht. Zu seinen Klienten hatten auch österreichische Juden gezählt, an denen er nicht schlecht verdiente. Gleichwohl verhehlte der Exanwalt in Nürnberg nicht, daß er Antisemit seit dem ersten Weltkrieg gewesen war. Zweifellos hatte ihm dies sein schmutziges Handwerk erleichtert, das er während der Naziära ausübte.

Seine Rolle bei der Einverleibung Österreichs ist bekannt. Rückblickend bekannte Seyß-Inquart selbst vor dem Tribunal noch mit Stolz, «bei Großdeutschland mitgewirkt zu haben»[243]. Doch schon in Österreich hatte er mehr getan, als Hitlers

Arthur Seyß-Inquart

trojanisches Pferd zu sein. In seiner Eigenschaft als «Reichsstatthalter für Österreich», zu dem Hitler ihn am 15. März 1938 kürte,
nahm er unverzüglich die Beschlagnahme jüdischen Vermögens in
Angriff. «Unter seinem Regime», so die Nürnberger Richter, «wurden die Juden gezwungen, auszuwandern, sie wurden in Konzentrationslager geworfen und Pogromen ausgesetzt.»[244]

Schon in der «Ostmark», wie das Naziregime Österreich inzwischen nannte, hatte Seyß-Inquart mit der Sicherheitspolizei und
dem SD Hand in Hand gearbeitet, um rassische wie politisch Mißliebige von der Bildfläche verschwinden zu lassen. Als der Weltkrieg angezettelt war, erhielt Seyß-Inquart dafür neue Betätigungs-
felder. Am 12. Oktober 1939 wurde er zum Stellvertreter von Generalgouverneur Hans Frank im besetzten Polen bestellt. Das
rücksichtslose Okkupationsregime, das hier entstand, war maßgeblich von seiner Handschrift gezeichnet.

Am 17. November 1939 bedeutete Seyß-Inquart den Abteilungs-
und Verwaltungschefs des Distrikts Warschau, daß «oberste Richtschnur bei der Durchführung der deutschen Verwaltung im Gene-
ral-Gouvernement lediglich das Interesse des Deutschen Reiches
sein müsse. Es müsse durch harte und einwandfreie Verwaltung
das Gebiet der deutschen Wirtschaft nutzbar machen ...»[245]

Der Cäsar aus Wien begnügte sich indessen nicht mit der Ausplünderung des Polenlandes. Auch der Jagd auf Menschen widmete er sich hier von Anbeginn an: der Verschleppung polnischer Arbeiter ins Reich, der Verfolgung jüdischer Menschen und last not least der Vernichtung der hiesigen Führungsschicht.

Seyß-Inquarts Intermezzo in Polen währte bis Mitte Mai des folgenden Jahres. Am 18. Mai 1940 ernannte Hitler ihn zum Reichskommissar für die besetzten Niederlande. Und nun durfte er als Chef der faschistischen Zivilverwaltung seine Macht vollends auskosten. Nun war er eine Art Regierungschef und zugleich oberster Gerichtsherr, Dienstherr der niederländischen Polizei wie auch der Besatzerpolizisten, was er freilich kategorisch bestritt.

Ironie der Geschichte, daß man die Regeln der Kriegführung einst in jener Stadt verabschiedet hatte, in der Seyß-Inquart seinen Amtssitz aufschlug. Die Haager Konvention, so bedeutete er dem Gericht ohne zu erröten, habe er für überholt gehalten. Schließlich habe man in einem Kampf um Sein oder Nichtsein gestanden. So war es für ihn selbstverständlich, die politischen Parteien zu verbieten und deutsche Gerichte auch für Niederländer einzuführen, die wider den faschistischen Stachel löckten. An Todesurteilen, so rechnete der einstige Reichskommissar dem Gericht arrogant vor, gab es «bis Mitte 1944 noch nicht 800 Fälle in vier Jahren, also weniger als ein Bombenangriff auf die Stadt Nijmegen gekostet hat»[246].

Gewiß, die Willkür der Justiz hat auch dortzulande die geringsten Opfer gefordert. Auch hier dominierte außergerichtlicher Terror, an dem Seyß-Inquart intensiv beteiligt war. Unter seiner Regie wurden beispielsweise Geistliche und Lehrer in Konzentrationslager geworfen, die man einer feindlichen Haltung gegenüber den Besatzern verdächtigte. Der Angeklagte konnte nicht leugnen, daß in den holländischen KZ immer wieder Menschen umgebracht worden waren. Seyß-Inquart hatte für alles eine Erklärung: «Sowohl in Gefängnissen als auch in Konzentrationslagern sind Exzesse vorgekommen. Ich halte das in Kriegszeiten beinahe für unvermeidlich ...» Mit Blick auf das KZ Vught beispielsweise gestand er ein, daß «es beim Bezug eine große Sterblichkeit (gab) ... Ich habe mir damals täglich und später wöchentlich die Sterblichkeitsziffer vorlegen lassen, bis sie ungefähr die normale Höhe erreicht hat.»[247] Dabei durfte er nicht einmal sicher sein, ob die

Zahl der Exekutionen in seiner Statistik überhaupt enthalten war.

Bei der Erschießung von Geiseln war der Reichskommissar nicht weniger zimperlich zu Werke gegangen. Als im August 1942 ein Anschlag auf einen Wehrmachtstransport verübt worden war, wurden mehrere Holländer an die Wand gestellt, die mit der Aktion nicht das mindeste zu tun hatten. Als 1943 in Amsterdam, Arnheim und Hilversum Generalstreiks ausbrachen, hatte Seyß-Inquart Standgerichte eingeführt, die mit Streikführern kurzen Prozeß machten. Und da sich nach Seyß-Inquarts Behauptung am Streik «die gesamte Bevölkerung beteiligt hat»[248], hatte es auch gleich noch eine Kollektivstrafe in Höhe von 18 Millionen Gulden gehagelt.

Die Blutbäder in den Niederlanden eskalierten und häuften sich nach einem Hitlerbefehl vom 30. Juli 1944. In ihm hatte der Diktator angeordnet, Akteure des antifaschistischen Widerstandes in den besetzten Gebieten unmittelbar der Sicherheitspolizei zur Exekution zu übergeben. Für den promovierten Juristen Seyß-Inquart war es auf den ersten Blick erkennbar, daß diese Order eine Anweisung zu blankem Mord bedeutete. Da hätte allein Befehlsverweigerung in Frage kommen dürfen. Nicht so für den fanatischen Reichskommissar in Den Haag. Vor dem Tribunal hatte Seyß-Inquart die Stirn, sowohl den kriminellen Hitlerbefehl als auch seine Haltung dazu zu rechtfertigen. «Die sogenannten Geiselerschießungen ab Juli 1944», so redete er auf das Gericht ein, «waren keine Geiselerschießungen, sondern Vollstreckungen ..., wenn ich zum Beispiel die Polizei aufmerksam gemacht habe, in irgendeinem Ort in den Niederlanden macht sich die illegale Widerstandsbewegung stark bemerkbar, und sie beauftragt habe, den Fall zu überprüfen, so war es mir klar, daß sie führende Widerstandskreise und Leute verhaften konnte, die sie dann auf Grund des Führerbefehls erschießen wird ... Ich mußte meiner Verantwortung nachkommen, selbst in der schwierigen Situation, daß die Schuldtragenden ... nicht vor ein Gericht gestellt werden.»[249]

Tatsächlich hetzte Seyß-Inquart Polizei und SS nicht nur auf die Spuren holländischer Patrioten, um den Dingen dann ihren Lauf zu lassen. Er bestimmte mitunter auch die Zahl der Opfer. Als auf seinen Höheren SS- und Polizeiführer, Sauters, ein Attentat verübt worden war, hatte er dessen Stellvertreter Dr. Schöngarth den Befehl erteilt, 200 holländische Widerstandskämpfer vor Ort an die Wand zu stellen. «Diese Hinrichtung», so hatte er Schöngarth bedeutet, «solle eine abschreckende Wirkung auf die Bevölkerung haben.»[250]

Eifrig hatte Seyß-Inquart auch die Fäden für die wirtschaftliche Ausplünderung der Niederlande gezogen. Seiner Aktie am Sklavenarbeitsprogramm suchte er vor Gericht zunächst etwas Tugendhaftes abzugewinnen. Bei seiner Ankunft in den Niederlanden habe er immerhin ca. eine halbe Million Arbeitslose vorgefunden. Doch sein wahres Motiv für die Verfrachtung Hunderttausender holländischer Arbeiter vermochte er dann doch nicht für sich zu behalten. Ein großes Arbeitslosenheer, so Seyß-Inquart am 10. Juni 1946, sei «zweifellos eine Rekrutierungsmenge für illegale Betätigung»[251].

Formell war die Verpflichtung für Niederländer, im Nazireich zu arbeiten, bis zum Jahre 1942 freiwillig. Indessen saß vielen einheimischen Arbeitern staatlicher und wirtschaftlicher Druck im Nakken. Als der Reichskommissar schließlich die Zwangsarbeitspflicht einführte, machten Sicherheitspolizei und SD Jagd auf Holländer. Das Gerichtsurteil gegen Seyß-Inquart hielt fest: «Während der Besetzung wurden 500000 Menschen von den Niederlanden nach dem Reiche als Arbeiter gesandt, und nur ein ganz geringer Bruchteil davon waren tatsächlich Freiwillige.»[252]

Größtmögliche wirtschaftliche Ausbeutung gehörte zum Tageswerk von Seyß-Inquart. Er sorgte nicht nur dafür, daß ein gerüttelt Maß holländischer Produkte ins Nazireich floß, was u. a. zu Hungersnot führte. Er ließ auch ganze Produktionsanlagen verschwinden, öffentliches und privates Eigentum plündern und beschlagnahmen, darunter den Besitz der Königin. Zudem wurden dem überfallenen Land monatlich 50 Millionen Mark Besatzungskosten, zum Teil in Gold, abgepreßt. Für seine Zivilverwaltung wollte Seyß-Inquart lediglich drei Millionen Gulden in Anspruch genommen haben. Allerdings verschwieg er nicht, daß «dann noch etwa 20 Millionen Sühnegelder (hinzukamen)»[253].

Der schwerste Vorwurf, der Seyß-Inquart traf, war seine Mitwirkung an der Endlösung. Vor Gericht machte er keinen Hehl daraus, er sei an seine Mission mit dem Eindruck herangegangen, «daß die Juden natürlich gegen das nationalsozialistische Deutschland sein müssen. Eine Schuldfrage war für mich nicht zu erörtern, sondern ich mußte als Chef eines besetzten Gebietes nur mit der Tatsache rechnen.»[254] Alles andere ergab sich für ihn nahezu wie von selbst. Als im Frühjahr 1941 Heydrich bei ihm auftauchte und die Registrierung der jüdischen Menschen verlangte, zögerte Seyß-Inquart keine Sekunde. Wirtschaftlich hatte er sie längst schlechter gestellt als die übrige Bevölkerung, und nun folgten Registrierung, Davidstern und schließlich Ghettoisierung.

Im Jahre 1942 soll Heydrich ihn erneut aufgesucht haben. Inzwischen stand die Deportation der Juden auf der Tagesordnung. Diesmal wollte Seyß-Inquart mit dem Vollzug gezögert und nach einem anderen Ausweg gesucht haben. Doch schließlich habe man ihm einen schriftlichen Führerbefehl präsentiert, wonach Heydrich alle diesbezüglichen Vollmachten besaß.

Tatsächlich wurden von den 140 000 niederländischen Juden ca. 100 000 nach Auschwitz verschleppt. Seyß-Inquart leugnete gar nicht, gewußt zu haben, daß Auschwitz das Ziel der Transporte gewesen sei. Nur von der Endlösung habe er nicht die leiseste Ahnung gehabt. Im Gegenteil. Er habe extra seine Leute nach Auschwitz geschickt, um sich über das Schicksal der holländischen Juden ein Bild zu machen. Was Seyß-Inquart auf diese Weise erfahren haben wollte, war: »Diesen Leuten ginge es verhältnismäßig gut; sie hätten zum Beispiel eine hundert Mann starke Musikkapelle.»[255]

Solche Versuche hatten natürlich keine Chance, bei den Richtern auf fruchtbaren Boden zu fallen. «Auf Grund des Beweismaterials und in Ansehung seiner Amtsstellung», so das Urteil gegen Seyß-Inquart, «ist es unmöglich, diesen Behauptungen Glauben zu schenken.»[256]

Seyß-Inquart fand für die meisten seiner Verbrechen polemische Worte der Rechtfertigung. So verglich er die Deportation der Juden mit der Evakuierung jener Deutschen, die nach Ende des Krieges die von Deutschland abgetrennten Gebiete verlassen mußten. Die Ermordung der holländischen Widerstandskämpfer rechtfertigte er mit dem Schicksal der Frontsoldaten nach dem Motto: «Die Kugel trifft den, der im Gefahrenraum tätig ist.»[257]

Selbst fünf Minuten vor Zwölf muß sein Rechtsbewußtsein noch immer hoffnungslos verschüttet gewesen sein. Durch Hitlers Testament zum künftigen Außenminister bestimmt, hatte er Anfang

Mai 1945 mit Dönitz noch über eine künftige Regierung simuliert. Danach hatte er vergeblich versucht, nach Holland zurückzukehren, um seine verheerende Besatzungspolitik auch noch zu begründen. Seyß-Inquart am 11. Juni 1946 im Zeugenstand: «… schließlich meinte ich, wir sind in Zeiten des Triumphs in der ersten Reihe gestanden, wir haben nun Anspruch darauf, in den Zeiten des Unglücks auch in der vordersten Reihe zu stehen.»[258]

Von der Masse der Angeklagten unterschied Seyß-Inquart sich dadurch, daß er sich nicht in die Berufung auf Hitlerbefehle flüchtete. Das mag an seiner ungebrochenen Beziehung selbst noch zum toten Naziführer gelegen haben, die er dem Gericht nicht einmal verhehlte. Uneingeschränkt bekannte sich Seyß-Inquart in seinem Schlußwort zu Hitler: «Für mich bleibt er der Mann, der Großdeutschland als eine Tatsache in die deutsche Geschichte gestellt hat.»[259] Über die entsetzlichen Folgen des Hitlerschen Werkes verlor der Angeklagte kein Wort. Andernfalls hätte er zum Resultat auch seiner eigenen Verbrechen Farbe bekennen müssen. Dazu fehlte es ihm an Einsicht und Mut zugleich. Unter Berücksichtigung aller Umstände verurteilte das Gericht ihn zum Tode.

Neurath – der ruhende Pol?

Im Hauptkriegsverbrecherprozeß bestraft wurde schließlich noch Constantin Freiherr von Neurath. Bürgerliche Zeitgeschichtler stempeln den Sproß einer württembergischen Adelsfamilie gern zum Außenseiter im Ensemble der Exponenten des Nazireiches. Er stamme aus einer anderen Epoche und einer anderen Welt. Mag sein, daß seine Manieren und Umgangsformen nichts von jener Grobschlächtigkeit hatten, die viele der Nazigrößen auszeichnete. Es mag auch sein, daß Neurath, wie er in Nürnberg beteuerte, unter besonderer Betonung der Pflicht zur Wahrheit und des Verantwortungsgefühls erzogen wurde. Doch gleichwohl war ihm schon in jungen Jahren der Nationalist auf die Stirn geschrieben. Und diese politische Krankheit, an der er litt, vermochte all seine Tugenden wieder auszulöschen, die er im Elternhaus, im Gymnasium und auf den juristischen Fakultäten zu Tübingen und Berlin erworben hatte.

Im Sommer 1932 hatte Hindenburg den langjährigen, erprobten Diplomaten nachdrücklich gebeten, als Außenminister in das Kabinett Papen einzutreten. Von Neurath verblieb auf diesem Stuhl, als wenig später General von Schleicher an die Regierungsspitze der strauchelnden Republik von Weimar trat. Und er wich auch nicht, als Hitler Reichskanzler wurde, obgleich er «die Methoden der Partei in ihrem Kampf um die Macht verabscheute»[260]. Wieder habe er sich, so Neurath in Nürnberg, dem Wunsche des Reichspräsidenten gebeugt, der in ihm den ruhenden Pol in der Naziregierung zu sehen wünschte.

Indessen erwies sich Neurath in der Praxis der faschistischen Außenpolitik als alles andere denn als ruhender Pol. Vielmehr warf er, wie US-Ankläger Jackson es treffsicher ausdrückte, «die Perlen seiner Erfahrung vor die Nazis»[261]. Vom Austritt aus dem Völkerbund bis zum Münchener Abkommen lassen sich die Spuren seiner diplomatischen Künste verfolgen, durch die er den Aggressionskurs des Nazireiches tarnte, rechtfertigte und mitunter auch inspirierte.

In Nürnberg fiel besonders ins Gewicht, daß Neurath am 5. November an jener sogenannten Hoßbach-Konferenz teilgenommen hatte, auf der Hitler sein verbrecherisches Konzept gegenüber Österreich und der Tschechoslowakei ausbreitete. Von jenem Zeitpunkt an konnte sich der Diplomat nicht mehr darauf berufen, Hitlers kriegerische Absichten nicht durchschaut zu haben. Freilich behauptete er vor dem Tribunal, daß ihn die damalige Rede des Naziführers «aufs tiefste erschüttert (hat)»[262]. Eine Baronin von Ritter, die Neurath sehr nahe stand, berichtete dem Gericht gar von schweren Herzattacken, die der Exminister nach der bewußten Hitlerrede erlitten hätte. «Es ist furchtbar», so habe Neurath damals öfter geäußert, «die Rolle der Kassandra zu spielen.»[263] Doch was nutzte Neurath der geschärfte Zukunftsblick, wenn er ihn nicht dazu bewegen konnte, dem Naziregime adieu zu sagen.

Alles, was er damals vollbrachte, war, dem rabiateren Ribbentrop kampflos seinen Ministersessel zu überlassen. Doch sein Ehrgeiz, in der Politik zu bleiben, verstrickte ihn auch weiterhin und immer tiefer in die Verbrechen des Naziregimes. Als Minister ohne Geschäftsbereich und Mitglied des Reichsverteidigungsrates blieb Neurath für das Naziregime ein gefragter Mann. Kaum daß er im

Februar 1938 das Auswärtige Amt verlassen hatte, rief ihn Hitler am 11. März schon wieder um Rat an, wie man die Folgen des bevorstehenden Einmarsches in Österreich begrenzen könne. Noch am folgenden Tage sprang Neurath für den abwesenden Ribbentrop ein und gab dem protestierenden britischen Botschafter eine verlogene Darstellung über den Hergang der Ereignisse. Am selben Tage beschwichtigte er auch den tschechischen Gesandten in Berlin, Mastny, der sich über den Einmarsch in Österreich sehr erregt zeigte.

Mastny wollte von Neurath wissen, ob Hitler nun auch gegen die Tschechoslowakei vorgehen werde. Dazu Neurath in Nürnberg: «Ich erwiderte ihm, er könne beruhigt sein, Hitler habe mir erst am Abend vorher ... gesagt, daß er nichts gegen die Tschechoslowakei zu unternehmen gedenke ... Die Regelung des österreichischen Anschlusses sei eine häusliche Angelegenheit.»[264] Dabei kannte Neurath Hitlers wahres Konzept seit der Hoßbach-Konferenz aufs genaueste. Unverfrorener hätte er das Opfer von morgen kaum täuschen können. So waren Neuraths Anklage und Verurteilung wegen Verbrechen gegen den Frieden zwar umstritten, am Ende aber doch nicht zu umgehen.

Auf dem Sündenkonto des ältesten unter den Angeklagten schlugen aber auch Kriegsverbrechen und Verbrechen gegen die Menschlichkeit zu Buche. Seit jener Unterredung mit Mastny war gerade ein Jahr vergangen, da Neurath als Reichsprotektor von Böhmen und Mähren in Prag eingezogen war. Auch mit Blick auf dieses Amt gab er sich in Nürnberg blauäugig. Damals habe er geglaubt, daß sich die tschechische Regierung aus freien Stücken unter das Patronat des Nazireiches begeben hätte. Das IMT folgte indessen dem wahren Hergang der Dinge. Es beurteilte den Einmarsch in Böhmen und Mähren als militärische Besetzung, «die den Regeln der Kriegführung unterliegt»[265]. Und ebendiese Regeln hatte Neurath permanent gebrochen, indem er dortzulande ein Regime einführte, das dem in Hitlerdeutschland durchaus vergleichbar war. Es reichte von der Verfolgung jeglicher Opposition über die wirtschaftliche Ausplünderung bis hin zur Einführung der judenfeindlichen Politik und Gesetzgebung.

Was den Polizeiterror im Protektorat anbetraf, so bediente auch Neurath sich des stereotypen Einwandes, daß «die Polizei eine völlig von mir unabhängige Behörde (war)»[266], die Himmler direkt unterstanden habe. Diese Behauptung kollidierte schon mit der Tatsache, daß der Höhere SS- und Polizeiführer im Protektorat, Karl Hermann Frank, Neuraths Staatssekretär war, ihm also unterstand. Sie widersprach aber auch jener Proklamation, die er als Reichsprotektor im August 1939 persönlich unterzeichnet hatte und in der für sogenannte Sabotageakte, zu denen schon Gerüchte zählten, schärfste Strafen angedroht worden waren. «Die Verantwortlichkeit für alle Sabotageakte», so hatte Neurath gedroht, «trifft nicht nur die einzelnen Täter, sondern die gesamte tschechische Bevölkerung.»[267]

Konnte er diese Art von Sippenhaftung nicht leugnen, so bestritt er die Verfolgung und Ermordung tschechischer Patrioten durch die deutschen Besatzer um so heftiger. Schon am ersten Tage des Krieges waren 8000 führende Tschechoslowaken durch die Sicherheitspolizei in Schutzhaft genommen und in KZ verschleppt worden. Viele von ihnen waren dabei umgekommen. Tote hatte es auch am 28. Oktober 1939 gegeben, als in Prag aus Anlaß des tschechischen Unabhängigkeitstages demonstriert worden war. Im November schließlich erschossen Sicherheitspolizei und SD neun Führer von studentischen Demonstrationen. Zudem wurden 1200 Studenten verhaftet und in KZ verbracht. Eine Proklamation, die mit Neuraths Namen unterzeichnet war, machte die Mord- und Verschleppungsbefehle publik. Obgleich Neurath kurz zuvor im Beisein seines Staatssekretärs die Prager Situation mit Hitler erörtert hatte, wollte er in Nürnberg von der Exekution erst im nachhinein erfahren haben. «Die Proklamation hatte ich also überhaupt nicht gesehen. Mein Name war widerrechtlich von Frank daruntergesetzt»[268], behauptete er vor dem IMT. Ob dies der Wahrheit entsprach, konnte das Gericht nicht definitiv klären. Für Neuraths Version sprach, daß er sich bei Hitler und Himmler für die Freilassung eines Teils der verhafteten Studenten einsetzte, was ihm das Gericht als mildernden Umstand anrechnete. Dagegen sprach, daß er seinen Staatssekretär Frank ungeschoren ließ.

Angeklagt war Neurath schließlich noch der Mitwirkung an den Germanisierungsplänen gegenüber dem tschechischen Volk. Im August 1940 hatte von Neurath Reichskanzleichef Dr. Lammers hierzu zwei Denkschriften überreicht. Darin wurde für die Zukunft vorgeschlagen: «Staatspolitisch kann das Ziel nur sein: die restlose Eingliederung in das Großdeutsche Reich; volkspolitisch: die Füllung dieses Raumes mit deutschen Menschen.»[269] Das von ihm selbst verfaßte Papier lief auf die Ausweisung der Tschechen hinaus, die von seinem Staatssekretär Frank verfaßte Denkschrift sah die «besondere Behandlung» der Landesbewohner vor. In Nürnberg suchte Neurath sein Germanisierungskonzept dahin umzudeuten, daß er lediglich «die sogenannte allmähliche Assimilierung»[270] der Tschechen angestrebt habe.

Gleichwohl, der extrem brutale Statthalter war Neurath im Vergleich zu den meisten Reichskommissaren nicht. Als sich 1941 der Widerstand der Tschechen merklich verstärkte, wurde er im September 1941 zu Hitler zitiert, der ihn rügte, nicht streng genug zu sein. Umgehend zog Heydrich auf dem Hradschin ein, was die Verbrechen der Nazis im Protektorat sichtlich potenzierte. Neurath wurde beurlaubt, blieb aber formell Reichsprotektor bis zum 24. August 1943. Kurz vor seinem Abschied, gewissermaßen aus Trost, hatte er noch den Rang eines SS-Obergruppenführers erhalten und auch angenommen.

In seiner langen Diplomatenkarriere hatte Neurath dem Kaiser, der Weimarer Republik und schließlich Hitler gedient. Möglicherweise wollte er sein Schlußwort in Nürnberg als das Resümee seines Lebens verstanden wissen, wenn er aussagte, daß er vor Gericht «mit gutem Gewissen nicht nur vor mir selbst, sondern vor der Geschichte und vor dem deutschen Volk (stehe)»[271]. Seine allerjüngste Vergangenheit hatte er während des Prozesses beharrlich zu verdrängen gesucht. Das Gericht setzte sie wieder in das Bewußtsein des Angeklagten: «Er war als Protektor der oberste deutsche Beamte zu einer Zeit, in der die Verwaltung dieses Gebietes eine bedeutsame Rolle in den Angriffskriegen spielte, welche Deutschland gegen Osten führte, und er wußte, daß Kriegsverbrechen und Verbrechen gegen die Menschlichkeit unter seiner Herrschaft begangen wurden.»[272] Constantin von Neurath wurde zu 15 Jahren Gefängnis verurteilt.

Das Gefängnistor von Spandau öffnete sich für den inzwischen 81jährigen am 6. November 1954. Sein angegriffener Gesundheitszustand hatte zur vorzeitigen Haftentlassung geführt. Präsident Heuß gratulierte: «Mit freudiger Genugtuung habe ich heute früh die Mitteilung gelesen, daß das Martyrium dieser Jahre für Sie ein Ende gefunden hat.»[273] Neurath verstarb am 14. August 1956 in Enzweihingen im Land Württemberg.

Freispruch für
Schacht, Papen und Fritzsche

Drei der als Hauptverbrecher Angeklagten wurden vom Gerichtshof freigesprochen. Schon zu Beginn des Prozesses hatte Hjalmar Schacht auf die Frage, ob er sich im Sinne der Anklage schuldig oder nicht schuldig bekenne, mit stoischer Selbstsicherheit erklärt, daß er «in keiner Weise schuldig»[274] sei. Die Gelassenheit des einstigen Reichsbankpräsidenten und Wirtschaftsministers basierte weniger auf der subjektiven Fehleinschätzung seiner Rolle im Nazireich als auf der Gewißheit, daß er namentlich mit den Amerikanern während des zweiten Weltkrieges heimlich kooperiert hatte. Das «Finanzgenie», als das Schacht seit den Anfangsjahren der Weimarer Republik galt, hatte sich in der hohen Politik stets ein Hintertürchen offengehalten. Nun vertraute er nicht von ungefähr darauf, daß die westlichen Richter sich im nachhinein erkenntlich zeigen würden.

, Die Anklage warf Schacht Teilnahme an der Verschwörung, insbesondere die Mitwirkung an der Vorbereitung des Krieges sowie an den militärischen und wirtschaftlichen Plänen für die Angriffskriege vor. Der kardinale Punkt für eine Aburteilung Schachts war der Nachweis, daß er von der Absicht der Hitlerclique, Angriffskriege zu führen, gewußt hatte. Aber gerade dies bestritt Schacht mit aller Gelassenheit und Unverfrorenheit, die ihm eigen war. Er habe zwar maßgeblich zur Aufrüstung und zur Wehrhaftigkeit des Nazireiches beigetragen, doch niemals habe der den bewaffneten Überfall auf andere Länder einkalkuliert oder gar angestrebt. Im übrigen habe er sich schon 1938 von Hitler abgewandt und im Herbst desselbigen Jahres – wenngleich vergeblich – den Versuch eines Staatsstreiches unternommen. Tatsächlich hatte Schacht im Herbst 1937 die Stühle des Reichswirtschaftsministers und des Generalbevollmächtigten für die Wehrwirtschaft räumen und seinem Rivalen Göring weichen müssen. Doch Präsident der Reichsbank,

die unter seiner Regie beispielsweise die tschechoslowakische Nationalbank plünderte, war er noch bis zum Januar 1939, Minister ohne Geschäftsbereich bis 1943. Und seine angebliche Abneigung gegenüber den Aggressionsverbrechen konnte ihm im Gerichtssaal durch einen Dokumentarfilm widerlegt werden, der ihn als Protagonisten auswies. Das Zelluloid zeigte Hitlers Rückkehr aus dem besetzten Paris im Juli 1940. In langem Mantel und Zylinder stand Schacht als einziger Zivilist auf dem Bahnsteig, der dem eintreffenden Naziführer überschwenglich die Hand schüttelte und zum Sieg beglückwünschte.

Gleichwohl war das Kreuzverhör, das Jackson mit Schacht führte, ziemlich zahm. Der US-Ankläger hatte zum einen zu befürchten, daß der Angeklagte über seine heimliche Kooperation mit US-Diplomaten während des Krieges aus der Schule plaudern könnte. Zum anderen war Jackson auch dem Druck von außen ausgesetzt. Über die britische Anklagevertretung hatte beispielsweise der Gouverneur der Bank of England, Montague Norman, interveniert, Schacht nicht so hart anzufassen. Zudem waren Jackson ironische Briefe zugegangen, die besagten, «daß er es niemals schaffen werde, einen Großbankier schuldspruchreif zu überführen. Bankiers seien die Unberührbaren von heute.»[275]

Das Ergebnis des Urteils gegen Schacht stand dann auch sichtlich im Widerspruch zu den Erkenntnissen, über die die Richter und ihre Mitarbeiter verfügten. In einem Gutachten kam der US-

Glückwunsch für Hans Fritzsche zum Freispruch

Experte Fisher zu dem Schluß, daß Schacht nach Punkt 1 der Anklage schuldig sei. Seine Intelligenz und die Hinweise, die er von Göring und anderen Naziführern erhielt, «müssen ihm bewußt gemacht haben, daß Deutschland aggressive Absichten verfolgte»[276]. Als Fisher sein Traktat vorlegte, neigte US-Richter Biddle noch dazu, Schacht auch nach Punkt 2 der Anklage für schuldig zu befinden, was Fisher verneint hatte. Polemisch merkte Biddle dazu an: «Der von ihm (von Schacht – d. A.) vorbereitete Aggressionskrieg brach schließlich aus, oder ist er vorher zurückgetreten?»[277]

Am Ende kam alles anders. Lawrence, der Gerichtsvorsitzende, plädierte von vornherein mit jener frappierenden Begründung für Freispruch, daß Schacht als Bankier einfach ein Mann von Charakter gewesen sein müsse. Biddle und Sowjetrichter Nikitschenko indessen waren für Schachts Verurteilung. So wurde der Franzose de Vabres schließlich zum Zünglein an der Waage. Auch er neigte zunächst zu einer Verurteilung, auch wenn er die Schuld von Schacht, ebenso wie die von Papen, für nicht übermäßig groß hielt. Nachdem jedoch klar wurde, daß sich für eine Verurteilung von Papen und Fritzsche keine Mehrheit fand, wollte auch der Franzose von Schachts Verurteilung nichts mehr wissen. Man müsse die drei am wenigsten Schuldigen, so der Franzose, gleich behandeln. Im übrigen sei das Tribunal nicht dazu eingesetzt, «um milde Strafen zu verhängen»[278]. Das waren natürlich durchweg Vorwände, bar jeder rechtsstaatlichen Basis. Offenbar war de Vabre vom Gerichtsvorsitzenden beeinflußt worden, was berechtigten, aber auch unverhohlenen Zorn von Nikitschenko herausgefordert hatte.

So widersprüchlich, wie sich die Haltung der westlichen Richter hinter den verschlossenen Türen ihres Beratungszimmers im Fall Schacht erwies, fiel dann auch das Urteil aus. Einerseits wurde Schacht als «eine Zentralfigur bei Deutschlands Wiederaufrüstungsprogramm» charakterisiert, andererseits betonte man, daß «aber die Aufrüstung an sich nach dem Statut nicht verbrecherisch (ist)». Fazit der westlichen Richter: Die Annahme, daß Schacht tatsächlich von den Angriffsplänen gewußt habe, sei «nicht über einen vernünftigen Zweifel hinaus erwiesen worden»[279].

In seiner abweichenden Meinung zum Urteil führte Nikitschenko diesen Schluß des Gerichts ad absurdum. Er verwies darauf, daß Deutschland zur Zeit seiner fieberhaften Aufrüstung von niemandem bedroht gewesen sei, daß die Vorliebe für die Produktion von Angriffswaffen dominiert habe; daß Schacht dem amerikanischen Konsul Fuller schon 1935 bedeutete, falls man Kolonien nicht durch Verhandlungen bekomme, «werden wir sie uns nehmen»[280]. Nikitschenkos Resümee ist ernsthaft nicht zu bestreiten, wonach der Freispruch Schachts in deutlichem Widerspruch zu den vorhandenen Beweisen stand.

Nach seiner Entlassung aus dem Nürnberger Gefängnis suchte Schacht seine Vergangenheit unter dem Mäntelchen eines Antifaschisten zu verbergen. Immerhin hatte Hitler ihn nach dem 20. Juli ins KZ Flossenburg sperren lassen. Doch Schacht war am Attentat nicht beteiligt gewesen. Sein «Widerstand« hatte sich darin erschöpft, mit den alternativen Ideen Goerdelers zu liebäugeln, der das Nazireich durch einen antisowjetischen Friedensschluß mit den Westmächten zu retten suchte. Dieses Alibi war freilich zu schwach, um Schacht völlig ungeschoren zu lassen. 1947 fand sich ein Stuttgarter Entnazifierungsgericht, das Schacht als einen der Hauptschuldigen einstufte und zu acht Jahren Freiheitszentzug verurteilte. Schacht hätte sich selbst verleugnen müssen, wenn er dagegen nicht Berufung eingelegt hätte. Der Stuttgarter Spruch wurde revidiert, und am 2. September 1948 war der finanzielle Architekt des Hitlerreiches wieder in Freiheit. Schachts Profitinstinkt bewährte sich auch in der freien Marktwirtschaft. Im Jahre 1953 gründete er in Düsseldorf die private Außenhandelsbank Schacht u. Co. Seine Gelder wanderten in zahlreiche Entwicklungsländer und flossen gewinnträchtig zurück. Schacht starb, dreiundneunzigjährig, am 3. Juni 1970 in München.

Aus einer anderen Welt als die meisten Größen des Nazistaates stammte auch Franz von Papen. Der Sproß einer alten katholischen Adelsfamilie galt schon zu Beginn der zwanziger Jahre als Symbolfigur des antirepublikanischen, ultrarechten Flügels. Papen verfügte über Verbindungen zur Reichswehr und zu monarchistischen Kreisen ebenso wie durch seine Einheirat in die Industriellenfamilie Boch-Galhau zur Hochfinanz. Sein Freund und Gönner General von Schleicher empfahl ihn im Sommer 1932 als Nachfolger des gescheiterten Brüning als Reichskanzler. Da Papens Partei, das katholische Zentrum, gegen seine Kanzlerschaft war, verließ er seine politische Heimat prompt, um an der Spitze eines «Kabinetts der Barone» der Nazipartei den Weg in die Regierung frei zu schaufeln. Bar jeder Massenbasis mußte Papen zwar nach den Reichstagswahlen im November 1932 zurücktreten, doch gehörte er zu den Schlüsselfiguren, die mit List und Tücke Hitlers Kanzlerschaft bewerkstelligten. Als Lohn seiner Intrigen wurde Papen schließlich mit dem Amt des Vizekanzlers in Hitlers Kabinett bedacht.

Bei aller Schläue hatte sich Papen in den Nazis wohl doch verrechnet. Sein Einfluß in der Regierung schwand zusehends, und angesichts unverhüllter Verfolgung seiner einstigen politischen Freunde hatte er bald Grund zu der Annahme, daß die Geister, die er selbst mit heraufbeschworen hatte, auch ihn vertilgen könnten. Vor diesem Hintergrund ist seine Marburger Rede vom 17. Juni 1934 zu werten, die man ihm im Nürnberger Prozeß zugute hielt. Darin war er gegen die Eskalation des Naziterrors zu Felde gezogen, hatte er gegen das anhaltende politische Monopol der Nazipartei gewettert und eine unbeeinflußbare Rechtspflege gefordert. «Deutschland», so Papen in Marburg, «darf nicht ein Zug ins Blaue werden, von dem niemand weiß, wann er zum Halten kommt.»[281]

Schon Tage später wäre Papen um ein Haar unter die Räder gekommen. Hätte sich Göring nicht für ihn verwandt, wäre auch er der «Nacht der langen Messer», der sogenannten Röhm-Affäre, zum Opfer gefallen. Papen kam mit einigen Tagen Hausarrest davon, während zwei seiner engsten Mitarbeiter, darunter der Publizist Edgar Jung, der Verfasser jener Marburger Rede, in der Nacht des 30. Juni 1934 umgebracht wurden.

Auch Papens Freund und Gönner General von Schleicher war dieser Mordaktion der SS zum Opfer gefallen. Aber nichts von alledem hinderte Papen, im Zug der Mordgesellen weiter mitzureisen, der unverkennbar auf den Krieg zuraste. Gut drei Wochen nach der Blutnacht ließ er sich zum Gesandten in Wien ernennen. Und hier begann ein Kapitel seines Arrangements mit den Mordgesellen um Hitler, das in Nürnberg dann maßgeblicher Gegenstand der Anklage war. Denn während seiner Wiener Zeit hatte Papen mit all seinen Möglichkeiten dafür gesorgt, der Nazipartei in Österreich materiell und politisch den Rücken zu stärken, um den Anschluß des Landes ans Nazireich zu bewirken. Papen war auch an jenem 12. Februar 1938 mit von der Partie, als Hitler auf dem Obersalzberg den österreichischen Kanzler Schuschnigg mit kategorischen Forderungen konfrontierte. Am Ende der erpresserischen Runde hatte auch Papen auf Schuschnigg eingewirkt, Hitlers Bedingungen anzunehmen. Noch auf der Anklagebank besaß Papen den Schneid zu behaupten, daß die danach von Schuschnigg geplante Volksbefragung über den Anschluß an das Nazireich «im Widerspruch zu dem Geist der in Berechtesgaden vereinbarten Dinge und zur Tendenz eines friedlichen Ausgleichs der Spannungen (stand)»[282].

Bei der Beratung des Urteils beriefen sich die westlichen Richter darauf, es sei nicht beweisbar, daß Papen die gewaltsame Besetzung Österreichs gefordert oder auch nur befürwortet habe. Aber auch taktisch psychologische Momente bestimmten die Richtermehrheit dazu, Papen freizusprechen. So drängte der Gerichtsvorsitzende Lawrence die Mitglieder des Tribunals zum Freispruch, «weil wir damit beweisen können, daß wir hier nicht als rachsüchtige Siegermächte zu Gericht sitzen»[283]. So setzte es im Urteil gegen Papen dann ausschließlich moralische Hiebe. Das Gericht zweifelte nicht im geringsten daran, daß Papens Hauptziel als Gesandter in Wien darin bestanden habe, «das Schuschniggsche Regime zu unterhöhlen und die österreichischen Nazis zu stärken, um den Anschluß herbeizuführen. Um diesen Plan durchzuführen, hat er sowohl Intrigen betrieben als auch Drohungen gebraucht. Das Statut hat jedoch solche Verletzungen der politischen Moral nicht als verbrecherisch bezeichnet, so übel sie auch sein mögen.»[284] Die Teilnahme an der Planung eines Angriffskrieges sei Papen in keinem Falle nachzuweisen.

Nikitschenko sah es anders. Für ihn war schon die Machtübernahme durch die Nazis mit dem Zweck verknüpft, Angriffskriege zu führen. Und für ebendiese Machtübernahme habe der Angeklagte ein gut Teil Verantwortung getragen. Mit Blick auf den Anschluß Österreichs bemerkte der sowjetische Richter in seiner abweichenden Meinung zum Urteil: «Papen nahm aktiven Anteil an der Verwirklichung der Angriffspläne der Hitleristen bezüglich der Eroberung Österreichs.»[285] Nikitschenko hatte für Papen zehn Jahre Freiheitsentzug ins Auge gefaßt.

Nach seinem Freispruch in Nürnberg geriet auch Papen vor ein westdeutsches Entnazifizierungsgericht. Es stufte ihn am 1. Februar 1947 als einen der Hauptschuldigen ein, verurteilte ihn zu acht Jahren Freiheitsentzug sowie zur Einziehung seines Vermögens. Papens Berufung führte dazu, daß er bereits im Januar 1949 wieder auf freiem Fuß war. In seinen verlogenen Memoiren richtete er den absurden Vorwurf gegen das Nürnberger Tribunal, ausgerechnet den Hauptschuldigen Hitler geschont zu haben. Papen: «Eigentlich sollte es doch ein Prozeß gegen Hitler sein – auch wenn er tot war. Hier liegt einer der größten psychologischen Fehler dieses Prozesses, der sich bereits historisch auszuwirken beginnt.»[286]

Bis zum Jahre 1968 kämpfte Papen um die Zuerkennung einer Majorsrente, die ihm schließlich versagt wurde. Papen starb am 2. Mai 1969 im badischen Obersasbach.

In den Genuß eines Freispruchs kam auch der Journalist Hans Fritzsche, einer der agilsten Leute aus Goebbels Propagandaministerium. Fritzsche hatte sein Handwerk im Hugenberg-Konzern erlernt und war 1932 zum Nachrichtenchef des Deutschen Rundfunks aufgestiegen. Goebbels lockte den wortgewandten konservativen Nationalisten im Mai 1933 in sein Amt sowie in die Nazipartei und beförderte ihn alsbald zum Leiter der Abteilung deutsche Presse. In dieser Eigenschaft thronte Fritzsche als eine Art lieber Gott über den 2300 deutschen Zeitungen. Unrühmliche Popularität erlangte er spätestens seit Herbst 1942, da er Chef der Rundfunkabteilung der Goebbelsschen Propagandazentrale wurde. Von nun an sprach er periodisch, mitunter täglich, Kommentare, die unter der Rubrik «Es spricht Hans Fritzsche» in den Äther gesendet wurden.

Die Anklage warf Fritzsche u. a. vor, die Grundsätze der Naziverschwörer verbreitet sowie Kriegsverbrechen und Verbrechen gegen die Menschlichkeit gerechtfertigt und zu ihrer Verübung ermutigt und aufgereizt zu haben. Tatsächlich hatte es kaum ein Verbrechen des Hitlerregimes gegeben, das Fritzsche nicht gerechtfertigt und verschleiert hätte. Beispielsweise erklärte er im Dezember 1941: «Das Schicksal der europäischen Juden ist so unangenehm ausgefallen, wie der Führer für den Fall eines europäischen Krieges es vorausgesagt hatte. Nach der Ausbreitung des durch Juden angestifteten Krieges wird sich dieses Schicksal möglicherweise auch auf die neue Welt ausdehnen ...»[287]

Shawcross ging davon aus, daß Fritzsche die Angriffsziele der Hitlerclique gekannt haben mußte. Rudenko meinte gar, daß dessen Tätigkeit ein wichtiges Glied im verbrecherischen Plan der Verschwörung gewesen sei. Doch dem stand beispielsweise entgegen, daß Fritzsche nicht eine einzige Unterredung mit Hitler hatte und auch Göring den Rundfunkchef erst auf der Anklagebank kennenlernte. In bezug auf den Anklagepunkt eins konstatierte das Urteil: «Nie galt er als wichtig genug, um zu den Planungsbesprechungen zugezogen zu werden, die zu Angriffskriegen führten ... Auch liegt kein Material vor, das zeigt, daß er über die auf diesen Sitzungen getroffenen Entscheidungen unterrichtet war.»[288]

Selbstverständlich bestritt Goebbels' Musterschüler auch, um die Greueltaten des Regimes gewußt zu haben. Sein demagogisches Talent, das ihm auch in Nürnberg nicht abhanden gekommen war, wußte er im Prozeß wirkungsvoll auszuspielen. In seinem Schlußwort riskierte Fritzsche eine Flucht nach vorn, die ihresgleichen suchte: «Ach hätte ich doch in meinen Rundfunkreden die Propaganda getrieben, die mir jetzt die Anklage vorwirft! Hätte ich doch Haß gegen andere Völker gepredigt! Hätte ich doch zu Angriffskriegen, Gewalttat, Mord und Unmenschlichkeit aufgefordert! Denn, hohes Gericht, wenn ich dies alles getan hätte, dann hätte sich das deutsche Volk von mir gewandt und hätte das System abgelehnt, für das ich sprach.»[289]

Die anglo-amerikanischen Richter hatten Fritzsche von vornherein in keinerlei Hinsicht als Hauptkriegsverbrecher betrachtet. Daß sie ihn auf der Anklagebank akzeptieren, war vor allem eine Geste der Kooperation gegenüber den sowjetischen Kollegen, auf deren Veranlassung hin Fritzsche aus Moskau nach Nürnberg gebracht worden war. US-Richter Parker, der vehement für Freispruch plädierte, meinte während der Urteilsberatung: «Fritzsche war ein kleiner Mann, an den Hitler keine fünf Minuten verschwendet hätte. Er sitzt überhaupt nur auf der Anklagebank, weil ein Ersatz für Goebbels benötigt wird.»[290]

Tatsächlich hätte eher Fritzsches Vorgesetzter im Propagandaministerium, Staatssekretär Otto Dietrich, in den Hauptkriegsverbrecherprozeß gehört. Dietrich, ein enger Vertrauensmann Hitlers, der zugleich als Pressechef der Naziregierung fungierte, hatte die vom Naziführer und Goebbels festgelegten Sprachregelungen häufig den Abteilungsleitern, einschließlich Fritzsche, erst vermittelt und ihre Realisierung überwacht. Merkwürdigerweise befand sich Dietrich während des Hauptprozesses zwar im Gewahrsam der westlichen Siegermächte, wurde jedoch erst im Wilhelmstraßenprozeß angeklagt, hier zu sieben Jahren Haft verurteilt und bereits im August 1950 wegen guter Führung wieder laufengelassen.

Ohne Zweifel hätte auch Fritzsche bestraft werden müssen. Nicht wenige seiner Kommentare und Reden hatten zweifellos den Tatbestand der Völker- und Rassenverhetzung erfüllt, waren ideologische Schützenhilfe für Kriegsverbrechen und Verbrechen gegen die Menschlichkeit. Zu Recht bemerkte der französische Ankläger Dubost, daß Fritzsche dem Grundgedanken des Naziregimes Ausdruck gab und «zum Judenmord (hetzte)».[291] Und der Brite Shawcross konstatierte: «Fritzsche teilt mit Streicher, Rosenberg, Schirach die Verantwortung für die völlige Entwürdigung des deutschen Volkes, womit er ‹das Tor des Mitleids vor der Menschheit verschloß›.»[292]

Glück für Fritzsche, daß dem Gericht der Wortlaut seiner Kommentare nicht zur Verfügung stand. So fiel manch wichtiger Mosaikstein unter den Tisch, der das wirkliche Bild der geistigen Untaten dieses Angeklagten abgerundet hätte. So aber kam die Mehrheit der Richter zu dem Schluß: «Sicher hat Fritzsche in seinen Rundfunkreden hie und da heftige Erklärungen propagandistischer Art gemacht. Der Gerichtshof nimmt jedoch nicht an, daß diese das deutsche Volk aufhetzen sollten, Greueltaten an besiegten Völkern zu begehen, und man kann daher nicht behaupten, daß er an den Verbrechen, deren er beschuldigt ist, teilgenommen habe. Sein Ziel war, die Volksstimmung für Hitler und die deutsche Kriegsanstrengung zu erwecken.»[293]

Mit der Entlassung aus dem Nürnberger Gerichtsgefängnis war auch Fritzsches Freiheit noch nicht endgültig. Im Jahre 1947 verurteilte ihn eine Nürnberger Spruchkammer zu neun Jahren Arbeitslager. Doch bereits im September 1950 wurde Fritzsche begnadigt und aus der Haft entlassen.

In seinen Memoiren mit dem beziehungsreichen Titel «Hier spricht Hans Fritzsche» versuchte der einstige Chefkommentator des Nazirundfunks vergeblich, alle Anschuldigungen zu entkräften, mit denen er sich seit 1945 konfrontiert sah. Seine Arroganz wußte Fritzsche bis zuletzt nicht zu verbergen. Er starb am 27. September 1953 an den Folgen einer Krebsoperation.

Nachbemerkung:
Hitlerismus – Stalinismus

Immer wieder wird die Frage aufgeworfen, ob die Prozesse von Nürnberg, aber auch andere Verfahren gegen Naziverbrecher überhaupt einen Sinn hatten; ob darin nicht der vergebliche Versuch gelegen habe, den Gang der Geschichte nachträglich am Richterspruch zu messen, Historie zu justifizieren. Bejaht man das letztere, gelangt man zwangsläufig zu dem Schluß, daß die Bestrafung der Hitlerverbrecher fragwürdig, sinnlos oder gar ungerecht war. Dies schlösse ein, daß sich die Menschheit der Wiederholung solcher Verbrechen tatenlos ausliefert. Aber kein verantwortungsbewußt denkender Mensch könnte das ernsthaft in Kauf nehmen wollen. Völlig zu Recht bemerkte Robert H. Jackson im Rückblick: «Nürnbergs Wert für die Welt wird weniger davon abhängen, wie treu es die Vergangenheit interpretiert, als wie gewissenhaft es für die Zukunft vorsorgt.»[294]

Aber gerade das setzte voraus, nicht schlechthin Geschichte anzuklagen, sondern Personen, die durch eindeutige Verbrechen gegen die Menschheit unzweifelhaft meßbare strafrechtliche Schuld auf sich geladen hatten. Und es schloß vor allem ein, sich endlich zu dem Grundsatz zu bekennen, daß auch der König unrecht tun kann und für sein Handeln einzustehen hat, daß die Praxis von Staaten und Staatsmännern im Völkerrecht ihre Schranken finden muß.

Freilich war es für die Nürnberger Richter nicht eben einfach, kriminelles Verhalten im Hitlerreich präzise einzugrenzen. Auf den ersten Blick schienen die meisten Deutschen in die Schuld des Hitlerregimes verstrickt zu sein. Der Kardinalpunkt der Strafverfolgung lag daher im Fixieren der Grenze zwischen strafrechtlicher Schuld und moralischem Versagen, das an der Generation jener Jahre haftenbleibt.

Es war nicht der unaufhaltsame Gang der Geschichte, nicht der

Zwang zum Töten und zum Versklaven Unschuldiger, der so viele, doch keineswegs die Masse der Deutschen, zu Verbrechern werden ließ. Von denen, die zu Tätern wurden, mußte im Weigerungsfalle kaum einer um die Vernichtung der eigenen Existenz fürchten. In der Regel entsprang der Entschluß zum Mittun durchaus verwerfbarer menschlicher Schwäche. Fast immer waren Karrierismus und Opportunismus im Spiel, Gleichgültigkeit und Trägheit, blindes Autoritätsdenken und Kritiklosigkeit, nur ausnahmsweise Freude oder gar triebhafte Erregung am Tod und Leid anderer.

Angesichts der unfaßbaren Verbrechen des Hitlerregimes, an denen Zehntausende mitgewirkt haben, könnte man den Glauben an die Menschen aufgeben. Man könnte sich damit abfinden, daß eben in jedem der Embryo einer Bestie schlummert. Doch wären wir arm dran, wenn es stimmte, daß «Hitlers eigentliche Hinterlassenschaft», wie Fest meint, nur «die Einsicht (ist), wessen der Mensch gegen den Menschen fähig ist»[295].

Man sollte sich endlich der Frage stellen, warum Menschen unter bestimmten gesellschaftlichen Umständen gleich rudelweise zu Wölfen werden. Die Wahrscheinlichkeit, daß auch die Spezies Mensch mit animalischen Rudimenten belastet ist, ist nur ein Teil und gewiß nicht der Kern der Wahrheit. Weit relevanter ist eine ehrliche Antwort auf die Frage nach der Beschaffenheit und Vermeidbarkeit solcher politischen Systeme, die Menschen massenhaft in Versuchung führen, zu Mördern, Sklavenhaltern und zu Häschern Andersgearteter oder Andersdenkender zu werden. Die Ideologen der realsozialistischen Länder haben darauf *ihre* Antwort und *ihre* Wahrheit gefunden. Indem sie die faschistische Variante der Entartung der menschlichen Zivilisation als in der Geschichte einzigartig ausgaben und als exklusives Produkt der reaktionärsten und aggressivsten Kreise des Finanzkapitals definierten, aktivierten sie nicht nur die Idee des Klassenkampfes. Zugleich schlossen sie damit a priori jede Analogie und jeden Vergleich mit den Perversionen des eigenen politischen Systems aus.

Verschiedene idealistische Historiker und Politologen indessen drehten den Spieß inzwischen um. *Ihre* Wahrheit gipfelte in der These, daß erst die Oktoberrevolution und der bolschewistische Klassenkampf den Faschismus provoziert oder gar verursacht hätten. Im Sommer 1986 warf Ernst Nolte die Frage auf: »War nicht der ‹Archipel Gulag› ursprünglicher als Auschwitz? War nicht der ‹Klassenmord› der Bolschewiki das logische und faktische Prius des ‹Rassenmords› der Nationalsozialisten?»[296]

Seitdem haben Nolte, Fest und andere diesen Vorwurf ausgebaut. Auch ideengeschichtlich, so behauptete Nolte anläßlich des 100. Geburtstages von Hitler, sei dessen Ideologie letztlich die Reaktion auf Marx und Lenin. Nolte: «Nichts kann indessen törichter sein, als diese ‹biologische Idee›, wie Alfred Döblin sie 1946 nannte, von der ursprünglicheren Ideologie zu trennen, welche die Erde von sozialen Schädlingen reinigen wollte und alle ‹Proletarier› zum weltweiten Bürgerkrieg aufrief ...»[297]

Tatsächlich ist die These von der *Kausalität* zwischen Marxismus und Rassismus und selbst zwischen Stalinismus und Hitlerismus schlicht falsch. Lenin und die Bolschewiki hatten längst auf den Sieg des Sozialismus in einem Land gesetzt und die Marxsche Vision von der Weltrevolution aufgegeben. Hitlers angebliche Angst, einem expansiven roten Terror gegenüber die Flucht nach vorn antreten zu müssen, war objektiv total unbegründet. Hinzu kommt, worauf Hans-Ulrich Wehler zu Recht hinweist, daß «die entscheidende sozialkulturelle und politische Prägung Hitlers und der führenden Nationalsozialisten nun einmal in die Zeit vor 1914 bzw. 1918 (fällt)»[298].

Wer die eigentlichen Urheber von Auschwitz in der Oktoberrevolution der Bolschewiki ansiedelt oder den Überfall auf die Sowjetunion als Präventivkrieg ausdeutet, sollte sich darüber im klaren sein, daß er den faschistischen Völkermord, gewollt oder ungewollt, zumindest im historischen Sinne relativiert und dadurch in ein spürbar milderes Licht rückt. Von der geschichtlichen zur moralischen Rechtfertigung und letztlich zur Leugnung selbst juristischer Schuld bleiben dann nur noch winzige Schritte, die zu gehen neonazistische Elemente längst im Begriff sind.

Sosehr eine Kausalität zwischen russischer Revolution und Hitlerverbrechen auch konstruiert ist, sowenig sollte man übersehen, daß im Phänomen des Nazifaschismus einerseits und des Stalinismus andererseits Analogien bestehen. Daß Hitler und Stalin einander bewunderten, mag gewiß nur ein subjektives Indiz dafür sein. Weit gravierender ist wohl, daß das nazifaschistische wie das stalinistische Regime mit dem unbedingten Anspruch auf Ausschließlichkeit und Unfehlbarkeit auftraten. Beide pochten und beriefen sich auf die historische Legitimität ihres Vorgehens. Beide schlossen sie jegliche Alternative zu ihrem Gesellschaftskonzept aus, beide entbehrten sie des Vorstellungsvermögens, zum Volk in Widerspruch zu geraten. In der Reaktion auf oppositionelle Kräfte, auf Andersdenkende bzw. Andersgeartete dominierten hier wie dort der politische Terror, von der Gesinnungsverfolgung bis zur physischen Vernichtung.

Die Diktatur einer Partei und ein quasi religiöser Führer- bzw. Personenkult schlossen jegliche demokratische Kontrolle, geschweige denn eine Begrenzung der politischen Macht derer aus, die die Schalthebel von Partei und Staat bedienten. Im Hitlerschen wie im Stalinschen System herrschte das absolute Primat der Politik gegenüber dem Recht. Damit waren hier wie dort elementare Errungenschaften und Werte der Zivilisation preisgegeben, wie etwa Rechtsstaatlichkeit, Gewaltenteilung und selbst die formale Gleichheit der Menschen vor dem Gesetz. Rechtfertigte im Nazifachismus der Rassenkampf jegliche Willkür, so war es unter stalinistischen Herrschaftsformen, namentlich in der Sowjetunion, der Klassenkampf. Für die Idee, für die das eine wie das andere Regime jeweils angetreten war, galt jedes Opfer als angemessen. Was Hitler anbetrifft ohnehin. In bezug auf Stalin ist das gleiche erst im Laufe der Zeit durchgesickert. Wolkogonow, der ein erstes authentisches Porträt des einstigen Kremlherrn vorgelegt hat, bemerkt: «Stalin glaubte, daß im Namen der Idee alles erlaubt sei. Und nie hat jemand gesagt, daß dies ein unmenschlicher Gedanke ist, eine soziale Sünde gegenüber dem Volk!»[299]

Die Analogie im Erscheinungsbild von Hitlerismus und Stalinismus kann freilich nicht über den Gegensatz der sozialen Motive hinwegtäuschen, die dem Geschehen jeweils zugrunde lagen. Suchte der Hitlerfaschismus die Herrschaft des Großkapitals durch Völkermord zu verewigen und im Weltmaßstab auszudehnen, war dem Stalinismus jedes Mittel recht, um die Menschheit auf eine höhere Stufe zu heben, die aber schließlich über die arrogante Diktatur kommunistischer Parteibürokraten nicht hinausführte. Für den Historiker mag der Unterschied von Belang sein. Für die Opfer des einen wie des anderen Systems ist er es nicht.

Inzwischen ist die Menschheit um eine lebenswichtige Erfahrung reicher: Es gibt keine soziale Ordnung, in der Freiheit, Würde und Leben der Menschen auf immer garantiert sind. Das Streben von Macht und Verbrechen zur Symbiose bleibt latent. Wo es nicht zu verhindern ist, muß es korrigiert werden. Ohne Schuldzuweisung und Sühne ist das kaum denkbar, ist wohl auch der Erhalt von Humanität nicht möglich.

Quellenverzeichnis

Vorwort

1 Frankfurter Rundschau vom 2. September 1989.
2 J. C. Fest, Hitler. Eine Biographie.
3 IMT, Bd. XIX, S. 438/439.
Frankfurt a. M., Berlin (West), Wien 1981, S. 18.

Den Galgen umgehen

1 Zit. nach: W. Görlitz/H. A. Quint, Adolf Hitler, Eine Biographie, Stuttgart 1952, S. 610.
2 Das Potsdamer Abkommen und andere Dokumente, hrsg. von K. Bittel, Berlin 1959, S. 47.
3 J. Toland, Adolf Hitler, Bergisch Gladbach 1977, Bd. 2, S. 1061.
4 Kriegstagebuch des Oberkommandos der Wehrmacht, eingeleitet und hrsg. von P. E. Schramm, Bd. IV, München 1982, S. 1582/1583.
5 J. Toland, a. a. O., S. 1062.
6 Ebenda, S. 1047.
7 Ebenda, S. 1083.
8 Ebenda, S. 1084.
9 Ebenda, S. 1081/1082.
10 J. C. Fest, Hitler. Eine Biographie. Frankfurt a. M., Berlin (West), Wien, 1981, S. 1015.
11 J. Goebbels, Tagebücher 1945. Die letzten Aufzeichnungen. Einführung Rolf Hochhuth, Hamburg 1977, S. 551.
12 A. a. O., S. 555.
13 A. a. O., S. 553.
14 A. a. O., S. 554.
15 J. Goebbels, Tagebücher 1945, a. a. O., S. 555/556.
16 J. C. Fest, Hitler, a. a. O., S. 1018.
17 J. Toland, Adolf Hitler, a. a. O., S. 1102.
18 A. a. O., S. 1101/1102.
19 A. a. O., S. 1103.
20 A. Besgen, Der stille Befehl. Medizinalrat Kersten, Himmler und das Dritte Reich, München 1960, S. 1891.
21 L. Besymenski, Der Tod des Adolf Hitler. Unbekannte Dokumente aus Moskauer Archiven. Eingeleitet von K.-H. Janßen. Hamburg 1968, S. 69/70.
22 L. Besymenski, Auf den Spuren von Martin Bormann, Berlin 1965, S. 92.
23 A. a. O., S. 94/95.
24 A. a. O., S. 95.
25 A. a. O., S. 102.
26 J. C. Fest, Hitler, a. a. O., S. 1003.
27 L. Besymenski, Der Tod des Adolf Hitler, a. a. O., S. 81/84.
28 J. Toland, a. a. O., S. 1076.
29 Frankfurter Allgemeine Zeitung vom 12. April 1973.
30 L. Poliakov/J. Wulf, Das Dritte Reich und seine Diener. Dokumente, Berlin 1975, S. 454.
31 J. Toland, Adolf Hitler, a. a. O., S. 1111.
32 H. Höhne, Der Orden unter dem To-

tenkopf. Die Geschichte der SS, Hamburg 1966, Bd. 2, S. 598.

33 Deutschland im zweiten Weltkrieg, Berlin 1985, Bd. 6, S. 769.

34 W. Lüdde -Neurath, Regierung Dönitz. Die letzten Tage des Dritten Reiches, Göttingen 1964, S. 135f., Anlage 9.

35 Zit. nach: K. Pätzold/M. Weißbekker, Hakenkreuz und Totenkopf. Die Partei des Verbrechens, Berlin 1982, S. 383.

36 Das Potsdamer Abkommen und a. Dokumente, a. a. O., S. 35.

37 Der Prozeß gegen die Hauptkriegsverbrecher vor dem Internationalen Militärgerichtshof in Nürnberg, Nürnberg 1948, Bd. XXII, S. 426 (im folgenden zitiert als IMT).

38 A. a. O., S. 432.

39 A. a. O., S. 439.

40 A. a. O., S. 464.

41 A. a. O., S. 70.

42 A. a. O., S. 460.

43 J. Toland, Adolf Hitler, a. a. O., S. 1106.

44 Zit. nach: W. Ruge, Das Ende von Weimar. Monopolkapital und Hitler, Berlin 1983, S. 7.

45 J. C. Fest, Hitler, a. a. O., S. 18.

46 S. Zweig, Essays. Auswahl 1907–1924, Leipzig 1983, S. 552.

47 W. Ruge, Das Ende von Weimar, a. a. O., S. 11.

48 Seneca, Von der Seelenruhe. Philosophische Schriften und Briefe, Leipzig 1983, S. 110.

49 Engels an W. Borgius in Breslau, London 25. Januar 1894. In: K. Marx/F. Engels, Werke, Berlin 1968, Bd. 39, S. 206/207.

50 Siehe K. Gossweiler, Kapital, Reichswehr und NSDAP 1919–1924, Berlin 1984, S. 178/179.

51 E. Weinert, Gedichte. Eine Auswahl, Berlin/Leipzig 1950, S. 466.

52 Zit. nach: K. Heiden, Adolf Hitler, Zürich 1936, S. 76ff.

53 Zit. nach: H.-D. Röhrs, Hitlers Krankheit. Tatsachen und Legenden, Neckarsgemünd 1966, S. 29.

54 Zit. nach: J. C. Fest, Hitler. Eine Biographie, Frankfurt/M.–Berlin (West)–Wien 1981, S. 171.

55 A. Hitler, Mein Kampf, München 1943, S. 244.

56 G. Plechanow, Über die Rolle der Persönlichkeit in der Geschichte. Über materialistische Geschichtsauffassung, Berlin 1982, S. 48.

57 H.-D. Röhrs, Hitlers Krankheit, Tatsachen und Legenden, a. a. O., S. 177.

«Vernichtung des Marxismus»

1 Thomas Mann, Gesammelte Werke, Frankfurt/M. 1960, Bd. 12, S. 934.

2 K. Gossweiler, Kapital, Reichswehr und NSDAP 1919–1924, Berlin 1984, S. 562.

3 Ebenda.

4 Ebenda.

5 A. a. O., S. 562/563.

6 K. Pätzold, Die faschistische Manipulation des deutschen Volkes. Zu einem Forschungsproblem. In: Soziale Grundlagen und Herrschaftsmechanismen des deutschen Faschismus. Der antifaschistische Kampf, Teil 1, hrsg. von Werner Kowalski, Martin-Luther-Universität Halle-Wittenberg, Wiss. Beiträge 1980/42 (C 16), Halle (Saale) 1980, S. 54.

7 K. Gossweiler, a. a. O., S. 564.

8 A. a. O., S. 441.

9 A. Hitler, Mein Kampf. Zwei Bände in einem Band, München 1943, S. 189.

10 H. Gauch, Neue Grundlagen der Rassenforschung, Leipzig 1933, S. 77.

11 A. Hitler, Mein Kampf, a. a. O., S. 372.

12 Wesen, Grundsätze und Ziele der

Nationalsozialistischen Deutschen Arbeiterpartei. Das Programm der Bewegung, hrsg. und erläutert von Alfred Rosenberg, München 1930, S. 9.

13 E. Niekisch, Das Reich der niederen Dämonen, Westberlin 1957, S. 201 und 54.

14 A. Hitler, Mein Kampf, a. a. O., S. 202.

15 Das Programm der N.S.D.A.P. und seine weltanschaulichen Grundlagen, von Dipl.-Ing. Gottfried Feder M. d. R., München 1933, S. 29.

16 Zit. nach: K. Pätzold/M. Weißbekker, Hakenkreuz und Totenkopf. Die Partei des Verbrechens, Berlin 1982, S. 343.

17 Das Programm der N.S.D.A.P. und seine weltanschaulichen Grundlagen, von Dipl.-Ing. Gottfried Feder, M. d. R., a. a. O., S. 30.

18 H. Rauschning, Gespräche mit Hitler, Zürich/Wien/New York 1940, S. 223.

19 A. a. O., S. 219 ff.

20 A. Hitler, Mein Kampf, a. a. O., S. 252.

21 Der IMT, Bd. XXV, Nürnberg 1947, S. 374.

22 Geschichte der deutschen Arbeiterbewegung, Berlin 1966, Bd. 5, S. 445.

23 Zit. nach: G. Dickler, Dreizehn Prozesse, die Geschichte machten, München 1964, S. 229.

24 Geschichte der deutschen Arbeiterbewegung, a. a. O., Bd. 5, S. 441.

25 Dokumente zur deutschen Geschichte 1933–1935, hrsg. von W. Ruge und W. Schumann, bearbeitet von K. Pätzold und K. Shabaviz, Berlin 1977, S. 26.

26 Zit. nach: R. Diels, Lucifer ante portas, Stuttgart 1950, S. 412.

27 IMT, Bd. XXXV, S. 45.

28 A. a. O., S. 46.

29 A. a. O., S. 48.

30 Robert M. W. Kempner, Ankläger einer Epoche. Lebenserinnerungen. In Zusammenarbeit mit Jörg Friedrich

Frankfurt/M. – Westberlin – Wien 1983, S. 99.

31 Zit. nach: Braunbuch II. Dimitroff contra Göring. Antifaschistische Literatur in der Bewährung, hrsg. von L. Berthold und D. Lange, Bd. 3, Berlin 1981, S. 339.

32 A. a. O., S. 341.

33 IMT, Bd. IX, S. 483.

34 Zit. nach: Robert M. W. Kempner, Ankläger einer Epoche, a. a. O., S. 109.

35 Zit. nach: G. Hass, Hermann Göring, Der Reichstag brennt. In: Sturz ins Dritte Reich. Historische Miniaturen und Porträts 1933–35, Leipzig–Jena–Berlin 1983, S. 104.

36 Zit. nach: Braunbuch II. Dimitroff contra Göring, a. a. O., S. 23.

37 IMT, Bd. IX, S. 481/482.

38 RGBl. 1933, Teil 1, S. 83.

39 Ebenda.

40 RGBl. 1933, Teil 1, S. 151.

41 Zit. nach: Braunbuch II. Dimitroff contra Göring, a. a. O., S. 13.

42 IMT, Bd. XXIX, S. 27.

43 RGBl. 1933, Teil 1, S. 293.

44 Zit. nach: K. Pätzold/M. Weißbekker, Hakenkreuz und Totenkopf, a. a. O., S. 153.

45 Zit. nach: K. Werner/K. H. Biernat, Die Köpenicker Blutwoche 1933, Berlin 1960, S. 23.

46 Dokumente zur deutschen Geschichte 1933–1935, a. a. O., S. 48.

47 Ebenda.

48 Az.: (4) 35 PKLs 32.50x (44.50).

49 K. Werner/K. H. Biernat, Die Köpenicker Blutwoche, a. a. O., S. 74/75.

50 A. a. O., S. 26.

51 A. a. O., S. 27 (Fußnote 1).

52 A. a. O., S. 28.

53 A. a. O., S. 32.

54 Landgericht Berlin, Urteil vom 19. Juli 1950 gegen Plönzke u. a. (Köpenicker Blutwoche), S. 71/72 – Az.: 35 PKLs 32.50.

55 A. a. O., S. 59.

56 A. a. O., S. 76.

57 A. a. O., S. 284/285.

58 Der Oberstaatsanwalt Hildesheim –

Az.: 3 Js 1129/50 (Archiv des Generalstaatsanwalts der DDR).

59 Justizministerium Stuttgart – Az.: 21/387/16 (Archiv des Generalstaatsanwalts der DDR).

60 Der Generalstaatsanwalt Frankfurt/ Main – Az.: 314E-48 (Archiv des Generalstaatsanwalts der DDR).

61 RGBl. 1933, Teil 1, S. 479.

62 Zit. nach: H. Höhne, Der Orden unter dem Totenkopf. Die Geschichte der SS, Bd. 1. Frankfurt a. M. u. Hamburg 1966, S. 87.

63 Zit. nach: Sturz ins Dritte Reich, Historische Miniaturen und Porträts 1933/35, Leipzig–Jena–Berlin, 1983, S. 312.

64 Ebenda.

65 Der Gegen Angriff, Prag vom 1. Februar 1936.

66 Zit. nach: Sturz ins Dritte Reich, a. a. O., S. 313.

67 Braunbuch II. Dimitroff contra Göring. Berlin 1981, S. 385.

68 Zit. nach: Beiträge zur Geschichte der Arbeiterbewegung, Berlin 1983, Nr. 1, S. 87.

69 Zit. nach: Dokumente zur deutschen Geschichte 1933–1935, a. a. O., S. 33.

70 Zit. nach: Die KPD im Kampf gegen Faschismus und Krieg (1933–1945), Berlin 1985, S. 88.

71 A. a. O., S. 90.

72 A. a. O., S. 88.

73 Siehe Geschichte der deutschen Arbeiterbewegung, a. a. O., Bd. 5, S. 142.

74 IMT, Bd. XXIX, S. 228.

75 Zit. nach: Die KPD im Kampf gegen Faschismus und Krieg (1933–1945), a. a. O., S. 158.

76 Beiträge zur Geschichte der Arbeiterbewegung 1984 Nr. 3, S. 339.

77 Ebenda.

78 Geschichte der Arbeiterbewegung, a. a. O., Bd. 5, S. 25.

79 K. Pätzold, M. Weißbecker, Hakenkreuz und Totenkopf. Die Partei des Verbrechens, a. a. O., S. 306.

80 Siehe K. Pätzold, M. Weißbecker, Hakenkreuz und Totenkopf. Die Partei des Verbrechens, a. a. O., S. 330.

81 Zit. nach: Faschismus-Forschung. Positionen. Probleme. Polemik, Hrsg. von D. Eicholtz und K. Gossweiler, Berlin 1980, S. 177.

82 Rudolf Breitscheid kam tatsächlich während eines anglo-amerikanischen Fliegerangriffs, der allerdings am 24. August 1944 stattfand, im KZ Buchenwald ums Leben.

83 Näheres hierzu bei P. Przybylski, Mordsache Thälmann, Berlin 1986, S. 111 ff.

84 Zit. nach: Faschismus-Forschung. a. a. O., S. 178.

85 Das Programm der NSDAP und seine weltanschauliche Grundgedanken von G. Feder, München 1930, S. 21.

86 A. Hitler, Mein Kampf, München 1943, S. 611.

87 Zit. nach: Bruno Tesch. Unsere Schule soll seinen Namen tragen. Hrsg.: Gesamtschule Altona. Hamburg o. J., S. 14.

88 Zit. nach: Braunbuch II. Dimitroff contra Göring. Berlin 1981, S. 26.

89 Zit. nach: G. Dimitroff, Reichstagsbrandprozeß, Dokumente, Briefe und Aufzeichnungen, Berlin 1978, S. 136.

90 RGBl. 1933, Teil I, S. 341.

91 Zit. nach: H. Kühnrich, Der KZ-Staat 1933–1945, Berlin 1980. S. 28.

92 IML/ZPA – NL 93/1.

93 Fiete Schulze, Briefe und Aufzeichnungen aus dem Gestapo-Gefängnis in Hamburg, Berlin 1959, S. 19.

94 Fiete Schulze oder Das dritte Urteil, VAN-Dokumentation 3, bearbeitet von Ursel Hochmuth, Hamburg 1971, S. 27/28.

95 Fiete Schulze. Briefe und Aufzeichnungen aus dem Gestapogefängnis in Hamburg, a. a. O., S. 32.

96 A. a. O., S. 27.

97 A. a. O., S. 38.

98 A. a. O., S. 44.

99 A. a. O., S. 33.

100 A. a. O., S. 46.

101 Fiete Schulze oder Das dritte Urteil, a. a. O., S. 29/30.

102 Fiete Schulze, Briefe und Aufzeichnungen aus dem Gestapogefängnis in Hamburg, a. a. O., S. 47.

103 IML/ZPA – NL 93/1.

104 Ebenda.

105 Fiete Schulze oder Das dritte Urteil, a. a. O., S. 47.

106 Fiete Schulze, Briefe und Aufzeichnungen aus dem Gestapogefängnis in Hamburg, a. a. O., S. 52.

107 Fiete Schulze oder Das dritte Urteil, a. a. O., S. 48.

108 Gröpler wurde am 28. Mai 1945 in der sowjetischen Besatzungszone verhaftet und sollte zusammen mit drei weiteren Henkersknechten der Nazijustiz vor dem Landgericht Halle abgeurteilt werden. Er verstarb jedoch während der Untersuchungshaft.

109 Fiete Schulze, Briefe und Aufzeichnungen aus dem Gestapogefängnis in Hamburg, a. a. O., S. 140.

110 So beispielsweise im Todesurteil gegen Theodor Neubauer vom 8. Januar 1945. Siehe auch Geschichte der deutschen Arbeiterbewegung, Bd. 5, Berlin 1966, S. 615.

111 Siehe Die KPD im Kampf gegen Faschismus und Krieg (1933–1945), Berlin 1985, S. 38.

112 Siehe Geschichte der deutschen Arbeiterbewegung, Bd. 5, a. a. O., S. 81/82.

113 A. a. O., S. 142.

114 IML/ZPA NJ 1490.

115 Zitiert nach: J. Priewe, Begegnung mit Etkar André. Ein Lebensbild. Berlin 1986. S. 170.

116 A. a. O., S. 184.

117 A. a. O., S. 181.

118 A. a. O., S. 187

119 A. a. O., S. 210.

120 IML/ZPA – NJ 1500.

121 IML/ZPA – NJ 1501.

122 K. Marx/F. Engels, Werke, Bd. 7, Berlin 1964, S. 524.

123 F. Gürtner/R. Freisler, Das neue Strafrecht. Grundsätzliche Gedanken zum Geleit, Berlin 1935, S. 134.

124 M. de Robespierre, Habt Ihr eine Revolution ohne Revolution gewollt, Berlin 1958, S. 254.

125 Siehe Die KPD im Kampf gegen Faschismus und Krieg (1933–1945), a. a. O., S. 237.

126 Siehe G. Weisenborn, Der lautlose Aufstand, Frankfurt a. M. 1974, S. 309.

127 Siehe Braunbuch. Kriegs- und Naziverbrecher, hrsg. vom Nationalrat der Nationalen Front, Berlin 1968, S. 113.

128 I. Müller, Furchtbare Juristen. Die unbewältigte Vergangenheit unserer Justiz, München 1987. S. 202.

129 Fall 3, Das Urteil im Juristenprozeß, Berlin 1959, S. 134.

130 G. Radbruch, Rechtsphilosophie, 3. Aufl., 1932. S. 83 ff.

131 Fall 3, Das Urteil im Juristenprozeß, a. a. O., S. 135.

132 Urteil des Stadtgerichts Berlin – Hauptstadt der DDR – Az.: 101 a BS 17/82, S. 13.

133 E. Thälmann, Geschichte und Politik. Artikel und Reden 1925 bis 1933, Berlin 1973, S. 212/213.

134 Dokumente zur deutschen Geschichte 1933–1935, Berlin 1977, S. 33

135 Heinrich Himmler, Geheimreden 1933 bis 1945 und andere Ansprachen, Frankfurt/M.–Berlin (West) – Wien 1974, S. 112.

136 Siehe G. Benser, Die KPD im Jahre der Befreiung, Berlin 1985, S. 274.

«Euthanasie» ohne Gnade

1 Zit. nach: F. K. Kaul, Nazimordaktion T4. Ein Bericht über die erste industriemäßig durchgeführte Mordaktion des Naziregimes, Berlin 1973, S. 21.

2 W. Catel, Grenzsituationen des Lebens. Beitrag zum Problem der begrenzten Euthanasie, Nürnberg 1962, S. 9.

3 Zit. nach F. K. Kaul: Nazimordaktion T4, a. a. O., S. 24.

4 Ebenda.

5 Zit. nach: E. Klee, »Euthanasie« im NS-Staat, Die Vernichtung lebensunwerten Lebens», Frankfurt a. M., 1983, S. 78.

6 W. Catel, Grenzsituationen des Lebens, a. a. O., S. 112.

7 Schlußvortrag von Prof. Dr. Friedrich Karl Kaul, Prozeßvertreter der in der DDR ansässigen Nebenkläger im Strafverfahren gegen Vorberg und Allers (sog. «Euthanasie»-Prozeß), vorgetragen am 28. November 1968 vor dem Schwurgericht beim Landgericht Frankfurt/Main), a. a. O. und oJ., S. 10.

8 K. Binding/A. Hoche, Die Freigabe der Vernichtung lebensunwerten Lebens, Leipzig 1920, S. 27.

9 A. a. O., S. 55.

10 H. H. Hofmann, Der Hitlerputsch. Krisenjahre deutscher Geschichte 1920–1924, München 1961, S. 288.

11 A. Hitler, Mein Kampf. Zwei Bände in einem Band, München 1943, S. 145.

12 Zit. nach: K. Nowak, «Euthanasie» und Sterilisierung im «Dritten Reich», Weimar 1984, S. 63/64.

13 A. a. O., S. 72.

14 Zit. nach: Nationalsozialistische Massentötungen durch Giftgas. Eine Dokumentation, Frankfurt am Main, 1983, S. 28/29.

15 Zit. nach G. Fleming, Hitler und die Endlösung, Wiesbaden und München 1982, S. 32.

16 Zit. nach: Dokumente zur «Euthanasie», hrsg. von E. Klee, Frankfurt a. M., 1985, S. 85.

17 Siehe Faksimileabdruck bei: P. Przybylski, Zwischen Galgen und Amnestie, Berlin 1983, S. 16.

18 F. Gürtner, Das kommende deutsche Strafrecht, Berlin 1935, S. 375 ff.

19 E. Klee, «Euthanasie» im NS-Staat, Frankfurt a. M. 1985, S. 88.

20 E. Klee, Dokumente zur «Euthanasie», a. a. O., S. 69.

21 Zit. nach E. Klee, «Euthanasie» im NS-Staat, a. a. O., S. 110.

22 A. a. O., S. 111.

23 Nationalsozialistische Massentötungen durch Giftgas. Eine Dokumentation, a. a. O., S. 46/47.

24 E. Klee, «Euthanasie» im NS-Staat, a. a. O., S. 91.

25 A. a. O., S. 93.

26 Ebenda.

27 Zit. nach Klee, a. a. O., S. 87.

28 A. a. O., S. 109.

29 A. a. O., S. 292.

30 A. a. O., S. 60.

31 Siehe F. K. Kaul, Nazimordaktion T4, a. a. O., S. 57.

32 Landgericht Dresden ./. Dr. Nitsche u. a. – Verbrechen gegen die Menschlichkeit, Az.: (S) 1 Ks 58/47, Bl. 435e.

33 A. a. O., Bl. 435 f.

34 A. a. O., Bl. 79.

35 Zeugenvernehmungsprotokoll Dr. Nitsche des Amtsgerichts Dresden vom 2. Mai 1947.

36 Ebenda.

37 Zit. nach: E. Klee «Euthanasie» im NS-Staat, a. a. O., S. 119.

38 E. Klee, Dokumente zur «Euthanasie», a. a. O., S. 100.

39 Zit. nach E. Klee, «Euthanasie» im NS-Staat, a. a. O., S. 184.

40 L. Schlaich, Lebensunwert? Kirche und Innere Mission Württembergs im Kampf gegen die «Vernichtung lebensunwerten Lebens», Stuttgart 1947, S. 53 ff.

41 Zit. nach: E. Klee, Dokumente zur «Euthanasie», a. a. O., S. 187.

42 E. Klee, Dokumente zur «Euthanasie», a. a. O., S. 100.

43 E. Klee, Dokumente zur «Euthanasie», a. a. O., S. 125.

44 Zit. nach E. Klee, «Euthanasie» im NS-Staat, a. a. O., S. 150.

45 A. a. O., S. 336.

46 A. a. O., S. 80.

47 A. a. O., S. 300.

48 Zit. nach: F. K. Kaul, Nazimordaktion T4, a. a. O., S. 37.

49 Ebenda.

50 Zit. nach: E. Klee, «Euthanasie» im NS-Staat, a. a. O., S. 88.

51 Zit. nach: F. K. Kaul, Nazimordaktion T4, a. a. O., S. 42/43.

52 Zit. nach: E. Klee, «Euthanasie» im NS-Staat, a. a. O., S. 153.

53 Landgericht Dresden ./. Dr. Nitsche u. A. – Az.: (S) 1 Ks 58/47, Bd. VII, Teil 2, Bl. 259.

54 Ebenda.

55 Zit. nach E. Klee, «Euthanasie» im NS-Staat, a. a. O., S. 291.

56 E. Klee, Dokumente zur «Euthanasie», a. a. O., S. 152.

57 A. a. O., S. 162 ff.

58 IMT, Bd. XXII, a. a. O., S. 223.

59 Zit. nach E. Klee, «Euthanasie» im NS-Staat, a. a. O., S. 220.

60 E. Klee, Dokumente zur «Euthanasie», a. a. O., S. 184.

61 A. a. O., S. 196/197.

62 Zit. nach: E. Klee, «Euthanasie» im NS-Staat, a. a. O., S. 335.

63 Friedrich Mennecke, Innenansichten eines medizinischen Täters im Nationalsozialismus. Eine Edition seiner Briefe 1935–1947, Hamburg 1987, Bd. 1, S. 195.

64 A. a. O., S. 199.

65 A. a. O., S. 207.

66 A. a. O., S. 243, 244.

67 Zit. nach: Das Diktat der Menschenverachtung. Eine Dokumentation von A. Mitscherlich u. F. Mielke, Heidelberg 1947, S. 138.

68 Zit. nach: Klee, «Euthanasie» im NS-Staat, a. a. O., S. 351.

69 IMT, Bd. XXIX, S. 174.

70 Zit. nach: E. Klee, «Euthanasie» im NS-Staat, a. a. O., S. 148.

71 A. a. O., S. 405.

72 F. K. Kaul, Nazimordaktion T4. a. a. O., S. 171.

73 Siehe E. Klee, «Euthanasie» im NS-Staat, a. a. O., S. 340.

74 Siehe I. Müller, Furchtbare Juristen, a. a. O., S. 135.

75 Siehe F. K. Kaul, Nazimordaktion T4, a. a. O., S. 51.

76 Siehe Medizin im Faschismus, hrsg. von A. Thom u. H. Spaar, a. a. O., S. 260.

77 Siehe IMT, Bd. I, S. 277.

78 F. K. Kaul, Nazimordaktion T4, a. a. O., S. 172.

79 Zit. nach: L. Gruchmann, Euthanasie und Justiz im Dritten Reich. Vierteljahreshefte für Zeitgeschichte, Stuttgart 1972, S. 235 ff.

80 Zit. nach: E. Klee, «Euthanasie» im NS-Staat, a. a. O., S. 215.

81 A. a. O., S. 248.

82 Dokumente zur «Euthanasie», a. a. O., S. 218.

83 Zit. nach L. Gruchmann, Ein unbequemer Amtsrichter im Dritten Reich. Aus den Personalakten des Dr. Lothar Kreyssig. Vierteljahreshefte für Zeitgeschichte, Stuttgart 1984, S. 470.

84 Zitiert nach: E. Klee, «Euthanasie» im NS-Staat, a. a. O., S. 241.

85 F. K. Kaul, Nazimordaktion T4, a. a. O., S. 67.

86 R. Henkys, Die nationalsozialistischen Gewaltverbrechen. Geschichte und Gericht, Stuttgart, Berlin (West) 1964, S. 61.

87 Zit. nach G. Fleming, Hitler und die Endlösung, Wiesbaden und München 1982, S. 40.

88 Schlußvortrag von Prof. Dr. F. K. Kaul, Prozeßvertreter der in der DDR ansässigen Nebenkläger im Strafverfahren gegen Vorberg und Allers (sog. «Euthanasie-Prozeß»), vorgetragen am 28. November 1968 vor dem Schwurgericht beim Landgericht Frankfurt (Main), a. a. O., S. 153.

89 Zit. nach F. K. Kaul, Nazimordaktion T4, a. a. O., S. 60.
90 A. Rückerl, NS-Vernichtungslager
im Spiegel deutscher Strafprozesse,
München 1979, S. 296.
91 B. Müller-Hill, Tödliche Wissenschaft. Die Aussonderung von Juden, Zigeunern und Geisteskranken
1933–1945, Reinbeck bei Hamburg,
1984, S. 94.
92 Ebenda.
93 E. Klee, Dokumente zur «Euthanasie», a. a. O., S. 148.
94 Zitiert nach: F. K. Kaul, Nazimordaktion T4, a. a. O., S. 137.
95 IMT, Bd. I, S. 340.
96 Zit. nach: Medizin ohne Menschlichkeit. Dokumente des Nürnberger Ärzteprozesses, a. a. O., S. 208.
97 Ebenda.
98 A. a. O., S. 187.
99 Landgericht Dresden ./. Dr. Nitsche
u. a. Az.: (S) lKs 58/47.
100 Ebenda.
101 Ebenda.
102 Landgericht Magdeburg – Az.:
11 KLs 139/51.
103 Bezirksgericht Cottbus – Az.: lBS
13/65.
104 E. Klee, «Euthanasie» im NS-Staat,
a. a. O., S. 413.
105 E. Klee, Was sie taten – Was sie
wurden, Frankfurt a. M., 1987, S. 38.
106 A. a. O., S. 47
107 A. a. O., S. 49.
108 A. a. O., S. 50.
109 Die Zeit, Hamburg, vom 28. Februar
1964.
110 E. Klee, «Euthanasie» im NS-Staat,
a. a. O., S. 385.
111 E. Klee, Was sie taten – Was sie
wurden, a. a. O., S. 199.
112 E. Klee, Was sie taten – Was sie
wurden, a. a. O., S. 215.
113 Der Spiegel, Hamburg, vom 24. Juni
1974.
114 Kritische Justiz, Frankfurt a. M.
1974, Heft 4, S. 432/433.
115 Götz, Bilanz der Verfolgung von
NS-Straftaten. Bundesanzeiger,
Bonn, vom 30. Juli 1986, S. 88.
116 E. Klee, «Euthanasie» im NS-Staat,
a. a. O., S. 275.
117 Landgericht Dresden – Az.: 1 Ks
58/47.

«... und morgen die ganze Welt»

1 G. Hartung, Literatur u. Ästhetik
des deutschen Faschismus, Berlin
1983, S. 248.
2 A. a. O., S. 251.
3 IMT, Bd. XXVI, S. 330.
4 IMT, Bd. I, S. 207.
5 Die revolutionäre Arbeiterbewegung
im Kampf um den Frieden
1848–1964, Dokumente, Berlin
1964, S. 46.
6 Handbuch der Verträge 1871–1964.
Verträge und andere Dokumente
aus der Geschichte der internationalen Beziehungen, hrsg. von Hel-
muth Stoecker unter Mitarbeit von
Adolf Rüger, Berlin 1968, S. 198.
7 Zit. nach: K. Pätzold/M. Weißbekker, Hakenkreuz und Totenkopf.
Die Partei des Verbrechens, Berlin
1982. S. 306.
8 H. Standke/L. Krumbiegel, Der
Krieg im Völkerrecht, Berlin 1961,
S. 96 ff.
9 IMT, Bd. XXVI, S. 523.
9a Zit. nach: D. Irving, Göring, München und Hamburg 1987, S. 413.
10 A. a. O., S. 336.
11 Deutschland im zweiten Weltkrieg,
Bd. 1, Berlin 1974, S. 173.
11a Zit. nach: D. Irving, Göring, a. a. O.,
S. 394.
12 Weltherrschaft im Visier. Dokumente zu den Europa- und Welt-
herrschaftsplänen des deutschen
Imperialismus von der Jahrhundertwende bis Mai 1945, hrsg. u. eingel.

von W. Schumann und L. Nestler unter Mitarbeit von W. Gutsche und W. Ruge, Berlin 1975, S. 55.

13 Ebenda.

14 A. Hitler, Mein Kampf, München 1943, S. 742.

15 A. a. O., S. 740.

16 A. a. O., S. 143/144.

17 Zit. nach: Deutschland im zweiten Weltkrieg, Bd. 1, Berlin 1974, S. 366.

18 Weltherrschaft im Visier, a. a. O., S. 56.

19 Siehe F. K. Kaul, Die Verfolgung deutscher Kriegsverbrecher nach dem ersten Weltkrieg, In: Zeitschrift für Geschichtswissenschaft, XIV. Jahrgang, 1966, Heft 1, S. 19 ff.

20 A. Hitler, Mein Kampf, a. a. O., S. 147 ff.

21 Quellen und Darstellungen zur Zeitgeschichte, Bd. 7, Hitlers zweites Buch. Ein Dokument aus dem Jahre 1928, Stuttgart 1961, S. 77.

22 Dokumente zur deutschen Geschichte. 1933-1935, hrsg. von W. Ruge und W. Schumann, Berlin 1977, S. 24.

23 Weltherrschaft im Visier, a. a. O., S. 232.

24 A. Hitler, Mein Kampf, a. a. O., S. 428.

25 IMT, Bd. XIX, S. 558.

26 IMT, Bd. XXVI, S. 523/524.

27 D. Irving, Göring, a. a. O., S. 385.

28 Zit. nach: H. Krausnick/H.-H. Wilhelm, Die Truppe des Weltanschauungskrieges. Die Einsatzgruppen der Sicherheitspolizei und des SD, Stuttgart 1981, S. 102.

29 Zit. nach: G. Streit, Keine Kameraden. Die Wehrmacht und die sowjetischen Kriegsgefangenen 1941 bis 1945, Stuttgart 1978, S. 33.

30 Zit. nach: Deutschland im zweiten Weltkrieg, Bd. 1, Berlin 1974, S. 366.

31 K.-J. Müller, Das Heer u. Hitler, Armee u. nationalsozialistisches Regime 1933–1940, Stuttgart 1969, S. 64.

32 Zit. nach: H. Krausnick/H.-H. Wilhelm, Die Truppe des Weltanschauungskrieges, a. a. O., S. 111.

33 Anatomie des Krieges, hrsg. von D. Eichholtz u. W. Schumann, Berlin 1969, S. 317.

34 Fall Barbarossa. Dokumente zur Vorbereitung der faschistischen Wehrmacht auf die Aggression gegen die Sowjetunion (1940/41), Berlin 1970, S. 291.

35 A. a. O., S. 286.

36 A. a. O., S. 288.

37 Anatomie des SS-Staates, München 1984, Bd. 2, S. 170.

38 Fall Barbarossa, a. a. O., S. 291/292.

39 A. a. O., S. 286.

40 A. a. O., S. 292.

41 C. Streit, Keine Kameraden, a. a. O., S. 37.

42 Ebenda.

43 A. a. O., S. 38.

44 Anatomie des SS-Staates, a. a. O., Bd. 2, S. 176/177.

45 A. a. O., S. 181.

46 A. a. O., S. 182.

47 C. Streit, Keine Kameraden, a. a. O., S. 43.

48 H. Krausnick/H.-H. Wilhelm, Die Truppe des Weltanschauungskrieges, a. a. O., S. 121.

49 Anatomie des SS-Staates, a. a. O., Bd. 2, S. 182.

50 Ebenda.

51 A. a. O., S. 183.

52 A. a. O., S. 147.

53 A. a. O., S. 186.

54 H. Krausnick, H.-H. Wilhelm, Die Truppe des Weltanschauungskrieges, a. a. O., S. 121.

55 Anatomie des SS-Staates, a. a. O., Bd. 2, S. 178.

56 A. a. O., S. 180.

57 Ebenda.

58 A. a. O., S. 148.

59 H. Standke/L. Krumbiegel, Der Krieg im Völkerrecht, Berlin 1961, S. 180.

60 Anatomie des SS-Staates, a. a. O., Bd. 2, S. 189..

61 Ebenda.

62 A. a. O., S. 190.

63 Fall 12. Das Urteil gegen das Oberkommando der Wehrmacht, Berlin 1960, S. 90.

64 Anatomie des SS-Staates, a. a. O., Bd. 2, S. 199.

65 Zit. nach J. Petzold, Faschismus, Regime des Verbrechens, Berlin 1984, S. 120.

66 Weltherrschaft im Visier, a. a. O., S. 250.

67 Anatomie des Krieges, a. a. O., S. 194.

68 Fall Barbarossa, a. a. O., S. 20.

69 IMT, Bd. XXVII, S. 170/171.

70 Aussage des SS-Generals von dem Bach – Zehwski vom 7. Januar 1946. IMT, Bd IV, S. 536.

71 IMT, Bd. XXXI, S. 84.

72 IMT, Bd. XXXVI, S. 145.

73 Siehe in Fall Barbarossa, Wortlaut der «Grünen Mappe» (Teil I), a. a. O., S. 363 ff.

74 Zit. nach: G. Förster, Totaler Krieg und Blitzkrieg, Militärhistorische Studien 10. Neue Folge, Berlin 1967, S. 106, Fußnote 105.

75 R. Kühnel, Der deutsche Faschismus in Quellen und Dokumenten, Köln 1979, S. 297.

76 Zit. nach: G. Förster, Totaler Krieg und Blitzkrieg, a. a. O., S. 175.

77 IMT, Bd. XXXVII, S. 555.

78 A. a. O., S. 556.

79 H. Rauschning, Gespäch mit Hitler, Zürich u. New York, 1940, S. 16.

80 IMT, Bd. XXXVII, S. 553.

81 Dokumente zur deutschen Geschichte 1933–1945, hrsg. von W. Ruge u. W. Schumann, bearbeitet von K. Pätzold u. K. Shabaviz, Berlin 1977, S. 24.

82 Siehe G. Förster/Helmut/H. Otto/ H. Schnitter, Der Preußisch-deutsche Generalstab 1940–1965. Zu seiner politischen Rolle in der Geschichte, Berlin 1966, S. 250.

83 Siehe ebenda, S. 232.

84 IMT, Bd. XXXIV, S. 485.

85 Zit. nach: Der Preußisch-deutsche Generalstab, a. a. O., S. 253.

86 IMT, Bd. XXV, S. 403.

87 A. a. O., S. 404.

88 A. a. O., S. 409.

89 A. a. O., S. 413.

90 Zit. nach: Das Parlament, Bonn, Vom 5. Februar 1988, S. 12.

91 IMT, Bd. XXV, S. 434.

92 IMT, Bd. XXIII, S. 373.

93 Zit. nach: Der Preußisch-deutsche Generalstab, a. a. O., S. 256.

94 Der Preußisch-deutsche Generalstab, a. a. O., S. 259.

95 Deutschland im zweiten Weltkrieg, Bd. 1, a. a. O., S. 114.

96 Zit. nach: K. Pätzold/M. Weißbekker, Hakenkreuz und Totenkopf, a. a. O., S. 286.

97 IMT, Bd. XXV, S. 434.

98 Zit. nach: Joachim C. Fest, Hitler, a. a. O., S. 776.

99 A. a. O., S. 782.

100 A. a. O., S. 783.

101 Deutschland im zweiten Weltkrieg, Bd. 1, a. a. O., S. 122.

102 A. Zoller, Hitler privat. Erlebnisbericht seiner Geheimsekretärin, Düsseldorf 1949, S. 84.

103 Joachim C. Fest, Hitler, a. a. O., S. 784.

104 Deutschland im zweiten Weltkrieg, Bd. 1, a. a. O., S. 123.

105 Zit. nach: K. Pätzold/M. Weißbekker, Hakenkreuz und Totenkopf, a. a. O., S. 287.

106 Deutschland im zweiten Weltkrieg, a. a. O., S. 146.

107 IMT, Bd. XXXIV, S. 381.

108 A. a. O., S. 389.

109 Zit. nach: J. Toland, Adolf Hitler, Bd. 1, a. a. O., S. 651.

110 Deutschland im zweiten Weltkrieg, Bd. 1, S. 153.

111 IMT, Bd. XXXVII, S. 548/549.

112 Deutschland im zweiten Weltkrieg, Bd. 1, a. a. O., S. 155.

113 IMT, Bd. XXVI, S. 340/341.

114 A. a. O., S. 344.

115 A. a. O., S. 343.

116 Zit. nach: Spieß/Lichtenstein, Unternehmen Tannenberg. Der Anlaß zum Zweiten Weltkrieg, Wiesbaden und München 1979. S. 14.

117 IMT, Bd. XXVI, S. 523.

118 IMT, Bd. XXXI, S. 91/92.

119 A. a. O., S. 92.

120 Spieß/Lichtenstein, Unternehmen Tannenberg, S. 143.

121 A. a. O., S. 149.

122 A. a. O., S. 135.

123 IMT, Bd. XXXI, S. 92.

124 Zit. nach: Spieß/Lichtenstein, Unternehmen Tannenberg, a. a. O., S. 138.

125 A. a. O., S. 146.

126 A. a. O., S. 145.

127 A. a. O., S. 153 ff.

128 Stadtbezirksgericht Berlin Mitte – Az.: 252 A (S) 4/65.

129 Zit. nach: Spieß/Lichtenstein, Unternehmen Tannenberg, a. a. O., S. 67.

130 IMT, Bd. XXVI, S. 523.

131 A. a. O., S. 337.

132 Zit. nach: Spieß/Lichtenstein, Unternehmen Tannenberg, a. a. O., S. 21/22.

133 Spieß/Lichtenstein, Unternehmen Tannenberg, a. a. O., S. 19.

134 Deutschland im zweiten Weltkrieg, Bd. 1, a. a. O., S. 159.

135 M. Domarus, Hitler. Reden u. Proklamationen 1932–1945, Würzburg 1963, Bd. 2, S. 1312 ff.
Im Eifer hatte Hitler die Zeit verwechselt. Tatsächlich hatte der Überfall eine Stunde früher stattgefunden.

136 P. Schmidt, Statist auf diplomatischer Bühne 1923–1945. Erlebnisse des Chefdolmetschers im Auswärtigen Amt mit den Staatsmännern Europas, Bonn 1950, S. 464.

137 Zit. nach: H. Krausnick, Hitler u. die Morde in Polen, Vierteljahreshefte für Zeitgeschichte, München 1963, Heft 2, S. 203 (Fußnote 36).

138 Deutschland im zweiten Weltkrieg, a. a. O., Bd. 1, S. 187.

139 Fall Barbarossa, a. a. O., S. 120.

140 A. a. O., S. 70.

141 Zit. nach: G. Förster/H. Helmert/H. Otto/H. Schnitter, Der preußisch-deutsche Generalstab 1940 bis 1965, a. a. O., S. 263.

142 IMT, Bd. XXVI, S. 400.

143 Fall Barbarossa, a. a. O., S. 147/148.

144 Zit. nach: D. Irving, Göring, München u. Hamburg 1987, S. 491.

145 W. Schellenberg, Memoiren, Köln 1959, S. 179/180.

146 Zit. nach: H. B. Gisevius, Adolf Hitler, Versuch einer Deutung, München 1963, S. 471.

147 A. Hitler, Mein Kampf, a. a. O., S. 742.

148 IMT, Bd. XXVI, S. 330 u. 336.

149 Fall Barbarossa, a. a. O., S. 148.

150 Der Tarnname «Barbarossa» wurde im Anklang an den Beinamen «Barbarossa des Kaisers Friedrich I. aus der Staufferdynastie» gewählt, um die Kreuzzugsidee des Mittelalters wachzurufen.

151 Fall Barbarossa, a. a. O., S. 169.

152 IMT, Bd. XXVI, S. 399.

153 Fall Barbarossa, a. a. O., S. 122.

154 Zit. nach: D. Irving, Göring, a. a. O., S. 492.

155 G. Hartung, Literatur u. Ästhetik des deutschen Faschismus, Berlin 1983, S. 248.

160 IMT, Bd. II, S. 183.

161 Siehe Deutschland im zweiten Weltkrieg Bd. 6, Berlin 1985, S. 781/782.

162 J. Petzold, Faschismus, Regime des Verbrechens, Berlin 1984, S. 123.

163 IMT, Bd. II, S. 115.

164 IMT, Bd. I, S. 186.

165 IMT, Bd. II, S. 169.

166 IMT, Bd. XVII, S. 533.

167 IMT, Bd. II, S. 121.

168 A. a. O., S. 520.

169 IMT, Bd. VII, S. 166.

170 IMT, Bd. I, S. 12.

171 A. a. O., S. 249.

172 Bradley F. Smith, Der Jahrhundertprozeß. Die Motive der Richter von Nürnberg. Anatomie einer Urteilsfindung, Frankfurt a. M. 1977, S. 141.

173 IMT, Bd. I, S. 12.

174 A. a. O., Bd. II, S. 122.

175 A. a. O., Bd. I, S. 251.

176 G. M. Gilbert, Nürnberger Tagebuch, Gespräche der Angeklagten mit dem Gerichtspsychologen, Frankfurt a. M., 1962, S. 49.

177 IMT, Bd. I, S. 252.
178 A. a. O., Bd. XVII, S. 536.
179 A. a. O., Bd. XXII, S. 70/71.
180 A. a. O., Bd. X, S. 469.
181 A. a. O., S. 495.
182 A. a. O., Bd. XXII, S. 426.
183 IMT, Bd. IX, S. 446.
184 A. a. O., S. 447.
185 A. a. O., Bd. XXII, S. 420.
186 A. a. O., Bd. I, S. 316.
187 A. a. O., S. 319.·
188 A. a. O., Bd. VII,·S. 157.
189 A. a. O., S. 159.
190 A. a. O., S. 161.
191 A. a. O., Bd. I, S. 380.
192 A. a. O., Bd. XXII, S. 462.
193 Zit. nach: W. Maser, Nürnberg. Tribunal der Sieger, Düsseldorf 1977, S. 247.
194 IMT, Bd. X, S. 673.
195 A. a. O., S. 545.
196 A. a. O., S. 542/543.
197 A. a. O., S. 679.
198 A. a. O., Bd. VII, S. 291.
199 A. a. O., Bd. I, S. 12.
200 A. a. O., Bd. XXII, S. 430/431.
201 A. a. O., Bd. I, S. 364.
202 A. a. O., S. 365.
203 A. a. O., Bd. XV, S. 602/603.
204 A. a. O., Bd. XXII, S. 454.
205 A. a. O., Bd. XIII, S. 282.
206 A. a. O., S. 446.
207 A. a. O., Bd. I, S. 358.
208 A. a. O., Bd. XXII, S. 86.
209 A. a. O., Bd. I, S. 313/314.
210 Fall 12. Das Urteil gegen das Oberkommando der Wehrmacht, Berlin 1960, S. 57.
211 A. a. O., S. 60.
212 IMT, Bd. I, S. 149.
213 IMT, Bd. I, S. 80.
214 Zit. nach: Bradly F. Smith, Der Jahrhundertprozeß, Frankfurt a. M. 1983, S. 296.
215 IMT, Bd. I, S. 349/350.
216 Bradly F. Smith, a. a. O., S. 302.
217 Zit. nach: J. Sawicki, Als sei Nürnberg nie gewesen, Berlin 1958, S. 40/41.
218 Zit. nach: M. Reimann, Entscheidungen 1945–1956, Frankfurt a. M. 1973. S. 57.

219 Zit. nach: A. von Knierim, Nürnberg. Rechtliche und menschliche Probleme, Stuttgart 1953, S. 537.
220 T. Taylor, Die Nürnberger Prozesse. Kriegsverbrechen und Völkerrecht, Zürich 1950, S. 81.
221 A. a. O., S. 85.
222 A. a. O., S. 86.
223 Zit. nach: A. von Knierim, Nürnberg. Rechtliche und menschliche Probleme, a. a. O., S. 540/541.
224 T. Taylor, die Nürnberger Prozesse, a. a. O., S. 92.
225 IG-Farben. Auschwitz. Massenmord. Über die Blutschuld der IG-Farben, Berlin o. J., S. 90.
226 A. a. O., S. 96.
227 Fall 6. Ausgewählte Dokumente und Urteil des IG-Farbenprozesses. hrsg. und eingeleitet von H. Radandt, Berlin 1970, S. 213.
228 Ebenda.
229 A. a. O., S. 212.
230 A. a. O., S. 213/214.
231 IMT, Bd. I, S. 252/253.
232 A. a. O., S. 374.
233 Ebenda.
234 Zit. nach: G. Förster/H. Helmert/H. Otto/H. Schnitter, Der preußisch-deutsche Generalstab 1940 bis 1965, a. a. O., S. 271.
235 IMT, Bd. XXV, S. 393.
236 T. Taylor, Die Nürnberger Prozesse, a. a. O., S. 94/95.
237 A. a. O., S. 94.
238 IMT, Bd. I, S. 310.
239 Robert M. W. Kempner, Ankläger einer Eoche. Lebenserinnerungen. In Zusammenarbeit mit Jörg Friedrich, Frankfurt a. M. – Berlin – Wien 1983, S. 334.
240 Das Urteil im Wilhelmstraßen-Prozeß, Schwäbisch Gmünd 1950, S. 51.
241 Robert M. W. Kempner, Ankläger einer Epoche, a. a. O., S. 345/346.
242 Das Urteil im Wilhelmstraßen-Prozeß, a. a. O., S. 328/329.
243 T. Taylor, Die Nürnberger Prozesse, a. a. O., S. 121/122.
244 Das Urteil im Wilhelmstraßen-Prozeß, a. a. O., S. 5.

245 IMT, Bd. II, S. 118.
246 A. a. O., S. 115.
247 H. Rauschning, Gespräche mit Hitler, Zürich/Wien/New York 1940, S. 12.
248 IMT, Bd. XXVI, S. 332.
249 H. Rauschning, Gespräche mit Hitler, a. a. O., S. 16.
250 IMT, Bd. I, S. 407.
251 Die Wahrheit über Hitler. Kurt Bachmann im Gespräch mit Wilfried Reckert, Dortmund 1978, S. 128.
252 IMT, Bd. I, S. 252.
253 J. Goebbels, Tagebücher 1945. Die letzten Aufzeichnungen. Einführung Rolf Hochhuth, Hamburg 1977, S. 551.
254 Zit. nach: Joachim C. Fest, Hitler. Eine Biographie, a. a. O., S. 1018.
255 IMT, Bd. XIX, S. 649.
256 IMT, Bd. XXVI, S. 336.
257 IMT, Bd. I, S. 252/253.

Die Endlösung

1 G. Reitlinger. Die Endlösung. Hitlers Versuch der Ausrottung der Juden Europas 1939–1945, Berlin 1960, S. 549.
2 G. Fleming, Hitler und die Endlösung, Wiesbaden und München 1982, S. 80 u. 205.
3 Die Welt, Westberlin vom 12. November 1988.
4 E. Nolte, Der europäische Bürgerkrieg 1917–1945. Nationalsozialismus und Bolschewismus, Frankfurt/Main, Berlin 1987, S. 21/22.
5 A. a. O., S. 16.
6 Zit. nach: H. Müller, Konservatismus contra Antifaschismus. «Rot ist schlimmer als braun». 7 Thesen und Prognosen zur Entsorgung der Geschichte. – antifaschistische Studien 1, Berlin (West) 1989, S. 6.
7 Kennzeichen J. Bilder, Dokumente, Berichte zur Geschichte der Verbrechen an den deutschen Juden 1933–1945, hrsg. von H. Eschwege, Berlin 1966, S. 5.
8 A. Hitler, Mein Kampf. Zwei Bände in einem Band, München 1943. S. 84.
9 P. de Lagarde, Juden und Indogermanen, Göttingen 1887, S. 347.
10 A. Hitler, Mein Kampf, a. a. O., S. 334.
11 K. Pätzold, Wider die «neue Auschwitzlüge». Zeitschrift für Sozialgeschichte des 20. und 21. Jahrhunderts, Hamburg, Heft 2/1987, S. 165.
12 A. Hitler, Mein Kampf, a. a. O., S. 337.
13 Zit. nach: K. Gossweiler, Kapital, Reichswehr und NSDAP 1919 bis 1924, Berlin 1984, S. 97.
14 Zit. nach: G. Fleming, Hitler und die Endlösung, a. a. O., S. 41.
15 Das Programm der NSDAP und seine weltanschaulichen Grundgedanken von G. Feder, München 1930, S. 19.
16 A. a. O., S. 20.
17 Ebenda.
18 Joachim G. Fest, Hitler. Eine Biographie, Frankfurt/M.–Berlin–Wien 1981, S. 144.
19 Zit. nach: G. Fleming, Hitler und die Endlösung, a. a. O., S. 29.
20 K. Pätzold. Verfolgung, Vertreibung, Vernichtung. Dokumente des faschistischen Antisemitismus 1933 bis 1942, Leipzig 1984, S. 10.
21 Neue Justiz, Berlin 1963, Nr. 15, S. 512.
22 Zit. nach: G. Fleming, Hitler und die Endlösung, a. a. O., S. 125/126.
23 K. Pätzold/I. Runge, Pogromnacht 1938, Berlin 1988, S. 46.
24 K. Pätzold, Faschismus, Rassenwahn Judenverfolgung, Berlin 1975, S. 140.
25 Zit. nach: K. Pätzold, Faschis-

mus Rassenwahn Judenverfolgung, a. a. O., S. 246.

26 G. Reitlinger, Die Endlösung, a. a. O., S. 7.

27 RGBl. I, S. 1146.

28 Stuckart = Globke, Kommentare zur deutschen Rassengesetzgebung, München und Berlin 1936, Bd. 1, S. 28.

29 RGBl. I, S. 1146.

30 A. a. O., S. 1147.

31 Stuckart = Globke, Kommentare zur deutschen Rassengesetzgebung, a. a. O., S. 16/17.

32 RGBl. I, S. 1333 ff.

33 Das Programm der NSDAP und seine weltanschaulichen Grundgedanken von G. Feder, a. a. O., S. 19.

34 Zit. nach: U. D. Adam, Zur Entstehung und Auswirkung des Reichsbürgergesetzes. In: Beilage zur Wochenzeitung «Das Parlament», Bonn, vom 30. November 1985, S. 25.

35 A. a. O., S. 25/26.

36 Stuckart = Globke, Kommentare zur deutschen Rassengesetzgebung, a. a. O., Bd. 1, S. 20.

37 Neue Justiz, Berlin 1963, Nr. 15, S. 476.

38 A. a. O., S. 467.

39 A. a. O., S. 476.

40 RGBl. 1943, I, S. 372.

41 Fall 3. Das Urteil im Juristenprozeß, Berlin 1969, S. 201.

42 Das Urteil im Wilhelmstraßen-Prozeß, Schwäbisch Gmünd 1950, S. 169.

43 Ministerial-Blatt des Reichs- und Preußischen Ministerium des Innern, 1936, Nr. 11, Sp. 316e.

44 Das Urteil im Wilhelmstraßen-Prozeß, a. a. O., S. 166.

45 A. a. O., S. 167.

46 K. Pätzold/I. Runge, Pogromnacht 1938, Berlin 1988, S. 69.

47 IMT, Bd. XXVII, S. 163.

48 Völkischer Beobachter, München, vom 8. November 1938.

49 Völkischer Beobachter, München, vom 11. November 1938.

50 IMT, Bd. XXVIII, S. 499.

51 A. a. O., S. 500.

52 A. a. O., S. 518.

53 A. a. O.,, S. 509/510.

54 A. a. O., S. 538.

55 Wortlaut in: Anatomie des SS-Staates, München 1984, Bd. 2, S. 282/283.

56 IMT, Bd. XXVIII, S. 533.

57 Juden unterm Hakenkreuz. Verfolgung und Ausrottung der deutschen Juden 1933–1945, Berlin 1973, S. 201/202.

58 Anatomie des SS-Staates, a. a. O., Bd. 2, S. 307.

59 IMT, Bd. XXVIII, S. 539.

60 Anatomie des SS-Staates, a. a. O., S. 293.

61 IMT, Bd. XXVIII, S. 538/539.

62 Zit. nach: Anatomie des SS-Staates, a. a. O., Bd. 2, S. 281.

63 Völkischer Beobachter, München, vom 31. Januar 1939.

64 P. Schmidt, Statist auf politischer Bühne 1923–45, Bonn 1958, S. 485.

65 G. Reitlinger, Die Endlösung, a. a. O., S. 89.

66 A. a. O., S. 89.

67 Fall Barbarossa. Dokumente zur Vorbereitung der faschistischen Wehrmacht auf die Aggression gegen die Sowjetunion (1940/41), Berlin 1979, S. 285.

68 A. a. O., S. 318.

69 Zit. nach: «Das Parlament», Bonn, vom 29. Juli 1978, Beilage, S. 20.

70 Fall Barbarossa, a. a. O., S. 288.

71 Zit. nach: H. Krausnick/H.-H. Wilhelm, Die Truppe des Weltanschauungskrieges, Stuttgart 1981, S. 160.

72 Zit. nach: Der Mord an den Juden im Zweiten Weltkrieg. Entschluß und Verwirklichung. Herausgegeben von E. Jäckel/J. Rohwer, Frankfurt a. M. 1978, S. 92.

73 Zit. nach: G. Fleming, Hitler und die Endlösung, a. a. O., S. 63.

74 A. a. O., S. 58.

75 IMT, Bd. XXXVIII, S. 92.

76 Siehe G. Reitlinger, Die Endlösung, a. a. O., S. 92.

77 Siehe F. Kersten, Totenkopf und Treue. Heinrich Himmler ohne Uni-

form. Aus den Tagebuchblättern des finnischen Medizinalrates Felix Kersten. Hamburg o. J., S. 201.

78 Zit. nach: C. Madajczyk, Die Okkupationspolitik Nazideutschlands in Polen 1939–1945, Berlin 1987, S. 79.

79 IMT, Bd. XXVI, S. 267.

80 Verfolgung, Vertreibung, Vernichtung, a. a. O., S. 351.

81 IMT, Bd. XI, S. 440.

82 Kommandant in Auschwitz. Autobiographische Aufzeichnungen des Rudolf Höß. Herausgegeben von M. Broszat, München 1985. S. 124.

83 A. a. O., S. 157.

84 Zit. nach: G. Fleming, Hitler und die Endlösung a. a. O., S. 64.

85 SS im Einsatz. Eine Dokumentation über die Verbrechen der SS, Berlin 1960, S. 116.

86 A. a. O., S. 118.

87 Zit. nach: Fleming, Hitler und die Endlösung, a. a. O., S. 83.

88 SS im Einsatz, a. a. O., S. 118.

89 Zit. nach: Fleming, Hitler und die Endlösung, a. a. O., S. 105.

90 Ich, Adolf Eichmann. Ein historischer Zeugenbericht. Herausgegeben von Dr. Rudolf Aschenauer, Leoni am Starnberger See, 1980, S. 446.

91 J. von Lang, Das Eichmann-Protokoll. Tonbandaufzeichnungen der israelischen Verhöre. Westberlin 1982, S. 82.

92 SS im Einsatz, a. a. O., S. 121.

93 Zit. nach: G. Fleming, Hitler und die Endlösung, a. a. O., S. 124.

94 Dokumente zur «Euthanasie», hrsg. von Ernst Klee, Frankfurt a. M. 1986, S. 271/272.

95 Zit. nach: Nationalsozialistische Massentötungen durch Giftgas. Eine Dokumentation. Frankfurt a. M. 1986, S. 84.

96 Zit. nach: G. Fleming, Hitler und die Endlösung, a. a. O., S. 86.

97 Dokumente zur «Euthanasie», a. a. O., S. 272.

98 Kommandant in Auschwitz, a. a. O., S. 126/127.

99 Anatomie des SS-Staates, a. a. O., Bd. 2, S. 300.

100 IMT, Bd. XXXVII, S. 687.

101 IMT, Bd. XXX, S. 76.

102 IMT, Bd. XXXII, S. 73.

103 IMT, Bd. XXXVIII, S. 88.

104 Zit. nach: Anatomie des SS-Staates, a. a. O., Bd. 2, S. 304.

105 IMT, Bd. XXXI, S. 447/448.

106 Zit. nach: G. Fleming, Hitler und die Endlösung, a. a. O., S. 74.

107 IMT, Bd. IV, S. 368.

108 Dokumente zur «Euthanasie», a. a. O., S. 273/274.

109 Siehe R. Hilberg, Die Vernichtung der europäischen Juden. Die Gesamtgeschichte des Holocaust. Westberlin 1982, S. 209.

110 Juden unterm Hakenkreuz, a. a. O., S. 298.

111 R. Hilberg, Die Vernichtung der europäischen Juden, a. a. O., S. 277.

112 SS im Einsatz, a. a. O., S. 122.

113 Zit. nach: Nationalsozialistische Massentötungen durch Giftgas. Eine Dokumentation. Frankfurt a. M., 1983, S. 174.

114 Zit. nach: G. Fleming, Hitler und die Endlösung, a. a. O., S. 69/70.

115 Näheres hierzu siehe bei D. Hamsik/J. Prazak, Eine Bombe für Heydrich, Berlin 1964, sowie bei P. Przybylski/H. Busse, Mörder von Oradour, Berlin 1984, S. 26 ff.

116 Zit. nach: G. Fleming, Hitler und die Endlösung, a. a. O., S. 128.

117 A. a. O., S. 141.

118 Dokumente zur «Euthanasie», a. a. O., S. 274.

119 Zit. nach: E. Klee, «Euthanasie» im NS-Staat, a. a. O., S. 377.

120 Anatomie des SS-Staates, a. a. O., Bd. 2, S. 300.

121 A. a. O., S. 351/352.

122 A. a. O., S. 305.

123 IMT, Bd. XXVI, S. 693.

124 IMT, Bd. XXXVII, S. 401.

125 C. Majdajczyk, Die Okkupationspolitik Nazideutschlands in Polen 1939–1945, a. a. O., S. 376.

126 R. Hilberg, Die Vernichtung der europäischen Juden, a. a. O., S. 649.

127 Zit. nach: Nationalsozialistische Massentötungen durch Giftgas, a.a.O., S. 213.

128 Zit. nach: R. Hilberg, Die Vernichtung der europäischen Juden, a.a.O., S. 659.

129 Zit. nach: Nationalsozialistische Massentötungen durch Giftgas, a.a.O., S. 226/227.

130 Fall 6. Ausgewählte Dokumente und Urteil des IG-Farbenprozesses, Berlin 1970, S. 270.

131 Aktennotiz von IG-Farbendirektor Dr. Walther Dürrfeld vom 26. Mai 1942 in: IG-Farben. Auschwitz. Massenmord. Berlin, o. J., S. 42.

132 Kennzeichen J. Berlin 1966, S. 270.

133 R. Höß, Kommandant in Auschwitz, a.a.O., S. 25.

134 A.a.O., S. 69.

135 Ebenda.

136 G. M. Gilbert, Nürnberger Tagebuch. Gespräche der Angeklagten mit dem Gerichtspsychologen, Frankfurt a. M., 1982, S. 244.

137 A.a.O., S. 253.

138 Zit. nach: J.C. Fest, Das Gesicht des Dritten Reiches. Profile einer totalitären Herrschaft. München. Zürich 1988, S. 377.

139 G. M. Gilbert, Nürnberger Tagebuch, a.a.O., S. 243.

140 A.a.O., S. 244.

141 R. Höß, Kommandant in Auschwitz, a.a.O., S. 156.

142 Ebenda.

143 A.a.O., S. 153.

144 A.a.O., S. 156.

145 A.a.O., S. 53.

146 A.a.O., S. 17.

147 IMT, Bd. XI, S. 370.

148 IMT, Bd. II, S. 120.

149 Zit. nach: G. Fleming, Hitler und die Endlösung, a.a.O., S. 149.

150 J. v. Lang. Das Eichmannprotokoll, a.a.O., Dokumentenanhang, S. 55.

151 A.a.O., S. 54.

152 a.a.O., S. 52/53.

153 IMT, Bd. XXXI, S. 86.

154 IMT, Bd. IV, S. 412.

155 IMT, Bd. XXXI, S. 86.

156 IMT, Bd. II, S. 140.

157 Vgl. IMT, Bd. I, S. 283.

158 Zit. nach: A. Suzman/D. Diamond, Der Mord an sechs Millionen Juden. Die Wahrheit ist unteilbar. In: Beilage zu «Das Parlament», Bonn, vom 29. Juli 1978. S. 16.

159 Zit. nach: F. K. Kaul, Der Fall Eichmann, Berlin 1963, S. 359.

160 Siehe G. Reitlinger, Die Endlösung, a.a.O., S. 573.

161 G. Fleming, Hitler und die Endlösung, a.a.O., S. 207 (Fußnote).

162 R. Hilberg, Die Vernichtung der europäischen Juden, a.a.O., S. 812.

163 Frankfurter Allgemeine, Frankfurt a. M., vom 20. April 1989.

164 S. Haffner, Anmerkungen zu Hitler, München 1978, S. 180.

165 A.a.O., S. 155.

166 W. Brandt, Ein maßlos unterschätzter Teufel. In: 100 Jahre Hitler. «Spiegel-Spezial», Hamburg 1989, Nr. 2, S. 13.

167 Zit. nach: Fleming, Hitler und die Endlösung, a.a.O., S. 152.

168 Nationalsozialistische Massentötungen durch Giftgas, a.a.O., S. 23.

169 S. Haffner, Anmerkungen zu Hitler, a.a.O., S. 156.

170 Zit. nach: R. Opitz, Faschismus und Neofaschismus, Berlin 1984, S. 193.

171 Juden unterm Hakenkreuz, a.a.O., S. 237.

172 K. Pätzold, Verfolgung, Vertreibung, Vernichtung, a.a.O., S. 23.

173 S. Heim/G. Aly, Die Ökonomie der «Endlösung». In: Beiträge zur nationalsozialistischen Gesundheits- und Sozialpolitik, Bd. 5 Sozialpolitik und Judenvernichtung, Berlin (West) 1987, S. 52.

174 A.a.O., S. 81.

175 A.a.O., S. 18.

176 A.a.O., S. 36.

177 A.a.O., S. 15.

178 K. D. Bracher, Die deutsche Diktatur, Entstehung Struktur Folgen des Nationalsozialismus, Köln 1969, S. 466.

179 H. Rauschning, Gespräche mit Hitler, Zürich/Wien/New York 1940, S. 219 ff.

179a J. Goebbels, Tagebücher 1945. Die letzten Aufzeichnungen, Hamburg 1977, S. 555.

180 A. Hitler, Mein Kampf, a. a. O., S. 782.

181 S. Haffner, Anmerkungen zu Hitler, a. a. O., S. 164/165.

182 Zit. nach: G. Fleming, Hitler und die Endlösung, a. a. O., S. 64.

184 S. Haffner, Anmerkungen zu Hitler, a. a. O., S. 165.

185 Näheres hierzu bei C. Streit, Keine Kameraden. Die Wehrmacht und die sowjetischen Kriegsgefangenen 1941–1945. Stuttgart 1978.

186 Zit. nach: J. Toland, Adolf Hitler, a. a. O., Bd. 2, S. 950.

187 Zit. nach: K. Heinze/K. Schilling, Die Rechtsprechung der Nürnberger Militärtribunale, Bonn 1952, S. 310.

188 IMT, Bd. II, 116.

189 IMT, Bd. IX, S. 576/577.

190 IMT, Bd. XX, S. 111.

191 IMT, Bd. I, S. 317/318.

192 A. a. O., S. 75.

193 IMT, Bd. X, S. 438/439.

194 A. a. O., S. 449.

195 Ebenda.

196 Zit. nach: G. Reitlinger, Die Endlösung, a. a. O., S. 89.

197 IMT, Bd. X, S. 458.

198 A. a. O., S. 460.

199 A. a. O., S. 461.

200 IMT, Bd. I, S. 323/324.

201 A. a. O., Bd. 19, S. 673.

202 A. a. O., Bd. 11, S. 267.

203 A. a. O., S. 337.

204 A. a. O., Bd. XII, S. 283.

205 A. a. O., Bd. XI, S. 381/382.

206 A. a. O., S. 374/375.

207 A. a. O., S. 371.

208 Ebenda.

209 Zit. nach: G. Fleming, Hitler und die Endlösung, a. a. O., S. 192.

210 IMT, Bd. XXII, S. 432.

211 A. a. O., Bd. I, S. 330.

212 A. a. O., Bd. XXII, S. 435.

213 A. a. O., Bd. XXXVIII, S. 87.

214 A. a. O., Bd. XIX, S. 678.

215 A. a. O., Bd. XXII, S. 435.

216 A. a. O., Bd. I, S. 333.

217 A. a. O., Bd. XIX, S. 687.

218 K. Pätzold, Von der Vertreibung zum Genozid, in: Faschismus-Forschung a. a. O., S. 189.

219 IMT, Bd. XIX, S. 688.

220 A. a. O., Bd. XXII, S. 439.

221 A. a. O., Bd. I, S. 343.

222 Fall 9. Das Urteil im SS-Einsatzgruppenprozeß, hrsg. von K. Leczczyński mit einer Einleitung von Dr. S. Quilitzsch, Berlin 1963, S. 140.

223 A. a. O., S. 155.

224 A. a. O., S. 161.

225 Zit. nach: Anatomie des SS-Staates, a. a. O., Bd. 1, S. 284.

226 Fall 9, a. a. O., S. 170.

227 RGBl. 1926, Teil I, S. 278.

228 Zit. nach: A. Streim, Zum Beispiel: Die Verbrechen der Einsatzgruppen in der Sowjetunion in: A. Rückerl (Hrsg.), NS-Prozesse, Karlsruhe 1972, S. 98.

229 Zit. nach: Anatomie des SS-Staates, a. a. O., Bd. 2, S. 344.

230 Fall 9, a. a. O., S. 142.

Schuld und Sühne

1 J. Lekschas/D. Seidel/H. Dettenborn, Studien zur Schuld, Berlin 1975, S. 19.

2 A. a. O., S. 24.

3 H. Schliwa, Individuelle Freiheit in Geschichte und Gegenwart, Berlin 1988, S. 84.

4 IMT, Bd. II, S. 116.

5 A. a. O., Bd. VIII, S. 518.

6 Ebenda, S. 520.

7 A. a. O., Bd. I, S. 287.

8 K. Bittel, Das Potsdamer Abkommen und andere Dokumente, Berlin 1959, S. 34/35.

9 Zit. nach: G. E. Gründler/A. v. Manikowsky, Das Gericht der Sieger. Der Prozeß gegen Göring, Heß, Ribbentrop, Keitel, Kaltenbrunner u. a., Oldenburg u. Hamburg 1967, S. 40.

10 A. a. O., S. 51.

11 K. Bittel, Das Potsdamer Abkommen und andere Dokumente, a. a. O., S. 47.

12 G. E. Gründler, A. v. Manikowsky, Das Gericht der Sieger, a. a. O., S. 57.

13 «Vorwärts», Bonn, vom 26. Juni 1975.

14 D. Irving, Göring, München und Hamburg 1987, S. 710.

15 A. a. O., S. 717/716.

16 Zit. nach: Neue Zeit, Berlin, 20. November 1965.

17 Zitiert nach W. Maser, So starben die Herren des Dritten Reiches. In: «Die Welt am Sonntag», Berlin (West) vom 26. September 1976.

18 J. v. Lang, Der Hitler-Junge. Baldur von Schirach: Der Mann, der Deutschlands Jugend erzog. Hamburg 1988, S. 406.

19 A. a. O., S. 412/413.

20 F. v. Papen, Der Wahrheit eine Gasse, München 1952, S. 615.

21 A. a. O., S. 622.

22 Zit. nach: D. Irving, Göring, a. a. O., S. 741.

23 Zit. nach: «Die Welt am Sonntag», Berlin (West) vom 17. Oktober 1971.

24 IMT, Bd. I, S. 78.

25 G. M. Gilbert, Nürnberger Tagebuch, Frankfurt a. M. 1962, S. 13.

26 A. a. O., S. 14.

27 Zit. nach: «Die Welt am Sonntag», Berlin (West) vom 17. Oktober 1971.

28 IMT, Bd. I, S. 26.

29 Zit. nach: G. E. Gründler/Armin von Manikowsky, Das Gericht der Sieger, a. a. O., S. 87.

30 A. Speer, Erinnerungen, Frankfurt a. M./Berlin (West) 1969, S. 512.

31 IMT, Bd. II, S. 40.

32 IMT, Bd. VII, S. 166.

33 Zit. nach: W. Maser, Wo Hermann Göring seine Kunstschätze vergrub. In: Welt am Sonntag, Berlin (West) vom 3. Oktober 1976.

34 D. Irving, Göring, a. a. O., S. 703.

35 IMT, Bd. XIX, S. 459.

36 IMT, Bd. XXXVIII, S. 87.

37 A. a. O., Bd. XIX, S. 655.

38 Die Welt am Sonntag, Berlin (West) vom 21. November 1971.

39 D. Irving, Göring, a. a. O., S. 742.

40 IMT, Bd. IX, S. 489.

41 A. a. O., Bd. IX, S. 480/481.

42 A. a. O., Bd. XXII, S. 420.

43 A. a. O., Bd. I, S. 318.

44 G. M. Gilbert, Nürnberger Tagebuch, a. a. O., S. 16.

45 IMT, Bd. I, S. 176 und 179.

46 A. a. O., Bd. II, S. 113.

47 Ebenda, S. 548/549.

48 IMT, Bd. VII, S. 154.

49 A. a. O., Bd. I, S. 400.

50 A. a. O., Bd. XXII, S. 422 ff.

51 A. a. O., Bd. I, S. 320.

52 Ebenda, S. 402.

53 Zit. nach: Süddeutsche Zeitung, München, vom 19. August 1987.

54 Zit. nach: Der Spiegel, Hamburg, vom 22. April 1974.

55 Zit. nach: Der Tagesspiegel, Berlin (West), vom 2. August 1986.

56 Neues Deutschland, Berlin, vom 20. August 1987.

57 IMT, Bd. X, S. 258.

58 A. a. O., Bd. I, S. 323.

59 A. a. O., Bd. X, S. 442.

60 Ebenda, S. 443.

61 IMT, Bd. XIX, S. 578.

62 A. a. O., Bd. X, S. 473.

63 A. a. O., Bd. XXII, S. 426 ff.

64 A. a. O., Bd. I, S. 324.

65 IMT, Bd. XL, S. 420.

66 A. a. O., Bd. X, S. 530.

67 A. a. O., Bd. XXXVI, S. 318.

68 Ebenda, S. 317.

69 L. Poliakov/J. Wulf, Das Dritte Reich und seine Diener. Dokumente. Berlin 1975, S. 506.

70 IMT, Bd. X, S. 702.

71 A. a. O., S. 690/692.

72 A. a. O., S. 691.

73 L. Poliakov/J. Wulf, Das Dritte Reich und seine Diener, a. a. O., S. 458.

74 IMT, Bd. X, S. 695.

625

75 A. a. O., Bd. XXII, S. 428.

76 A. a. O., S. 431.

77 L. Poliakov/J. Wulf, Das Dritte Reich und seine Diener, a. a. O., S. 444.

78 B. Scheurig, Alfred Jodl – ein kritisches Porträt. 40 Jahre nach dem Nürnberger Prozeß. In: Der Tagesspiegel, Berlin (West), vom 30. Oktober 1986.

79 IMT, Bd. XV, S. 347.

80 Ebenda, S. 349/350.

81 A. a. O., Bd. XIX, S. 670.

82 A. a. O., Bd. I, S. 367.

83 A. a. O., Bd. XIX, S. 33/34.

84 A. a. O., S. 40.

85 A. a. O., Bd. XXII, S. 454.

86 Siehe Bradley F. Smith, Der Jahrhundertprozeß, a. a. O., S. 234.

87 IMT, Bd. I, S. 367.

88 Zit. nach: B. Scheurig, Alfred Jodl – ein kritisches Porträt, a. a. O.

89 IMT, Bd. XVII, S. 415/416.

90 A. a. O., Bd. VIII, S. 607.

91 A. a. O., Bd. I, S. 353/354.

92 Ebenda, S. 354.

93 Ebenda, S. 355.

94 A. a. O., Bd. XXII, S. 443/444.

95 A. a. O., Bd. XIII, S. 334.

96 K. Dönitz, Zehn Jahre und zwanzig Tage, Frankfurt a. M./Bonn 1963, S. 467.

97 Christ und Welt, Stuttgart, vom 7. Oktober 1966.

98 Bradley F. Smith, Der Jahrhundertprozeß, a. a. O., S. 266.

99 IMT, Bd. XIV, S. 239.

100 Ebenda, S. 375.

101 A. a. O., Bd. XVIII, S. 469/470.

102 A. a. O., Bd. XXII, S. 445/446.

103 L. Poliakov/J. Wulf, Das Dritte Reich und seine Diener, a. a. O., S. 453.

104 A. a. O., S. 455.

105 IMT, Bd. I, S. 313/314.

106 A. a. O., Bd. II, S. 180.

107 A. a. O., Bd. XI, S. 268.

108 Ebenda, S. 271.

109 Ebenda, S. 283.

110 Ebenda, S. 280.

111 Ebenda, S. 303.

112 Ebenda, S. 310.

113 A. a. O., Bd. XVIII, S. 79/80.

114 A. a. O., Bd. XI, S. 339/340.

115 A. a. O., Bd. XXII, S. 434.

116 Ebenda.

117 H. Rauschning, Gespräche mit Hitler, Zürich/Wien/New York 1940, S. 125.

118 A. Rosenberg, Der Mythus des 20. Jahrhunderts. Eine Wertung der seelisch-geistigen Gestaltungskämpfe unserer Zeit, München 1930, S. 21.

119 Zit. nach: J. Petzold, Demagogie des Hitlerfaschismus, Berlin 1982, S. 193.

120 IMT, Bd. XIX, S. 579.

121 A. a. O., Bd. XI, S. 516/515.

122 Zit. nach: Cay Friemuth, Geraubte Kunst, Der Tagesspiegel vom 30. Juli 1989.

123 IMT, Bd. XIX, S. 677/678.

124 A. a. O., Bd. XXXVIII.

125 A. a. O., Bd. XIX, S. 676.

126 A. a. O., Bd. XI, S. 595.

127 Ebenda, S. 594.

128 Ebenda, S. 569/570.

129 Ebenda, S. 558.

130 A. a. O., Bd. XVIII, S. 89.

131 Ebenda, S. 143.

132 A. a. O., Bd. XXII, S. 435.

133 A. a. O., Bd. XII, S. 20.

134 A. a. O., Bd. I, S. 335.

135 Zit. nach: C. Majdajczyk, Die Okkupationspolitik.

136 IMT, Bd. XIX, S. 460.

137 IMT, Bd. XXIX, S. 444.

138 Ebenda, S. 443.

139 A. a. O., Bd. XII, S. 45.

140 Ebenda, S. 45/46.

141 A. a. O., Bd. I, S. 336.

142 A. a. O., Bd. XII, S. 33

143 Ebenda, S. 14 und 19.

144 A. a. O., Bd. XXII,. S. 430.

145 A. a. O., Bd. XII, S. 19.

146 A. a. O., Bd. I, S. 336.

147 Zit. nach: J. C. Fest, Das Gesicht des Dritten Reiches a. a. O., S. 299.

148 IMT, Bd. XIX, S. 685.

149 A. a. O., Bd. XXII, S. 437.

150 G. M. Gilbert, Nürnberger Tagebuch, a. a. O., S. 267.

151 IMT, Bd. XVIII, S. 201.

152 IMT, Bd. XVIII, S. 201.

153 Zit. nach: G. Wieland, Die normativen Grundlagen der Schutzhaft in Hitlerdeutschland, Jahrbuch für Geschichte, Bd. 26, Berlin 1982, S. 101.

154 IMT, Bd. I, S. 339.

155 Ebenda, S. 339.
156 A. a. O., Bd. XI, S. 73.
157 A. a. O., Bd. I, S. 339.
158 Robert M. W. Kempner, Ankläger einer Epoche, a. a. O., S. 219.
159 IMT, Bd. XXII, S. 438.
160 A. a. O., Bd. XVIII, S. 210/211.
161 A. a. O., Bd. XII, S. 343.
162 Ebenda, S. 390.
163 Ebenda, S. 400.
164 A. a. O., Bd. XIX, S. 580.
165 Ebenda, S. 687.
166 A. a. O., Bd. XII, S. 350.
167 Ebenda, S. 352/351.
168 Ebenda, S. 412.
169 A. a. O., Bd. XVIII, S. 237.
170 C. Zentner, Der Nürnberger Prozeß, a. a. O., S. 88.
171 Bradley F. Smith, Der Jahrhundertprozeß, a. a. O., S. 222.
172 IMT, Bd. I, S. 341.
173 Bradley F. Smith, Der Jahrhundertprozeß, a. a. O., S. 224.
174 A. a. O., Bd. XIII, S. 106.
175 A. a. O., Bd. XXVIII, S. 526.
176 A. a. O., Bd. XIII, S. 131/132.
177 A. a. O., Bd. XVIII, S. 278.
178 A. a. O., Bd. XIII, S. 190.
179 Ebenda, S. 191/192.
180 Ebenda, S. 181.
181 Ebenda, S. 624.
182 Ebenda, S. 192.
182a Ebenda, S. 645.
183 A. a. O., Bd. XIX, S. 461.
184 A. a. O., Bd. XIII, S. 193.
185 Ebenda, S. 240.
186 Ebenda, S. 210.
187 A. a. O., Bd. XXII, S. 440.
188 A. a. O., Bd. I, S. 346.
189 A. a. O., Bd. XIV, S. 402.
190 J. v. Lang, Der Hitler-Junge, a. a. O., S. 208.
191 IMT, Bd. I, S. 360.
192 A. a. O., Bd. XIV, S. 407.
193 Ebenda, S. 467.
194 Ebenda, S. 469.
195 Ebenda, S. 560.
196/ Ebenda, S. 469/470.
196 a.
197 Ebenda, S. 476.
198 Ebenda, S. 456/457.
199 Ebenda, S. 556.

200 Ebenda, S. 541.
201 Bradley F. Smith, Der Jahrhundertprozeß, a. a. O., S. 263.
202 G. M. Gilbert, Nürnberger Tagebuch, a. a. O., S. 428.
203 IMT, a. a. O., Bd. XIV, S. 683.
204 H. Standke/L. Krumbiegel, Der Krieg im Völkerrecht, Berlin 1961, S. 191/192.
205 IMT, Bd. XIV, S. 684.
206 A. a. O., Bd. III, S. 527.
207 A. a. O., Bd. XV, S. 23.
208 Ebenda, S. 10.
209 Ebenda, S. 12.
210 A. a. O., Bd. XXXV, S. 57 ff.
211 A. a. O., Bd. III, S. 505.
212 Ebenda, S. 506/507.
213 A. a. O., Bd. XIX, S. 461.
214 A. a. O., Bd. XXII, S. 454.
215 Ebenda, S. 451.
216 A. a. O., Bd. XVIII, S. 554.
217 A. a. O., Bd. I, S. 363.
218 A. a. O., Bd. XVI, S. 476.
219 Ebenda, S. 503.
220 Ebenda, S. 571.
221 Ebenda, S. 565.
222 A. a. O., Bd. XV, S. 65.
223 A. a. O., Bd. I, S. 375.
224 A. a. O., Bd. XVI, S. 487.
225 Ebenda, S. 489.
226 A. a. O., Bd. I, S. 376.
227 A. a. O., Bd. XVI, S. 531.
228 A. Speer, Erinnerungen, Frankfurt a. M./Berlin (West) 1969, S. 501.
229 Welt am Sonntag, Berlin (West) vom 31. vom Oktober 1976.
230 Dieselbe vom 17. Oktober 1976.
231 Zit. nach: Bradley F. Smith, Der Jahrhundertprozeß, a. a. O., S. 242.
232 Peray E. Schramm (Hrsg.), Kriegstagebuch des Oberkommandos der Wehrmacht. München 1982, Bd. 8, S. 1 583.
233 Zit. nach: Deutschland im zweiten Weltkrieg, a. a. O., Bd. 6, S. 625.
234 Zit. nach: Der Spiegel, Hamburg, vom 26. September 1966.
235 IMT, Bd. I, S. 376.
236 Zit. nach: Bradley F. Smith, Der Jahrhundertprozeß, a. a. O., S. 230.
237 Robert M. W. Kempner, Ankläger einer Epoche, a. a. O., S. 453.
238 Beilage zur Wochenzeitung «Das

Parlament», Bonn, vom 29. Juli 1978, S. 21.

239 IMT, Bd. XXII, S. 460.
240 IMT, Bd. XXII, S. 460/461.
241 A. Speer, Erinnerungen, Frankfurt/M. – Berlin (West) 1969, S. 15.
242 A. Speer, Der Sklavenstaat. Meine Auseinandersetzungen mit der SS, Frankfurt/M.–Berlin (West)–Wien, 1984.
243 IMT, Bd. XV, S. 691.
244 A. a. O., Bd. I, S. 371.
245 A. a. O., Bd. XX, S. 9/10.
246 A. a. O., Bd. XV, S. 706.
247 Ebenda, S. 715.
248 Ebenda, S. 710.
249 A. a. O., Bd. XVI, S. 57.
250 Ebenda, S. 64.
251 A. a. O., Bd. XV, S. 719.
252 A. a. O., Bd. I, S. 372.
253 A. a. O., Bd. XV, S. 708.
254 Ebenda, S. 723.
255 Ebenda, S. 726.
256 A. a. O., Bd. I, S. 373.
257 A. a. O., Bd. XXII, S. 459.
258 A. a. O., Bd. XVI, S. 25.
259 A. a. O., Bd. XXII, S. 460.
260 IMT, Bd. XVI, S. 657.
261 A. a. O., Bd. XIX, S. 461.
262 A. a. O., Bd. XVI, S. 700.
263 Ebenda.
264 A. a. O., S. 705.
265 A. a. O., Bd. I, S. 378.
266 A. a. O., Bd. XVI, S. 720.
267 Ebenda, S. 723.
268 Ebenda, S. 728.
269 A. a. O., Bd. XIX, S. 626.
270 A. a. O., Bd. XVI, S. 736.
271 A. a. O., Bd. XXII, S. 462.
272 a. a. O., Bd. I, S. 380.
273 Zit. nach: C. Zentner, Der Nürnberger Prozeß, a. a. O., S. 60.
274 IMT, Bd. II, S. 113.

275 Die Welt am Sonntag, Hamburg, vom 24. Oktober 1971.
276 Bradley F. Smith, Der Jahrhundertprozeß, a. a. O., S. 300.
277 Ebenda, S. 301.
278 Ebenda, S. 306.
279 IMT, Bd. I, S. 348 ff.
280 Ebenda, S. 391.
281 A. a. O., Bd. XVI, S. 325.
282 Ebenda, S. 353.
283 Bradley F. Smith, Der Jahrhundertprozeß, a. a. O., S. 317.
284 IMT, Bd. I, S. 370.
285 Ebenda, S. 396.
286 F. v. Papen, Der Wahrheit eine Gasse, München 1952, S. 636.
287 IMT, Bd. XIX, S. 590.
288 A. a. O., Bd. I, S. 382.
289 A. a. O., Bd. XXII, S. 463.
290 Bradley F. Smith, Der Jahrhundertprozeß, a. a. O., S. 321.
291 IMT, Bd. XIX, S. 626.
292 Ebenda, S. 591.
293 A. a. O., Bd. 1, S. 382/383.
294 Zit. nach: Der Nürnberger Prozeß, ausgewählt und eingeleitet von P. A. Steiniger, Berlin 1960, S. 13.
295 J. Fest, Was von Hitler blieb, Frankfurter Allgemeine, Frankfurt/Main, vom 20. April 1989.
296 E. Nolte, Vergangenheit, die nicht vergehen will, Frankfurter Allgemeine Zeitung vom 6. Juni 1986.
297 E. Nolte, Der Nationalist und der Ideologe. In: 100 Jahre Hitler, Spiegel, Hamburg 1989, Nr. 2, S. 36.
298 H.-U. Wehler, Entsorgung der deutschen Vergangenheit? Ein politischer Essay zum «Historikerstreit», München 1988, S. 169.
299 D. Wolkogonow, Stalin. Triumph und Tragödie. Ein politisches Porträt. Düsseldorf 1989, S. 732.

Abkürzungsverzeichnis

Az.	–	Aktenzeichen
Gestapo	–	Geheime Staatspolizei
HJ	–	Hitlerjugend
IMT	–	Internationales Militärtribunal
IML/ZPA	–	Institut für Marxismus-Leninismus/Zentrales Parteiarchiv
KZ	–	Konzentrationslager
NSDAP	–	Nationalsozialistische Deutsche Arbeiterpartei
KdF	–	Kanzlei des Führers
KPD	–	Kommunistische Partei Deutschlands
KPdSU	–	Kommunistische Partei der Sowjetunion
KPÖ	–	Kommunistische Partei Österreichs
KPTsch	–	Kommunistische Partei der Tschechoslowakei
OKH	–	Oberkommando des Heeres
OKW	–	Oberkommando der Wehrmacht
RGBl.	–	Reichsgesetzblatt
RSHA	–	Reichssicherheitshauptamt der SS
SA	–	Sturmabteilung
SD	–	Sicherheitsdienst der Nazipartei
SPD	–	Sozialdemokratische Partei Deutschlands
WVHA	–	Wirtschaftsverwaltungshauptamt der SS
ZK	–	Zentralkomitee

Personenverzeichnis

632

636

Angeklagter Karl Dönitz! Gemäß den Punkten der Anklageschrift, unter denen Sie für schuldig befunden wurden, verurteilt Sie der Internationale Militärgerichtshof zu 10 Jahren Gefängnis.

Angeklagter Erich Raeder! Gemäß den Punkten der Anklageschrift, unter denen Sie für schuldig befunden wurden, verurteilt Sie der Internationale Militärgerichtshof zu lebenslänglichem Gefängnis.

Angeklagter Baldur von Schirach! Gemäß den Punkten der Anklageschrift, unter denen Sie für schuldig befunden wurden, verurteilt Sie der Internationale Militärgerichtshof zu 20 Jahren Gefängnis.

Angeklagter Fritz Sauckel! Gemäß den Punkten der Anklageschrift, unter denen Sie für schuldig befunden werden, verurteilt Sie der Internationale Militärgerichtshof zum Tode durch den Strang.

Angeklagter Alfred Jodl! Gemäß den Punkten der Anklageschrift, unter denen Sie für schuldig befunden wurden, verurteilt Sie der Internationale Militärgerichtshof zum Tode durch den Strang.

Angeklagter Arthur Seyß-Inquart! Gemäß den Punkten der Anklageschrift, unter denen Sie für schuldig befunden wurden, verurteilt Sie der Internationale Militärgerichtshof zum Tode durch den Strang.

Angeklagter Albert Speer! Gemäß den Punkten der Anklageschrift, unter denen Sie für schuldig befunden wurden, verurteilt Sie der Internationale Militärgerichtshof zu 20 Jahren Gefängnis.

Angeklagter Constantin von Neurath! Gemäß den Punkten der Anklageschrift, unter denen Sie für schuldig befunden wurden, verurteilt Sie der Internationale Militärgerichtshof zu 15 Jahren Gefängnis.

Der Gerichtshof verurteilt den Angeklagten Martin Bormann wegen der Punkte der Anklageschrift, unter denen er für schuldig befunden wurde, zum Tode durch den Strang.

Tabelle der Strafaussprüche

30. September 1946*

Angeklagter	Punkte nach denen die Verurteilung erfolgt ist	Strafausspruch
Hermann Wilhelm Göring	1, 2, 3, 4	Tod durch den Strang
Rudolf Heß	1, 2	Lebenslängliches Gefängnis
Joachim von Ribbentrop	1, 2, 3, 4	Tod durch den Strang
Wilhelm Keitel	1, 2, 3, 4	Tod durch den Strang
Ernst Kaltenbrunner	3, 4	Tod durch den Strang
Alfred Rosenberg	1, 2, 3, 4	Tod durch den Strang
Hans Frank	3, 4	Tod durch den Strang
Wilhelm Frick	2, 3, 4	Tod durch den Strang
Julius Streicher	4	Tod durch den Strang
Walter Funk	2, 3, 4	Lebenslängliches Gefängnis
Hjalmar Schacht	nicht schuldig	
Karl Dönitz	2, 3	10 Jahre Gefängnis
Erich Raeder	1, 2, 3	Lebenslängliches Gefängnis
Baldur von Schirach	4	20 Jahre Gefängnis
Fritz Sauckel	3, 4	Tod durch den Strang
Alfred Jodl	1, 2, 3, 4	Tod durch den Strang
Franz von Papen	nicht schuldig	
Arthur Seyß-Inquart	2, 3, 4	Tod durch den Strang
Albert Speer	3, 4	20 Jahre Gefängnis
Constantin von Neurath	1, 2, 3, 4	15 Jahre Gefängnis
Hans Fritzsche	nicht schuldig	
Martin Bormann	3, 4	Tod durch den Strang

Unterschrift: Geoffry Lawrence
Vorsitzender

Unterschrift: Francis Biddle

Unterschrift: H. Donnedieu de Vabres

Unterschrift: Nikitchenko

Für die Richtigkeit der Abschrift:

Unterschrift: JOHN E. RAY
Oberst, FA

* Dieser Urteilsspruch wurde in öffentlicher Gerichtssitzung durch den Vorsitzenden am 1. Oktober 1946 verlesen.